U0512695

全国古籍整理委员会间接项目经费资助成果

漕运则例纂

（清）杨锡绂 撰　许芳红 点校

上海三联书店

前　言

　　杨锡绂,生于清康熙三十九年(1700 年),卒于乾隆三十三年(1768 年),享年六十八岁。字方来,号兰畹,江西清江(今江西樟树市)人。曾任贵州道监察御史、广东肇罗道、湖南巡抚、广西巡抚、吏部尚书、兵部尚书兼都察院右都御史、漕运总督,晋加太子太保,授光禄大夫,死后谥号为"勤悫"。他一生为政清廉,政绩突出,深得乾隆皇帝赏识,为乾隆时期著名的理学名臣。

　　他是一位理学家,少年时即"肆力于学,尤笃嗜宋儒",这和其家庭环境有一定关系。其始迁祖宏中公在南宋时就特别著名,当时号为"六君子",从南宋至清,代有闻人。他的父亲名英玉,在乡里授经讲学,理学方面有一定成就,人称湄村先生,深得乡人推重。他是家里的次子,自幼聪颖异常,写文章动辄洋洋洒洒数千言,酷爱读书,于濂、洛、关、闽等儒家学说尤为沉迷,平时特别注重自己内在品质的修为,以致君泽民为自己毕生的追求。做官后,于政事余暇也经常手执一编,至老不倦,生平雅意在于兴教育才、植纲扶纪。

　　作为一名封建官吏,他忠诚事主,慈惠临民,惠政仁声遍及大江南北。雍正五年,进士及第,初仕为吏部考功司主事。虽然刚刚走上仕途,但他却对条例了如指掌,连老吏都无法欺骗他,深得当时执政者器重,累迁郎中,后又考选贵州道御史。雍正十年时,被授为广东肇罗道御史。广东肇庆临近大海,老百姓修筑海堤,以保卫田地,他每年都亲临现场,指挥修筑。在其任内,肇庆从未发生过水患。他也曾多次率兵平息边疆叛乱。乾隆五年,土苗吴金银等作乱,他与巡抚一起发兵讨平。乾隆六年,他被授为广西巡抚,贵州土苗石金元火烧永从县衙,他发兵会合贵州、湖广之兵,直捣石金元的老巢,合力剿灭了叛乱,并生擒石金元。不久,迁江土苗又为乱,谋犯思恩府城,他派兵前往剿捕,最后捕获其渠李尚彩及其党八十余人。平叛之后,他深深认识到土苗为乱的根本原因在于苗民生活贫困,于是在乾隆七年上奏,请求在土苗推行保甲之法,让苗民有田耕种,有饭可吃,不至于缺乏粮食,使老百姓能够安居乐业。不久又上奏,认为设兵以卫民,实际反会累民,城守兵会欺凌小贩,攫取薪蔬,塘汛兵会驱役村庄,恣为饮博,请求皇上、封疆大臣一起厘剔,惩治这些倚势欺人的兵丁。

杨锡绂为政时时想着老百姓的利益,处处满足老百姓的愿望,他每次上疏议论朝政得失,必定广询博访,详求得失,然后见诸施行。他为官多年,其所颁政令总能顺利施行,其宦辙所历往往上下交相称赞。在任湖南巡抚期间,湖南人特别喜欢打官司,他分别良莠,示以科条,没几年而民俗一变。他三为湖南巡抚,当地老百姓欢迎他就像欢迎慈父母一般。在其广西巡抚任内,因广西与安南接壤,苗民错杂居住,他严立禁防,除去烦苛,互相安静无扰。再比如,湖南每年采买木材,政府官员到了苗地,凡是见到合适的木材便登记好,以很低的价钱从苗民那儿买商木运至江南贩卖,以赚取其中的差价,苗民得不到实际利益。杨锡绂深知其中弊端,于是上奏,请求苗地商木应凭商行采买,苗民有愿意卖的,才能买,官府不得插手交易,但必须对商木买卖进行查验,看是否有强买行为,然后运过辰关①,经过检验才可以通行。自杨锡绂上奏后,此条例遂成为苗地买卖木材的规范制度。

当时各省米价腾贵,乾隆谕令各督抚查明情况上奏。杨锡绂上疏首先分析米贵的原因,认为一方面是因为皇帝命令年年采买米谷,民间所生产的米一半进入了政府仓库,使民间米谷供应不足;另一方面则是由于富户买米囤积,不轻易售出,市场上买的人多而卖的人少。然后,提出了切实可行的措施,一是慢慢实行均田;二是减少皇粮的积贮;三是加强国家水利建设,提高洪水的储蓄与泄导能力,使洪涝与干旱都不能为患。其奏折分析原因利弊,提出切实可行的解决方案,深得乾隆皇帝嘉许。

他为官清正廉洁,统领下属纪律严明。在他任广东肇罗道御史期间,曾上奏折《请严禁馈送土产疏》给乾隆皇帝,认为馈送土产看似事小,实则扰民,也有伤官吏清名,请求禁止。乾隆采纳了他的建议,随即明令禁止一切馈赠,那些想借送礼走后门的事被坚决杜绝。乾隆元年,他被任命为广西布政使,到任后不久,立刻下令禁止州县以土产馈赠上司。乾隆八年,梧州知府戴肇名馈赠人参,假称其名曰"长生果",杨锡绂坚决拒绝,并且详细地向乾隆皇帝汇报了此事,皇上称赞他不愧"四知"!

他一生政绩赫赫,于水利方面的贡献尤为卓著。早在乾隆十年,他被授湖南巡抚期间,就充分认识到水利于农业的重要作用。当时,湖南一些地方官吏贪图小利,缺乏远见,纵容农民填沟河为田,导致暴雨时发生洪涝灾害,造成巨大损失。杨

---

① 辰关,清代重要的税卡名,如今天的海关,专征贵州下游的竹子与木材。见《东华续录·光绪三十五》。

锡绂上奏朝廷,认为捐膏腴之地以为沟洫,可以根据需要蓄水、泄水,无论是干旱,还是洪涝,人们都能控制,所弃小而得利大。请求降旨各省督抚,严禁将池塘陂泽开垦为田地。乾隆立即降旨,在湖南全面推行,福泽湖南人民,功莫大焉!

乾隆二十二年,他被授漕运总督,掌管苏、浙、皖、赣等八省漕政,当时正值漕运事务弊端丛生,作为漕督,他"咨访利病,爬罗剔抉,兴之革之,与众同欲。"[1]凡是他所提出的法规条令,往往高瞻远瞩,在他任漕运总督十二年期间,那些漕运弊端被杜绝,漕运风气清正,漕运官员安于职守,无违法谋私之处,兵丁则兢兢业业,忠于岗位。乾隆二十二年,他刚刚上任,就上疏请求豁免兴武、江淮二卫旗丁的欠缴漕项,但没有得到皇上批准,还责备他沽名钓誉,命令以养廉银代为偿还,但是他没有气馁。乾隆二十三年,再次上疏,言辞恳切,力求革除漕运当时存在的几个弊端:第一,请求宽限旗丁应交钱粮,认为百金以上,可以允许三年期限上交,交完后就可以归船。第二,旗丁挂欠钱粮,督运官应与旗丁一起承担责任,停其议叙,同时,旗丁改金。第三,旧丁的公私欠项不得勒索新丁接受。第四,在水次兑漕,令仓役执斛,旗丁执概。第五,江淮、兴武二卫运丁运粮,快丁驾船。乾隆认为其奏的确很有见地,很快下令户部商议准奏。

他任漕运总督十二年,尽忠职守。他所敷奏的关于漕政的条例都切中肯綮,现择其要言之:第一,重视治理河道。乾隆二十六年,上疏言称运蓟州粮船自宁河转入宝坻,由白龙港、刘家庄达蓟州,水道淤浅,请责成官员疏浚。乾隆二十四年又上奏请求分委河员将山东旧有诸泉逐一查勘,去其壅蔽,导之流行,过去有已经干涸的河流废除,过去没有而今天有的扩展,并在每年于二三月间令管泉的官员实力疏浚,出而济运。乾隆三十年,因微山湖内之水一丈为度,不足济运,请求将八闸河底一律挑深五尺,以为调济。他治漕并不教条,经常随所变宜,以国家事为己事,处处上心。微山湖口闸向来起节制水势的作用,乾隆二十四年,杨锡绂上疏建议,因江南运河水势充足,东省宜预为撙节,应先将湖口闸先下底板四块,并将张河等处减水单闸照旧堵闭。至二月时,因运河水势不足,尚需接济,他又上疏建议仍旧将湖口闸并减水各单闸照以前开放,使湖水畅流。杨锡绂处处留心,预为调剂,随时咨商,河臣根据情况开启关闭,使漕运流通转输。此深得乾隆皇帝嘉许,认为"此由若地方大吏遇事皆能如此,不分轸域,于公务何患不济?"[2]并传旨定为章程,永远遵守。第二,革除漕运陈规。乾隆二十五年时,板闸、临清、天津三关尚沿明制,漕

---

① ［清］鲁仕冀著《太子太保光禄大夫兵部尚书都察院右都御史总督漕运杨勤悫公锡绂神道碑》,［清］钱仪吉纂、靳斯校点《碑传集》,北京:中华书局,1993 年,第 2066 页。
② ［清］杨锡绂纂《漕运则例纂》,清乾隆初刻本。

运船艘过关需要给发限单才能通行，杨锡绂请求裁革。徐州江北帮及长淮轮兑之帮原来都从杨庄口门入运河，运道险远迂回，乾隆二十五年，他上疏请求让江北、长淮等帮漕艘改泊皂河，让弁丁到徐州受兑，州县代雇剥船转运过坝，以使江北、长淮等帮永远避免黄河之险。乾隆皇帝从之，并认为他实心治事，命令免以养廉银代偿漕项。第三，奖罚分明，革除漕运官丁恶习。漕运时，官丁经常沆瀣一气，在好米中搀杂潮润之米，以谋取私利。乾隆二十五年，他上疏，假如州县收漕米有搀杂潮润，经粮道查出后，管辖的当地知府应视包庇劣员例议处，相关丁员应发送边远地方充军。当时，一些富户想方设法逃脱漕运之责，成为金丁的往往是那些无力穷民。乾隆二十九年，他上疏请求金报后辩诉审虚，给那些百端逃脱的富户参劾治罪，打破了多年的诡捏脱漏的"瞻徇之习"。第四，阐明职责，各司其职。当时粮艘禁运私盐，道经扬州时，本来总督、盐政已经专门派人督察，但又有淮扬道扬州游击、守备，江都、甘泉两县，各差兵役搜查，因盘查过多，粮艘因而受到羁阻，不能及时进京交粮。杨锡绂上书请求应专听总督、盐政委员督察，其他应一律停止。

他为督期间，亲临漕船，监督水运，为漕运鞠躬尽瘁，所采取措施切中要害，并勉力施行，从而形成了清朝"粮艘积弊为之一清，运丁之瘠疲者咸有起色，奸胥猾吏向盘踞其中者，均惴惴不敢名一钱，此数十年所未有也"[1]的清明局面，王昶在《湖海诗传》中赞叹说："数十年来，论漕政者，必举先生第一。"[2]关于他在漕运方面的贡献，乾隆皇帝曾御制两首诗赐予他，其一《赐总漕杨锡绂》曰："转漕由来大政关，得人久任谓卿闲。四星储蓄天容与，千里北南岁往返。革蠹深应体民隐，董偷兼欲恤丁艰。奉公尽职诚斯在，扈跸仪文尽可删。"[3]另一首《赐漕运总督杨锡绂》曰："内供卿贰外封疆，司运今番政最良。不必精严事皆就，善于驱使众胥襄。即今水次排南舸，弗误秋来到北仓。更议金丁蠲积习，不徇流俗审应臧。"[4]彭启丰在所作《漕运总督谥勤悫杨公传》中真推他为"三公之亚"，云："近世名臣推朱文端、杨文定、蔡文勤，是三公者，负正直之操，屹然为当世望，若杨公者，其三公之亚欤?"[5]

其著作现存《四知堂文集》三十九卷，有《漕运全书》《四书讲义》《节妇传》等，其

① ［清］裘日修著《太子太保兵部尚书漕运总督杨勤悫公墓志铭》，《裘文达公文集》卷六，清嘉庆刻本。
② ［清］王昶《湖海诗传》卷四，《续修四库全书》第1625册，上海：上海古籍出版社，2002年，第566页。
③ ［清］爱新觉罗·弘历撰《御制诗三集》卷十九，《清代诗文集汇编》第322册，上海：上海古籍出版社，2010年，第515页。
④ ［清］爱新觉罗·弘历撰《御制诗三集》卷四十六，《清代诗文集汇编》第323册，上海：上海古籍出版社，2010年，第148—149页。
⑤ ［清］彭启丰著《漕运总督谥勤悫杨公传》，［清］钱仪吉纂、靳斯校点《碑传集》，北京：中华书局，1993年，第2070页。

一生心力则瘁于《漕运全书》。漕运是清朝的天庾正供,是朝廷血脉,康熙帝曾将漕运与河务、三藩同列为"三大事",书写在宫中立柱上。按照清朝政府规定,江苏、浙江、安徽、江西、湖北、湖南、河南、山东八省岁需完成漕粮总额 400 万石,要完成这项巨大的运输任务,必须有一套严密而成熟的制度作为保障。在雍正十二年前,虽然各种漕运制度颁布实施,但都处于极为零散的状态,雍正十二年夏之芳请求编纂《漕运议单》,内容涉及漕粮额征、征收事例、兑运事例、通漕运艘、督运职掌、选补官丁、官丁廪粮、计屯起运、漕运河道、随漕款项、京通粮储、截拨事例、采买搭运、奏销考成等等,每一制度下还包括若干子项,但是编成后,因其卷帙浩繁,并未及板行于世,只有少量手抄本在仓场、总漕两衙门、各省粮道间流行,而底层的有漕州县的卫所官弁则很难拥有此书,对于漕运定例也一知半解,很多底层小吏则因缘滋弊,随意勒索,损公肥私。当初编定《漕运议单》时户部议定十年一次进行增编,杨锡绂因任漕运总督十二年,时间较长,他博采周诹,又将《漕运议单》删繁就简,编成《漕运则例纂》二十卷。他将《漕运议单》例案逐加校核,删其繁冗,归于简明,补其缺略,务臻详备。条例较《漕运议单》更为完备,文字则更为简洁。《漕运则例纂》的内容包括漕粮原额、通漕运艘、白粮事例、轻赍则例、督运职掌、选补官丁、计屯起运、征纳兑运、官丁廪粮、漕运河道、粮运限期、风火挂欠、奏销考成、通漕禁令、蠲缓改折、截留拨运、京通粮储等等,举凡涉及漕运的官例之置设、军屯之清理、丁男之勾佥、米粟之征兑、船艘之修造、仓廒之建置、军旗之养赡与运道之修防、陂湖之储蓄、要地之盘验、沿途之催偿、空重之程限、风火之调剂、奸盗之禁饬,并灾伤之补救、临时之截拨等等在《漕运则例纂》里都有详细的立法规定,内容完全涵盖了漕运事务的各个方面。《漕运则例纂》是漕运的工作条例与守则总汇,是皇帝对各级漕运官员定出的具体工作章程,为相关漕运部门提供了清晰明确的执法依据。《漕运则例纂》的编纂保证了各项规章制度的贯彻与执行,充分反映了清代漕运制度的全面和严密,表现了清代行政管理制度与封建专制的高度统一,成为后来治漕者的圭臬。

杨锡绂编成《漕运则例纂》后,并未及进呈御览,已溘然而逝,书也未及刊行。乾隆二十四年,后任漕运总督黄登贤装潢篇帙,进呈御览,请求刊行。此校点本以乾隆年间初刻本为底本,故宫珍本丛刊为参校本,两本有所出入之处均于校记中作了说明。文中所有异体字按当下通行文字修改。乾隆初刻本中小字部分现以括号标示。标点有不当之处,敬请方家指正。

许芳红
2012 年 5 月

序 一
黄登贤

　　署理总督淮扬等处地方提督漕运海防军务兼理粮饷仓场侍郎臣黄登贤谨奏：为进呈《漕运则例》仰祈睿鉴事，窃臣荷蒙恩命，署理漕运总督，伏念漕务关重，款项浩繁，条目重多，必须悉心筹办，方免贻误。查漕政旧有《漕运议单》，于雍正十二年御史夏之芳请纂全书，经部议准，定以十年一次续增编辑，咨行在案。前任漕臣杨锡绂在任年久，博采周谘，删繁就简，成书二十卷，名曰《漕运则例纂》，缮写墨本，未及进呈。臣详加检绎，卷中多系奏请圣训、仰蒙俞旨及部议咨准之案。臣现在仿照成例，因时参酌，于漕务似有裨益。窃思此书成于杨锡绂，俾通漕获有遵循，臣不敢湮没其未竟之志，敬谨装潢，恭呈御览。其中是否尽善，有无遗漏，应否饬部准行，俟十年续修，届期再为编辑之处，伏祈皇上训示遵行。谨奏。

　　清乾隆二十四年十月初六日奉朱批：该部知道，书并发，钦此。

序 二

漕运与仓储并重，京通两地，千囷鳞设，岁需东南转输，以供天庾而颁糈禄，故仓主收而漕主运。漕政所辖，自通津豫，东并三江、全浙，以迄两湖，幅员辽阔，屯卫纷繁，军丁众多。顾念一颗一粒，尽属小民辛苦，而措置失宜，实为弊薮。肩期限任者，恒惴惴然，虑难称职。贤以菲材，滥叨简命，督漕淮上。忆自通籍三十余载，虽出入承明，辱蒙圣主教育，而愚悃朴拙，于外任究未克娴，大惧德簿智小，何堪负荷！清江杨悫勤公，本诸学问，以见经济，莅淮十有二年，博采周谘，删繁就简，编辑《漕运则例纂》凡二十卷。卷中多奏请圣训、仰奉俞旨及部议咨准之案，未及进呈，而赍志云亡。老成凋谢，其嘉谟良范，意思深远，已固结沦浃于屯卫丁男。贤方景慕希踪之不暇，矧兹令典，可勿图终，爰为装潢成帙，恭呈御览。睿念周详，幸邀指诲，复加厘订，刊行八省，聿垂永久。悫勤公祠巍然在河干，往来者动古之遗爱之叹焉！贤之来也，监守成宪，窃恐未能发明，抑其未竟之志弗忍没，未竟之绪弗敢弗承尔！时乾隆庚寅季春月督漕使者大兴黄登贤撰。

序 三

国家定鼎燕京，岁漕东南粟四百六十余万石，贮京通各仓供度支。其官例之置设，军屯之清理，丁男之勾金，米粟之征兑，船艘之修造，仓厫之建置，军旗之养赡，与夫运道之修防，陂湖之储蓄，要地之盘验，沿途之催儧，空重之程限，风火之调剂，奸盗之禁饬，并灾伤之补救，临时之截拨，创制立法，一定不易，利弊兴除，复随时而斟酌之。政系军储，体关重大，条例之垂，至详且尽。记载流传旧有《漕运议单》，雍正十二年，御史臣夏之芳请纂全书，经部议准，纂辑成书，定以十年一次相续编辑，纲举目张，巨细秩然矣！顾篇帙浩繁，未经板行，誊写之本止及仓场、总漕两衙门，各省粮道间有转抄，其余有漕州县卫所官弁，艰于购觅，定例未尽晓然，吏胥不无因缘滋弊。使者恭膺简命，俾总漕储，十载于兹。公余即将全书例案逐加校核，删其繁冗，归于简明，补其缺略，务臻详备。凡三易寒暑，成书二十卷，名曰《漕运则例纂》，事增于前而文较损，庶几便于翻览。因付剞劂，通行流布，俾司漕者得所持循，异时即有应增简者，亦得举是编而考订之，于漕运不无小补云。时乾隆岁次丁亥孟夏月，督漕使者清江杨锡绂书。

1

漕运则例纂
凡　例

　　一　漕运旧有全书,是编分类列款仍照原本,间有增并,俱系按其条例,详审酌定。

　　一　全书系先例后案,例有未尽者,于案查考是编,将成案细核,有应入例者俱行摘入,一切成案,无庸复载。

　　一　一案之中有事分数条者,俱按其款类分别摘入。

　　一　全书条例下有注《议单旧本》者,有注年分者,俱仍其旧。间有从《会典》及吏兵二部则例采入者,则注"例载会典及某部则例"。

　　一　全书各条例有后经更改者,有未经更改而现在并无其事者,俱斟酌事体,或系此事缘起,或存之可为法戒,俱仍列入,以备查考。

　　一　各款类中,条例繁多,有可挨顺年分者,亦有一例之中微有分别,不能挨顺者,前后错综。总之,以类相从,期于明晰。

　　一　全书条例俱分晰各列,是编遇有事例可以挨顺总编,如挂欠追赔、北河挑浚、卫河挑浚之类,俱挨顺年分编为一条,俾原委了然,以便查阅。

　　一　条例有须申明者,则于本条之下加入按语,用双行写列。

　　一　河漕相为表里,闸坝堤防及堵筑疏浚历年所奉谕旨并举行事件甚多,是编止就全书所有及内部咨行仓场漕运衙门者纂入。

　　一　北漕条例俱入京通粮储,内亦有一事而北漕、南漕须行并列,如制斛升斗之类,俱两处分载。

　　一　截留拨运,全书系列入京通粮储,查蠲缓改折之后,即应继以截留拨运,是以另行摘出。

　　一　我朝圣圣相承,勤民恤军,超越前古,偶遇灾伤,蠲缓改折,恩纶迭沛,截留拨运至百千亿万,无少靳惜。是编除摘列条例外,敬录历年恩旨,另为一册。

　　一　船粮数目岁有更改,是编成于三十一年,故以三十一年之数为定,其条例有三十二年春间准到部咨，尚在未经刊竣之前者，亦行纂入[1]。

【校记】

[1]"有三十二年春间准到部咨，尚在未经刊竣之前者，亦行纂入"，《故宫珍本丛刊》本无此语。

漕运则例纂

编次：

太子太保、兵部尚书兼都察院右都御史、总督淮扬等处地方，提督漕运海防军务兼理粮饷加五级纪录一次杨锡绂

参订：

江南原任江安粮储道	姚成烈
江安粮储道	蒋赐棨
苏松粮储道	朱奎扬
浙江原任粮储道	金　溶
浙江粮储道	陈梦说
江西粮储道	魏椿年
湖北粮储道	李承邺
湖南粮储道	刘秉愉
山东原任粮储道	宫兆麟
山东粮储道	海　成
河南粮储道	温必联

校刊：

江南兴武卫守备	李　炯
江南扬州卫守备	梁元升
候补卫千总	白兴贵
候补卫千总	张　相

【校记】：

以上《故宫珍本丛刊》无

《漕运则例纂》总目

《漕运则例纂》 卷之一

《漕运则例纂》卷之一

漕粮原额

正兑额数

山东省（济南、泰安、武定、兖州、曹州、东昌六府）

原额正兑正米二十八万石，（外有停运蓟、密、昌边镇盘剥耗米改作正米二千五百八十五石三斗七升六合），耗米六万三千一百四十六石三斗四升四合，（每正米一石加耗米二斗五升，永折者无耗）除永折并节年荒缺及归并别省，又改征黑豆及蓟粮，改折外连升增并黑豆，仍征粟米，至乾隆三十一年，实征正兑正米一十三万八千九百六十二石八斗一升一合三勺，耗米三万四千七百四十石七斗二合零。

济南府（历城、张邱、邹平、淄川、长山、新城、齐河、齐东、济阳、禹城、临邑、长清、陵县、德州、德平、平原十六州县。向有泰安、武定二州，今改州为府）

原额正兑正米一十一万五千五十五石二斗（外有停运蓟、密、昌边镇盘剥耗米改作正米一千二百五十五石二斗），耗米一万八千二百六十三石八斗（每正米一石加耗米二斗五升），除永折并节年荒缺及归并别府，又改征黑豆及蓟粮，改折外连升增并黑豆，仍征粟米，至乾隆三十一年实征正兑正米四万一千一十八石二斗一升九合零，耗米一万二百五十四石五斗五升四合零。

泰安府（向隶济南府。雍正十三年改州为府，泰安、莱芜、肥城、东平、东阿、平阴六州县）

原额正兑正耗米数载济南府项下，今除改征黑豆及蓟粮，改折外连升增并黑豆，仍增粟米，至乾隆三十一年，实征正兑正米一万三千八百四十七石七斗五升三合零，耗米三千四百六十一石九斗三升八合零。

武定府（向隶济南府。雍正十三年，改州为府，惠民、商河、青城、滨州、阳信五

州县）

原额正兑正耗米数载济南府项下，今除改征黑豆及蓟粮，改折外连升增并黑豆，仍增粟米，至乾隆三十一年，实征正兑正米五千一百一十七石一斗五升二合零，耗米一千二百七十九石二斗八升八合零。

兖州府（滋阳、曲阜、宁阳、邹县、泗水、滕县、峄县、金乡、鱼台、济宁、嘉祥、汶上、阳谷、寿张十四州县。向有曹州，今改州为府）

原额正兑正米六万三千八百五十石九斗七升六合，（外有停运蓟、密、昌边镇盘剥耗米改作正米六百五十石九斗七升六合零），耗米一万三千九百六十二石七斗四升四合（每正米一石加耗米二斗五升）、除永折并节年荒缺及归并别府，又改征黑豆及蓟粮，改折外连升增并黑豆，仍征粟米，至乾隆三十一年，实征正兑正米二万四千一百四石二斗七升六合零，耗米六千二十六石六升九合零。

曹州府（向隶兖州府，雍正十三年，改州为府。菏泽、曹县、定陶、巨野、郓城、单县、城武、濮州、范县、观城、朝城十一州县）

原额正兑正耗米数载兖州府项下，今除改征黑豆及蓟粮，改折外连升增并黑豆，仍增粟米，至乾隆三十一年，实征正兑正米二万三千三百八石三斗一升七合零，耗米五千八百二十七石七升九合零。

东昌府（聊城、堂邑、博平、茌平、清平、莘县[1]、冠县、临清、邱县、馆陶、高唐、恩县、夏津、武城十四州县）

【校记】

[1]"莘县"，《丛刊》本（《故宫珍本丛刊》简称，下同）作"茟县"，误。

原额正兑正米一十万三千六百七十九石二斗，（外有停运蓟、密、昌边镇盘剥耗米改作正米六百七十九石二斗），耗米三万九百一十九石八斗（每正米一石加耗米二斗五升）、除永折并节年荒缺及归并别省，又改征黑豆及蓟粮，改折外连升增并黑豆仍征粟米，至乾隆三十一年，实征正兑正米三万一千五百六十七石九升四合，耗米七千八百九十一石七斗七升三合零。

河南省（开封、归德、彰德、卫辉、怀庆、河南、陈州、许州、陕州、汝州十府州）

原额正兑正米二十七万石，耗米五万三千六百七十石二斗六升，（每正米一石加耗米二斗五升、二斗八升不等，永折者无耗）除永折并节年荒缺及归并别省，又改征黑豆、麦石及蓟粮，改折外连升增并黑豆，仍征粟米，至乾隆三十一年，实征正兑正米六万五千七百三十三石五斗七升四合零，耗米一万七千五百五十一石五斗五升七合零。

开封府（祥府、陈留、杞县、通许、尉氏、洧川、鄢陵、中牟、阳武、封邱、兰阳、仪

封、郑州、荥阳、荥泽、禹州、汜水、密县、新郑十九州县。向有陈州、许州,今改州为府)

原额正兑正米八万六千九百石,耗米二万八百六十八七石二斗七升六合,(每正米一石加耗米二斗五升、二斗八升不等)除永折并节年荒缺及归并别省别府,又改征黑豆、麦石,连升增并黑豆,仍征粟米,至乾隆三十一年,实征正兑正米二万二千九百四十六石五斗九升零,耗米六千二百二石七斗七升五合零。

归德府(商邱、陵宁、鹿邑、永城、虞城、夏邑、睢州、柘城、考城九州县)

原额正兑正米一万二千石,耗米二千八百六十一石五斗,(每正米一石加耗米二斗五升、二斗八升不等)除永折并节年荒缺及改征黑豆、麦石,连升增并黑豆,仍征粟米,至乾隆三十一年,实征正兑正米三千一百六十八石九斗八升七合零,耗米八百三十一石九斗九升七合零。

彰德府(安阳、汤阴、临漳、林县、武安、涉县、内黄七县)

原额正兑正米四万一千五百石,耗米六千四百四石,(每正米一石加耗米二斗五升、二斗八升不等)除永折并节年荒缺及归并别省,又改征黑豆、麦石及蓟粮改折外,连升增并黑豆,仍征粟米,至乾隆三十一年,实征正兑正米九千八百七石六斗一升六合零,耗米二千五百四十二石七斗五升七合零。

卫辉府(汲县、新乡、辉县、获嘉、淇县、延津、滑县、浚县八县)

原额正兑正米二万九千石,耗米四千九百五十六石三斗六升,(每正米一石加耗米二斗五升、二斗八升不等)除永折并节年荒缺,及改征黑豆、麦石及蓟粮改折外,连升增并黑豆,仍征粟米,至乾隆三十一年,实征正兑米五千四百二十石五斗九升九合零,耗米一千四百一十三石三斗七升零。

怀庆府(河内、济源、修武、武陟、孟县、温县、原武七县)

原额正兑正米四万一千石,耗米七千一十四石四斗二升四合,(每正米一石加耗米二斗五升、二斗八升不等)除永折并节年荒缺及改征黑豆、麦石,及蓟粮改折外,连升增并黑豆,仍征粟米,至乾隆三十一年,实征正兑正米一万四千六百九石六斗六升零,耗米三千九百四石二斗三升零。

河南府(洛阳、郾师、巩县、孟津、宜阳、登封、新安、永宁、嵩县、渑池十县。向有陕州,今改直隶州)

原额正兑正米五万一千石,耗米九千五百五十二石七斗,(每正米一石加耗米二斗五升、二斗八升不等)除永折并节年荒缺及归并别州,又改征黑豆、麦石,连升增并黑豆,仍征粟米,至乾隆三十一年,实征正兑米三千六百五十六石一斗八升八合零,耗米一千石一斗九升六合零。

陈州府（向隶开封府,雍正十二年改州为府。淮宁、太康、西华、扶沟、商水、项城、沈邱七县）

原额正兑正耗米数载开封府项下,今除改征黑豆麦石,连升增并黑豆,仍增粟米,至乾隆三十一年,实征正兑米二千七百七十一石五斗四升四合零,耗米七百一十七石五斗五升九合零。

许州（向隶开封府,雍正十二年改为直隶州。临颍、襄城、郾城、长葛四县）

原额正兑正耗米数载开封府项下,今除改征黑豆、麦石,连升增,至乾隆三十一年,实征正兑米三千三百五十二石三斗八升七合零,耗米九百三十八石六斗六升八合零。

陕州（向隶河南府,雍正二年改直隶州。卢氏、灵宝、阌乡三县）

原额正兑正耗米数载河南府项下,至乾隆三十一年,实征正兑米一万一千二百石,耗米二千九百五十八石一斗六升,今改拨辉县、延津、淇县、获嘉、林县、武陟、考城等县,征输米数已入各该县额征之内。

汝州（鲁山、郏县、宝丰、伊阳四县）

原额正兑米七千八百石,耗米一千九百五十石,今改拨仪封、浚县,征输米数已入各该县额征之内。

安徽省（江宁、安庆、宁国、池州、太平、庐州、凤阳、淮安、扬州、徐州、六安、颍州、泗州、海州、通州十五府州。淮安粮道故米数俱列入安徽之下）

原额正兑正米三十八万七千石,耗米一十三万八千八百石。（每正米一石加耗米四斗、三斗、二斗五升不等）除永折并节年荒缺及归并别省,连升增,至乾隆三十一年,实征正兑正米二十八万九千七百四十三石八斗五升六合,耗米一十万三千六百七十五石五斗八升一合零。

江宁府（上元、江宁、句容、六合、江浦五县）

原额正兑正米一十万石,耗米四万石,（每正米一石加耗米四斗）除永折及归并别省,并坍荒公占改拨兵粮外,连升增,至乾隆三十一年,实征正兑正米三万六千八百二十二石三斗三升七合零,耗米一万四千七百二十八石九斗三升五合零。

安庆府（桐城、潜山、太湖、怀宁、宿松、望江六县）

原额正兑正米六万石,耗米二万四千石,（每正米一石加耗米四斗）除节年荒缺,连升增,至乾隆三十一年,实征正兑正米五万九千六百一十三石四斗四合零,耗米二万三千八百四十五石三斗六升一合零。

宁国府（宣城、南陵、泾县、宁国、旌德、太平六县）

原额正兑正米三万石,耗米一万二千石,（每正米一石加耗米四斗）节年并无增除,至乾隆三十一年,实征起运仍同原额。

池州府(贵池、青阳、铜陵、建德、东流五县)

原额正兑正米二万五千石,耗米一万石,(每正米一石加耗米四斗)连节年升增,至乾隆三十一年,实征正兑正米二万五千石三升六合零,耗米一石一升四合零。

太平府(当涂、芜湖、繁昌三县)

原额正兑正米一万七千石,耗米六千八百石,(每正米一石加耗米四斗)节年并无升除,至乾隆三十一年,实征起运仍同原额。

庐州府(无为、合肥、舒城、庐江、巢县五州县。向有六安州,今改直隶州)

原额正兑正米一万石,耗米四千石,(每正米一石加耗米四斗)除节年荒缺及归并别州,至乾隆三十一年,实征正兑正米九千四百九十五石五斗八升五合零,耗米三千七百九十八石二斗三升四合零。

凤阳府(寿州、宿州、怀远、虹县、灵璧、凤台、定远七州县。向有泗州、颍州、亳州,今颍州改府,泗州改直隶州,亳州改并颍州府属)

原额正兑正米三万石,耗米九千石,(每正米一石加耗米三斗)除永折并节年荒缺及归并别府别州,连升增,至乾隆三十一年,实征正兑正米一万三百八十五石九斗四升三合零,耗米三千一百一十五石七斗八升三合零。

淮安府(山阳、清河、桃源、安东、盐城、阜宁六县。内有安东一县折漕,向有海州,今改直隶州)

原额正兑正米二万五千石,耗米七千五百石,(每正米一石加耗米三斗)除永折并节年荒缺及归并别府别州,连升增,至乾隆三十一年,实征正兑正米六千八百五十六石九斗九升六合零,耗米二千五十七石九升九合零。

扬州府(高邮、泰州、江都、甘泉、仪征、宝应、兴化七州县。向有通州,今改直隶州)

原额正兑正米六万石,耗米一万八千石,(每正米一石加耗米三斗)除永折并节年荒缺及归并别州,连升增,至乾隆三十一年,实征正兑正米四万九千四百石四斗四升六合零,耗米一万四千八百二十石一斗三升四合零。

徐州府(铜山、萧县、沛县、砀山、丰县、邳州、宿迁、睢宁八州县)

原额正兑正米三万石,耗米七千五百石,(每正米一石加耗米三斗、二斗五升不等)除节年荒缺,连升增,至乾隆三十一年,实征正兑正米二万九千九十石三斗八升七合零,耗米七千四百二十七石一斗九升七合零。

六安州(向隶庐州府,雍正二年改直隶州。英山、霍山二县)

原额正兑正耗米数载庐州府项下,至乾隆三十一年,实征正兑正米二千五百九十二石九升七合零,耗米一千三十六石八斗三升八合零。

颍州府(向隶凤阳府,雍正十三年改州为府。阜阳、霍邱、颍上、亳州、蒙城、太和等六州县)

原额正兑正耗米数载凤阳府项下,至乾隆三十一年,实征正兑正米四千四百八十五石七斗七升八合零,耗米一千三百四十五石七斗三升三合零。

泗州府(向隶凤阳府,雍正二年改直隶州。五河、盱眙、天长三县)

原额正兑正耗米数载凤阳府项下,至乾隆三十一年,实征正兑正米二千二百二十七石九斗四升三合零,耗米六百六十八石三斗八升二合零。

海州(向隶淮安府,雍正二年改直隶州。沭阳、赣榆二县)

原额正兑正耗米数载淮安府项下,至乾隆三十一年,实征正兑正米一千三百九十九石八斗七升三合零,耗米四百一十九石九斗六升二合零。

通州(向隶扬州府,雍正二年改直隶州。泰兴、如皋二县)

原额正兑正耗米数载扬州府项下,除坍荒公占,至乾隆三十一年,实征正兑正米五千三百七十三石三升一合零,耗米一千六百一十一石九斗九合零。

江苏省(苏州、松江、常州、镇江、太仓五府州)

原额正兑正米一百一十一万三千石,耗米四十四万五千二百石,(每正米一石加耗米四斗)除永折并改折灰石及节年荒缺拨留兵粮外,连升增,至乾隆三十一年,实征正兑正米一百四万二千一百四十五石三斗三升六合零,耗米四十一万六千八百五十八石一斗三升四合零。[1]

【校记】

[1]《丛刊》本作:实征正兑正米一百四万四百六十六石四斗七升二合零,耗米四十一万六千一百八十六石五斗八升七合零。

苏州府(长洲、元和、吴江、吴县、震泽、常熟、昭文、昆山、新阳九县。向有太仓州,今改直隶州)

原额正兑正米六十五万五千石,耗米二十六万二千石,(每正米一石加耗米四斗)除永折并改折灰石及节年荒缺,及归并太仓州外,连升增,至乾隆三十一年,实征正兑正米四十九万二千四十一石三斗八升三合零,耗米一十九万六千八百一十六石五斗五升三合零。[1]

【校记】

[1]《丛刊》本作:实征正兑正米四十九万二千六十二石二斗四升二合零,耗米一十九万六千八百二十四石八斗九升六合零。

松江府(华亭、奉贤、娄县、金山、上海、南汇、青浦七县)

原额正兑正米二十万三千石,耗米八万一千二百石,(每正米一石加耗米四斗)除改折灰石并节年荒缺,连升增,至乾隆三十一年,实征正兑正米二十一万一千四百四十八石七斗四合,耗米八万四千五百七十九石四斗八升一合零。[1]

【校记】

[1]《丛刊》本作:实征正兑正米二十一万五百一石八升五合零,耗米八万四千二百石四斗三升四合零。

常州府(武进、阳湖、无锡、金匮、江阴、宜兴、荆溪七县)

原额正兑正米一十七万五千石,耗米七万石,(每正米一石加耗米四斗)除改折灰石及节年荒缺,连升增,至乾隆三十一年,实征正兑正米一十九万四千二百八十七石八斗八升八合零,耗米七万七千七百一十五石一斗五升五合零。[1]

【校记】

[1]《丛刊》本作:实征正兑正米一十九万三千八百二十九石九斗四升六合零,耗米七万七千五百三十一石九斗七升八合零。

镇江府(丹徒、丹阳、金坛、溧阳四县)

原额正兑正米八万石,耗米三万二千石,(每正米一石加耗米四斗)除节年荒缺及拨留兵粮外,连升增,至乾隆三十一年,实征正兑正米七万二千七百六石八斗四升二合零,耗米二万九千八十二石七斗三升七合零。[1]

【校记】

[1]《丛刊》本作:实征正兑正米七万三千一十三石六斗三升八合零,耗米二万九千二百五石四斗五升五合零。

太仓州(向隶苏州府,雍正三年改直隶州。镇洋、嘉定、宝山三县)

原额正兑正耗米数载苏州府项下,至乾隆三十一年,实征正兑正米七万一千六百六十石五斗一升八合零,耗米二万八千六百六十四石二斗七合零。[1]

【校记】

[1]《丛刊》本作:实征正兑正米七万一千五十九石五斗六升一合零,耗米二万八千四百二十三石八斗二升四合零。

浙江省(杭州、嘉兴、湖州三府)

原额正兑正米六十万石,耗米二十四万石,(每正米一石加耗米四斗)除改折灰石并节年荒缺,至乾隆三十一年,实征正兑正米五十八万六千一百七十二石二升二合零,耗米二十三万四千四百六十八石八斗八合零。

杭州府(仁和、钱塘、海宁、富阳、余杭、临安、新城、於潜、昌化九县)

原额正兑正米一十万石,耗米四万石,(每正米一石加耗米四斗)除改折灰石并节年荒缺,至乾隆三十一年,实征正兑正米九万七千五百五十一石七斗六升九合零,耗米三万九千二十石七斗七合零。

嘉兴府(嘉兴、秀水、嘉善、海盐、平湖、石门、桐乡七县)

原额正兑正米二十九万石,耗米一十一万六千石,(每正米一石加耗米四斗)除改折灰石并节年荒缺,至乾隆三十一年,实征正兑正米二十八万三千七百三十七石五升九合零,耗米一十一万三千四百九十四石八斗二升三合零。

湖州府(安吉、归安、乌程、长兴、德清、武康六州县)

原额正兑正米二十一万石,耗米八万四千石,(每正米一石加耗米四斗)除改折灰石并节年荒缺,至乾隆三十一年,实征正兑正米二十万四千八百八十三石一斗九升二合零,耗米八万一千九百五十三石二斗七升七合零。

江西省(南昌、瑞州、临江、吉安、抚州、建昌、广信、饶州、南康、赣州、宁都州十一府州)

原额正兑正米四十万石,副米二十一万二千石,(副米即耗米,每正米一石加副米五斗三升)除节年荒缺,连升增,至乾隆三十一年,实征正兑正米三十五万一千五百七十九石二斗五升四合零,副米一十八万六千三百三十七石四合零。

南昌府(南昌、丰城、进贤、宁州、武宁、新建、奉新、靖安八州县)

原额正兑正米八万三千四百二十七石七斗四升,副米四万四千二百一十六石七斗二合二勺,(每正米一石加副米五斗三升)除节年荒缺,连升增,至乾隆三十一年,实征正兑正米八万一千七百七十二石一斗七升六合零,副米四万三千三百三十九石二斗五升三合零。

瑞州府(高安、上高、新昌三县)

原额正兑正米五万五千一百九十八石一斗,副米二万九千二百五十四石九斗九升三合,(每正米一石加副米五斗三升)除节年荒缺,连升增,至乾隆三十一年,实征正兑正米二万九千六百五十六石四斗五升八合零,副米一万五千七百一十七石九斗二升三合零。

临江府(清江、新喻、新淦、峡江四县)

原额正兑正米四万一千六百三十六石六斗三升,副米二万二千六十七石四斗一升三合九勺,(每正米一石加副米五斗三升)除节年荒缺,连升增,至乾隆三十一年,实征正兑正米三万八千二百四十四石二斗二升九合零,副米二万二百六十九石四斗四升一合零。

吉安府(庐陵、吉水、泰和、安福、永丰、龙泉、万安、永新八县。又乾隆九年设莲花一厅)

原额正兑正米六万九千九百二十五石八升,副米三万七千六十石二斗九升二合四勺,(每正米一石加副米五斗三升)除节年荒缺,连升增,至乾隆三十一年,实征正兑正米六万四千三百六十九石一斗五升三合零,副米三万四千一百一十五石六斗五升一合零。

抚州府(临川、金溪、东乡、崇仁四县)

原额正兑正米三万四千七十七石六升,副米一万八千六十石八斗四升一合八勺,(每正米一石加副米五斗三升)除节年荒缺,连升增,至乾隆三十一年,实征正兑正米三万四千一十八石三斗四升七合零,副米一万八千二十九石七斗二升四合零。

建昌府(南城、南丰、新城、泸溪四县)

原额正兑正米一万六千九石一斗一升,副米八千四百八十四石八斗二升八合三勺,(每正米一石加副米五斗三升)节年升增,至乾隆三十一年,实征正兑正米一万六千一十一石五斗八升零,副米八千四百八十六石一斗三升七合零。

广信府(上饶、玉山、广丰、铅山、弋阳、贵溪、兴安七县)

原额正兑正米二万三千一百二十石二斗,副米一万二千二百五十三石七斗六合,(每正米一石加副米五斗三升)除节年荒缺,连升增,至乾隆三十一年,实征正兑正米二万一千二百一十八石七斗八合零,副米一万一千二百四十五石九斗一升五合零。

饶州府(鄱阳、余干、乐平、浮梁、安仁、德兴、万年七县)

原额正兑正米五万三百五十石二斗二升,副米二万六千六百八十五石六斗一升六合六勺,(每正米一石加副米五斗三升)除节年荒缺,连升增,至乾隆三十一年,实征正兑正米四万九千六百一石一斗八升九合零,副米二万六千二百八十八石六斗三升零。

南康府(都昌、安义、建昌三县)

原额正兑正米一万六千一百九十石,副米八千五百八十石七斗。(每正米一石加副米五斗三升)节年升增,至乾隆三十一年,实征正兑正米一万六千四百四十二石八斗六升八合零,副米八千七百一十四石七斗二升零。

赣州府(赣县。向有宁都县,今改直隶州)

原额正兑正米一万六十五石八斗六升,副米五千三百三十四石九斗五合八勺,(每正米一石加副米五斗三升)除节年荒缺、拨抵兵粮及改归宁都州外,连升增,至乾隆三十一年,实征正兑正米二百四十四石五斗二升七合零,副米一百二十九石五斗九升五合零。

宁都州(向隶赣州府,乾隆二十年改为直隶州,瑞金、石城二县无漕)

原额载赣州府项下,至乾隆三十一年,实征正兑正米五千七百八十七石八斗九升零,副米三千六十七石五斗八升一合零。

湖北省(武昌、汉阳、黄州、安陆、德安、荆州六府)

原额正兑正米一十三万二千九百四十二石七斗一升四合三勺零,耗米四万一百六十八石二升七合八勺零,(每正米一石加耗米四斗,永折者无耗)除永折并节年荒缺,连升增,至乾隆三十一年,实征正兑正米九万四千五百六十九石二斗二升七合零,耗米三万七千八百二十七石六斗九升一合零。

武昌府(江夏、武昌、咸宁、嘉鱼、蒲圻、崇阳、通城、兴国、大冶、通山十州县)

原额正兑正米三万二千二百三十二石八斗,耗米一万一千四百四十三石六斗一升二合,(每正米一石加耗米四斗)除永折并节年荒缺,连升增,至乾隆三十一年,实征正兑正米二万八千六百三十一石一斗一合五勺零,耗米一万一千四百五十二石四斗四升二合零。

汉阳府(汉阳、黄陂、沔阳、孝感四州县)

原额正兑正米三千八百四十一石七斗四升四合七勺零,耗米一千四十石三斗二升,(每正米一石加耗米四斗)除永折并节年荒缺,连升增,至乾隆三十一年实征正兑正米一万二千二百三十六石九斗五升四合零,耗米四千八百九十四石七斗八升一合零。

黄州府(黄岗、蕲水、罗田、蕲州、广济、黄梅六州县)

原额正兑正米四万九千九百四十二石三斗,耗米一万三千六百三十七石五斗六升八合,(每正米一石加耗米四斗)除永折并节年荒缺及归并别府,连升增,至乾隆三十一年,实征正兑正米三万六百三十四石三斗七升八合零,耗米一万二千二百五十三石七斗五升一合零。

安陆府(潜江、天门、荆门、当阳四州县)

原额正兑正米一万八千六百石四斗,耗米六千四十二石一斗四升,(每正米一石加耗米四斗)除永折并节年荒缺,连升增,至乾隆三十一年,实征正兑正米九千八百三十八石六斗七升六合零,耗米三千九百三十五石四斗七升零。

德安府(安陆、云梦、应城、随州、应山五州县)

原额正兑正米六千三百三石八斗,耗米二千五百二十石七斗二升,(每正米一石加耗米四斗)除节年荒缺及归并别府,连升增,至乾隆三十一年,实征正兑正米三千九百九十五石四斗六升五合零,耗米一千五百九十八石一斗八升六合零。

荆州府(江陵、公安、石首、监利、松滋五县)

原额正兑正米二万二千二十一石六斗六升九合六勺,耗米五千四百七十六石六斗六升七合八勺,(每正米一石加耗米四斗)除永折并节年荒缺,连升增,至乾隆三十一年,实征正兑正米九千二百三十二石六斗四升七合零,耗米三千六百九十三石五升九合零。

湖南省(长沙、衡州、岳州、澧州四府州)

原额正兑正米一十一万七千五十七石二斗八升五合六勺零,耗米四万六千八百二十二石九斗一升四合二勺零,(每正米一石加耗米四斗)除永折并节年荒缺,连升增,至乾隆三十一年,实征正兑正米九万五千五百三十八石五斗四升四合零,耗米三万八千二百一十五石四斗一升七合零。

长沙府(长沙、善化、湘阴、浏阳、醴陵、湘潭、宁乡、益阳、湘乡、攸县、茶陵十一州县)

原额正兑正米六万四千三百二十石二斗三升四勺,耗米二万五千七百二十八石九升二合一勺零,(每正米一石加耗米四斗)除节年荒缺,连升增,至乾隆三十一年,实征正兑正米五万五千四百三十五石一斗五升二合零,耗米二万二千一百七十四石六升一合零。

衡州府(衡阳、衡山、耒阳、清泉、常宁、安仁六县)

原额正兑正米二万七千四百五十九石三斗五升五合,耗米一万二百五十五石七斗八升,(每正米一石加耗米四斗)除永折并节年荒缺,至乾隆三十一年,实征正兑正米二万四千五百九十石一斗一升五合零,耗米九千八百三十六石四升六合零。

岳州府(巴陵、平江、临湘、华容四县。向有澧州今改直隶州)

原额正兑正米二万五千二百七十七石七斗,耗米八千七百五十四石二斗二升,(每正米一石加耗米四斗)除永折并节年荒缺及归并别州,至乾隆三十一年,实征正兑正米一万四千四百四石七斗七升九合零,耗米五千七百六十一石九斗一升一合零。

澧州(向隶岳州府,雍正七年改直隶州。安福县)

原额正兑正耗米数载岳州府项下,至乾隆三十一年,实征正兑正米一千一百八石四斗九升七合零,耗米四百四十三石三斗九升九合零。

改兑额数

山东省(济南、泰安、武定、曹州、东昌五府)

原额改兑正米九万五千六百石,(外有停运蓟、密、昌边镇盘剥耗米改作正米五百一十二石三斗九升二合三勺九抄,又有济南府运军行粮改作正米一百七十石九斗四升)耗米一万六千三百六十八石一斗六升六合七勺,(每正米一石加耗米一斗七升)除永折并节年荒缺及归并别省,又改征黑豆及蓟粮改折外,连升增并黑豆,仍征粟米,至乾隆三十一年,实征改兑正米六万四千六百二十七石七合零,耗米一万九百八十六石五斗九升一合零。

济南府(历城、章邱、邹平、淄川、长山、新城、齐河、齐东、济阳、禹城、临邑、长清、陵县、德州、德平、平原十六州县。向有泰安、武定二州,今改州为府)

原额改兑正米七万五千石,(外有停运蓟、密、昌边镇盘剥耗米改作正米三百九十四石四斗四升三合五勺九抄,又有运军行粮改作正米一百七十石九斗四升)耗米一万二千八百四十六石一斗一升五合四勺一抄,(每正米一石加耗米一斗七升)除节年荒缺及归并别府,又改征黑豆及蓟粮改折外,连升增并黑豆,仍征粟米,至乾隆三十一年,实征改兑正米三万一千九百二十四石八斗六升四合五勺零,耗米五千四百二十七石二斗二升一合零。

泰安府(向隶济南府。雍正十三年改州为府。泰安、莱芜、肥城三县)

原额改兑正耗米数载济南府项下,除蓟粮改折外,连升增并黑豆,仍征粟米,至乾隆三十一年,实征改兑正米三千六百七石八斗四升三合六勺零,耗米六百一十三石三斗三升三合零。

武定府(向隶济南府。雍正十三年,改州为府。惠民、青城、阳信、乐陵、商河、滨州、利津、蒲台八州县)

原额改兑正耗米数载济南府项下,除蓟粮改折外,连升增并黑豆,仍征粟米,至乾隆三十一年,实征改兑正米一万一千三百三石七斗六升一合零,耗米一千九百二十一石六斗三升九合零。

曹州府(向隶兖州府。雍正十三年改州为府。曹县、濮州、观城、朝城四州县)

原额改兑正耗米数内,除蓟粮改折外,连升增并黑豆,仍征粟米,至乾隆三十一年,实征改兑正米二千二百一十八石三斗三升八合零,耗米三百七十七石一斗一升七合零。

东昌府(聊城、堂邑、博平、茌平、清平、莘县、冠县、临清、邱县、馆陶、高唐、恩县、夏津、武城十四州县)

原额改兑正米二万六百石,(外有停运蓟、密、昌边镇盘剥耗米改作正米一百一十七石九斗四升八合八勺)耗米三千五百二十二石五升一合二勺零,(每正米一石加耗米一斗七升)除节年荒缺及归并别省,又改征黑豆,及蓟粮改折外,连升增,至乾隆三十一年,实征改兑正米一万五千五百七十二石二斗六勺零,耗米二千六百四十七石二斗七升四合零。

河南省（开封、归德、陈州、河南、彰德、卫辉、怀庆、许州、陕州、汝州十府州）

原额改兑正米一十一万石，耗米一万八千七百石，（每正米一石加耗米一斗七升）除节年荒缺及归并别省，又改征黑豆麦石及蓟粮，改折外连升增并黑豆，仍征粟米，至乾隆三十一年，实征改兑正米三万二千八百四石九斗五升五勺，耗米五千五百七十六石八斗四升一合五勺。

开封府（祥府、陈留、杞县、通许、尉氏、洧川、鄢陵、中牟、阳武、仪封、郑州、荥阳、荥泽、禹州、汜水十五州县。向有陈州、许州，今改州为府）

原额改兑正米三万六千三百四十七石五斗，耗米六千一百七十九石七升五合，（每正米一石加耗米一斗七升）除节年荒缺及归并别省别府，又改征黑豆、麦石外，连升增并黑豆，仍征粟米，至乾隆三十一年，实征改兑正米一万五千石四斗八升七合三勺零，耗米二千五百五十石八升二合八勺零。

归德府（睢州、考城二州县）

原额改兑正米三千三百二十八石五斗，耗米五百六十五石八斗四升五合，（每正米一石加耗米一斗七升）除节年荒缺并改征黑豆麦石外，连升增并黑豆，仍征粟米，至乾隆三十一年，实征改兑正米一千七百五十五石一斗六升九合九勺零，耗米二百九十八石三斗七升八合八勺零。

彰德府（安阳、临漳、汤阴、内黄四县）

原额改兑正米九千八百九十二石，耗米一千六百八十一石六斗四升，（每正米一石加耗米一斗七升）除节年荒缺及归并别省，又改征黑豆、麦石及蓟粮改折外，连升增并黑豆，仍征粟米，至乾隆三十一年，实征改兑正米三千五百八十一石五斗四升八合零，耗米六百八石八斗六升三合零。

卫辉府（汲县、新乡、辉县、获嘉、淇县、延津、滑县、浚县八县）

原额改兑正米一万一千一百八十七石三斗，耗米一千九百一石八斗四升一合，（每正米一石加耗米一斗七升）除节年荒缺并改征黑豆麦石，及蓟粮改折外，连升增并黑豆，仍征粟米，至乾隆三十一年，实征改兑正米四千三百四十石六斗四合零，耗米七百三十七石九斗二合七勺零。

怀庆府（河内、济源、修武、武陟、温县五县）

原额改兑正米一万五十七石八斗，耗米一千七百九石八斗二升六合，（每正米一石加耗米一斗七升）除节年荒缺并改征黑豆麦石，及蓟粮改折外，连升增并黑豆，仍征粟米，至乾隆三十一年，实征改兑正米二千八百六十三石六斗三升三合零，耗米四百八十六石八斗一升七合零。

河南府（孟津、巩县、登封、郾师四县，向有陕州，今改直隶州）

原额改兑正米三万一千七百二十六石二十斗，耗米五千三百九十三石四斗五升四合，（每正米一石加耗米一斗七升）除节年荒缺及归并别州，又改征黑豆麦石，连升增并黑豆，仍征粟米，至乾隆三十一年，实征改兑正米三千三百一十九石三斗二升一合零，耗米五百六十四石二斗八升四合零。

陈州府（向隶开封府。雍正十二年，改州为府。太康一县）

原额改兑正耗米数载开封府项下，除改征黑豆麦石外，连升增并黑豆，仍征粟米，至乾隆三十一年，实征改兑正米九百五十六石七斗五升三合零，耗米一百六十二石六斗四升八合零。

许州（向隶开封府。雍正十二年，改为直隶州。长葛一县）

原额改兑正米数载开封府项下，除改征黑豆麦石外，连升增并黑豆，仍征粟米，至乾隆三十一年，实征改兑正米九百八十七石四斗三升三合零，耗米一百六十七石八斗六升三合零。

陕州（向隶河南府。雍正二年，改直隶州。灵宝、阌乡二县）

原额改兑正耗米数载开封府项下，至乾隆三十一年，实征改兑正米六千二百三石三斗，耗米一千五十四石五斗六升零，俱改拨辉县、延津、淇县、获嘉、林县、武陟、考城等县。征输米数已注各县项下。

汝州（鲁山、郏县、宝丰、伊阳四县）

原额改兑正米七千四百六十石七斗，耗米一千二百六十八石三斗一升零，俱改拨仪封、浚县，征输米数已注各县项下。

安徽省（江宁、庐州、凤阳、淮安、扬州、广德、徐州、颍州、泗州、海州、通州十一府州）

原额改兑正米二十万四百五十石（外又有庐州府改兑正米一千九百五十六石），耗米五万一千三百七十二石五斗，（每正米一石加耗米三斗、二斗五升、二斗二升不等，外又有庐州府耗米五百八十六石八斗）除永折并节年荒缺，及归并别省，以及拨留兵粮外，连升增，至乾隆三十一年，实征改兑正米十万五千五百九十一石八斗三合零，耗米二万六千九百二十五石五斗一升六合零。

江宁府（上元、江宁、句容、江浦、六合五县）

原额改兑正米二万八千石，耗米八千四百石（每正米一石加耗米三斗），除永折及归并别省并改拨留兵粮外，连升增，至乾隆三十一年，实征改兑正米九千九百九十六石七斗八升七合零，耗米二千九百九十九石三升六合零。

庐州府（无为、合肥、舒城、庐江、巢县五州县）

原额改兑正米一千九百五十六石，耗米五百八十六石八斗（每正米一石加耗米三斗),除节年荒缺,连升增,至乾隆三十一年,实征改兑正米一千九百一十四石三升四合零,耗米五百七十四石二斗一升零。

凤阳府(寿州、宿州、怀远、定远、虹县、灵璧、凤台七州县,向有颍州、泗州、亳州,今以颍州改府,泗州改直隶州,亳州改归颍州府属)

原额改兑正米三万三百石,耗米七千五百七十五石(每正米一石加耗米二斗五升),除永折并节年荒缺,及归并别府别州,连升增,至乾隆三十一年,实征改兑正米八千二百一十二石五斗三升九合零,耗米二千五十三石一斗三升四合零。

淮安府(山阳、清河、桃源、盐城、阜宁五县。向有海州,今改直隶州)

原额改兑正米七万九千一百五十石,耗米一万九千七百八十七石五斗(每正米一石加耗米二斗五升),除永折并节年荒缺,及归并别府别州,连升增,至乾隆三十一年,实征改兑正米二万二千八百七十五石八斗八升六合零,耗米五千七百一十八石九斗七升一合零。

扬州府(高邮、泰州、江都、甘泉、仪征、宝应、兴化七州县。向有通州,今改直隶州)

原额改兑正米三万七千石,耗米九千二百五十石(每正米一石加耗米二斗五升),除永折并节年荒缺,及归并别州,连升增,至乾隆三十一年,实征改兑正米一万五千二百二十五石九斗八升五合零,耗米三千八百六石四斗九升六合零。

广德州(建平一县)

原额改兑正米八千石,耗米二千四百石(每正米一石加耗米三斗),节年并无增除,至乾隆三十一年,实征改兑正耗米石仍同原额。

徐州府(铜山、萧县、沛县、砀山、丰县、邳州、宿迁、睢宁八州县)

原额改兑正米一万八千石,耗米三千九百六十石(每正米一石加耗米二斗二升),除节年荒缺,连升增,至乾隆三十一年,实征改兑正米一万八千四百六十二石六斗六升二合零,耗米四千一百四十七石六斗九升四合零。

颍州府(向隶凤阳府。雍正十三年,改州为府。阜阳、霍邱、颍上、亳州、蒙城、太和六州县)

原额改兑正耗米数载凤阳府项下。至乾隆三十一年,实征改兑正米四千七百六十七石一斗五升五合零,耗米一千一百九十一石七斗八升八合零。

泗州(向隶凤阳府。雍正二年改直隶州。五河、盱眙、天长三县)

原额改兑正耗米数载凤阳府项下,至乾隆三十一年,实征改兑正米二千六百二十三石八合零,耗米六百五十五石七斗五升二合零。

海州(向隶淮安府。雍正二年改直隶州。沭阳、赣榆二县)

原额改兑正耗米数载淮安府项下,至乾隆三十一年,实征改兑正米一万三千一百四十四石四斗三升三合零,耗米三千二百八十六石一斗八合零。

通州(向隶扬州府。雍正二年改直隶州。泰县、如皋二县)

原额改兑正耗米数载扬州府项下,至乾隆三十一年,实征改兑正米三百六十九石三斗一升四合零,耗米九十二石三斗二升八合零。

江苏省(苏州、松江、镇江、太仓四府州)

原额改兑正米九万三千九百五十石,耗米二万八千一百八十五石(每正米一石加耗米三斗),除永折并改折灰石及节年荒缺拨截兵粮外,连升增,至乾隆三十一年,实征改兑正米八万九千七百三十三石六斗三升八合零,[1]耗米二万六千九百二十石九升一合零。[2]

【校记】

[1]《丛刊》本作:八万九千七百七石二斗三升九合零。

[2]《丛刊》本作:二万六千九百一十二石一斗七升一合零。

苏州府(长洲、元和、吴县、吴江、震泽、常熟、昭文、昆山、新阳九县。向有太仓州,今改直隶州)

原额改兑正米四万二千石,耗米一万二千六百石(每正米一石加耗米三斗),除改折灰石及节年荒缺,连升增,至乾隆三十一年,实征改兑正米三万七千一百五十石五升二合零,[1]耗米一万一千一百四十五石一升五合零。[2]

【校记】

[1]《丛刊》本作:三万七千一百三十七石六斗三升二合零。

[2]《丛刊》本作:一万一千一百四十一石二斗八升九合零。

松江府(华亭、奉贤、娄县、金山、上海、南汇、青浦七县)

原额改兑正米二万九千九百五十石,耗米八千九百八十五石(每正米一石加耗米三斗),除改折灰石及节年荒缺,连升增,至乾隆三十一年,实征改兑正米二万七千七百六石八斗三升二合零,[1]耗米八千三百一十二石四升九合零。[2]

【校记】

[1]《丛刊》本作:二万七千六百九十四石六斗七升四合零。

[2]《丛刊》本作:八千三百八石四斗二合零。

镇江府(丹徒、丹阳、金坛、溧阳四县)

原额改兑正米二万二千石,耗米六千六百石(每正米一石加耗米三斗),除节年荒缺并截留兵米,连升增,至乾隆三十一年,实征改兑正米二万六百二十五石五斗八升二合零,耗米六千一百八十七石六斗七升四合零。

太仓州(向隶苏州府。雍正三年改直隶州。镇洋、嘉定、宝山三县)

原额改兑正耗米数载苏州府项下。至乾隆三十一年,实征改兑正米四千二百五十一石一斗七升六勺,[1]耗米一千二百七十五石三斗五升一合零。[2]

【校记】

[1]《丛刊》本作:四千二百四十九石三斗五升一合零。

[2]《丛刊》本作:一千二百七十四石八斗五合零。

浙江省(杭州、嘉兴、湖州三府)

原额改兑正米三万石,耗米一万二千石(每正米一石加耗米四斗),除改折灰石,至乾隆三十一年,实征改兑正米二万九千三百五十三石二斗零,耗米一万一千七百四十一石二斗八升零。

杭州府(仁和、钱塘、海宁、富阳、余杭、临安、新城、於潜、昌化九县)

原额改兑正米五千石,耗米二千石(每正米一石加耗米四斗),除改折灰石,至乾隆三十一年,实征改兑正米四千八百九十二石一斗九升零,耗米一千九百五十六石八斗七升八合零。

嘉兴府(嘉兴、秀水、嘉善、海盐、平湖、石门、桐乡七县)

原额改兑正米一万五千石,耗米六千石(每正米一石加耗米四斗),除改折灰石,至乾隆三十一年,实征改兑正米一万四千六百七十六石五斗九升零,耗米五千八百七十石六斗三升零。

湖州府(安吉、归安、乌程、长兴、德清、武康六州县)

原额改兑正米一万石,耗米四千石(每正米一石加耗米四斗),除改折灰石,至乾隆三十一年,实征改兑正米九千七百八十四石四斗一升三合零,耗米三千九百一十三石七斗六升五合零。

江西省(南昌、瑞州、临江、吉安、抚州、建昌、广信、饶州、南康、赣州、宁都十府一州)

原额改兑正米一十七万石,副米九万一百石(副米即耗米,每正米一石加副米五斗三升),除节年荒缺,连升增,至乾隆三十一年,实征改兑正米一十五万一千八百九十一石六斗四升一合零,副米八万五百二石五斗六升九合零。

南昌府(南昌、丰城、进贤、宁州、武宁、奉新、靖安七州县)

原额改兑正米五万六千八百四十六石五斗四升,副米三万一百二十八石六斗六升六合三勺(每正米一石加副米五斗三升),除节年荒缺,连升增,至乾隆三十一年,实征改兑正米五万五千四百八十九石四斗九升三合零,副米二万九千四百九石四斗三升一合零。

瑞州府(高安、上高、新昌三县)

原额改兑正米一万七千七百一十七石,副米九千三百九十石一升(每正米一石加副米五斗三升),除节年荒缺,连升增,至乾隆三十一年,实征改兑正米九千五百一十八石八斗六升七合零,副米五千四十四石九斗九升九合零。

临江府(清江、新喻、新淦、峡江四县)

原额改兑正米一万七千九百三十七石六斗六升,副米九千五百六石九斗五升九合八勺(每正米一石加副米五斗三升),除节年荒缺,连升增,至乾隆三十一年,实征改兑正米一万五千九百三石六斗六升一合零,副米八千四百二十八石九斗四升零。

吉安府(庐陵、吉水、泰和、安福、永丰、龙泉、万安、永新八县。又乾隆九年添设莲花厅)

原额改兑正米二万八千二百二十二石二斗六升,副米一万四千九百五十七石七斗九升七合八勺(每正米一石加副米五斗三升),除节年荒缺,连升增,至乾隆三十一年,实征改兑正米二万五千六百五十五石七斗二升五合零,副米一万三千五百九十七石五斗三升四合零。

抚州府(临川、金溪、东乡、崇仁四县)

原额改兑正米一万九百三十八石二斗一升,副米五千七百九十七石二斗五升一合三勺(每正米一石加副米五斗三升),节年升除,至乾隆三十一年,实征改兑正米一万九百一十九石三斗六升四合零,副米五千七百八十七石二斗六升三合零。

建昌府(南城、南丰、新城、泸溪四县)

原额改兑正米五千一百三十八石六斗四升,副米二千七百二十三石四斗七升九合二勺(每正米一石加副米五斗三升),节年升增,至乾隆三十一年,实征改兑正米五千一百三十九石四斗三升四合零,副米二千七百二十三石九斗。

广信府(上饶、玉山、广丰、铅山、弋阳、贵溪、兴安七县)

原额改兑正米七千四百二十石九斗九升,副米三千九百三十三石一斗二升四合七勺(每正米一石加副米五斗三升),除节年荒缺,连升增,至乾隆三十一年,实征改兑正米六千八百一十二石一升五合零,副米三千六百一十石三斗六升八合零。

饶州府(鄱阳、余干、乐平、浮梁、安仁、德兴、万年七县)

原额改兑正米一万七千六百一十一石六斗七升零,副米九千四十二石六斗八升五合零,除节年荒缺,连升增,至乾隆三十一年,实征改兑正米一万六千八百七十七石八斗五升七合零,副米八千九百八石一斗七升四合零。

南康府(都昌、安义、建昌三县)

原额改兑正米五千四百八十六石一斗九升,副米二千九百七石六斗八升零,节年升增,至乾隆三十一年,实征改兑正米五千五百六十八石五升五合零,副米二千九百五十一石六升九合零。

赣州府(赣县。向有宁都州,乾隆二十年改为直隶州)

原额改兑正米三千二百三十石八斗四升,副米一千七百一十二石三斗四升五合零,除节年荒缺,连升增,至乾隆三十一年,实征改兑正米七十七石一斗六升四合零,副米四十石八斗九升七合零。

宁都州(向隶赣州府,乾隆二十年改为直隶州)

原额改兑正耗米数载赣州府项下。连升增,至乾隆三十一年,实征改兑正米一千八百五十六石四斗一升,副米九百八十三石八斗九升七合三勺。

永折额数

山东省

永折米七万石,又乾隆三十年,停运蓟粮改折米二万八千五百石,每石折银一两,解交直隶藩库。嗣奉谕旨,仍征米石,留贮两省备用,应解折价于道库漕项内,按数划解。

济南府

永折米一万二千石(每石折银六钱),又永折米三万石(每石折银八钱),二共折征银三万一千二百两,又停运蓟粮米九千石(每石折银一两)。

兖州府

永折米三千石(每石折银六钱),又永折米五千石(每石折银八钱),二共折征银五千八百两,又停运蓟粮米三千五百石(每石折银一两)。

东昌府

永折米五千石(每石折银六钱),又永折米一万五千石(每石折银八钱),二共折征银一万八千两,又停运蓟粮米七千五百石(每石折银一两)。

泰安府

停运蓟粮米三千石(每石折银一两)。

曹州府

停运蓟粮米四千五百石(每石折银一两)。

武定府

停运蓟粮米一千石(每石折银一两)。

河南省

永折米七万石,又乾隆三十年,停运蓟粮改折米二万八千五百石,每石折银八钱,解交直隶藩库。嗣奉谕旨,仍征米石留贮两省备用,应解折价于道库漕项内,按数划解。

开封府

永折米二千八百一十三石(每石折银六钱),又永折米六千九百三十石(每石折银八钱),二共折征银七千二百三十一两八钱。

归德府

永折米四百二十九石(每石折银六钱),又永折米九百七十一石(每石折银八钱),二共折征银一千三十四两二钱。

彰德府

永折米四千八百二十一石八斗(每石折银六钱),又永折米一万二千一百七十八石二斗(每石折银八钱),二共折征银一万二千六百三十四两六钱四分。又停运蓟粮米八千三百三十四石三斗五升(每石折银八钱)。

卫辉府

永折米二千九百七十八石一斗(每石折银六钱),又永折米七千六百三十四石九斗(每石折银八钱),二共折征银七千八百九十两四钱六分,又停运蓟粮米一万五千二百三十五石四斗八升五合六勺零(每石折银八钱)。

怀庆府

永折米四千二百三十二石一斗(每石折银六钱),又永折米一万五百六十七石九斗(每石折银八钱),二共折征银一万九百九十三两五钱八分,又停运蓟粮米四千九百三十石一斗六升四合三勺零(每石折银八钱)。

河南府

永折米四千四百七十四石二斗(每石折银六钱),又永折米一万一千一百六十九石八斗(每石折银八钱),二共折征银一万一千六百二十两三钱六分。

汝州

永折米二百五十一石八斗(每石折银六钱),又永折米五百四十八石二斗(每石折银八钱),二共折征银五百八十九两六钱。

安徽省

永折米七万五千九百六十一石三斗一升。

江宁府

永折米二万五千四百七十一石(每石折银七钱),又永折米七千二百二十石(每石折银六钱），二共折征银二万二千一百六十一两七钱。

凤阳府

永折米三千四百三十一石七斗（每石连耗米折银五钱），又永折米五千一百三十八石六斗一升（每石连耗米折银五钱），二共折征银四千二百八十五两一钱五分五厘。

淮安府

永折米三千六百石（每石连耗米折银五钱），又永折米一万一千一百石（每石连耗米折银五钱），二共折征银七千三百五十两。

扬州府

永折米二万石（每石连耗米折银五钱），共折征银一万两。

江苏省

永折米一十万六千四百九十二石六斗九升八合。

太仓州

永折米一十万七十五石六斗三升五合（每石连耗米折银七钱），又永折米六千四百一十七石六升三合（每石连耗米折银七钱），二共折征银七万三千九百三两一钱八分二厘三毫。

湖北省

永折米三万二千五百二十石六斗。

武昌府

永折米三千六百二十三石七斗七升（每石连耗米四斗折银七钱），共折征银二千五百三十七两六钱三分九厘。

汉阳府

永折米一千二百二十三石四斗四升四合七勺（每石连耗米四斗折银七钱），共折征银八百五十六两四钱一分一厘二毫九丝。

黄州府

永折米一万五千八百四十八石三斗八升（每石连耗米四斗折银七钱），共折征银一万一千九十三两八钱六分六厘。

安陆府

永折米三千四百九十五石五升（每石连耗米四斗折银七钱），共折征银二千四百四十六两五钱三分五厘。

荆州府

永折米八千三百三十石（每石连耗米四斗折银七钱），共折征银五千八百三十一两。

湖南省

永折米五千二百一十二石五升五合二勺零。

衡州府

永折米一千八百一十九石九斗五合二勺零（每石连耗米四斗折银七钱），共折征银一千二百七十三两九钱三分三厘七毫四丝零。

岳州府

永折米一千八百八十四石五斗五升（每石连耗米四斗折银七钱），共折征银一千三百一十九两一钱八分五厘。

永州府

永折米一千五百七石六斗（每石连耗米四斗折银七钱），共折征银一千五十三两九钱二分。

改折灰石

江苏省

改折灰石正兑正米一万九千七百三十石三斗（每石折银一两二钱），加四耗米七千八百九十二石一斗二升（每石折银一两二钱），改折灰石改兑正米一千三百八十六石（每石折银一两二钱），加三耗米四百一十五石八斗（每石折银一两二钱）。

苏州府

改折灰石正兑正米一万二百六十九石一斗五升，加四耗米四千一百七石六斗六升，改折灰石改兑正米六百五十八石五斗四升五勺，加三耗米一百九十七石五斗六升二合一勺。

太仓州

改折灰石正兑正米一千四百六十六石五斗，加四耗米五百八十六石六斗，改折灰石改兑正米九十四石一升，加三耗米二十八石二斗三合。

松江府

改折灰石正兑正米四千二百九十三石四斗，加四耗米一千七百一十七石三斗六升，改折灰石改兑正米六百三十三石四斗五升，加三耗米一百九十石三升五合。

常州府

改折灰石正兑正米三千七百一石二斗五升,加四耗米一千四百八十石五斗。

浙江省

改折灰石正兑正米一万二千六百八十九石二斗(每石折银一两二钱),加四耗米五千七十五石六斗八升(每石折银一两二钱),改折灰石改兑正米六百三十四石五斗(每石折银一两二钱),加四耗米二百五十三石八斗(每石折银一两二钱)。

杭州府

改折灰石正兑正米二千一百一十四石九斗,加四耗米八百四十五石九斗六升,改折灰石改兑正米一百五石七斗四升,加四耗米四十二石二斗九升六合。

嘉兴府

改折灰石正兑正米六千一百三十三石一斗五升,加四耗米二千四百五十三石二斗六升,改折灰石改兑正米三百一十七石二斗五升,加四耗米一百二十六石九斗。

湖州府

改折灰石正兑正米四千四百四十四石一斗五升,加四耗米一千七百七十六石四斗六升,改折灰石改兑正米二百二十一石五斗一升,加四耗米八十四石六斗四合。

改征黑豆

山东省

粟米改征黑豆自雍正十年起,历年盈缩不等。至乾隆三十一年,核实正兑正米改征黑豆四万五百四石二斗五升九合零,耗米改征黑豆一万一百二十六石六升四合零(每正豆一石加耗豆二斗五升),改兑正米改征黑豆一万六千五百五十五石二斗七升八合零,耗米改征黑豆二千八百一十四石三斗九升七合零(每正豆一石加耗豆一斗七升)。

济南府

粟米改征黑豆自雍正十年起,历年盈缩不等。至乾隆三十一年,核实正兑正米改征黑豆七千三百一石四斗七升六合零,耗米改征黑豆一千八百二十五石三斗六升九合零(每正豆一石加耗豆二斗五升),改兑正米改征黑豆九千七百五十八石四斗七升七合零,耗米改征黑豆一千六百五十八石九斗四升一合零(每正豆一石加耗豆一斗七升)。

泰安府、兖州府、曹州府,以上三府原征黑豆均于乾隆三十年改征粟米。

东昌府

粟米改征黑豆自雍正十年起,历年盈缩不等。至乾隆三十一年,核实正兑正米改征黑豆二万九千四百五十八石六斗六升三合零,耗米改征黑豆七千三百六十四石六斗六升五合(每正豆一石加耗豆二斗五升),改兑正米改征黑豆一千六百七十一石六斗四升三合零,耗米改征黑豆二百八十四石一斗七升九合零(每正豆一石加耗豆一斗七升)。

武定府

粟米改征黑豆自雍正十年起,历年盈缩不等。至乾隆三十一年,核实正兑正米改征黑豆三千七百四十四石一斗一升八合零,耗米改征黑豆九百三十六石二升九合零(每正豆一石加耗豆二斗五升),改兑正米改征黑豆五千一百二十五石一斗四升七合零,耗米改征黑豆八百七十一石二斗七升四合零(每正豆一石加耗豆一斗七升)。

河南省

粟米改征黑豆自雍正十年起,历年盈缩不等。至乾隆三十一年,核实正兑正米改征黑豆三万二千六百七十四石八斗四升五合零,耗米改征黑豆八千七百八十四石四斗七合零(每正豆一石加耗豆二斗八升、二斗五升不等),改兑正米改征黑豆一万五千五百八十八石九斗九升零,耗米改征黑豆二千六百五十石一斗二升八合零(每正豆一石加耗豆一斗七升)。

开封府

粟米改征黑豆自雍正十年起,历年盈缩不等。至乾隆三十一年核实正兑正米改征黑豆四千六百五十六石九斗二升一合零,耗米改征黑豆一千二百五十六石八斗八升五合零(每正豆一石加耗豆二斗八升、二斗五升不等),改兑正米改征黑豆五千二百六十五石九斗,耗米改征黑豆八百九十五石二斗三合(每正豆一石加耗豆一斗七升)。

归德府

粟米改征黑豆自雍正十年起,历年盈缩不等。至乾隆三十一年,核实正兑正米改征黑豆一千一十九石二升二合零,耗米改征黑豆二百七十二石二斗七合零(每正豆一石加耗豆二斗八升、二斗五升不等)。

彰德府

粟米改征黑豆自雍正十年起,历年盈缩不等。至乾隆三十一年,核实正兑正米改征黑豆九千九十八石五斗七升零,耗米改征黑豆二千四百四十二石六斗五升八合零(每正豆一石加耗豆二斗八升、二斗五升不等),改兑正米改征黑豆二千六百七十石四斗四升五合零,耗米改征黑豆四百五十三石九斗七升五合零(每正豆一石加耗豆一斗七升）。

卫辉府

粟米改征黑豆自雍正十年起,历年盈缩不等。至乾隆三十一年,核实正兑正米改征黑豆六千六百一十五石四斗三升七合零,耗米改征黑豆一千八百二石九斗五升六合零(每正豆一石加耗豆二斗八升、二斗五升不等),改兑正米改征黑豆一千九百七十八石四斗一升五合零,耗米改征黑豆三百三十六石三斗三升五勺零(每正豆一石加耗豆一斗七升)。

怀庆府

粟米改征黑豆自雍正十年起,历年盈缩不等。至乾隆三十一年,核实正兑正米改征黑豆九千三十一石九斗四升三合零,耗米改征黑豆二千四百石七斗四升一合零(每正豆一石加耗豆二斗八升、二斗五升不等),改兑正米改征黑豆四千八百七十四石二斗二升九合零,耗米改征黑豆八百二十八石六斗一升九合零(每正豆一石加耗豆一斗七升)。

河南府

粟米改征黑豆自雍正十年起,历年盈缩不等。至乾隆三十一年,核实正兑正米改征黑豆一千一十石一斗六升二合零,耗米改征黑豆二百七十九石二斗八升七合零(每正豆一石加耗豆二斗八升、二斗五升不等),改兑正米改征黑豆三百石,耗米改征黑豆五十一石(每正豆一石加耗豆一斗七升)。

陈州府

粟米改征黑豆自雍正十年起,历年盈缩不等。至乾隆三十一年,核实正兑正米改征黑豆七百六十三石三升七合零,耗米改征黑豆一百九十五石三斗四升二合零(每正豆一石加耗豆二斗八升、二斗五升不等)。

许州

粟米改征黑豆自雍正十年起,历年盈缩不等。至乾隆三十一年,核实正兑正米改征黑豆四百七十九石七斗五升,耗米改征黑豆一百三十四石三斗三升(每豆一石加耗豆二斗八升、二斗五升不等),改兑正米改征黑豆五百石,耗米改征黑豆八十五石(每正豆一石加耗豆一斗七升)。

改征麦石（乾隆十三年改征起）[1]

【校记】

[1]《丛刊》本无"乾隆十三年改征起"。

河南省

正兑改兑正耗粟米共改征小麦一万石（正改兑加耗数目仍同粟米例征收），正兑正麦五千八十六石四斗，耗麦一千三百六十四石九斗九升，改兑正麦三千三十三石，耗麦五百一十五石六斗一升。

开封府

正兑正麦一千四百六十一石，耗麦三百九十四石五斗，改兑正麦一千一百二十四石，耗麦一百九十一石八升。

彰德府

正兑正麦一千二石四斗，耗麦二百六十五石五斗一升，改兑正麦四百六十五石，耗麦七十九石五升。

卫辉府

正兑正麦六百六十九石，耗麦一百七十七石四斗五升，改兑正麦五百一十石，耗麦八十六石七升。

怀庆府

正兑正麦一千一百六十三石，耗麦三百一十三石五斗五升，改兑正麦四百二十一石，耗麦七十一石五斗七升。

河南府

正兑正麦一百八十五石，耗麦五十一石八斗，改兑正麦一百九十八石，耗麦三十三石六斗六升。

归德府

正兑正麦二百一十石，耗麦五十五石五斗，改兑正麦一百石，耗麦一十七石。

陈州府

正兑正麦一百四十石，耗麦三十五石，改兑正麦一百六石，耗麦一十八石二升。

许州

正兑正麦二百五十六石，耗麦七十一石六斗八升，改兑正麦一百九石，耗麦一十八石五斗三升。

各款条例

河南省

一　顺治八年题准：河南省额解漕粮三十一万石，除荒地免征外，止实征米十万五千三百二十六石零，俱系征纳本色，其折银买兑原系民间权宜之计，应照旧起解本色。

一　河南省正耗漕米每石各州县额征银八钱五六分不等,官为采买交兑。康熙十六年,以采买累民,请征本色。部议豫省州县相距水次,近者三五百里,远者千有余里,与山东滨河州县不同,如令百姓办纳本色,不惟远运维艰,且运费倍于米价,仍照旧例折征银两,官买兑运。

一　康熙五十八年题准:豫省漕粮将附近水次之彰、卫、怀三府及开封府属之阳武、封邱、原武等三县,共米九万九千二百八十八石零,征输本色起运,其不近水次之归德、河南等府,并汝州及开封府属之祥符等各州县,额征正耗漕仓等米共一十五万二百一十二石零,折征银两,交粮道采买起运。

一　雍正六年奏准:豫省归德等府漕粮每于河北三府州县分买,部价不敷,渐至病民累官,请复旧例,各征各漕。将去水次稍远之开封府属祥符等县,及归德河南所属州县,并陈州(时未改府,犹隶开封府属)、许、陕(今改为直隶州)、禹、郑(今隶开封)五州属县,各照旧制,征收本色。内黄、浚、滑三县,昔在直隶省,虽未办漕,均系临近运河,已准部议,应征本色。其开封府属之仪封县、归德府属之考城县,虽于运河稍远,然系临水次,今不近水次之州县,既一体办漕,则仪封、考城两县应与内黄、浚、滑三县概行增办本色。至离水次最远之灵宝、阌乡二县,额征漕米过多,难以办运,每县酌减米二千石。再南阳、汝宁二府并河南府所属之嵩县、卢氏(此邑今改隶陕州)、永宁三县及光、汝二州并属县,皆路远难运,额征漕米行粮,连灵、阌二县酌减米石共一万五千六十二石五斗零,俱应免其办解,请分拨内黄等五县协办,浚县五千石、滑县五千石、内黄县三千五百石、仪封县九百石、考城县六百六十二石五斗零,庶几改远就近,轻而易举,并于该五县地丁银内扣除。完纳漕米照部价每石八钱,以六钱五分办运,节省一钱五分,照例征解粮道补项,此节省耗羡亦即随解粮道以为给发。各属运米脚价,其南阳、汝宁二府属并河南府属卢氏等三县,光、汝二州并所属以及灵、阌二县,所有每石折征之六钱五分,俱令解司,以抵浚、滑等五县所除地丁之数,即自雍正六年为始。

一　雍正六年奏准:河南各府州县漕米运至卫辉,水次程途有三百里至六七百里不等,但三百里以内者,既有所征漕粮耗羡以资脚价,而路至三百里以外,粮至一千石以上者,条奏每百里每石给脚价三分,似可敷用。但恐寒冬雨雪,道路泥泞,水次候兑不免需时,请将米至一千石以上,离水次尚在三百里以内之祥符、陈留、杞县、通许、太康、尉氏、洧川、鄢陵、中牟、兰阳、睢州、郑州、荥阳、荥泽、河阴、汜水十六州县,及离水次在三百里之外,而征米不及一千石之宁陵、柘城、新安、商水、项城、沈邱、新郑,并改征之仪封、考城等九县所征漕米耗羡准作脚价外,又不计日程,再每石给脚价银五分。其三百里以外、一千石以上之各州县,所征耗羡给作脚价,并每百里每石给脚价银三分外,又不计日程,再每石总给脚价银五分,则脚价尽可敷用。除浚、滑、内黄三县逼近水次,耗羡尽堪运兑,无庸再给脚价外,其扶沟、商邱、虞城、巩县、孟津、许州、长葛、密县等八州县,除三百里外不及一百里,每石应给脚价银二分,再每石不计日程统加银五分。夏邑、登封、西华、临颍、襄城、禹州等六州县,除三百里外不及二百里,每石应给脚价银五分,再每石统加银五分。永城、鹿邑、洛阳、偃师、陈州、郿城等六州县,除三百里外不及三百里,每石应给脚价银八分,再每石统加银五分。渑池县除三百里外不及四百里,每石应给脚价银一钱一分,再每石统加银五分。陕州除三百里外,不及五百里,每石应给脚价银一钱四分,再每石统加银五分。灵、阌二县,除三百里外,不及六百里,每石应给脚价银一钱七分,再每石统加银五分。通共应给脚价银一万八百五十两九钱九分,于道库归公盐规并节省项下耗羡银内动支给发。

一 雍正七年奏准:河南省办运脚价仅可敷用,不能裕如,按原定每钱酌增三分。查原题之祥符、陈留、杞县、通许、太康、尉氏、洧川、鄢临、中牟、兰阳、睢州、郑州、荥泽、荥阳、河阴、汜水、宁陵、柘城、新安、商水、项城、沈邱、新郑、仪封、考城二十五州县,每石应给脚价银五分,今每石酌增银一分五厘。扶沟、商邱、虞城、巩县、孟津、许州、长葛、密县等八州县,每石原给脚价银七分,今每石酌增银二分一厘。夏邑、登封、宜阳、西华、临颍、襄城、禹州等七州县,每石原给脚价银一钱,今每石酌增三分。永城、鹿邑、洛阳、偃师、陈州、郿城等六州县,每石原给脚价银一钱三分,今每石酌增银三分九厘。渑池县每石原给脚价银一钱六分,今每石酌增银四分八厘。陕州每石原给脚价钱一钱九分,今每石酌增银五分七厘。灵、阌二县每石原给脚价银二钱二分,今每石酌增银六分六厘。使州县雇觅车辆更属裕如,不致借口拮据,日久生弊。

江西省

一 江西省赣营兵米三万五千六十四石,原于赣、宁二县并南、瑞、临、吉四府南米支给。顺治十三年议请将赣、宁两县运北漕米留给虔兵,而以奉新、靖安、上高、新昌、峡江、新喻等县解虔南米留省,以抵赣、宁二县漕粮,其余不敷兵米,将庐陵等县原派赣米改解折色,每石折银一两零五分。如米价太贱,则听解本色;米价太贵,或增价,或给米,听抚镇会议。至正米外,赣县轻赍、席木过江过湖,淮安二升折银,各款除荒,实征银四百五十三两零。宁都县轻赍、席木过江过湖,淮安二升折银,各款除荒,实征银一千三百五十九两九钱一分零。原系随漕批解粮道之银应照旧起解粮道,以作各县抵漕之款。至宁都耗米七百六十五石零,赣县耗米二百五十四石零,系自赣解省脚耗,原非兑军之米,今虽改兑,免解省之遥,仍有解赣水脚之用,应仍作解费。再查赣县,每正副米一石又加耗费米一斗二升三合零、耗费银九分八厘零。宁都县每正副米一石又加耗费米三升三合零、耗费银五分。此远运艰难,耗外之耗,不在粮差额编之内,此项银米应请蠲除。再赣、宁二县,荒芜田土,招徕开垦,逐年升科之米,均应改抵户部覆准。宁都县漕米不解本省,仍应解虔,但路近于省,其脚耗应留四分作为该县解费,其六分作正支销。至耗外耗费银米,查系全书附载,仍应照数征解,余均如议。

湖广省

一　湖广省停运多年,缺船缺丁。康熙七年,始行起运,除折色并荒米,湖北实征正耗米一十二万七千九十八石,湖南实征正耗米十万三千九百石零。查正四耗米及里民盘脚米石向俱入正数内,支作兵糈。今既起运,则正耗米石应照全书正兑正米若干、耗米若干,分别兑运。其盘脚米石原系里民额外装运到次,盘脚耗米不在正四耗内,自应退出,不便混入。

以上正改兑条例

一　顺治十七年题准:明季设有武功、三卫军夫,按月给米,备办灰石。今三卫军夫已无,先议将米石交工部,给与灰石商人,商人因难以挑运,不肯承办。故自十五年以来,未经向户部取用米石,但恐遇有程工,致误需用,应将米石折给银两。查三卫军夫共二千八百七十名,每名月支米一石,一年该米三万四千四百四十石;如遇闰月,共该米三万七千三百一十石。自顺治十八年为始,行令该地方官将应解米内照例折银,解送户部,每年于户部支取,备办灰石,如有不足,将工部钱粮添用。

一　顺治十八年题准:改折漕粮题明每石定价一两二钱,至工部备办灰石、改折漕米,就近于苏、松、常、杭、嘉、湖六府所属,照新题折漕价值每石一两二钱征解,并轻赍、耗米、行月、随漕钱粮,尽数折征解部。

以上灰石改折条例

一　雍正十年大学士议准:于豫东二省额征粟米内,每省改征黑豆各五万石,运送通仓,分发八旗,官米局平价卖与拴马官兵,仍照分发棱粟米之例,令各该佐领按月领放交银,饲马料豆自可永免缺乏。

一　雍正十一年户部奏准设立监督馆,所有召买十三家办理草豆,供应理藩院宾客等处,每年约用豆一万七千余石。现今八旗拴养驼马及内务府三十馆圈所需豆石,俱在山东、河南二省所运豆十万石内支用,莫若令山东省按年再改运黑豆二万石,将召买等供应之处,令其照内务府例,自赴仓场衙门支领。

一　乾隆二年题准:豫省额运粟米内,再改征黑豆二万石;东省粟米内,再改征黑豆四万石。

一　乾隆九年题准:豫省粟米内,再改征黑豆二万九千三百五十六石六斗六升零,将祥符等五十五州县改代永城等州县应征之米二万九千三百五十六石零,仍复征豆交军。而永城等州县购办之豆二万九千三百五十六石零,竟不必改征粟米。统计全省每年额征漕豆九万九千三百五十六石六斗零。

一　乾隆十六年奉上谕:京师官员兵丁喂养马驼需用黑豆甚多,豫东二省向为出产黑豆之地,自雍正十年以来,已于该二省漕粮粟米内节次改征,每年合计额解黑豆二十万九千余石,以供支放八旗马驼之用,该省小民乐于输将,至今称便。但现在豫东二省额征运通粟米尚有三十七万余石,计支放官兵俸饷外,每岁多有余剩,似可再为酌量改征,以俾实用。着传谕鄂容安、准泰等,令其于额征粟米内,各按地方情形,视其出产之多寡,分别定数,每省再为改征黑豆一二万石,同从前改征黑豆一体兑运,在该二省多留此数万石之粟米,既可以资民间口食,而京师豆石价值亦可不致昂贵。倘加增改,征豆石于闾阎完纳漕粮,实有未便之处,亦即据实查奏,不必勉强从事。钦此。

是年豫省尊奉谕旨:于应征粟米内再改征黑豆二万石,派于祥符等三十一州县,均匀派征,将额征粟米照数抵除。至漕粮向有每石节省银一钱五分,征为运赴水次脚价之用,今改征黑豆亦须运至水次,请照前征收,以资运费。今查永城等十九县漕粮每石折征银八钱,从前系赴水次采买粟米兑运,嗣因河北一带米少价昂,而产豆颇多,价值尚平。乾隆五年题准,将永城等州县应买漕米二万九千余石归于祥符等州县征运。祥符等州县应征黑豆,令永城等州县前赴河北采买。又虑黑豆临时价昂,酌动银两分发卫辉、彰德二府,于价平时预买。如遇豆价昂贵,即以之拨补兑运。查永城等州县改买之豆与本州县应买之豆,岁需三万六七千石,彼时豆价尚平,办理甚易。乾隆八年以后,价渐昂贵,每石额定八钱之价,不敷采买,是以,河北买豆之州县均以艰于采买为词。应将永城等十九州县每岁应买之豆,自乾隆十七年为始,改派黄河以北安阳等二十四县,照数征收起运,按照每石八钱之价,在于地丁银内减除,即将永城等十九州县折征银两抵补。

一　乾隆十八年奏准:豫省黑豆每年运京者十一万九千三百五十六石零,东省黑豆每年运京者一十四万石,现在京仓存贮黑豆六十万石六千有奇,足供三年支放有余。请以乾隆十九年为始,豫东二省应运黑豆通融酌半,仍行改征粟米,分贮京通各仓,则黑豆减十二万余石,即可增十二万余石粟米。俟暂行酌改后,再行酌量情形,因时调剂,或照旧全征,或仍行改半,分晰数目,奏明办理。是年,东省奏准黑豆酌改粟米,应将齐河、东平等二十三州县及原征黑豆之德州、惠民等五州县,续派改征之黑豆改令照旧征收粟米,再于原征黑豆之临邑、德平、棠邑等十二州县,照原额之多寡、出产之厚薄,酌量改征粟米四万石,共改征粟米七万石,以符酌半改征之数。

又豫省奏准运通黑豆酌半改征粟米,计应改征粟米五万九千六百九十八石零,应将乾隆九年改征豆二万九千三百五十六石零,并乾隆十六年改征豆二万石,俱全行改征粟米,尚不敷米一万三百四十一石零。请于乾隆二年改征豆二万石之内在现今办漕州县,择其产豆较少之处,按数改征粟米。均于乾隆十九年为始,将该年起运漕粮,即于乾隆十八年改征粟米五万九千六百九十八石零,运通交兑。

一　乾隆二十四年,户部奏准:从前奏请将黑豆改征粟米,原因豆石充盈,随时调剂。今京仓黑豆既无陈积,而八旗又增拴马匹,需豆之处较前更多。应令豫东二省从前改征粟米十二万余石,照例仍征黑豆,于庚辰年运通交纳,俟将来积有余存豆石,临时再行酌量情形调剂。

一　乾隆二十九年户部奏准:查乾隆二十四年,因仓贮黑豆所余无几,经臣部奏准,将豫东二省从前改征粟米十二万九千余石,于二十五年为始,仍征黑豆,并声明俟积有余存豆石,再行酌量情形,调剂办理在案。现在各仓存贮黑豆三十六万余石,又加以明岁豫东并奉天等省新运黑豆二十八万余石,共计应存黑豆六十四万余石,计每年八旗各衙门应用黑豆十余万石,约可供四五年支放,再加以递年所运,则陈积之数日益加增。查京仓粟米一项,每年所进不敷支放。现今黑豆存贮既多,自宜随时变通,应请以乾隆三十年为始,将豫东二省从前复征黑豆十二万九千余石,仍改征粟米运通。一转移间,兵丁支领粟米无须以稜抵给,而黑豆亦不致陈积,俟酌办。数年后,臣等临时查看情形,再行奏明办理。

一　乾隆十一年钦奉上谕:向来内务府所用麦石俱临期购买,朕思与其在京城购买,不若运自产麦之地为便。可传谕河南巡抚硕色,可否于应征漕粮内,照黑豆之例,每年改征小麦一万石运送来京?其输将妥便与否,令其斟酌办理。如可改征,即令酌定价值,具折奏闻。钦此。嗣经奏准,即以额征粟米一石改征小麦一石,每年于收漕之际,一体征收,随漕起运,赴通交纳,听仓场转运内务府应用。至改征麦石,应于额粮一千石以上之祥符等四十州县内均匀派征,再豫省漕粮向系折征银两,每石定价八钱,官买兑运每石节省银一钱五分,因改征本色,仍征为运费脚价,所征麦石亦应照此办理。

一　乾隆二十六年奉上谕:豫省本年漕粮前已降旨加恩,分别蠲缓,该省尚有应解交内务府麦一万石,该抚胡宝瑔折奏,请于未被水州县应完粟米内改征运解,但念通省漕运俱停,何必为此一项仍行挽输,着一体并停运解,所有内务府明年应需麦石暂令自行采买应用。该部遵谕速行。钦此。

以上改征麦石条例。

《漕运则例纂》 卷之二

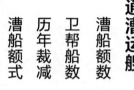

通漕运艘

《漕运则例纂》卷之二

通漕运艘

漕船额数

各省原额漕船共一万一百二十九只，内永折裁并灰石、减荒、洒带各船，岁无定数，雍正四年清查各省额船共七千九百八十只，内除灰石、洒带、坍荒、减存各船外，实运船七千一百二十只，题准作为定额。所有各省卫所船只细数备载于后。

江南省

江安粮道属

江宁府属江淮、兴武二卫，原额漕船一千六百一十六只，内永折裁并灰石、减荒、洒带各船，岁无定额。雍正四年，清查额报漕船一千二百七十四只，内除灰石减船二十只四分，洒带减船五十只八分，坍荒减船九只四分，减存零船九只四分，共减船九十只。额定实运船一千一百八十四只。

安庆府属安庆卫，徽州府属新安卫，宁国府属宣州卫，太平府属建阳卫。原额漕船四百八十三只内，永减、荒减、洒带、停协，各减船岁无定数。雍正四年，清查额报漕船三百八十二只，内洒带减船五十只，轮运减船三十只，共减船八十只。此外仍有永减船四只。额定实运船三百二只。

庐州府属庐州、六安二卫。凤阳府属凤阳、凤阳前、凤阳后、凤阳中、凤阳左、凤阳右、长淮、怀远、寿州、泗州、洪塘、宿州、武平十三卫所。滁州属滁州卫，徐州属徐州卫。原额漕船一千六百五十九只内，永减、荒减、灰石、停协、洒带各船，岁无定数。雍正四年，清查额报漕船一千一百七十六只九分，内除灰石减船十八只三分，洒带减船一百一十四只三分，减存零船八只三分，荒减船三只，蠲减船一只，共减船一百四十四只九分。此外仍有暂减船九只一分，荒减船十二只，共减船二十一只一分。额定实运船一千三十二只。

淮安府属淮安、大河、邳州三卫,扬州府属扬州、高邮、仪征三卫,盐城、兴化、通州、泰州四所,原额漕船一千一百二十九只内,永减灰石减存各船,岁无定额。雍正四年,清查额报漕船八百三十三只,内灰石减船四只七分,洒带减船十九只三分,减存零船五分,暂减船六只,旧减并坍荒减船八只五分,共减船三十九只。又归并原高邮卫减船一百二只。此外仍有永减船八只,积缺船一百四十八只,又轮减船一只。额定实运船六百九十二只。

以上江安粮道所属共实现运船三千二百一十只,内拨派协运河南现运船一百二十六只。又拨派协运苏、松、常、镇、太仓等府州漕粮现运船二千一百二十只,内抽运苏、松、常三府白粮现运船二百三十九只。又该属旧有拨协山东船二百三十二只,于康熙二十一年,撤回拨协江西船六十三只。又康熙三十年部议拨船七十八只,至康熙三十三年停拨。

苏松粮道所属苏州、太仓、镇海、金山、镇江六卫,松江一所,原额漕船六百四十八。雍正四年,清查额报仍原额漕船六百四十八只,内除灰石减船九只一分,洒带减船二十四只四分,减存不用零船二只五分,又坍荒减船六只,圈沙缺粮减船十四只,截留京口兵粮停造船四十八只,以上共减船一百四只,额定实运船五百四十四只,内抽运苏、松、常、太四府州白粮,实现运船五十四只。

浙江省

浙江粮道所属杭州、杭州右、绍兴、宁波、台州、温州、处州、海宁八卫,金华、衢州、嘉兴、湖州、严州五所,原额漕船一千九百九十九只。又原嘉兴协运江南撤回船四十一只,内永减漂毁,酌定洒减各船,岁无定数。雍正四年,清查额报共漕船一千五百五十八只,内除灰石减船二十九只,减存零船七只,洒带船三百七只,共船三百四十三只,额定实运船一千二百一十五只,内抽运嘉、湖二府白粮现运船一百二十六只。

江西省

江西粮道所属南昌、袁州、赣州、九江四卫,吉安、安福、永新、抚州、建昌、广信、铅山、饶州八所,原额漕船一千三只,内除并造减浅各船七十四只,止存额船九百二十九只。雍正四年,清查额报漕船九百二十九只,内减存未造未运船二十一只,贫疲未造船四只,逃绝船四十六只,贫疲积缺船一百三十六只,朋并缺额船一十四只,共减船二百二十一只,额定实运船七百八只。

湖广省

湖广省九卫一所,内分武昌、武昌左、黄州、蕲州、襄阳四卫,德安一所,属湖北粮道;荆州、荆左、荆右、沔阳、岳州五卫属湖南粮道。原额漕船八百二十六只,内停协缺船,原无定数。雍正四年,清查定额漕船四百一十只,并无增减亏缺。内湖北实现运船二百二十八只,湖南实现船一百八十二只。

山东省

山东粮道所属德州、济宁、东平、东昌、临清、濮州四卫二所运本省漕粮,任城、德州左、平山三卫系协运河南漕粮,原额漕船七百二十七只,内荒减拨协各船,岁无定数。雍正四年,清查额报漕船并自备船共七百三十一只,内轮流减存船二十一只,又拨派协运河南船三百二十七只,内轮流减存船三十九只,额定实运本省船七百八只,内自备船三百一十二只,漕船三百九十六只,协运河南船二百八十八只。

河南省

河南粮道所属原无,出运卫所船只俱系直隶、山东、江南三省船只就近协运。雍正四年,清查额定拨协实运船四百五十一只,内江南省协运船一百二十六只,山东省协运船二百八十八只,直隶通州、天津二所共船三十七只。

卫帮船数

各省漕船自雍正四年清查定额七千一百二十只,续后镇江添造船四十八只,又浙江裁汰永减船一只,实运船七千一百六十七只,内除坍荒、兵粮、减则、加一、裁汰等案,裁船七百四十八只。至乾隆三十一年,核明实现运漕白船六千四百一十九只,所有各省卫所帮船细数备开于后。

江安省

江淮卫、江淮头帮原运船八十二只。内乾隆十二年加一裁船八只,乾隆十七年京口兵粮裁船四只,又抽白船五只。实现运船六十五只。

江淮二帮原运船八十四只。内乾隆十二年加一裁船九只,乾隆十七年京口兵粮裁船四只,又抽白船五只。实现运船六十六只。

江淮三帮原运船六十三只。内拨入江淮六帮船十一只,乾隆十二年加一裁船五只。实现运船四十七只。

江淮四帮原运船九十三只。内乾隆十二年加一裁船九只,乾隆十七年京口兵粮裁船四只,又抽白船六只。实现运船七十四只。

江淮五帮原运船八十一只。内乾隆十二年加一裁船八只,乾隆十七年京口兵粮裁船四只,又抽白船五只。实现运船六十四只。

江淮六帮原运船三十二只。内乾隆九年拨入江淮九帮船十一只,以本卫三帮船十一只拨补本帮,乾隆十二年加一裁船三只。实现运船二十九只。

江淮七帮原运船七十一只。内乾隆十二年加一裁船七只,乾隆十七年京口兵粮裁船三只,又抽白船四只。实现运船五十七只。

江淮八帮原运船四十七只。内乾隆十二年加一裁船五只,乾隆十一年裁船四只,以扬州二帮量存船内拨补船四只,乾隆十七年京口兵粮裁船二只,乾隆二十四年坍荒减船二只,乾隆三十一年裁汰扬州二帮拨补船四只,又抽白船三只。实现运船三十一只。

江淮九帮原运船四十九只。外有前拨兴武二帮兑运船十一只,今复还本帮。乾隆九年,匀拨漕船案内,将本卫六帮拨入船一十一只,内除乾隆十二年加一裁船六只,乾隆二十二年江宁兵粮裁船九只。实现运船四十五只。

兴武卫兴武头帮原运船二十九只。内乾隆十二年加一裁船三只,乾隆十七年京口兵粮裁船一只,又抽白船二只。实现运船二十三只。

兴武二帮原运船六十三只。内乾隆十二年加一裁船五只,乾隆二十二年江宁兵粮裁船九只,乾隆二十八年拨还江淮九帮船十一只。实现运船三十八只。

兴武三帮原运船八十五只。内乾隆十一年因疲裁船十只,将扬州二帮量存船内拨入船十只,乾隆十二年加一裁船八只,乾隆十七年京口兵粮裁本帮船三只,扬州二帮拨补船一只,乾隆二十四年荒减裁船二只,乾隆二十八年坍荒裁船一只,乾隆三十一年裁汰扬州二帮拨补船九只,又抽白船五只。实现运船五十六只。

兴武四帮原运船七十四只。内乾隆十二年加一裁船七只,乾隆十七年京口兵粮裁船三只,又抽白船五只。实现运船五十九只。

兴武五帮原运船六十九只。内乾隆十二年加一裁船七只,乾隆十七年京口兵粮裁船三只,又抽白船四只。实现运船五十五只。

兴武六帮原运船八十九只。内乾隆十二年加一裁船九只,乾隆十七年京口兵粮裁船四只,又抽白船四只。实现运船七十一只。

兴武七帮原运船五十六只。内乾隆十一年因疲裁船十只,将扬州二帮量存船内拨入船十只,乾隆十二年加一裁船六只,乾隆十七年京口兵粮裁船二只,乾隆三十一年裁汰扬州二帮拨补船十只,又抽白船四只。实现运船三十四只。

兴武八帮原运船八十八只。内乾隆十二年加一裁船九只,乾隆十七年京口兵粮裁船四只,乾隆二十四年荒减裁船四只,又抽白船五只。实现运船六十六只。

兴武九帮原运船四十只。内乾隆十二年加一裁船四只,乾隆二十二年江宁兵粮裁船十二只。实现运船二十四只。

以上江、兴二卫十八帮,雍正四年,清查原运船一千一百八十四只,内除加一、坍荒等案共裁船二百二十二只,又抽白船五十八只,实现运船九百四只。

安庆卫前后两帮原运船一百一十一只，今安庆前帮轮减船五只，现运船五十六只；安庆后帮轮减船六只，现运船五十五只。

新安卫池州帮实现运船四十六只。

宣州卫宣州帮实现运船四十五只。

建阳卫宁太帮原运船一百只，内乾隆二十一年加一裁船十只，实现运船九十只。

以上安、新、宣、建四卫五帮，雍正四年，清查原运船三百二只，内除宁太帮裁船十只，实现运船二百九十二只。

淮安卫淮安头帮原运船四十五只，内乾隆十七年，京口兵粮裁船二只，乾隆二十七年，附载帮归并船七只，实现运船五十只。

淮安二帮原运船四十六只，内乾隆十七年，京口兵粮裁船二只，乾隆二十七年附载帮归并船七只，实现运船五十一只。

淮安三帮原运船四十五只。内乾隆十七年坍荒减船一只，乾隆二十八年洼地减则蠲粮案内裁减船四只，乾隆二十九年裁去坐拨兵粮案内拨兑苏粮船二只，扬粮船二只。实现运船三十六只。

淮安四帮原运船三十只。内乾隆十七年京口兵粮裁船一只，乾隆十九年坍荒减船一只，又抽白船二只。实现运船二十六只。

大河卫大河前帮原运船四十五只。内乾隆十七年坍荒减船一只，乾隆二十八年减则蠲粮裁船三只，乾隆二十三年坐拨兵粮案内拨兑苏粮归入大河三帮代押船三只，于乾隆二十九年裁减。实现运船三十八只。

大河二帮原运船五十七只。内乾隆十七年京口兵粮裁船三只，乾隆十九年坍荒减船二只，又抽白船四只。实现运船四十八只（外有洒带缺船二只，每年派入全单之数内）。

大河三帮原运船七十只。内乾隆十七年京口兵粮裁船三只，乾隆二十三年坐拨兵粮案内代押淮安三帮船二只、大河前帮船三只，俱于乾隆二十九年裁减，又抽白船四只。实现运船六十三只。

扬州卫扬州头帮原运船九十一只。内乾隆十七年，京口兵粮裁船四只，乾隆十九年坍荒减船五只，洒带缺船一只，乾隆二十二年减则蠲粮裁船一只，又抽白船六只。实现运船七十四只。

扬州二帮原运船六十八只。内乾隆十七年坍荒裁船五只，乾隆二十三年凤中三帮归并船四只，乾隆二十八年减则蠲粮裁船九只。实现运船五十八只。

扬州三帮原运船五十二只。内乾隆十五年，本卫四帮归并船四十六只，乾隆二十八年减则蠲粮裁船二只。实现运船九十六只。

仪征帮原运船八十三只。内乾隆十七年京口兵粮裁船四只，又抽白船五只。实现运船七十四只。

以上淮、大、扬三卫共十一帮，雍正四年，清查原运船六百九十二只，内除坍荒等项裁船六十一只，抽白船二十一只，又凤中三帮归入扬州二帮船四只，实现运船六百一十四只。

凤阳卫常州帮原运船九十七只。内乾隆十七年京口兵粮裁船四只，乾隆十七年加一裁船九只，乾隆十九年坍荒裁船一只，又抽白船六只。实现运船七十七只。

凤中常帮原运船六十九只。内乾隆十七年，京口兵粮裁船三只，又乾隆十七年加一裁船七只，乾隆十九年坍荒裁船一只，抽白船四只。实现运船五十四只。

凤中二帮原运船八十六只。内乾隆十七年京口兵粮裁船四只，又乾隆十七年加一裁船八只，抽白船五只。实现运船六十九只。

长淮卫长淮头帮原运船五十七只。内乾隆十七年加一裁船五只，又乾隆十七年京口兵粮裁船二只，乾隆二十二年减则蠲粮裁船一只，抽白船三只。实现运船四十六只。

长淮三帮原运船三十四只。内乾隆十七年京口兵粮裁船一只。实现运船三十三只。

长淮四帮原运船四十只。内乾隆十七年京口兵粮裁船一只。实现运船三十九只。

宿州头帮原运船二十只。内乾隆二十三年凤中三帮归并船六只。实现运船二十六只。

宿州二帮原运船四十六只。内乾隆二十三年凤中三帮归并船六只。实现运船五十二只。

庐州卫庐州头帮实现运船二十八只。

庐州二帮原运船八十四只。内乾隆十七年京口兵粮裁船四只，乾隆二十二年减则蠲粮裁船一只，又抽白船五只。实现运船七十四只。

庐州三帮原运船八十六只。内乾隆十七年京口兵粮裁船四只，又抽白船五只。实现运船七十七只。

滁州卫滁苏帮原运船五十四只。内乾隆十七年京口兵粮裁船二只，乾隆十九年坍荒裁船一只，又抽白船三只。实现运船四十八只。

泗州卫泗州前帮原运船六十五只。内乾隆十七年京口兵粮裁船二只，乾隆二十年昆新二县低田蠲粮裁船五只，乾隆十九年坍荒减船四只，乾隆二十二年减则蠲粮裁船二只。实现运船五十二只。

泗州后帮原运船六十四只。内乾隆十七年京口兵粮裁船二只,乾隆二十年昆新二县低田蠲粮裁船四只,乾隆二十二年减则蠲粮裁船二只。实现运船五十六只。

徐州卫江北帮原运船六十只。内乾隆二十八年洼地减则蠲粮裁船一只。实现运船五十九只。

以上凤阳、长淮、庐州、滁州、泗州、徐州等卫十五帮,又协运河南漕粮之徐州、河南前帮船五十三只、后帮船五十三只、长淮二帮船二十只,又原凤中三帮今已裁并船十六只,通计十九帮,共原运船一千三十二只,即符《漕运全书》开载。雍正四年,清查实数,内除加一坍荒等案裁船八十一只,又抽白船三十一只,又凤中三帮裁并归入扬州二帮船四只,又徐州、河南前帮乾隆三十年停运蓟粮案内裁汰船四只,徐州、河南后帮先于乾隆二十八年裁汰轮减船一只,乾隆三十年停运蓟粮案内裁汰船四只,长淮二帮先于乾隆十七年加一裁汰船二只,乾隆三十年停运蓟粮案内,该帮全行裁汰。共现运十七帮,实运船八百八十七只,协运河南之徐州前后现运船数在内。

以上江安河粮道所属,雍正四年清查,共原运船三千二百一十只,内除各案裁船四百三只,又抽白船一百一十只,实现运船二千六百九十七只,内协运河南省漕粮、徐州、河南前后二帮,共船九十七只。

苏松省

苏州卫苏州前帮原运船一百二只。内乾隆五年拨出归入后帮船十八只,乾隆十七年京口兵粮裁船四只,又抽白船五只。实现运船七十五只。

苏州后帮原运船六十六只,又前帮拨入船十八只。内乾隆十七年京口兵粮裁船四只,又抽白船六只。实现运船七十四只。

太仓卫太仓前帮原运船七十五只。内乾隆十七年京口兵粮裁船二只,乾隆二十二年低瘠减则、蠲粮裁船一只,乾隆二十四年续报坍荒裁船二只,乾隆五年拨入后帮船二十只,又抽白船二只。实现运船四十七只。

太仓后帮原运船三十五只,又前帮拨入船二十只。内乾隆十七年京口兵粮裁船二只,乾隆二十四年续报坍荒裁船二只,又抽白船四只。实现运船四十七只。

镇海卫镇海前帮原运船四十四只。内乾隆十七年京口兵粮裁船二只,乾隆二十四年续报坍荒裁船一只,乾隆二十八年坍荒裁船一只,乾隆三十一年坍荒裁船一只,又抽白船三只。实现运船三十六只。

镇海后帮原运船四十五只。内乾隆十七年京口兵粮裁船二只,乾隆二十二年低瘠减则、蠲粮裁船一只,乾隆二十四年续报坍荒裁船二只,又抽白船三只。实现运船三十七只。

金山帮原运船三十九只。内乾隆十七年京口兵粮裁船二只,乾隆二十二年低瘠减则、蠲粮裁船一只,又抽白船二只。实现运船三十四只。

镇江卫镇江前帮原运船一百一只。内坍江裁船三只,雍正四年拨入中帮船四十三只,乾隆五年后帮拨进船六只,实船六十一只。嗣于乾隆十五年中帮裁归船三十一只,乾隆十七年京口兵粮裁船四只。实现运船八十八只。

镇江后帮原运船八十五只。内雍正四年、乾隆五年先后拨归前帮、中帮船二十四只。嗣于乾隆十五年中帮裁并船三十只,乾隆十七年京口兵粮裁船四只。实现运船八十七只。

以上苏、太、镇、金、镇等各帮共原运船五百九十二只。(查《漕运全书》开载,雍正四年清查实报船五百四十四只,系将镇江、京口兵粮停造四十八只扣除,嗣复成造起运,是以现在多船四十八只。)内除坍荒、减则各案裁船四十一只,抽白船二十六只,实现运船五百二十五只。

苏府白粮帮实现运船五十五只。

松府白粮帮实现运船四十五只。

常府白粮帮实现运船三十六只。

以上苏、松、常三府白粮共船一百三十六只。

浙江省

宁波卫宁波前帮原运船七十一只,内乾隆二十一年加一裁船六只,乾隆二十八年裁汰轮减船七只,实现运船五十八只。

宁波后帮原运船六十只,内乾隆二十八年裁汰轮减船六只,实现运船五十四只。

台州卫台州前帮实现运船五十六只。

台州后帮实现运船六十五只。

温州卫温州前帮原运船五十五只,内乾隆二十年洒减裁船三只,实现运船五十二只。

温州后帮实现运船五十只。

处州卫处州前帮实现运船五十只。

处州后帮实现运船五十七只。

金衢所帮原运船五十七只,内乾隆二十八年裁汰轮减船三只,实现运船五十四只。

杭州卫杭州头帮原运船五十五只,内乾隆二十年轮减存留在次船五只,实现运船五十只。

杭州二帮原运船五十六只,内乾隆二十年洒减裁船二只,实现运船五十四只。

杭州三帮实现运船五十四只。

杭州四帮实现运船六十只。

绍兴卫绍兴前帮原运船七十九只,内乾隆二十年洒减裁船七只,乾隆二十八年裁汰轮减船八只,实现运船六十四只。

绍兴后帮原运船七十八只,内乾隆二十年洒减裁船七只,乾隆二十八年裁汰轮减船八只,实现运船六十三只。

严州所帮实现运船五十一只。

湖州所帮实现运船三十九只。

海宁所帮原运船四十六只,内乾隆十八年轮减存次船四只,实现运船四十二只。

嘉兴卫帮原运船四十九只,内乾隆二十年轮减存次船五只,实现运船四十四只。

嘉兴白粮实现运船七十六只。

湖州白粮帮原运船五十只,内乾隆二十年加一裁船五只,实现运船四十五只。

以上浙江省漕、白粮二十一帮,共船一千二百一十四只,正符续修《漕运全书》内载乾隆七年题定之数,内乾隆二十一等年加一裁船三十只,又咨准轮减存次并裁汰轮减船四十六只,实现运漕白船一千一百三十八只(外有轮减存次船十四只)。

江西省

南昌卫南昌前帮原运船五十四只,嗣因岁造缺额,于节年存息船内金补增造船六只,实运船六十只,内乾隆二十四年裁船四只,实现运船五十六只。

南昌后帮原运船五十八只,嗣因岁造缺额,于节年存息船内金补增造船一只,实运船五十九只,内乾隆二十四年裁船五只,实现运船五十四只。

袁州卫袁州帮原运船二十七只,又南昌前帮拨进船二十二只,实运船四十九只,内乾隆二十四年裁船六只,实现运船四十三只。

九江前帮原运船五十只,内乾隆二十四年裁船五只,实现运船四十五只。

九江后帮原运船六十一只,嗣因岁造缺额,于节年存息船内金补增造船一只,实运船六十二只,内乾隆二十四年裁船六只,实现运船五十六只。

吉安所帮原运船六十六只,嗣因丁疲减息船三只,实运船六十三只,内乾隆二十四年裁减船六只,实现运船五十七只。

永建帮原运船六十六只,内乾隆二十四年加一裁汰船十四只,实现运船五十二只。(该帮原系永新、建昌两帮,乾隆三十年奏准归并,内永新帮原运船三十四只,加一裁船六只,实船二十八只。建昌帮原运船三十二只,加一裁船八只,实船二十四只。)

安福所帮原运船二十五只,嗣因丁疲减息船三只,南昌前帮拨进船二十五只,实运船四十七只,内乾隆二十四年裁船八只,实现运船三十九只。

赣州卫赣州帮实现运船六十只。

抚州所帮原运船三十五只,内乾隆二十四年裁船二只,实现运船三十三只。

广信所帮原运船一十二只,嗣因岁造缺额,于节年存息船内金补增造船一只,南昌后帮拨进船二十六只,九江前帮拨进船一十三只,实船五十二只,内乾隆二十四年裁船六只,实现运船四十六只。

铅山所帮原运船一十五只,九江前帮拨进船四十只,实运船五十五只,内乾隆二十四年裁船五只,实现运船五十只。

饶州所帮原运船二十九只,嗣因丁疲减息船三只,南昌后帮拨进船二十四只,实运船五十只,内乾隆二十四年裁船三只,实现运船四十七只。

以上江西省十四帮今改为十三帮,雍正四年清查原运船七百零八只,内除乾隆二十四年裁减船七十只,实现运船六百三十八只。

湖北省

湖北头帮原运船八十八只,内拨入湖北三帮船十只,乾隆十三年裁船十八只,实现运船六十只。

湖北二帮原运船八十一只,内拨入湖南三帮船四只,乾隆十三年裁船十七只,实现运船六十只。

湖北三帮原运船六十三只,内乾隆十三年裁船十三只,武昌左卫拨进船十只,实现运船六十只。

湖南省

湖南头帮实现运船六十七只。

湖南二帮实现运船六十三只。

湖南三帮原运船四十八只,武昌左卫拨进船四只,实运船五十二只,乾隆二十九年裁减武昌左卫船四只,实现运船四十八只。

以上湖广省漕粮六帮,共船四百一十只。内湖北省帮船乾隆十三年裁船四十八只,拨入湖南三帮船四只,实现运船一百八十只。湖南省乾隆二十九年裁去湖北拨入三帮船四只,实现运船一百七十八只。共实现运船三百五十八只。

山东省

德州卫德州正帮原运浅船三十二只,自备船二十四只,内于乾隆三十年蓟粮改折案内裁汰浅船二只,自备船二只,实现运浅船三十只,自备船二十二只。

济宁卫济宁前帮原运浅船九十四只,内乾隆三十年蓟粮改折案内裁船八只,实现运浅船八十六只。

济宁后帮原运船八十八只,内乾隆二十八年洼地豁粮裁减船一只,乾隆三十年蓟粮改折案内裁船七只,实现运船八十只。

济宁左帮原运自备浅船九十一只,内乾隆三十年蓟粮改折案内裁船七只,实现运自备船八十四只。

济宁右帮原运自备船六十六只,内乾隆三十年蓟粮改折案内裁船五只,实现运自备船六十一只。

东平所帮原运浅船三十一只,自备船二十九只,内乾隆三十年蓟粮改折案内裁汰浅船三只,自备船二只,实现运浅船二十八只,自备船二十七只。

东昌卫东昌帮原运浅船四十三只,自备船二十九只,内乾隆三十年蓟粮改折案内裁汰浅船四只,自备船二只,实现运浅船三十九只,自备船二十七只。

濮州所帮原运浅船三十七只,自备船二十一只,内乾隆三十年蓟粮改折案内裁汰浅船三只,自备船二只,实现运浅船三十四只,自备船一十九只。

临清卫山东前帮原运浅船七十一只,内乾隆三十年蓟粮改折案内裁船六只,实现运船六十五只。

山东后帮原运自备船五十二只,内乾隆二年章邱县缺粮裁船一只,乾隆三十年蓟粮改折案内裁船四只,实现运自备船四十七只。

以上山东省兑运本省十帮原运浅船三百九十六只,自备船三百一十二只,共船七百零八只,内除济宁后帮裁减浅船一只,临清山东后帮裁减自备船一只,乾隆三十年蓟粮改折案内裁汰浅船三十三只,自备船二十四只,实现运浅船三百六十二只,自备船二百八十七只,共船六百四十九只。

河南省

(山东)德州左帮实现运船二十四只。

任城帮原运船四十七只,内乾隆三十年蓟粮改折案内裁船四只,实现运船四十三只。

平山前帮原运船五十四只,内祥符县被灾豁粮裁船二只,郑州等属豁粮裁船一只,乾隆五年拨入平山后帮船八只,实现运船四十三只。

平山后帮原运船三十五只,平山前帮拨进船八只,实现运船四十三只。

临清河南前帮实现运船二十九只。

临清河南后帮原运船九十九只,内祥符、临漳等县豁免改折裁船十七只,乾隆三十年蓟粮改折案内裁船二十三只,实现运船五十九只。

(江南)徐州卫河南前帮原运船五十三只,内乾隆三十年蓟粮改折案内裁船四只,实现运船四十九只。

徐州河南后帮原运船五十三只,内乾隆二十八年裁汰轮减船一只,乾隆三十年蓟粮改折案内裁船四只,实现运船四十八只。

长淮二帮原运船二十只,内乾隆十七年加一裁船二只,实运船十八只。(乾隆二十七年,奏准改为自备,乾隆三十年,蓟粮改折案内全行裁汰)

(直隶)天津所帮实现运自备船十七只。

通州所帮实现运自备船二十只。

以上山东、江南、直隶三省协运十一帮,共船四百五十一只。内山东省六帮原运船二百八十八只,内除平山前帮裁船三只,临清河南后帮裁船十七只,实现运船二百六十八只。江南省三帮原运船一百二十六只,内除长淮二帮裁船二只,徐州河南后帮裁船一只,实现运船一百二十三只。直隶省二帮实运船三十七只。通共现运浅船三百七十三只,自备船五十五只,共船四百二十八只。内乾隆三十年蓟粮改折案内裁汰江南之长淮二帮船十八只,徐州河南前后两帮浅船八只,山东之任城、临清、河南后二帮浅船二十七只。通共实现运浅船三百三十八只,自备船三十七只,共船三百七十五只。

历年裁减

一　雍正四年漕运总督张大有将各省现存漕船数目彻底清查。江、兴、庐、凤等卫原额漕船三千六百六十五只九分,除陆续裁减外,实现运船三千二百一十只。苏、松等卫原额漕船六百四十八只,除陆续裁减外,实现运船五百四十四只。浙江省原奉单派额船一千五百五十八只,除陆续裁减外,实现运船一千二百一十五只。江西省原额漕船一千三只,除陆续裁减外,实现运船七百八只。湖北省实现运船二百二十八只。湖南省现运船一百八十二只。山东省原额漕船并自备船七百三十一只,除轮流减裁外,实现运船七百八只,内自备船三百一十二只,又协运河南省原额漕船三百二十七只,除轮流减裁外,实现运船二百八十八只。天津所原额自备船十九只,内洒减船二只,实现运船十七只。通州所现运船二十只。

一　乾隆二年山东省因章邱县缺额漕米豁免,永减山东后帮自备船一只。

一　乾隆五年仓场奏准:各卫军船应多寡均匀,将东省协运河南之平山卫,江南之苏州、太仓、镇江三卫各帮派拨,均匀兑运。计平山前帮拨入后帮船八只,苏州前帮拨入后帮船十八只,太仓前帮拨入后帮船二十只,镇江后帮拨入前帮、中帮船各六只。嗣于乾隆十五年裁帮案内,镇江中帮全船裁并前后帮管辖。

一 乾隆七年奏准:台州前等三帮将现在出运之船定为额数,原减八船永行裁汰。又宁、严、衢三帮漕船较别帮粮额较轻,所有宁波前帮增船九只,严州所帮增船三只,衢州所帮增船二只,一并永行减歇。惟温州前帮额外增船四只,杭州前卫后帮增船三只,各该帮每船装米九百余石,船身负重较之别帮粮额不同,现在均匀派装,相安无异。今以现在加增出运船数为定,分别增减,通共计算应运漕白粮船一千二百十四只作为定额。

一 乾隆九年题准:将江淮卫六帮兑运江宁粮船十一只归并江淮九帮,其江淮六帮少管船只在江淮三帮船内拨补。

一 乾隆十年咨准:浙江绍兴一卫两帮每帮每年留歇八船,将米分派各船加载,递年轮运轮歇,每年岁造新船,自可符加一之数。其轮减船只即以满号之船留存在次,以待配造济运,不准支给三修苫盖银两。

一 乾隆十一年题准:将江淮八帮、兴武三七两帮贫疲丁船裁汰二十四只,即将扬州二帮量存之二十四船拨补,其在次受兑、沿途攒攒统归江兴管辖,金丁修造仍归扬卫办理,行月钱粮仍照本帮应给数目支给。

一 乾隆十二年题准:江、兴二卫一十八帮,素称贫疲,应每十船裁减一船,将应兑之粮分洒九船加装,应给之银米加给九船支领。计裁江淮卫头帮八只,二帮九只,三帮五只,四帮九只,五帮八只,六帮三只,七帮七只,八帮五只,九帮六只;兴武卫头帮三只,二帮五只,三帮八只,四帮七只,五帮七只,六帮九只,七帮六只,八帮九只,九帮四只。共裁船一百一十八只。

一 乾隆十三年题准:湖北漕船照湖南之例装运米石,计裁船四十八只,实运船一百八十只。将裁丁应出之帮费及增运漕米应给之银米,加添存运各船。计裁武昌卫十一只,黄州卫六只,蕲州卫七只,襄阳卫六只,武左卫十一只,德安所七只。

一 乾隆十五年咨准:安庆前后两帮裁去轮减船二十二只,量存船二十二只,以备金造。

一 乾隆十六年咨准:凤阳卫原凤中三帮裁去原存轮减船一只。

一 乾隆十七年截拨镇属漕粮留充京口兵米,裁漕船一百一十六只。

一 乾隆十七年题准:凤常帮加一裁船九只,凤中常帮加一裁船七只,凤中二帮加一裁船八只,长淮头帮加一裁船五只,长淮二帮加一裁船二只。

一 乾隆十七年咨准:淮安三帮裁去轮减船五只,淮安四帮裁去额外船一只。

一 乾隆十九年凤阳卫原凤中二帮裁去轮减船五只,又苏、松、常、镇、太五府州属原报坍荒豁粮,扬州头帮裁船五只,滁苏帮裁船一只,大河二帮裁船二只,泗州前帮裁船四只,凤常帮裁船一只,凤中常帮裁船一只,淮安四帮裁船一只。

一 乾隆二十年咨准:浙江嘉海卫所额船四十九只,应加一轮减船五只,存次配造。

一 乾隆二十年温州前帮裁船三只,杭州二帮裁船二只,湖州白粮帮裁船五只,粮米洒通帮钱粮分给现运。

一 乾隆二十年咨准将杭州卫头帮加一轮减船五只,存留在次配造。

一 乾隆二十年咨准:昆山、新阳二县滨湖低田浮粮减征,将输兑之泗州前后两帮轮减余船九只裁汰,计泗州前帮船五只,泗州后帮船四只。

一 乾隆二十一年宁太帮加一裁汰减船十只。

一 乾隆十五年因裁并卫帮,题准镇江中帮原系前后两帮余船抽并所设,应将该帮船只仍归还前后两帮,计归并前帮船三十一只,后帮船三十只。

一 乾隆二十二年因江宁满兵改给本色,截留漕米二万二百四石,计裁江兴二卫船三十只,内裁江淮九帮九只,兴武三帮九只,兴武九帮十二只。

一 乾隆二十三年因上元等州县十七年坍荒案,内应裁船八只,除淮安头帮一只系轮兑毋庸裁减外,将淮安三帮船裁减一只,大河前帮船裁减一只,扬州二帮船裁减五只。

一 乾隆二十三年奏准:将凤中三帮裁汰其原兑天长县漕粮船四只归并扬州二帮,原兑盱眙县漕粮船六只归并宿州头帮,原兑六安等州县漕粮船六只归并宿州二帮。

一 乾隆二十三年因安庆卫船一百一十一只并为一帮,运弁难以稽查,奏准仍分为两帮,添设重运千总二员、随帮一员。

一 乾隆二十二年题准:长洲、元和、青浦、阳湖、宜兴、荆溪、太仓、镇洋、宝山、镇海等州县卫低瘠减则,及太仓、镇洋、宝山三县卫筑塘占废田地项下蠲豁漕粮,裁船十只。计裁太仓前帮一只,镇海卫后帮一只,金山帮一只,扬州卫头帮一只,庐州卫二帮一只,泗州卫前帮二只,后帮二只,长淮卫头帮一只。

一 乾隆二十四年题准:元和、吴县、昭文、金山、上海、丹徒、丹阳、金坛、太仓、镇洋、宝山等十一州县并苏州卫续报坍荒,又常熟、昭文并苏州卫筑塘占废各项田地蠲豁漕米,应裁船一十五只。计裁兴武卫三帮船二只,八帮船四只,太仓卫前帮船二只,后帮船二只,镇海卫前帮船一只,后帮船二只,江淮卫八帮船二只。

一 乾隆二十四年总漕杨锡绂题请将江西省各帮船分别加一裁减,共裁船七十只。奉旨:户部议复江西省裁减漕船一案。昨询,据杨锡绂据奏,江西帮船情形原与江浙等省不同,可以通融裁减,且于办公有益,着即照所请行。钦此。

一　乾隆二十五年奉旨:户部议驳庄有恭奏浙省漕船丁力贫疲,请减船洒运一折,似因江西准减漕船援例具请,而浙省情形未必与江西相同。是以,传谕杨锡绂,令其详悉议奏。今据奏,称浙省漕务疲丁积弊能实力剔除,行之数年,尚可转疲为殷。若裁减船只,虽亦调剂之法,而非其切要等语。总之,经理漕政惟在地方大吏留心整顿,除积弊而苏丁困,不徒以议裁额船为洒贴贫丁计也。所有该抚请裁漕船一事,着照部议,不必行。钦此。

一　乾隆二十七年奏准:将兑运豫省之长淮二帮船一十八只改为自备船只,其原领军船免其变价缴还。

一　乾隆二十七年咨准:将淮安卫之附载帮船一十四只并入淮安卫头帮七只,二帮七只。

一　乾隆二十七年题准:下江淮扬、徐海等属,上江之凤、泗二府州属低洼田地,积水难消,减豁漕粮案内,二十八年报部裁定船二十一只,内除泗州卫前帮船二只,系与淮安头二、泗州前后递年轮兑淮粮之年始有减则,此二船系属轮流暂减不裁外,实裁船十九只。内淮安卫三帮四只,大河卫前帮三只,扬州卫二帮九只,三帮二只,徐州卫江北帮船一只。

一　乾隆二十八年咨准:济宁州积水难涸地亩豁免漕粮,裁汰济宁卫后帮船一只。

一　乾隆二十八年题准:常熟、丹徒二县续报坍荒案内蠲缺漕米,裁船二只。计裁镇海卫前帮船一只,兴武三帮船一只。

一　乾隆二十八年题准:江浙各帮轮减船只,原属虚縻旷设,计裁长淮三帮船一只,四帮船一只,宿州头帮船四只,宿州二帮船一只,庐州卫二帮船九只,滁州卫苏州帮船五只,大河卫前帮船一只,徐州卫河南后帮船一只,扬州卫头帮船二只,三帮船一只,安庆前后帮船十一只,宁波卫前帮船七只,后帮船六只,绍兴卫前帮船八只,后帮船八只,金华所船三只。

一　乾隆二十九年奏准:湖南三帮、岳州卫漕船五十二只,内有武昌左卫船四只,系康熙七年暂行拨入之船,因道里遥远,丁情暌隔,佥选难得殷丁,将该卫四船竟行减歇,俟力量充裕,仍听武昌左卫佥选领运,其四船所装之米,即分洒湖南三帮四十八船之内,所有四船运费等银即分给加装米石之船。

一　乾隆二十九年奏准:淮安三帮拨运苏扬二处粮船四只,大河前帮拨运苏属粮船三只,该两帮系永兑淮粮,水次均在淮北,远派苏扬兑运,程途遥远,丁情未协。将淮安三帮拨兑苏扬二处粮船四只,大河前帮拨兑苏属粮船三只,俱行裁汰,应运米石即令同次兑运苏扬二属之船加装,每只仅添载二三十石,并无负重之虞,穷丁既免远拨,而加装之船兼可多得银米以资费用。

一　乾隆三十年奏准:江西永新、建昌二帮,船数既少,丁费较多,将永新、建昌二帮共船五十二只归并一帮,改名为永建帮。

一　乾隆三十年奏请山东、河南二省拨运蓟粮,停其运送,改征折色,解交直隶藩库。续奉上谕仍照数收兑,本色留贮备用。计裁山东省丁船五十七只。内德州帮浅船二只,自备船二只;临清卫山东前帮浅船六只,后帮自备船四只;济宁卫前帮浅船八只,后帮浅船七只,左帮自备船二只,右帮自备船五只;东昌卫帮浅船四只,自备船二只;濮州帮浅船三只,自备船二只;东平帮浅船三只,自备船二只。河南省裁船五十三只,内临清卫河南后帮浅船二十三只,任城帮浅船四只,徐州卫河南前帮浅船四只,后帮浅船四只,长淮二帮自备船十八只。

一　乾隆三十一年奏准:扬州二帮拨抵兴武三帮船九只,兴武七帮船十只,江淮八帮船四只。因扬卫之船远办松江之运,银米无增,甚为拮据,将拨抵二十三船全行裁汰,应运米石分洒江淮、兴武二卫兑运松粮帮船内加装,所有运费等银分给加装米石之船。

一　乾隆三十一年咨准青浦县续报坍荒案内蠲豁漕粮,裁去镇海前帮船一只。

漕船额式

各省漕船向例大小不同。康熙六年题定,浙江、江西、湖广等省,悉照淮式,一浅成造。康熙十七年题准,漕船载米不得过四百石,入水不得过六捺,空船不得过四捺。康熙十九年特遣部员酌定新式。康熙二十一年题准,各省遵照新式,长七丈一尺,一律成造。康熙二十六年题准,以新式船小,载重量加宽大。雍正二年题准,江西、湖广漕船以十丈为率,短不得过九丈,其宽深丈尺酌量合式,其余各省仍照式成造。所有原定漕船旧式,并历年续定新式,详载于后。

一　原定船式(照旧例开载)。每船底长五丈二尺,中阔九尺五寸,厚二寸,头尾九尺五寸,阔六尺二寸,厚二寸。系搪浪稍长九尺五寸,阔五尺二寸,厚一寸二分。系封稍两厢各长七丈一尺,阔八寸,中厚五寸。头稍各厚三寸。拖泥各长五丈三尺五寸,阔六寸,厚一寸七分。脚栈各长五丈五尺,阔六寸五分,厚一寸七分。两栈各长七丈一尺,深三尺六寸,厚一寸七分。头伏狮长八尺,阔一尺,厚三寸五分。稍伏狮长七尺,阔八寸,厚二寸五分。挲狮各长二丈二尺,大头阔五寸,小头阔二寸,厚二寸。挽脚梁长九尺,阔一尺二寸,厚二寸。象鼻靠爪长四尺五寸,厚三寸。

草鞋底一副各长一丈四尺,阔九寸,上头厚八分,下头厚一寸。

造船钉铁麻油。每船攀头艄铁叶大小三十二条,扒锔十二个,共重十二斤。线钉长四寸,扒头钉长五寸,底栈每一尺用四钉,共用新钉钚六百二十斤。黄麻一百四十斤,桐油三十斤,油灰五百五十斤,内该桐油一百二十斤,石灰五石,皮条四根。

造船什物。每船大桅一根,圆三尺二三寸不等,长六丈,止头桅一根,圆二尺,长四丈,止桅夹一副,面梁一块,舵杆一根,舵板一块,橹二张,用木一根,圆一尺七八寸不等,长二丈,止大篷一扇,头篷一扇,苘麻本身缆一根,苘麻带头缆二条,黄麻大桅走绳三挂,黄麻都管绳一条,黄麻头桅走三绳二挂,黄麻迎簹绳一条,大溜篾簹一条,二溜篾簹一条,篾拔皮二条,篾小簹三挂。

造船里料。每船梁头十五座,龙口梁阔一丈四寸,深四尺,使风梁阔一丈四寸,深四尺四寸,圆口后断水梁阔九尺,深五尺,神堂梁深五尺一寸,圆口两厢共阔七尺六寸,立跨板厚五分,前后引条高三尺,旧边新楞格两边共八扇,官舱门四扇,前后拖门旧板全。

以上梁头里料有底船者估足数目准予销算;如无底船者照数扣追;买新料成造,旗丁自备。

一 改造船式(照康熙十九年定例开载)。每船底长五丈二尺,中阔一丈四尺四寸,厚二寸,头长九尺五寸,阔一丈一尺,厚二寸。系搪浪稍长九尺五寸,阔一丈八寸,厚一寸七分。系封稍两厢各长七丈一尺,阔八寸,共深四尺四寸。两栈各长七丈一尺,阔三尺六寸,厚一寸七分。头伏狮长一丈一尺,阔一尺,厚三寸五分。稍伏狮长一丈八尺,阔八寸,厚二寸五分。擎狮各长二丈二尺,大头阔五寸,小头阔二寸,厚二寸。挽脚梁一块,长九尺,阔一尺二寸,厚二寸。又有燕窝护腮及草鞋底。

造船大小物料。每船大料四十七根,榆槐等木八根,备桅、夹舵板并各梁、头稍、伏狮、燕窝护腮、云头板之用,每根二丈二尺,根径六寸。钉钚钱钉长四寸,扒头钉长五寸,底栈每一尺用四钉,共九百斤。攀头铁叶八十八块,小钉二百二十六个,共铁三十二斤。桐油一百五十斤,石灰一百斤,白麻六十斤,黄麻三百斤,缆绳取用在内。煤炭一千七百七十六斤。又有颜料一项,画头艄用。

造船什物。每船大桅一根长五丈四尺,径一尺一寸,头桅一根,长四丈一尺,径七寸,橹木一根,长三丈,径六寸,桅夹、桅下差面梁、使风梁、扁梁、舵板、风篷、麻缆、麻绳、篾簹、舵杆大小共七根,凡一应里料与旧式同。

一 九验之法:一曰验木,二曰验板,三曰验底,四曰验梁,五曰验栈,六曰验钉,七曰验缝,八曰验舱法,九曰验头稍。

验木者,木取良材,毋杂恶质,毋间旧料,长短有规,大小有准。

验板者，板有厚薄，分寸原有漕规定制，如庲板厚五寸，搪浪底板厚二寸，拖泥脚栈栈板厚一寸七分。而奸匠包造挪薄大料以充里料，每每分寸差池，今后下墨之时即当查验；锯路解板，下锯即当比较分寸，如不合式立刻严究另换。

验底者，船之大小始基于底，如浅船底长不过五丈二尺，中间阔不过九尺五寸，匠受旗贿，改长增阔，不遵漕规。今欲制造合式，必当于铺垫底板验量尺寸合度与否，少差即勒令改造。

底完安梁，梁阔则船腹宽，梁高则船腹深，容受多而利装私载。故旗匠通同，每每溢额浅船。龙口梁阔不过九尺，高不过一丈四寸，使风梁阔不过一丈四尺，断水梁阔不过九尺，高不过五尺。细细量验，一不合式，即勒令减削。

梁完正栈。浅船栈长七丈一寸，深三尺六寸，其顺身既长，非短小之料可用。栈板之力把持通船，须择长材以图坚久，潦草安置，零碎斗凑，则把持无力，不久绽裂矣！

用钉之法。一尺四钉，未上两栈，钉眼在外；上栈之后，钉眼在内。有等恣意侵渔而匿钉不用，虚派钉眼而眼内无钉，必当逐眼稽查，内外审视。

缝口何以用验？盖挪减大料，每每迁就板边，板边不净，是以缝口不合，虽极力窒舱，隙终不满，漏终不止。全在合板之时，早为查验。

舱法何以用验？盖舱之法以斧入凿，以凿入麻，缝满，然后固以油灰。今奸匠侵渔，麻少缝阔，不能受灰，甚至油少灰生，旋上旋落，止可谓为涂抹了事，安得云舱？逐节严查，其有麻少灰生者，立行究处。

头稍何以用验？头稍者即一船之首尾也，自始至终于此定局。盖封头、封稍，船工将完，人心草率，每见厂造旧船，船身无恙，而头稍先脱。职此之故，铁叶扒锔所以攀护，此头稍者不许其折干短少；铺头、铺稍、里料所以骨干，此头稍者不许滥恶充数，用钉必处处用到，窒舱必处处完全，头稍坚实，船自坚久。

一　江西漕船有长江、鄱湖之险，非巨舰不能利涉。康熙三年，漕运总督林起龙题请照旧金造。康熙四年，河道总督卢崇奏请改小。康熙六年两江总督郎廷佐以各船皆系巨舰，概行改小，势所不能，奏请加载之数减去三百余石，由闸河而行，可无胶浅之患。

一　江西漕船体骨重大，遇浅难行。康熙三十四年，漕运总督桑格题准各漕船仍带装载一百石之小剥船一只，跟艄行走，其过百石之船不准随带。

一　各省漕船式样。康熙二十二年，改定长七丈一尺，宽一丈四尺四寸，载正耗米五百石，土宜六十石。康熙二十六年，漕运总督慕天颜请量加宽大湖广船只，有长至十一二丈者。雍正二年，部议江西湖广漕艘远历长江，而江西载粮尤多，应将此两省漕船定以十丈为率,短不得过九丈。其身宽丈尺,酌量合式,船底务须宽平,如有比定式放宽大者,将粮道题参。(是年,湖北粮道郭维新将该省船只改造八丈三尺至五六尺不等,底比旧船狭二尺。部议革职,交刑部治罪。用过银两着落赔补十分之三,嗣免其追赔。)

佥造漕船(《全书》工料则例并入此册)

漕船料价向例各省多寡不一,除通津各卫系旗丁自备漕船外,其山东、江南、江西、浙江等卫所,每船原给料价银二百八十三两二钱七分零。顺治十七年,题准山东各卫并江南之江、兴、庐、凤、淮、扬、徐、滁各卫减银四十八两五钱。康熙十一年题准又减银十两四钱。康熙十七年题准又减银一十五两六钱。康熙十九年题准又减银三十一两六钱一分。其安、新、宣、建、苏、太、镇、金各卫,康熙十七年减银七十四两五钱零。康熙十九年减银三十一两六钱一分零。浙江各卫所,康熙十七年减银二十二两二钱四分零。康熙十九年减银三十九两五钱四分零。江西各卫,康熙十九年减银四十二两九钱零。湖广各卫原给料价银二百五十两,康熙十九年减银七十二两八钱四分零。康熙二十二年,定例将各省漕船统给料价银一百七十七两一钱五分零。康熙二十六年,因船小载重,迟滞难行,漕运总督慕天颜题定通漕一例,每船给料价银二百八两七钱七分三厘,其船式量加宽大成造,所有裁减增定料价数目,并载于后。

清江厂裁减料价数目(照旧例开载)成造漕船,每只原定大小料、什物、人工银二百三十四两七钱七分三厘八毫一丝六忽,每船减大料银九两,小料头、大桅、橹木银一两四钱,实共大小料物、人工银二百二十四两三钱七分三厘八毫一丝六忽。

内每船大料银一百八两,今减去银九两,实该银九十九两。

每船桐油一百五十斤,价银十五两,黄麻三百斤,价银七两八钱,共该银二十二两八钱。

每船头、大桅、橹木、桅夹、面梁、舵杆、草鞋底、篾簟、白麻、风篷、干灰、铁叶、什物等件共银三十六两六钱一分八厘八毫一丝六忽,今头大桅、橹木减银一两四钱,实该银三十五两二钱一分八厘八毫一丝六忽。

每船合用人匠工食,该银二十九两四钱二分五厘。

每船钉钯九百斤,该银三十二两四钱。

每船煊钉、煤工,银五两五钱三分。

康熙二十六年改定料价数目:

每船大料木植，银九十四两九钱一分。

每船小料钉钚九百斤，银三十一两五分。

每船煊钉钚、铁叶、小钉、煊打、铁叶、煤炭、工食，银五两三钱。

每船黄麻，银五两七钱六分。

每船桐油一百五十斤，银十两五分。

每船石灰、白麻、大桅、头桅、橹木、桅夹、面梁、舵杆、草鞋底、大小篾簹、头篷、大篷，共银三十三两四钱六分三厘。

每船合用人匠工食，银二十八两二钱四分。

一　各省造船料价旧隶船政同知管理，除动支额编军三民七银两外，倘有不敷，或动关税，或动减存，并支剩行月银两；或动轻赍及芦课银两，均系漕督临时题请拨补。雍正二年题定，船政同知已经裁革，统归粮道管理，所有不敷料价即于道库减存银内动支，其芜湖、淮安、杭州等关额供造船银两，饬令解部。

一　江淮、兴武并庐州、凤阳、滁州、徐州、淮安、大河、扬州、仪征等卫船只，旧例于江宁、清江等厂成造，令船政同知管理。康熙二十八年题准将江、清二厂裁去，给发各丁料价，自行成造。康熙三十三年题准复设江、清二厂。雍正二年将二厂船政同知一并裁去，统归粮道管理。

一　安庆、新安、宣州、建阳、金山、镇江、镇海、苏州、太仓等卫，并江西省各卫所船只，定例给各丁料价，令该丁在本地方设厂成造。（《议单旧本》）

一　浙江省各卫所船只，例于钱塘、仁和二厂成造。康熙三十四年题准添设船政同知，专理岁造。雍正二年裁去同知，统归粮道管理，给发各丁银两，自行成造。

一　湖广省各卫所船只，定例粮道将料价分发武昌、汉阳二粮厅，在于武汉二厂均分成造。（《议单旧本》）

一　湖北省漕船将届岁造之期，该抚预将解部漕项银两留贮道库，按限查盘，仍先期备料，以资成造。（雍正十二年例）

一　山东省不产樛木，每年应造船只先期造册送部，一面给价，令老成旗丁二三名并委员预往南省采办木植，回日按船计给，各卫备亲督监造。如有不肖官丁将木价高抬、扣克银两者，将该粮道并同往购买之官丁一体题参。造竣呈报，出厂登水之日，候总漕新加查验，倘不合式及木料不坚者，着粮道赔造济运，并将该卫所等官查明题参，交部议处。

一　徐州卫河南后帮船五十三只，向在清江厂成造。乾隆十四年题准在临清坞成造，每届偿造之年，委候运千总一员，督同各丁，赴南省采办木料，将所买数目呈报粮道，给发关文执照，以便关津闸座验放前行。其料价银两仍在江安粮道库内

给发,照例委出运员弁赴临清监工,再委卫备督催,一经工竣报完,仍呈请河南粮道照例验烙。(乾隆十四年例)

一 徐州卫河南前帮军船五十余只。乾隆十六年题准在夏镇戚城地方成造,其各丁预行领银办料,并督造验看印烙,俱照后帮之例行。

一 江、兴二卫因无屯田帮贴,顺治十二年题准给钻夫银五十两,底料银五十一两。钻夫银两并无增减,底料银两系十分计算,每分银五两一钱,若无底料者全给银五十一两零,或有底料不足则照不足分数补给。康熙二十二年部议将钻夫银两停其支给。康熙二十六年题准复给。康熙四十二年题明驳追。雍正九年奉旨复给其银两,于征收余丁协济银内动支,粮道当堂给发,取结送部。

一 山东省及江南之庐、凤等卫成造漕船,定例将旧船解厂充作底料,如并无底板解厂,勒交银五十一两。[1](雍正八年例)

【校记】

[1]《丛刊》本作:五十两。

一 漕船造完将委官匠作姓名及打造年月刻凿船尾,漕运衙门验烙。倘先期损坏者,追治监造员役。(《议单旧本》)

一 漕船料价令粮道亲身如数给发,如有侵克等弊,总漕将粮道等官题参议处,侵扣银两严追入官。(雍正三年例)

一 各省应造漕艘务将料价照数给发,毋许需索,使费陋规。如造不如式,将监造官参处。至空船南下,漕臣逐加查验,谕令归次,速领三修银两,上紧加修,接济新运。如旗丁有以朽腐漕艘撞触民船,藉端勒诈者,即将该帮弁丁究处。

一 各省漕船十年满号,旧例照额船数目,凡运船十只每年成造一只。康熙十三年部议再令加修出运。康熙二十六年定例,仍按各卫所现运船只每年加一成造。雍正四年题定,湖南、湖北现运漕船俟运满十年,一律请造。其余各省仍每年照十分之一,咨部请造。

一 湖广省粮艘向例通帮限满一齐修造,工料草率,易致朽腐。乾隆六年题准,严饬卫备旗丁遵例按式成造,并饬粮道查验。总漕于过淮时,复加详查。如有造不坚固,出运七八年便朽腐者,据实题参。

一 各省漕船十年限满。康熙四年定例,嗣后必需严查,确实应打造者打造,应修舱者修舱,仍将每年修造船只若干造册题报。再各项船只总漕亲身查验,委实不堪者,方准改造。倘有可用旧船,不行验明驾运,该督抚查明题参。其有过号旗船自行造买,赴厂领银者,概行禁止。康熙七年题准,漕船改造,司造之官亲身查验,如有仍可加修再运者,即于岁征造船料价银内,量给加修之费,仍令再行驾驶,照年扣算。

一　各省停运漕船，虽系十年限满，然未经驾驶出运，仍令加修兑运。（康熙十九年例）

一　乾隆二十四年部行，嗣后各省满号漕船不堪修整者，即行造报。如验明实堪加修者，即取具保固出运各结送部，毋得违例率行，详请成造。

一　漕船当满号之年，不照例请造，混请朋并减存，以致缺少者，将督造不力及擅减各职名查参议处。（乾隆八年例）

一　各省满号漕船令粮道先期详请成造，预备料物，一俟原船回次，即刻兴工。倘隐匿不造及请造迟延，将卫备参革。如将旧船掩饰及造不如式，将监造官、卫备旗丁究拟赔造。其该省粮道不亲身赴次查验及徇隐不揭报者，一并参处。（雍正十一年例）

一　官员奉委修造漕船，或谎报朽烂，或修造未竣报称已完，或将朽烂船只册报掩饰者，俱降二级调用。承造船只推诿不行，监造或不能依限完竣者，各降一级调用。该管官督催不力者，罚俸一年。如朽烂船只不估价申报者，亦罚俸一年。（《议单旧本》）

一　湖广省漕船例用樟槁等木，如十年满号之船混用栢木成造者，将所造之柏木船只本年暂令出运，责令下年赔造，将违例之卫备降二级调用。（乾隆十二年例）

一　造船系卫备专责，而湖南船只水次俱在岳州，止岳州一卫驻扎其地，其荆州三卫、沔阳一卫俱在湖北，因有征收屯饷之责，并不赴次，又不委员监视，多有草率。乾隆二十四年奏准，责成各帮千总监造，如有不能坚固合式者，帮弁卫备一并参处。

一　各省漕船金造迟延，至开兑之时，尚无丁无船者，经金之员降一级调用，同知罚俸一年。（乾隆十七年例）

一　各省漕船未经足运，遽行详请成造者，粮道罚俸六个月。（乾隆十七年例）

一　乾隆二十一年咨准，各省满号船只，减存之日即令概行拆卸，听候配造，以免风涛漂失之患。

一　雍正十三年题定，凡漕船年限不足致朽坏者，并遇有事故者，赔造、买补、雇募分别年分，三项并行：如出厂新船至五六年及未至五六年而有风火事故者，责令赔造；七八年而有事故者，责令买补；九年而有风火事故及朽腐不堪者，责令雇募赔造，则造式成造。买补之船，仓场仍给限单，运回水次；雇募之船，仓场不给限单，船不回次。

一　向例各省漕船五运六运及未至五六运者，遇有风火事故，责令赔造。如违例雇募兑运，将卫所官弁查参。惟湖广漕船程途较远，乾隆六年题准，如五六运及未至五六运之船,已经过淮失事,回次即届受兑新漕,赔造不及,将该船暂减一年,从容赔造坚固,粮米准其洒带;其未经过淮失事者,仍勒令本年赔造兑运。

一　乾隆二十四年题准,各省漕船失风米石系责本丁赔补,沉溺漕船如运至五六年者,亦应本丁赔造、赔米、赔船,责之数月之内,丁力难支。嗣后凡难丁应行赔造之船,本年新漕暂准雇募一次,俟次年配造,以恤穷丁。

一　乾隆二十三年咨准,各省成造漕船有已满出厂年分,因减歇未足十运之数,而木植朽烂,万难修理,必资成造者,取具卫所各印结,粮道加结,送部随咨,一并声明,仍饬粮道,不得混行详请。

一　各省减歇漕船不及时详请金造,致逾限年久者,粮道罚俸九个月。(乾隆十七年例)

一　杭州头二两帮、绍兴前后两帮、海宁所帮,乾隆十七年漕粮截留船全减歇者,俱缓至下年成造。有出运、有减存者,分别应出运者本年成造,不出运者仍缓至下年。

一　湖北省满号船只遇截留漕粮之年,内应出运京粮者,如数配造,其应减各船缓至下年配造。(乾隆八年例)

一　赔造之船应照军船式样成造,倘有短窄及板木不坚厚者,照例将监造官弁及粮道一并题参。(雍正八年例)

一　漕船遭风漂没,因候部覆未到,新漕已届,赔造不及,漕米准其暂行洒带。通帮漂没船只,令于回次时赔造。

一　漕船方历八运,无故朽腐,不堪加修,如遇兑开期迫,赔造不及,粮米准其洒带,其原监造之卫备照例降二级调用。(乾隆十二年例)

一　起运漕粮船只不足,不早为金丁补造,又不设法雇募者,经金各官俱降一级调用,经管金造不力者,罚俸一年。(中枢政考)

一　漕船九年有事故者,始准雇募。至于赔造新船,原可足运,不得听其出运一二年即按算原船出厂年分捏报朽腐事故,混请雇募,违者查参。

一　各省漕船并不照数领兑,各丁伙同雇募大船装运者,该粮道押运、领运等官不行详明少船情由,混报开帮,照徇庇例议处。(雍正二年例)

一　山东省各卫所自备船只系旗丁自行雇募兑运,例不支给三修料价,仅给负重雇值。乾隆元年题定,令旗丁于每年八月内雇募,卸米之后,即留原船停泊北河,剥运南漕,免其回空。乾隆四年题准,每年九月内令该丁雇募兑运,责令该省粮道查验,倘有捱延,即行揭参。乾隆七年题准,每年雇船前期于各丁应领折色行月粮银内,每船先发银八两,以资定船修舱之费。如遇减粮停运之年,即于应领四分之一苦盖银内扣抵还项。

　　一　漕船已历八运，因撞损不堪加修者，应买补民船出运。如违例派入轮减，卫守备罚俸九个月。（乾隆十二年例）

　　一　应造漕船擅自买补，捏报完工，及私行雇募民船出运者，将卫帮备弁参革究拟。（雍正十二年例）

　　一　帮船并无失风事故，私行买补雇募者，将扶同欺朦之守备及领运千总俱革职，不行详报之千总罚俸一年。

　　一　买补民船足运后，该丁军船即应照例请造，不许援照买补船加修出运之例，违者，粮道卫帮员弁一体查参。

　　一　新船不能出运，雇募民船以致亏折米石者，旗丁、杖徒、运官罚俸一年。（康熙六年例）

　　一　乾隆二十一年咨准，长淮二帮坐兑豫粮，遇有轮造新船，即以头帮旧船兑运，运竣，仍归还本帮。

　　一　运官串通旗丁盗卖漕船，应令总漕提究追赔。经纪买拆漕船，令仓场查明，从重究处。（顺治十六年例）

　　一　江南、山东二省岁造漕船每年造册送工部考核，如有任意迟缓，总漕即行查参。（雍正十年例）

　　一　各省应造船只，粮道将接顶丁名并船只数目确查明白，呈送咨部，如造册朦混，迟误重运者，将粮道题参。总漕不行详查，一并议处。（雍正十二年例）

　　一　各省卫帮岁造漕船，用过工料、银两俱按年造入漕项奏销册内，分别送部科查核。惟江安、浙江、山东三省造报仓漕奏销之外，又有考核事一案，造册具题，同一报销，两次题达，未免重复。乾隆二十年题准，嗣后将考核案内册籍按款开造，汇同奏销各册，一并分送部科查核，其考核一疏，毋庸重复具题。

　　一　湖北省成造漕船系题请给发料价，造竣之日咨部报销。湖南省则系咨请成造，完工之后，具本题销。两省既不画一，且与江浙各省咨请成造，统入奏销案内报销之例不符。乾隆二十年题定，嗣后俱应咨请成造，归于奏销案内，画一办理。

　　一　金丁造船，查照成例，不许串为一名朋造，隐匿作弊。如卫所官弁不行严查，金造即行题参，照违令例严加议处。（康熙二年例）

　　一　运丁串名朋造，该管同知、千总俱罚俸九个月。（乾隆二十三年例）

　　一　徐州江北帮漕船向在南京成造。乾隆三十一年题准，嗣后将徐州卫江北帮漕船，凡遇满号应造之年，先期采买坚实木料，改于江南夏镇地方如式成造。倘有草率完工，该道不行据实查验，混报如式，即将督造不力，及该道验看不实，各职名一并查参。

三修则例

各省每岁修舱漕船，向例悉照出厂年分递增银数支给，所有各省例规备载于后：

一　江南省漕船每年给六款工费，共银五钱四分，俱照现运船支领。又每船每年给篾簟，共银一两一钱五分。又每船三年一次（即出水之第四年、第七年、第十年也）给黄麻，共银一两三钱二分。又每船至第四年、第七年（即出水之第五年、第八年也）各一次给白麻，共银七钱。又每船至第五年（即出水之第六年也）给换大篷、头篷，共银五两（旧例止支银四钱五分，今工料稍贵，内新增银三钱五分）。又每船已满十年，如果尚坚，始准照九年例，不支黄麻，再支修舱银三年，余年一概不准支领。又每船运过一年（即出水之第二年也），给修舱银六钱，后按年递加。又每船运至七八九年（即出水之第八年、第九年、第十年也），外加大修银三两。又初年新造出水船物坚全，不给修舱什物，止给工费银五钱四分。又第一年（出水之第二年）给修舱篾簟工费，共银二两二钱九分；第二年（出水之第三年）给修舱篾簟工费，共银二两八钱九分；第三年（出水之第四年）给修舱篾簟工费、黄麻修篷，共银五两五钱二分；第四年（出水之第五年）给修舱篾簟、白麻工费，共银四两七钱九分；第五年（出水之第六年）给修舱篾簟工费、换篷，共银九两六钱九分；第六年（出水之第七年）给修舱篾簟、黄麻，共银六两五钱二分；第七年（出水之第八年）给修舱篾簟工费、白麻加大修，共银九两五钱九分；第八年（出水之第九年）给修舱篾簟工费，加大修修篷，共银十两二钱九分；第九年（出水之第十年）给修舱篾簟工费加大修黄麻，共银十一两三钱二分。其过号船只如尚坚固，照九年例，再支三年，余年一概不准支领（即出水之第十一年、第十二年、第十三年也），不支黄麻，止给岁修银两，加大修篾簟工费，共银一十两零九分。

一　浙江省漕船第一年新造不给修舱银两，第二年每船给修舱银三两一钱五分，第三年每船给修舱银五两三钱五分，第四年每船给修舱银八两三钱，第五年每船给修舱银九两三钱八分，第六年每船给修舱银一十三两五钱五分，第七年每船给修舱银一十三两八钱，第八年，每船给修舱银一十四两一钱五分，第九年每船给修舱银一十四两八钱三分，第十年每船给修舱银一十五两一钱五分，十一等年过号漕船，每船修舱银两俱照第十年给发，以上银两照例支领。

一　江西省漕船第一年不给修舱银两，第二年每船给小修银三两，第三年每船给中修银五两，第四年每船给中修银五两，第五年每船给大修银七两，第七年每船给大修银七两,第九、十年每船给大修银七两。其过号等船如尚坚固,仍可加修再运一二年者,量加修舱银两,仍令载运,照年扣算。以上银两,每年照例支领。

一 湖广省漕船第一年不给三修,止给工费五钱四分;第二年每船给工费银五钱四分,三修银八钱,什物银一两一钱五分;第三年每船给工费银五钱四分,三修银一两六钱,什物银一两一钱五分;第四年每船给工费银五钱四分,三修银二两四钱,什物银一两一钱五分;第五年每船给工费银五钱四分,三修银三两二钱,什物银一两一钱五分;第六年每船给工费银五钱四分,三修银四两,什物银一两一钱五分;第七年每船给工费银五钱四分,三修银四两八钱,什物银一两一钱五分,换篷银三两四钱,黄麻银一两二钱三分;第八年每船给工费银五钱四分,三修银五两六钱,大修银三两,什物银一两一钱五分,苎麻银七钱;第九年每船给工费银五钱四分,三修银六两四钱,大修银三两,什物银一两一钱五分;第十年每船给工费银五钱四分,三修银九两二钱,大修银三两,什物银一两一钱五分,黄麻银一两一钱三分,修篷银四钱五分;十一等年过号漕船每船给工费银五钱四分,三修银七两二钱,大修银三两,什物银一两一钱五分。以上银两每年照例支领。

一 山东省漕船,第一年每船给三修银六钱;第二年每船给三修银一两二钱,什物银一两一钱五分;第三年每船给三修银一两八钱,什物银二两八钱三分;第四年每船给三修银二两四钱,什物银一两八钱五分;第五年每船给三修银三两,什物银二两三钱八分;第六年每船给三修银三两六钱,什物银四两五钱五分;第七年每船给三修银四两二钱,什物银三两八钱;第八年每船给三修银四两八钱,什物银一两一钱五分;第九年每船给三修银五两四钱,什物银三两八钱三分,共银九两二钱三分;第十年每船给三修银六两,什物银一两一钱五分。其过号等船如尚坚固仍可加修再运一二年者,量加修舱银两,仍令载运,照年扣算。以上银两每年照例支领。

一 河南省漕船系拨直隶之天津、通州并江南、山东二省船只协运,其江南、山东二省修舱银两俱于各该卫所船只册内注明,其天津、通州二所船只每船每年给修舱银二十七两九钱七分,俱于出运三年后起支。

一 康熙二十六年题定,各省漕船每出运一船,各给修舱等银七两五钱。各省画一遵行。

一 山东省济宁等卫所自备船应行修舱,并无料价、闰月钱粮,又无赡地什军帮贴。康熙三十七年咨准,照通、津二所出运各丁自备船只在通济库内支给修舱、闰月银米之例支给银米。

一 修舱漕船,雍正四年题准,初出厂之年概不支给修舱银两,惟江南省历年独支。雍正十三年题定,自雍正十二年为始,停其支给,上下江画一遵行。

一　各省漕船截留支过三修银两已供修船之用者,免其扣追。(康熙三十二年例)

一　粮船到次,粮道即给发三修银两,饬各丁修艌。如需另金新丁者,即着该船舵役承修。倘有迟误以及领得银两而不艌船者,总漕即将该粮道监兑、押运、卫备等员弁题参议处,修艌银两仍着落旗丁赔补。(雍正二年例)

一　各省修船银两定例在于各该粮道库内支给报销,其江、安、苏、松等处修艌银两,向系各卫官丁于过淮时造报总漕批给。康熙二十七年题定,停其解淮,统归各该粮道给发,其天津、通州二处三修银两仍照旧例,在于坐粮厅通济库内支领。

一　回空船只如遇煞坝挑河,未经进口,给银修船,俟开坝时,即飞挽抵次兑运。(康熙五十二年例)

一　各省赔造船只一例停给三修银两,如有已经领过者,即令追赔还报部。(乾隆六年例)

一　湖南省修艌船只并簺缆篷索等项银两。乾隆二十四年奏准,每年该省帮船回空经过田家镇时,令粮道于十月内遴委千总一员在田镇守候,一俟帮船抵镇,将运费银两每船先给五十两,令该丁置备篷索等物,沿途到汉口时,饬令鸠工修艌,星抵岳次,候该粮道逐船查验。受兑新漕,如该千总将银两扣克短发,以及修艌草率、什物不齐等弊,该粮道立即揭报总漕,题参究处。嗣于乾隆三十年奏准,嗣后停其预解田镇,仍与运费一并解道,带赴岳次验给。如各船内有应行添买篷缆者,即于兑粮完竣之日,令伍丁先赴田镇买备,俟该船抵镇取用。至各船回次之时,卫备、运弁均已齐集岳州,所有应行加修船只即责成备弁督修。

追赔变价

各省漕船未满十年无故朽坏、不堪修艌及失风漂没、火毁无存者,旧例止照造船料价银数分别年分追赔。康熙四年以后有遵部议赔造者,有咨准无力赔造而买补装运者,又有因兑期紧迫暂雇民船抵运者,雍正七年题准买补济运。雍正十三年题定,将各项朽坏漕船分别年分定为赔造、买补、雇募之例,画一遵行。所有赔罚旧例及现行事例备载于后:

一　凡漕船年限不足而致朽坏者(照赔罚旧例开载)。每船料价银二百八十三两二钱七分三厘零,其追赔之银亦照料价定额。如船止经运一年者,该追赔银二百五十四两九钱四分五厘零;运过二年者,该追赔银二百二十六两六钱六分一厘零;运过三年者,该追赔银一百九十八两二钱九分一厘零;运过四年者,该追赔银一百六十九两九钱六分三厘零;运过五年者,该追赔银三十四两七钱五分一厘,不足年第，什物银八两三钱二分七厘五毫，旧什物银三两四钱；运过六年者，该追罚银三十四两七钱五分一厘，不足年第，什物银六两六钱六分二厘；运过七年者，该追罚银二十三两一钱六分七厘，不足年第，什物银四两七钱九分六厘五毫；运过八年者，该追罚银二十三两一钱六分七厘，不足年第，什物银三两三钱三分一厘；运过九年、十年者，该船俱免加罚。其湖广省每船料价二百五十两，清江厂每只料价银一百二十四两三钱七分三厘八毫零，俱照料价银数扣算追赔。

一　各省漕船篷桅矮小不堪者，监造各官题参议处，仍将不堪之篷桅勒令照式赔换。（雍正一年例）

一　配造漕船仍用旧料，及灰舱未密间用杂木者，守备监造等官题参议处，所侵料价追出另造。（雍正三年例）

一　雍正八年题准，江西省满号漕船，准其在通变卖与经纪改造剥船。

一　江西省漕船满号，例准留通变卖。乾隆七年，安福所帮截留临清，其满号之船即准在临清拆变。

一　湖广省漕船，乾隆八年题准，于满号之年，该帮船回空过淮时，总漕亲加验看，择其坚固者，加修出运一次，准其留通变卖。五六年事故赔造船只，于足运后细加查验，如实系坚固，令其再运二次，咨部请造，所有旧船准其留通变卖。倘赔造之船已经足运朽腐，捏报坚固，该管官不行详查，擅准出运，总漕察出，即行参处。

一　湖南省漕船经涉江湖，较他省程途实为险远，其买补民船，乾隆八年奏准，准其在通变卖，所卖价银据实呈报，坐粮厅当堂兑封，交该帮厅员携带回次，督令另买坚固民船装运新漕，其丁舵人等搭本省各帮军船回南，责令押空千总及厅员约束稽查，并饬令坐粮厅给发各该丁空身限单。

一　乾隆七年奏准，湖北旗丁唐安四等买补船一十一只，历运已满，准照湖南之例，一体留通变卖，价银携带回次，添造新船。

一　湖广两省满号船只，乾隆二十二年奏准，照江西省漕船满号之例，留通变卖。

一　乾隆二十六年咨准，湖北旗丁宋成赔造船已满十载，因减歇一年，尚少一运，但船身不堪加修，准其在通变卖回南，仍雇募一次足运。

一　江浙等省满号军船及失风板片，责令跟帮载回，以资配造，其买补之船，向例足运后亦将旧料拉回，与军船无异。乾隆二十九年奏准，凡东豫、江浙等省买补船只，满号之年，均于交粮后，准其照江西湖广之例，留通变卖，如未满号者，遇有失风事故，亦准其就地拆变，仍饬坐粮厅并地方官，将变卖价银封交该帮员弁携带回次，呈缴粮道验给各丁，以补新造。

《漕运则例纂》　卷之三

白粮事例

《漕运则例纂》卷之三

白粮事例

白粮额数

江南省

原额白粮正米一十五万一千二百八石五斗八升二合,耗米七万二千二百二十七石四斗八升六合四勺,春办米三万六千三百二十石一斗六升八勺。除荒缺及乾隆二年改漕外,到乾隆三十一年,实征正米六万九千四百四十七石,随运耗米二万八百三十四石一斗,内交仓耗米二千九百九十四石三斗九升,给军耗米一万七千八百三十九石七斗一升,春办米一万八千五十六石二斗二升,内交内仓上白熟粳正米二千六百八十四石,随运耗米八百五石二斗,内交仓耗米一百三十四石二斗(系按正米交仓,每石交耗米五升),给军耗米六百七十一石,春办米六百九十七石八斗四升。

内仓白粳正米三千五百七十五石,随运耗米一千七十二石五斗,内交仓耗米一百七十八石七斗五升(系按正米交仓,每石交耗米五升),给军耗米八百九十三石七斗五升,春办米九百二十九石五斗。

内仓白熟细粳正米八百八十四石,随运耗米二百六十五石二斗,内交仓耗米四十四石二斗(按正米交仓,每石加耗米五升),给军耗米二百二十一石,春办米二百二十九石八斗四升。

供用库白熟粳正米七千一百五十七石,随运耗米二千一百四十七石一斗,内交仓耗米三百五十七石八斗五升(按正米交仓,每石交耗米五升),给军耗米一千七百八十九石二斗五升,春办米一千八百六十六石八斗二升,供用库白粳正米二万三千九百八十二石,随运耗米七千一百九十四石六斗,内交仓耗米一千一百九十九石一斗

64

（按正米交仓，每石交耗米五升），给军耗米五千九百九十五石五斗，春办米六千二百三十五石三斗二升。

酒醋面局上白熟糯正米一千六百二石，随运耗米四百八十石六斗，内交仓耗米八十石一斗（按正米交仓，每石交耗米五升），给军耗米四百石五斗，春办米四百一十六石五斗二升。

光禄寺白粳正米一万二千二百三十五石，随运耗米三千六百七十石五斗，内交仓耗米三百六十七石五升（按正米交仓，每石交耗米三升），给军耗米三千三百三石四斗五升，春办米三千一百八十一石一斗。

光禄寺白熟粳正米九千四百六十九石，随运耗米二千八百四十石七斗，内交仓耗米二百八十四石七升（系按正米交仓，每石交耗米三升），给军耗米二千五百五十六石六斗三升，春办米二千四百六十一石九斗四升。

光禄寺白糯正米二千一百九十四石，随运耗米六百五十八石二斗，内交仓耗米六十五石八斗二升（按正米交仓，每石交耗米三升），给军耗米五百九十二石三斗八升，春办米五百七十石四斗四升。

王禄白粳正米五千六百六十五石，随运耗米一千六百九十九石五斗，内交仓耗米二百八十三石二斗五升（按正米交仓，每石交耗米五升），给军耗米一千四百一十六石二斗五升，春办米一千四百七十二石九斗。

王禄糙粳原额正米七百一十六石八斗，耗米二百八十六石七斗，至乾隆二年改漕案内裁减，改征漕米。

府部院等衙门糙粳原额正米三万二千九百二十六石二斗，耗米一万三千一百七十石四斗，至乾隆二年改漕案内裁减，改征漕米。

牺牲所糯稻谷准糙原额正米一百二十五石，耗米五十石，至乾隆二年改漕案内裁减，改征漕米。

苏州府

原额白粮正米六万五百五十二石九斗三升六合，耗米二万八千九百四十四石四斗九升四合四勺，春办米一万三千五百六十九石九斗六升。除荒缺及分隶太仓州并乾隆二年改漕外，至乾隆三十一年，实征正米二万五百六十六石，随运耗米六千一百六十九石八斗，内交仓耗米八百六十八石九斗四升，给军耗米五千三百石八斗六升，春办米五千三百四十七石一斗六升，内交内仓白熟粳正米一千九百一十四石，随运耗米五百七十四石二斗，内交仓耗米九十五石七斗，给军耗米四百七十八石五斗，春办米四百九十七石六斗四升。

供用库白熟粳正米七千一百五十七石，随运耗米二千一百四十七石一斗，内交仓耗米三百五十七石八斗五升,给军耗米一千七百八十九石二斗五升,春办米一千八百六十石八斗二升。

酒醋面局白熟糯正米一千六百二石,随运耗米四百八十石六斗,内交仓耗米八十石一斗,给军耗米四百八石五斗,春办米四百一十六石五斗二升。

光禄寺白熟粳正米六千七百五十一石,随运耗米二千二十五石三斗,内交仓耗米二百二石五斗三升,给军耗米一千八百二十二石七斗七升,春办米一千七百五十五石二斗六升。

光禄寺白熟糯正米一千二百一十七石,随运耗米三百六十五石一斗,内交仓耗米三十六石五斗一升,给军耗米三百二十八石五斗九升,春办米三百一十六石四斗二升。

王禄白粳正米一千九百二十五石,随运耗米五百七十七石五斗,内交仓耗米九十六石二斗五升,给军耗米四百八十一石二斗五升,春办米五百石五斗。

王禄糙粳原额正米七百一十六石七斗,耗米二百八十六石七斗,至乾隆二年改漕案内裁减,改征漕米。

府部院等衙门糙粳原额正米一万四千六百二石九斗,耗米五千八百四十一石一斗,至乾隆二年改漕案内裁减,改征漕米。

松江府

原额白粮正米五万三百七十九石八斗三升七合,耗米二万三千八百七十七石一斗三升九合五勺零,春办米一万一千一百七十五石六斗一升四合一勺。除荒缺及乾隆二年改漕外,至乾隆三十一年,实征正米二万三千八十七石,随运耗米六千九百二十六石一斗,内交仓耗米九百六十三石七斗七升,给军耗米五千九百六十二石三斗三升,春办米六千二石六斗六升二合,内交供用库白粳正米一万二千一百五十七石,随运耗米三千六百四十七石一斗,内交仓耗米六百七石八斗五升,给军耗米三千三十九石二斗五升,春办米三千一百六十石八斗二升。

酒醋面局白熟糯正米二千一百石,耗米一千五十石,春办米六百三十石,至乾隆二年改漕案内,以该属素不产糯,采办维艰,白糯全免,改征漕米。

光禄寺白粳正米九千五百二十九石,随运耗米二千八百五十八石七斗,内交仓耗米二百八十五石二斗七升,给军耗米二千五百七十二石八斗三升,春办米二千四百七十七石五斗四升。

光禄寺白熟糯原额正米二千二百石,耗米一千一百石,春办米六百六十石。至乾隆二年改漕案内,以该属素不产糯,采办维艰,白糯全免,改征漕米。

王禄白粳正米一千四百一石,随运耗米四百二十石三斗,内交仓耗米七十石五升,给军耗米三百五十石二斗五升,春办米三百六十四石二斗六升。

府部院等衙门糙粳原额正米一万三千一百二十七石七斗,耗米五千二百五十一石一斗,至乾隆二年改漕案内裁减,改征漕米。

常州府

原额白粮正米四万二百七十五石八斗九合,耗米一万九千六百五石八斗五升二合五勺,春办米一万一千五百七十四石五斗八升六合七勺零。除荒缺及乾隆二年改漕外,至乾隆三十一年,实征正米一万八千六百四十九石,随运耗米五千五百九十四石七斗,内交仓耗米八百五十八石七斗九升,给军耗米四千七百三十五石九斗一升,春办米四千九百四十八石七斗四升,内交内仓白熟细粳正米八百八十四石,随运耗米二百六十五石二斗,内交仓耗米四十四石二斗,给军耗米二百二十一石,春办米二百二十九石八斗四升。

内仓白粳正米三千五百七十五石,随运耗米一千七十二石五斗,内交仓耗米一百七十八石七斗五升,给军耗米八百九十三石七斗五升,春办米九百二十九石五斗。

供用库白粳正米八千九百四十四石,随运耗米二千六百八十三石二斗,内交仓耗米四百四十七石二斗,给军耗米二千二百三十六石,春办米二千三百二十五石四斗四升。

光禄寺白粳正米二千七百六石,随运耗米八百一十一石八斗,内交仓耗米八十一石一斗八升,给军耗米七百三十石六斗二升,春办米七百三石五斗六升。

光禄寺白熟糯正米九百七十七石,随运耗米二百九十三石一斗,内交仓耗米二十九石三斗一升,给军耗米二百六十三石七斗九升,春办米二百五十四石二升。

王禄白粳正米一千五百六十三石,随运耗米四百六十八石九斗,内交仓耗米七十八石一斗五升,给军耗米三百九十石七斗五升,春办米四百六石三斗八升。

府部院等衙门糙粳原额正米五千一百九十五石五斗,耗米二千七十八石二斗,至乾隆二年改漕案内裁减,改征漕米。

牺牲所糯稻谷准糙原额正米一百二十五石,耗米五十石,至乾隆二年改漕案内改征漕米。

太仓州并属(向隶苏州府,雍正二年改直隶州)

原额白粮米数载苏州府项下,除荒缺及乾隆二年改漕外,至乾隆三十一年,实征正米七千一百四十五石,随运耗米二千一百四十三石五斗,内交仓耗米三百二石八斗九升,给军耗米一千八百四十石六斗一升,春办米一千八百五十七石七斗,内交内仓白熟粳正米七百七十石,随运耗米二百三十一石,内交仓耗米三十八石五斗，给军耗米一百九十二石五斗，春办米二百石二斗。

供用库白粳正米二千八百八十一石，随运耗米八百六十四石三斗，内交仓耗米一百四十四石五升，给军耗米七百二十石二斗五升，春办米七百四十九石六升。

酒醋面局白熟糯原额正米八百四十一石六斗，耗米四百二十石八斗，春办米二百五十二石四斗，至乾隆二年改漕案内，以该属素不产糯，改征漕米。

光禄寺白熟粳正米二千七百一十八石，随运耗米八百一十五石四斗，内交仓耗米八十一石五斗四升，给军耗米七百三十三石八斗六升，春办米七百六石六斗八升。

光禄寺白熟糯原额正米六百三十七石四斗，耗米三百一十八石七斗，春办米一百九十一石二斗。至乾隆二年改漕案内，以该属素不产白糯，改征漕米。

王禄白粳正米七百七十六石，随运耗米二百三十二石八斗，内交仓耗米三十八石八斗，给军耗米一百九十四石，春办米二百一石七斗六升。

王禄糙粳原额正米一百八十二石八斗，耗米七十三石一斗，至乾隆二年，改漕案内裁减，改征漕米。

府部院等衙门糙粳原额正米三千七百二十四石四斗，耗米一千四百八十九石七斗，至乾隆二年改漕案内裁减，改征漕米。

浙江省

原额白粮正米六万六千一百九十九石九斗九升八合，耗米二万九千七百八十九石九斗九升九合一勺，春办米二万八千七百九十六石九斗九升九合一勺零。内除乾隆二年改漕外，至乾隆三十一年，实征正米三万五百五十三石，随正耗米一万三千七百四十八石八斗五升，内交仓耗米一千二百八十石五斗八合六勺零，给军耗米一万二千四百六十八石三斗四升七勺零，春办米一万三千二百九十石五斗五升五合零，内交供用库白粳正米一万五千九百二石八升一合六勺零，随正耗米七千一百五十五石九斗三升六合六勺零，内交仓耗米七百九十五石一斗四合零（按正米交仓，每石交耗米五升），给军耗米六千三百六十石八斗三升二合六勺零，春办米六千九百一十七石四斗五合四勺零。

酒醋面局白熟糯正米二千二百九十三石八斗六升八合六勺零，随正耗米一千三十二石二斗四升八勺零，内交仓耗米一百一十四石六斗九升三合四勺零（按正米交仓，每石交耗米五升），给军耗米九百一十七石五斗四升七合四勺零，春办米九百九十七石八斗三升二合七勺零。

光禄寺白粳正米九千四百四十六石九斗一升八合二勺零，随正耗米四千二百五十一石一斗一升三合一勺零，内交仓耗米二百八十三石四斗七合四勺零（按正米交仓,每石交耗米三升),给军耗米三千九百六十七石七斗五合七勺零,春办米四千一百九石四斗九合三勺零。

光禄寺白糯正米二千九百十石一斗三升一合二勺零,随正耗米一千三百九石五斗五升八合九勺零,内交仓耗米八十七石三斗三合八勺零(按正米交仓,每石交耗米三升),给军耗米一千二百二十二石二斗五升五合零,春办米一千二百六十五石九斗六合九勺零。

嘉兴府

原额白粮正米四万一千三十四石六斗九升一合八勺零,耗米一万八千四百六十五石六斗一升一合三勺零,春办米一万七千七百五十石九升九勺三抄。除乾隆二年改漕外,至乾隆三十一年,实征正米一万八千九百三十八石五斗六升四合八勺零,随正耗米八千五百二十二石三斗五升四合一勺零,内交仓耗米八百石八斗一升一合五勺零,给军耗米七千七百二十一石五斗四升二合四勺零,春办米八千二百三十八石二斗七升五合三勺零。

供用库白粳正米一万一百八十一石五斗七升八合一勺零,随正耗米四千五百八十一石七斗一升一勺零,内交仓耗米五百九石七升八合九勺零,给军耗米四千七十二石六斗三升一合二勺零,春办米四千四百二十八石九斗八升六合四勺零。

酒醋面局白糯正米一千四百五十一石一斗五升八合一勺零,随正耗米六百五十三石二升一合一勺零,内交仓耗米七十二石五斗五升七合九勺零,给军耗米五百八十石四斗六升三合二勺零,春办米六百三十一石二斗五升三合七勺零。

光禄寺白粳正米五千五百九十五石五斗四升二合九勺零,随正耗米二千五百一十七石九斗九升四合三勺零,内交仓耗米一百六十七石八斗六升六合二勺零,给军耗米二千三百五十石一斗二升八合一勺零,春办米二千四百三十四石六升一合一勺零。

光禄寺白糯正米一千七百一十石二斗八升五合五勺零,随正耗米七百六十九石六斗二升八合四勺零,内交仓耗米五十一石三斗八合五勺零,给军耗米七百一十八石三斗一升九合九勺零,春办米七百四十三石九斗七升四合一勺零。

湖州府

原额白粮正米二万五千一百六十五石三斗六合一勺零,耗米一万一千三百二十四石三斗八升七合七勺零,春办米一万九百四十八石九斗八合一勺四抄零。除乾隆二年改漕外,至乾隆三十一年,实征正米一万一千六百一十四石四斗三升五合一勺零,随正耗米五千二百二十六石四斗九升五合八勺零,内交仓耗米四百七十九石六斗九升七合一勺零,给军耗米四千七百四十六石七斗九升八合三勺零,春办米五千五十二石二斗七升九合二勺零。

供用库白粳正米五千七百二十石五斗三合五勺零,随正耗米二千五百七十四石二斗二升六合五勺零,内交仓耗米二百八十六石二升五合一勺零,给军耗米二千二百八十八石二斗一合四勺零,春办米二千四百八十八石四斗一升九勺零。

酒醋面局白糯正米八百四十二石七斗一升五勺零,随正耗米三百七十九石二斗一升九合七勺零,内交仓耗米四十二石一斗三升五合五勺零,给军耗米三百三十七石八升四合二勺零,春办米三百六十六石五斗七升九合零。

光禄寺白粳正米三千八百五十一石三斗七升五合三勺零,随正耗米一千七百三十三石一斗一升八合八勺零,内交仓耗米一百一十五石五斗四升一合二勺零,给军耗米一千六百一十七石五斗七升七合六勺零,春办米一千六百七十五石三斗四升八合二勺零。

光禄寺白糯正米一千一百九十九石八斗四升五合七勺零,随正耗米五百三十九石九斗三升五勺零,内交仓耗米三十五石九斗九升五合三勺零,给军耗米五百三石九斗三升五合一勺零,春办米五百二十一石九斗三升二合八勺零。

一 江南苏、松、常、太四府州属,原额白粮一十五万四百三十八石四斗七升。乾隆二年钦奉上谕减征,题准征解白粳米六万五千六百五十一石,白糯米三千七百九十六石,改征漕米八万九百九十一石四斗六升。

一 浙江嘉湖二府属原额白粮六万六千一百九十九石九斗九升零。乾隆二年钦奉上谕减征,题准征解白粮米二万五千三百五十一石,白糯米五千二百四石,改征漕米三万五千六百四十六石九斗九升零。

一 江南省应征糯米系苏、松、常、太四府州属征解。乾隆二年钦奉上谕减征白粮,题准浙省应办白糯五千二百四石,照例采买办运。江省应办白糯三千七百九十六石,内常府额办米九百八十石零,除将尾数截改漕粮外,余仍照旧办运糯米九百七十七石。苏州一府额办米四千二百六十八石零,今验派办运糯米二千八百十九石,余俱减改漕粮。其松、太二府州属地处海滨,采买艰难,并请将白糯全改漕粮。

一 江南昆山、新阳二县荒瘠田荡,应行减征白粮六百二十一石零,因白粮不便缺额,乾隆五年题准在于各该县南米内通融办运,昆山县应蠲米二百九十五石零,新阳县应蠲米三百二十六石零。

一 浙省嘉、湖二府应征白糯米石,浙省素不产糯,乾隆七年题准随漕统征粳米,官为易糯、春办、兑运,如有违例多征,以及私行折色、短给价银、将不纯洁之米买回兑运情弊,该督抚即行严拿治罪。

一 嘉定县应办白粮每年于十月初旬赴道库领银，照应办白粮之额，遵照时值，赴浙省之湖州府，苏属之常、昭二县，购买白粳好米，运赴长洲县属之枫桥镇，租赁民房春熟兑运，次年二月开征后，照额征解，归还道库。宝山县同。

白粮经费

江南省

原额经费银二十三万五千八百五十八两三钱六分三厘三毫零，内募船水脚银一十二万一千一十八两六分九厘七毫零，添篢提溜银三万二百五十四两五钱一分七厘四毫零，车脚由闸银四万五千三百八十一两七钱七分五厘一毫零，总部官公费银三千两，总部人役工食银一千八百两，协部官公费银一万九千二百两，协部人役工食银三千七百九十九两二钱，看船粮夫工食银七千一百二十八两，量斛、束包、挑运人夫工食银四千二百七十六两八钱。嗣因白粮改选漕船装运，将前列各款银两照旧征收，其支给项下全行裁革，又除荒缺及乾隆二年改归漕粮项下支给并免征外，至乾隆三十一年，实征白粮项下解支银六万九百五十三两二钱七分零，内给军经费、漕截负重、解支等款银五万二千六百八十九两六钱八分二厘零，千总俸工银五百八十七两四钱三分六厘零，随帮廪工银一百六十二两，解通由闸银五千五百五十五两七钱六分，束包人夫工食银一千九百五十八两四钱。

白粮项下原额盘用耗米二万八千五百一石一斗六升七合零，内除坍荒及乾隆二年改归漕粮项下支给并免征外，至乾隆三十一年实征米一万三千八百八十九石四斗，内各属应支一半米六千九百四十四石七斗，白粮帮应支一半米六千九百四十四石七斗。

运船水手饭米原额一万八百五十七石七升七合零，内除荒缺及乾隆二年改漕免征外，至乾隆三十一年，实征米五千石一斗八升四合（按：起运正米每石给军饭米七升二合）。

苏州府

原额经费银九万六千七十八两四钱一分六厘八毫，内募船水脚银四万八千四百四十二两三钱四分八厘八毫，添篢提溜银一万二千一百一十一两五钱八分七厘二毫，车脚由闸银一万八千一百六十五两八钱八分八毫，总部官公费银一千两，总部人役工食银六百两，协部官公费银九千三百两，协部人役工食银一千八百五十一两六钱，看船粮夫工食银二千八百八十八两，量斛、束包、挑运人夫工食银一千七百二十八两。内除白粮改选漕船装运停支款项，及荒缺分隶太仓州，并乾隆二年改归漕粮项下支给暨免征外,至乾隆三十一年,实征白粮支给经费银一万七千九百二十五两五钱六分六厘零,内给军经费、漕截、负重、解支等款银一万五千五百四两四钱三分六厘零,千总俸工银一百四十五两三钱六分三厘零,随帮廪工银四十两八分七厘,解通由闸银一千六百四十五两二钱八分,束包人夫工食银五百九十两四钱。

盘用耗米原额七千七百五十二石五升三合零,内除荒缺及乾隆二年改归漕粮项下支给暨免征外,至乾隆三十一年,实征白粮项下盘用耗米四千一百一十三石二斗,内各县应支一半米二千五十六石六斗,白粮帮应支一半米二千五十六石六斗。

运船水手饭米原额四千三百五十九石八斗一升一合零,内除荒缺及分隶太仓州并乾隆二年改漕减免外,至乾隆三十一年,实征米一千四百八十石七斗五升二合。

松江府

原额经费银七万六千二百一十二两一钱九分四厘八毫零,内募船水脚银四万八千三百八十三两八钱七分三厘七毫零,添簋提溜银一万九十五两九钱六分八厘四毫零,车脚由闸银一万五千一百四十三两九钱五分一厘六毫零,总部官公费银一千两,总部人役工食银六百两,协部官公费银四千三百两,协部人役工食银八百四十八两四钱,看船粮夫工食银二千四百两,量斛、束包、挑运人夫工食银一千四百四十两。内除白粮改选漕船装运停支款项,及荒缺减免,并乾隆二年改归漕粮项下支给暨免征外,至乾隆三十一年,实征白粮支给经费银二万三百八十六两一钱八分一厘零,内给军经费、漕截负重、解支等款银一万七千六百四十一两四钱九厘零,千总俸工银一百九十五两八钱一分二厘,随帮廪工银五十四两,解通由闸银一千八百四十六两九钱六分,束包人夫工食银六百四十八两。

盘用耗米原额九千九百八十八石四斗六升二合零,内除乾隆二年改归漕粮项下支给并免征外,至乾隆三十一年,实征四千六百一十七石四斗,内各县应支一半米二千三百八石七斗,白粮帮应支一半米二千三百八石七斗。

运船水手饭米原额三千六百石,内除荒缺及乾隆二年改漕免征外,至乾隆三十一年,实征米一千六百六十二石二斗六升四合。

常州府

原额经费银六万三千五百六十七两七钱五分一厘七毫,内募船水脚银三万二千一百九十一两八钱四分七厘二毫,添簋提溜银八千四十七两九钱六分一厘八毫,车脚由闸银一万二千七十一两九钱四分二厘七毫,总部官公费银一千两,总部人役工食银六百两,协部官公费银五千六百两,协部人役工食银一千九十九两二钱,看船粮夫工食银一千八百四十八两,量斛、束包、挑运人夫工食银一千一百八两八钱。

内除白粮改选漕船装运停支款项及荒缺减免，并乾隆二年改归漕粮项下支给暨减征外，至乾隆三十一年，实征白粮经费支给银一万六千四百二十两四钱三分一厘零，内给军漕截、负重、解支等款银一万四千一百六十二两二钱九分九厘零，千总俸工银一百九十五两八钱一分二厘，随帮廪工银五十四两，解通由闸银一千四百九十一两九钱二分，束包人夫工食银五百一十八两四钱。

盘用耗米原额八千七十石五升五合二勺零，内除乾隆二年改归漕粮项下支给并免征外，至乾隆三十一年，实征米三千七百二十九石八斗，内各县应支一半米一千八百六十四石九斗，白粮帮应支一半米一千八百六十四石九斗。

运船水手饭米原额二千八百九十七石二斗六升六合零，内除荒连升增，及乾隆二年改漕免征外，至乾隆三十一年，实征米一千三百四十二石七斗二升八合。

太仓州并属（向隶苏州府，雍正二年改直隶州）

原额经费载在苏州府项下，除白粮改选漕船装运停支款项及荒缺，并乾隆二年改归漕粮项下支给暨免征外，至乾隆三十一年，实征白粮经费支给银六千二百二十一两九分八厘零，内给军漕截、负重、解支等款银五千三百八十三两五钱三分七厘零，千总俸工银五十两四钱四分八厘零，随帮廪工银一十三两九钱一分三厘，解通由闸银五百七十一两六钱，束包人夫工食银二百一两六钱。

原额盘用耗米二千六百九十石五斗九升五合零，除荒缺及乾隆二年改归漕粮项下支给并免征外，至乾隆三十一年，实征米一千四百二十九石，内各县应支一半米七百一十四石五斗，白粮帮应支一半米七百一十四石五斗。

原额运船水手饭米载在苏州府项下，除荒缺及乾隆二年改漕免征外，至乾隆三十一年，实征米五百一十四石四斗四升。

浙江省

原额经费车夫、丁字沽、雇剥等银七万六千六百九十一两四钱五分四厘，内由闸银五千四十两，买办垫库等银五千四十两，芦席银三百七十八两，石埧银三百六十两三钱六分，买办包索、搬运、过船、遇浅、起剥、遇溜、添篙共银一万五千七百五十两，驾军工食银一万五千一百二十两，运丁行粮银二千四百九十四两八钱，运丁月粮银四千四百五十六两九钱六分，经费银一万五千九百六两三钱六分六厘，存银一万一千九百四十四两九钱六分七厘九毫。嗣因白粮改选漕船装运，将前列各款银两照数征收，其支给项下全行裁革，又除归安县编审减免，及乾隆二年改归漕粮项下支给并免征外，至乾隆三十一年，实征白粮项下应给经费银二万一千八百二十四两二钱九厘零，内给军漕截银一万三千二百五十二两三钱六分三厘零，负重银二百六十七两六钱五分，折色月粮银二千一百一十六两八钱，折色行粮银一千一百三十四两,经费食米折银二千五百九十三两八分,由闸车夫银二千四百五十三两八钱三分八厘零,由闸路费银六两四钱七分八厘零。

原额行月经费食米一万二千二百五十九石八斗,内除折征并归安县编审减免,及乾隆二年改归漕粮项下支给外,至乾隆三十一年,实征三千九百六十九石,内本色月粮米三千二十四石,本色行粮米九百四十五石。

嘉兴府

原额经费车夫、丁字沽、雇剥等银四万六千四百五十七两六钱四分三毫,内由闸银三千四十两,买办垫库等料银三千四十两,芦席银二百二十八两,石埧银二百一十七两三钱六分,买办包索等项银九千五百两,驾军工食银九千一百二十两,运丁行粮银一千五百四两八钱,运丁月粮银二千八百八两九钱六分,经费银九千五百九十四两三钱一分六厘,存银七千四百四两二钱四厘三毫。内除白粮改选漕船装运停支款项,及乾隆二年改归漕粮项下支给并免征外,至乾隆三十一年,实征白粮应给经费银一万三千四百五十一两四钱六分九毫零,内给军漕截银八千二百一十四两六钱二厘零,负重银一百八十六两九钱二分八厘零,折色月粮银一千二百七十六两八钱,折色行粮银六百八十四两,经费食米折银一千五百六十四两八分,由闸车夫银一千五百二十一两三分四厘零,由闸路费银四两一分五厘零。

原额经费食米七千三百九十四石八斗,内除折征并乾隆二年改归漕粮项下支给外,至乾隆三十一年,实征米二千三百九十四石零,内本色月粮米一千八百二十四石,本色行粮米五百七十石。

湖州府

原额经费车夫、丁字沽、雇剥等银三万二百三十三两八钱一分三厘六毫,内由闸银二千两,买办垫库等料银二千两,芦席银一百五十两,石埧银一百四十三两,买办包索等银六千二百五十两,驾军工食银六千两,运丁行粮银九百九十两,运丁月粮银一千八百四十八两,经费银六千三百一十二两五分,存银四千五百四十两七钱六分三厘六毫。除白粮改选漕船装运停支款项,并归安县编审减免,及乾隆二年改归漕粮项下支给暨免征外,至乾隆三十一年,实征白粮应给经费银八千三百七十二两七钱四分九厘零,内给军漕截银五千三十七两七钱六分一厘零,负重银八十两七钱二分一厘零,折色月粮银八百四十两,折色行粮银四百五十两,经费食米折银一千二十九两,由闸车夫银九百三十二两八钱三厘零,由闸路费银二两四钱六分二厘零。

原额经费食米四千八百六十五石,内除折征并归安县编审减免,及乾隆二年改归漕粮项下支给外,至乾隆三十一年,实征米一千五百七十五石零,内本色月粮米一千二百石,本色行粮米三百七十五石。

一 江南运白粮船向例按米支给经费银两。康熙十四年户部覆准，每船给经费银三百三十四两。十二年，仓督石文桂奏准，复给饭米三十六石，每石折银一两五钱，如有冒领，即行题参，造入奏销册报部。四十三年，漕督桑格奏准，江浙二省起运白粮照依漕帮例支给行月、赠贴银米，将经费银两概行裁减，各丁应领行月仍在各帮给发，应支赠贴银两在经费银内照漕费支给，余剩听候汇解。五十年题准，白粮人夫工食、轻赍、解官、水脚应照《全书》定例开载支给。五十四年奏销案内，准给饭米每石七升二合。五十六年，漕督施世纶奏准，江南白粮除行月外，照浙江漕截例，每石补给赠银二钱二厘，于五十五年为始，在道库减存银内支给。

一 浙江运白粮船所给经费银两向按实运船数派给。康熙十四年题请裁减。二十六年，复请照旧加给。三十四年题准，浙省白粮经费之外仍给行月银米。四十三年题准，全行裁革，照漕例支给行月银米，并每石给漕截银三钱四分七厘。四十九年题准，加给每船饭米三十四石三斗，每石折银一两二钱，于道库减存银内去给。

一 江南白粮乾隆二年改征漕粮，实该起运白粮正米六万九千四百四十七石，应征随运解支各款经费银三万八千三百八十九两零，米六万一千一百二十三石零，改征漕粮正米八万九百九十一石零，照漕例应征随漕解支各款银二万三千八百八两零，米三万八千六十五石零，实应减征银二万零七百七十七两零，米一万九千六百五十二石零，照数免征。（乾隆二年例）

一 江南省白粮项下额征给军经费八万七千五百一两零，从前运白丁船原系照额支领。康熙五十六年，部议照浙江例支给漕截银两，余存解部。今白粮改漕，所有前项原编经费银两，除应给等款及实减漕截银两外，尚余银二万九百五两零，题请免征。部议以白粮改漕，一切杂费银米已于前款议令蠲免，所有前项减存银两原系裁减给军之项，非浮加征收可比，且节年解部充饷已久，未便请蠲。

一 浙江省白粮乾隆二年改征漕粮，实该起运白粮正米三万五百五十三石，每白粮正米一石加耗米四斗五升，又每正耗白米一石外加春耗米三斗。今白粮改漕三万五千六百四十六石零，将加三春耗按数减免，给丁耗米减去五升，再五升项下之加三春耗一升五合一并减去，共免征春耗米一万五千五百六石零五升，耗米一千七百八十二石零。

一 浙江省白粮原编额征车夫经费银六万四千九百四十一两零，减省官役、廪工路费银三千八百五两零，丁字沽银七千九百四十四两。今白粮改漕，减额所有征收车夫经费银两，除照依漕例支给运丁经费银二万八千七百一十四两零，行粮折银二千二百六十八两，月粮折银四千二百三十三两零，负重银七百八十九两零，运随俸廪银二百七十三两零，抽解仓场由闸银五千三百一十六两零，随支路费银一十一两零。以上共解支银四万一千六百七两零,余银三万五千八十二两零。题请照依改漕计米减征,部议已豁免米一万七千二百八十八石零,米折银二千五百九十一两零,所有编征前项解部银两不准减免。(乾隆二年例)

一 浙江省漕粮正米并二五耗米每石给漕截银三钱四分七厘,白粮亦照漕例,每石给经费银三钱四分七厘,在于编征车夫银内动支。本色行粮米每船一十五石,本色月粮米每船四十八石,在于随同白粮编征经费食米内拨给。所有折色行粮银,每船一十八两,折色月粮银三十三两六钱,亦在车夫银内支给。又每船给食米折银四十一两一钱六分,在于减存经费食米折银内支给。今改征粳米应给经费行月、本折等项银米原与漕例相符,应请仍照旧例,各就原编本款征收支给,毋庸更张外,所有食米折银五千一百八十六两一钱六分,内除实起运白粮船六十三只,共应给银二千五百九十三两八分外,应请减银二千五百九十一两六钱九分八厘三毫零。(乾隆二年例)

一 浙江省运白丁船向不照依漕帮支给闰月银米,今白粮改漕丁船既照漕例减去食米折银,将来遇闰之年,每船亦应照依漕例加给闰月银米。(乾隆二年例)

一 浙江省白粮改漕应征轻赍、楞木、席板等项银两,自应照依漕例一体解支,所有应解仓场并给丁各项,于白粮应解通库由闸银两扣抵外,其余不敷银两,在于车夫款项支剩银两内照数分别动支拨解。(乾隆二年例)

一 乾隆七年漕督顾琮奏苏、松、常、太四府州属白粮将加三耗米之内扣除五升,按照浙省例,以到坝二斗五升并支漕截,其原编糙粳耗米向系加二,无从查扣。部议白粮耗米虽有加二加三之分,沿途折耗总属一体,加三耗米内既应扣除五升,而加二耗内之五升折耗米石不便并支漕截银两。

一 乾隆七年漕督顾琮奏白粮米石浙省饬照漕例二五支给,已属减少,请仍照旧例支给。部议浙省正兑漕粮应给漕截,每石按二五耗给发,与准支之例相符。至改兑耗米,本系一七按二五给发,与例有违,嗣后停其支给。

一 起解、轻赍、席木银两即于该年存库银内动支路费,毋得将别年银两牵连支给,起解、由闸银两于白粮项下支给路费,毋得于漕项银内动支。(康熙五十七年例)

一 江南省白粮项下额编量斛、束包、挑运、夫役工食银两、盘运耗米,向例按数支销。雍正三、四等年奏销案内驳追。雍正八年奏准仍照数支给。

白粮解运

一 白粮向金粮长解运。顺治二年题定,官收官解,每年预雇民船,金委府佐贰官一员为总部，州县佐贰官一员为协部，领运抵通。顺治十年题准攒厂造船起运。顺治十一年题准于漕船内分带。顺治十二年以漕船不便分带，题明仍行官运。顺治十八年题请暂将减存漕船解运，嗣后仍雇民船起运。康熙三年，浙省白粮题准于漕帮抽选，并添造船只装运。康熙十四年，江南省白粮亦经题准抽选装运，五年一次更换改设，千总领运，随帮押空。江南省共添设千总八员，随帮四员。浙省亦添设千总四员，随帮二员。康熙四十二年，江南白粮题准于江淮、兴武等十一帮无欠丁船内抽选，五年一次轮运。康熙五十六年题准停止轮运。雍正四年又白粮运费多于漕粮，题定仍照旧例，于通省漕船内抽选坚固船只，历年无欠殷丁公同掣运，五年一次更替，如有挂欠，即捆打、革运、追赔，照监守自盗律治罪。乾隆十六年奏准五年调换，为期太久，酌定运白三次之后，即行另选调运。康熙四十三年浙省白粮题定五年抽调，因该省白粮各丁挂欠频仍，漕丁惧累，不愿抽调，以致历年并不遵行。至雍正十三年，户部行查再令遵例抽调，因漕白各帮不愿纷更抽调，乾隆七年题准白粮各丁照旧永远免其抽调。

一 江南运白船只系五年更换。乾隆元年题准于每年未兑之先，令该粮道赴次查验，如丁疲船乏者，虽未满五年，亦另选殷丁补运；已满五年，即丁殷船固，亦不准留。

一 浙省白粮向例嘉属正米一石征糙平米一石八斗，湖属正米一石征糙平米一石五斗五升。康熙十一年题准正项白米一石给白耗米四斗五升，不必照《全书》征糙给丁。

一 江南省白粮向例令所金丞簿经收，随时春办、捆包，及随粮经费一并如期征足起运。康熙十四年改设千总领运，责令各州县春办完备，交与弁丁收受装运，照漕规出具通关实收，报明总督。

一 江南白粮抵通。康熙十五年题准，照依浙江例，全单送户部查验，完粮掣回，不必照旧起批。

一 州县各官交兑白粮，照漕粮一体冬兑冬开，不许迟误。该督抚于开帮之日，注明交兑月日，列疏题报。如有迟误，按例议处。（顺治十二年例）

一 白粮米色责令粮道监兑等官公同亲验，如有米色不纯等弊，指参治罪。各该州县交兑时，即将白粮样米封贮运通，以凭比验。（《议单旧本》）

一 白粮起运，总督、总河、仓场并沿河督抚严檄文武各官拨兵防护，立行押送出境，如有奸丁逗遛盗卖，从重治罪。（《议单旧本》）

一 白粮米石与由闸银两总属正项，其完欠分数应以银米总计合算，如有未完，照例议处。（顺治十三年例）

一　白粮经征，督催考成，应照题定漕粮考成例议处。其交兑过淮抵通，俱照漕粮处分。其解运官有银米全完，而抵通不违限者，一运全完，纪录一次；二运全完，纪录二次；三运全完者，准加一级。如银米虽全完而抵通违限者，仍照例议处。

一　运通白粮亏折正项，即将旗丁耗米抵补足数。（雍正十二年例）

一　白粮旗丁盗卖余米，运弁通同作弊，咨参革职，如失于查察，卖至一百余石，照例罚俸一年。（乾隆二十三年例）

一　白粮运丁搀杂糙米，照律杖一百，折责四十板，折实不足额米，照数勒追搭运。（乾隆二十四年例）

一　运白旗丁回南，如无坐粮厅记功印照，即系挂欠潜逃，不许复运，仍交该丁解通，追比其丁名照例斥革，另金顶补。

一　白粮折价。顺治六年至十一年，每石折银一两五钱。十二年至康熙元年，每石折银二两。康熙十年，每石折银一两二钱。康熙十五年，每石复折银一两五钱。

一　白粮沿途起剥，口袋露缝，零星散失，抵通斤两不足，搀杂补数，旗丁照例治罪，押领员弁革职，粮道在南无从查察，例应免议。（乾隆二十五年例）

一　常州府起运白粮向例知府径行具奏。雍正九年奏准照苏、松二府例，永行停止。

白粮收支

一　收受白粮，责令地方官将征兑样米封贮运通，仓场照样比对查收。（《议单旧本》）

一　顺治十五年题准各仓收放数目，设有循环二簿开列管收，除在四柱，颗粒不容遗漏，其在厫白米应同漕粮例，一并开入循环簿，听巡仓御史察核。

一　白粮自本地包裹抵通过坝，恐开包量斛，米石抛散，须用秤称。康熙二十三年题定，正耗米共一百六十斤为一石，米色不净，以一百七十斤为一石，俱系旗丁亲押赴仓，短少，旗丁赔补，有余，发还。雍正四年题定，白粮过坝，坐粮厅每十包秤验一包，以一百六十斤为一石。若斤两不足，钤印包上，报明仓场，移知监督。至该仓收受之时，仓场亲诣，验明过斛，如有短少，责令该丁补足。

一　白粮进仓，全单开载，各按米色款项交耗，每白熟正米一石交耗米五升以至三升不等，每白糙正米一石交耗米一斗。

一　康熙四十三年题准，江浙二省起运白粮，嗣后照依漕粮支给行月赠贴银两，其经费银米概行裁减，俟抵通之日，照漕粮一例交收。

一　康熙四十四年议准，白粮裁革经费照漕粮一例交收，乃指过坝交仓肩抗等费而言，非白粮耗米亦照漕例也。嗣后白粮到仓，仍应照依《全单》所载，白糙每石加耗一斗，白正每石加耗五升，至到坝之时，仍照例秤过斤两交收。

一　内官监应进白粮，康熙十年裁革，改为内仓将白粮细、粳、熟正耗米石运赴内仓收贮。

一　内仓需用白米、次米，定例令帮船弁丁运进。雍正六年题准，各帮签掣，轮流运送。

一　白粮运进内仓旧系旗丁自行雇募车辆运到仓口交收。雍正八年奏准，每白粮船一只令旗丁津贴大通桥车户银七钱、水脚银六钱、书办银一两，代为转运交仓。勒入石碑，永远遵行。

一　白粮向例旗丁自运，不入号房，赁地堆贮，额设车户十三名，水脚二名，人多利少，办理迟滞。雍正十年奏准，白粮到坝多在漕粮将竣之时，号房既空，车辆亦多，将白粮车户、水脚尽行裁汰，设漕粮车户四名，以专责成。

一　内仓收受白，雍正七年题准，弁丁投文之后，照十日定期收受，给发完呈，详报仓场查核。

一　雍正十年礼科给事中兆华请将米盐库岁支白米仓场照数坐拨内仓，该米盐库就近支领。部议内仓粮石均系宾客来使逐日支放，此项米石不但厫座无余，且现无车辆，何以转运？应仍照旧，不便坐拨内仓支放。

一　乾隆二年白粮减征，部议向例太常寺、光禄寺各宾馆需用白粮二千余石，王公官员额俸白米十五六万石，内务府、禁城兵丁及太监食用各白粮共一万石。嗣后将王公官员白粮酌减一半，以粳米抵放。禁城兵丁及太监白粮全以粳米放给其礼部支领。各国贡使等项及光禄寺、太常寺支领祭祀宴款等项白粮，内务府制造元宵、江米，理藩院所领札萨王、贝勒、贝子、台吉、各来使、公主、格格、额驸等项白粮俱仍照旧额支给。钦天监月粮、太医院月粮、宗人府读书、宗室八旗官学生、觉罗等学教习各应领桌饭白粮，盛京、黑龙江、宁古塔、索伦、八旗、厄鲁特等处送物来京人员，钦安殿道士、太监、各处喇嘛以及匠役口粮，各白粮全改放粳米。蓟易二州每年截留白粮亦以减半粳米抵给。

一　内仓改进漕粮脚价应照京通各仓例给五成，由石坝运至大通桥，给脚抗银每石四分一厘，大通桥转运内仓，给车价银三分四厘，其一应收受，递减晒扬折耗，旗丁余米并收米之连单，仓收完呈，以及详请支领脚价、茶果等项，统照各仓例办理。至漕白米石，内仓系随时支用，无需气筒毛竹一项，毋庸拨给。

一　乾隆三年，议准禁城兵丁及太监应支白粮米石改给粳米，按原给白米一石，应改给粳米一石二斗五升。

一　白粮交仓余米，雍正七年题准照漕粮例，颗粒不许出仓，先尽挂欠之弁丁买抵，如无挂欠，白粮官丁照粳米价值折银给发。

一　白粮进仓，向例每船一只各项需费银三十五六两。雍正七年奏准，将各船旧规银十分内酌减六分，仍存四分，以为仓役等项之用。

一　内仓向收白粮茶果银一千六百余两，以为监督、笔帖式吏役饭食一切杂项费用。乾隆三年白粮议减，改进漕粮，所收茶果等银仅有六百余两，不敷支用。奏准每年拨给运米口袋一万条，听该仓变价济用。乾隆三年奏准，口袋停其拨给，令于茶果银两项下，照残袋变价八百两之数，按年给发该仓，以资公用。

一　定例京仓放米一石，动用本仓茶果银给仓役大制钱二文，名曰个儿钱。惟通仓白粮一项例无交仓茶果，故放米之时，并无此项钱文。乾隆三年奏准，将通仓监督分领残袋银两停其支领，即以此项并白粮饭银交贮通库，以充开放白粮个儿制钱及一切公用。

一　白粮抵石坝，向有外河白粮船户抗运落崖，每石原给抗价银二厘五毫。康熙三十九年将外河白粮船户裁革，归并白粮经纪抗运，每石节省抗价银一厘五毫，实给银一厘。

一　白粮经纪于石坝、里河抗运上船，每石给银三厘五毫。《议单旧本》

一　白粮经纪由石坝、里河、五闸剥运白粮至大通桥，每石给脚价银一分八厘。《议单旧本》

一　普济、平下、平上、庆丰四闸白粮水脚搬抗、白粮过闸上船，每石每闸给抗价银二厘一毫八丝四忽四微，四闸共银八厘七毫三丝七忽六微。《议单旧本》

一　大通桥抗运白粮堆贮号房，每石给抗价银一厘零。《议单旧本》

一　大通桥车夫运白粮进内仓，每石原给银四分。雍正十三年改给二分八厘。

一　白粮经纪由土坝、里河剥运白粮至新旧两城，南门上车，陆运进西、中、南三仓，每石共给脚价银一分。

一　白粮经纪土坝、里河抗运白粮上船，每石给抗价银三厘五毫。《议单旧本》

一　通州西、中、南三仓运送白米并紫老米至内务府内仓，每石给车价银六分。《议单旧本》

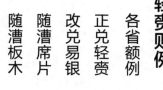

《漕运则例纂》 卷之四

《漕运则例纂》卷之四

轻赍则例

各省额例

山东省

原额轻赍银一万六千八百二十六两零,除荒蠲连升增,至乾隆三十一年,实征轻赍银一万五千八百二十三两零。

济南府

原额轻赍银六千五百六十两,除荒蠲连升增,并分隶泰安、武定等府,至乾隆三十一年,实征轻赍银四千八十九两零。

泰安府(向隶济南府。雍正十三年改设)

实征轻赍银一千二百九十九两零。

武定府(向隶济南府。雍正十三年改设)

实征轻赍银七百七十二两零。

兖州府

原额轻赍银四千六百六十四两,除荒蠲连升增,并分隶曹州府,至乾隆三十一年,实征银二千一百五十二两零。

曹州府(向隶兖州府。雍正十三年改设)

实征轻赍银二千一百四十九两零。

东昌府

原额轻赍银五千六百二两零,除荒蠲连升增,至乾隆三十一年,实征轻赍银五千三百六十二两零。

河南省

原额轻赍银一万五千八百三十七两零,除荒蠲连升增,至乾隆三十一年,实征轻赍银九千七百四十四两零。

开封府

原额轻赍银六千八十九两零,除荒蠲并分隶陈州、许州,至乾隆三十一年,实征轻赍银二千三百一十两零。

归德府

原额轻赍银八百四十八两,除荒,至乾隆三十一年,实征轻赍银八百二十三两零。

彰德府

原额轻赍银一千八百两,除荒,至乾隆三十一年,实征轻赍银一千五百六十两零。

卫辉府

原额轻赍银一千四百七十两零,除荒,至乾隆三十一年,实征轻赍银七百二十九两零。

怀庆府

原额轻赍银二千一百七十六两,除荒,至乾隆三十一年,实征轻赍银一千七百四十八两九钱五分。[1]

【校记】:

[1]珍本丛刊作:一千七百四十九两。

河南府

原额轻赍银二千八百二十八两零,除荒并分隶陕州,至乾隆三十一年,实征轻赍银五百八十九两零。

陈州府(向隶开封府,雍正十二年改设)

实征轻赍银六百三十五两零。

许州(向隶开封府,雍正十二年改直隶州)

实征轻赍银六百六十二两零。

陕州(向隶河南府,雍正十二年改直隶州)

实征轻赍银五百二十三两一钱九分零。[1]

【校记】

[1]《丛刊》本作:五百二十二两零。

汝州

原额轻赍银六百二十四两,除荒,至乾隆三十一年,实征轻赍银一百六十五两零。

江南省

原额轻赍等银一十七万一千一百九十一两零,除坍蠲并扣解河工连升增,至乾隆三十一年,实征轻赍等银一十五万三千三百四十一两零。

原额易米银二千四百三十三两零,除坍蠲并扣解河工连升增,至乾隆三十一年实征易米银九百八十三两零。

苏州府

原额轻赍银七万二千一百四十两零,除坍荒并分隶太仓州连升增,至乾隆三十一年,实征轻赍银六万三千二百四十四两零。

原额易米银三百一十两零,今实征易米银三百一十一两零。

松江府

原额轻赍银二万四千三百四十七两零,除坍蠲连升增,今实征银二万四千四百七两零。

原额易米银二百九十九两零,今实征银三百两零。

常州府

原额轻赍银二万二千七百五十两零,除坍荒连升增,今实征银二万二千九百两零。

镇江府

原额轻赍银九千六百六十五两零,除坍蠲连升增,至乾隆三十一年,实征银一万四百二十六两零。

原额易米银二百四两零,今实征银二百二十两零。

太仓州(向隶苏州府,雍正三年改设)

原额轻赍银载苏州府项下,今实征银九千一十六两零。

实征易米银四十四两零。

江宁府

原额轻赍等银二千四百九十九两零,除坍蠲分出溧阳县,至乾隆三十一年,实征轻赍银一千八百六十八两零。

安庆府

原额轻赍等银七千八百两,除荒缺连升增,至乾隆三十一年,实征银七千九百五十八两零。

宁国府

原额轻赍等银三千九百两零,除坍荒连升增,至乾隆三十一年,实征银四千五两零。

池州府

原额轻赍等银三千二百五十两零,除坍荒连升增,至乾隆三十一年,实征银三千三百四十六两零。

太平府

原额轻赍银二千二百一十两零,除坍荒连升增,至乾隆三十一年,实征银二千二百六十九两零。

庐州府

原额轻赍等银一千三百两零,除扣解河工并分隶六安州,至乾隆三十一年,实征银二百六十两零。

凤阳府

原额轻赍等银三千九百两零,除荒蠲、扣解河工并分隶颍州府、泗州,至乾隆三十一年,实征银四百五十四两零。

淮安府

原额轻赍等银三千二百五十两零,除荒缺、扣解河工并分隶海州,至乾隆三十一年,实征银四百八十三两零。

扬州府

原额轻赍等银七千八百两零,除荒缺、扣解河工并分隶通州,至乾隆三十一年,实征银一千二百六两零。

徐州府

原额轻赍等银四千三百五十五两零,除荒蠲、扣解河工,至乾隆三十一年,实征银八百六十两零。

颍州府（向隶凤阳府,雍正十三年改设）

原额轻赍等银载凤阳府项下,今实征银一百五十二两零。

广德州

原额易米银八十两,今实征银一百八两零。

六安州（向隶庐州府,雍正二年改设）

原额轻赍等银载凤阳府项下,今实征银九十八两零。

泗州（向隶凤阳府,雍正二年改设）

原额轻赍等银载凤阳府项下,今实征银七十五两零。

海州（向隶淮安府,雍正二年改设）

原额轻赍等银载淮安府项下,今实征银一百一十四两零。

通州（向隶扬州府，雍正二年改设）

原额轻赍等银载扬州府项下，今实征银二百两零。

浙江省

原额轻赍银十万八千两零，并无增除，至乾隆三十一年，实征银十万八千两零。实征易米银三百两。

杭州府

实征轻赍银一万八千两，无除荒升增，与原额同。实征易米银五十两，原额同。

嘉兴府

实征轻赍银五万二千二百两，原额同。实征易米银一百五十两，与原额同。

湖州府

实征轻赍银三万七千八百两，原额同。实征易米银一百两，原额同。

江西省

原额轻赍银七万二千两，除荒蠲连升增，至乾隆三十一年，实征银六万三千二百八十两零。

原额易米银一千六百九十九两零，除荒蠲连升增，至乾隆三十一年，实征银一千三百九十三两零。

南昌府

原额轻赍银一万五千一十六两零，除荒蠲连升增，至乾隆三十一年，实征轻赍银一万四千四百三十九两零。

原额易米银五百六十八两零，今实征银五百四十九两零。

瑞州府

原额轻赍银九千九百三十六两零，除荒蠲连升增，至乾隆三十一年，实征银五千三百四十两零。

原额易米银一百七十七两零，今实征银九十五两零。

临江府

原额轻赍银七千四百九十四两零，除荒蠲连升增，至乾隆三十一年，实征银六千五十七两零。

原额易米银一百七十九两零，今实征银一百四十六两零。

吉安府

原额轻赍银一万二千五百八十六两零，除荒蠲连升增，至乾隆三十一年，实征银一万九百五十八两零。

原额易米银二百八十二两零，今实征银二百四十四两零。

抚州府

原额轻赍银六千一百三十三两零,除荒蠲连升增,至乾隆三十一年,实征银六千一百二十三两零。

原额易米银一百九两零,今实征银一百九两零。

建昌府

原额轻赍银二千八百八十一两零,除荒蠲连升增,至乾隆三十一年,实征银二千八百八十二两零。

原额易米银五十一两零,今实征银五十一两零。

广信府

原额轻赍银四千一百六十一两零,除荒蠲连升增,至乾隆三十一年,实征银三千八百二十八两四钱七分零。[1]

【校记】

[1]《丛刊》本作:三千八百二十七两零。

饶州府

原额轻赍银九千六十三两零,除荒蠲连升增,至乾隆三十一年,实征银八千九百二十九两零。

原额易米银一百七十两零,今实征银一百六十八两零。

南康府

原额轻赍银二千九百一十四两零,除荒蠲连升增,至乾隆三十一年,实征银二千九百二十一两零。

赣州府

原额轻赍银一千八百一十一两,除荒蠲连升增及分隶宁都州,至乾隆三十一年,实征银七百六十二两零。

原额易米银三十二两零,今实征银一十三两零。

宁都州

原额轻赍银载赣州府项下,今实征银一千四十一两零。

原额易米银载赣州府项下,今实征银十八两零。

湖北省

原额轻赍银一万八千七十五两零,除荒蠲连升增,至乾隆三十一年,实征银一万六千九百五十七两零。

武昌府

原额轻赍银五千一百四十九两零,除荒蠲连升增,至乾隆三十一年,实征银五千一百四十九两零。

汉阳府

原额轻赍银一千五百二两零,除荒蠲连升增,至乾隆三十一年,实征银二千二百一两零。

黄州府

原额轻赍银五千五百二十一两零,除荒蠲连升增,至乾隆三十一年,实征银五千五百六两零。

安陆府

原额轻赍银二千七百一十八两零,除荒蠲连升增,至乾隆三十一年,实征银一千七百二十五两零。

荆州府

原额轻赍银二千四百六十四两零,除荒蠲连升增,至乾隆三十一年,实征银一千六百五十九两零。

德安府

原额轻赍银七百一十八两零,除荒蠲连升增,至乾隆三十一年,实征银七百一十七两零。

湖南省

原额轻赍银二万三百七两零,除荒连升增,至乾隆三十一年,实征银一万七千五百一十九两零。

长沙府

原额轻赍银一万一千七百五十一两零,除荒连升增,至乾隆三十一年,实征银一万一百一十一两零。

衡州府

原额轻赍银四千六百一十五两零,除荒连升增,至乾隆三十一年,实征银四千四百八十二两零。

岳州府

原额轻赍银三千九百四十两零,除荒连升增,至乾隆三十一年,实征银二千七百三十二两零。

澧州(向隶岳州府,雍正七年改设)

原额轻赍银载岳州府项下,今实征银一百九十四两零。

山东省

原额芦席银二千九百三两零,除荒蠲连升增,至乾隆三十一年,实征银二千五

百八十七两零,内办解本色席银二百四十一两零,应解本色席二万四千一百五十五
领零,应解折色银二千三百四十四两零。

济南府

实征芦席银九百二两零,内办解本色席银八十二两零,应解本色席八千二百八
十六领零,应解折色银八百十九两零。

泰安府

实征芦席银一百七十五两零,内办解本色席银十六两零,应解本色席一千六百
八十六领零,应解折色银一百五十九两零。

武定府

实征芦席银二百四十两零,内办解本色席银二十二两零,应解本色席二千二百
二十七领零,应解折色银二百十八两零。

兖州府

实征芦席银二百四十一两零,内办解本色席银二十二两零,应解本色席二千三
百二十二领零,应解折色银二百一十八两零。

曹州府

实征芦席银二百六十三两零,内办解本色席银二十四两零,应解本色席二千四
百六十九领零,应解折色银二百三十八两零。

东昌府

实征芦席银七百六十三两零,内办解本色席银七十一两零,应解本色席七千一
百六十二领零,应解折色银六百九十二两零。

河南省

原额芦席银一千七十一两零,除荒连升增,至乾隆三十一年,实征银六百三十
六两零,内应解本色席一万五百八十八领零,应解折色银五百二十六两零。

开封府

实征芦席银一百七十两零,内应解本色席二千八百九十二领零,应解折色银一
百四十一两零。

归德府

实征芦席银四十七两零,应解本色席八百一领零,应解折色银三十九两零。

彰德府

实征芦席银九十三两零,应解本色席一千五百九十领零,应解折色银七十七两零。

卫辉府

实征芦席银五十一两零,应解本色席八百七十领零,应解折色银四十二两零。

怀庆府

实征芦席银一百六两零,应解本色席一千八百九领零,应解折色银八十八两零。

河南府

实征芦席银四十九两零,应解本色席八百三十三领零,应解折色银四十两零。

陈州府

实征芦席银三十三两零,应解本色席五百六十三领零,应解折色银二十七两零。

许州

实征芦席银三十五两零,应解本色席六百七领零,应解折色银二十九两零。

陕州

实征芦席银三十六两零,应解本色席六百二十二领零,应解折色银三十两零。

汝州

实征芦席银十三两零,全解折色。

江南省

原额芦席银八千三百八十两零,除荒豁连升增,至乾隆三十一年,实征银八千五百九十两零,内办解本色席银一千四百五十三两零,应解本色席一十二万八千三百九十领零,应解折色银七千一百二十九两零。

原额板木银二千七百六十二两零,除荒豁连升增,至乾隆三十一年,实征银二千七百六十二两零,全解折色。

苏州府

实征芦席银三千一百八十二两零,内办解本色席银五百四十一两零,应解本色席四万五千八十六领零,应解折色银二千六百四十一两零。

实征全解折色板木银一千一百二十二两零。

松江府

实征芦席银一千四百三十三两零,内办解本色席银二百四十三两零,应解本色席二万三百一十四领零,应解折色银一千一百九十两零。

实征全解折色板木银四百七十七两零。

常州府

实征芦席银一千一百六十一两零,内办解本色席银一千九十七两零,应解本色席一万六千四百四十九领零,应解折色银九百六十三两零。

实征全解折色板木银四百四十两零。

镇江府

实征芦席银三百七十九两零,内办解本色席银六十四两零,应解本色席六千四百五十六领零,应解折色银三百一十五两零。

实征全解折色板木银一百三十两零。

太仓州

实征芦席银四百五十三两零,内办解本色席银七十七两零,应解本色席六千四百二十六领零,应解折色银三百七十六两零。

实征全解折色板木银一百六十二两零。

江宁府

实征芦席银二百三十五两零,内办解本色席银四十两零,应解本色席四千一十领零,应解折色银一百九十五两零。

实征全解折色板木银一百一十一两零。

安庆府

实征芦席银二百九十八两零,内办解本色席银五十两零,应解本色席五千六十七领零,应解折色银二百四十七两零。

实征全解折色板木银一百三十七两零。

宁国府

实征芦席银一百五十两零,内办解本色席银二十五两零,应解本色席二千五百五十领零,应解折色银一百二十四两零。

实征全解折色板木银六十九两零。

池州府

实征芦席银一百三十七两零,内办解本色席银二十三两零,应解本色席二千一百二十五领零,应解折色银一百十四两零。

实征全解折色板木银五十七两零。

太平府

实征芦席银八十五两,内办解本色席银十四两零,应解本色席一千四百四十五领零,应解折色银七十两零。

实征全解折色板木银三十九两零。

庐州府

实征芦席银五十七两零,内办解本色席银九两零,应解本色席九百六十九领零,应解折色银四十七两零。

凤阳府

实征芦席银九十二两零,内办解本色席银十六两零,应解本色席一千六百二十领零,应解折色银七十六两零。

淮安府

实征芦席银一百四十七两零,内办解本色席银二十五两零,应解本色席二千五百十五领零,应解折色银一百二十二两零。

扬州府

实征芦席银三百二十三两零,内办解本色席银五十四两零,应解本色席五千四百九十三领零,应解折色银二百六十八两零。

徐州府

实征芦席银二百三十七两零,内办解本色席银四十两零,应解本色席四千四十二领零,应解折色银一百九十七两零。

颍州府

实征芦席银四十六两零,内办解本色席银七两零,应解本色席七百八十六领零,应解折色银三十八两零。

广德州

实征芦席银四十两零,内办解本色席银六两零,应解本色席六百八十领零,应解折色银三十三两零。

实征全解折色板木银十八两零。

六安州

实征芦席银一十二两零,内办解本色席银二两零,应解本色席二百二十领零,应解折色银十两零。

泗州

实征芦席银二十四两零,内办解本色席银四两零,应解本色席四百十二领零,应解折色银二十两零。

海州

实征芦席银七十二两零,内办解本色席银十二两零,应解本色席一千二百三十六领零,应解折色银六十两零。

通州

实征芦席银二十八两零,内办解本色席银四两零,应解本色席四百八十八领零,应解折色银二十三两零。

浙江省

原额芦席银三千一百五十两,除改折,至乾隆三十一年,实征芦席银三千一百三十三两零,内办解本色席银五百二十三两零,应解本色席五万二千三百九十五领零,应解折色银二千六百八两零。

原额板木银一千三百六十九两零,除改折,至乾隆三十一年,实征银一千三百六十九两零,全解折色。

杭州府

实征芦席银五百二十二两零,内办解本色席银八十七两零,应解本色席八千七百三十二领零,应解折色银四百三十四两零。

实征全解折色板木银二百二十八两零。

嘉兴府

实征芦席银一千五百一十六两零,内办解本色席银二百五十三两零,应解本色席二万五千三百六十六领零,应解折色银一千二百六十三两零。

实征全解折色板木银六百六十三两零。

湖州府

实征芦席银一千九十四两零,内办解本色席银一百八十二两零,应解本色席一万八千二百九十六领零,应解折色银九百一十一两零。

实征全解折色板木银四百七十九两零。

江西省

原额芦席板木银三千八百六十一两,除荒蠲连升增,至乾隆三十一年,实征银二千五百一十九两零,内办解本色席银四百二十七两零,应解本色席四万二千七百九十三领零,应解折色银二千一百二十一两零。

实征全解折色板木银八百三十七两零。

南昌府

实征芦席银六百八十六两零,内办解本色席银一百一十六两零,应解本色席一万一千六百六十六领零,应解折色银五百六十九两零。

实征全解折色板木银二百六两零。

瑞州府

实征芦席银一百九十五两零,内办解本色席银三十三两零,应解本色席三千三百二十九领零,应解折色银一百六十二两零。

实征全解折色板木银七十二两零。

临江府

实征芦席银二百七十两零,内办解本色席银四十六两零,应解本色席四千六百二领零,应解折色银二百二十四两零。

实征全解折色板木银六十两零。

吉安府

实征芦席银四百五十两零,内办解本色席银七十六两零,应解本色席七千六百五十一领零,应解折色银三百七十三两零。

实征全解折色板木银一百二十八两零。

抚州府

实征芦席银二百二十四两零,内办解本色席银三十八两零,应解本色席三千八百一十九领零,应解折色银一百八十六两零。

实征全解折色板木银八十三两零。

建昌府

实征芦席银一百五两零,内办解本色席银十七两零,应解本色席一千七百九十七领零,应解折色银八十七两零。

实征全解折色板木银三十九两零。

广信府

实征芦席银一百四十两零,内办解本色席银二十三两零,应解本色席二千三百八十一领零,应解折色银一百一十六两零。

实征全解折色板木银四十九两零。

饶州府

实征芦席银三百三十二两零,内办解本色席银五十六两零,应解本色席五千六百四十四领零,应解折色银二百七十五两零。

实征全解折色板木银一百二十二两零。

南康府

实征芦席银一百一十两零,内办解本色席银一十八两零,应解本色席一千八百七十领零,应解折色银九十一两零。

实征全解折色板木银三十八两零。

赣州府

实征芦席银二两零,内办解本色席银二钱零,应解本色席二十七领零,应解折色银一两零。

实征全解折色板木银三十六两零。

宁都州

实征芦席板木银五十二两零。

湖北省

原额芦席银五百二两零,除荒连升增,至乾隆三十一年,实征银四百七十二两零,内办解本色席银八十两零,应解本色席八千三十八领零,应解折色银三百八十九两零。

原额板木银四百一两零,除荒连升增,至乾隆三十一年,实征银三百七十四两零,内解通银一百二十五两零,存剩解部银二百四十九两零。

武昌府

实征芦席银一百四十三两零,内办解本色席银二十四两零,应解本色席二千四百三十三领零,应解折色银一百十九两零。

实征板木银一百十四两零,内解通银三十七两零,存剩解部银七十六两零。

汉阳府

实征芦席银六十一两零,内办解本色席银十两零,应解本色席一千四十领零,应解折色银五十一两零。

实征板木银四十八两零,内解通银十一两零,存剩解部银三十七两零。

黄州府

实征芦席银一百五十三两零,内办解本色席银二十六两零,应解本色席二千六百三领零,应解折色银一百二十七两零。

实征板木银一百二十二两零,内解通银四十两零,存剩解部银八十二两零。

安陆府

实征芦席银四十九两零,内办解本色席银八两零,应解本色席八百三十六领零,应解折色银四十一两零。

实征板木银三十八两零,内解通银一十八两零,存剩解部银二十两零。

荆州府

实征芦席银四十六两零,内办解本色席银七两零,应解本色席七百八十四领零,应解折色银三十八两零。

实征板木银三十四两零,内解通银一十二两零,存剩解部银二十一两零。

德安府

实征芦席银一十九两零,内办解本色席银三两零,应解本色席三百三十九领零,应解折色银一十六两零。

实征板木银一十五两零,内解通银五两零,存剩解部银十两零。

湖南省

原额芦席银五百六十三两零,除荒连升增,至乾隆三十一年,实征本色席银四百八十五两零,内办解本色席银八十一两零,应解本色席八千一百二十领零,应解折色银三百九十六两零。

原额板木银四百四十八两零,除荒连升增,至乾隆三十一年,实征板木银三百八十八两零,内解通银一百二十六两零,存剩解部银二百六十二两零。

长沙府

实征芦席银二百八十两零,内办解本色席银四十七两零,应解本色席四千七百一十一领零,应解折色银二百三十两零。

实征板木银二百二十三两零,内解通银七十三两零,存剩解部银一百五十两零。

衡州府

实征芦席银一百二十三两零,内办解本色席银二十两零,应解本色席二千九十领零,应解折色银一百三两零。

实征板木银九十九两零,内解通银三十二两零,存剩解部银六十六两零。

岳州府

实征芦席银七十五两零,内办解本色席银一十二两零,应解本色席一千二百二十四领零,应解折色银五十九两零。

实征板木银六十一两零,内解通银十九两零,存剩解部银四十二两零。

澧州

实征芦席银五两零,内办解本色席银九钱零,应解本色席九十四领零,应解折色银四两零。

实征板木银四两零,内解通银一两零,存剩解部银三两零。

查楞木松板一项,苏、松、浙江等省不产木植,系全征折色,安徽、江西、湖广等省系产木之地,应征本色,因通仓暂不需用,故改征折色,如需用时,仍征本色。

正兑轻赍

一　山东、河南二省各府州县,每正兑正米一石有加耗米四斗一升者,内除二斗五升随船作耗,余米一斗六升,每斗折银五分,共折银八分。有加耗米四斗四升者,内除二斗八升随船作耗,余米一斗六升,共折银八分,谓之一六轻赍。(《议单旧本》)

一　江南省苏、松、常、镇、安、宁、池、太、庐、六、江宁、太仓十二府州属,每正兑正米一石外加耗米六斗六升,内除四斗随船作耗,余米二斗六升,共折银一钱三分,谓之二六轻赍。凤、淮、颍、泗、亳各府州属,并徐州府属之邳、宿、睢三州县,每正兑正米一石外加耗米五斗六升,内除三斗随船作耗,余米二斗六升,共折银一钱三分。又徐州府属之丰、沛、萧、砀、铜五县,每正兑正米一石外加耗米五斗一升,内除二斗

五升随船作耗,余米二斗六升,共折银一钱三分,亦谓之二六轻赍。(《议单旧本》)

一　浙江、江西、湖广三省各府州属,每正兑正米一石外加耗米七斗六升,内除四斗随船作耗,余米三斗六升,共折银一钱八分,谓之三六轻赍。(《议单旧本》)

改兑易银

一　豫东二省每改兑正米一石,外加耗米一斗七升,并江南、徐州府属之丰、沛、萧、砀、铜五县,每改兑正米一石外加耗米二斗二升,俱系本色随粮交纳,并无易米折银。湖广省并无改兑米石,不征易米折银。(《议单旧本》)

一　江南省江、苏、松、镇、广德、太仓六府州属,每改兑正米一石外加耗米三斗二升,内除三斗随船作耗,余米二升,折银一分。凤、淮、扬、颍、泗、亳、海、通八府州属并徐州府属之邳、宿、睢三州县每改兑正米一石外加耗米二斗七升,内除二斗五升随船作耗,余米二升,折银一分,俱谓之二升易米折银。(《议单旧本》)

一　浙江、江西二省,每改兑正米一石加耗米四斗二升,内除四斗随船作耗,余米二升,折银一分,亦谓之二升易米折银。(《议单旧本》)

随漕席片

一　豫东二省正改二兑漕粮,每正米二石派征斜席一领,长六尺四寸,阔三尺六寸,每领征银一分。(《议单旧本》)

一　江南、江西、浙江、湖广四省正改二兑漕粮,每正米二石派征方席一领,长四尺八寸,阔四尺八寸,其改折色省分,每领征银一分或一分零。(《议单旧本》)

一　山东、河南、江南、江西、浙江、湖广各省应征折色席片银两俱照粮征解。(《议单旧本》)

一　各省应征随漕席片,旧例俱系三分本色七分折色,康熙二十五年题准将三分本色内改折五厘,雍正十二年题定于改折五厘之外,复改折八厘,计征一分七厘本色,八分三厘折色。

一　各省应解本色席片,山东、河南及江南省之江、安、宁、池、太、庐、凤、淮、扬、颍、徐、六、泗、广、海、通、亳各府州属照征本色,给丁搭解。苏、松、常、镇、太五府州属,并浙江、江西、湖广各省府州属,俱征银给丁办买本色席片,赴仓交纳。又苏、松、常、镇、太五府州应解二分五厘本色芦席,向例征银给丁自办者,嗣后俱征银,解道给发。

一　江南、江安各属随漕席片,例系州县备办本色交丁。因各州县从前私自折交,以致旗丁借端掯勒。乾隆五年奏准办交本色,毋许折银运丁,毋得勒索,倘有前弊,严行参究。(乾隆五年例)

一　江苏昭文薛家湾改归通州管辖,应征漕米题准于昭文县南米内改抵,其随漕应给丁带解芦席一十八领,折银二钱二分零。乾隆四年咨准在于裁存经费款内动支。

一　奉天采买米石准照漕粮折征席片之例,于通济库内动用轻赍银两办买铺垫,仍将用过银两造入奏销册内,具题查核。(雍正二年例)

随漕板木

一　江浙江广四省正兑米俱有楞木松板,改兑米并无楞木松板。豫东二省,江北庐、凤、淮、扬、徐、颍、泗、六、海、通、亳各府州属正改兑米俱例不派征楞木松板。(《议单旧本》)

一　各省随漕板木每正米二千石派征楞木一根、松板九片。楞木每根长一丈四尺九寸,圆二尺五分。松板每片长六尺五寸,阔一尺三寸五分,厚五寸五分。其改征折色省分,每楞木一根征银五钱,或五钱五分不等,每松板一片征银四钱或四钱五分不等。(《议单旧本》)

一　大通桥收贮楞木松板,倘存剩过多,恐致朽坏。或将旧存者照时变价;或将新运板木照江南省折色定例改折一二年,再收本色。(《议单旧本》)

一　康熙九年仓场咨准,存剩年久松板每片变银四钱二分,楞木每根变银五钱三分。

一　康熙七年仓场咨准,八年应征楞木照江南折色定例,每根折银五钱,松板每片折银四钱五分。

一　各省应征楞木松板,例俱系三分本色、七分折色。江、安、宁、池、太各府州属,将应征本色照征给丁。苏、松、常、镇、太五府州属,浙江、江西、湖广四省各府州属,将应征本色征银,给丁办交。

一　旧例铺厫需松板五十块,楞木五根。雍正三年改为满铺应用松板一百一十块,楞木九十根,将松板以一锯四,以代楞木,每板一块可抵楞木根半有余,请于雍正四年为始,将十分松板全征本色,十分楞木核算价值,俱征松板。

一　雍正六年工部议覆,铺仓松板向例江安系征本色,给丁解运。其苏松、浙江、江西、湖广俱系按地亩征银,折给领运官丁采办。嗣后,浙江、苏松仍照旧例,俱征折色给丁,惟江西、湖广二省及江安所属仍前,全征本色。

一 苏、松等属应解三分本色松板改征折色,所有原编三分楞木改征松板,自应一例折征,汇解部覆,应同轻赍银两一并解部。(雍正八年例)

一 雍正八年钦奉上谕:向因铺垫仓廒需用松板,令各省粮船随带到仓交纳,续经该部定议,产木之省如江西、湖广及江安粮道所属地方,则全征十分本色,其不产木之苏、松、浙江等属则解三分本色,七分折色。此便民利用之意也。今朕闻得该地方所交三分本色,亦于抵通之时始行采办,以致通州木商与胥役勾通包揽,每板一片用银至二两余,或一两七八钱不等,较折色之数多至四五倍,运丁不免苦累。查京通各仓一年支放俸米、甲米,空出廒座应铺垫一百五十座。其湖广、江西、安徽三处所解松板已足备用,即有应需采办者,谅亦无多。所有不产木之浙江、苏、松等属应解三分本色松板二千五百四十片,俱着改征折色,令各该粮道汇解通济库,以备采办之用。其湖广、江西、安徽等处全解十分本色者,着仓场侍郎严行稽查,不许收板官吏勒索使费。俟各仓廒铺垫完日,将应征本色若干之处,具奏请旨。特谕。钦此。

一 苏、松等五府州属随漕带解二分五厘本色芦席及三分本色楞木松板,向例征银,给丁办解。嗣后请照丹徒、金坛二县之例,令各属将席板银两照数解道给发,该弁丁等具领采买运通。(雍正六年例)

一 京通各仓铺廒板片例系湖广、江西、安徽等处全解十分本色。乾隆六年,因各仓廒板酌议抽换,每年需板无多,奏准将湖南、湖北、江西三省改征一半折色,仍征五分本色松板一千三百四十片。其安徽省板片全改征折色,汇解道库。

一 湖广、江西二省应解一半本色松板,乾隆十四年,奏准暂行停征,即全交折色,解通库交收。

带运毛竹

一 雍正三年仓场奏准各仓需用气通毛竹数目,令每船带大毛竹二根,长二丈,中径五寸;中毛竹十根,长一丈二尺,中径二寸。除山东、河南二省外,其余有漕各省应饬遵照,随粮运交。

一 雍正十二年仓场奏准产竹省分每船例带毛竹大者二根,中者十根,请自乙卯年为始,量为酌减,只交大竹二根,中竹六根。

一 京通各仓编造气通毛竹,向例江浙等省产竹地方每漕船各带八枝,旗丁自行买运交仓,不给价银。乾隆二年,仓场奏准减带二枝,每船各带六枝,给以价值,于道库减存银内动给。乾隆六年，仓场复奏准再减大竹一枝，中竹一枝，每船各带四枝。

一　江南镇江等属毛竹，乾隆四年题定，镇江府丹徒县毛竹长二丈三四尺，围圆一尺一二寸，每根价银一钱。安庆府属怀桐等县毛竹长二丈，围圆一尺二三寸，每根价银三分五厘至五分不等。宁国府南陵等县毛竹长一丈二尺至二丈，围圆一尺至一尺八寸不等，每根价银三分三厘至一钱六分不等。池州府属贵池、铜陵、石埭、建德、东流五县毛竹长一丈至二丈不等，围圆八寸至一尺五寸不等，每根价银四分至一钱五分不等。青阳县毛竹长一丈六尺，围圆一尺，每根重三十三斤五两，每百斤价银一钱六分。太平府属三县毛竹长一丈三尺至一丈五尺，围圆一尺，每根价银六分至一钱不等。广德州毛竹长一丈七尺至一丈九尺，围圆七寸至一尺，每根价银二分至三分不等。淮安府属各县毛竹长一丈六尺，围圆一尺，每根价银一钱五分。泗州、盱眙、天长、五河等县毛竹长一丈二尺至三丈五尺，围圆四寸至一尺二寸不等，每根价银八分至一钱六分不等。江宁府及海州、通州等处向无定价，悉照时价造报。（乾隆四年例）

一　江南苏、松、常、镇、太五府州属毛竹，大毛竹长二丈一二尺，围圆一尺一二寸，每根价银二钱四分，中竹长一丈一二尺，围圆六七寸，每根价银一钱二分。（乾隆八年例）

一　浙江省乾隆三年咨准，大毛竹长二丈，径四寸，杭州府属之新城县径系三寸五分，湖州府属径系四寸七分；中竹杭嘉二府属长二丈二尺，中径三寸四分，新城县径系三寸，湖州府属长二丈径四寸；小竹长一丈八尺，径三寸，新城县径系二寸五分。每枝价银：新城县大竹七分，中竹六分，小竹五分；安吉州武康县大竹九分，中竹七分，小竹五分；嘉兴府嘉兴、秀水、嘉善、海盐、平湖、石门、桐乡、归安、乌程、长兴、德清等县大竹九分六厘，中竹七分五厘，小竹五分三厘；富阳县大竹一钱五厘，中竹七分，小竹四分三厘零；仁和、钱塘、海宁、昌化等县大竹一钱三分，中竹八分，小竹五分；临安县大竹一钱三分，中竹九分，小竹五分五厘；於潜县大竹一钱三分，中竹一钱，小竹八分；余杭县大竹一钱三分五厘，中竹八分九厘，小竹五分六厘。（乾隆三年例）

一　江西省毛竹，乾隆三年咨准，大竹中径五寸，长二丈，每根价银六分；中竹中径二寸，长一丈二尺，每根价银五分。（乾隆三年例）

一　湖北湖南二省毛竹，大竹长二丈，中径五寸；中竹长一丈二尺，中径二寸。湖北大竹每根银一钱，中竹每根银八分；湖南大竹每根银九分，中竹每根银六分。（乾隆六年例）

一　各省买办毛竹价银例系道库减存银内支给，江西省因无此项银两，乾隆三年咨明在于道库裁兵米折项下动支。

一　湖北省毛竹价银，乾隆六年咨明在于南粮抵兑节省水脚银内动支。

一　各省帮船带交毛竹，令粮道验明是否合式，造册咨送，令坐粮厅转饬各帮，将现坐某仓船若干只，应交大小毛竹若干，长径丈尺若干，先期移仓查收。如有与册开不符者，即令更换。其有册开原属与例不符者，亦准收用，不必驳回。统俟粮竣，汇册咨送查核。（乾隆十一年例）

征解款则

一　轻赍易米席木本折银两，各州县照额征收。各省粮道将完欠支解各数汇报总漕，于次年三月内汇齐奏销。（《议单旧本》）

一　轻赍等银例应先漕解通以济运务，令各省巡抚就近督催粮道，依限完解。如有未完迟误，听仓场将巡抚粮道一并题参。（康熙五年例）

一　轻赍易米席木折色银两，旧例各省粮道统行解交通济库，坐粮厅将支收出入数目造报仓场查核，于年底奏销，如有余剩银两解部。康熙四十七年题准，将各省额解轻赍银，内山东、河南、湖广、江西、浙江、江安等处俱解贮通济库，苏松粮道所属额解轻赍银两解交户部。倘不敷用，仓场于户部支取。

一　康熙六十年题准，复将苏松粮道额解部库之轻赍银一十三万两内分拨五万两，径解通济库，其余仍行解部。用过银两数目，年终造册，送部查核。

一　江安等府州每年起解轻赍及搭解轻赍银两，应照苏、松等府州每两支给三分水脚，造入奏销册内核销。（康熙十三年例）

一　湖北轻赍芦席项下原编有杠费银两应于康熙二十四年为始，支给报销。

一　湖南省起解轻赍银两需用盘费等项向于该省公捐备用银内给发，嗣因停止公捐，乾隆五年咨准，将起解轻赍盘费等项于地丁额编解费银内动给。

一　委员赍解漕项银两赴通，不行投验批回者，照例罚俸一年。（乾隆二十五年例）

一　各省随漕带运本色席片、板木，仓场查明，随粮完欠造册，按年奏销。（顺治十三年例）

一　席片、板木各有长短阔狭尺寸，官丁随粮解交，务照定式，不许短小充数，亦不得滥收折罚，致滋弊窦。（顺治十三年例）

一　楞木松板向系解交京粮厅收纳，顺治十五年，京粮厅奉裁，改归大通桥交

纳。(《议单旧本》)

一 席片板木例供仓厫铺垫,顺治十七年题准,如运弁挂欠不完,仓场严限追补,虽漕粮全完,不准议叙。

一 正兑米例进京仓,楞木松板亦随交京仓。顺治十五年题准,正兑米如改拨通仓,即照改通米数扣留板木,以供铺垫。或有河兑,其板木仍于大通桥交纳。

一 各省运丁所解席片,定例将狭小茶席投交者,一概驳换。雍正十二年奏准,以茶席二领作原派方席、斜席一领查明收纳,不得留难勒掯。

一 豫省随漕席片并无征款,其应解七分并续减之一分三厘折色,归于地粮项下征收,扣解至一分七厘本色席片,向系有漕州县按粮捐备,雍正十三年议,令旗丁于津贴银米内办买交仓,乾隆十二年题准动支节省耗羡银两,随漕给军办交。

一 粮船随带席片、板木、毛竹向例于抵通交米后,旗丁自行雇车运仓,由大通桥查验。乾隆三年奏准,令各帮起米之后,将板木席竹在东岳庙堆卸,坐粮厅督令经纪车户从陆路运送至朝阳门,不由大通桥经过,令监督随到随验,进仓中途遗失,责令经纪赔补,仍严禁经纪不得藉端勒索,其应投桥仓文册,各弁丁俟经纪知照起车之日前,赴各处自行投递,掣获仓收并完呈,照例投验。

一 旗丁解交随粮板木,例由大通桥收受转运至京,各仓该桥额设板木书办一名、板木车户十三名,把持包揽,每板一片勒索银七八钱、一两不等,积弊相沿,牢不可破。嗣后,板木到桥,令旗丁现雇车辆运送,各仓所费甚少,原不必用额设车户。至板木长短宽窄,向有部定尺寸,该监督止须照式查验,登记收受。其大通桥板木书办、车户一并裁革,毋庸复设。

一 雍正九年,湖北帮船漕粮截留东省,应交席片木竹难以运通,议令带回水次,俟新运搭解。

一 雍正十年,临清、德州二处建造仓厫,截留漕米二十万石,议准将随漕席片在东交纳,以资铺垫。至落崖抗夫雇价等项,令旗丁自备津贴茶果等银,免其交纳。

一 席竹交仓例应载入全单,坐粮厅必俟仓收到日,粘签一并呈送,每致稽迟。乾隆三十一年奏准,嗣后席竹运交各仓后,该仓定于五日内查收,即将实收移会坐粮厅,以便按期送验,倘有勒索迟延等弊,该仓场查明究参。

《漕运则例纂》 卷五

督运职掌

监临官制

各省漕司

监兑粮官

押运丞倅

十三运总

《漕运则例纂》卷之五

督运职掌

监临官制

漕运总督一员

旧制漕运总督一员,顺治四年添设满州侍郎一员,与总漕同理漕务,名为总理。顺治八年裁去,十二年复设。十八年凤阳另设巡抚,撤回总理。总漕专管漕务,开府淮安。凡金选运弁,修造漕船,派发全单,兑运开帮,过淮盘掣,摧攒重运,查验回空,核勘漂没,督追漕欠,并随漕轻赍、行月等项钱粮,皆其专责。直隶、山东、河南、江南(今分为两省,上江曰安徽,下江曰江苏)、江西、浙江、湖广(今分为湖北、湖南两省),凡七省文武官员经理漕务者,咸属管辖。如有州县印粮官吏、漕运官吏及各衙门胥役需索官丁,并漕蠹仓棍把持兑运事务,及沿河文武官员摧攒不力,违误漕运者,悉听拿问参究。又敕书开载提督海防军务,兼理粮饷,统辖九营。亲标四营:一中营中军副将,一淮安城守营参将,一右营游击,一左营游击(乾隆十九年题改都司);汛标五营:一盐城营游击,一庙湾营游击,一佃湖营都司,一东海营都司,一海州营游击。统计马步兵丁四千八百三十一名。

巡漕御史

旧制,巡视南漕御史一员,驻扎镇江,料理漕务,督催大帮,其新差御史督押回南。顺治十四年裁去。雍正七年复设巡漕御史二员,不拘满汉,于二月初派往淮安。雍正十一年,改于岁前十二月派往稽察官吏人等向旗丁需索及旗丁夹带私盐并违禁等物,严查淮安与白洋河东八闸等处地方光棍勾通催漕弁丁,勒添纤夫、加价分肥、累丁等弊,俟漕船过淮出临清之后,随漕直抵天津,沿路查看,如遇运河石块、木桩,该管官起除不净,以致抵触漕船,及官弁需索稽留,俱令查参。乾隆二十三年奏准，驻扎淮安之巡漕御史改驻瓜、仪之间，弹压摧攒。

旧制巡视北漕御史一员，兼理一切仓粮事务，康熙七年裁去。雍正七年复设巡漕御史二员，不论满汉，于三四月内派往通州稽查各项弊窦。乾隆二年题准巡漕御史四员，以一员驻淮安巡察（江南江口起至山东交界止），一员驻济宁巡察（山东台庄至德州止），一员驻天津巡察（天津至山东交界止），一员驻通州巡察（通州至天津止），南漕御史催过台庄回京，东漕御史催过德州之柘园回京，天津御史通漕尾帮，全过天津关回京，通州御史各省漕粮兑竣回京。乾隆十七年，通州差派四员，一应收兑新漕支放米石，俱就近稽察，在京各仓亦一体查察。乾隆二十三年，奏准通州巡漕御史四员，以一员轮驻杨村。是年，又奏准于通州巡漕四员内分派满汉各一员，专驻杨村，料理剥船，稽查挑浚，以专责成，不必轮替。其驻扎天津一员，毋庸差派，仍照济宁巡漕之例，于十月内先期派往。乾隆二十四年春，上谕将杨村驻扎巡漕之处停止，复经奏定津关以南至德州，统归东漕御史办理，俟船粮转津后，统归通州巡漕御史轮流办理。乾隆二十六年奏准，于通州巡漕御史二员内，酌派一员仍驻天津，巡察至直隶山东交界之柘园地方止。

河道总督

旧制河道总督一员，驻扎济宁兼管直隶、山东、河南、江南等处河道。雍正七年，分山东、河南河道总督一员，仍驻济宁，江南河道总督一员，驻清江浦。雍正八年，又增设直隶河道总督一员。乾隆三年裁去，归并直隶总督管理。各省总河严督沿河文武各官催重攒空，勿使停滞，专责河官，修理闸坝，以资启闭，预期挑浚淤浅，修筑堤岸，以保运道。凡关河道事务皆其专政，一应河官咸归管辖。梗阻运道，侵冒钱粮及沿河文武官员摧攒不力者，悉听参治。

各省巡抚

山东、河南、安徽、江苏、浙江、江西、湖北、湖南巡抚八员。各省巡抚督催所属漕项钱粮，交兑开帮，船粮开行，即行题报，严查水次折干盗卖，并禁弁丁勒索、棍蠹把持、官役需索等弊，其随漕轻赍、行月等项钱粮，先期督催征解，以济运务。一切漕粮漕项完欠俱立有考成，以定功罪。

各省漕司

旧制通漕设漕储道一员，总辖各省漕务。设粮道一员，分理各省漕务。顺治十年，裁去漕储道，江南、江北、浙江、江西每处添设粮道一员。顺治十四年，将新粮道四员裁去，复设漕储道。康熙四年，又裁，将各省漕务照旧专责粮道管理。各省粮道总理通省粮储,统辖有司军卫,遴委领运、随帮各弁,责令知府备弁等官佥选殷实旗丁,成造新船,修葺旧艘,预给工料,严督丁匠及时修造完工,督催州县开征漕白二粮,并随漕轻赍、席木、行月、廪工、耗赠经费等项钱粮,按期征收解给,革除火耗,毋许额外私加;查验米色,严禁仓棍把持、蠹役包揽、搀和等弊,并钤束官丁在次不得折干及需索私贴、苛勒耗赠;兑竣之日,依限开行,亲押通省全漕抵淮,听候总漕盘验;并督追漕欠诸务,清理屯田,收支兵米,造送春秋二拨册移司,每年赶限奏销,漕项册呈送总漕,兵米册呈送巡抚;并解轻赍银两,委员赴通交收;查察司漕各官贤否。一切漕项钱粮收支兑放尽归粮道专管,各司道府不得分管混淆,至粮道一官专司,漕务督抚亦不得别行委用,致误职守。

山东粮道一员(兼辖德州仓粮务),河南粮道一员(兼辖临德二仓粮务。康熙二十二年裁缺。二十九年复设,以开归驿盐道兼理),江南江安粮道一员(兼管江宁、淮安、徐州、凤阳四仓粮务),江南苏松粮道一员,浙江粮道一员,江西粮道一员(兼南抚建巡道事),湖北粮道一员,湖南粮道一员,直隶天津道一员(兼营漕务),直隶通永道一员(兼营漕务)。

一　各省粮道库俱设大使一员,惟浙江粮道以布政司理问兼管库大使。

一　直隶通永、天津二道均兼漕务,其造报粮艘,佥选运丁,遴委运弁,统归办理,仍造册呈送总漕查核。

一　山东例系粮道押运。雍正八年题准,闸外漕船选委通判一员押运,其闸内船只仍令粮道押运。

一　乾隆二十七年,东省粮道因有委办差务,将闸内粮船奏委通判代为督押,给盘费银四十两,于道库见石银内支给。

一　山东粮道兼管德州、常丰二仓,各设有仓大使一员。雍正五年,将德仓大使改为粮道库大使,兼管德仓事务。乾隆二十四年,因库大使难以兼管,题准将德仓米石归并常丰仓大使经管,其粮道库大使止经管钱粮,不管仓务。

一　豫省漕粮向系粮道押运抵通,嗣因粮道有兼理驿盐之责,止委同知通判督押抵通,后因委押丞倅办理未妥,以致运仓米麦潮湿短少,仍令粮道亲押抵通。乾隆十八年奏准,豫省粮道押运抵通后,即行先回,另委通判一员于三月内赴通迎押空船归次。乾隆二十九年奏准,仍委通判押运抵通,粮道停其押运。

一　豫省粮道每届冬兑之期,亲赴卫辉水次,兑运查察,押令帮船,依限开行。

一　江浙、江广粮道旧例止押到淮。雍正四年奏准,每岁二进漕船于江苏二粮道内轮委一员,押过八闸,直抵临清,俟江浙粮船尽数过临,即回本任。

一　湖南粮道每年十一月内亲赴岳州水次,查察兑运事务,给散岳放银两,饬令帮船依限开行,督押过淮,听候总漕盘验。

一　各省粮道例应督押重船到淮,如遇升任调补,不能督押者,令同知代为督押,即有别道兼署知府护理,亦照此例行。(乾隆十二年例)

一　江安、苏松二道轮值押运,抵临之年,如遇有本省差务,不能分身押运者,详委押运之同知一员,代押二进帮船抵临,总漕照例题明。

一　乾隆三十二年奏准,嗣后如遇运河水小之年,须委大员前往沿途料理起剥及筹水接济者,临期,限于江安、苏松二粮道内奏明派委一员督押直抵临清。其水足之年,毋庸派委,即代押之同知、通判亦不必派委。

监兑粮官

旧制监兑漕粮专责推官,凡米色之美恶、兑运之迟速,及旗丁横肆苛求、衙役需索、仓棍包揽、搀和等弊,俱责令监兑官严禁,具结投报,督抚查核。康熙六年,推官尽裁,题改同知通判,一切事宜悉照推官监兑。例:

山东省监兑官:济南府通判,武定府同知,兖州府通判,东昌府通判,泰安府通判,曹州府通判。以上同知通判六员,各监兑本府漕粮。

河南省监兑官:归德府通判,监兑开封、归德二府漕粮;卫辉府通判,监兑彰德、卫辉二府漕粮;怀庆府通判,监兑河南、怀庆二府漕粮。

江南省监兑官:江宁府管粮同知,安庆府管粮通判,宁国府管粮通判,池州府管粮通判,太平府管粮通判,庐州府管粮通判,凤阳府同知,淮安府军捕通判,扬州府管粮通判,徐州府粮捕通判,苏州府督粮同知,苏州府管粮通判,松江府董漕同知,松江府粮捕通判,常州府管粮通判,镇江府粮捕通判。以上同知、通判各监兑本府漕粮。内苏、松二府,因漕、白繁多,额设管粮官各二员,每年监兑押运,轮流递管。

浙江省监兑官:杭州府局粮通判,监兑该府属并嘉兴府属石门县漕粮;嘉兴府通判,监兑该府属漕、白二粮;湖州府同知,监兑该府属漕、白二粮并安吉州漕粮。

江西省监兑官:南昌府通判,吉安府通判。以上通判监兑南昌、瑞州、临江、吉安、广信、建昌、抚州、南康八府漕粮;临江府通判,监兑饶州府属漕粮。

湖北省监兑官:武昌府通判,汉阳府通判,黄州府通判,安陆府通判,德安府通判,荆州府通判。以上六府通判各监兑本府漕粮。

湖南省监兑官:长沙府通判,衡州府通判,岳州府通判。以上三府通判各监兑本府漕粮。

一　各省推官务须亲身监兑,督催开行,不许仍有尾漕。如漕粮短少,兑运迟

缓,即飞章参处至各府州县。如有河道深广,即令漕艘径赴本处受兑。(康熙二年例)

一　兑漕之时有蠹恶横行水次,侵蚀漕粮,监兑推官不能执法究治者,各督抚即行指名题参。(康熙三年例)

一　康熙五十一年题准,监兑官务令坐守水次,将正、耗、行月、搭运等米逐船兑足,亲督到淮,听总漕盘验。如有短少,除旗丁照例责处,将监兑官指名题参。

一　雍正元年题定,漕粮开仓收兑之时,派定监兑厅员,不得以别项公事委令,其亲赴水次,专理漕务。如有粮数不足,米色不纯,总漕查验属实,即将监兑官题参,照溺职例议处。

一　安徽省监兑押淮之员,乾隆三十一年奏准,照江西湖广之例一概停止。

押运丞倅

旧制各省船粮俱系粮道押运抵通。顺治十八年题准,山东、河南路近,照旧遵行;其在南各省粮道止令督押到淮,盘验后即回本任。总漕各该抚于通省通判中每岁遴委一员,专司督押,约束官丁,严加防范,以杜盗卖、侵盗、搀和等弊。康熙三十四年,以通判官小不能弹压,复令各省粮道轮流押运。康熙三十五年,停止各省粮道押运,仍令通判管押。山东押运通判一员,河南押运通判一员,山东、河南轮押蓟粮通判一员(乾隆三十年裁),江安押运通判三员,江苏押运通判五员,浙江押运通判三员,江西押运通判一员,湖北押运通判一员,湖南押运通判一员。

一　雍正九年题准,山东闸外漕船委通判一员押运。乾隆二年题准,东省泰安、武定、曹州三府同知、通判与济、东、兖三府同知、通判一例遴委,管押闸外粮船并闸内回空船只,及轮押蓟运并监兑等事。乾隆六年题准,将聊城等十四州县粮务改归东昌府清军同知管理,其从前兼管之上河通判,令其专管河务。

一　江安、苏松二省押运通判向例每省止派一员。康熙五十一年题准,上江派委二员,下江派委五员。雍正四年,苏、松酌减二员,留三员,如有差委,即于上江厅员内通融带运。乾隆元年题准,江苏省添设押运二员,仍旧七员,督抚于所属同知、通判内派委,分帮管押,议叙、议处,悉照定例。本年咨准,苏、松押运五员先于水次派押抵江,渡江后挨顺联络帮次,改派押运北上。乾隆十年,因渡江后不能联络,过淮时另行更换,丞倅不知所押何帮,弁丁素不谋面,漫无稽察,难悉利弊,咨准将松、常二府船粮令各府监兑官一员押运抵通。苏、太二府州内长洲、元和、吴县、吴江、震泽五县船只,令本府之监兑通判一员管押北上。其常熟、昭文、昆山、新阳、太仓、镇洋、嘉定、宝山八州县及镇江府属船粮于各府丞倅内派委二员，一员预赴常、昭等处水次，一员预赴镇属各县水次，各行查点船粮，摧攒开行，管押北上。其米色、行月等件仍责监兑经理，兑开之时，将各员管押帮船数目造册送部。

一　浙江省押运通判三员。雍正六年奏准，于通省同知、通判内遴委三员，分赴三府监兑，兑毕即令管押北上。雍正七年题准，浙江杭、嘉、湖三府同知、通判监兑漕粮兼司押运，自可一手，经理不必通省遴委。其江安等七省势难画一，仍照旧例遵行。

一　江西省旧系押运通判一员，又押淮通判一员。乾隆元年，添设押运通判一员，于通省同知、通判内遴委，其押淮通判于乾隆二十三年停止。

一　湖北省押运通判一员，向系监兑通判六员押运到淮，于六员之中派委一员，管押抵通。乾隆十二年因粮数无多，各通判均有捕盗之责，议准令粮道于通省同知、通判内详委三员监兑，分押抵淮，即于三员中派一员押通交纳。乾隆二十三年停止。押淮通判即从本省委定一员押运抵通。

一　湖南省押运通判一员，每年派委长、衡、岳三府通判各一员，齐赴岳州水次监兑各府属运到漕粮兑竣，同押三帮船只赴淮，亦于三员中派委一员管押抵通。乾隆二十三年停止。押淮通判，即从本省委定一员押运抵通。

一　押运官不许携带侍妾、优人及多带僮仆，其馈送积弊，尽行革除，仍令将管押帮船计程、计日，严行摧攒，具报总漕查核。如有违误，即行纠参。（康熙二十九年例）

一　康熙六十一年，因上年回空阻滞，各省新运雇募之船约二千五百余只，六月初八日始尽数过淮。总漕奏准，令苏松、浙江、江西粮道俱行押运往北，俟到济宁之日，相机令其回任。

一　押运丞倅管押各帮船只，应于适中之帮坐押稽查，总漕不时查看情形，董率办理。如有违误，照例查参。（乾隆二十五年例）

一　押运丞倅所管帮船，内有逗遛生事、盗卖漕粮等弊，俱应不时访查。倘狥隐失察，照例分别议处。（乾隆四年例）

一　各省押运同知、通判抵通无欠，除江浙、江广等省仍照旧例，一次无欠者，加一级；二次无欠者，加二级；三次无欠者，不论俸满即升外，其河南、山东二省改为四年之限，初次无欠者，纪录二次；二次无欠者，纪录三次；三次无欠者，加一级；四次无欠者，准其即升，分别远近，以均劳逸。（乾隆二十三年例）

一　押运丞倅总押各帮船有失于防范，致被别船撞沉漕船者，虽抵通无欠，不准议叙。

一　押运丞倅总押各帮船粮抵通，有应交茶果银两违例挂欠者，将总押官罚俸九个月。

一　各省各帮茶果银两向由粮道兑交，押运之同知、通判带交，坐粮厅衙门兑收。乾隆二十四年奏准，各帮应解茶果银两即以应领簹羡余米等项银扣抵，免其带解之烦，惟两省白粮帮原无应领簹羡等项银两者，仍行带交。

一　雍正四年奉旨：押运同知、通判抵通之日，着仓场送部引见。

一　雍正五年奉旨：凡押运、解运官员，俱着该督抚出具考语送部。

一　押运丞倅引见后，亦给限单，令其赶归大帮，到淮呈总漕查核。如有逾限，即行参处。（乾隆三年例）

一　各省押运丞倅于交粮后，应遵例赴部带领引见。倘遇运河水大，重运抵通不无迟滞，须押领各官摧攒迅速回空者，仓场暂停送部引见。（乾隆二十二年例）

一　江广等省押运同知、通判押空回南，例于到淮之日，赴总漕衙门呈缴仓场限单销差，到淮之后，各帮分散，难以分身管押，遇有失风事故，总押丞倅免其议处。（乾隆十二年例）

十三运总

旧制通漕设把总十三员，统辖军卫，偿护漕船，督押回空，名为运总。明季皆属世职。顺治二年，各卫改设，守备、千百总、把总职衔不便统束提调，改运总为都司金书。嗣于顺治十二年裁汰。今总漕岁报起运，军卫册籍犹按总分派，坐粮厅给发羡余银两亦按总支给，仅将原派十三总所辖卫所、帮次及节年更定卫帮，详悉开载于后，以备查考。

一　山东总：临清卫山东前帮（雍正四年分为山东前帮、后帮），东昌卫（今仍旧），济宁卫前帮，济宁卫后帮，以上二帮雍正四年分为前、后、左、右四帮。东平所，濮州所，德州卫，以上一卫二所今仍旧同上，东昌、济宁等卫俱运山东粮。临清卫河南前帮，临清卫河南后帮，平山卫前帮（康熙二十五年改并东昌卫管辖），平山卫后帮（同前），任城卫（康熙二十五年改并济宁卫管辖），德州左卫（康熙二十五年裁并德州卫管辖），天津等三帮（今改天津所），通州左等四帮（今改通州所），以上八卫所运河南粮。

一　遮洋总：扬州卫遮洋帮，高邮卫遮洋前、后二帮，淮安卫遮洋帮（即系附载帮，乾隆二十七年归并头二两帮），大河卫遮洋帮，通州所遮洋帮，盐城所遮洋帮。以上各遮洋帮原运山东粮，于康熙十八年撤回本省。长淮卫遮洋帮（后改长淮卫二帮,运河南粮。乾隆三十年裁汰)。

一 上元总:上元中卫江宁帮(原改江淮卫九帮,今改江淮卫六帮),上元前卫大帮(原改江淮卫十帮,今改并江淮卫七帮),上元后卫大帮(原改江淮卫十二帮,今改并江淮卫八帮),上元后卫二帮(原改兴武卫十帮,今改并兴武卫七帮),上元后卫三帮(原改江淮卫十三帮,今改并江淮卫五帮),江宁前卫后帮(原改兴武卫十五帮,今改并兴武卫七帮),江宁后卫上元帮(原改兴武卫十六帮,今改并兴武卫九帮),镇南卫上元帮(原改江淮十四帮,今改并江淮卫九帮),镇南卫句容帮(原改江淮卫十五帮,今改并江淮卫九帮),江阴卫大帮(原改江淮卫七帮,今改并江淮卫五帮),江阴卫小帮(原改江淮卫八帮,今改并江淮卫三帮),广洋卫前帮(今改兴武卫三帮),广洋卫后帮(原改兴武卫四帮,今改并兴武卫三帮),江宁右卫大帮(原改兴武卫十二帮,今改并兴武卫八帮),江宁右卫后帮(原改兴武卫十三帮,今改并兴武卫八帮),鹰扬卫前帮(原改兴武卫五帮,今改并兴武卫四帮)。

一 石城总:上元中卫上元帮(原改兴武卫九帮,今改并兴武卫二帮),石城卫大帮(原改江淮卫五帮,今改并江淮卫四帮),石城卫后帮(原改江淮卫六帮,今改并江淮卫四帮),江宁后卫后帮(原改兴武卫十七帮,今改并兴武卫九帮),江宁左卫前帮(原改江淮卫十六帮,今改并江淮卫头帮),江宁左卫后帮(原改兴武卫十一帮,今改并兴武卫五帮),兴武卫句容帮(今改并兴武卫二帮),江淮左卫大帮(今改并江淮卫头帮),江淮左卫二帮(今改并江淮卫二帮),江淮右卫二帮(原改江淮卫三帮,今改并江淮卫二帮),江淮右卫小帮(原改江淮卫四帮,今改并江淮卫三帮),江宁前卫大帮(原改兴武卫十四帮,今改并兴武卫六帮),兴武卫镇江帮(今改并兴武卫头帮),横海卫前帮(原改兴武卫七帮,今改并兴武卫五帮),横海卫后帮(原改兴武卫八帮,今改并兴武卫六帮)。以上上元、石城二总各帮于康熙二十五年改并。

一 上江总:建阳卫太平帮,建阳卫宁国帮,以上太平、宁国二帮,乾隆十五年并为宁太帮。安庆卫(雍正四年,分为前帮、后帮。乾隆十五年并为一帮。乾隆二十三年复分为前帮、后帮),宣州卫(今仍旧),九江卫江西前帮(运江西粮,旧隶上江总,今隶江西,为九江卫前帮),九江卫江西后帮(运江西粮,旧隶上江总,今隶江西,为九江卫后帮),新安卫江西帮(运江西粮,康熙十四年裁撤),新安卫池州帮(今仍旧)。

一 下江总:镇江卫前帮,镇江卫后帮(以上前后两帮,雍正四年分为前帮、后帮、中帮,乾隆十五年中帮裁汰,复归并前、后两帮),苏州卫前帮,苏州卫后帮,太仓卫前帮,太仓卫后帮,镇海卫前帮,镇海卫后帮,以上六帮今仍旧。镇海卫三帮(康熙二十五年裁并镇海前、后两帮),松江所(康熙十八年归并金山卫),金山卫(乾隆十五年裁并镇海卫,名为镇海卫金山帮),鹰扬卫后帮(原改兴武卫六帮,康熙十八年改并兴武卫四帮),上元前卫后帮(原改江淮卫十一帮,康熙十八年改并江淮卫七帮)。

一 凤阳总:凤阳中卫前帮(原改凤阳卫头帮,嗣改凤阳中卫常州帮,后中卫裁并凤阳卫,今改名凤阳卫凤中常州帮),凤阳卫(原改凤阳卫头帮,今改凤阳卫常州帮),凤阳后卫前帮(原改凤阳中卫三帮,嗣改凤阳中卫常州帮,后中卫裁并凤阳卫,今名凤阳卫凤中常州帮),怀远等卫(原改凤阳卫二帮,今改并凤阳卫常州帮),以上四帮先于康熙二十五年改并,其凤阳中卫归并凤阳卫,系乾隆十五年裁并。长淮卫(原分长淮卫前后两帮,今改并长淮卫头帮),宿州卫(乾隆十五年裁并长淮卫,今名为长淮卫宿州头帮),武平卫(嗣改宿州卫二帮,今改长淮卫宿州二帮),寿州卫江南帮(今改长淮卫四帮),以上四帮先于康熙十八年改并,嗣乾隆十五年将宿州头二帮改并长淮卫辖。凤阳中卫后帮(运山东粮,康熙十八年裁撤),凤阳后卫后帮(运山东粮,康熙十八年裁撤),凤阳右卫(原改并凤阳中卫二帮,后中卫裁并凤阳卫,今名凤阳卫凤中二帮),凤阳前卫(原分凤阳前卫前后两帮,嗣改并凤阳中卫二帮,后中卫裁并凤阳卫,今名凤阳卫凤中二帮),洪塘所(原凤阳右卫二帮,嗣改并凤阳中卫三帮。乾隆二十四年归并宿州头、扬州二两帮),以上凤阳前右卫先于雍正四年改并中卫二帮,嗣乾隆十五年改为凤阳卫凤中二帮,洪塘所先改并凤阳中卫三帮。乾隆二十四年改并扬州、宿州两帮。

一 淮大总:淮安卫前帮(今改淮安卫头帮),淮安卫后帮(今改淮安卫二帮),邳州卫前帮(嗣改淮安四帮,今改淮安三帮),邳州卫后帮(嗣改淮安五帮,今改淮安四帮),以上四帮先于康熙十八年改并,其淮安四五改为三四,系乾隆十二年复改。泗州卫前帮,大河卫前帮,大河卫二帮,大河卫三帮,徐州卫江北帮,泗州卫后帮,以上六帮今仍旧。徐州卫河南帮(运河南粮。雍正四年分为河南前帮、河南后帮)。

一 扬州总:扬州卫江南帮(今改并扬州卫头帮),高邮卫(今改并扬州卫二帮),六安卫苏州帮(原改庐州卫五帮,今改庐州卫三帮),六安卫镇江帮(原改庐州卫六帮,今改庐州卫三帮),庐州卫前帮(今改庐州卫二帮),庐州卫后帮(今改并庐州卫二帮),庐州卫本府帮(今改并庐州卫头帮),通州所(原扬州七帮、八帮,后改并扬州卫四帮,今归扬州卫三帮),泰州所(原改扬州卫十帮,今改扬州卫三帮),兴化所(原扬州七帮、八帮,后改并扬州卫四帮,今并扬州卫三帮),盐城所(原改扬州卫五帮,今改并扬州卫三帮),以上十一帮先于康熙十八年改并,其扬州四帮复并三帮,系乾隆十五年裁并。六安卫本州帮(原改庐州卫四帮,今改并宿州卫二帮),

滁州卫前帮（今改并滁州卫苏州帮），滁州卫后帮（今改并滁州卫苏州帮），以上三帮于康熙二十五年改并。仪征帮（乾隆十五年改并扬州卫，今名扬州卫仪征帮）。

一　浙江总：宁波卫前帮，宁波卫后帮，台州卫前帮，台州卫后帮[1]，温州卫前帮，温州卫后帮，处州卫前帮，处州卫后帮，以上八帮今仍旧。金华所，衢州所，以上二所于康熙二十五年改并，名为金衢所帮。

【校记】

[1]《丛刊》本缺。

一　浙西总：杭州前卫前帮，杭州前卫后帮，杭州右卫前帮，杭州右卫后帮，以上四帮乾隆十六年改为杭州卫头二三四帮，乾隆二十五年复改为杭严卫头二三四帮。绍兴卫前帮，绍兴卫后帮，湖州所，海宁所，严州所（乾隆二十五年改并杭严卫辖），以上五帮今仍旧。海宁卫，嘉兴所，以上二帮先于乾隆二十五年改并为嘉海卫所帮，乾隆十五年裁汰，嘉兴所改嘉兴卫帮。

一　江西总：南昌卫前帮，南昌卫后帮，袁州卫，赣州卫，吉安所，安福所，永新所（乾隆三十年并为永建帮），抚州所，建昌所（乾隆三十年并为永建帮），广信所，铅山所，饶州所，以上江西各帮今仍旧，惟永新、建昌两帮，乾隆三十年改并为永建帮。

一　湖广总：武昌卫，黄州卫，襄阳卫，岳州卫，荆州左卫，蕲州卫，沔阳卫，武昌左卫，荆州右卫，荆州卫，德安所，以上武昌、武昌左、黄州、襄阳、蕲州、德安六卫所，康熙十年分隶湖北，分为头帮、二帮、三帮。荆州、荆州左、荆州右、岳州、沔阳五卫，并武昌左卫，内拨船四只，分隶湖南，分为头、二两帮，雍正四年又分为头帮、二帮、三帮，乾隆二十九年将武左卫拨运湖南三帮四船裁汰。

《漕运则例纂》 卷之六

选补官丁

卫帮员弁

卫帮职掌

遴委员弁

题调繁简

随帮事例

运丁名目[二]

勾佥运丁

逃丁事例

【校记】

[二]《丛刊》本作：官丁名目。

《漕运则例纂》卷之六

选补官丁

卫帮员弁

山东省

旧设七卫一所，内守备七员，千总一员，管理屯务。康熙二十七年裁去守备三员，并为四卫一所，其领运本省及协运豫省帮船共十三帮。原设领运千总二十六员，又外设德州左右二所管屯不领运千总二员。雍正四年分为十六帮，添设领运千总六员。雍正六年，又添设蓟粮千总二员，共计屯运千总三十六员。乾隆二十六年裁去德州左右所管屯千总二员。乾隆三十一年蓟粮停运，裁去蓟粮千总二员。实现设领运千总三十二员，其随帮除济宁左右、临清、山东后等三帮未设外，其余每帮额设随帮一员。德州卫守备一员（繁缺），正帮千总二员，左帮千总二员。济宁卫守备一员（繁缺），前帮千总二员，后帮千总二员，左帮千总二员，右帮千总二员，任城帮千总二员。东昌卫守备一员，东昌帮千总二员，濮州所帮千总二员，平山前帮千总二员，平山后帮千总二员。临清卫守备一员，山东前帮千总二员，山东后帮千总二员，河南前帮千总二员，河南后帮千总二员。东平所守御领运千总一员，领运千总一员。

河南省

原无额设。领运卫帮在于江南、直隶、山东三省派船协运，内江南二帮、山东六帮、直隶二帮共十帮，原设千总二十员。雍正四年分江南徐州卫河南帮为前后帮，添设千总二员。乾隆三十一年裁汰长淮二帮千总二员。现在协运千总二十员，其随帮除通州、天津二帮未设外，其余每帮一员。

直隶省

通州所帮千总二员，天津所帮千总二员。

江南省

江宁府旧设十六卫。内守备十六员,千总三十二员,管理屯务。康熙十一年屯粮归并州县,裁去管屯守御所千总三十二员,守备十二员,留守备四员,改为四卫,分辖运丁。其各卫运船凡三十三帮,原设领运千总六十六员。康熙十八年并为江淮、兴武二卫。康熙二十五年定为十八帮,设千总三十六员,随帮每帮额设一员。江淮卫守备一员(繁缺),头帮千总二员,二帮千总二员,三帮千总二员,四帮千总二员,五帮千总二员(繁缺),六帮千总二员,七帮千总二员(繁缺),八帮千总二员(繁缺),九帮千总二员。兴武卫守备一员(繁缺),头帮千总二员,二帮千总二员,三帮千总二员(繁缺),四帮千总二员(繁缺),五帮千总二员,六帮千总二员(繁缺),七帮千总二员(繁缺),八帮千总二员(繁缺),九帮千总二员。

安、庐、凤、滁等属旧设一十九卫一所,内守备十九员、千总一员,管理屯务。各卫领运船凡三十一帮,原设领运千总六十二员。康熙十八年裁去七卫一所。康熙二十五年并为二十帮。雍正三年又裁并一卫。雍正四年均为二十二帮,设千总四十四员,嗣于乾隆十五年裁去凤阳中卫,归并凤阳卫,裁去宿州卫,归并长淮卫,宁国、太平二帮并为一帮。乾隆二十四年裁去凤中三帮,归并扬州二帮、宿州头二等帮。乾隆三十一年裁去长淮二帮,共裁去三帮千总六员。实现在十九帮千总三十八员,随帮每帮各一员。安庆卫守备一员,前帮千总二员,后帮千总二员。建阳卫守备一员,宁太帮千总二员(繁缺)。宣州卫守备一员,宣州帮千总二员。新安卫守备一员,池州帮千总二员。庐州卫守备一员,头帮千总二员,二帮千总二员,三帮千总二员。凤阳卫守备一员(繁缺),凤常帮千总二员,凤中常帮千总二员(繁缺),凤中二帮千总二员。长淮卫守备一员(繁缺),头帮千总二员(繁缺),三帮千总二员,四帮千总二员,宿州卫头帮千总二员(繁缺),宿州二帮千总二员(繁缺)。泗州卫守备一员,前帮千总二员,后帮千总二员。滁州卫守备一员,滁苏帮千总二员。

苏、松、镇、扬、淮、徐等属旧设十二卫五所,内守备十二员,守御所千总五员,管理屯务。各卫所运船凡三十三帮,原设领运千总六十六员。康熙十八年裁去二卫五所。乾隆十五年,裁去仪征卫归并扬州卫,裁去金山卫归并镇海卫。康熙二十五年并为二十三帮。雍正四年均为漕白二十九帮,内协运河南两帮千总四员,共设千总五十八员。嗣于乾隆二年苏州府白粮前后帮并为一帮。乾隆十五年,扬州四帮归并扬州三帮,镇江中帮裁并镇江前后帮,共裁去三帮千总六员。现今实存二十六帮千总五十二员,随帮每帮各一员。苏州卫守备一员(繁缺),前帮千总二员,后帮千总二员。镇海卫守备一员(繁缺),前帮千总二员(繁缺),后帮千总二员,金山帮千总二员。镇江卫守备一员（繁缺），前帮千总二员（繁缺），后帮千总二员（繁缺）。太仓卫守备一员，前帮千总二员，后帮千总二员。扬州卫守备一员（繁缺），头帮千总二员，二帮千总二员，三帮千总二员，仪征帮千总二员。淮安卫守备一员，头帮千总二员，二帮千总二员（繁缺），三帮千总二员，四帮千总二员。徐州卫守备一员，江北帮千总二员（繁缺），河南前帮千总二员，河南后帮千总二员，大河卫守备一员（繁缺），前帮千总二员（繁缺）[1]，二帮千总二员（繁缺），三帮千总二员（繁缺）。

【校记】

[1]《丛刊》本作：头帮千总二员。

白粮帮

苏州白粮帮千总二员，松江白粮帮千总二员，常州白粮帮千总二员。

浙江省

旧设卫守备五员，守御所千总十三员，管理屯务。雍正三年裁去管屯千总九员，仍留四员管辖屯漕。各卫漕白运船共二十三帮，原设领运守、千四十六员，内守备三员，千总四十三员。康熙二十五年改为二十一帮。现设守、千四十二员，随帮每帮额设一员。乾隆二十六年，将严州所归并杭州卫管理，湖州所归并嘉兴卫管理。现在各卫所领运千总三十九员，领运守备三员，不出运守备四员，不出运守御所千总一员，随帮二十一员。杭严卫守备一员（繁缺），头帮千总二员，二帮千总二员，三帮千总二员，四帮千总二员，严州所帮千总二员（繁缺）。温州卫守备一员，前帮千总二员（繁缺），后帮千总二员（繁缺）。台州卫守备一员，前帮千总二员（繁缺），后帮千总二员（繁缺）。宁波卫守备一员，前帮千总一员，后帮千总二员。绍兴卫守备一员，前帮千总一员（繁缺），后帮千总二员（繁缺）。处州卫守备一员，前帮千总一员（繁缺），后帮千总二员（繁缺）。嘉湖卫守备一员（繁缺），嘉兴帮千总二员，嘉兴白粮帮千总二员（繁缺），湖州白粮帮千总二员，湖州所帮千总二员。衢州所守御千总一员（征屯），金衢守御千总一员（简缺），金衢所领运千总一员（繁缺）。海宁所守御领运千总一员，领运千总一员。

江西省

旧设卫守备五员，守御所千总八员，卫千总二十四员，分管屯运。康熙八年屯粮归并州县征解，裁去守备二员，千总七员，各卫所运船凡十四帮，设领运守备三员，千总二十五员。乾隆三十年，永新、建昌并为一帮，裁去千总二员。实现在千总二十三员，随帮每帮额设一员。南昌卫守备一员，前帮千总一员，后帮千总二员。袁州卫守备一员，袁州卫千总一员[1]。赣州卫守备一员，赣州帮千总一员，九江前帮千总二员，九江后帮千总二员。吉安所守御千总一员，领运千总一员。永建所守御千总一员,领运千总一员。安福所守御千总一员,领运千总一员。抚州所守御千总一员,领运千总一员。广信所守御千总一员,领运千总一员。铅山所守御千总一员,领运千总一员。饶州所守御千总一员,领运千总一员。

【校记】

[1]《丛刊》本作:袁州帮。

湖广省

湖北旧设九卫一所,湖南旧设一卫。内守备十员,千总一员,管理屯务。其各卫运船凡五帮,原设领运千总十员。康熙十年分五卫一所,隶湖北管辖,派为头帮、二帮、三帮。五卫隶湖南管辖,派为头帮、二帮。雍正四年,湖北、湖南俱派为三帮,添设千总二员,共设千总十二员,随帮每帮额设一员。乾隆二十四年,题定荆州、荆左千总二员为湖南头帮;荆右、岳州千总二员为湖南二帮;岳州卫千总二员为湖南三帮,按年轮流出运,不必通融派委。乾隆三十一年咨准,将岳州卫千总三员减去一员,拨与沔阳卫,其沔阳卫千总一员拨与德安所。现在襄阳卫千总一员,德安所千总一员,为湖北三帮;荆右卫千总一员,沔阳卫千总一员,为湖南二帮。

湖北粮道属

武昌卫守备一员(繁缺),武昌左卫守备一员(繁缺),蕲州卫守备一员,黄州卫守备一员,襄阳卫守备一员,德安所守御所千总一员(例不领运),又领运千总一员,头帮千总二员(内武昌卫一员,蕲州卫一员),二帮千总二员(内武左卫一员,黄州卫一员),三帮千总二员(内襄阳卫一员,德安所一员)。

湖南粮道属

荆州卫守备一员,荆左卫守备一员,荆右卫守备一员,沔阳卫守备一员,岳州卫守备一员(繁缺),头帮千总二员(内荆州卫一员,荆州左卫一员),二帮千总二员(内荆右卫一员,沔阳卫一员),三帮千总二员(俱岳州卫)。

卫帮职掌

一 各省卫所守千有征收屯粮、专司领运者,统归知府管辖,一切查审事件、军政考核、经手钱粮、新旧交代等事均由知府转报,一应督催、督缉、稽察、官方催征等项功过,悉照知府与州县之例议叙议处。其天津左右所归天津府管辖。通州左右二所无知府,可归仍归通永道管辖。(乾隆四年例)

一 裁汰卫所一应事件俱分隶地方官办理,即存留卫所俱令专司屯军粮运等事,其命盗、户婚、田土案件,俱应归并就近州县办理,其实在离州县窵远,势难兼理

者,令该督抚查明,奏请照旧管理。(乾隆十五年例)

一 乾隆二十五年奉上谕:郡县之外,复设卫所,原以所辖多系军籍,然在有漕之地,清军督运尚有所司,而各卫之无漕政者,本朝定制从无征调诸役,则名虽军而实即民,所理仍皆州县之事,乃充是任者,向例率用武途中不胜营缺之人,以衰庸武弁而膺民社,必多贻误。月选牧令,必经九卿详加验看,至引见时,朕尚核其才品,始行补放。而猥以庸劣武夫,寄同百里,欲望其有益民生,克称吏职,岂可得耶? 即如今日方观承所参,捕蝗不力之延庆卫守备褚廷章,亦可略见一斑矣。此等卫缺莫如量为裁汰,设立州县,以专责成。着吏兵二部,公同详查会议,将各卫之无漕政者逐一分别,或应改隶附近州县,若疆里较广,应另设州县,一并详悉,定议具奏。钦此。兵部议准,山东之济宁等四卫,江南之安庆等十九卫,湖广之武昌等十卫,浙江之杭州、台州、温州、嘉兴等四卫守备俱系崇司,漕政事务殷繁,均非州县所能兼办,未便裁并,请仍循旧制。又湖广德安守御所千总、浙江衢州所守御所千总二缺,亦有额设漕船,与各卫守备情形相同,难以归并附近州县,应请一并存留。至浙江之湖州、严州二所与杭嘉二卫相近,尚可兼顾,应将湖州所一切事宜归并嘉兴卫,严州所一切事宜归并杭州卫。山东之德州卫左右二所与德州卫相近,应将德州卫左右二所一切事宜归并德州卫。

一 山东德州、东昌、济宁、临清四卫屯田分坐各州县境内,向例凡遇命盗案件,以卫备为承缉,以坐落之地方官为协缉,如有凶盗未获,一并查参。其坐落直隶吴桥、景州、故城三处境内者,则以附近之德州协缉;坐落清河境内者,则以附近之武城协缉。乾隆二十七年奉部饬查,卫备承缉案件归地方官管理,咨准嗣后仍按坐落地方,即责成各州县承缉。其直隶之吴桥、景州、故城、清河四处屯所,亦照旧归于德州武城承缉,如有凶盗未获,应行扣参之案,止将州县以承缉开参,所有卫备承缉之处免其查参。

一 卫备造送起运、屯饷、存留、俸工各款册逾限十日,罚俸三个月。(乾隆二十八年例)

一 厅员有督押之任,运弁应行属员礼,领运卫备与厅员仍照旧定仪注遵行。

一 乾隆二十九年奏准,各省营卫守备以及候捕、候推守备之千总并防御各员,不得仍前僭挂朝珠,倘有违犯,镇守将军、督抚、提镇即行指名参处。

一 乾隆三十年咨准,嗣后山东省东昌、临清、德州、济宁兼理河工之卫备与同知、通判相见,文移往来仪注,一体改正平行。

一 乾隆二十六年奉上谕:今日兵部带领引见人员,内其千总等俱穿莽袍,此等微弁置办不易。嗣后文职自县丞以下,武职自千总以下,遇应服莽袍之日,不必定行穿着。钦此。

一 漕运守千亲老改补近省，向由巡抚衙门办理。乾隆二十三年奏准，统归总漕衙门办理。如有藉称亲老，希图改补情弊，即令漕臣查参，照例议处。

一 卫所守千年老有病，告休、勒休者，向例各省巡抚主稿。乾隆二十六年奏准，归总漕主稿，咨会巡抚，仍分别题咨办理，以专责成。

一 卫千总呈请终养，各省有咨报者，有题报者，兵部俱附入汇题本内。此件兵部既有汇题，则各该督抚自应画一咨报，无庸具题。

一 各省卫所守千升迁缺出，向例兵部行文各省督抚，并不知会总漕。乾隆元年咨准，嗣后一体移咨总漕。

一 卫所等官遇有亲丧，于闻讣之日给假回籍葬亲，仍报部查核。近省不得过半年，远省不得过十个月。（乾隆三年例）

一 湖南止岳州一卫原隶湖南，其荆州三卫、沔阳一卫皆以湖北之丁运湖南之粮，向例千总俱随守备在卫居住，与帮丁不相习熟。乾隆二十四年奏准，荆州三卫千总俱移驻岳州，专办运务，其沔阳仍照旧驻扎。

一 湖南二帮沔阳丁船系岳州卫千总押运，德安所丁船又系沔阳卫千总押运，俱非专管之员，未免呼应不灵。乾隆三十一年咨准，湖南岳州卫千总三员，准其裁汰一缺，拨归沔阳卫管辖，其沔阳卫千总拨与德安所添设。

一 卫所守千开复人员，漕督给咨，赴部另补，毋得题请留南补用。（乾隆十八年例）

一 降调开复人员，例应赴部另补，或有降调后查出加级抵销者，此等人员与开复者有间，应准其仍回原任。如原缺已经另补有人，准其留标另补。（乾隆三十一年例）

一 乾隆三十一年兵部咨行，嗣后开复、起复、候补、候选大小员弁，照例部科兼给批咨，令该员赴科投递，守掣批回，以备查察。

一 各省领运守千遇过淮违限一月以上者，例议革职，戴罪督押抵通完粮之后，题请开复。向由各省粮道将运弁交纳正耗米数、抵通完粮月日查议，每迟至经年，始得逐案具题开复，徒烦案牍。乾隆二十八年咨准，各省领运守千过淮违限革职之案，即以掣获全单缴验为凭，汇案具题开复，以归简易。

一 领运、委运守千、武举等官遇有火毁、逗遛、脱帮等事，例应处分者，若果因公出境，于奉取职名之时，声明邀免；若已经处分之后，隔数月或隔一二载，始以因公出境题请开复者，概不准行，将捏词希冀开复之员严参治罪。（乾隆元年例）

一 乾隆十六年奏准，各省运弁应令漕督严加甄别，如有年力衰迈不堪供职之员,即行照例查参。又乾隆十七年,兵部议准,各省征屯管河之卫所守千有钱粮修防之责,与领运漕粮均关紧要,亦照运弁之例,交与各该督抚一体甄别。乾隆二十年,兵部咨行,各该督抚务照原奏办理,每当驾运之年,将领运员弁严加考核,其征屯管河各员亦照运弁之例,详加甄别。如果年力衰迈不堪供职者,即行查参;其年力可胜之员,应于每年岁底出具考语,汇册咨报,以凭查核。倘不据实考核,因循姑容,即将该管上司一并查参,照例议处。

一 乾隆二十五年奏准,嗣后属员功过注册,务须详加察核,遇大计考核之期,及保题参处案内,均将平日记功、记过次数声明。

一 乾隆二十七年奏准,嗣后各省运弁凡历俸年久,及三运年满,并每年甄别,俱令藩司会同粮道考核详送。其向不由藩司核转者,俱令遵照办理,以昭画一。至卫所守千所办佥丁、押运等事,悉属粮道尚管,其间勤惰优劣,惟粮道为熟悉。嗣后山东卫所守千五年军政照江西之例,令粮道与藩司各出考语,同注军政册内,详送漕抚二臣查核具题。至他省五年军政如有不由粮道注考者,均改照江西之例,画一办理。

一 各卫备弁六年俸满咨部,及五年军政举劾,向例俱系督抚办理。乾隆三十一年,经巡漕御史胡泽潢奏准,嗣后俸满引见俱由漕臣出具考语,给咨送部,其军政之年令粮道详核,申送漕臣,细加甄别,仍会同督抚具题,以昭画一。

一 运弁现在领运新漕,所有考核甄别应俟下届轮运之年再行考核报部。(乾隆二十一年例)

一 乾隆二十一年咨准,守千季报册既经粮道造送巡抚,咨部总漕,自可毋庸造送,以省案牍。

一 各省卫所备弁,每岁年底,藩司粮道详送督抚考验甄别。乾隆三十二年咨准,嗣后每岁年底甄别悉由总漕办理,以昭画一。

一 各省运粮千总停运之年,令操习弓马以修武备,该粮道会同布政司于春秋二季调考,送督臣考核。雍正九年奏准,江南等省卫所守千,该督抚各就近考验,分别优劣。

一 乾隆二十二年奏准,江西省额设卫守备卫千总,每年一半轮运,其不轮领运之卫备千总分拨抚标、镇标[1],随营操演弓马,遇轮运即行停止,其押运回次员弁一例操习,轮流考验。

【校记】

[1]《丛刊》本作:橅。当作标。

一 乾隆二十三年奏准,嗣后领运千总应令漕臣于各弁三运、六运满时,秉公考核,酌量人才优劣,分别保送。如果人才出众,踊跃急公,列为一等,出具切实考语,送部引见,分别营卫,准其入于即升班内,先行升用,以示鼓励。其循分供职运满无误者,列为二等,照旧例带领引见,分别营卫后入于议叙班内,照例升用。至领运员弁,原有每岁甄别之例,但恐日久因循,因再行浙漕臣严加察核,分别去留。如系三等之员,运满报部,照例加级纪录,不准归入议叙班内升用;四等之员,即行咨部革退。

一　乾隆二十四年咨准,三运、六运已满保送一等人员,内已经分别营卫之员,应令总漕出具考语,给咨送部,引见恭候。钦定准其一等注册后,入于即升班内先用。其未经分别营卫之员,向由督抚给咨送部。今既经总漕保列一等,亦应令总漕出具考语,并将未经分别营卫缘由声明咨部,带领引见恭候。钦定准其一等,或以营缺用,或以卫缺用,照例分别注册,亦入于即升班内先用;其二等人员仍照旧例,俟历俸年久,轮应调取之时,由本部汇单调取。

一　乾隆二十八年奏准,各省领运千总仍其自用钤记,毋庸造具帮名清册咨部,铸给印信,其从前卫守备用印陋规,仍令漕督饬令各省粮道严行禁止,查出即将该员弁揭参。

一　乾隆二十七年奏准,嗣后现任文武官员赴部引见,各省督抚给咨,即照各省程限,于咨文内限定到部日期,责令依限偿行。遇有中途患病及风水阻滞,取具地方印结,亦止准扣限三个月。若有迟延,计其违限月日查参,照赴任违限例议处。倘文结不实,将本员与出结之官一并照例议处。或患病至三月以上不痊,地方官即行验看,出结申报,该省督抚分别题咨开缺,病痊仍照例查办,如系托故迟延,亦即查参。

一　乾隆三十二年奏准,卫所守备千总遇有患病解任、亲老终养等事,统归漕臣主稿办理,咨会抚臣,以昭画一。至各卫备弁年终通行考核造册送部之处,仍照例行,毋庸停止。

遴委员弁

一　运官奉单领运,赴次违限者,革职戴罪交粮,核其完欠,奏夺金运退避者,严拿究拟。(顺治五年例[1])

【校记】

[1]《丛刊》本作:顺治四年例。

一　领运各弁领到全单,督令修船公司验米交兑,如有纵丁生事、勒索、折干、偷盗,以及停泊耽延致误抵通定限者,即行参处。

一 运弁领运全单,不填注支领粮银月日,照疏忽例议处。(康熙八年例)

一 运弁不遵定例轮运,希图挽夺,紊越漕规,照溺职例革职。(雍正七年例)

一 新运行月钱粮已经给发,运弁不将全单送盖印信,该卫备又不催提,各罚俸三个月。(康熙三十六年例)

一 运官佥选运粮抗违规避误漕者,革职。(康熙二十一年例)

一 本卫领运乏弁,于别卫千总内拣选,不得滥委守备代运。(康熙二十四年例)

一 各省运弁如系革职未开复之员,毋得佥派领运。(康熙四十九年例)

一 每年佥选职名,粮道于七月内呈报。倘迟至八月内不报者,罚俸三个月;九月不报者,罚俸六个月;十月不报者,降俸一级。俟运官完粮方准开复。(《议单旧本》)

一 运官不及早委定,迫近兑开限期者,粮道照漕船日久不完例降一级调用。(雍正五年例)

一 初任运弁如有不谙运务,不能领运者,酌量扣除一次,另委熟谙之闲运千总,或例应委用之南漕武举,仍将初任之弁调淮差委学习。至第二运仍不谙练,据实题参。其委运之员,有借此钻营夺运,并遴委之该管各官徇私偏袒等弊,该督即行指名题参。(乾隆九年例)

题调繁简

一 各省卫备原定均属简缺,雍正四年奏准,江淮、兴武、扬州、大河、泗州、苏州、镇江、杭州、岳州、武昌、武左、济宁等卫事务殷繁难办,应改为繁缺,拣选才能并无事故之员调补。

一 雍正八年奏准,山东德州卫管辖军屯散处直东两省,稽查不易,兼管佥造修防,事务繁难,应请改为繁缺。又泗州一卫从前丁疲,挂欠甚多,近年丁力渐舒,应纳屯粮亦多急公,较之昔日实属简易,应改为简缺。

一 乾隆十五年奏准,金山卫裁并镇海卫,凤中卫裁并凤阳卫,宿州卫裁并长淮卫,海宁所裁并嘉兴卫,事务殷繁,应改为繁缺,拣选调补。

一 乾隆十三年奏准,拣发赴标候补、候选卫守备人员,先行差委,俟有调补繁卫,所遗简缺,将拣发人员挨次题补一人,在部人员推补一人,每遇调繁,所遗简缺,内外相间补用。

一 乾隆十八年兵部题准,嗣后繁卫守千员缺定限三个月,漕督于通漕事简人员内拣选才具优长并无事故者调补。倘任意迟延，照题补文员违限例议处。

一　守千亲老改补近省，查明原缺繁简。如系繁缺，总漕于现任繁缺内对调；如系简缺，即将该员咨送兵部。遇有近省选缺不入班次，即归于月分铨补。如有藉称亲老，希图改补情弊，总漕查参，照例议处。（乾隆二十三年例）

一　乾隆二十六年咨准，各省繁缺卫千总缺出，例应以简卫千总拣选调补。守御所千总系从五品，卫千总系正六品，若以之调补，官阶品级不符，其守御所千总应毋庸调补繁缺。

一　卫千总调补繁简等缺例系对品调补，并非升迁事例，如任内值有亲丧，均无碍于引见，应令漕运总督仍给咨，该弁依限赴部。（乾隆二十九年例）

一　乾隆二十八年奏准，嗣后拣发营卫官员，令该督抚委署试看，如果才具平庸，不能办事，但并无劣迹，未便即予参处者，该督抚出具切实考语，咨送到部，带领引见，将由旗员拣发及由候补、候选拣发人员，可否仍以原官归班选用？抑或降等补用之处？恭候钦定。

一　丁众卫大之守千应选才守兼长之员调补，其才具平常者，移调丁船减少之帮。倘有不肖员弁钻营，总漕徇情滥委者，将该弁照夤缘例革职，总漕照徇情例议处。其有调补不得其人，以致沿途生事并抵通挂欠者，将该督照滥委匪人例议处。（雍正元年例）

一　乾隆十年奏准，将江南江淮三帮、六帮、七帮、八帮、九帮，兴武头帮、三帮、四帮、六帮、七帮、八帮、九帮，淮安二帮、五帮，庐州二帮、三帮，大河二帮、三帮，扬州头帮，镇海前帮、后帮，泗州前帮、后帮，凤中常帮等帮改为繁缺，拣选调补。

一　乾隆十三年奏准，将浙江绍兴前帮、后帮，温州前帮、后帮，杭州头帮、二帮原定简缺改为繁缺，拣选调补。

一　乾隆十五年奏准，将江南扬州三帮、镇江前帮、后帮、安庆帮、宁太帮俱改为繁缺，拣选调补。

一　乾隆十八年奏准，将浙江台州前帮、后帮、金衢所帮俱改为繁缺，拣选调补。

一　乾隆十八年奏准，将江南江淮六帮、兴武头帮、九帮、镇海后帮俱改为简缺，归部铨选。

一　江南二十四繁缺，乾隆二十七年奏准，将江淮三、江淮九、淮安四、泗州前、泗州后、庐州二、庐州三、扬州三九缺俱改为简缺，归部铨选。将江淮五、大河前、长淮头、长淮二、徐州、江北、宿州头、宿州二俱改为繁缺，在外调补。

一　浙江省九繁缺，乾隆二十七年奏准，将杭州头、杭州二俱改为简缺，归部铨选。将处州前、处州后、严州所、嘉兴白俱改为繁缺,在外调补。

一 乾隆三十一年奏准,繁缺千总有才具稍短、办事竭蹶者,即于事简卫千总内拣选才能之员调补,所遗简缺以不胜繁缺之千总补授,仍照例出具考语,送部引见。

随帮事例

一 雍正二年兵部议准,守御所千总一项既奉裁减,则缺存无几,候推守御之武举不无雍滞。查定例,粮船回空,每帮设有随帮一名,押空无误,拣选以卫千总推用。但此随帮悉明季世职子孙,今既非世职,便系闲散之人。嗣后请将此等人员停其顶补,应将拣选之武举、候推守御所千总人员内有情愿顶补者,令总漕报部,兵部给札,准其顶补,三运无误,照例以卫千总推用。

一 运弁挂欠漕粮,雍正三年题准,咨部解任,发南追比,其员缺即以完粮武举推补,仍将欠粮运弁俟限内全完题请开复。又题准,嗣后武举完粮无事故者,咨部,遇有挂欠缺出,先尽补用。

一 部发武举抵坝全完者,坐粮厅照给限单,勒令一月到淮投验。如有过淮违限、革职捆打之案,将该弁照例发落,具题开复,并无别项事故,照例咨送兵部,准其推用。

一 定例随帮武举遇有事故降一级,应以营千总调用者,即行降调,令其赴部,发与该弁原籍附近省分,与该省应行考拔之营千总一体考验拔补。

一 随帮人员旧例押运三次者,给以千总札付,并将押运年分造册报部。雍正二年题准,拣选武举候推守御所千总人员,有情愿顶补随帮者,赴部领给执照,发往总漕金补,三运无误,以卫千总推用。

一 随帮武举世职遇有事故后,经开复补运者,统计未开复以前次数,一并报满,其无级可降发标效力者,只派别项差使,不令押空。(乾隆元年例)

一 随帮三运已满,令其自赍该管上司咨结,赴部归班推用。(乾隆十八年例)

一 各省随帮效力武举一切告假,如销假在三年之内者,仍准以原帮补用,在三年以外者,不准补用,仍照规避例咨革。(乾隆二十七年例)

一 运弁随帮押运回空,务亲身管押,其有擅自离帮,并正丁在南不到,副丁不在帮押空,以致沿途疏虞,及遗弃军船,有误新运者,该弁从重治罪,粮道指名严参。(雍正元年例)

一 随帮如有中途患病,照重运千总例,令其详报,所在地方官会同前后随帮

验实,出结详情,委员兼押,仍将查验委押缘由报部查核。(乾隆十二年例)

一 随帮千总管押回空并无私盐事故,例得纪录一次,至一员兼押两帮者,止论本帮,其兼押之帮不准议叙。(乾隆十一年例)

一 漕船回空,重运千总务协同随帮管押南下,并令沿途地方官挨帮稽查。倘有藉故挨延及私自回籍者,押空千总据实申报,该管上司严揭参处。如押空千总徇隐不报,地方官稽查不周者,察出一并参处。(乾隆十七年例)

一 随帮中途有病告假,调理病愈之日,仍以原帮补用,不得改委别帮。(乾隆十六年例)

一 随帮赴京会试应于运前呈明另委,不准中途告假,违者照违令律罚俸一年。(乾隆十七年例)

一 随帮违例请假,又复私自他往者,照规避例革职。

一 随帮有代重运人员管押粮船者,于报满时,将代押缘由叙入咨内,报部查核。(乾隆十八年例)

一 运弁推升檄赴新任,委随帮接办重运者,出具抵通不致起欠戳结存案。(乾隆二十四年例)

一 乾隆二十三年奏准,南漕效力人员殊与漕务无益,领运千总或遇参革,各帮闲运之员俱可酌委,亦无需于拣发效力之标员。嗣后,南漕重运效力人员应停止拣发,其委押回空随帮人员三运报满,除平常供职者照例咨部推用外,其中果有实心办公、习熟漕运之员,令漕督出具切实考语,送部引见,恭候钦定,发回漕标,自备资斧,效力三年之后,遇有调补所遗之缺,择其人地相宜,酌量补用。

一 乾隆二十八年奏准,江西久经停止之世职不许混戴顶帽,其旧存供状执照及领过随帮牌票等件,概行遍查追缴。如有隐匿冒滥,即照诈伪律治罪。至各省如有此项世职,应一体禁止,旧存牌票各件一并追缴。

运丁名目

卫籍各项丁名,同一民也。春秋时,秦晋泛舟之役,而转运以始。秦攻匈奴运粮,使天下飞刍挽粟,转输北河。汉都关中,兴漕转山东粟以给中都官。(漕,水转谷也。一云车运曰转,水运曰漕。中都,都内天子之仓府也。)建武中,通西南夷,作者数万人负担馈粮,又兴十余万人筑卫朔方转漕。建初三年,凡转运所经,拜谒者监领其事。东汉末破黄巾,因为屯田,积谷许都。晋杜元凯为度支尚书,奏开都运。隋文帝又通转运,利尽淮海,百姓赖之。开皇三年,朝廷以京师仓廪尚虚,议为不旱之备,诏于蒲陕等十三州沿河水次置募运米丁(水次之名起于此,而运丁之名亦由此始也),又于卫、洛等州各置仓厫,漕关东汾晋之粟以给京师,蒲陕以东募人能于洛阳运米四十石,经砥柱以达常平者,免其征戍。唐都长安,岁转漕东南之粟,水陆漕运,民送租者,皆有水陆之值。高宗显庆元年,漕舟挽夫栈运坠死则以逃亡报,因系其父母妻子责以赔偿。开元中罢陕陆运,置仓河口,江南漕舟至河口者,输粟于仓而去。县官雇舟分入河洛,置仓三门(地名),东西漕舟输东仓,陆运输西仓,江淮漕者输河阴仓,自河阴至太原仓,谓之北运。又天下输丁约四百万,使丁出百钱为陕洛运费,又益半为营窖用,分纳司农。又李林甫遣使捕治舟夫,漕史所在狱皆满,自凿天宝河,岁省运夫五十万。肃宗末年,刘晏为户部侍郎,领度支转运租庸观察使,漕事皆决于晏,晏为歇艎支江船二千艘,每船受米千斛,十船为纲,每纲三百人,篙工五十,自扬州遣将部送至河阴上三门,号上门填阙船。江南之运,积扬州汴河之运,积河阴河船之运,积渭口渭船之运,入太仓。德宗建中初,运舟入三门,雇平陆人为门匠,执标指麾一舟,百日乃能上。长兴四年,三使司奏洛河水运自洛口至京往来牵船下卸皆是水运,牙官每人管定四十石,转运艰难,例多逃走。宋都大梁,置发运使调数州之民,分调菽粟舟船沂流入汴,以达京师。神宗熙宁四年,诏六宅使督戍兵万八千人,自霸州界引滹沱水灌稻为屯田用,实军廪且为备御焉。置河北沿边屯田判官,又漕运自荆湖南北米至真扬交卸,舟人皆市私盐以归,每得厚利,故舟人以船为家,一有损漏,旋即修补,久而不坏,运道亦通。真宗天禧中,发运使贾宗言诸路岁漕自真扬州入淮,汴粮载烦于剥卸,民力罢于牵挽,官私船舰由此速坏。哲宗时,苏轼徙扬州,旧发运司主东南漕法,听操舟者私载货物,征商不得留难,故操舟者辄富厚,以官舟为家,补其弊漏,且周船夫之乏,故所载率多,速达无虞。近岁一切禁而不许,故舟弊人困多盗侵,所载以济饥寒,公私皆病,请复旧制。徽宗朝蔡京用事,破东南转般漕运法为直达纲,应募者率游手无赖,盗用乾没,漫不可核,人莫敢言。南渡后,纲运皆科役百姓,盖宋置转般仓,由汴诣仓,运输京师,折运者四,汴与淮近,较汉唐为易也。金都于燕,凡挽漕、脚直诸民户射赁官船漕运者,脚直以十分为率,递年克除,嗣因漕户雇直太高,裁减三分之一。贞佑三年除借民船运漕,例设漕运司提举官,募船户而籍之,故有纲户之名,户部勾当官往来巡督。元初分新河军士、水手于扬州平滦二处运粮,命三省造船二千艘,于济州河挽运后,伯颜献海运之策,督以张瑄、朱清,其属有千户、百户等官,分为各翼,以督岁运,船坏而弃其米者,责偿于运官,人船俱溺者乃免。历岁既久,弊日以生,疲三省之民力,以充岁运之恒数,而押运监临之官与夫司出纳之吏,恣为贪黩,脚价不以时给,收支不得其平,船户贫乏,耗损益甚,兼以海波不测,盗贼出没,剽劫覆亡之患不可胜言,由是,岁运之数渐不如旧。明初都金陵,则漕于江,饷辽卒犹漕于海。永乐初海陆兼运,末年仍元都,用平江伯陈瑄策,别令官军接运,由会通河以达京师,其民运止至淮安、徐州、临清、德州水次四仓交收。漕运官军分派转运于通州、天津二仓,一岁四运,军民各半,谓之支运。又从侍郎周忱议,令民运于淮安、瓜州,补给脚价,兑与运军,卫所出给通关付缴,谓之兑运。成化七年,都御史滕昭议罢淮安、瓜州兑运,里河官军雇江船于各水次领兑,民加过江之费,谓之改兑,以至今日,永行改兑长运,自昔转运之法,俱寝不行。(今漕粮之交京仓者,谓之正兑,其交通仓者,谓之改兑)又明制于各卫选都指挥一员,统领官军运粮,又令南京二总各卫官军俱与军政佥书更番轮运后,改把总领运,共有漕运十三把总,其运丁即于各屯伍中拣择,不许卖富差贫,官军凡一十六万余员名,挽运漕粮南自瓜州、仪征二江口入运河出河口,由黄河入会通河出临清,北接卫河,至直沽,溯潞河达于京通仓。昔邱文庄云:前代所运之夫皆是民丁,唯今则以军运;前代所运之粟皆是转递,唯今则是长运。唐宋之船,江不入汴,汴不入河,河不入渭。今日江湖之船,各远自岭北湖南直达燕京。唐宋之漕卒犹有番休,今则岁岁不易矣。盖自三代以来,纳秸纳总,迄于汉晋[1]。唐宋转漕输粟,虽有运米丁、挽漕夫、漕史、门匠、牙官、纲户、漕卒、民户诸名目,或则应募,或则受值,按之则皆民也。自明乃有军丁之号,盖于屯伍中抽选,别为一途,不劳民运矣!

本朝以来官则裁去卫指挥等衔,改为守备、千总、随帮等员弁,专司屯务。运粮丁则因前明之初,有招集民人充实行伍,原系征战之兵,令指挥统领得地即令坐镇,镇守年久,官丁皆与本地子民婚配,安居食业,后因本地营伍足资捍御,将原派镇守之兵裁其粮饷,难驱回籍,责令开垦荒田,以为生计。故凡属卫军皆有屯田,今则谓之屯军,又谓之军丁。(军即丁也。屯田原为养军之产。顺治十二年,漕督蔡士英题准归船赡运)军代民劳,着令挽漕,即今之旗丁也。(挽运之初有防运、短运等名目,继而坐金长运,统名之曰旗丁,运丁皆属管理船只挽运也)裁饷开屯之始,有仍令操演者、防守汛地者,谓之操军。(本朝裁其粮饷,名仍相沿)屯丁年久,将屯田卖与民人之子孙赤贫无屯者,谓之赤丁。(湖南北皆有之)前领兵之指挥并千百户等官,当裁饷屯田之时,承袭子孙管理屯饷,至坐金长运以后,以世职管辖军丁运粮。

本朝初年用为押空随帮,雍正年间停止不用,乾隆二十八年奏准,行令各省追夺委牌执照,此项世职子孙谓之舍丁,派令各省督抚等衙门轮班役使之人,谓之班军。(湖广省并长淮之宿州帮有之)派令把守城门,各卫所皆有,谓之门军。帮贴运丁,每船十二军,谓之驾军。继又裁去门、驾二军,统曰什军,各卫皆有,而长淮卫则名曰纲军。又有无屯无运者谓之闲丁。派令驾驶黄船、快船者,即今之黄快丁也。

以上各运丁名目虽有分别,总名曰军丁,每逢佥选之年,一体佥运。康熙二十五年,每粮船概定十丁。雍正十三年,计现出运军丁四万三百四十名。乾隆三十一年,计现运军丁五万六千五百四名。

【校记】

[1]《丛刊》本"于"作"今",误。

勾佥运丁

一 各省佥丁领运,旧例责成各卫运官自行遴选。康熙五十二年题准,佥选运丁必须千总保结呈报,卫备府厅等官验看,加具印结。如有挂欠,千总、守备仍照例参处外,一帮挂欠,将府厅等官罚俸一年,粮道罚俸半年,几帮挂欠,按照此例递加罚俸。

一 康熙五十二年题准,江西省屯田悉归州县管理,其佥选运丁即责令州县结报。

一 康熙九年部议,湖北现运旗丁外尚剩旗丁七百余名,应即以湖北之丁移运湖南之米。

一 康熙五十三年题准,湖广省佥丁责成卫备,其厅、府、道照旧验看加结。

一 乾隆二十七年题准,凡佥选新丁,只令千总结报,该卫备、知府验看加结,详道定佥。其同知、通判点验之例,永行停止。至久经佥定之丁,有借过堂名色羁留误公者,亦一概停止。

一 雍正八年奏准,各省卫所于粮船未经抵次之先,务选殷实旗丁秉公结报,验看注册。俟粮船回空,查明领运之丁有犯事故者,即将注册丁名佥运。倘佥选不实,或卖富差贫者,仍将经佥验看各官照例查参。

一 乾隆二十八年户部题定,将雍正八年旧例预佥闲丁注册之处永行停止,遇有临期佥换各丁,仍严饬各卫所慎选殷实旗丁,秉公查验结报,毋许吏胥抑勒滋扰。如有查验不实,即行照例参处。

一 官舍余丁,顺治八年奏准,凡有身家殷实,堪以充旗丁者,竟行勾佥,并以十名为率,舍二军八,着为定例,其各衙门书吏、官承及生员余丁悉行佥选。

一 雍正六年奏准,除文学生员专攻举业者,准其优免外,其捐纳之俊秀贡监生及武生均一体佥运。如武生遇岁试之年,呈明学臣,运回补考。

一 旗丁子弟及积年旧役有谋充司漕、各衙门书承者,令总漕并各该督抚严查,从重治罪。本官不行觉察,徇庇容隐,一并题参重处。(顺治十五年例)

一　乾隆二十六年奏准，凡值佥运之年，无论大小衙门书吏、官承俱一体勾佥。如已身在公，不能出运，即令子弟承顶出运，概不得藉词抗避，即该管官亦不得曲为庇护。至书吏既一例勾佥，自应听其照旧承充，惟承充时令该州县查明是军是民，出结详报，以凭查核佥运。如有以卫籍冒称民籍，图避佥运，该州县蒙混出结者，经粮道查出，即行照例议处。

一　乾隆二十八年议准，定例捐纳县丞以下官员，均系在籍候选，凡遇佥运之年，一体勾佥，不许藉赴选规避。

一　各省卫所绅宦、富户，因办运艰难，百计图维，思脱军籍。或将本有屯田转售于人，而专置民产向州县纳粮；或考试之时，冒入民籍，入学中式；或以民籍报捐贡、监职官；或将族谱老军之名预行捏改移易；或卫所旧有卷宗曾断为军者，俱贿串吏胥潜行抽灭。一或报佥，则纷纷讦告，辨诉无已，财势既大，胥吏证佐，多为左袒，州县府厅或碍于情面，或办理粗疏，往往凭捏饰之辞，据狡脱之词，断为是民非军。佥一富户即脱一军籍；佥一绅臣，亦脱一军籍。乾隆二十九年奏准，嗣后，凡隶军籍富户、绅宦之家，如本伍有人可以驾运，原可暂缓佥选，如丁力已疲，实须另佥，即富户、绅宦均行佥报，如佥报之后，敢于潜令族人捏控狡辩，或挺身自诉，一经审虚，富户则按律治罪，绅臣即据实题参，请旨革职，亦治以应得之罪。

一　顺治八年题准，运丁黄快勿许牵混，其有影射避运，窜入黄快丁者，该管官严查清勾。乾隆三年，户部侍郎陈世倌奏，江淮、兴武二卫运丁每有窜入黄快丁内，躲避佥运者，请饬粮道会同驿道，将黄快丁按册清查。其运丁窜入黄快册内者，查明造册，送总漕存案饬发，卫备按册勾佥，仍照民户例，五年一次编审。经总漕顾琮会同两江总督尹继善议覆，快丁一项应仍归民户项下办理，将现运及备佥余丁逐一查明，每户下注明弟侄子孙若干，及住居州县、都鄙乡镇，五年一次造册，送部查考。如有隐匿，察出将该丁惩治，卫弁照例参处。乾隆二十三年，总漕杨锡绂以江、兴两卫运丁百计逃运入快，现在快丁不可胜纪，而运丁殊属寥寥，且窜入黄快俱有力之家，仍充运丁者俱贫乏无力，请将江、兴二卫定为运快，并佥部覆准行续。据江安粮道详定，运快并佥，自当先运次快。如一帮止换一丁，仍尽运籍佥用，再出一船，方及快丁。倘一帮之内，同一时更换数丁，则一运一快相间佥捕，传同该帮千总当堂签掣某船佥运、某船佥快，则所顶船只或坚或朽，一无争竞，可除避重取巧之弊。

一　各省卫所运丁，旧例每船自十名至十一二名不等，康熙三十五年题定，每船额设十名，各省一例佥派，惟江、兴二卫因无屯田，额设十二名。

一　旗丁不许投窜别差，倘有躲运投旗，隐漏不报者，总漕即行题参。（康熙二十二年例）

一　江西省卫所屯丁有充浔镇塘丁，原系借差避重尽行撤回，一例佥选，如有奉行不力，即指名参处。（康熙四年例）

一　湖广省各军丁，不论城屯与班营等军，凡有殷实，一并佥运。（康熙三年例）

一　定例佥派运丁、闲丁，舍余同佥。领运至护卫之军丁，既系卫所内额军，如果殷实，即当佥报。倘备弁徇庇不佥，该督抚即指名题参。（康熙二年例）

一　一领运一船，不得诡名佥报，责令粮道查有此等情弊，即揭报查参。（顺治十二年例）

一　佥选运丁，责成卫备每十船中择有身家者立为什长，自领兑以至沿途抵坝，皆令监管十船，无欠者，粮道奖赏。如有不肖旗丁许令出首，免罪；通同作弊，查出一体严行究处。（顺治十一年例）

一　康熙四十四年奏准，各省佥丁，亲佥，责在粮道；举报，责在卫备；用舍，责在运弁；保结，责在通帮。众丁，一丁无保，不准着运；一丁有欠，众丁赔还。嗣后责成各卫领运官自行遴选，如有挂欠，并佥丁之官一同治罪。

一　运丁赤贫无赖、积年欠粮者，总漕查明革退，另佥殷实之人顶运。（康熙十九年例）

一　各省卫所中有不法棍徒从屯册中查取远年绝军姓名，寻一民间殷实富户与绝军同姓者，强扯帮贴运费，不遂其骗即诬告扳累。总漕并各督抚严行查禁，如有此等情弊，即行题参究治。（康熙四年例）

一　卫所等官差役佥丁致令差役扰害地方，又或以征收钱粮为名，借端科派者，该上司题参，照例议处。（《议单旧本》）

一　佥报运丁。有卫弁巧借备运名色，访本卫殷实余丁百计需索者，令各粮道严查，果有缺额，饬将殷实之丁坐名佥报，既佥之后，不得妄报，新丁亦不得受贿更换。如有此弊，该督抚严查题参。（康熙九年例）

一　漕船出运。康熙五十七年题准，每船于兄弟子侄内再派一丁随运，名曰副丁，如抵通挂欠，留一丁追比，一丁管驾回空。如重运到淮短少，令一丁驾运北上，留一丁买米赶帮。（康熙五十一年例）

一　康熙六十一年题准，粮船回空，额设副丁务须亲身押回，其雇募头舵水手取具互保各结，报明该管官存查。如中途遇有事故，更换押运官弁，移行该地方官选择土著良民充补，仍照例取具册结，加具印结申报，不得沿途混行招募。

一　旗丁不正身出运，以子弟代运者，定例将正身及代运之子弟俱发边卫，永远充军。康熙二十六年题准，将承派之卫守备罚俸一年，押运丞倅罚俸六个月，领运弁员徇私,不行察出者,降一级调用。

一　定例运丁不正身驾运者,将佥丁之卫备罚俸一年。运官不行查出,降一级留任。随帮知而不举,照应申上而不申上律议处。（乾隆七年例[1]）

【校记】

[1]《丛刊》本作:雍正七年例。

一　佥选旗丁,将花名分晰新旧,声明何官佥委,造册送部。（雍正元年例）

一　乾隆三十年部咨,嗣后,各省每年出运船只照例佥定,殷丁即于开帮册内将现在正副丁名于该船名下分晰注明,毋得仍前蒙混造报,致滋弊端。

一　各卫帮更换新丁。如在回空抵次,未经开兑以前,该卫统于开兑时,将领运船只丁名注明,原甲更佥之丁于该丁名下摘叙更佥事由,声明漕船出厂年第,汇册送部备查,倘册报之后再有更佥,即随专案报部。（乾隆十四年例）

一　卫所佥丁不许勒认前丁公私欠项,止令着认篷桅杠索价值,至旧丁所欠系官项,仍于旧丁名下,勒限一年追完,不完,即令原运之千总赔还。如系私债,令旧丁自行清理。倘有将旧丁公私欠项勒令新丁接受者,或经告发,或经查出,即将备弁题参革究。（乾隆二十三年例）

一　湖南操军,乾隆二十一年经总漕瑚宝题请勾佥,部议操军自有漕以来,未经出运,一旦清查勾佥,不无烦扰,未便准行。

一　湖北班操等军,乾隆二十四年经巡抚庄有恭奏请一例勾佥,部议应照湖南之例,一体停其勾佥。

一　有顶带之丁干犯漕规,照运丁例一体治罪。（乾隆五年例）

一　正副旗丁赴次交兑,如有革丁窜身入帮,不论生、监,即行拿交地方官究治,运弁疏纵,一并参处。（雍正九年例）

一　究革屯丁钻营复运,在帮把持,伙告伙证,种种不法,该管各官不行严禁者,指名题参,从重议处。（康熙五年例）

一　军丁勿许窜入民籍,责令该管道员分别造册,五年一次编审,倘有蒙混不清及受贿扰民者,指名题参。（顺治十二年例）

一　佥派屯丁按籍分班供役,不许贿脱躲闪,致滋偏累,令督抚转檄清军同知并县官,从公确查,分别等则次第,领运如有徇私故庇者,严行参处。至编审,原以清隐役,五年一编,不得听其逃窜。若军丁之籍,既已编定,再有驾词,指民为军,扳告牵累,该印官即将该卫所官弁军丁照例呈详督抚,分别参处。（顺治十六年例）

一　江西省南昌等卫所军丁老户及新生军丁户口彻底清查,酌定四年编审一次,毋许脱漏隐匿。（乾隆二十三年例）

一　东省军丁系五年一次编审,每年令闲运千总查验,嗣后仍照旧例,每年一次清查,五年一次编审,以免脱漏。(乾隆二十四年例)

一　乾隆二十四年奏准,苏州、太仓、镇海、镇江四卫应饬令该管卫备将军户根底逐一确查,如有现今呈控是民非军之案,即会同州县逐细根查详报,以清底里。其各卫军户无论运屯,均以老军册为张本,分晰两项,造具管收。除在四柱清册一本、丁户实在姓名清册一本通报备案,一面先行出示,晓谕各丁。凡有成丁人口从前隐匿未报入册者,许其赴卫自首,免其治罪,并取该户族长无匿甘结存案。如有隐漏不报者查出,本人、族长一体按律究处,仍将隐漏人口入册备金。其滋生新丁,年至十六岁者,报明入册,该卫于岁底造报粮道知府,以凭查金办理。如有闲丁病故,即随时报卫注册,仍照例五年一次编审。倘该卫造册清查之时,有奸丁狡赖脱籍者,照例治罪,县卫均以失察查参。

逃丁事例

一　运丁恃顽不行上运、不候交兑,及弃船逃走者,将行粮赏钞尽追入官,仍发边卫充军。(《议单旧本》)

一　旗丁不拘空重,如有无故潜逃,弃船中途不顾者,将该丁照守御官军在逃律治罪外,仍于面上刺"逃丁"二字示儆。(乾隆三年例)

一　奸丁弃船潜逃,将验看不实之通判罚俸一年。(乾隆二十二年例)

一　旗丁领运船粮临坝潜逃,闻拿自行投案者,杖八十,折责枷号一个月,免刺。(乾隆二十二年例)

一　旗丁因措费不禀明运官,擅自离帮,若空重全完与无故挂欠逃脱者有间,革运,免刺,出运、金选各职名均免议。(乾隆二十二年例)

一　旗丁擅自离帮病故,经金之同知、卫守备、押运通判、领运千总俱罚俸一年。(乾隆二十四年例)

一　旗丁命盗等案,州县虽差捕拘拿,而强悍屯丁以身隶卫所,抗不服拘,行文关拿,濡滞时日,狡猾之徒闻风远遁。州县因承缉之责原不在己,观望怠惰,稽迟重案。除卫所处分仍照定例外,州县原属地方官屯丁既居其地,即系子民事犯,发觉不难就近拿获,其疏防承缉均照卫所官弁一例处分。(雍正五年例)

一　金定之丁如有潜逃者,运弁即报卫移县,限百日拿获。如逾限不获,将承缉之专管卫所官罚俸一年,协缉之州县官罚俸六个月。如金丁系州县,即以州县为专管官,仍照例罚俸一年,并令严缉务获,照官军在逃例治罪。(乾隆二十三年例)

一　江西省军屯，自康熙九年归并县征之后，一切金选事务皆属各厅州县办理。乾隆二十四年咨准，江西承缉逃丁处分，以金丁州县为专管，该逃丁本籍之州县为协缉，分别查参。

一　各省旗丁中途弃船潜逃，向例按照次数，照官军在逃律治罪，初犯杖八十，充伍；再犯杖一百，发边卫充军；三犯者绞监候，仍于面上刺"逃丁"二字。嗣后，旗丁不论重运回空，如有弃船潜逃者，除再犯三犯，仍照律分别定拟充军绞罪外，其有初次潜逃之丁，一经拿获，将该丁杖一百，再枷号一个月，满日重责四十板，仍照例于面上刺"逃丁"二字，即交与各本卫该管官严加管束，结报存案。（乾隆二十七年例）

一　各省金丁俱由千总呈卫，而湖南各帮军船系以湖北之丁运湖南之粮，卫备止管金丁，并不出运，视金丁一事无关紧要，任听隐射钻充，以致中途逃匿，贻累通帮代运代兑。嗣后，湖南省各帮金定之丁如有脱逃者，将金丁之卫备向例降一级调用者，改为降二级调用，虽有加级纪录，不准抵销。再湖南第三帮内有四船之丁系武昌左卫金选，亦属隔省，该备尤视同膜外，如四船之内有一丁脱逃者，亦照荆州等卫一例处分。（乾隆二十七年例）

一　漕船出运，原系金丁一名雇募水手九名，今以数军朋管一船，易致推诿，应仍照旧例，每船金选正身殷丁一名，其余名数总以身有家属撑驾谙练之人充当，如该管官纵容以无赖之人滥充者，查出即照例参处。（康熙三十五年例）

一　雍正三年题准，各省帮船雇募水手、头舵，责成卫所及运弁正丁雇募谙练之人，开明姓名、籍贯，各给腰牌，严行保结之法，令前后十船互相稽查，并取正丁甘结，十船连环保结，一船生事，将本船旗丁照例治罪，十船连坐。其粮道及押运等官，沿途稽查，有生事者，许地方官会同查讯惩治。倘有隐匿不报者，总漕察出一并题参；若总漕不行题参，别经发觉者，将总漕一并交部严加议处。（雍正三年例）

一　湖南省旗丁多不亲身出运，一切应领钱粮银米包给舵工，舵工即代为包运。近年间有自己出运者，事例未谙，仍听舵工指挥。旗丁有更换而舵工为世业，偷盗米石，侵蚀钱粮，累丁害漕，为弊不浅。嗣后，领运千总于抵通时据实报明，有少米五石以上，累众丁通挪代完者，将该船舵工拿究讯出实情，即交部发遣。（乾隆二十四年例）

一　粮船水手遇有事犯，如在已经离船，以及未经上船之先者，不得拖累旗丁；如有弃差逃走者，令在押运丞倅处十日一次呈报。（乾隆元年例）

一　漕船雇募头舵水手人等，回空之日，如有身工已足，辄行脱逃者，通行各帮及原籍，并沿途地方官严行查缉，拿获之日，解交粮道会同臬司审讯明确，俱发边卫充军，仍咨刑部定案。（乾隆二十六年例）

《漕运则例纂》 卷之七

计屯起运

屯田津租

屯田坐落

《漕运则例纂》卷之七

计屯起运

屯田津租

各省卫所屯田,顺治十二年题定令军开垦,将屯粮照亩编派,其屯田错坏民田者,或屯丁私相授受,或豪强占为已业,将各卫旧额屯田若干亩按册清查,逐亩丈勘,民间侵占,清归卫所,通计漕船若干只,照亩编派。嗣康雍正及今乾隆年间,俱屡有清查,所有各省起运屯田数目,征收津租,备开于后。

直隶省

一 通州、天津二所屯地,顺治十三年题定,每丁拨给五十亩,其通州所原存地亩未足者,将天津闲地拨补。(案:查天津运船十七只,每船军旗十二名,共屯丁二百零四名,每丁拨给屯田五十亩,共拨给地一百二顷。通州所运船二十只,屯丁二百四十名,每军授田五十亩,共拨给地一百二十顷。又办料船十二只,屯丁一百四十四名,该地七十三顷,共一百九十二顷。清查卫地,止存退出夹空香火地四十一顷七十二亩零,不足之数原请以附近保安宣府地土拨补,因屡经拨补,别项不便再行拨动,将坐落天津等处空闲地土查明,拨补赡运。)

一 乾隆十七年咨准,沧州代征通州、天津二帮缺额屯地,今清查丈出通运屯地二十四亩零,每亩照原征屯租银共九钱零,连前征租地共三十九顷二十七亩零。又丈出津运屯地三顷三亩零,每亩照原征科则,共银十五两,连前征租地共四十九顷一十一亩零,均于乾隆十七年征租入奏。其青县代征通帮缺额屯地,俟查丈追出另咨。

一 乾隆二十年咨准,南皮县代征天津帮原额赡运屯地三顷七十二亩零,内除奏报征租地二顷二十五亩零外,实缺额地一顷四十六亩零。今查出地六十一亩零,应照原征科则,每亩租银五分,共银三两,造入乾隆十九年奏册报部。至该县代征缺额无着屯地尚有八十五亩零,查出另咨。

一 乾隆二十四年直督方观承题准,通州、天津帮丁赡运屯田租银于乾隆九年间议请,照依直属代征拨补地亩之例,交与地方官清丈足额,按年征收关解。现在地亩均属足额,并无私行典卖、拖欠未清情弊。通州、静海、南皮等三州县代征屯地仍照旧额征收。其余三河、武清、香河、平谷、青县、沧州等州县现在加征租银亦俱勘明,按照地亩肥瘠请增,两无偏累。通州左右两所、通州等州县代征屯地一百九十四顷二十三亩三分五厘零,每亩加津自三五六厘至一分三厘、一分五厘及三分五厘不等,共加增租银一百四十一两一钱二厘零。天津帮左右两所,原额赡运屯地八十四顷四十亩八分二厘,今青县、沧州二州县每亩加增租银自五厘至一分不等,共加增租银六十四两三钱零。应令各州县仍照旧例征收关解,通津两帮查收,散给各丁,以资挽运。至武清、平谷二县加增租银系于二十三年加增入奏,三河等州县租银应于乾隆二十四年加租为始。

一 乾隆三十年直督题报,通州、天津二帮共赡运屯地二百七十八顷六十四亩零,每亩津银三四分、五六分以至一钱不等,所有通州、三河、武清、香河、平谷、青县、静海、沧州、南皮等九州岛县共代征租银一千三百八十六两零,照数征解散给。

山东省

一 德州正卫屯地,顺治十三年题定,每丁匀派四顷七亩零,轮流耕种,每岁除纳正项钱粮外,每亩公出银一分二毫津贴运丁。其民种军田者,亦照此例。(案:查德州正卫原额三等屯地,除拨给被圈士民外,下剩民种、军种军地共一千八百五十九顷五十四亩零。现在北运船三十四只,南运船四只,每船额军十二名,共军四百五十六名。每军应均派地四顷七亩零,按地轮流当差,现轮者赴运候轮者,每岁除纳正赋外,每亩公出银二分一毫贴运。其民种军地,每亩津贴亦照此数交纳。)

一 德州左卫拨德州卫屯地五百七十一顷三十二亩零,给丁贴运,其地仍令德州卫承种,每亩除完正赋外,津贴左卫运丁银二分七厘。(案:查德州左卫原编屯地拨补被圈士民,本卫运军无地。于顺治五年奉文将德州卫地拨给左卫襄运,内地成熟者分上中下三等,上地八顷九十二亩零,中地一百七十六顷七十七亩零,下地三百八十五顷六十二亩零,其地仍系德州卫承种,每亩除纳正赋外,贴给左卫运军每亩二分七厘济运。)

一 德州正、左二卫赡运屯田坐落直、东二省,从前原系军民承种贴租,各丁自讨襄运。康熙四十二年,故城县士民抗不给租,旗民互控,至雍正元年停止襄运。其左卫屯地或停止不襄,或自讨无几,遵例给租者十无二三。乾隆十年奏准,将正左二卫屯地共二千四百二十九顷零,每年按亩以一分起租,共征银二千四百二十九两零。计每年出运船五十六只,运军五十六名,每名津银十两,什军五百四名,每名每年给津银三两七钱零。如隶本卫者由卫征租,如隶直省者,每年造册咨直隶总督。于乾隆十三年为始,转饬州县代征关解,卫备一统,分给各丁支领。

一 乾隆二十五年奏准,德州正、左二卫屯地向因并未纳粮,是以派租襄运,今已征条充饷,征屯津运,又复加租,民实偏累,应停止征租。其帮船运费照任城帮之例,每船给银十两,于额征屯粮项下动支给领。其同船俱系候运闲丁,从前原议每丁给银三两七钱零,今查明屯田各户原系征屯襄运,议免征租,仍照任城帮什军之例,毋庸议给。

一 济宁卫屯田,顺治十三年题定,每船派给赡运田五顷四十亩零。(案:查济宁卫原额屯田,内成熟地六百二十一顷九十四亩零。又京边军地,内成熟地一百三十三顷八十四亩零。照成熟七百五十五顷七十九亩零,内分上中下三等,每等地二百五十一顷九十三亩零,搭配均匀。浅船一百六十四只,剥船五十只,运军一千九百四十名,每名该起科熟地三十八亩零。额外有赡运地八百十四顷八十亩,此地历不起科,搭配均匀,每军该地四十二亩,轮流充当济运。)

一 乾隆八年题准,济宁卫前后两帮什军承种赡田,其津贴银两旧系按照地亩肥瘠,于大造之年,又照收成分数折给,原无一定成数,应酌定数目,以垂久远。至乾隆十二年咨准,济宁前后两帮什军承种赡田,每亩津银三分。

一 乾隆十三年咨准,济宁卫前后两帮裁船八只,内除在城无地船三只外,止裁乡屯有地船五只。查该卫原有在城无地船十一只,除裁汰三只外,尚有无地船八只。查乡屯船有田赡运,毋庸再行匀给减田。将裁汰乡屯有地船五只之赡田二顷八十五亩零,均匀派给与在城现运无地船八只之旗丁名下,管业仍照旧承种,按例每亩征津银三分,帮运帮造。

一 乾隆十六年咨准,济宁卫前后两帮增多屯地派给前帮赡运,有地船八十八只,地三百六十四顷六十五亩零,每亩征津银三分,共银一千九十三两零,每船派给十二两四钱零。后帮现运有地船八十六只,地三百七十三顷八十八亩零,每亩征津银三分,共津银一千一百二十一两零,每船派给十三两零。

一 任城卫每丁额派起科地七十六亩零,轮流承种济运。(案:查任城卫原额屯地,内成熟地四百五十五顷二十二亩零,照例起科征银,解布政司、粮道,给造漕船并该卫支给官丁廪粮、修艌各项用讫,并无赡运屯地,今将屯粮内熟地分别上中下三等,每等地一百五十一顷七十四亩零,搭配均匀,现用浅船四十只,剥船三十二只,运丁五百九十二名,每名该给起科熟地七十六亩零,轮流充当济运。)

一　乾隆十年题准，任城帮船四十七只，并无额运产业，仍照向例，每船每年给赡军银十两，于地丁银内动给，造入漕项奏销。

一　东平所每船给地五顷，自为开垦赡运，免其起科。（案：查东平所原额屯地九十一顷九十七亩，内抛荒地八十九顷八十五亩，成熟地二顷一十二亩。原额赡运地二百七十八顷，内抛荒地二百二十一顷零，成熟地五十六顷九十九亩零，班军地六十亩。派征银两，解兵工二部、布政司、总河各项钱粮应用。今浅船二十四只，剥船八只，军丁二百八十八名，无田济运。旧例每船十军，每军赡田五十亩，每船赡地五顷。今除续垦熟地五十九顷十一亩零，照现运之军，每名止该地二十一亩零，每船止有地二顷十五亩零，不足五顷之数。地亩又经起科，应照成熟上中下三等地五十九顷一十一亩零，每船给地五顷，计田派运。）

一　康熙十一年题准，东平所赡运额地二百七十七顷零，额运漕船每只应给地五顷，该赡军地一百五十五顷，外起科地一百二十二顷零。今现在起科之地，因丁逃抛荒，止存一百一十七顷零，尚不足起科地亩之数，不便作赡运田地，仍应起科征粮。再该所荒地每船给军五顷，自行开垦，以作赡运屯田，免其起科。

一　乾隆十二年咨准，东平所原派给每船屯田五顷，均系现丁执业，其未经清查之前，典出地一十四顷四十九亩零，已经全数赎回管业。

一　东昌卫每船派给赡运地五顷。（案：查东昌卫原额运军五百二十八名，每名赡地五十亩，共原额地二百六十四顷，内成熟上地十二顷，中地七十顷，清出荒芜下地一百八十二顷，运粮各军现有地亩襄运。）

一　平山卫每船派给赡运地二顷四十五亩不等。（案：查平山卫原额运军一千四十八名，每名赡地五十亩，共计地五百二十四顷。今将运军现在屯田尽数清出，止有三百七十六顷四十亩零，内熟地二百五十二顷七十九亩零，荒地一百二十三顷六十一亩零，数目不敷，仍给荒地无益于运。部议作何设法招垦，令该督抚会同总漕酌量，屯运两便。）

一　乾隆十年题准，东昌卫、平山前后两帮永减并闲运军地，内有粮地共一十八顷六十五亩零，于津贴银八分内扣除二分，完粮六分津运。又民人费有工本开垦成熟地九十亩零，照本帮有粮熟地，除完粮二分外，每亩出津银四分，仍照例将前项地亩四至津租数目及佃户运军各姓名造册报部。再该二帮每年按亩津银八分，并非足色库平，如遇水旱灾伤，又照收成分数酌减，亦无一定确数，应酌定数目，以垂久远，仍造册报部。

一　乾隆十二年咨准，东昌卫、平山前后两帮裁减军地四十顷二十八亩零，现丁离地窎远，仍归减丁佃种，照依运军津贴之例，有粮军地每亩津银四分，无粮军地每亩津银六分,官为征收,均给现运各丁济运,免其追交。

一　濮州所屯丁按丁派给钱粮,不征不解,坐抵安家月粮之用,每船该给地四顷五亩零。(案:原查东昌卫濮州所帮原额运军二百六十名,各屯地不等,共地三百十六顷九十五亩,钱粮不征不解,旧例坐抵安家月粮。)

一　康熙三十年咨准,濮州所因濮、郓等州县加增漕米,添船七只,并随船赡运屯田,今以三十船军地之中,每船拨出七十亩与七船之丁,每船拨给赡运地三顷,七船共二十一顷。

一　乾隆十七年咨准,濮州所浅船三十七只,内有田船三十只,每船派给屯地五顷,旗丁一名领种,并无什军,无田船七只,各丁因地处四散,难以耕种。公议三十船,每船每年贴租银二两二钱,共银六十六两,为七船公用,每船应得租银九两三钱零,毋庸拨给地亩。

一　临清卫帮丁每名原赡地五十亩,或二三十亩不等,俱分派济运。(案:查临清卫原额运军二千三百名,加添运军二十六名,屯田赡地每名五十亩,或二三十亩不等,共原额地八百二十八顷六十五亩。今现在运军一千三十六名,随军地六百三十一顷,内荒地一百五十七顷八十二亩,成熟地四百七十三顷十八亩。逃亡,故绝军一千二百六十四名,加增缺军二十六名。逃亡,故绝地一百九十七顷六十五亩。今清出在军名下耕种地五十九顷五十八亩,在民户内垦种十四顷七亩,荒地一百二十四顷,荒多熟少,清出以备派运。)

一　乾隆十年题准,什军承种赡田之临清卫山东前帮、河南前后两帮,每亩津银三分,旗丁什军彼此相安。其永减船只,军丁既一体津贴济运,与什军同一力田,津贴银两即照本帮什军一体津贴。

一　乾隆十三年咨准,临清卫山东前帮、河南前后两帮节年永减浅船四十一只,减闲军丁三百七十三名,原派无粮运地一百七十七顷三十九亩零,其中多有坟墓庐舍,仍归闲运各军管种,与各帮什军一例津贴,官为征收,均匀派给。

一　乾隆十年题准,山东省各卫所清出屯田,除东昌、濮州、东平三卫所并无什军分种,均系现丁执业。其济宁、平山、临清三卫地亩,什军一体领田,一军驾运,九军帮贴,仍照旧分种,帮贴济运。其各卫帮随船军地有典卖与人者,即令逐渐赎回,济运轮运之丁亦令同赎,田租亦令同收。嗣后,如再典卖与受,一并治罪,追田给还,契价入官。其典卖地亩内葬有坟墓者,酌计亩数免赎,仍按亩津贴什军,永远济运其什军,及减歇闲运之丁。从前典卖与人之地,力能取赎者,即令取赎;力不能赎者,责令渐次回赎,未赎以前应贴津费,令典卖执业各户按亩出银津运。其抛荒之地,军民自费工本开垦者,给照为业,免赎归船,仍照例津贴运丁。以上各项津银,各帮运丁自行收取,其各帮永减船只及无船可运闲丁,原派之地亩既经免其撤出,归现运之船,即照什军之例,一体帮贴。此内有粮地亩,每亩每年八分内扣二分,完粮六分津运,每岁津银令各该卫汇齐,按照原减原歇帮次匀给现运各丁,其因灾轮减之船,不得滥给。再军民自费工本开垦之地,即给照免赎归船,其每年按亩津银照本帮有粮熟地之例,除完粮二分外,每亩酌定四分。

一 乾隆二十四年题准,东省屯田一项先于乾隆十年彻底清查,将各卫屯田分别执业津租,经造册送部。其德州正左两帮租地,每船议给租银十两,亦经乾隆二十二年覆准,应毋庸更张加增。

江安省

一 江、兴二卫原编屯丁、运户两项,其屯丁照亩纳粮,额供兵饷,运丁给以行月钱粮,屯田免给。

一 安庆卫每丁船派给田五百二十余亩,分为上下两运。(案:查该卫原额屯田九万四千九十余亩,向来编定屯丁五百名,每名领田一百八十余亩,分为五甲,每甲遴选领运,五年一轮。今将清出屯田分别上中下三等阄派均匀,即于五甲之内选定殷实诚练者一百八十名,每名授田五百二十余亩为业,余不足选者,将原分田退出给与,将一百八十名分为上下两运,各给合同印照。)

一 乾隆三十年查明该卫运丁船一百二十二甲,分领原额屯田九百四十九顷七十六亩六分零。内除荒缺无着屯田一百一十一顷七十一亩二分零,实在成熟田八百三十八顷五亩三分零。内各丁执业庄亩屯田共三百六十八顷九十六亩四分零,系本丁自行收租,纳赋衬运。又各甲运丁执业津贴屯田共一百七顷七十四亩六分零,每亩征津银七分,共征银七百五十四两二钱二分零;附甲闲丁执业津贴屯田共一百七十七顷二亩八分零,每亩征银九分,共征银一千五百九十三两二钱五分零;附甲民人执业津贴屯田共一百八十四顷三十一亩四分零,每亩征津银一钱一分,共征银二千二十七两四钱五分零。俱解道给丁济运,通共实应征津贴屯田四百六十九顷八亩九分零,实应征津贴银四千三百七十四两九钱四分零。

一 宣州卫每船一只派给田一千四百二十二亩有奇,岁贴津银一百四十两零。(案:查宣州卫屯田止有一万二千亩,其余五万九千一百四十六亩零,皆因军调田荒。前明成化间改屯为科,听从军民传执,惟造册在卫输粮。至顺治六年,议照依额田编为五十里,运船五十只,每里分五甲,每甲俱以田之多者分为甲首,轮流贴运。顺治九年题准,凡种宣州卫之田者,不论军民,概定每亩赡运银三分、津贴七分,共银一钱。顺治十三年题定,仍照原编每船一只派田一千四百二十二亩,每田一亩,岁输津贴银一钱,合银一百四十两零,共银七千两零,以资丁运。)

一　乾隆十九年查明宣州卫军地七百十一顷四十六亩零，向有屯科之分，内重则屯田一百二十顷，轻则科田池塘五百九十一顷四十六亩零，屯田每亩征银六分，科田每亩征银四分。顺治十二年，将该卫屯田每亩加津银一钱，后因宣州田多船少，止议每亩征银三分。雍正八年，再加三分，查前次所加银两，每年由司核算详咨。雍正八年，所加之银从前因系贴军运费，未曾议及报销，以致执业小民历年完纳不前。嗣后，折实库科纹银二分六厘，此外不许私毫加耗，官为催收给运，造册报销，并将新订《宣卫全书》重刊条款开载。

一　乾隆三十一年，查案该卫原额屯科田池塘共七百一十一顷四十六亩三分零，现今旗丁自置屯田五十六亩八分，自置科田四百二亩七分零，民人执业屯田一万一千九百四十三亩二分，科田五万八千七百四十三亩五分零。

一　新安卫屯丁额征银五千一百一十六两零，匀派给丁，凡帮贴散户，不论军民管佃，每年每亩津银一钱。（案：查新安卫轻重垦样四则，屯田四千五百七号，共田九万一千六百四十六亩零，照依上下两帮领运丁船一百二十一只，品搭均匀派定，每船一只派屯三十六号五厘六毫，计田七百三十三亩零，仍分轻样垦为一则，重则为一则，约计每船岁于屯田内征银一百四十两，给丁以充津贴，仍将屯之在军者编为领运，现丁接连甲首以屯之零星属民者编为帮贴散户，不论在军在民，概以一例津贴运丁为主，二十亩为一号。）

一　乾隆十九年查明该卫原编屯田九百一十七顷四亩三分三厘零，内分轻重垦样四则，军丁执业田二百四十三顷八十六亩九分零，民人执业田六百七十三顷一十七亩三分零，每亩定例津贴银一钱，改折纹银八分，共银七千三百三十六两三钱四分七厘零，内随正征给银五千三十两二钱四分四厘零，本丁自收银二千三百六两一钱二厘零。

一　建阳卫每丁共坐额田四十亩，嗣以实在田数分别等次，均匀尽派，无分屯丁运户，按船授田，轮流领运。（案：查该卫实在屯田十万三十一亩有奇，每年出运漕船一百二十八只，运丁一千二百八十名，共该坐额田五万一千二百亩，例系津运，不纳籽粒。此外尚有佃种屯丁一千二百二十一名，共佃余田四万八千八百三十一亩，每年仅纳籽粒折色银一千六百三十五两一分，以为出运官丁俸廪及充饷之用。今将前后实在田数分别上中下三等，品搭均匀，尽派每年出运一百二十八船，军丁领田帮运，按船授田，令有田者轮流领运，无田者不许妄扳，其屯丁所佃余田，应征籽粒折色银两及加征丁银三百四十一两零，共银一千九百七十六两零，给官识俸廪及贴造漕船之需，每年全运丁领运即以屯丁籽粒归之，如全屯丁领运即以运丁籽粒归之。）

　　一　建阳卫屯田总计二千五百六十四户零，内执田而不出运者，每户贴工银四两，出运之丁自行收取。而应完道库额编屯折垦荒并摊征丁银等项，共一千九百七十六两六钱七分零，顺治十二年以旋征旋给殊多周折，题定以道库应给行月折色银两按数划抵，不征不给，名曰抵兑。

　　一　乾隆十九年，查明该卫原编实在屯田一千二百一十一顷七十七亩四厘零，现运每船原派屯田百千余亩不等，系本丁自执招佃耕种，又分派减船屯田一顷一十二亩，每亩津贴五分，自行收取赡运。

　　一　乾隆二十八年，查明该卫原额屯田十万三十一亩零，每年出运漕船一百二十八只。顺治十年报升新增屯田二千五百二十八亩零，又新升丈出田一十七亩零。嗣裁船二十八只，所裁军户派垦荒田分给现运九十名无分运丁。屯户照依旧额二千五百余户，轮流领运。

　　一　六安卫原额屯田一百八十七顷三十八亩八分四毫零，内运丁自行耕种屯田一百七十二顷七十八亩九分四厘九毫，民人执业屯田一十四顷五十九亩八分五厘五毫，每亩征津银三分，共银五百六十二两一钱六分四厘零，旗丁自行收取济运。（该卫裁改庐州四帮，今复并宿州二帮）

　　一　洪塘所并无屯田，只有归并粮田，每亩征银八分三厘。内坐落五河县田二十七顷一十九亩九分三厘，共征津银二百二十八两八钱一分四厘零。坐落凤阳县田一顷六十一亩九分九厘零，共征津银一两六钱一分九厘九毫零。坐落临淮县田三顷五十七亩四分七厘，每亩征津银一分，共银三两五钱七分四厘零。原永减船六只，屯田五十二顷四十六亩七分，共征津银九十两八钱七分五厘八毫，由卫征解，给丁济运。（该所嗣并凤中三帮。乾隆二十三年，复并宿州头帮六只，扬州二帮四只）

　　一　庐州卫现在屯田三千九百四十七顷二十二亩零。乾隆二十九年题准，每亩征津银六分，共征津银二千三百七十二两三钱三分二厘，由卫征收解道，给丁济运。

　　一　怀远卫军田十三顷，每亩征银八分八厘零，又田二顷，每亩征银六分三厘零，较之民田，未免较重。乾隆三年钦奉谕旨，照蒙城县民田之例，每亩征银二分一厘，共免银九十八两八钱七分。（该卫康熙十八年裁并凤阳卫）

　　一　凤阳卫现在屯田分为粮运二田，粮田三千四百七十八顷五十五亩零，不分军民佃种。乾隆三十年题准，每亩征津银一分，共征津银三千四百七十八两五钱五分零，运田八百七十顷五十二亩零，每亩照旧征纲军银二分、三分不等，由卫征收解道，给丁济运。

　　一　寿州卫减船之丁比照安庆卫，分为上下两运，择各丁之殷实者二名，共领船一只,共给屯一分,更番轮运。即将该卫屯田上中下三则品搭均匀,逐名给发收领,赴运者赴运,耕屯者耕屯。(该卫后归并长淮卫)

一 长淮卫头帮原额粮田二百八十四顷二十七亩零,乾隆三十年题准,每亩征收津银一分,共银二百八十四两二钱零,由卫征收解道,给丁济运。又房产基地每年征收租银六百余两。因长淮二帮永运豫粮,乾隆二十一年咨准,即贴备二帮办运,嗣于乾隆三十一年蓟粮改折案内,将二帮丁船裁汰,仍归头帮运丁济运。又长淮三帮原额赡运田九百四十顷九十亩,续清出田三百四十七顷一十五亩,又清出田一十二顷七十二亩,共田一千三百顷七十七亩。乾隆三十年题准,每亩津贴一分一厘二毫零,共征津贴银一千四百六十四两八钱五分三厘,由本卫征收解道,给丁济运。又长淮卫四帮原额赡运田一千二十六顷五十八亩,续清出田五十二顷五亩,又清出田一千八十七顷九十六亩,共田二千一百六十六顷五十九亩。乾隆三十年题准,每亩津贴银八厘七毫三丝四忽零,共征津贴银一千八百九十二两三钱三厘,由卫征收解道,给丁济运。(长淮卫三、四两帮俱系寿州卫改并)

一 宿州卫原额赡运并升增田二千九十八顷八十八亩四分三厘,内除沉废并故绝荒田一百二十三顷五十四亩二分,实现成熟田一千九百七十五顷三十四亩二分三厘,俱坐落宿州境内,每亩征津银九厘六毫六丝零,共征津贴银一千九百一十两七分六厘零,原系各丁自行收取,今改并长淮卫征收解道,给宿州头帮运丁济运。又该帮有屯粮田七百五十九顷八十三亩一分八厘零,内除挖废田六十亩八分六厘,实成熟田七百五十九顷二十二亩三分二厘零,俱坐落宿州境内。乾隆三十年题准,每亩征津银一分,共该津银七百五十九两二钱二分三厘零,亦由本卫征收解道,给丁济运。(该卫嗣并长淮卫为宿州头帮)

一 武平卫船只减存无多,旗丁半出于班军领运,俱住河南怀庆等府州县,相离远,运屯仍照旧例。

一 武平卫屯田五千二百九十一顷五十七亩零,乃系军民自置开垦起科,与粮饷田无异,此田于康熙十七年裁汰,武平卫归并宿州卫之时,已归并亳州管理。现在每亩征银一厘七毫零,共银九百二十两,分给宿州二帮现运旗丁四十六名,以为赡运之资。(嗣宿州卫又归并长淮卫为宿州二帮)

一 武平卫军田五千二百九十一顷,每亩加征银七厘三毫。乾隆三年钦奉谕旨每亩减去加征银五厘五毫零,共免银二千九百六十二两六钱五分。(现征银九百二十两,即前条一厘七毫之数)

一 徐州卫原额屯田三千七百八顷四十一亩四分一厘零,内徐州前帮屯田一千三百六十三顷一十亩七分七厘零,除本丁及军丁管种田一千一百一十三顷九十八亩九分零,其民人执业田二百四十九顷一十一亩八分零,每亩津银五分,共津银一千二百四十五两五钱九分零。河南后帮屯田一千一十五顷二亩二分七厘零,除本丁及军丁管种田九百二十八顷四十五亩五分零,其民人执业田八十六顷五十六亩七分零,每亩津银五分,共津银四百三十二两八钱三分零。江北帮屯田一千三百三十顷二十八亩三分六厘零,除本丁及军丁管种田一千一百二十一顷六十二亩九分零,其民人执业田二百八顷六十五亩四分,每亩津银五分,共津银一千四十三两二钱七分。

一　邳州卫原额屯田一千一百五顷五十亩九分零,内除坍废、柳占、冲缺等项田一百六十七顷七十六亩六分零,实现在屯田九百三十七顷七十四亩三分零。(该卫改并淮安卫,今为淮安三帮、四帮)

一　淮安卫屯田有上下二等,本卫南北三帮旗船一百四十六只,共计屯丁一千六百四十八名,均派领种。至东海一所原无屯田,西海所虽有屯田五十八顷九十余亩,皆属卤瘠不堪,前朝查给本所城操军丁耕种,抵作口粮,以供戍守。(该卫南帮后改为头、二两帮,北帮原运山东粮,嗣撤回本省,名附载帮,今并入头、二两帮)

一　乾隆三十一年查,案:淮安卫头帮实现成熟屯田三百八顷三十六亩八分零,每船派田多寡不等,有派田四顷三十八亩零,及七顷七十九亩零者,俱系现丁执业。淮安卫二帮实现成熟田二百九十四顷四十五亩三分零,每船派田多寡不等,有二顷八十五亩八分至七顷四十六亩五分不等,俱系现丁执业。又附载帮实现成熟田九十八顷八十九亩二厘零,每船派田多寡不等,有派五顷七十二亩七分零,至七顷四十六亩五分零不等,俱系现丁执业。

一　淮安卫三帮每船原派屯田一十四顷五十三亩五分二厘七毫,续于乾隆二十九年委员清查,将该帮减丁名下屯田一百八十七顷七十八亩一分二厘零,分派现运旗丁,有派三顷七十四亩一分至七顷八十五亩八分零不等,俱系现丁执业。淮安卫四帮实在屯田三百九十七顷一十五亩二分,每船现派屯田一十四顷一十八亩四分,俱系现丁执业。(以上三四两帮俱系邳州卫改并)

一　大河卫屯田并无上等,止有中下二等。本卫南北四帮旗船二百五十一只,共计屯丁三千零一十二名,均给领种。

一　乾隆三十一年查,案:该卫前二、三帮原额屯田二千七百一十七顷七十七亩二厘八毫,内除坍荒田八十五顷八十一亩九分九厘,实在成熟田地一千六百三十一顷九十五亩三厘,内本丁自行执业田一千一百三十五顷二十七亩七分六厘,又减丁执业田四百九十六顷六十七亩二分七厘,每亩津贴银五钱八分一厘,共银二百八十八两六钱,分派现丁收领济运。

一　扬州卫所屯田按册稽查，逐亩丈勘，毋论在军在民，尽数清出田亩数目，分别上中下三等，造册呈报。

一　扬州卫头帮每船额派屯田五百一十亩二分六厘，该帮有南帮、北帮之分。北帮八十六船，久经裁减，现在执业者俱系减丁。南帮九十二船，现在出运漕白船八十只。其南北两帮减田虽然系减丁执业，但多有典当与人者。乾隆三十一年题准，将南帮典出屯田分为上中下三则，上田每亩征津银一钱二分，中田征津银八分，下田征津银四分。又南帮典出屯田内有柴田、银租田、豆租田三项，名目系按收租完粮之数征津，如收租完粮一钱者，则征津银一钱六分；完粮二钱者，则征津银三钱二分，所征津银按照该船出典田数多寡派给，各归各船，其并无出典屯田之船，毋庸派给。至北帮减田，无论减丁自执典出，亦分上中下三则，照南帮一例，征津均给南帮现运之丁济运，由卫征收，解道给领。

一　扬州卫二帮每船额派屯田十二顷零，历年裁汰船一百八只，现出运本帮船五十四只，并拨抵兴化所船八只，其减船屯田仍系减丁执业，每年减船各出津贴银十五两。乾隆三十年题准，由高、宝、甘、天四州县征收解道，分给现运各丁济运。（该帮原系高邮卫江北帮，于康熙初年裁改）

一　扬州卫三帮内泰、盐、兴、通四所，泰州所每船额派屯田有三百九十余亩至四百八十余亩者，盐城所每船有派屯田四百八十余亩至一千一百八十余亩者，俱系多寡不一，兴化所每船额派田六百六十亩，通州所每船额派并归并屯田三百九十八亩九分零，俱系现丁执业。

一　仪征帮屯田一千七百一十五顷七十七亩零，分为上中下三则，上则每分征津银一两，中则每分征津银八钱，下则每分征津银六钱。（该帮原系仪征卫，乾隆十五年裁并扬州卫）

一　泗州卫屯运田三千五百九十八顷八十一亩零，内运田一千四百一十三顷九亩零，内民人佃种田五百五顷二十四亩零，军丁执业田九百七顷八十五亩零，俱系军丁自行收租赡运。屯田二千一百八十五顷七十一亩零，内民人佃种田九百一十二顷八十一亩零，军丁执业田一千二百七十二顷八十九亩零。内坐落泗州屯田每亩征津贴银一分，坐落盱眙、天长、来安、高邮、宝应各州县屯田每亩征津贴银一分一厘六毫，俱由卫征收解道给领。

一　滁州卫，乾隆二十年查明，原额屯田二百顷五十二亩六分，内原垦荒田三顷五十六亩二分零，各户执业完赋，实在随船屯田一百九十六顷九十六亩三分零，每船原派屯田二顷八十五亩四分零，又分派减船四十八亩三分零，俱系本户自行执业。

苏松省

一　苏松等卫所运丁屯田尽清归卫，分上中下三等，一船给田十分，各照领运船只分别给丁办运。（案：查苏州卫有免粮之荒屯，太仓卫有摊赔之荒屯。而领运之丁，苏太镇刘河卫所有给五分、七分者，金松卫所每船一只止给一百五十亩，多寡不均，而镇江卫每船给至十九分、二十分。其间苏太镇刘河、镇江即运丁亦一例完粮，而金松卫所运丁则免纳籽粒，又属互异。至苏属各卫又有备运舍余杂差闲丁领种之田，尽数均给领运之丁，亦照例收其籽粒，以供杂用，与镇江卫一例。倘金运变更，必田随船转，其肥瘠不等，除免粮、纳粮各田并金松卫所均系滨海一例起科原无高下外，苏太镇刘河、镇江上中下三等，各照领运船只分别给丁办运。

一　苏州卫现在屯田三百三十三顷二十五亩零，各丁自行管业，收租办赋。

一　太仓卫现在屯田二百四十五顷四十四亩零，内缺额田一十五顷三十亩零，系运丁照旧完粮；运丁自行执业田二百一十八顷五十六亩零；屯丁执业田二十六顷六十六亩零。每亩征银一钱，共津银二百六十八两八钱五分零，各丁自行照户对支，运丁收取赡运。

一　镇海卫现在屯田一百八十六顷一十亩零。内缺田七十三亩零，运丁照旧完粮；运丁自行管理田九十顷二十九亩零；民人执业田九十五顷六亩零。内水屯按户津贴米五斗，共津贴米一百四十四石九斗二升，系随月粮屯米交给运丁收取赡运。又该卫屯田内有挂户运田二百八十四户半，每户征津贴银二两，应征银五百六十九两。又摊归屯田五百七十五亩五分零，每亩津贴一钱，应征银五十七两五钱五分零。共应征津贴银六百二十六两五钱五分零，给丁济运。

一　镇江卫原额屯田一千七百一十五顷四十七亩零，乾隆二十年查明该卫减船屯田除坐落甘泉、泰州二处者田薄不议津外，其丹阳者每亩津贴银六分，在江都者每亩四分，在泰兴者每亩二分，现丁收取赡运。又该卫屯田有丹阳县民胡孝三占去重报民田二百七十三亩，现在民亩久已编入民额内完粮，应令每亩津贴银一钱五分济运。

一　镇属漕米截充京口兵粮，各卫裁船俱归现运之丁，惟镇江卫各减丁每船原出有垦价二三百两，请仍归减丁执业。乾隆二十四年议定，应还垦价，即令现运之丁均匀派认，其田悉归现运，日后倘有增运丁船屯田，即于现运各丁名下均扣归出，而以现在各丁所出垦价即令新丁按数清还。

一　金山卫现在屯田三百五十九顷四十四亩零，军丁自行管种田一百二十一顷六十一亩零，屯丁民人执业屯田二百三十七顷八十三亩零，每亩津贴市平市色银四钱，运丁自行收办。（该卫后归并镇海卫为金山帮）

一　乾隆二十年咨准，金山卫帮坐落上海县屯田一千八百七十五亩零，其租银系市平九、七、八银色奉文征解，即同公帑，应折色收纳，同地漕例，折实库平纹银止九钱三分一两，合算每亩应征库平纹银五钱五分八厘，每年八九月催征全完，十月初旬解交道库，给丁济运。

一　乾隆二十四年题准，江安各卫屯田经雍正十三年暨乾隆七年两次清查，造册详咨，无庸委员清查。至苏松各卫屯田自乾隆七年清查之后，每船已经均派，并无缺额。在苏州、镇江二卫田随船转，又归并镇海卫之金山帮，按帮轮运，现在并无典卖。惟太仓、镇海二卫前后各帮向有典卖，然典卖各田仍在现运丁船名下挂户完粮。其执业之丁非系运军，即属屯丁，应饬两卫守备各照现运船数每丁给发亲填单一纸，令本船旗丁将该船自行执业若干亩及挂户田若干亩分晰开注，其挂户项下即将现业何人、于何年何月何人出卖、契价若干逐一注明，呈缴卫备，转造清册，同原发亲填单一并送道察核，即为回赎屯田章本，酌定年限，分年回赎，以期归运。倘有不肖奸丁捏混，察出照例治罪，卫备照承查不力例参处。至赡运田租佃欠不清，俱令该卫一面报明司道，一面移县勒追其津贴银两，令各卫查明造册。如屯田钱粮本系卫征收者，此项津贴银即由卫随正征收。如裁卫归州县屯田钱粮系在州县征收者，即由州县随正征收，均令批解道库，按帮给发。如各州县将田租津贴任意惰征拖欠误运，分别参处。

浙江省

一　浙江省各卫所屯田，顺治十三年题定，每船派给田一百五十五亩零，计屯起运。凡有屯领运卫所即以原额之田津派本卫所应运之船，其派剩屯田分别等次津贴。有运无屯卫所按船派给。至沿海无屯无运卫所田亩，情愿出运者，照例派给田亩；不愿者，征租折银解交道库，照例贴派无屯卫所之丁。（案：查浙省原额屯田二十一万八千七百八十二亩零，内有省城屯田二千七百六十四亩零，久为居民建造房屋免其派纳外，将清出温、湖二卫所民佃屯田一千四百二亩零抵补原额，止缺田一千三百六十二亩零，以一千四百四十一船均派，每船实给田一百五十亩零。至省城屯地照亩轮派籽粒起科，每岁于仁钱二县征收，解布政司汇解充饷。又康熙十一年清查屯田，每船派给田一百一十三亩零。康熙二十五年裁减驾军，又每船减田一十一亩零。现计每船实给赡运田一百二亩零。）

一　乾隆五年题准，温州卫原额屯田三万一千二百三十四亩，内拨给本卫两帮田一万六千二百九十三亩，该卫各丁俱交亲属管收外，其余田一万四千九百四十亩。找派宁、绍、处三卫之丁从前因相隔窎远，未经执业，未几又值抛荒，屯民垦熟为业，以致军民争讼。今按照上田收谷三石、中田二石、下田一石六斗，各半平分之数输津给丁,不得照从前议上田输津三钱、中田二钱、下田一钱过轻之则,其佃户输津完饷之处,令该卫征比催收,该管道府查催,分别解饷给军。如卫备征解不前,照例查参;佃户不能完纳,另招良佃耕种;倘有私自典卖者,照私典官田律治罪。

一 乾隆七年浙省清屯,查明各卫所屯田分派数目开后:

杭州卫屯田四万七千五十亩零,内派给杭州卫帮屯田三万六千八百八十六亩零,派给宁波卫帮田五千八十三亩零,派给绍兴卫帮田五千八十一亩零,俱系运丁自行执业。

严州所屯田一万五千一百四十八亩,内上则田每亩征津银四分,中则地每亩征津银一分五厘。内派给严州所帮田八千八百二十五亩零,共征津银二百八十六两七钱零;派给宁波卫帮田三千一百六十一亩,共征津银一百二两六钱零;派给绍兴卫帮田三千一百六十二亩零,共征津银一百二两七钱零。

嘉湖卫屯田三万三千九百六亩零,内派给嘉兴卫帮田七千一百二十八亩零;派给湖州所帮田五千六百五十七亩零;派给绍兴卫帮田四千三十七亩零;派给处州卫帮田八千三百七十一亩零;派给海宁所帮田六千二百二十三亩零;派给宁波卫帮田二千四百八十八亩,俱系运丁自行执业。

台州卫屯田二万一千三百七亩零,内上则田九千五百六十二亩零,每亩征津银一钱;中则田五千八百六十一亩零,每亩征津银八分五厘;下则田五千八百八十二亩零,每亩征津银七分。内派给台州卫帮田一万八千三百三十亩零,共征津银一千五百九十八两八钱零;派给绍兴卫帮田一千四百八十八亩零,共征津银一百二十六两四钱零;派给处州卫帮田一千四百八十八亩零,共征津银一百四十两九钱零。

温州卫屯田三万一千二百三十四亩零,内上则田每亩征津银七钱,中则田每亩征津银五钱,下则田每亩征津银四钱。内派给温州卫帮田一万六千二百九十三亩零,共征津银七千九百八十两七钱零;派给宁波卫帮田四千九百八十亩零,共征津银二千八百六两二钱零;派给处州卫帮田四千九百八十亩零,共征津银二千九百四十五两七钱零;派给绍兴卫帮田四千五百八十亩零,共征津银三千五十四两四钱零。

宁波卫屯田一千二百二亩零,运丁自行收租。

衢州所屯田一万三千一百九十七亩零,不分三则,以一百亩六分零为一单,每单征津银八两。内派给衢州所帮田四千七十三亩零,共征津银二百八十八两;派给金华所帮田三千八百四十七亩零,共征津银二百七十二两;派给绍兴卫帮田二千六百三十五亩零,共征津银一百八十六两四钱;派给处州卫帮田六百六十一亩零,共征津银四十六两四钱;派给宁波卫帮田一千九百八十一亩零,共征津银一百四十两。

一 乾隆十一年题准,温州卫屯田派给本卫及宁、绍、处三卫运丁济运,前定业主收租上田三石、中田二石、下田一石六斗之则,佃民因额数过多,即丰年亦不能如数,系属有名无实。今酌定田归佃户管办,每亩除完赋外,上田征输津银四钱,中田三钱,下田二钱,照田定额,两无偏累。令该卫照数征收,该管道府一体查催,并令将解给数目及有无完欠、考成职名造入该年漕项奏销余租册内,具题查核。

一 乾隆十二年咨准,衢州所屯田地土硗薄,每亩津银五分。海宁卫派给宁波卫田,每亩津银一钱二分。

一 乾隆十八年题准,温、宁、绍、处四卫赡运津银按照频年平价计算,佃户赢余过多,今酌定增加上田津银五钱,中田三钱五分,下田二钱五分,征解赡运。

一 乾隆二十五年题准,浙省衢、严、台、温四卫所屯田,衢所派运田一百一十六单六分,每单原征津银五两四钱二分六厘,今加增二两五钱七分四厘,合共每单津银八两,共计原额津银六百三十二两零,今新加津银三百二两一钱零。严所屯田向无津银,今议屯田每亩输津四分,屯地每亩输津一分五厘,共输津银四百九十二两零。台州卫屯田,上田原征津银六分,今加四分,中田原征津银五分,今加三分五厘,下田原征津银四分,今加三分,计原额津银一千一百二两一钱五分零,今新加津银七百六十三两四钱三分零。温州卫屯田,上田原征津银五钱,今加二钱,中田原征津银三钱五分,今加一钱五分,下田原征津银二钱五分,今加一钱五分,计原额津银一万一千六百一十三两零,今新加津银五千一百七十四两二钱一分零,通计原额津银一万三千三百四十余两,共加津银六千七百二十余两。应令总漕浙抚转饬各属,照依议增各数,于乾隆二十四年起征,按年随漕征收,批解道库核验,按丁派给济运。仍令将各该卫所输租各则田地细数,以及起增年分分晰造册,送部存查,并嗣后按年造册,送部查核。

江西省

一 江西省各卫所屯田,顺治十四年题准,照各卫原额船只、屯丁数目均匀派给,如现今船未足额,即照倍载多寡,将派定空田给之,俟佥补足额,仍照数追还。(是年,清查除原额屯田外,计先后清出屯田地并随田地基、山塘等地共五百八十二顷四十亩零,除荒塞地四十九顷二十七亩零,实在五百三十三顷十亩零。)

一 雍正十一年题准,江省各卫所军田典卖在民者,令各丁备价取赎,其民垦成熟辗转售卖者,除完正课外,照民田则例,按亩折征,解道津贴。本卫所运军其有减存船只,自雍正十三年起,将该船应得屯田地亩租息除完粮外,所余籽粒折价归公。(是年,清查成熟屯田地及随田基、塘、山堰共四千七百八十七顷三十八亩零。)

一 乾隆二年奏准,江西各卫所漕船每只派给屯田六百二十九亩零,向系招佃耕种，佃户完纳正粮外，旗丁收取余租赡运。因屯田散处各州县，旗丁收取不便，佃户屡欠不还，令各州县悉行查出，按照上中下科则完纳正赋外，征收余租，解交道库，给军济运。

一 乾隆九年清出原额新增屯田，除豁免坍塌外，现在成熟田地五千三百三十七顷七十八亩零。题定内袁州卫田塘五百七十六顷七十亩不征余租，南昌前左帮、抚州、铅山、饶州等卫所随田基、塘、山堰，并江南建德县补军屯田、铅山所旗丁拱抬隐垦入官屯田二千三百三十三顷四十二亩，每亩余租不等，由县征收，解道给军。赣州、九江、广信、铅山等卫所成熟屯田二千四百二十七顷七十五亩零，应征余租，运丁自收赡运。又吉安所坐落龙泉县丈出余屯改升民田六十一亩零，岁征折租银四十两零，均由各县征收，解交道库，转发各卫所，运丁派给，均分济运。

乾隆十三年咨准，信丰所自闽汀拨归屯田五千五百二十一亩零，除完正粮外，每亩津贴银三分，共银一百六十五两六钱零，征解道库，转给信军一十五船，均分赡运。

一 乾隆二十三年题准，江西省吉安、建昌二所垦熟屯田历系佃种，折租交纳，向例每石折银二钱四分及二钱六分不等，除完赋外，该丁每亩止得租银一钱二三分。嗣后，吉安所每石折银四钱八分，建昌所每石折银四钱，饬令地方官取具各丁佃，遵结送案，无许浮加平色、胥役滋扰。

一 乾隆二十五年题准，建德县抚州所原有屯田银两，东流县南昌卫原有屯田银两，向系解江安粮道库，听该帮各丁重运过宁时就便给领，嗣后，俱解江西省道库，分给济运。

一 乾隆二十五年题准，江西省原额军丁并查出新丁共二十七万五千九百六十三丁，原额屯田五千三百四十五顷九十四亩零。今次清出实屯田六千四百八十八顷九亩零，原额余租一万二千八百八十七两四钱零，今次加增余租银一十一万七千七百三十两八钱零，共征余租银一十三万六百一十八两三钱零，按各帮情形分给造运各费。即以乾隆二十五年为始，征解给济，将来届满四年编查，悉照此次章程办理，所有各帮造运各费开列于后。

一 南昌卫屯田一千三百五十六顷七十三亩零，内上则田五百三十七顷七十九亩零，内彭泽、东流、德化、德安、瑞昌、星子六县，每亩征余租银三钱，建德县每亩征余租银四分五厘；中则田三百九十九顷六十二亩零，内彭泽、东流、德化、德安、瑞昌、星子六县每亩征余租银二钱四分，建德县每亩征余租银三分五厘；下则田二百三十二顷二十三亩零，内彭泽、东流、德化、德安、瑞昌、星子六县每亩余租银二钱，建德县每亩征余租银二分五厘。又桑落州上则地一百四十九顷一十七亩零，每亩征余租银六分。又丰郭州中则地三十一顷六十七亩零,每亩征余租银五分。又彭泽、德安二县下则地六顷二十一亩零,每亩征余租银四分以上,共征银三万一千七十二两零,俱系县征解道,每年每造给银六百五十两,每运给银九十两。

一 袁州卫屯田地二百一十一顷四十二亩零。内军管屯田七十九顷九十亩零,每亩征余租银一钱四分;民管屯田九十一顷八十四亩零,每亩征余租银二钱四分。又军民开垦田四顷三十三亩零,每亩征余租银八分。又军民管种屯地三十五顷三十三亩零,内宜春、分宜、万载三县,每亩征余租银八分,萍乡县每亩征余租银四分,以上共征银三千五百八十八两三钱零,俱系县征解道,每年每造给银四百两,每运给银一百两。

一 赣州卫屯田一千一百一十四顷三十八亩零,内上则田三百一十顷四十二亩零,内瑞金县每亩征余租银二钱八分,赣县、雩都、兴国、崇义四县每亩征余租银一钱二分;中则田三百八十三顷四十六亩零,内瑞金县每亩征余租银二钱四分,赣县、雩都、兴国、崇义四县每亩征余租银一钱;下则田一百八十八顷五十五亩零,内瑞金县每亩征余租银二钱,赣县、雩都、兴国、崇义四县每亩征余租银八分。又山头、地角等项田三十三顷三十三亩零,内瑞金县每亩征余租银八分,赣县、雩都、兴国、崇义四县每亩征余租银四分。又公田及民人垦熟等田一百九十八顷五十九亩零,按上中下等则科租二万二百八十三石五升零,每石折征银五钱,内除完屯粮正耗等项外,实征银八千两二钱零。以上通共征银一万七千五百二十五两六钱零,俱系县征解道,除拨给吉安、饶州、抚州三所,共银二千六百八十七两六钱零外,每年每造给银一千两,每运给银三百五十两。

一 信丰所屯田二百七十二顷六十一亩零,内军管田二百一十七顷四十亩零,每亩征余租银五钱。又闽省寄庄改归赡运田五十五顷二十一亩零,每亩征津贴银八分,通共征银一万一千三百一十二两零。内除完屯粮正耗等银外,实征银八千九百七十四两四钱零,俱系县征解道,每年每造给银一千两,每运给银三百五十两。

一 会昌所屯田二百三十五顷九十九亩零,内拨运田一百六十八顷二十八亩零,每亩征余租银三银。又本户及首垦田五十七顷九十九亩零,每亩征余租银二钱。又武平县寄庄田九顷七十一亩零,每亩征津贴银八分。以上共征银六千二百八十六两二钱零,俱系县征解道,每年每造给银八百两,每运给银三百一十两。

一 南安所屯田七十二顷三十七亩零,每亩征余租银二钱,共征银一千四百四十七两五钱零,俱系县征解道,拨给抚州所城军,资济造运。

一 九江卫屯田地一千五百四顷三十三亩零,内上则田六百三十六顷九十五亩零,每亩征余租银三钱;中则田五百四十四顷三十五亩零,每亩征余租银二钱四分；下则田一百三十四顷八十三亩零，每亩征余租银二钱。又上则地四十四顷三亩零，每亩征余租银六分；中则地七十六顷一十五亩零，每亩征余租银五分；下则地六十七顷九十八亩零，每亩征余租银四分。以上共征银三万五千七百八十七两零，俱系征解道，每年每造给银九百两，每运给银一百四十两。

一　吉安所屯田一百三十五顷四十三亩零，内拨给龙军伍船自管收租赡运田一十六顷七十六亩零不征余租外，实归公赡运田一百一十八顷六十六亩零。内庐陵县田二十一顷九十二亩零，每亩征余租银三钱三分零。又龙泉所田一十八顷八十五亩零，每亩征余租银一钱。又龙泉县归公田七十七顷八十八亩零，内成熟田六十三顷一十三亩零，按亩征租七千八十石七斗零，每石折银四钱八分。又赎回及清出开垦田一十四顷七十五亩零，征租一千八百八十二石四斗零，每石折银四钱八分四，共征银五千二百二十七两五钱零，内除完屯粮正耗等银外，共征银四千四十七两五钱零，俱系县征解道。又于赣卫余存项下拨银一千四十两，每年每造给银三百两，每运给银六十两。

一　永建帮屯田地二百六顷一十五亩零，内永新所屯田一百二十顷一十二亩零，共征谷一万七千三百九十七石二斗零，每石折银三钱二分，共征银五千五百六十七两一钱零，除完屯粮正耗外，实征银四千六十四两一钱零，俱系县征解道，每年每造给银四百两，每运给银一百两。建昌所屯田八十六顷三亩零，内原成熟田八十三顷九十五亩零，征租一万一千一百一十八石七斗零，每石折银四钱；又垦熟硗薄田三十六亩零，计租四十九石六斗零，每石折银二钱四分；又垦熟屯地六十七亩，每亩征粮租银一钱七分；又新垦屯地一顷三亩零[1]，每亩征粮租银一钱，共征银四千四百八十一两二钱零，除完屯粮正耗外，实征银三千三百二十七两二钱零，俱系县征解道，每年每造给银三百两，每运给银一百两。

【校记】

[1]《丛刊》本缺。

一　安福所屯田一百三顷一十一亩零，实征谷一万五百二十五石二斗零，每石折银四钱，内除完屯粮正耗外，实征银二千六百六两五钱零，俱系县征解道，每年每造给银四百二十两，每运给银一百两。

一　抚州所屯田三百二十顷八十亩零，内上则田三十顷八十一亩零，内余干县每亩征余租银一钱二分，安仁县每亩征余租银一钱六分，建德县军管每亩征余租银一钱六分，民种补军田每亩征余租银四分五厘；中则田九十八顷八十九亩零，内余干县每亩征余租银一钱，安仁县每亩征余租银一钱二分，建德县军管每亩征余租银一钱四分，民种补军田每亩征余租银三分五厘；下则田一百九十一顷一十四亩零，内余干、安仁二县每县征余租银九分,建德县军管每亩征余租银一钱二分四厘零,民种补军田每亩征余租银二分五厘。以上共征银三千七百五十九两五钱零,俱系县征解。又拨南安所余租银一千四百四十七两五钱零,又拨赣州卫余存银一百五十五两九钱零,每年每造给银四百两,每运给银一百两。

一　广信所屯田地一百五顷二十七亩零,内中则田八十一顷三十四亩零,每亩征余租银二钱五分;下则田二十三顷四十五亩零,内乾隆二十五年升征田一十二顷九十八亩零,每亩征余租银二钱,乾隆二十八年升征田一十顷四十六亩零,每亩征余租银八分;又下则地四十七亩零,每亩征余租银四分以上。共征银二千三百七十九两零,俱系县征解道。内弋阳、贵溪二县二船每年每造给银八百两,每运给银二百两,上饶县九船每年每造给银六百五十两,每运给银一百一十九两。

一　铅山所屯田地二百一顷八十二亩零,内上则田七十三顷九十七亩零,每亩征余租银三钱;中则田二十八顷八十三亩零,每亩征余租银二钱四分;下则田八十顷四十二亩零,每亩征余租银二钱;又山头、地角等田一顷二十八亩零,每亩征余租银三分;又下则地一十七顷三十一亩零,每亩征余租银四分。以上共征银四千五百九十二两八钱零,俱系县征解道,每年每造给银八百两,每运给银三百两。

一　饶州所屯田地三百五顷九十七亩零,内上则田六十三顷五十九亩零,内鄱阳县每亩征余租银一钱二分,建德县军管每亩征余租银九分,民种补军每亩征余租银四分五厘;中则田七十一顷四十四亩零,内鄱阳县每亩征余租银一钱,建德县军管每亩征余租银七分,民种补军每亩征余租银三分五厘;下则田一百七十顷八亩零,内鄱阳县每亩征余租银九分,建德县军管每亩征余租银五分,民种补军每亩征余租银二分五厘;又新生地八十五亩零,每亩征余租银九分。以上共征银一千八百九十四两二钱零,俱系县征解道。又拨赣卫余银一千四百九十一两六钱零,每年每造给银四百两,每运给银一百两。

一　乾隆二十六年奏准,江西省清查出各卫所屯田,应令经征各州县将境内所有屯田另造清册,以地从丁,于某丁名下注明某顷田地若干,应征余租若干,其屯田坐落圩段,开明四至,造入交代,并分送各上司该管衙门备查,并饬各州县各按屯田、民田分立界石,以垂永远。倘有军民互相侵越之处,分别照例治罪。

一　乾隆二十六年奏准,江西赎田原议系按年分远近照原价减十分之三四五及减十分之二不等,若原典卖之丁无力,即归现运之丁回赎,若又无力,即令同族公赎,又无力,即令同船公赎,在赎价既已减轻而众擎又属易举,是以,各于限内备价,当官取赎。嗣后除代赎、公赎者,应即令出价之人承管。至于原典卖之人,所赎者不过从前得价之半,即可自执原田;已属得自分外,应令有屯各县随时稽查,如有仍行花消糜费者,即起田入官,另募殷实良丁承管,至于此番赎屯其私行典卖者,均予免罪得价,原属从宽办理,若再有私行典卖者,即照例将田将价一并入官,仍各按律治罪。

一 乾隆二十六年奏准,江西省各卫所军屯每出运一船,给运费银自一百两至三百五十两不等,每造船一只,除例应官给料价二百八两零外,其各丁自相津贴计给造费银三、四、五百两至一千余两不等,均系按照各卫所田亩船只多寡及诸帮有无贴费,分别酌定。此项银两从前未定章程,各丁不免先期支借,临时更费周章。嗣后,该省屯田余租经征各州县尽数解交道库,该粮道按照修造兑开之时,方许照数给发,不得先行徇情支借,其造船自发银之日起,酌定限期,勒令依限完竣,查验坚固,以杜虚冒挪延之弊。

一 乾隆二十六年奏准,江西省征屯余租除给发造船运费两项外,余银存贮道库,以备帮船事故之用,恐各丁视为应得之项,群生觊觎,希望开销,自应示以节制。嗣后,除空重遇有风水赔垫等事需用繁多,该卫员弁呈报,由粮道查验确实酌量给发外,其余概不得混行呈请。至各帮造船运粮之费,固因田亩船只多寡不等,而其实皆以敷用为率,虽有差等,正得均平,自不得再行加增,至滋糜费。再查前项余租,既酌定章程,应将征解开销各数分别造册送部,以凭查核。

一 江西裁船屯田业于清查屯田案内按帮、按屯议加租折解道,按船议给,造运所裁之船原无复有余租分给,所有裁船屯田,毋庸另议派拨。

湖广省

一 湖广屯田康熙十年题定分卫分船,将附近湖南之荆州等四卫丁船及武左卫找补之四丁船并各卫屯田,听湖南粮道催运督征;附近湖北之武昌等六卫所丁船及屯田听湖北粮道催运督征。

一 乾隆八年奏准湖北武昌等卫所有屯清屯、无屯清费。查武昌、武左、黄州、蕲州四卫屯田,各清出原额屯粮实征正饷,除纳钱粮外,按粮多寡分别议定帮费,官征官给,派给各船济运。其故绝逃亡之户,民人顶种者,现在纳粮贴运与额屯无异,其顶种之家或田有出售,仍令额军买回。

一 乾隆八年奏准,湖北屯田德安所额船三十三只,每船岁得帮费银一百六十二两。襄阳卫船三十只,每船岁得帮费银一百七十两。武昌卫额船五十六只,武左卫额船五十五只,每船各派给银一百四十七两三钱不等。黄州卫船二十六只,每船岁派给银一百二十五两零。蕲州卫额船三十二只,每船岁派给银一百三十五两零。

一 乾隆八年奏准,湖北屯田德安所原额船三十三只,每船岁得帮费银一百六十二两,乾隆十三年裁船七只,现运船二十六只,裁船帮费加增现运,每船岁得帮费银二百五两零。襄阳卫原额船三十只,每船岁得帮费银一百七十两,乾隆十三年裁船六只,现运船二十四只,裁船帮费加增现运,每船岁得帮费银二百一十二两零。武昌卫原额船五十六只,每船岁得帮费银一百四十七两零,乾隆十三年裁船十一只,现运船四十五只,裁船帮费加增现运,每船岁得帮费银一百八十三两零。武左卫原额船五十一只,每船岁得帮费银一百四十三两零,乾隆十三年,裁船十一只,现运船四十只,裁船帮费加增现运,每船岁得帮费银一百八十二两零。黄州卫原额船二十六只,每船岁得帮费银一百二十五两零,乾隆十三年裁船六只,现运船二十只,裁船帮费加增现运,每船岁得帮费银一百六十三两零。蕲州卫原额船三十二只,每船岁得帮费银一百三十五两零,乾隆十三年裁船七只,现运船二十五只,裁船帮费加增现运,每船岁得帮费银一百七十五两零。

一　乾隆十五年题准,湖北武昌卫屯产被水冲刷地十一顷八十七亩零,豁免屯饷丁银二十一两五钱零,其因屯派征帮费银十四两五钱零,亦一体豁除。

一　乾隆二十四年题定,湖北省各卫所屯田自乾隆八年清查,议令额军取赎以后,应查明已赎屯田若干、未赎屯田若干,将未赎田作为十分,分别有无契据,秉公回赎议价,定限五年赎清归屯。如本军无力,许同伍有力之军赎回,仍佃与本军耕种,收租济运,俟一年限满,将已赎若干分、未赎若干分,分晰造册送核。如一年限内赎不及十分之二者,将该管官分别议处;二分以上者免议;三分以上者,该管官分别议叙。倘有捏报回赎,卫所官弁不行查出者,照例降一级调用。其该府同知有清军之责,各卫所每年赎不及十分之二者,照开垦不及二分例罚俸二年。其民顶军田有匿不首报,查出,照隐匿田地例,一亩至五亩笞四十,每五亩加一等罪,止杖一百。其民间典买从未入运之班操等军田亩向止派征帮费,与民之顶种绝屯者无异,若必定以年限勒令回赎,未免滋扰,仍饬照例帮贴济运。或有转售之时,即令该卫查明,给与现运军丁备价交易,不特不许售与民户,亦不许售于未入运之班操等军。如有军民私相典卖,照例治罪,并饬各清军同知将现在民顶绝屯例免回赎,并民买班操等军向未归运之田,一并确查坵段,秉公估价,造册备案,俟有转售,本卫军丁即可按册交价管业,统于年底将转售各军姓名汇册,送部查核。

一　湖北省各卫所屯田,乾隆二十三年定议应赎屯田作为十分,定限五年回赎,按年具题,如一年限内赎不及十分之二者,将卫弁清军同知照例议处。乾隆三十二年奏准,应军丁量力自赎,毋庸再定年限。未赎屯田,嗣后民人出售,总令与军交易,不许更售与民,则屯田自可逐渐归丁,亦不致有民永占军产之患。应令该管守备、同知实力稽查,不得因已无限期,一任军民私相授受,仍于年底将赎田若干、未赎若干,并所征津贴、运费各数照例造册咨部。再湖南省未赎屯田系照湖北之例定限回赎。楚省事同一例，应一并照此办理，以归画一。

一　乾隆八年题准，清出湖南荆州等卫屯田、荆州卫归并左右中前后五所屯田六百一十四顷四十八亩零，操田一千三百一十九顷八亩零，荆左卫成熟田并新垦升科屯田地二千二百五十四顷二十一亩零，荆右卫成熟运操屯田二千二百三十四顷零，沔阳卫运操屯田一千一百七十九顷九十四亩零，岳州卫屯田四百六十三顷七十一亩零。军旗民佃照粮一体软抬。凡军田典卖在民，及顶绝垦荒年久，造有房屋坟墓，愿当军差者，不准回赎，即将本人编入军户当差；不愿当差者，听本军及同伍之军回赎；其军置军产，田去差存者，准赎；田差俱去者，不准回赎；军买绝军屯产，现当军差者，亦不准其回赎；如民买军田，不愿当差，及军买军产，田去差存，而原户贫乏不能回赎者，分别津贴，派给运军赡济。

一　湖南各卫什军帮费。荆州卫额船三十三只，每船岁给银一百六十两；荆左卫额船三十四只，每船岁派银一百八十两零；荆右卫额船四十只，每船岁派银一百五十九两零；沔阳卫额船二十三只，每船岁派给银一百二十两；岳州卫额船四十八只，每船岁派给银一百五十两；武左卫拨入船四只，每船岁派给银八十两。

一　湖北武昌左卫拨入湖南三帮四船，于乾隆三十一年奏准裁汰，除湖南省应行支给银米分洒通帮外，其在湖北之四船屯费、军帮、乐从等项银五百七十二两五钱，咨准与湖南各半分支，其裁船屯田仍归本帮济运。

一　乾隆二十三年奏准，定例屯田不得私相典卖，如有典卖，令照原价取赎。嗣后，取赎屯田如原价在百两以上者，令其分作三年交价，价足，田即归船，以资赡运。并将各省屯田已赎若干、未赎若干，造册送部查核。

一　乾隆二十四年咨准，未赎屯田价在百两以上者，酌定三年交价，每年租息亦分作三年，每交价一分，即收一分租息，交价二分，即收二分租息，三年之内，交足原价，即将原田归船济运。

一　乾隆二十九年奏准，嗣后，应令总漕并各督抚饬各州县卫所官弁等，于四年清查及五年编审之期，务将老户及新任军丁户口逐一详细查造，毋得瞻徇绅衿大户情面，致令脱漏，亦不得听任胥役人等将民户妄报，藉端勒索，致滋扰累。如有遗漏军户，并讹诈平民等弊，一经查出，即行据实参处治罪。

屯田坐落

直隶省

屯田共二百七十六顷九十亩零。

通州所一百九十二顷,坐落顺天府属之通州三河、武清、香河、平谷,天津府属之沧州、青县等州县境内。

天津所八十四顷九十亩零,坐落天津府属之静海、青县、南皮、沧州等州县境内。

山东省

屯田共六千顷六十亩零。

德州卫管辖一百八屯,计三千四百五十六顷一十四亩零,坐落德州、德平、陵县、乐陵、恩县、平原、清平、堂邑、高唐、禹城、武城、夏津、临清,并直隶之吴桥、故城、景州、清河等十七州县境内。

济宁卫管辖八十三屯,计田七百五十九顷三十九亩零,坐落滋阳、宁海、邹县、汶上、金乡、曲阜、嘉祥、寿张、巨野、郓城、济宁等十一州县境内。

东昌卫管辖八十六屯,计田六百十六顷六十九亩零,坐落聊城、堂邑、博平、濮州、范县等五州县境内。

临清卫及东平所管辖八十三屯,计田一千一百三十八顷三十七亩零(内东平所一百五十五顷),坐落济宁、嘉祥、巨野、郓城、鱼台、邹县、滋阳、临清、清平等九州县境内。

江南安徽省

屯田共三万九千六百八十七顷八亩零。

江淮、兴武二卫无屯田。

安庆卫屯田九百四十九顷七十六亩零,坐落安庆府属之怀宁、桐城、望江,池州府属之贵池、东流各县境内。

宣州卫屯田七百一十一顷四十六亩零,坐落宁国府属之宣城、宁国各县境内。

新安卫屯田九百一十七顷四亩零,坐落徽州府属之婺源、祁门、黟县,宁国府属之泾县、太平、旌德,池州府属之青阳、石埭各县境内。

建阳卫屯田一千二百一十一顷七十七亩零,坐落太平府属之当涂、芜湖、繁昌,池州府属之铜陵各县境内。

六安卫屯田一百八十七顷三十八亩八分四毫零,坐落六安州属境内。(该卫裁汰丁船归并庐州卫)

洪塘所粮田八十四顷八十六亩九厘九毫,坐落五河、凤阳、临淮三县境内。(该所裁汰归并凤阳卫,嗣分并宿州头、扬州二)

庐州屯田三千九百四十七顷二十二亩零,坐落庐州府属之合肥、巢县,并六安州属各州县境内。

凤阳卫归并州县粮田三千四百七十八顷五十五亩零,坐落凤阳府属之凤阳、怀远、定远、虹县、灵璧、凤台、泗州及泗州属之盱眙、五河,颍州府属之蒙城各州县境内。又赡运屯田八百七十顷五十二亩零,坐落凤阳府属之凤阳、虹县、灵璧、怀远、定远、寿州、凤台、宿州,泗州属之五河、盱眙,庐州府属之合肥,颍州府属之霍邱,六安州属各州县境内。

寿州卫屯田三千四百六十七顷三十六亩,坐落寿州、凤台、霍邱三州县境内。（该卫裁并长淮卫为三四帮）

长淮卫头帮粮田二百八十四顷二十七亩零,坐落寿州、凤阳、怀远三州县境内。

宿州卫宿州头帮赡运田二千九十八顷八十八亩四分三厘,又屯粮田七百五十九顷八十三亩一分八厘零,俱坐落宿州境内。

武平卫粮田五千二百九十一顷五十七亩零,坐落宿州境内。（该卫裁并长淮卫为宿州二帮）

徐州卫屯田三千七百八顷四十一亩零,坐落徐州府属之铜山、萧县、丰县、砀山,并河南省归德府属之商邱、夏邑、永城各县境内。

邳州卫屯田九百三十七顷七十四亩三分零,坐落邳州境内。（该卫裁并淮安卫,今为三四帮）

淮安卫屯田七百一顷七十一亩一分零,坐落淮安府属之山阳、安东、阜宁各县境内。

大河卫屯田一千六百三十一顷九十五亩零,坐落淮安府属之清河、安东、阜宁、桃源各县境内。

扬州卫屯田头、二、三帮共二十九万二千六百三十六亩零,坐落扬州府属之江都、甘泉、仪征、高邮、宝应、泰州、兴化、通州,淮安府属之盐城,泗州属之天长各州县境内。（高邮卫泰州、盐城、兴化各所俱并扬州卫）

仪征卫屯田一千七百一十五顷七十七亩零,坐落扬州府属之甘泉、仪征,江宁府属之六合各县境内。（该卫归扬州,今为仪征帮）

泗州卫屯田三千六百七顷七十亩零,坐落泗州及州属之天长、盱眙,扬州府属之高邮、宝应,滁州属之来安各州县境内。

滁州卫屯田一百九十六顷九十六亩零,坐落滁州及州属之全椒、来安各州县境内。

江南苏松省

屯田二千八百三十九顷七十三亩零。

苏州卫屯田三百三十三顷二十五亩零,坐落苏州府属之长洲、元和、吴县、震泽、常熟、昭文、新阳各县,常州府属之金匮县境内。

太仓卫屯田二百四十五顷四十四亩零,坐落苏州府属之昆山、新阳、常熟、昭文,太仓州属之镇洋、嘉定、宝山各州县境内。

镇海卫屯田一百八十六顷一十亩零,坐落苏州府属之昆山、新阳,太仓州及州属之镇洋、嘉定、宝山各州县境内。

金山卫三百五十九顷四十四亩零,坐落松江府属之上海、南汇、奉贤各县境内。(该卫归并镇海卫,今为金山帮)

镇江卫屯田一千七百一十五顷四十七亩零,坐落镇江府属之丹阳,扬州府属之泰州、江都、甘泉,通州属之泰兴各州县境内。

浙江省

屯田共一十六万三千四十九亩零。

杭州卫屯田六万二千二百零,内派给杭州卫帮三万六千八百八十六亩零,宁波卫帮八千二百四十四亩零,绍兴卫帮丁田八千二百四十三亩零,严州所帮丁田八千八百二十五亩零,坐落杭州府属之仁和、钱塘、富阳、余杭、临安、於潜、新城,严州府属之桐庐各县境内。

嘉湖卫屯田三万三千九百六亩零,内派给嘉兴卫帮丁田七千一百二十八亩零,湖州所帮丁田五千六百五十七亩零,绍兴卫帮丁田四千三十七亩零,处州卫帮丁田八千三百七十一亩零,海宁所帮丁田六千二百二十三亩零,宁波卫帮丁田二千四百八十八亩零,坐落嘉兴府属之嘉兴、秀水、嘉善、海盐、平湖,湖州府属之乌程、归安、长兴、安吉各州县境内。

台州卫屯田二万一千三百七亩零,内派给台州卫帮丁田一万八千三百三十亩零,绍兴卫帮丁田一千四百八十八亩零,处州卫帮丁田一千四百八十八亩零,坐落台州府属之临海、黄严、天台、太平各县境内。

温州卫屯田三万一千二百三十四亩零,内派给温州卫帮丁田一万六千二百九十三亩零,宁波卫帮丁田四千九百八十亩零,处州卫帮丁田四千九百八十亩零,绍兴卫帮丁田四千九百八十亩,坐落温州府属之永嘉县境内。

宁波卫屯田一千二百二亩零,坐落宁波府属奉化县境内。

衢州卫所屯田一万三千一百九十七亩零,内派给衢州所帮丁田四千七十三亩零。金华所帮丁田三千八百四十七亩零,绍兴卫帮丁田二千六百三十五亩零,处州卫帮丁田六百六十一亩零,宁波卫帮丁田一千九百八十一亩零,坐落衢州府属西安县境内。

江西省

屯田地、基塘、山塘共六千四百八十八顷九亩零。

南昌卫屯田地、基塘、山堰一千三百五十六顷七十三亩零,坐落九江府属之德化、彭泽、德安、瑞昌,南康府属之星子,并江南省池州府属之东流、建德各县境内。

袁州卫屯田地塘二百一十一顷四十二亩零,坐落袁州府属之宜春、万载、分宜、萍乡各县境内。

赣州卫屯田一千一百一十四顷三十八亩零,坐落赣州府属之赣县、雩都、兴国,宁都州属之瑞金,南安府属之崇义各县境内。又信丰所并入赣州卫帮屯田二百七十二顷六十一亩零,坐落赣州府属之信丰并福建省之汀州府属各县境内。又会昌所并入赣州卫帮屯田二百三十五顷九十九亩零,坐落赣州府属之会昌,并福建省汀州府属之武平、寄庄等县境内。

南安所(丁不出运,征租拨给抚州所资济造运)屯田七十二顷三十七亩零,坐落南安府属之大庾县境内。

九江卫屯田地一千五百四顷三十三亩零,坐落九江府属之瑞昌、德化、德安、湖口、彭泽,南康府属之星子各县境内。

吉安所屯田一百三十五顷四十三亩零,坐落吉安府属之庐陵、龙泉各县境内。

安福所屯田一百三顷一十一亩零,坐落吉安府属之莲花厅、安福县各境内。

抚州所屯田地、基塘、山堰三百二十顷八十五亩零,坐落饶州府属之余干、安仁,江南省池州府属之建德各县境内。

永新所屯田一百二十顷一十二亩零,坐落吉安府属之莲花厅、永新县各境内。

建昌所屯田地八十六顷三亩零,坐落建昌府属之广昌县境内。(乾隆三十年,永新、建昌并为一帮)

广信所屯田地一百五顷二十七亩零,坐落广信府属之上饶、玉山、广丰、兴安各县境内。

铅山所屯田二百一顷八十二亩零,坐落广信府属之铅山、弋阳、贵溪、兴安各县境内。

饶州所屯田地三百五顷九十七亩零,坐落饶州府属之鄱阳,并江南省池州府属之建德各县境内。

湖北省

屯田共六千五百三十三顷三十三亩零,屯粮共三万五千五百三十四石一斗一升零。

武昌卫屯粮一万四千七百八十三石七斗二升,坐落武昌府属之江夏、武昌、咸宁、嘉鱼、蒲圻、崇阳、兴国、大冶、通山,汉阳府属之汉阳、汉川、黄陂、沔阳,安陆府属之钟祥、京山,德安府属之安陆、云梦、应山、应城、随州,襄阳府属之襄阳、宜城、枣阳各州县境内。

武昌左卫屯粮一万三千四百五十五石九斗八升,坐落武昌府属之江夏、咸宁、嘉鱼、蒲圻、崇阳、通城、通山、大冶、兴国,汉阳府属之汉阳、汉川、黄陂、孝感、沔阳,安陆府属之京山、天门,德安府属之安陆、随州、应山、应城,并湖南省岳州府属之巴陵、临湘各州县境内。

蕲州卫屯粮七千二百九十四石四斗一升,坐落武昌府属之武昌、大冶、兴国,黄州府属之蕲州、蕲水、罗田、黄梅、广济,并江南省安庆府属之宿松,江西省九江府属之德化、瑞昌各州县境内。

黄州卫屯田七百二顷一十四亩,坐落黄州府属之蕲州、蕲水、黄冈、麻城、黄安,武昌府属之江夏、武昌、咸宁、嘉鱼、蒲圻、通城、兴国、大冶,汉阳府属之汉阳、黄陂、孝感,并湖南省岳州府属之临湘,江南省之六安州及州属之霍山,河南省光州属之光山、固始、商城各州县境内。

襄阳卫屯田三千三百五十五顷四亩,坐落襄阳府属之襄阳、枣阳、宜城、谷城、南漳、均州,郧阳府属之郧县、房县、郧西、竹山,荆州府属之江陵、枝江,安陆府属之当阳各州县境内。

德安所屯田二千四百七十六顷一十五亩零,坐落德安府属之随州、安陆、云梦、应城、应山,汉阳府属之孝感各州县境内。

湖南省

屯田共八千六十五顷四十二亩零。

荆州卫屯田一千九百三十三顷五十六亩,坐落荆州府属之江陵、公安、石首、监利、松滋、枝江、宜都、远安,安陆府属之潜江、荆门、钟祥、当阳,宜昌府属之东湖、归州、巴东各州县境内。

荆左卫屯田二千二百五十四顷二十一亩,坐落荆州府属之江陵、松滋、枝江、宜都,安陆府属之荆门、当阳、潜江各州县境内。

荆右卫屯田二千二百三十四顷,坐落荆州府属之江陵、公安、松滋、枝江,安陆府属之荆门、当阳、钟祥、京山、潜江各州县境内。

沔阳卫屯田一千一百七十九顷九十四亩,坐落安陆府属之天门、潜江,汉阳府属之沔阳、文泉各州县境内。

岳州卫屯田四百六十三顷七十一亩,坐落岳州府属之巴陵、平江、临湘、湘阴、华容各县境内。

《漕运则例纂》 卷之八

征纳兑运

征收漕粮

民折官办

收漕斛斗

漕赠银米

交兑军旗

派兑水次

《漕运则例纂》卷之八

征纳兑运

征收漕粮

各省漕粮向系军民交兑,军强民弱,每多勒索。顺治九年以后定为官收官兑,酌定赠贴银米随漕征收,官为支给,民间交完粮米即截给印串归农,军民两不相见,一切浮费概行革除。

一 征收粮米责成印官稽查,不许颗料囤贮私家,如有绅衿大户仍囤私家,不行交仓者,该粮道详报总漕题参。(康熙元年例)

一 州县征收粮米预将各里各甲花户额数的名填定,连三版串一,给纳户执照一,发经承销册一,存州县查对,按户征收,对册完纳,即行截给归农,其未经截给者,印官查摘追比。若遇有粮无票、有票无粮,即系吏胥侵蚀,监禁严追,有漕各省画一遵行。(雍正八年例)

一 漕粮开征之时,州县应将每年正米外额加耗米若干、耗银若干,刊石设立仓前,不许横索毫厘。如有蠹役侵蚀,飞派无辜者,该督抚即将州县指参。至衙蠹侵粮盈千累万,及征比之时辗转扳累,逋赋终不能清,蠹役安然无恙,应令督抚凡追侵欠,必严令限期,逾限不完,除将本犯田产妻孥变卖外,立题正法,惩示恶党,其所侵欠悉行蠲免。(顺治十三年例)

一 州县拖欠漕粮,该管粮道监兑等官严檄行催,不得差役,致滋勒索。违者,该督抚即题参。(顺治十五年例)

一 州县征收漕米,或淋尖踢斛,或划去斛里,或改换斛面,或每量一二斛必另取一二斗,别置一处,名曰样米。又斛面余下之米,小民不得取回,名曰席垫米,此为多收之弊。又州县当米价腾贵时,乘机追征,每米一石折银一两数钱不等,于米贱时发银各里，每银一两买谷数石，名曰买官谷，小民照户交纳，多寡不等，其银不敢分领，仅足打点粮书、粮差，此为贵折贱买之弊。又州县收米到六七分时，即停止不收，名曰截斛，其三四分未完之米竟行改折，每石追银一两数钱不等，此为私折之弊。又州县离省城远者必雇小船装运，至省旧例每米一石征水脚银六分，近则每斛加派至一钱五六分，仍票拿各埠头及村镇，民船装运分文不给，此为盘送之弊。又收银收米皆给民印票，以为凭据，各州县将完粮时所给印票至比较时尽缴入官，及至他日复行追比，一税两征，此为缴票之弊。应令总漕、各省督抚逐款严查，如有此等情弊，即行严参究治。（康熙四年例）

一　收纳漕粮有浮加斛面一、二、三指者，总漕并各督抚查出，即行指名题参。（康熙十二年例）

一　东省漕粮除轻赍、折席、润耗、脚价等项征银外，其正耗漕米、本折行月、润耗银米每石折银八钱，至每亩应征银若干，仍刊列由单，颁发各属遵行。（康熙十五年例）

一　漕粮耗米例应征收本色给军，如有私自改征折色者，各该督抚、漕运总督题参，照私自改折漕粮例治罪。（康熙三十三年例）

一　漕欠不入赦款，康熙十二年题准，地丁于二月开征，漕项于七月开征。

一　征收漕粮，民户之外，向来秀才即称儒户，监生即称宦户，包揽拖欠，无所不至。雍正二年奉旨除去儒户、宦户名目，如有劣生、劣监包揽拖欠，即行重处。倘印官瞻顾，不力革此弊者，查参治罪。

一　征收漕米照征收银粮例，于花户名下注名，即绅衿某人于奏销时分别完欠，按律治罪。（雍正六年例）

一　苏、松等府各州县粮重仓多，印官不能兼顾，向点书役在仓经收，所点书役务选殷实之人充当，如佥派匪人以致侵蚀漕粮者，收书照监守自盗律治罪，佥派州县照溺职例议处。（雍正四年例）

一　苏、松等府所收仓粮丁兑之外，果有盈余，责令粮道盘明，令州县存贮公所，以为修理仓廒及赈济之用。倘有借盈余名色加收斛面，贻累小民者，将粮道一并题参，从重治罪。（雍正四年例）

一　各州县征收漕米，印官验明米色，随到随收，照部颁制斛，令粮户自行挡平，不许蠹役习蹬留难，其副书从旁讲盘说合，及踢斛淋尖等弊概行革除。倘有阳奉阴违，该管道府稽查访察，据实揭报，如有徇隐姑容，该督抚即将该道府一并题参。（乾隆元年例）

一　豫省征运本色之祥符等州县，各照现额漕米数目按实在行粮熟地，除原不派征之更名等地外，无论仓口新升，一例均派，核明某则地每亩该米若干、征银若干，遇闰加征银米各若干，载入《全书》，遇升除地亩即照所载某则地每亩该银米若干，一体照数增减，其改征黑豆统以米数开造，不必并列。（乾隆三年例）

一　湖北省额征粮米虽分北漕、南漕，其实可以合征分解，应令该督抚将南北二项漕粮合收之处永远遵行，如有分项征收，零星多取者，该督抚即行题参。（乾隆四年例）

一　各省漕耗等项久经酌有成规，毋容多取，屡经严禁，乃不肖有司尚敢立名勒索，苦累民间。令有漕督抚力为厘剔，严饬各该道府密行访察，如各州县有不按定例，勒索加派，私行改折，以及纵容胥吏舞弊侵蚀，该道府即行揭报，严参治罪。倘有徇隐，经该督抚觉察，即将该道府一并题参究治。（乾隆五年例）

一　各省收漕廒口，江南苏、松等属按照区图派廒收纳，江西、浙江、湖南、河南四省不分区图，随廒收纳，江宁、湖北、山东三省粮多之县按照区图，粮少之县不分区图，应各按该地方情形照旧分别办理，不必别议更张。（乾隆五年例）

一　收漕州县多有浮收斛面及揑勒留难之弊，应令总漕及各督抚严饬各属务恪遵定例，将干圆洁净之米选兑上船。倘有借查验之名，将民间好米故意揑勒，多方刁蹬，不即兑收，或将潮湿细碎及搀和糠粃沙土不堪之米滥行收兑者，该管上司立即揭报严参，从重治罪。（乾隆七年例）

一　州县征收漕粮，或有潮润搀杂事发，向例止有粮道处分而无知府，乾隆二十六年奏准，嗣后，州县水次收兑漕粮如有搀杂潮润等弊，该府不行实心查察，事发即照失察例议处，如有意袒护，令各该督抚据实题参，照徇庇例办理。若漕粮既经起兑开行在途，如有搀杂潮润，抵通查出，仍照定例，将押领厅弁及督押之粮道总漕议处，毋庸议处知府。

一　江浙所属之苏州、松江、太仓、常州、嘉兴等府州县，向来米色每多潮润，州县相沿，率以地气洼下、风雨潮湿为词，乾隆二十九年奏准，严饬地方州县于征漕时照例慎选干洁好米查验兑收，如仍沿陋习，藉端抵饰，即行据实查参，照例议处。

一　江苏、浙江富户宦家每年所纳漕米多不纯洁，乾隆二十九年奏准，嗣后，地方州县将绅宦富户俱预行晓谕严禁，至收漕之时，再留心查验，如米色干洁，毋事苛求，或仍敢将潮润之米巧行尝试，或公然令家人子弟持帖干求，验明确实，即将米封贮，通行详揭，督抚据实题参，请旨严处，一面饬令易换好米交仓。

一　各省征收漕粮，总漕、各督抚严饬所属州县，于开仓时，务必亲身至仓查验米色，随到随收，平斛响挡，亲身查察。或因公他出，即暂委佐贰官轮流监收，其在仓看收之亲友、家人及佥派之收书、仓役，如有包揽、浮收勾通作弊等情节，即行揭

报,严参究处,毋得徇隐姑容。如暂委之佐贰等官扶同隐匿,该督抚亦即一并参究。(乾隆八年例)

　　一　下江收漕开仓时,印官驻宿仓所,亲验米色,书吏尚无间可乘。至紧兑之时,印官不能处处亲验,胥吏遂多刁难,小民不能等候,情愿议扣自九五折至九折不等,大漕既毕,所征兵行恤局等米竟有扣至八折者。应通饬有漕州县于开仓之时,刊立木榜,大张晓谕,毋许额外需索。令粮道知府等员不时密访,如有刁难折扣等弊,即将官吏一并揭参。至征收兵行恤局等米,亦遴委干员细加查察,稍有违犯,即行禀究参处。(乾隆十年例)

　　一　各省漕粮如遇截留,本省之年漕耗等项尚有应需之款,应一律征收,分别支解。至折征之年,山东、湖南、湖北三省既有应需之款,自应随正征收,照数支解。若湖南之二耗米石系随漕征耗,非漕耗银米可比,不得将所需养廉等项于二耗变价银内动支。至浙江、江西、河南等省遇折征之年,折银、起解、盘费等项亦所必需,若不动漕耗而又请动别项开销,与从前酌收办公之议未协,令各该督抚因时调剂,如漕粮遇折,尚有应需之款者,遵照原题征收,以资办公。

　　一　漕项银两与地丁统征、分解,例系一并刊刻易知单内,征收遇有地丁蠲豁漕项,例不并免拨出另征,易滋影射,乾隆十年奏准,遇有蠲免地丁之年,将蠲免地丁之内应征漕项每亩若干逐细核明,别款开入易知单内,照数征收。

　　一　有漕省分如有米色不齐者,令于漕粮未运之先预行题明。(康熙三十九年例)

　　一　淮、扬、庐、凤等属米石,康熙三十二年题准,不论红白一体兼收,永著为例。

　　一　句容县漕米,雍正十年咨准,籼粳并纳。

　　一　江浙漕粮例应征收粳米者,或遇收成歉薄之年,米色不齐,经督抚题明者,俱准红白兼收,籼粳并纳,永著为例。(雍正六年例)

　　一　乾隆七年江南下江地方秋雨连绵,米色不纯奉旨准红白兼收,至抵通之后,或虑此等米色不能久贮,即先发为俸饷之用。

　　一　乾隆二十三年浙江杭州府属之仁和、湖州府属之乌程等县及毗连相近之处,夏秋雨水稍多,米色颗粒稍减,钦奉谕旨起运漕粮,不论红白籼粳,准其一体兑收。是年,又钦奉谕旨,该抚当按其实在成灾者,分别办理,通省不得援以为例。

　　一　乾隆二十四年江苏苏、松、常、镇、太等府州属间被风潮虫孽,所产米粒自不能一例精好,钦奉谕旨,惟取米色干洁,堪以久贮者,许其通融交纳,红白兼收,颗粒不拘一律,不得援以为例。浙省有似此者亦如之。

一　乾隆二十年钦奉谕旨，漕粮征收，米色、颗料务须一律干圆洁净，若非实在水旱歉收之年，该督抚不得滥行陈请。钦此。

一　乾隆二十四年奉上谕：杨锡绂奏盘验浙江漕粮米色，虽属干坚，其中间有青腰白脐，难以久贮，请照江苏之例，先行支放甲米等语。上年，江苏、浙江偶有被灾州县，曾经降旨，俱令红白兼收，但该二省比年以来屡获丰收，米粮价值亦俱平减，间有收成稍歉之处，不过一隅偏灾，该督抚等以连岁迭沛恩膏，遂照例陈请，一律兼收并纳，不知此系格外加恩，非可援以为例。仓储关系重大，逾格邀恩，视同常事，将来势必无所底止。此次运到浙漕，着照该督所请，准其另仓收贮，先行支放。嗣后，漕粮米色颗粒务须一律干圆洁净，不得滥行陈请，援例兑收，以致收贮折耗，方为慎重仓储之道。将此传谕杨锡绂等知之。钦此。

民折官办

一　高淳、溧水二县淹没田亩粮多虚额，于顺治十五年题准永折，以苏民困，他处不得援以为例。

一　江西泸溪县漕粮向征本色兑运，因该县山路崎岖，挽运维艰，乾隆二年题准，折征价银，令该县赴省买兑，原定折价每石六钱，加以征收脚耗银米，共计七钱二分六厘，乾隆五年因不敷采买，题准每石折银八钱。嗣以泸邑米价每石八钱，尚属不敷，乾隆七年复经题准，于每年八月借动司库存公银两给发，该县及时采买，按照买价征银还项。

一　乾隆三年奏准，岳州府属之平江县相离水次五百余里，岁征正耗漕粮及应征济运之里纳脚米每石折银七钱七分三厘三毫，按照征漕限期征足，分发衡阳、湘潭二县各半，代买兑运。至采买价值，转饬该二县酌量时价，如米价平减，尚有余剩，即行扣存；设遇价昂，定价之外，尚须添补，即将前项扣存库项量为增添，仍先期报部查核。嗣乾隆四年奏准，将平江县漕粮改征折色，移给衡湘二县代买兑运之处，请行停止，仍饬该县于伍公市地方原通水次，令小民将米谷前往觅售，遵照旧例，饬该县自行办买，本色兑运。

兑运

一　湖北[1]通山、当阳二县漕粮因僻处山陬，不通舟楫，难以征收兑运，乾隆七年题准改征折色，官为采办，每正米一石连脚耗定价一两二钱五分。嗣于乾隆十六年题准，照江西泸溪县之例先动道库随漕银两，确访时价，官为采买，照数征银还项，其办运漕粮水脚杂费仍照例每米一石征耗米一斗，水脚银一钱五分，同正征收。

乾隆十七年题准,将额办漕米即于三帮漕船内分洒带运,无所需费水脚耗米,免其输将。[2]

【校记】

[1]《丛刊》本作：湖南。

[2]自"嗣于乾隆十六年题准"至"免其输将",《丛刊》本缺此数句。

一　海州、赣榆二州县不产米谷,漕米皆购诸外境,运赴清江兑运。乾隆二年题准,民折官办,嗣以时价贵贱不同,采买掣肘。乾隆七年题准,照依江西泸溪县之例,于每年八月借动司库存公银两给发,该州县及时采买,按照买价征银还项。

一　海州漕粮系民折官办,非交纳本色可比,且为数无多,应购买白色好米交兑,不准红白兼收。(乾隆五年例)

一　沭阳县漕粮向在东省采买粟米,旱运维艰,乾隆十三年议准,在附近之山、盐、高、宝等处采买籼米兑运,准令籼粟兼收,永为定例。

一　乾隆八年奏准,嘉定、宝山二县每年应输漕白等款本色米石,向例民折官办,今请照江西泸溪县之例,每年开征时,饬令司道确访时价,先动藩库存公银两,及时购买兑运。如存公之项不敷,即于库存正项内动支,将用过银两按米计算,核明每石应输若干示知,完纳征还归款。

一　宁国、旌德、太平、英山四县漕粮因地处山陬,陆运维艰,例系民折官办,乾隆十四年题准,照依海、赣二州县之例,每年于开征之时,该司道确访时价,先动司库匣费银两给发,各该州县及时购买兑运,仍将用过银两按米核明每石需银若干,出示晓谕,使小民咸知确数,如数征还归款。

一　江苏属清河、桃源、宿迁、沭阳等四县地不产米,秋收时,确访时价详报,先动司库银两发给,购买兑运,定限十月内买足,将用过银两按米核明每石应输若干,出未晓谕,据实征收,于次年二月全行征完解司归款。其额征漕月银米及给丁月粮、麦石照漕粮例一体办理。并令该抚责成司道等实力稽查,于每年买米兑运之时,取具清、桃、宿、沭等县切实印结,由淮、徐、海三府州查明确价,核实加结转报,并饬赴买之产米州县,将该属实在米价出具印结,由该管道府一体加结申报,该抚覆加总核,即行报部查考。如有以少报多、浮征渔利等弊,一经查出,即将该县并产米出结之州县,及朦胧出结之该司道府州等一并分别查参。(乾隆二十七年例)

一　乾隆二十五年奏准,浙省於潜、昌化二县零星小户漕粮应准其按照十月时价详征,官为办理。又富阳、新城二县地居偏僻,零星小户输纳本色均有未便,应同於、昌二县之小户一体民折官办。仍令该抚转饬地方各官,每年务须按照实在价值预期详定,并于易知单内分晰开列,按数征收,毋得丝毫浮冒,而办兑漕粮亦须照时给价,毋得扣减、短少、勒派滋弊。

收漕斛斗

一 各省征收漕粮应遵照部颁铁斛公平收兑,康熙四十四年奉旨,复行铸造铁斛斗升,底面一律平准,颁发各省,一律遵行。

一 收漕制斛口大边阔,易于滋弊,乾隆八年户部议准改用小口,令工部照原存祖斛较准,另铸铁斛十一张,一存户部,其余颁发仓场总漕及有漕各省粮道各一张,转饬各属一体遵用,毋得参差互异。

一 江南苏、松等府,乾隆二十三年户部议准,各州县俱铸给铁斛一张,以作样斛,所需价值即于各属存留漕费钱粮项下动用。其各州县每年应造木斛,春间预行办料晒干,八月成造,送粮道较验,发回各属收用。至各属收漕木斛,除损坏者次年另制外,其坚固者不许另造,仍将原斛送道较验,加烙"某年复验"字样。嗣后,如有将木斛不先预办,致有参差,及敲动形迹,并板木未干等弊,督抚即据实题参。(《议单旧本》)

一 官员解送旧斛迟延及破损遗失者,罚俸六个月。(《议单旧本》)

一 州县收漕或置斛不用,虽数十石、百石,概以斗量,又不用平木板刷,多用尖斗,更有暗开斛角、密宽斗面者,乾隆二十五年奏准,应行令总漕并该督抚等加意严查,实心厘剔。如有前项情弊,将该州县等立即指名参奏,并将未经察出之该管道府等一并参处。如不行参奏,别经发觉,将该上司严加议处。

漕赠银米

一 各省漕粮除正米二石加耗米三四斗以为进仓盘剥之费外,江南、山东二省每百石加给赠米五石、银五两,苏、松、常、镇四府又于五米五银之外加银五两,浙江外加截银,江西加以副米,俱令官收官兑,不许额外多索,如有额外加派累民者,该抚会同漕督题参议处。

一 漕粮贴赠,各省名目不同。江南谓之漕赠(安徽每兑正米一百石外加银五两、米五石,江苏每兑正米一百石外加银十两、米五石)。浙江谓之漕截(每兑正米一百石外加银三十四两七钱)。山东、河南谓之润耗(每兑正米一百石外加银五两,米五石)。江西、湖广谓之贴运(江西每正米一石外加副耗米五斗三升,过湖银四分五厘。湖广每正米一石加耗米四斗，又加耗二斗，又兑运正米每十斛内给丁三尖，每一尖该米三升，每百石共计给丁三尖、米一石八斗。又按正米征给旗丁京脚银每石七分）。

（按湖广二耗米，康熙九年议革，十一年复给。河南五米、五银系康熙四年援照山东之例支给。又浙省漕截银，康熙十五年每石裁减一钱四分七厘充饷，二十年复给，二十五年又驳追，三十三年复给。江南漕赠银米，康熙十年准给，嗣裁去，十四年准给，二十六年驳追，四十三年复给。又各省耗赠银米因军需裁减，康熙二十年俱行复给，二十六年议追，四十三年照例复给。）

一　东省漕粮凡经管各衙门官役及军旗弁丁规礼需费甚多，所以州县官重耗滥征，名虽加二耗米，其实则加二五有余，应将一切陋规尽行革除。惟旗丁领运漕粮、雇募舵工水手并买备席片等费额设银米不敷，酌令通粮每石贴银三分、米二升，蓟粮途远费繁，每石贴银五分、米三升。其运弁随帮俸薪无几，酌定每兑米一石量给运官盘费银五厘、随帮一厘，均在州县所征耗米内支给，约计加一耗米，足以敷用。但恐州县额编脚价不敷，致启藉端派累，应每石减去耗米五升，照加一五耗米征收，即以此五升之耗米留为各该州县帮补雇车脚价之费。倘有额外多征，并多收斛面，藉端派费等弊，定行严参治罪。（雍正七年例）

一　东省济南、兖州、东昌三府漕粮离水次窎远，既已额设脚价盘费，官收官运，丝毫不得派累百姓，如有不肖州县仍令花户自行运送，及扣克脚价等弊，应严加访察题参。（雍正七年例）

一　浙省正兑漕粮随正交仓之二五耗米应给漕截银两，康熙三十一年停给，康熙四十四年题准复给。

一　浙省漕粮改兑米石应支漕截银两，例应按照抵坝起交一七米数给发，因误照正兑之例按二五之数支给，乾隆七年题准改正、照一七数支给。

一　江省漕项钱粮内有额编漕赠银米一款，无论正粮耗米，上江每石给银五分、米五升，下江每石给银一钱、米五升，部驳除二五、一七耗米系抵通交仓之项应给漕赠外，其给丁耗米非系交仓之项，不当并给漕赠。乾隆七年总漕顾琮奏请照旧支给，经大学士等议，以给丁耗米是沿途折耗之需，应仍照浙省漕截银两止照加二五耗米支给。奉旨此漕耗一项既有历年支领成规，着照例支领，永免停支，他省亦不得援以为例。钦此。

（查江南省江安粮道所属各府州县漕粮有连耗给赠、有耗不给赠之分，内江宁、宁国、池州、太平、庐州、淮安、扬州、徐州、广德、六安、海州、通州等府州属，并泗州所属之盱眙、天长二县，漕粮不得应行交仓之正兑加二五，改兑加一七，耗米给赠连

二五、一七之外,给丁耗米均行支给赠银、赠米。至安庆、凤阳、颍州三府属,并泗州所属之五河县漕粮,惟正改兑正米支给赠银、赠米,其应行交仓之二五、一七及给丁耗米通不支给。又苏松粮道所属之苏州、松江、常州、镇江、太仓五府州属,正改兑漕粮加四、加三耗米均行按石支给赠银、赠米。)

一 江南上下两江额征正项漕粮漕项外有漕费银米一项,系里民愿输分给县帮作修仓挑剥之费。乾隆四年题明,上江漕粮每石收耗米一斗,以五升给丁,以五升留给州县;下江漕米每石收银六分,折钱五十二文,以二十七文给丁,以二十五文留给州县外,收水脚钱五文,水次离仓远者,每十里加钱二文,其余陋规尽行革除。责令监兑各官严察,如旗丁额外需索,即照枉法赃律治罪;州县额外多收,照因公科敛律治罪。本年又因钱价昂贵,复经题明,将下江漕费钱文减去六文,每石令收钱四十六文,以二十四文给丁,二十二文留于州县。其所收钱文无论留县给丁,概令各州县随时出易,毋许囤积,至兑漕时将银给丁,每石核算,以三分为则,有余不足,统于留县费钱内通融酌补。

一 江南安徽属潜山等二十州县,因仓场离水次窎远,于雍正九年按水陆程途远近酌定征收水脚之费,或银或钱,每米一石收银二、三分至五、六分,制钱十余文至四十余文不等。惟定远一县,因陆路脚费较多,每石收钱一百文,乾隆六年部议禁革,乾隆七年复题准。上江各州县征收水脚,民贴官运,官代民劳,官民相安有年,裁之,转恐累民误运,仍令照旧征纳,不必裁革。

一 溧阳县漕粮系江淮三、六两帮受兑,每石民贴湖米三升,为漕船赴次剥浅修船之费,始于前明嘉靖年间,题定勒石,相沿已久,应仍照旧例行。(乾隆元年案)

一 浙江杭、嘉、湖三府属征收漕粮,每石收漕费钱八文至二十一文不等,嗣因办公不敷,乾隆十六年题准,杭湖属之仁和、钱塘、海宁、富阳、余杭、安吉、乌程、归安、长兴、德清、武康等十一州县向收米二升者,改收钱二十文,嘉属之嘉兴、秀水、嘉善、海盐、平湖、石门、桐乡等县向收米三升者,改收钱三十文,以为修仓铺垫之用,如有多取丝毫,立即题参。

一 江西漕粮系州县雇船装运,至省酌定脚耗,民贴于官,载在《全书》,康熙二十九年部议行追,三十四年奉旨:已经支给者,俱免追赔。五十一年,将部议应追一斗三升副米题准复给。雍正元年奏旨:将江西交过脚耗等银俱行免追,向后俱准其支给。

一 康熙十年题定将耗赠银米等项刊刻易知由单内漕粮项下征给,催征各官不得额外私派挪移,如有误运,即行题参。

一 官丁于漕赠、漕截之外,有多索分文者,除官丁究拟具题外,其粮道监兑等

官该督抚指参,从重议处,如督抚不行严饬,或被人首告,或被科道纠参,即治以徇纵之罪。(康熙六年例)

一　苏、松、常、镇四府征收本色,内有南粮军储等米给发卫军行月者,较兑运漕粮每石省耗赠五升,名为省存余耗,每年照漕米折价,易银起解。(康熙四年例)

一　军南等米系支给本地行月兵粮,非如漕兑原题每石五升耗米可比,应将耗米于康熙十二年为始,永行豁免。

交兑军旗

一　征收漕粮定限十月开仓,十二月兑完,如州县卫所等官船到无米、有米无船,过十二月者,罚俸半年;过正月者罚俸一年;过二月者降二级留任。(顺治十二年例)

一　各州县征收漕粮,总漕颁发全单给与粮道,开明每卫共船若干只,兑米若干石。粮道颁发号单,每单一百石,刊定赠耗银米,分发各州县,每兑完一单,连加赠银米交清,即令卫官填注收数,一船兑足,即出给水程,勒令开帮。再令粮道查各属额设几仓,每仓颁发号簿几本,将该丁船开列兑足,即注全完,如过期不兑,监兑官即据簿责比。(顺治十七年例)

一　官丁兑米入船,即将所载米数悬牌挂于舱口,听候粮道不时查验,以杜盗卖米。既兑足即掣发完单,以免粮里苦累。(顺治七年例)

一　收兑漕粮,粮道先将各卫丁船派定,前后临兑之时,州县悬牌挨次轮兑,不得凌越。(顺治十八年例)

一　州县交兑迟延,必致过淮违限,嗣后,应恪遵定例,冬兑冬开,取具运弁,全收通关,限十二月内具报存查,如开兑延迟,照例查参,该管上司徇庇不行揭参,以致违限误漕者,该督指明一并题参。(雍正九年例)

一　漕粮交兑之时,监兑官验明实米足额,眼同州县官交兑军船。如有专觅巧手做斛、飞笆、走挡等弊,即行严拿治罪;如旗丁不肯受兑,额外勒掯,亦将旗丁严拿治罪。监兑等官、领运弁不行约束,总漕题参,交部议处。(雍正二年例)

一　监兑漕粮未经兑完,捏报兑完;或漕船未经开行,捏报开行者,降二级调用。督抚不行题参,粮道不即揭报,将监兑押运员弁、粮道督抚一并从重议处。(康熙十五年例)

一　旗丁应兑粮米不许洒派各船,果有事故应洒兑者,责令运弁总领分散本帮船只带运。(顺治十七年例)

一　粮船一到,照依漕规随兑随开。如粮米不足罪在百姓,责在州县;粮足而勒索不兑,罪在旗丁,责在运弁。一犯前弊,运弁轻则捆打,重则参处。(顺治十二年例)

一　雍正十年议准,嗣后漕粮未受兑以前,一切俱责之州县,如果米色不堪,争持不为需索,既受兑以后,一切俱责之弁丁,但有搀杂、潮湿,不得支吾。

一　临兑缺少,罪在州县;银米俱足,而弁丁横索延缓,罪在运弁。近年弁丁多有诿卸、恐吓、挟制者,及至告发,或领运赴北,或解粮未回,竟脱然法外。嗣后弁丁有犯,应拘留候质,不许以运粮为护符,飘然远行,其应押运之粮另选弁丁带运,所得之赃照文职犯赃例科断,旗丁照卫役滥索例处治。(顺治十七年例)

一　漕粮首重米色,其有仓蠹作奸搀和滋弊,责成监兑等官核验究处。如米色果系干洁,弁丁故意勒掯,即行题参重处。(顺治十七年例)

一　雍正八年题准,豫省漕米粮道查验米色,督兑通完,即令弁丁开行偾运,毋庸巡抚亲身验看。

一　交兑漕粮应责令监兑官秉公查验。米色如并无潮湿搀和,兑完,运弁即照例出具通关米结,不得勒掯推诿。其有县卫以米色争持者,应令将现兑米样眼同封固,驰送总漕巡抚察验,并申送委查道员亲往验看。果系潮湿搀杂,督令赔换筛扬,监兑徇私袒庇,一并揭参。倘非潮湿搀杂,捏报潮杂,即押令弁丁受兑出结,一面据实详覆,将弁丁分别惩治,再道员验明后,仍将所兑米样封送总漕,俟过淮时盘察比对。(雍正十年例)

一　江苏地方辽阔,道不能分身周遍,应令苏松、常镇、太通、淮扬、淮徐各道俱就近办理。凡有县卫以争持米色具报者,该道立速亲赴水次,秉公查验详覆,如本管道公出,亦即就近申请本府州或邻近道员督察。(雍正十年例)

一　州县滥收漕米,弁丁混行受兑,致将押运、监兑等官题参者,如弁丁出有米结亏缺之米,令该帮旗丁赔补,如运弁未经出结亏缺之米,令县帮各半分赔。帮丁应赔米石着落弁丁将各船随带五米行粮抵补,其不敷之米勒令就近买补,再有不足,着落该粮道监兑严追贮仓,统于下年搭运,如粮船抵通起交,仍有霉变亏折,仓场勒令弁丁照数赔补。(律例内载)

一　布政司粮道将应支行月以近派远,故为掯勒者,责成督抚查察,倘有前弊,即行题参究处。(顺治十二年例)

一　各省交兑漕赠、行月本色米麦及副耗等米,照数装载入船,开行之日,粮道查验,出结报部。至粮艘到淮,总漕细加盘验,按其经行之远近,缺少之多寡,如有缺额,分别参究,不得以正数无亏,准令放行。(雍正五年例)

一　号为漕蠹者，衙役十居其九，其次则劣衿、豪仆、刁民衣食仓场，把持官府，应令粮道严访重处。（顺治十八年例）

一　各州县交兑漕米，旧例取米四升，装成二袋，用印封固送粮道验看，交押运通判，于抵通时，将印封小袋样米送仓场验收。康熙五十四年因查验米色不符，议准每仓兑米一石，装于布袋，钤印加封，仍放原舱，到淮时总漕拆验加封，抵通仓场验明，如有搀和，照例题参。嗣因日久废弛，雍正六年奏准，各船上用布袋装样米一石，放于原舱，至通比对，入袋之米仍作正项起卸。

一　东豫二省粟米改征黑豆，雍正十年议准，将样豆照漕米之例，封贮大袋，以便验对起卸。

一　各省漕船定例十月开仓，十二月兑完开行。康熙二十八年题准，各仓漕船开行之后，该抚即行揭报，如迟至二三月，始行具题者，查参议处。

一　漕粮开兑开帮之日，总漕将各粮道所属粮船数目、运丁姓名细数文册，预行送部，违者查参。（雍正元年例）

一　各省出运船粮数目俱照浙省之例，令各粮道于帮船起运时，造送巡抚题报开帮日期，案内揭送部科仓场查核，粮船到通投验全单，按册稽查，总漕衙门止令造送一册备案，亦不必重咨。其向例由粮道自行造送，并押运员弁到通所造各册一概删除。（乾隆二十年例）

一　江西省漕米于现年里役交纳之外，复点经催名色，为粮官解米运赴省城水次候兑，军船沿途狼籍，百端勒索。嗣后，民户粮米交纳粮官之后，不得复点经催，如有仍踵前弊，县官粮道一并题参。（顺治十六年例）

一　湖南州县漕粮运赴岳州水次，向未立有限期。雍正二年题定，于十一月内运贮岳仓，如迟至十二月中旬到者，照过十二月兑开例议处；如州县漕米依限到次，而军卫船只已备，监兑、领运、厅弁交兑稽迟，至过十二月者，亦即照过二月兑开例议处，俟依限过淮后，该督抚等题明，准其开复。

一　漕船定例冬兑冬开，惟山东省闸内之船定限于次年二月初一日兑开，仍照定限于三月初一日抵通，如逾到通之限者，从重参处。（雍正十三年例）

一　山东闸外各帮向拘冬兑冬开之例，方报兑开，旋报守冻，其实必至二月惊蛰后，日暖冰解方能开行，乾隆三十年题准，嗣后改为春兑春开，仍遵定限抵通。

一　湖北安陆府属之荆门、沔阳、天门、潜江四州县漕粮，每年运到省次交兑军船，距省六七百里，挽运艰难，兼有盘剥起卸之费；黄州府属之黄冈、蕲州、蕲水、广济、罗田，武昌府属之武昌六州县均有南米解交荆仓，供支兵粮，路远千数百里，长江风浪，逆流而上，挽运尤难，亦有船脚盘坝等费，乾隆十年题准，将附近荆州府之荆门等四州县漕粮抵作荆仓兵米,将黄冈、武昌等六州县南米抵作军船漕粮,彼此抵兑,上下均便,其抵兑之米约二万一千一百余石,共节省水脚银一千七百余两,应行解司充公,至给丁截贴、解荆耗米、修仓等费,各州县自行给发。

一　乾隆十五年河南省因圣驾巡幸正在秋间,将九月受兑之期展限一月,定于十一月十五日以前兑完开行,于临清河口左近地方守冻,仍于三月内抵通。

一　各省粮运冬兑冬开,例有定限,向来积习有已报开行,迟至十日、半月尚未离次者,乾隆二十三年奏准,嗣后军船一报开行,立即督令前进,如有报早开迟,逗遛水次者,除将运丁捆打外,其粮道押运等官一并分别议处。

一　漕粮兑完,运弁逗遛不前,查明开行迟延日期,参送刑部,治以误漕之罪。(顺治十二年例)

派兑水次

一　各省漕粮派兑水次,旧制有派定不更者,亦有六年一轮转者,事多分歧,且以本省、本府之漕船不兑本省、本府之漕粮,而远调他省,往往赴次迟延,呼应不灵。顺治十二年,总漕蔡士英题定,各省漕粮先就本地卫所就近派兑,如船不足,方派隔属卫所拨兑。有司既便于督催,官丁亦易于钤束,奉行以来漕政肃清。今将各省卫所漕船派定兑运各府州县漕粮水次逐省分载于后,其中有续经酌定更调者,即于各该省款内开载,以备查考。

山东省(济南、兖州、东昌、武定、曹州、泰安六府水次):

德州卫正帮,兑运德州、禹城、阳信、齐东、邹平、长山六州县水次。

济宁卫前帮,兑运历城、冠县、高唐、平阴、肥城、东阿、阳谷、莘县、城武、金乡、单县、嘉祥、巨野、鱼台、滕县、峄县十六州县水次。

济宁卫左帮,兑运历城、章邱、邹平、齐河、商河、德平、临邑、恩县、惠民九县水次。

济宁卫右帮,兑运平原、商河、蒲台、历城、陵县、乐陵、邱县、长清八县水次。

济宁卫后帮,兑运长清、邱县、高唐、清平、冠县、荷泽、莱芜、滋阳、曲阜、宁阳、邹县、泗水、曹县、定陶、济宁十五州县水次。

东昌卫帮,兑运长清、济阳、利津、堂邑、博平、聊城、茌平七县水次。

濮州所帮,兑运青城、滨州、淄川、郓城、寿张、濮州、范县、观城、朝城九州岛县水次。

东平所帮,兑运阳信、长山、陵县、冠县、泰安、莱芜、东平、汶上八州县水次。

临清卫山东前帮，兑运利津、蒲台、武城、夏津、临清、馆陶六州县水次。

临清卫山东后帮，兑运章邱、青城、新城、平原、齐东、临清六州县水次。

河南省（开封、河南、卫辉、彰德、归德、怀庆、陈州七府，汝州、陕州、许州三州水次）：

德州卫左帮，兑运修武、武陟、林县、内黄、滑县五县水次。

任城卫帮，兑运内黄、汤阴、洛阳、巩县、偃师、孟津、修武、商邱、辉县、滑县、淇县、延津、陈留、郑州、荥阳、荥泽、济源、武陟十八州县水次。

平山卫前帮，兑运阳武、太康、中牟、杞县、洧川、兰阳、临漳、原武、济源、长葛、禹州、密县、新郑、郑州、荥阳、荥泽、汜水十七州县水次。

平山卫后帮，兑运汤阴、临漳、睢州、杞县、尉氏、许州、孟县七州县水次。

临清卫河南前帮，兑运济源、河内、孟县、温县、修武五县水次。

临清卫河南后帮，兑运通许、祥符、封邱、陈留、扶沟、原武、汲县、新乡、获嘉、淇县、许州、武安、涉县、浚县、滑县、杞县、洧川、鄢陵、中牟、济源、武陟、长葛二十二州县水次。

天津所帮，兑运安阳、涉县、孟县、商邱、宁陵、浚县六县水次。

通州所帮，兑运安阳、武安、林县、涉县、陈留、通许、杞县、祥符、温县、巩县、睢州、河内、安阳、浚县、考城十五州县水次。

长淮卫二帮（乾隆三十年蓟粮改折案内奏准裁汰），兑运武安、林县、郿城、延津、辉县、鄢陵六县水次（此系照旧兑水次开载）。

徐州卫河南前帮，兑运辉县、太康、汤阴、河内、商邱、仪封、浚县、杞县、阳武、尉氏、通许、祥符、考城、禹州十四州县水次。

徐州卫河南后帮，兑运河内、登封、武陟、睢州、新乡、安阳、临漳、汲县、巩县、孟津、滑县、汜水、获嘉、阳武十四州县水次。

查河南省漕粮昔年原在卫辉交兑，嗣改于大名府小滩镇兑运，康熙三十五年复归卫辉水次，三十七年仍改小滩镇兑运，三十八年题定豫省漕粮仍于卫辉五陵水次受兑。

江南安徽省：

（江宁、安庆、宁国、池州、太平五府，广德一州水次）

江淮卫九帮，兑运上元、句容、江宁三县水次。

兴武卫二帮，兑运句容、六合二县水次。

兴武卫九帮，兑运上元、江浦、江宁三县水次。

安庆卫前帮，兑运潜山、怀宁、桐城三县水次。

安庆卫后帮，兑运太湖、望江、宿松三县水次。

新安卫池州帮，兑运青阳、铜陵、贵池、建德四县水次。

宣州卫，兑运泾县、宣城、宁国、旌德、太平、南陵、建平七县水次。

建阳卫宁太帮，兑运当涂、芜湖、繁昌、广德、宣城、南陵、贵池、东流等八州县水次，庐州、凤阳、淮安、扬州、徐州、颍州、六安、泗州、海州、通州六府四州水次。

庐州卫头帮，兑运无为、合肥、舒城、巢县、庐江五州县水次。

宿州卫头帮，兑运宿州、灵璧、虹县、五河、盱眙五州县水次。

宿州卫二帮，兑运亳州、蒙城、怀远、太和、阜阳、寿州、定远、颍上、霍邱、凤台、六安、英山、霍山十三州县水次。

泗州卫前帮，兑运山阳、盐城、阜宁、海州、沭阳、泰州、高邮、昆山八州县水次。

淮安卫三帮，兑运清河、宿迁、睢宁、桃源、邳州、赣榆六州县水次。

大河卫前帮，兑运山阳、盐城、阜宁、沭阳、泰州五州县水次。

扬州卫二帮，兑运高邮、宝应、江都、甘泉、仪征、泰兴、兴化、天长八州县水次。

扬州卫三帮，兑运泰州、兴化、江都、甘泉、如皋等五州县水次。

长淮卫三帮四帮（系轮兑），兑运铜山、丰县、萧县、砀山四县水次，船只改泊皂河。

徐州卫江北帮，兑运铜山、沛县、萧县、丰县、砀山五县水次，船只改泊皂河。

查江南扬州卫四帮通州所丁船原派兑通州、泰州、如皋三州县漕粮，扬州卫二帮丁船原派兑江都、甘泉、高邮、宝应四州县漕粮。雍正十三年通州漕粮改抵兵米，以泰州、高邮、江都、甘泉五州县应征兵米抵兑漕粮，将扬州四帮高邮、宝应二州县漕粮总派扬州卫二帮丁船兑运，江都、甘泉二县漕粮派入扬州卫三帮丁船兑运。又长淮三、四两帮系递年轮兑江南、江北漕粮，向来军船系于徐州府受兑，由黄入运，乾隆二十五年船只改泊皂河，米用小船载装过堤，装入军船。又徐州江北帮亦同案改泊皂河。

江南苏松省（苏州、松江、太仓、常州、镇江五府州水次）：

江淮卫头帮，兑运长洲、昭文、宝山三县水次。

江淮卫二帮，兑运长洲、震泽二县水次。

江淮卫四帮，兑运吴江、震泽二县水次。

兴武卫五帮，兑运吴江、震泽二县水次。

兴武卫六帮，兑运吴江、震泽、青浦三县水次。

庐州卫二帮，兑运吴县水次。

庐州卫三帮，兑运新阳、太仓、镇洋三州县水次。

泗州卫后帮，兑运太仓、吴县二州县水次。

淮安卫头帮，兑运昭文、新阳二县水次。

淮安卫四帮，兑运昭文、青浦二县水次。

扬州卫头帮，兑运元和、昆山二县水次。

仪征卫帮，兑运昆山、新阳二县水次。

滁州卫苏州帮，兑运元和县水次。

苏州卫前帮，兑运太仓、镇洋二州县水次。

苏州卫后帮，兑运昆山、吴江二县水次。

太仓卫前帮，兑运长洲县水次。

太仓卫后帮，兑运常熟、嘉定二县水次。

镇海卫前帮，兑运常熟县水次。

镇海卫后帮，兑运元和县水次。

江淮卫五帮，兑运奉贤、娄县、金山三县水次。

江淮卫七帮，兑运华亭、奉贤二县水次。

江淮卫八帮，兑运南汇县水次。

兴武卫三帮，兑运华亭、上海二县水次。

兴武卫四帮，兑运青浦县水次。

兴武卫八帮，兑运上海、南汇二县水次。

金山卫，兑运娄县、上海二县水次。

兴武卫七帮，兑运奉贤、娄县二县水次。

凤阳卫常州帮，兑运武进、阳湖、宜兴三县水次。

凤阳中卫常州帮，兑运武进、荆溪二县水次。

凤阳中卫二帮，兑运武进、长洲二县水次。

长淮卫头帮，兑运江阴、宜兴二县水次。

淮安卫二帮，兑运阳湖、无锡二县水次。

查泗州卫前后两帮、淮安头二两帮每年派江南水次，三帮派江北水次，一帮轮流兑运。今照乾隆三十二年起运水次开载：

大河卫二帮，兑运江阴县水次。

大河卫三帮，兑运常熟、昭文二县水次。

兴武卫头帮，兑运常熟县水次。

长淮卫三帮、四帮（系轮兑），兑运无锡、金匮二县水次。

镇江卫前帮，兑运丹徒、丹阳、金匮、荆溪四县水次。

镇江卫后帮,兑运丹阳、金匮二县水次。

江淮卫三帮,兑运溧阳县水次。

江淮卫六帮,兑运溧阳县水次。

苏州府白粮帮,兑运元和、长洲、吴县、吴江、震泽、常熟、昭文、昆山、新阳、太仓州、镇洋、嘉定、宝山十三州县水次。

常州府白粮帮,兑运武进、阳湖、无锡、金匮、江阴、宜兴、荆溪七县水次。

松江府白粮帮,兑运华亭、奉贤、娄县、金山、上海、南汇、青浦七县水次。

查苏、松、常、镇等府州属漕粮,原于顺治十二年派定水次,雍正五年总漕张大有以各帮丁船坐金长运,年久弊生,题准各帮船只无论土著、协运,皆就向年原兑府属止调本府各邑水次,远不过百里,近则三四十里,定以三年一调,杜其久练情熟、盗卖钻营之弊。至太仓所属,止镇洋县漕船无从更调别次,并入苏州府各县内,彼此更调,今照乾隆三十二年起运州县漕粮水次开载:

浙江省(杭州、嘉兴、湖州三府水次):

杭严卫头帮,兑运仁和、钱塘二县水次。

杭严卫二帮,兑运钱塘、仁和、海宁、余杭、新城、昌化、於潜、临安八县水次。

杭严卫三帮,兑运秀水、嘉善二县水次。

杭严卫四帮,兑运富阳、石门、海宁三县水次。

宁波卫前帮,兑运嘉兴县水次。

宁波卫后帮,兑运秀水、嘉兴二县水次。

绍兴卫前帮,兑运嘉善县水次。

绍兴卫后帮,兑运平湖、嘉善二县水次。

台州卫前帮,兑运长兴、乌程、德清三县水次。

台州卫后帮,兑运归安、乌程二县水次。

温州卫前帮,兑运长兴、乌程二县水次。

温州卫后帮,兑运德清、乌程二县水次。

处州卫前帮,兑运桐乡、石门二县水次。

处州卫后帮,兑运安吉、武康、德清三州县水次。

海宁所,兑运海宁县水次。

嘉兴卫帮,兑运嘉兴、秀水、平湖、海盐四县水次。

湖州所,兑运归安县水次。

金衢所,兑运长兴、归安二县水次。

严州所,兑运海盐、平湖、石门三县水次。

嘉兴府白粮帮，兑运嘉兴、秀水、嘉善、海盐、平湖、石门、桐乡七县水次。

湖州府白粮帮，兑运归安、乌程、长兴、德清、武康五县水次。

江西省（南昌、瑞州、临江、吉安、抚州、建昌、广信、饶州、南康、赣州十府水次）：

南昌卫前帮，兑运南昌、上高、上饶、弋阳、新喻五县水次。

南昌卫后帮，兑运新建、武宁、高安、南昌四县水次。

袁州卫，兑运丰城、宁州、靖安、新淦、南丰、兴安、乐平、高安、安福、安义、新昌、玉山、广丰十三州县水次。

赣州卫，兑运玉山、永丰、临川、金溪、崇仁、赣县六县水次。

吉安所，兑运高安、永新、吉水、南城、东乡、新昌、乐平、临川、莲花厅等八县一厅水次。

安福所，兑运庐陵、建昌、新建、泸溪、奉新、新喻、新淦七县水次。

永建帮（乾隆三十年并），兑运峡江、清江、永新、广丰、永丰、万年、铅山、庐陵、上饶、余干、上高等十一县水次。

抚州所，兑运高安、建昌、崇仁、庐陵、吉水、安仁六县水次。

广信所，兑运浮梁、新喻、新城、奉新、进贤、泰和、龙泉七县水次。

铅山所，兑运都昌、安义、建昌、新城、安福、万安、泸溪、莲花厅等七县一厅水次。

饶州所，兑运清江、铅山、弋阳、贵溪、上高、奉新、靖安、丰城、进贤、新喻、新淦、峡江、庐陵、南丰一十四县水次。

九江卫前帮，兑运泰和、万安、鄱阳、高安、靖安、新建、清江七县水次。

九江卫后帮，兑运鄱阳、德兴、新淦、永丰、乐平、浮梁、安仁、万年、永新、莲花厅等九县一厅水次。

湖北省（武昌、汉阳、黄州、安陆、德安五府水次）：

湖北头帮，兑运江夏、通城、咸宁、嘉鱼、蒲圻、崇阳、通山、汉阳、黄陂、孝感、当阳、安陆、云梦、荆门、应城、随州、应山、黄冈十八州县水次。

湖北二帮，兑运江夏、武昌、通山、汉阳、沔阳、当阳、荆门、天门、蕲水、大冶、罗田、潜江、江陵十三州县水次。

湖北三帮，兑运江夏、通山、大冶、汉阳、沔阳、蕲州、当阳、荆门、江陵、监利、兴国、松滋、公安、广济、石首、黄梅十六州县水次。

湖南省（荆州、长沙、衡州、岳州、澧州五府州水次）：

湖南头帮，兑运长沙、湘阴、醴陵、宁乡、茶陵、湘乡、常宁、华容、澧州、安福十州县水次。

湖南二帮，兑运善化、攸县、浏阳、益阳、临湘、巴陵、衡山七县水次。

湖南三帮，兑运湘潭、衡阳、耒阳、安仁、平江、清泉六县水次。

查湖广省漕粮昔年留充兵饷，其船协运江西。康熙九年，全漕复行起运，原船仍归楚省出运。康熙十年题准，将武昌、武昌左、黄州、蕲州、襄阳、德安六卫所分隶湖北，其荆州、荆州左、荆州右、沔阳四卫并拨武昌左卫船四只，同原属湖南之岳州卫分隶湖南内。湖北分为头帮、二帮、三帮，湖南分为头帮、二帮。雍正四年，湖南又分为头帮、二帮、三帮，各照卫所轮流出运，其兑运水次亦岁有更移，今照乾隆三十二年起运开载。

一　淮安卫原系南次，顺治十二年改派北次。泗州卫前、后两帮原系淮安分运两帮，皆派南次，未免偏枯。康熙元年题定，将淮安两帮、泗州两帮四处水次轮流更兑。

一　河南水次旧设卫辉府北门外，嗣将漕厂移改大名府小滩。康熙三十五年题准，仍归卫辉，遇水势最浅之年仍就小滩购买。康熙三十七年议准，水次仍改小滩，三十八年，仍归卫辉水次。

一　河南漕粮水次，雍正二年议准，河北彰、卫、庆三府及阳、原、封三县仍于卫辉五陵水次受兑，其购买漕米应分地、分船，米多之地多拨船受兑，米少之地，少拨船受兑。

一　磁州改归直隶豫省，应减船八只，于临清后帮减存，但磁州改兑正粮原系徐州前帮领兑，今于临后减船，应将临后帮领兑杞县改兑正粮拨徐前帮领兑。磁州正兑正粮原系长淮帮领兑，今于临后减船，应将临后帮领兑鄢陵县、郾城县正兑正粮拨长淮帮领兑。（雍正六年例）

一　雍正七年奏准，通州漕粮就近支给狼山镇兵米，将附近水次州县南米改抵通州漕粮起运。

一　雍正十二年因通州漕米改抵兵粮，议准将高、宝二邑漕粮总派扬州二帮兑运，江、甘二邑漕粮尽派原扬州四帮今改并扬州三帮兑运。

一　浙省帮船系派定水次，并无更调。乾隆二十四年杭属仁和等县偏灾，应按杭属水次坐帮派减，因杭属连年灾减，帮丁疲困，咨准于通省帮船内均匀派减，并于全单内注明"因灾减改"字样。

一　大河前帮水次在清江浦所兑，赣榆县漕粮须由夏镇等处运回清江浦交兑，殊多周折，而淮安三帮水次在皂河，路道较近，乾隆六年奏准，将大河前帮应兑赣榆县漕粮酌改淮安三帮受兑，其淮安三帮应兑沭阳漕粮调派大河前帮受兑，且大河前帮本有兑运沭阳之船，均属利便。

一　江苏等属各标营兵米将山、阜等州县漕粮改抵，即以苏、扬二属南凤米石抵还，起运调拨，淮安、大河、泗州三卫丁船领兑。乾隆二十二年题定，泗州前、后两帮轮兑淮粮之年，拨运扬粮六船，自扬至淮，归扬州帮弁代押，到淮后，仍归本帮管押，自淮至北，责成本卫帮弁办理，其自次至淮，责成扬卫帮弁办理轮兑。淮属之淮安头帮抽运苏粮船五只，即归本卫二帮兑运，苏次之弁代押。又淮安头帮拨运扬粮船六只，并大河前帮拨运扬粮船三只，自次至淮，责令扬属帮弁代押，到淮后，再归本帮管押北上。淮安三帮拨运扬粮船四只，扬属帮弁代押，到淮仍归本帮北上。其该帮拨兑苏粮船二只，及大河前拨兑苏粮船三只，均归大河三帮代管。

一　乾隆二十九年坐拨兵粮，内应拨兑苏属以南改漕粮米该船十只，将淮属轮兑帮船五只拨兑昆山，淮安三帮船二只、大河前帮船三只拨兑新阳。其轮兑帮船五只议跟轮兑苏粮之帮弁带管，淮安三、大河前帮船五只，议归坐兑苏粮之大河三帮运弁管押，照依苏粮额例一体给发银米，以济挽运。但昆、新二县地处低下，土产米色较之他邑为次，淮属拨运之轮兑帮船五只，坐运新邑，改兑不无偏累，该五船既永跟大河三帮，即为大河三帮之船，应随同大帮三年一体调派水次，苦乐均沾。

一　徐州江北帮及轮兑徐粮之长淮三四两帮水次，旧在徐州府城停泊，则有冰凌铲伤之虞，兑竣开行，由徐州直到扬庄口门始入运河，道纡水险，军丁受累已久。乾隆二十五年奏准，嗣后将水次改于皂河，令旗丁赴徐受兑，用小船剥至皂河，过坝装载，其剥船责成地方官酌定价值，代为雇觅，令旗丁自行给价，以免经由黄、运两河逆流挽运绕道之虞。

一　乾隆十六年镇江驻防兵米改支本色，截留镇江府属漕粮六万六千四百二石，于苏松通省各帮内均匀派裁漕船一百一十六只，将原兑镇江府属所余漕船拨兑常州府属，常州府属余船拨兑苏、太二属，苏、太二属余船拨兑松江府属，递相拨兑。又乾隆二十九年，镇江汉军官兵出旗为民，及改补绿营，兵粮减存，原截镇江府属漕粮复行起运米三万七千一百三十一石零，题准于常、镇二属各帮内加装起运。

一　江淮六帮水次分派江宁、溧阳两县，隔府兑粮，程途相去数百余里，开行以及到淮先后参差不一，运弁一人沿途稽察，难免顾此失彼。查江淮卫九帮原有派兑江宁府属之上元县丁船与江宁同在一处，乾隆九年奏准，将江淮六帮兑运江宁县粮船十一只归并江淮九帮运官管辖，至江淮六帮少管船十一只，将同兑溧阳水次之江淮三帮额运船内拨补管押。

一　江淮九、兴武二两帮水次有在江宁、上元二县者，有在句容、六合二县者。句、六二县漕船例在龙潭受兑，春初水势消落[1]，必得大汛江潮，方可出口，每不能跟随兑运江宁、上元二县漕粮一同行走。乾隆十年题准，将二帮漕船递年轮兑，江淮九帮轮兑句、六二县之年,该帮不足之船,于兴武二帮船内拨足,即属江淮九帮运随管押;兴武二帮轮兑句、六二县之年,不足之船于江淮九帮船内补足,即属兴武二帮运随管押,一同行走,以免间隔。乾隆二十八年,以每年互拨分管,实属纷扰,咨准将该二帮拨兑句容、六合二县漕船,各归各帮运弁经管收兑,跟随受兑上元、江宁之船一同行走。

一　湖北各帮兑粮水次,乾隆十五年题准,挨顺上江、下江水次派兑,除江夏、汉阳二县漕米仍旧均派湖北头、二、三帮内洒带装运,其余各州县漕粮分作三帮,每帮用船六十只兑运。湖北头帮兑运上江之咸宁、嘉鱼、蒲圻、崇阳、通城、通山、黄陂、孝感、当阳、安陆、云梦、应城、随州、应山、黄冈等十五州县漕粮,湖北二帮兑运下江之黄冈、荆门、武昌、沔阳、蕲水、天门、江陵、罗田、潜江、大冶等十州县漕粮,湖北三帮兑运下江之大冶、蕲州、沔阳、荆门、江陵、监利、兴国、松滋、公安、广济、石首、黄梅等十二州县漕粮。

【校记】

[1]《丛刊》本作:稍落。

一　湖南之清泉县系乾隆二十二年题准于衡阳县分出。

一　江西之莲花厅系乾隆九年从吉安府属安福、永新二县治内分设。

一　山东省济宁前帮每年派兑峄县台庄水次船二只,路远费繁,于乾隆二十六年题准,改赴韩庄兑运,令峄县漕粮运赴韩庄,暂赁民房囤贮候兑。

一　浙江粮船水次,乾隆二十八年御史陈作梅奏请调次,部议浙省船粮派定水次,日久相安,并无滋弊,应仍循旧例,无庸更调。

《漕运则例纂》 卷之九

官丁廪粮

督押俸廉

卫帮俸廉

行月事例

各省款则

裁船加给

舵水身工

《漕运则例纂》卷之九

官丁廪粮

督押俸廉

一　总漕及巡漕御史各养廉银两向系各粮道解送。苏松、江安、浙江三道岁解总漕各六百六十两,南漕御史各八十二两五钱,俱在各平余备公银内动解。山东粮道岁解六百六十两,内六百两动藩库耗羡,其六十两并南漕御史八十二两五钱,系粮道捐解。河南粮道岁解六百两,南漕御史八十二两五钱,俱在粮道养廉公费余剩项下动支。湖南粮道岁解六百六十两,南漕御史八十二两五钱,系漕费充公银内动解。湖北粮道岁解六百六十两,南漕御史八十二两五钱,于漕项报部充公款内支解。江西粮道岁解六百六十两,在公用耗羡银内动解,南漕御史八十二两五钱,系粮道捐解。又两淮运使岁解总漕养廉银三千三百两,长芦运使岁解总漕养廉银一千两,至北漕御史向无议解养廉银两。乾隆八年奏准,原解南漕御史养廉银共六百六十两,分给淮安御史二百四十两、济宁御史二百两、天津御史一百二十两、通州御史一百两,乾隆十五年奏准,每岁俱解交淮安府库封贮,按季呈解总漕衙门查收,如有预支、借支并侵挪、亏缺等弊,即将该府题参。

一　总漕加尚书衔者岁支俸银一百八十两,侍郎衔者一百五十五两,在于山阳县征存地丁项下动支批解。又各省粮道定为正四品,岁支俸银一百零五两。

一　浙江粮道每年于州县额解漕项银内每两收平余银五厘,又道库给丁行月等银内每两收平余银五分,每年牵算共银七千两,从前原属私收。雍正六年,该道自行奏明作为养廉等项之用,亦未报部存案。乾隆六年奏准,该道每年养廉银五千两、心红银二百两,统于司库备公项下支给,其旗丁钱粮每两五分之平余,以乾隆七年为始永行革除,如有仍复私收,督抚立即严参治罪。其兑收漕项每两五厘平余,每年约银二千三百余两,系出于州县一分耗羡内,仍令随征交纳,原议留备添补挂兑银一千五百两存贮道库,余作该道公用。

一　江南省押运同知通判五员,每员给养廉银二百五十两,在于本省耗羡内动支。乾隆二年苏松等属添派押运二员,咨准照例一体支给养廉。浙江省押运、同知、通判每员给养廉银四百两。山东省押运、同知、通判,每员给养廉银二百五十两。河南省押运、通判每员给养廉银二百五十两。江西省押运、同知、通判每员原给盘费银二百两,乾隆四年奏准每员酌增银一百两,各给银三百两,于司库存公银内动给。湖北省押运通判向给养廉银七百两,湖南省押运通判向给养廉银二百八十四两四钱,乾隆五年奏准,将湖北押运通判七百两内拨给湖南押运二百七两八钱,每省押运、通判各得银四百九十二两二钱,其帮协银两即令湖南通判押船过湖北时赴粮道库支领,仍归各省报销。

一　江西、湖北、湖南向俱有押准通判,湖南、湖北每员给银一百两,江西每员给银八十两,乾隆二十三年奏准,押准之员俱行停止。

卫帮俸廉

各省运军明季以十三把总统辖军卫偿运。

本朝改军卫指挥千百户为守备千百总。顺治五年改把总职衔为都司佥书,仍食把总俸。顺治九年题定,照经制品级支领俸薪。

一　各省领运千总俸薪银两旧例不论出运、停运,各照额编支领。康熙十七年题准,出运之年照例支给;不出运之年不准关支。康熙二十一年题定,候运千总俸工仍照旧例于漕项内支给。

一　领运千总俸薪,浙江、江西系按职衔支给,山东、河南、湖广各照额编经制支领,江南各卫帮每年额给廪工银九十两。

一　各省卫所每帮额设随帮一员,向于各卫所世职内佥选,每员额给廪工银五十四两,雍正三年停用世职,将拣选武举、候推千总人员顶补额编俸工,题明照例支给,雍正十三年宿州卫二帮随帮不敷廪工银两,题准在凤仓减存银内一例增给。

一　淮安大河随帮支给廪工之外,复于四税项下支给银二十四两,乾隆八年咨准,四税项下停其支给。

一　山东省协运豫省漕粮各帮千总俸工银各九十一两零,例在豫省随漕支给,如遇截留停运,其俸工银两照旧例于东省藩库地丁银内动给。(乾隆二十三年例)

一　河南省运弁俸工,临清前后、平山前后、德州、任城、天津七帮现运之员在豫省于开帮日全数支给;徐州前后、长淮二等三帮,于新运时赴江安道库全支;通州帮运弁俸工赴坐粮厅按春秋二季支领,其军牢工食于兑漕时支给。(乾隆四年例)

一　江南省各帮千总廪工有在道库支给者,有在府州县卫所支给者,雍正十年酌定,新安、宣州、建阳、庐州、凤阳、淮安、大河等卫廪俸银两,统归道库支给。

一　江安省各帮弁俸工均在江安道库支放,出运之弁全数支给,候运之弁按季支给。白粮帮、镇江前后帮随帮廪工均在苏道库支给,苏太、镇海等帮弁廪工原在各卫屯折项下支领,今改归苏粮道库减存银内支给,其原领屯折项下减存解部。(乾隆四年例)

一　江南省各卫千总递年轮运,照例支给俸工,嗣因领运在途,推升运回,并未卸任,新补之弁,应支俸工无款可给,乾隆十九年咨准,照浙省之例,出运之弁既未卸事,俸工银两准其支领,新补之员按到任日起,照停运之例在屯折项下支领。

一　浙江省运弁俸工,出运之年于道库减存银内给发,闲运之年将卫所起解屯折先尽存留,按季解司支给。(乾隆四年例)

一　江西省运弁俸工有在藩库存留项下支给者,有在道库屯粮项下支给者,向系按季支领,乾隆四年议照湖北例,于出运时,赴司道库一体全给。

一　江西省南昌等各卫所千总每年应支俸工银两未及开征,即需给发,准于上年漕项屯粮银内垫给,俟各属征解归款。(乾隆五年例)

一　湖北省运弁俸工及军牢工食等项均在藩库支给。湖南省荆州三卫、沔阳卫仍在藩库支给,添设千总二员,在道库随漕项下支给,随帮三员,每员廪工银五十四两,头二帮在湖南藩库支给,三帮在道库漕项内支给,其养廉各二十四两,在湖南藩库支给。(乾隆四年例)

一　湖南岳州卫千总三员,裁减一员拨归沔阳卫,沔阳卫千总拨与德安所。沔阳卫拨归之千总应食俸工,即将该卫存留项下额编俸工照数支给,出运之年应得通关银一百六十六两八钱零,于湖南省有漕州县按米征给。其德安所添设之千总应需俸工银九十两,在湖北司库屯饷银内按年动支,出运之年给米一百九十石,于有漕州县截贴米内支给,停运之年给养廉银四十两,于道库抵兑节省水脚银内动支,照例于湖北粮道衙门查办。至岳州卫千总改归沔阳卫,已有沔阳卫千总额编俸工所有湖南道库额支俸工银两扣除,按年照数归于随漕项下造报充饷。(乾隆三十一年例)

一　湖南岳州卫千总应支薪银四十八两,系在岳州卫屯饷存留项下支给。乾隆三十一年部议,岳州卫千总应改照营千总之例支银三十三两三分五厘。

一　委运千总牢役工食银两向系扣存解部,缘委官虽有代运之分,而牢役跟帮供役未能枵腹，乾隆三年准其一体支给。

一　运满随帮留标委领重运，其牢役工食银两准照署事运弁之例一体支给。（乾隆二十七年例）

一　各省卫所千总病故支过俸工银两，准其全给免追。（乾隆二十二年例）

一　革职后病故官员未完编俸银两，各省督抚有咨请免追者，亦有具题豁免者，办理殊未画一。嗣后，应令该督抚查明该员病故日期，照例咨请免追，毋庸具题，以归简易。（乾隆三十年例）

一　江南、江兴等卫繁缺守备，每员岁支养廉银五百两，凤阳、长淮二卫守备向系简缺，每员例定四百两，因凤中卫归并凤阳卫，宿州卫归并长淮卫，改为繁缺，每卫每年增给一百两，在原裁凤中、宿州两卫归公养廉银内动给。

一　候补卫守备每员每年支给办漕盘费银八十两，如有委署卫印，即按日扣除所需银两，八道七股分解，内河南、山东、江安、苏松、浙江、江西粮道各解一股，湖南、湖北粮道共解一股，统于各道平饭项下支解，按年造册详送巡抚衙门，咨部核销。（乾隆十年例）

一　起运首帮过淮盘验后，每年例委候补守备千总一员押催抵通，乾隆六年奏准，酌给盘费银四十两，于江安、苏松二道平余项下四六分解支给。

一　各省领运官弁向来收受陋规，概行裁革，自雍正七年起，先后议给养廉，随帮官并行酌给，江南、江西、浙江、河南等省在于藩库存公耗羡银内动支，山东、湖北、湖南等省在于有漕州县派征公费银米内支给。

山东领运千总每员每米一石征盘费银五厘，米多者约银一百四五十两，米少者约银一百一二十两。

山东协运河南千总，现运每员给养廉银二百两。闲运千总，雍正十一年议准照通、天二所例，每员给养廉银一百两。

上下两江千总每员养廉银二百两，乾隆十一年议准，停运千总每年给养廉银一百两，乾隆十三年因耗羡不敷，每员酌给银六十两。

浙江千总轮运每员给养廉银二百四十两，停运一百两。

江西千总轮运每员给养廉银二百四十两，停运一百两。

湖北领运千总每帮给米一百九十石，雍正十二年议准，停运千总给养廉四十两。

湖南领运千总每漕米一石征费银五厘，每帮约计银一百六七十两。

各省随帮武举每员每岁养廉二十四两。

河南随帮每员在河南道库给养廉银五十两，停运之年各归本省，毋庸议给。

一　各省领运员弁养廉按年给发，遇有升迁事故，一岁养廉前官支去，后官无着。乾隆五年咨准，照例按月扣算截给，如有空旷余剩，追出贮库。

一　各省卫所千总出运养廉，内按照闲运应得之数划出，作为一股，以次年正月初一日起计至年底，三百六十日，各按前任署任、新任各员在任月日扣算截支。其余加给出运银两划作一股，以办漕之日起计算，一年三百六十日，按前任、接任各员办漕月日扣算截支。

一　各省出运千总额给养廉向作三百六十日计算，乾隆十七年咨准，如遇有闰之年作三百九十日计算。

一　各卫帮额设千总二员，递年轮转，向例出运，各弁于回空到次之后，不支闲运养廉，是以，头年并将停运养廉全行支领，事属重复。乾隆十八年咨准，嗣后，出运千总养廉于头年办漕日起至次年回空以后扣足一年，然后再给闲运养廉，递年核算月日，不致参差。

一　各卫运随千总领过出运廪俸养廉银两，乾隆八年咨准，如在次截留船粮按数追缴，如船已开行截留者，按在次办漕日起至回次日止，扣追完缴。

一　各省随帮千总请假会试，另委员兼押者，所有养廉银两请假之弁与兼押之弁应各按办运月日分支，如有旷剩，照数追缴。至廪工银米，既于本任内应得，复于兼押任内分支，是一弁而食两任之俸，与例不符，不准分支。（乾隆十四年例）

一　凡属员内有将不应请领之项，隐匿原案情由，指为本身应领之养廉，混行申请，该督抚不行详查明确，代为咨部拨给者，罚俸六个月。

行月事例

一　各省运军行月钱粮旧例本折不等，多有偏枯，顺治十一年钦奉恩诏：本折均平，除湖广、江西全省折色外，其江南、浙江、山东、河南等省行月二粮半征本色、半征折色，均平支给。

一　各省运丁名数旧有畸零，参差不齐，江浙二省每船兼有十一、二丁不等，康熙二十五年画一裁扣，每船概以十丁配运，按丁支给行月，江淮、兴武两卫因无赡运屯田，每船以十二丁配运，后部议驳追，四十一年题明原驳减二名，照旧派设。

一　安庆卫旧例照漕用丁，按丁派给行月粮，其行月粮俱按所载漕米销算，康熙二十五年各省画一减丁，该卫亦照十丁支给行月，康熙五十三年题定，仍按粮米数目支给。

一　凤中三帮全行裁汰，其千总即调补安庆新分之帮，所有行粮乾隆二十五年咨准,照安庆之例,支给银一两六钱八分,其凤中三帮原在淮仓项下应支之一两二钱六分,即归入减存项下解部。

一　行月钱粮支给衙门应当堂按名给领,若不照数给发,科派扣克,即将粮道等官指名题参。(康熙二十一年例)

一　行月钱粮旧例遇灾停征,缺额请拨。康熙二十四年题定,停止除荒,竟入现运项下支给。

一　运军月粮,顺治十五年题定,有闰之年按月本折均平支给,康熙十六年各省一例停止,十八年,浙江、江宁、凤阳等卫并豫、东二省各卫所题明,有闰之年照旧复给,康熙二十五年、三十一年,苏松及江兴二卫有闰之年并准支给,康熙五十四年以后,河南省部议驳减,雍正五年题定,河南各丁月粮照山东、浙江、苏松属之苏太等卫遇闰之年一例支给,惟江西、湖广系按船按米支领行月,例不加增。

一　山东省德州、济宁等卫所雇募民船装运漕粮,盘浅、起剥、过坝、交仓,与军船相同,康熙二十六年题定,应领行月等项钱粮,俱照军船例一体支给。

一　江南省行月减存等项钱粮旧例解贮淮库,康熙二十七年题定,照江西、浙江、湖广、山东之例,径解江安、苏松各粮道支销,余剩并减存钱粮解部。

一　行月等项钱粮设立易知小单,开注应给各项钱粮,每丁各给一张,照款支领,如有官役扣克需索,许本丁据实即于单内开明情由,于过淮时赴总漕衙门呈控审实,题参治罪。(康熙二十八年例)

一　官丁行粮派现兑水次兑交,如果不足,方派贴邻州县,运船一到,如数给发。倘有迟误过期,并远派隔府隔属以及包揽折干者,总漕即行查明题参重处。(顺治十年例)

一　江南各帮支领行粮务派现兑水次,如有不敷,方派贴邻州县,并饬监兑等官帮船到次,于三日内验明米色,照额给发。如有零星散派、过期不给、折干盗卖、耽延误漕等弊,即行题参。(雍正十二年例)

一　行月二粮于各水次冬兑时支领,各丁料理运务,势难分身,一帮行月就近归于一处支给。(康熙三十三年例)

一　各省军船到次,其本色行月定限三日内照额给发,其折色银两解道验明,将一半给丁开船,留一半印封封固,粮道带到淮上,呈明总漕,当面给丁收领。如本色给兑愆期,折色解送迟延,照误漕例题参议处,短少克扣,从重究治。(雍正九年例)

一　行月随漕银两,该卫守备出具印领,交与本卫千总,加具戳记,赴道投递,即照印领额数给发,仍取具该卫,并无预领印结,申送总漕查核,如有预借扣克各情

弊,查明题参,照误漕例严加议处。(雍正二年例)

一 上下两江每年应征行月钱粮定限十月内完解,十分之六给丁济运,如解不足数者,州县官罚俸六个月,不敷之项在于道库减存项下垫给,再限三个月解足补款,如仍征解不完,再行咨参,罚俸一年。(雍正十年例)

一 淮、扬、海、邳各府州属应征月粮例于次年征解,各帮月粮例于本年支领,向在道库减存银内通融支给。雍正十三年,庐州、太平等府州属预征行月钱粮,题准照依淮属之例,于起运之年开征,先于道库减存银内动给,按年征解还项,仍于奏销案内声明查核。再建阳卫每年额征减存行月事同一例,亦于起运之年征解。

一 乾隆五年题:江南扬州头、仪征、大河二三、淮安头二、泗州前后、长淮四等帮,除轮兑淮粮一帮外,其余各帮应支行月统归苏松粮道库支给,如额征不足,再于白粮减存经费银米内凑给。大河前及轮兑淮粮之帮并扬州二三四帮,统归江安粮道给发。淮属山、盐、阜三县并无额征本色行粮,在实征月粮余米内给发。扬州三四帮不敷行粮米石,过淮时,于淮属余米给发,本折价值均照定例。

一 江安、苏松二省每年支放帮丁行月等银向用市平兑给,每百两平余二两,虽奏明充公,亦未报部存案,乾隆六年,因浙省革除平余银两,经部行查,总漕以公项必需无项拨补,咨准照旧支解。

各省款则

一 直隶通、津二所协运豫省漕粮,通州所月粮向系部拨本色,今半本在中南仓支给半折,每石折价八钱,赴坐粮厅支领;天津所月粮向在天津仓全支本色,今改在河南粮道库本折均平支给。(《议单旧本》)

一 山东省各卫所行月旧例全支本色,顺治十三年题定,本折均平。济兖二属仍于旧编州县本折均派。东昌三卫原编本色仍归漕用,折色银两每石定价八钱。顺治十五年题准,本折行月酌量地方远近派征,所有原编本色麦米之历城等二十五州县,并原编折色米麦之济阳等二十六州县均系临河地方一例派征本色给丁。其原编折色之邹平等十一州县,及原无额编漕项之新泰等十三州县俱离水次窵远,照例派征折色,每石定价八钱。康熙二十四年题准,临清仓额征米麦,除将临清、济宁二处仍征本色,其余米麦折征解仓,运军月粮将麦折银两支给。二十六年题准,济兖二属额解德常二仓本色米石就近兑支各营兵米,其卫所行月在额解德仓麦石内动支。雍正七年东省历城等二十九州岛县额征本色夏麦题准改征米石,随征随收,分款支解,其运丁应支不敷麦石,仍照旧例折给。

一　山东省各帮行月半折银两俱由粮道支发，惟山东前等四帮派令临清仓衙门给发，每年粮道查造奏销，由管仓衙门抄发底册，汇核造报。乾隆二十三年题准，将临仓额编银八万三千四百余两，仍照原编款项由州县征收，一并解交道库，其山东前等四帮行月折色等项银两，俱归并道库支放，将支剩银两按年解部。

一　河南省领运官丁例系直隶山东江北帮船协运，月粮向于各本处地方支领，行粮于临德诸仓支领，惟临清后、平山前后等帮行粮在河南全支本色。顺治十三年题定，改给半折，每石定价不敷银两于清理人丁银内抵补。康熙九年，豫省应解临德二仓行月改解河南粮道，随粮支放。所有德左、任城、平山、天津等帮行月二粮及通州帮行粮俱改赴河南粮道，照依本折兼支。其临清卫一半行月在临清仓支给，江北各帮行月二粮仍在淮、徐、凤三仓支给。又乾隆二十四年题准，东省协运豫粮之河南前后等帮折色银两在德州粮道库支放，本色米石仍在临仓兑给。

一　徐州帮协运豫省船粮共船一百六只，分为前后两帮，前帮派定二十只在江南支领行粮，三十三只在豫省支领行粮；其后帮五十三只，派定二十一只在江南支领行粮，三十二只在豫省支领行粮。雍正十三年咨准，将徐前帮船派定四十一只在江安支领行粮，其十二只并后帮五十三只统在豫省支领行粮。乾隆八年题准，协运豫粮之徐州卫河南前后两帮、长淮二帮，其月粮仍在江安道库支领，其行粮悉归豫省给发。（长淮二帮，乾隆三十二年裁汰）

一　江南省额设南屯二米原编给运丁安家月粮，顺治二年因兵马云集，漕运未定，将南粮改充兵饷。迨漕运复旧，月粮失额，顺治九年题明，漕项归漕南米先尽支给运军，余剩米石留充兵饷。

一　江宁省卫各帮分运江宁及苏松等属漕米、行月钱粮向系江安、苏松两道互相派给。康熙十年议定，兑运江属漕粮、行月、安家、加给折色等项，应听江安粮道派给，兑运苏属等府州漕粮每只安家月粮四十八石，预支月粮银三十六两，原在上江州县屯卫屯粮及租银裁扣内动支，亦应归江安粮道派给。其行粮并水手米四十二石，加给行月折色银共三十六两，既在苏、松、常、镇四府南粮及嘉定等县加漕内动支，应归苏松粮道派给，总以兑漕州县水次就近派支，不敷，方于邻邑协拨。康熙十一年咨准，省卫各帮月粮遇有闰之年，或缺额不敷，其闰月粮石准于减存项下余剩钱粮内照数支给。康熙十五年题定，省卫本折钱粮统归江安粮道管理。二十八年题准，省卫应支一半本色月粮，内有徽、宁、池、滁、广、和等府州属不通水道，每石折征银八钱，解交道库支给。

一　乾隆二十八年题准，将兑运松粮之江淮五七八、兴武一四七八等帮并兴武六帮找兑松粮，共漕白丁船四百一十只，每船应支行粮，准其将松属扬仓米七千八百一十五石零就近拨给，其余不敷米石仍于江、常、镇等属额编省仓米内顺道拨足，再有不敷，于靖江、句容二县找足，即归江安道衙门派拨奏销，并将江安道项下太仓、溧阳原编行粮南米照数拨还。苏松道支给扬、仪、淮、大等帮行月之用，即听苏松道衙役奏销，分别造入各帮行月钱粮册内，报部查核。

一　江宁省卫行粮旧例全支本色，月粮本折各半，折色每石五钱。顺治十三年题定，本折均平，除一半本色照支，其一半折色行粮，每石折银一两二钱，月粮每石折银一两，其加增折色银两于嘉定等县漕折加增，并草场、苜蓿、裁省、工食等银内支给。顺治十八年题准，省卫月粮每石折银七钱，扣除三钱。

一　兑运松粮之江淮五七八帮、兴武三四七八帮，并找兑松粮之兴武六帮丁船，乾隆二十四年题准，照新、宣、安、建复给之例，将半折月粮每石原扣三钱者，仍复给还，每石给银一两，于江安道库内减存项下动给。

一　江兴二卫、江淮头二三四六九、兴武头二五六九等帮每船例给半折月粮七十二石，又裁船增给半折月粮八石，共八十石，每石原折银七钱，乾隆三十一年题准，照兑运松粮，各帮每石一例加给银三钱。

一　安、徽、宁、太四府属安庆、新安、宣州、建阳四卫旧例行月本折不等，顺治十三年题定，本折均平，行粮每石折银一两二钱，月粮每石折银一两，安庆行月本色除将万忆、安粮二项尽数支给，不敷米石于怀桐等县南粮米内找足；行月折色除拨给屯粮、操饷、新垦等银，尚不敷银两于皖属成熟田地编征。新安、宣州、建阳三卫，一半本色在原派徽、宁、太三府属南米内支给，不敷折色于民屯田亩内加征。康熙十七年咨准，新、宣、安、建四卫折色月粮折银一两者，照江宁省卫浙省之例给七扣三支给，将扣三银两解部，二十九年题准，折色月粮每石仍照旧例折银一两。

一　江北庐、凤、淮、扬、徐、滁等各卫所旧例行月二粮全支折色，月粮每石折银三钱，行粮每石折银三四钱不等，惟凤阳各帮月粮向在凤阳仓支领，每石暂给五钱。顺治十年题定，前五个月安家月粮每石给银五钱，后七个月仍给三钱，他卫俱仍旧贯。顺治十三年题定，本折均平，将原支折色改征一半本色，其一半折色原系三四五钱者，仍照旧支领。康熙三十年题准，淮、凤、徐三仓米麦豆石照漕折旧例折征，米每石折银九钱，麦每石折银五钱，各卫帮有于三仓应支本色米麦者，俱照折征定价，赴江安粮道库支给，余剩银两照数解部。

一　凤阳卫并原凤中卫、长淮卫头等帮行月米石向例本折兼支，康熙三十年以后改为全支折色，每米一石折银九钱，麦一石折银五钱，乾隆二十二年题准，将凤阳、长淮头各帮行月钱粮准其照通漕之例本折兼支，其本色米麦在于江、苏二道所属余剩减存米麦豆石就次顺便拨给，其原领仓项折色归入裁存解部。

　　一　扬州府属各卫帮行粮坐派淮仓，向系全支折色，每石折银四钱，月粮系在扬属并苏、松、常、镇协济米折银内动支，每石折银六钱，三钱给运丁，三钱给操军。顺治十三年题定，行粮于淮仓项下改征，半本月粮于原给运丁三钱之内分出，半本半折本色月粮额派苏、松、镇三属并扬、通二属支领，折色月粮额派苏松者，听苏松粮道派给，其派扬、通、镇三属者，解江安粮道支给。

　　一　寿州卫今改并长淮卫，武平卫原改并宿州卫，今归并长淮卫，行粮坐派徐仓德州支领，月粮坐派凤属及常淮二府并河南省属支领，旧例全系折色。顺治十三年题定，改征一半本色，其一半折色原系三四五钱者，仍照旧支领。康熙十五年，将原派河南省属者改归凤仓支领。

　　一　长淮卫所属头帮应支一半本色行月在江苏二道漕项内支给，一半折色行粮在江道淮仓项下支给，一半折色月粮在江道凤仓项下支给。长淮三四两帮系递年轮兑徐州、镇江二属之粮，如兑徐粮之年，应支行月在江道漕项内并徐仓项下暨怀远、定远二县支给；如兑镇属漕粮之年，应支行月即在苏道寿镇等仓项下支给。宿州头帮应支行粮在江道徐仓归并淮仓项下支给，月粮在江道凤仓项下并灵璧县长淮卫支给。宿州二帮应支行粮在山东德州支给，月粮在江道凤仓项下并怀远县支给。雍正十二年，宿州二帮每船加添本折行粮二石，在德州仓支给，月粮二十四石，在江道凤仓项下并怀远县支给。

　　一　淮、大、泗各卫帮旧例行粮坐派淮仓，月粮在于济漕四税及屯粮内支给，俱系全支折色。顺治十三年题定，于解仓折色内，行粮分出半本，其月粮原在屯粮支给者，照例改为半本半折，其在四税项下应支半本，每石给银八钱，于各卫减存银内通融支给，半折仍照旧额支领。

　　一　淮安四帮每船原支江安粮道漕仓，名本实折月粮三十五石八斗七合零，乾隆二十四年题准，仍派本色于苏道所属丹徒县坍荒注缓准豁米石项下，拨抵济运。

　　一　淮安三帮每船原支江安粮道漕仓名本实折行粮一十四石，月粮三十石八斗七合零，乾隆二十八年题准，于淮大等帮减存粮内支给本色。

　　一　乾隆三十年咨准，大河前帮每年应完屯粮即于每年起运应支月粮内照数抵兑，统于实征行月奏销各册内分别造报。

　　一　乾隆三十一年题准，大河二帮额船五十二只，大河三帮额船六十七只，每名额完屯粮四石七升六合八勺，共该米麦豆四百八十五石一斗三升九合二勺，应将该两帮每年每船原支苏道项下月粮米内划出四石七升六合八勺，抵兑应完大河卫屯粮之数，如遇减存，于应支苫盖月粮内抵兑，均听江安粮道于大河卫实征及行月奏销各册内造报。倘屯田被灾，奉文按分蠲免，将除蠲实征应完之数抵兑，其余应行找给月粮即于划抵米内照数动支。淮安头帮额船四十三只,每名额完屯粮麦豆七石一斗一升五合八勺零,共应抵兑麦豆三百五石九斗八升三合四勺零。淮安二帮额船四十四只,每名额完屯粮米麦豆一十三石三斗八升三合八勺零,共应抵兑米麦豆五百八十八石八斗八升九合五勺零。又淮安卫原附载帮船一十四只,分归淮安头帮船七只,二帮船七只,应一例请抵,每名额完屯粮豆一石一斗七合八勺,共应抵兑豆一十五石五斗九合二勺,系四年之中轮兑淮海等属漕粮一次,应在江道衙门抵兑报销,轮兑苏常等属漕粮三次,原在苏道衙门支领月粮,每年应于所支苏道月粮米内挖出,抵还江道米麦豆一千三百九十五石五斗二升一合四勺。以上淮大各帮每年划还江道米数,即在江道从前拨出抵换松江府属各帮行月之溧阳县月粮米内划还,听江道拨派别帮,支领易出,淮安、大河二卫编款,以便该二卫帮丁将应完屯粮抵兑应支月粮。其淮安头二两帮,倘有减存应支苫盖月粮,以及设遇屯田被灾蠲缺,悉照大河二三两帮前议事宜一例办理。

一　徐州卫河南前后两帮协运豫省漕粮,行月二粮向在徐州仓支领,行粮折色每石四钱,月粮折色每石三钱。康熙七年,行月折色每石改给银八钱,在水次支给。雍正十三年咨准,分派船只一在江安道库支领行粮,一在豫省支领行粮。

一　苏州、太仓、镇海三卫旧例行粮全支本色,月粮全支折色,每石原折五钱。顺治十三年题定,行月二粮改为本折各半,其折色行粮每石一两二钱,折色月粮每石一两,于军储兵局二粮内凑支。

一　金、松二卫所旧例行粮全支本色,月粮全支折色。顺治十三年题定,行月二粮改为本折各半,半折行粮每石一两二钱,减米征银,半折月粮照依原折,每石一两,于军储兵局二粮内凑支。(松江、金山二卫俱改并镇海卫)

一　镇江卫旧例行粮全支本色,月粮全支麦折,每石原折银三钱五分。顺治十三年题定,行月二粮改征本折各半,半折行粮每石八钱,减米征银,半折月粮每石酌改五钱,编征支给。

一　浙江省旧例行粮全支本色,派于杭嘉湖三府属,月粮本折不等,派于通省十一府。顺治十二年题定,本折均平,除半本照支外,折色行粮每石定价一两二钱,折色月粮每石定价七钱。顺治十三年题准,浙东各府所[1]派本色月粮照依时价征银,赴省买米给军。康熙十年题准,宁、绍等八府一半月粮本色照灰石折漕定价,每石一两二钱,征给运丁,杭、嘉、湖三府属州县仍征本色支给。

一　乾隆三十年奏准,将浙东宁波、台州、温州、绍兴、处州、金衢、严州所等帮折色月粮每石实给七钱者,照旧给银一两,于库贮裁存项下动给,按年造入奏销,报部查核。其浙西之杭严,海宁等帮向因就近本兑水次,全支本色月粮四十八石,尚可办运,与浙东情形稍异,扣减银三钱,毋庸概请复给。

【校记】

[1]《丛刊》本作:省。据文意,应作:所。

一　江西省行月向例全支折色,行粮每石折银五钱,月粮每石折银四钱。顺治十三年题定,无分本折,每石增银一钱,行粮改给六钱,月粮改给五钱,于过湖屯粮仓米等项银内衰增。嗣因加增,不敷行月,无款可动,顺治十五年题准,每船原设一旗,九散、十散、十一散者概作一旗,九散即以扣除旗散之行月抵补加增之项,如尚有不敷加增银两,于屯粮籽粒内每石加增一钱,以敷支给。康熙四十二年咨准,江西帮船加载漕米每石例给银一钱六分五厘,不敷银两于该年轻赍银内支给。

一　湖广省行月二粮在本折均平定议时,漕粮向未运北,故未定有半本半折之例,该省每船十军,原支行粮三十石,月粮六十八石,每石折银四钱,此外尚有安家粮银,多寡不一。康熙十年议定,安家赡田概不支给,每名加支行粮三石,月粮九石六斗,仍以每石四钱折给,于粮道随漕项下支领。乾隆四年奏准,湖南、湖北二省米价比前昂贵,本折月粮将一半折色照旧例每石四钱折给,其一半本色,湖北省每石定价折给七钱,湖南省每石折给六钱,加增银两于道库随漕项下动给。

一　湖南各帮每船例给行粮三十石,月粮九十六石,定例半本半折,内一半本色米六十三石,每石折银六钱,一半折色米六十三石,每石折银四钱。乾隆三十年题准,将湖南各帮一半本色行月粮价照湖北之例每石俱以七钱折给。又于乾隆三十一年题准,将一半四钱折色行月粮每石概以七钱折给。

一　湖北各帮每船例给行粮三十石,月粮九十六石,定例半本半折,内一半本色米六十三石,照本省兵粮例每石折银七钱,一半折色米六十三石,每石折银四钱。乾隆三十一年题准,将一半四钱折色行月粮每石概以七钱折给。

裁船加给

一　江南省苏、松、常三府白粮向系雇募民船受兑,康熙十四年题定,抽选运白各船应载粮米分洒本帮余船带运,每加装正米一石,给负重银五分。

一　浙江省洒减船只应载粮米分洒各帮带运,旧例每船给负重银四十八两,康熙二十五年题定,照依江南省例,每一石给负重银五分。

一　江西省漕船缺额,原拨江广帮船协运。康熙五年题定,于原载一浅之外加载米石,按浅支给行月,每石给银一钱六分五厘。康熙三十三年停止协运,原派米石令本省军船加添载运,其加装漕米行月仍照旧例按石支给,每石一钱六分五厘,永为定例。

一 康熙二十九年,湖北带征漕米拨用减存船只,余米分派各帮带运,其拨用减船行月、席木等银题明准其照例支给,至分洒各帮加载米石行月贴运银米,不准支给。

一 康熙五十四年,江、兴等卫加装缓征平籴米石,每石准给银二钱八分[1],于道库减存银内支给。查现在搭运米石每石例给负重银五分,此条已属不行之例,存此备考。[2]

【校记】

[1]《丛刊》本作:五钱八分。

[2]自"查现在"至"存此备考",《丛刊》本缺此数句。

一 雍正四年山东省缓征漕米,各丁雇募装运,题准照依南漕搭运之例,每石给负重银五分,以供沿途水脚之费,在德仓项下按米数支给。

一 乾隆十七年题准,凤常帮、凤中常、凤中二、长淮头二等五帮照江兴二卫加一裁船之例,裁船三十一只应运米石及原领钱粮照数分给加装各船。

一 乾隆二十一年题准,江安宁太帮裁船十只米石加派通帮,应领钱粮并赡运屯田俱分给现运丁船。

一 乾隆二十二年题准,苏、松、常、镇、太五府州坍荒田地应蠲米石,应裁船十五只,部驳行月应行并蠲,增出米石于各水次船只加装,除例支漕赠等项银米外,每石加给负重银五分。

一 乾隆二十四年江西各帮通共裁船七十只,所有米石加装六百三十八只之内,一切应领钱粮俱照例支给,并裁船拨归屯协等项,每船可得银七十余两,以资办公。

一 乾隆十三年咨准,江南江、兴二卫加一裁减船只,米石分装九船,银米增给九丁,其扬卫二帮拨抵江兴船二十四只,裁船之米既一例分装,行月、漕赠各项钱粮准其一体加给。

一 乾隆二十年咨准,裁船应运米石系永定加装,非如缓漕暂时搭运者比,所有各该船原支本折行月应一体按粮验派,以资运费。

一 建阳卫乾隆二十九年灾减船九只,咨准照江、兴、凤、长等帮之例,一体支给裁增月粮。

一 乾隆三十年咨准,淮安三、大河前两帮裁汰拨兑苏粮船只,其应运米石于兑运苏属帮船带运,所有各帮原支本折行月应一体按粮派给加装扬粮之丁,以资运费。

一　乾隆二十九年奏准，湖北武左卫拨入湖南三帮船四只裁汰，其粮米分洒湖南三帮四十八船之内加装，裁船行月本折银两裁省充饷，其四船运费等银与岳州武左二卫运丁各半分支。

一　乾隆三十一年奏准，扬州二帮拨抵江淮八、兴武三七等帮船二十三只裁汰，粮米分洒江、兴二卫兑运松粮船内加装，裁船行月银米分给加装各船，以资运费。

舵水身工

各省头舵、水手人等原系旗丁自行雇募，身工银两向未定有成例。雍正元年题明定价，永远立石遵行。如有仍前设立加添名色，聚众打抢，扰害官丁，严拿治罪。沿河文武官弁不行查拿，照失察例题参，所有各省定价开列于后：

山东省

德州帮重运头工银一两二钱，舵工银五两，水手每名银一两，回空头工银八钱，舵工银三两，水手银六钱。

济宁前后帮重运头舵水手每名银二两，回空俱每名一两六钱。

东平帮重运头工水手每名银一两六钱，舵工银六两，回空头工水手每名银一两，舵工银二两。

临清山东前帮重运头工银一两八钱，舵工银六两，水手每名银一两五钱，回空头工水手每名银八钱，舵工银二两二钱。

东昌、濮州二帮重运头工水手每名银二两，舵工银八两，回空头工水手每名银一两，舵工银四两。

河南省

通州所、天津所、德州、临清前后、平山前后、任城、徐州、长淮等帮重运头工银三两，舵工银六两，水手每名银二两，回空头工银二两，舵工银四两，水手银一两六钱。

江南江安各属

江淮头二三四五六七八九帮、兴武二四五六八九帮重运回空头舵身工每名银六两二钱，水手身工每名银二两九钱。

兴武三帮重运回空头舵身工每名银五两五钱五分，水手身工银三两九钱。

兴武七帮重运头工身工银五两，舵工身工银四两，水手身工每名银二两七钱，回空俱给一半。

安庆帮重运头舵每名银三两三钱,回空银一两八钱,水手重运每名银三两,回空银一两五钱。

池州帮重运头舵每名银三两,水手每名银二两五钱,回空头舵每名银二两,水手每名银一两五钱。

宣州帮重运回空头舵水手每名银四两二钱六分八厘八毫。

宁太帮重运头舵每名银三两一钱五分,回空每名银二两,水手重运每名九色银三两,回空每名一两五钱。

庐州头帮重运头舵每名银四两,水手每名银二两四钱,回空头舵每名银二两四钱,水手每名银一两三钱。

庐州二三两帮重运头舵每名银三两四钱,水手每名银二两四钱,回空头舵每名银二两,水手每名银一两二钱。

凤常帮、凤中常帮重运头舵每名银三两六钱,水手每名银二两,回空各给一半。

凤中二帮重运头工身工银二两四钱,舵工身工银三两二钱,水手每名银二两,回空各给一半。

长淮头帮重运头舵每名银三两六钱,水手每名银二两四钱,回空各给一半。

长淮三帮、四帮重运头工银五两,舵工银三两,水手每名银二两四钱,回空头舵每名银二两,水手每名银一两二钱。

泗州前后两帮兑苏常粮重运头舵每名银三两三钱,水手每名银二两六钱,回空头舵每名银一两五钱,水手每名银一两三钱。兑运淮粮重运头舵每名银三两二钱,水手每名银二两二钱,回空头舵每名银一两五钱,水手每名一两一钱。

宿州头二两帮重运头舵每名银四两,水手每名银二两,回空各给一半。

淮安头二四帮重运头工银四两五钱,舵工银四两,水手每名银二两六七钱,回空头工银二两二钱五分,舵工银二两,水手每名银一两二钱。

淮安三帮重运头舵每名银三两,水手每名银二两四钱,回空头舵每名银一两五钱,水手每名银一两二钱。

大河前帮重运头工银四两五钱,舵工银四两,水手每名银二两四钱,回空头工京钱四千文,舵工京钱三千文,水手京钱二千文。

大河二三两帮重运头舵每名银四五钱,水手每名银二两四钱,回空各给一半。

扬州头帮重运头工银四两,舵工银四两五钱,水手每名银二两七钱,回空头舵每名银一两五钱,水手每名银一两二钱。

扬州二三两帮重运头工银三两六钱,舵工银四两,水手每名银二两七钱,回空头舵每名银一两二钱,水手每名银一两二钱。

仪征帮重运回空舵工银七两,头工银八两,水手每名银三两六钱。

滁苏帮重运头工银二两六钱,舵工银四两四钱,水手每名银二两四钱,回空头工银一两八钱,舵工银二两二钱,水手每名银一两二钱。

徐州江北帮重运回空头舵每名银四两五钱,水手每名银三两。

江南苏松省

苏州前后帮重运舵工银四两,头工银五两四钱,水手每名银三两二钱,回空舵工银二两,头工银二两七钱,水手每名银一两六钱。

太仓前后帮重运头舵每名银三两七钱五分,水手每名银二两五钱,回空头舵每名银一两五钱,水手每名银一两二钱。

镇海前后帮重运头舵每名银三两六钱,水手每名银二两四钱,回空头舵每名银一两六钱,水手每名银一两二钱。

金山卫原头帮重运头舵每名给银四两二钱五分,布四疋,折银一钱八分,水手每名银二两八钱五分,布四疋,回空舵工银一两六钱,头工银二两二钱五分,水手每名银一两二钱五分。

金山卫原二帮重运头舵每名银三两八钱五分,布四疋,水手每名银二两七钱五分,布四疋,回空头舵每名银一两八钱五分,水手每名银一两一钱五分。

镇江前后帮重运头舵每名银四两五钱,水手每名银二两四钱,回空头舵每名银一两二钱,又加添银六钱,水手每名银一两二钱,又加添银六钱。

浙江省

杭严头二海宁所帮重运头工银七两,舵工银六两,水手每名银五两六钱,火夫银七两,回空头舵火夫每名银二两,水手每名银一两四钱。

宁波前后、杭严三四、绍兴前后、嘉兴卫、严州所、处前、嘉白等十帮重运头工银六两五钱,舵工银五两三钱,水手每名银四两,火夫银六两五钱,回空头工火夫每名银二两,舵工银一两七钱,水手每名银一两三钱。

湖州所、台州前后、金衢所、温州前后、处州后、湖白等八帮重运头工银六两七钱,舵工银五两二钱,水手每名银四两一钱,火夫银六两七钱,回空头舵火夫每名银二两,水手每名银一两三钱。

江西省

南昌前后、袁州、永新、抚州、建昌、广信、铅山、九江前后等十帮重运头舵每名银三两二钱,水手每名银二两八钱,回空头舵水手每名银一两二钱,如遇冻阻之年,每名再加银一两二钱。

吉安所重运头舵每名银四两五钱,水手每名银三两,回空头舵每名银一两八钱,水手每名银一两二钱,如遇冻阻之年,每名再加银一两二钱。

安福所重运头舵每名银三两六钱,水手每名银三两,回空头舵水手每名银一两二钱,如遇冻阻之年,每名再加银一两二钱。

饶州所重运头舵每名银四两八钱,水手每名银三两二钱,回空头舵每名银二两四钱,水手每名银一两六钱。

赣州重运头工银六两,舵工银五两五钱,水手每名银四两,回空头舵每名银二两七钱,水手每名银一两八钱。

湖广省

湖北头二三帮重运头舵每名银六两,水手火夫每名银四两,回空头舵每名银一两八钱,水手火夫每名银一两二钱。

湖南头二三帮重运头舵每名银六两,水手火夫每名银四两,回空头舵每名银一两五钱,水手火夫每名银一两。三帮内岳州卫漕船重运头舵每名银五两五钱,水手火夫每名银三两六钱,回空头舵每名银一两五钱,水手火夫每名银一两外,柴薪银二两,回空饭米每船一十二石。

《漕运则例纂》 卷之十

官丁廪粮

官丁行月

《漕运则例纂》卷之十

官丁廪粮

官丁行月

直隶省

通永道属通州所帮轮运千总二员，运船二十只，屯丁二百名，每官丁行粮二石四斗，每丁月粮九石六斗，俱本折各半，折色每石折银八钱，官丁共应支行粮四百八十二石四斗，屯丁共应支月粮一千九百二十石，行粮本折在河南粮道库支给，月粮本色在中南仓支给，折色在坐粮厅支给。

天津道属天津所帮轮运千总二员，运船一十七只，屯丁一百七十名，官丁共应支行粮四百一十石四斗，屯丁共应支月粮一千六百三十二石，照例本折各半，统在河南粮道库支给，官丁行粮、屯丁月粮每名数目及折价俱与通州所同。

山东省

山东粮道属四卫一所共一十六帮，额例每官丁行粮二石四斗，屯丁月粮九石六斗，均系本折各半，折色每石折银八钱，凡遇船只增减，按照现运船数扣算加减支给。

德州卫

正帮领运千总二员，随帮一员，运船五十二只，屯丁五百二十名，官丁共应支行粮一千二百五十二石八斗，屯丁共应支月粮四千九百九十二石，行粮本折在德州支给，月粮本折在德州仓支给。左帮协运豫粮轮运千总二员，随帮一员，运船二十四只，屯丁二百四十名，官丁共应支行粮五百八十石八斗，屯丁共应支月粮二千三百四石，行月二粮本折俱在河南粮道库支给。

济宁卫

前帮轮运千总二员，随帮一员，运船八十六只，屯丁八百六十名，官丁共应支行粮二千六十八石八斗,屯丁共应支月粮八千二百五十六石,行月二粮本色在兑漕各州县支给,折色在山东粮道库支给。

后帮轮运千总二员,随帮一员,运船八十只,屯丁八百名,官丁共应支行粮一千九百二十四石八斗,屯丁共应支月粮七千六百八十石,行月二粮本色在兑漕各州县支给,折色在山东粮道库支给。

左帮轮运千总二员,随帮例无,运船八十四只,屯丁八百四十名,官丁共应支行粮二千一十八石四斗,屯丁共应支月粮八千六十四石,行粮本色在兑漕各州县支给,折色在山东粮道库支给,月粮本折在德州仓支给。

右帮轮运千总二员,随帮例无,运船六十一只,屯丁六百一十名,官丁共应支行粮一千四百六十六石四斗,屯丁共应支月粮五千八百五十六石,行月二粮本色在兑漕各州县支给,折色在山东粮道库支给。

任城帮协运豫粮轮运千总二员,随帮一员,运船四十三只,运丁四百三十名,官丁应支行粮一千三十六石八斗,运丁应支月粮四千一百二十八石,行月二粮本折俱在河南粮道库支给,该帮无赡运屯田,行月之外,每船另给赡军银十两。

东昌卫

东昌帮轮运千总二员,随帮一员,运船六十六只,屯丁六百六十名,官丁共应支行粮一千五百八十八石八斗,屯丁共应支月粮六千三百三十六石,行月二粮本色在兑漕各州县支给,折色在山东粮道库支给。

濮州所帮轮运千总二员,随帮一员,运船五十三只,屯丁五百三十名,官丁共应支行粮一千二百七十六石八斗,屯丁共应支月粮五千八十八石,行月二粮本折同东昌帮支给。

平山前帮协运豫粮轮运千总二员,随帮一员,运船四十三只,屯丁四百三十名,官丁共应支行粮一千三十六石八斗,屯丁共应支月粮四千一百二十八石。

平山后帮协运豫粮轮运千总二员,随帮一员,运船四十三只,屯丁四百三十名,官丁共应支行粮一千三十六石八斗,屯丁共应支月粮四千一百二十八石,两帮行月二粮本折俱在河南粮道库支给。

临清卫

山东前帮轮运千总二员,随帮一员,运船六十五只,屯丁六百五十名,官丁共应支行粮一千五百六十四石八斗,屯丁共应支月粮六千二百四十石,行粮本色在兑漕各州县支给,折色在山东粮道库支给,月粮本折俱在临清仓支给。

山东后帮轮运千总二员,随帮例无,运船四十七只,屯丁四百七十名,官丁共应支行粮一千一百三十石四斗,屯丁共应支月粮四千五百一十二石,行月二粮本色在兑漕各州县支给，折色在山东粮道库支给。

河南前帮协运豫粮轮运千总二员，随帮一员，运船二十九只，屯丁二百九十名，官丁共应支行粮七百石八斗，屯丁共应支月粮二千七百八十四石。

河南后帮协运豫粮轮运千总二员，随帮一员，运船五十九只，屯丁五百九十名，官丁共应支行粮一千四百二十石八斗，屯丁共应支月粮五千六百六十四石，前后两帮行月二粮本折一半在河南粮道库支给，一半在临清仓支给。

东平所帮轮运千总二员，随帮一员，运船五十五只，屯丁五百五十名，官丁共应支行粮一千三百二十四石八斗，屯丁共应支月粮五千二百八十石，行粮本色在兑漕各州县支给，折色在山东粮道库支给，月粮本折俱在临清仓支给，其自备船行月二粮本色在兑漕各州县支给，折色在山东粮道库支给。

河南省

河南粮道属原无额设卫所，俱系派拨直隶山东、江南卫所官丁船只协运，其在河南支领行月二粮者，每官丁行粮二石四斗，每丁月粮九石六斗，照例本折各半，折色每石折银八钱。凡有增减船只，照例扣给。

江南省

江安粮道属江、兴二卫，因无赡运屯田，每船派丁十二名，官丁行粮三石，屯丁月粮十二石，照例本折各半，行粮每石折银一两二钱，月粮每石折银七钱。其协运松粮各帮折色月粮，乾隆二十四年题准复给一两。兑运苏州、常州、镇江、太仓、江宁等属漕粮各帮折色月粮，乾隆三十一年题准复给一两。凡有增减船只，按现运船数照例加减。又江淮八、兴武三七等三帮，内有扬州二帮拨入船二十四只，每船派丁十名，每名支行粮二石八斗，内一半本色行粮麦每石折银五钱，一半折色行粮麦每石折银四钱，月粮每名十二石，照例本折各半，一半折色每石折银三钱，行月本折在江安粮道库漕项及淮仓项上派支。乾隆三十一年奏准，将扬州二帮拨入二十四船裁去。

江淮卫

头帮轮运千总二员，随帮一员，运船六十五只，运丁七百八十名，官丁共应支行粮二千三百四十六石，运丁共应支月粮九千三百六十石。

二帮轮运千总二员，随帮一员，运船六十六只，运丁七百九十二名，官丁共应支行粮二千三百八十二石，运丁共应支月粮九千五百四石。

三帮轮运千总二员，随帮一员，运船四十七只，运丁五百六十四名，官丁共应支行粮一千六百九十八石，运丁共应支月粮六千七百六十八石。

四帮轮运千总二员，随帮一员，运船七十四只，运丁八百八十八名，官丁共应支行粮二千六百七十石，运丁共应支月粮一万六百五十六石。

　　五帮轮运千总二员,随帮一员,运船六十四只,运丁七百六十八名,官丁共应支行粮二千三百一十石,运丁共应支月粮九千二百一十六石。

　　六帮轮运千总二员,随帮一员,运船二十九只,运丁三百四十八名,官丁共应支行粮一千五十石,运丁共应支月粮四千一百七十六石。

　　七帮轮运千总二员,随帮一员,运船五十七只,运丁六百八十四名,官丁共应支行粮二千五十八石,运丁共应支月粮八千二百八石。

　　八帮轮运千总二员,随帮一员,运船三十一只,运丁三百七十二名,官丁共应支行粮一千一百二十二石,运丁共应支月粮四千四百六十四石。

　　九帮轮运千总二员,随帮一员,运船四十五只,运丁五百四十名,官丁共应支行粮一千六百二十六石,运丁共应支月粮六千四百八十石。

兴武卫

　　头帮轮运千总二员,随帮一员,运船二十三只,运丁二百七十六名,官丁共应支行粮八百三十四石,运丁共应支月粮三千三百一十二石。

　　二帮轮运千总二员,随帮一员,运船三十八只,运丁四百五十六名,官丁共应支行粮一千三百七十四石,运丁共应支月粮五千四百七十二石。

　　三帮轮运千总二员,随帮一员,运船五十六只,运丁六百七十二名,官丁共应支行粮二千二十二石,共应支月粮八千六十四石。[1]

【校记】

[1]《丛刊》本作:运船五十五只,运丁六百六十名,官丁共应支行粮一千九百八十六石二斗,运丁共应支月粮七千九百二十石。

　　四帮轮运千总二员,随帮一员,运船五十九只,运丁七百零八名,官丁共应支行粮二千一百三十石,运丁共应支月粮八千四百九十六石。

　　五帮轮运千总二员,随帮一员,运船五十五只,运丁六百六十名,官丁共应支行粮一千九百八十六石,运丁共应支月粮七千九百二十石。

　　六帮轮运千总二员,随帮一员,运船七十一只,运丁八百五十二名,官丁共应支行粮二千五百六十二石,运丁共应支月粮一万二百二十四石。

　　七帮轮运千总二员,随帮一员,运船三十四只,运丁四百零八名,官丁共应支行粮一千二百三十石,运丁共应支月粮四千八百九十六石。

　　八帮轮运千总二员,随帮一员,运船六十六只,运丁七百九十二名,官丁共应支行粮二千三百八十二石,运丁共应支月粮九千五百零四石。

　　九帮轮运千总二员,随帮一员,运船二十四只,运丁二百八十八名,官丁共应支行粮八百七十石,运丁共应支月粮三千四百五十六石。

以上江、兴两卫共一十八帮,内兑运江宁府属漕粮之兴武二九、江淮九三帮,兑运镇江府属溧阳县漕粮之江淮三六两帮,本色行月二粮在江宁南屯米内支给,折色行月银两在江宁等府卫编解江安粮道漕项内支给。其协运苏、常、镇、太四府州属漕粮之江淮头、江淮二、江淮四、兴武头、兴武五、兴武六等帮,本色行粮俱在兑漕各县额编江道省仓南米项下支给。又兑运松江府属漕粮之江淮五七八、兴武三四七八等帮,并兴武六帮找兑松粮漕白丁船每船应支行粮,于乾隆二十八年题准,将苏松粮道所属松、江、扬仓项下编征米七千八百余石,与江道苏、太省仓之米按数拨换,就近支给。各帮行粮每年每船约派支米十九石零,其不敷米石仍于江、常、镇等属额编省仓项下顺道拨足,再有不敷,仍于靖江、句容二县找足。至各帮折色行粮俱在苏、松、常、镇等府解交江道漕项银内支给。安家月粮坐派南屯二粮内兑漕各县就近支给。折色月粮银两在江宁等府属编解江道库内漕项下支给。再两卫各帮俱有加一裁减船只,裁船行月银米照数分给现运各船。

安徽宁、太、庐、凤、淮、扬、徐、滁等府州各卫帮,除安庆一卫照粮用丁外,其余各帮派定每船用丁十名,每官丁行粮有二石四斗、二石六斗、二石八斗、三石者,每丁月粮有八石、九石、九石六斗、十二石者,行粮折色每石有四钱、八钱、一两、一两二钱者,月粮折色每石有三钱、四钱、五钱、八钱、一两者,有照均平则例半本半折者,有月粮全给折色银两者,例各不同,概难画一,均于各卫帮下逐一开注,其增减船只、裁改卫帮照乾隆三十一年现运数目纂入。

安庆卫

前帮轮运千总二员,随帮一员,现运船五十六只,运丁照粮科算,现应九百三十九名二分,官丁行粮每名二石八斗,应支二千六百三十五石三斗六升,屯丁月粮每丁九石六斗,应支九千一十六石三斗二升,照例本折各半,行粮折色每石折银一两二钱,月粮折色每石折银一两,行月二粮本色在安庆府支给,折色在江安粮道库支给。后帮同。

后帮轮运千总二员,随帮一员,运船五十五只,运丁照粮科算,现应九百四十名八分,官丁应支行粮二千六百三十九石八斗四升,屯丁应支月粮九千三十一石六斗八升。

新安卫

池州帮轮运千总二员,随帮一员,现运船四十六只,屯丁每船十名,共四百六十名,每名官丁行粮三石,共应支一千三百八十六石,屯丁月粮每丁九石六斗,共应支四千四百一十六石,照例本折各半,折色行粮每石折银一两二钱,折色月粮每石折银一两,行月本色米石在池州府属支给,折色银两在江安粮道库支给。

宣州卫

宣州帮轮运千总二员，随帮一员，现运船四十五只，屯丁四百五十名，每名官丁行粮三石，共应支一千三百五十六石，屯丁月粮每丁九石六斗，共应支四千三百二十石，照例本折各半，折色行粮每石折银一两二钱，折色月粮每石折银一两，行月本色米石在宁国府属支给，折色在江安粮道库支给。

建阳卫

宁太帮轮运千总二员，随帮一员，现运船九十只，屯丁九百名，官丁行粮三石，共应支二千七百六石，屯丁月粮每丁九石六斗，共应支八千六百四十石，照例本折各半，折色行粮每石折银一两二钱，折色月粮每石折银一两，行月本色米石在太平府属支给，折色银两在江安粮道库支给。

庐州卫

头帮轮运千总二员，随帮一员，现运船二十八只，屯丁二百八十名，每官丁行粮二石八斗，共应支七百八十九石六斗，屯丁月粮每丁一十二石，共应支三千三百六十石。

二帮轮运千总二员，随帮一员，现运船七十四只，屯丁七百四十名，每官丁行粮三石，共应支二千二百二十六石，屯丁月粮每丁一十二石，共应支八千八百八十石。

三帮轮运千总二员，随帮一员，现运船七十七只，屯丁七百七十名，每官丁行粮三石，共应支二千三百一十六石，屯丁月粮每丁一十二石，共应支九千二百四十石。

查庐州头二三帮行粮麦石一半本色乃名本实折，每石折银五钱，一半折色，每石折银四钱，月粮米石照例本折各半，一半折色，每石折银三钱，行粮本折均在淮安仓项下支给，月粮本色在庐州府属支给，折色在江安粮道库支给。

凤阳卫

凤阳常州帮轮运千总二员，随帮一员，现运船七十七只，屯丁七百七十名，每官丁行粮三石，共应支二千三百一十六石，屯丁月粮每丁九石六斗，共应支七千三百九十二石。

凤中常州帮轮运千总二员，随帮一员，现运船五十四只，屯丁五百四十名，每官丁行粮三石，共应支一千六百二十六石，屯丁月粮每丁九石六斗，共应支五千一百八十四石。

凤中二帮轮运千总二员，随帮一员，现运船六十九只，屯丁六百九十名，每官丁行粮三石，共应支二千七十六石，屯丁月粮每丁九石六斗，共应支六千六百二十四石。

查凤阳卫三帮行月二粮照例本折各半，折色行粮每石折银四钱，折色月粮内前五个月每石折银五钱,后七个月每石折银三钱,本色行月在江道漕项、苏道淮扬寿镇等仓款内支给,折色行月在江道凤淮等仓项下支给,再以上三帮内俱有加一裁减船只,裁船行月银米照数分给现运各船。又原凤中三帮十六船内归并宿州头帮六只、扬州二帮四只,计支给行月屯丁九十九名外,派缺丁一名,不支行月。原庐州四帮前归凤中三帮,今并宿州二帮六船,每船十丁,照支行月,共计实支行月屯丁一百五十九名,每名行粮二石八斗,共应支四百四十五石二斗,内一半本色行粮麦乃名本实折,每石折银五钱,一半折色行粮麦每石折银四钱。至月粮项下归并宿州头帮、扬州二帮十船,运丁九十九名,每名应支月粮九石六斗,共九百五十石四斗,内一半本色派支麦二百七十七石二斗,每石五钱折给派支米一百九十八石,每石九钱折给一半折色月粮,内前五个月每石折银五钱,后七个月每石折银三钱,本折均于江道凤仓项下支给。归并宿州二帮六船,屯丁六十名,每名应支月粮十二石,本折各半,折色每石折银三钱,本折俱于江安粮道漕项支给。

淮安卫

淮安头帮轮运千总二员,随帮一员,现运船五十只,屯丁五百名。兑运苏省之年,每官行粮三石,共应支一千五百六石,屯丁月粮每名十二石,共应支六千石。照例本折各半,行粮折色每石四钱,月粮折色每石三钱,本折俱在苏道项下支给。兑运淮粮之年,每官丁行粮二石八斗,共应支一千四百五石六斗,每名应支一半本色麦一石四斗,内实支麦九斗七八升零,余系每石五钱折给,每名应支一半折色麦一石四斗,每石四钱折给。月粮每名十二石,共应支六千石,内前六个月每名六石,内应支一半本色粮三石,每石折银八钱,应支一半折色粮三石,每石折银三钱,后六个月每名六石,内应支一半本色米麦豆实支二石二斗零,余系每石折银八钱,应支一半折色米麦豆三石,每石折银三钱,其行月本折俱在江安粮道漕项及淮仓支给。

淮安二帮轮运千总二员,随帮一员,现运船五十一只,屯丁五百一十名。兑运苏省之年,每官丁行粮三石,共应支一千五百三十六石,屯丁月粮每名十二石,共应支六千一百二十石。兑运淮粮之年每官丁行粮二石八斗,共应支一千四百三十三石六斗,月粮每名十二石,共应支六千一百二十石。其行月派支本折各数俱与头帮同。

淮安三帮轮运千总二员,随帮一员,现运船三十六只,屯丁三百六十名。每官丁行粮二石八斗,共应支一千一十三石六斗,内应支一半本色行粮米乃名本实折,每石折银九钱,一半折色行粮米每石折银四钱。月粮每丁八石,共应支二千八百八十石,本折各半,内支给一半本色米麦豆一千四百四十石,一半折色米麦豆每石折银三钱。本折行月在江安粮道库漕项及徐仓归并淮仓项下支给。

淮安四帮轮运千总二员，随帮一员，现运船二十六只，屯丁二百六十名。每官丁行粮三石，共应支七百八十六石，内应支一半本色行粮麦乃名本实折，每石折银五钱，一半折色行粮麦每石折银四钱。月粮每丁九石，共应支二千三百四十石，本折各半，内一半本色月粮米麦豆一千一百七十石，于江苏二道漕项等款支给，一半折色月粮米麦豆每石折银三钱，于江安粮道库漕项并淮仓项下支给。

查淮安头二两帮递年轮流派兑江南、江北水次，故支给行月有江南、江北多寡之分，如派运苏常二府水次，则又减除灰石，行月照例扣解。再查淮安头帮每船每年在卫有应完屯粮七石一斗一升零，二帮每船每年在卫有应完屯粮一十三石三斗八升零。原附载帮归入头二帮一十四船，每船每年在卫有应完屯粮一石一斗零，乾隆三十一年题准，于该二帮应领月粮内按数划抵，在卫应纳屯粮不征不给，以免领纳之烦。

扬州卫

扬州头帮轮运千总二员，随帮一员，现运船七十四只，屯丁七百四十名。每官丁行粮三石，共应支二千二百二十六石，屯丁月粮每丁一十二石，共应支八千八百八十石，照例半本半折，行粮折色每石折银四钱，月粮折色每石折银三钱，行月本折俱在苏松粮道扬、镇等仓并军储项下派支。

扬州二帮轮运千总二员，随帮一员，现运船五十四只，又凤中三帮归并船四只，共船五十八只，原运屯丁五百四十名，又增凤中三帮屯丁四十名，内派缺丁四分，不支行月，实支行月丁三十九名六分，共屯丁五百七十九名六分。每官丁行粮二石八斗，共应支行粮一千六百二十八石四斗八升，内一半本色麦乃名本实折，每石折银五钱，一半折色麦每石折银四钱，在江安粮道淮仓项下支给。屯丁月粮内扬州二帮每名一十二石，实应支月粮米六千四百八十石，例系本折各半，折色一半每石三钱，本折俱在江安粮道漕项银米内支给。凤中三帮每名应支月粮九石六斗，共应支月粮三百八十石一斗六升，其应支本折已于凤阳卫帮后注明。

扬州三帮轮运千总二员，随帮一员，现运船九十六只，屯丁九百六十名。每官丁行粮二石八斗，共应支二千六百九十三石六斗，内一半本色麦乃名本实折，每石折银五钱，一半折色麦每石折银四钱，在江安粮道淮仓项下支给。屯丁月粮每名一十二石，共应支一万一千五百二十石，本折各半，在江安粮道库漕项银米内支给。

仪征帮轮运千总二员，随帮一员，现运船七十四只，屯丁七百四十名。每官丁行粮三石，共应支二千二百二十六石。屯丁月粮每丁一十二石，共应支八千八百八十石。照例本折各半，行粮折色每石四钱，月粮折色每石三钱，行月本折俱在苏松粮道扬镇等仓并军储项下派支。

徐州卫

江北帮轮运千总二员,随帮一员,现运船五十九只,屯丁五百九十名。每官丁行粮二石六斗,共应支一千五百三十九石二斗,内应支一半本色麦乃名本实折,每石折银五钱,一半折色每石折银八钱。屯丁月粮每名九石六斗,共应支五千六百六十四石,本折各半,一半折色每石折银八钱。行月本折俱在江安粮道徐仓项下派支。

河南前帮协运豫粮轮运千总二员,随帮一员,现运船四十九只,屯丁四百九十名。每官丁行粮二石四斗,共应支一千一百八十石八斗,屯丁月粮每丁九石六斗,共应支四千七百四石,照例半本半折,行月折色俱每石八钱,行粮本折在河南粮道库支给,月粮本折俱在江安粮道徐仓项下支给。

河南后帮协运豫粮轮运千总二员,随帮一员,现运船四十八只,屯丁四百八十名,每官丁行粮二石四斗,共应支一千一百五十六石八斗,屯丁月粮每丁九石六斗,共应支四千六百八石。

查徐州、河南前后及江北等三帮每船应支月粮,内一半本色四十八石旧例抵兑各船应纳屯粮,不支不纳。

滁州卫

滁州帮轮运千总二员,随帮一员,现运船四十八只,屯丁四百八十名。每官丁行粮三石,共应支一千四百四十六石,屯丁月粮每丁九石六斗,共应支四千六百八石,照例本折各半,折色行粮每石四钱,折色月粮内前九个半月所领米石每石折银五钱,后两个半月所领米石每石折银三钱。行月本色在和含二州县支给,行月折色在江安粮道库支给。

泗州卫

泗州前帮轮运千总二员,随帮一员,现运船五十二只,屯丁五百二十名。兑运苏省之年,每官丁行粮三石,共应支一千五百六十六石,屯丁月粮每名十二石,共应支六千二百四十石。照例本折各半,行粮折色每石四钱,月粮折色每石三钱,本折俱在苏道项下支给。兑运淮粮之年,每官丁行粮二石八斗,共一千四百六十一石六斗,内每名应支一半本色麦一石四斗,内实支麦一石六、七升零,余系每石折银五钱,每名应支一半折色麦一石四斗,每石折银四钱。月粮每名十二石,共六千二百四十石,内前六个月每名六石,内应支一半本色粮三石,每石折银八钱,应支一半折色麦三石,每石折银三钱,后六个月每名六石,内应支一半本色米麦豆,实支二石二斗零,余系每石折银八钱,应支一半折色米麦豆三石,亦系折银三钱。其行月本折俱在江道漕项及淮仓项下支给。

泗州后帮轮运千总二员，随帮一员，现运船五十六只，屯丁五百六十名。兑运苏省之年，每官丁行粮三石，共应支一千六百八十六石，屯丁月粮每名十二石，共应支六千七百二十石。轮兑淮粮之年，每官丁行粮二石八斗，共应支一千五百七十三石六斗，屯丁月粮每名十二石，共应支六千七百二十石，其行月本折各数俱与前帮同。

大河卫

大河前帮轮运千总二员，随帮一员，现运船三十八只，屯丁三百八十名。每官丁行粮二石八斗，共应支一千六十九石六斗，内每名应支一半本色麦一石四斗，内实支麦九斗四五升零，余系每石折银五钱，每名应支一半折色麦一石四斗，每石折银四钱。月粮每名十二石，共应支四千五百六十石，前六个月每名六石，内应支一半本色粮三石，每石折银八钱，应支一半折色粮三石，每石折银三钱，后六个月每名六石，内应支一半本色，实支麦二石二斗零，余系每石折银八钱，应支一半折色麦三石，每石折银三钱。其行月本折俱在江安粮道漕项及淮仓项下支给。

大河二帮轮运千总二员，随帮一员，现运船四十八只，屯丁四百八十名。每官丁行粮三石，共应支一千四百四十六石，屯丁月粮每丁一十二石，共应支五千七百六十石，照例半本半折，行粮折色每石四钱，月粮折色每石三钱，均在苏松粮道扬镇等仓项下支给。

大河三帮轮运千总二员，随帮一员，现运船六十三只，屯丁六百三十名。每官丁行粮三石，共应支一千八百九十六石，屯丁月粮每丁一十二石，共应支七千五百六十石，支放本折行月粮银与二帮同。

查大河前帮每船每年在卫有应完屯粮四石七升六合八勺，乾隆三十年咨准，于该帮应领月粮内照数扣抵。又二三两帮每船每年在卫有应完屯粮四石七升六合八勺，乾隆三十一年题准，于该二帮应领月粮内按数划抵，不征不给，以免领纳之烦。

长淮卫

长淮头帮轮运千总二员，随帮一员，现运船四十六只，屯丁四百六十名。每官丁行粮三石，共应支一千三百八十六石，屯丁月粮每丁九石六斗，共应支四千四百十六石，照例半本半折。折色行粮每石四钱，折色月粮前五年月米每石折银五钱，后七个月麦每石折银三钱。行月本折在江安粮道漕项及淮凤等仓并改派苏松粮道扬镇等仓项下支给。该帮加一裁船五只，裁船行月分给现运各船。

长淮三帮轮运千总二员，随帮一员，现运船三十三只，屯丁三百三十名，例与本卫四帮递年轮兑徐州、常州二府漕粮。轮兑常粮之年，每官丁行粮三石，照例本折各半，折色行粮每石折银四钱，屯丁月粮每名九石六斗，本折各半，折色月粮每石系照兑运徐粮之年折色银两数支给，每船共给银十七两八钱，俱在苏道扬镇等仓项下派支。兑运徐粮之年，每官丁行粮二石八斗，内一半本色麦乃名本实折，每石折银五钱，一半折色粮每石折银四钱；月粮每名九石六斗，内一半本色，每船派支怀远县米一十二石照例本折兼支，一半折色每石五钱，定远县麦十二石照例本折兼支，一半折色麦每石四钱。又寿州麦四十石，不分本折，每石折银三钱。又每船派支徐仓麦三十二石，内一半本色麦每石折银五钱，一半折色麦每石折银四钱，行月本折在江安粮道漕项及徐仓项下支给。

长淮四帮轮运千总二员，随帮一员，现运船三十九只，屯丁三百九十名，轮兑徐常二属之年，官丁行月二粮本折各款与三帮同。

宿州头帮轮运千总二员，随帮一员，原运船二十只。又凤中三帮归并船六只，共船二十六只，原派屯丁二百名。又凤中三帮归并屯丁六十名，内派缺丁六分，不支行月。实派支行月丁五十九名四分，共屯丁二百五十九名四分。每官丁行粮二石八斗，共应支行粮七百三十一石九斗二升，内宿州头帮应支一半本色行粮乃名本实折，每石折银九钱，一半折色行粮每石折银四钱。屯丁月粮每名九石六斗，共应支二千四百九十石二斗四升，内宿州头帮派支一半本色月粮，止支漕项米麦每船三十二石二斗零，余系折银九钱，一半折色月粮每石折银三钱。行月本折于江安粮道漕项及凤淮二仓项下支给。凤中三帮每船应支行月已于凤阳卫帮后注明。

宿州二帮轮运千总二员，随帮一员，原运船四十六只，又庐州四帮前归凤中三帮，今并宿州二帮船六只，共船五十二只，原运屯丁四百六十名，又增原庐州四帮屯丁六十名，共屯丁五百二十名。运随每员行粮二石八斗，宿州二帮每丁行粮三石，庐州四帮每丁行粮二石八斗，共应支行粮一千五百五十三石六斗。内宿州二帮行粮本折各半，折色行粮每石折银四钱，本折均在山东德州支给。屯丁月粮宿州二帮、庐州四帮均系每名一十二石，共应支六千二百四十石，内宿州二帮月粮应支一半本色，每船止支漕项米一十二石五斗零，其余应支凤仓本色麦二十八石二斗零，每石折银五钱，应支凤仓本色米一十九石二斗零，每石折银九钱；一半折色月粮，内每船应支折色米一十二石五斗八升零，每石折银五钱，应支折色麦四十七石四斗一升零，每石折银三钱，本折月粮在江安粮道漕项及凤仓项下支给。至原庐州四帮行月本折各数已于凤阳卫帮后注明，再宿州二帮行粮原系二石八斗，月粮原系九石六斗，雍正十三年每船加添行粮二石，月粮二十四石，故数目较昔加增。

江南省

苏松粮道属四卫九帮，又白粮三帮运随帮弁例不支给行粮，内苏太镇三卫每丁行粮三石，月粮九石六斗，照例本折各半，折色行粮每石一两二钱，折色月粮每石一两。凡有增减船只，按照现运船数行月照例增减。其白粮三帮内苏州五十五只，松江四十五只,常州三十六只,均系通漕船内抽选兑运之船,各丁行月均照漕例,其经费各项银两另载白粮事例内。

苏州卫

前帮轮运千总二员,随帮一员,现运船七十五只,屯丁七百五十名,共应支行粮二千二百五十石,月粮七千二百石,照例半本半折,俱于苏州府属州县卫军储屯粮银米内支给。后帮同。

后帮轮运千总二员,随帮一员,现运船七十四只,屯丁七百四十名,共应支行粮二千二百二十石,月粮七千一百四石。

太仓卫

前帮轮运千总二员,随帮一员,现运船四十七只,屯丁四百七十名,共应支行粮一千四百一十石,月粮四千五百一十二石,照例半本半折,俱于苏州府属州县卫军储屯粮银米内支给。后帮同。

后帮轮运千总二员,随帮一员,现运船四十七只,屯丁四百七十名,共应支行粮一千四百一十石,月粮四千五百一十二石。

镇海卫

前帮轮运千总二员,随帮一员,现运船三十六只,屯丁三百六十名,共应支行粮一千零八十石,月粮三千四百五十六石,照例半本半折,俱于苏州府属州县卫军储屯粮银米内支给。后帮同。

后帮轮运千总二员,随帮一员,现运船三十七只,屯丁三百七十名,共应支行粮一千一百一十石,月粮三千五百五十二石。

金山帮轮运千总二员,随帮一员,现运船三十四只,屯丁三百四十名,共应支行粮一千二十石,月粮三千二百六十四石,照例半本半折,俱于松江府属县卫编征行月项下支给。

查苏、太、镇三卫行月之外,每船给贴运银二十两二钱零,在粮道库内支给。金山帮亦有每船赡运银二十一两四钱零,在粮道库支给。

镇江卫

镇江前帮轮运千总二员,随帮一员,现运船八十八只,屯丁八百八十名。每丁行粮二石九斗七升五合,共应支二千六百一十八石。每丁月粮九石五斗四合,共应支八千三百六十三石五斗二升。照例半本半折,行粮每石折银八钱,月粮每石折银五钱,行月本折在苏松粮道镇仓项下支给。后帮同。

镇江后帮轮运千总二员,随帮一员,现运船八十七只,屯丁八百七十名,共应支行粮二千五百八十八石二斗五升,月粮八千二百六十八石四斗八升。

浙江省

浙江粮道属七卫一所二十一帮领运员弁兼支行粮,每官丁行粮三石,月粮九石六斗,本折各半,折色行粮每石折银一两二钱,每船月粮九十六石,例应本折各半,但浙东宁波前后、绍兴前后、台州前后、温州前后、处州前后、金衢所、严州所等十二帮例在宁波、绍兴、台州、温州、处州、金华、衢州、严州等八府支给,应支一半本色月粮,除将杭、嘉、湖三府属每年派剩之米每船约支十石、八九石不等外,余准照灰石之例改征,每石折银一两二钱,其一半折色月粮每石折银七钱。至杭严卫头二三四帮、嘉所、嘉白湖所、海所等九帮例在杭州、嘉兴、湖州三府属支给,应给一半本色月粮照支米石,一半折色月粮每石七钱支给。凡遇增减船只,按照现运船数,行月照例加减。再浙省各帮月粮折色银两向例[1]每石原编一两,因顺治十八年间兵饷不敷,扣减三钱,实给七钱,乾隆三十年题准,将浙东宁波前后、绍兴前后、台州前后、温州前后、处州前后、金衢所、严州所等十二帮月粮折色照旧每石增复三钱,仍给一两。

【校记】

[1]《丛刊》本作"系",应作"例"。

宁波卫

宁波前帮轮运千总二员,随帮一员,现运船五十八只,屯丁五百八十名。每官丁行粮三石,共应支一千七百四十六石,本折各半,一半折色每石一两二钱。屯丁月粮每名九石六斗,共应支五千五百六十八石,内派支一半本色,每年每船止搭放杭属粮十石或八九石不等,余系每石一两二钱折给,一半折色每石折银一两。行粮本色在嘉兴府属支领,其行月折银俱在浙江粮道库支给。

宁波后帮轮运千总二员,随帮一员,现运船五十四只,屯丁五百四十名。每官丁行粮三石,共应支一千六百二十六石,照例本折各半,一半折色每石一两二钱。月粮每名九石六斗,共应支五千一百八十四石,内应支一半本色,每船每年止搭放杭属米十石或八九石不等,余系每石折银一两二钱,一半折色每石一两。该帮行月支给处所与前帮同。

台州卫

台州前帮运千总二员,随帮一员,现运船五十六只,屯丁五百六十名。每官丁行粮三石,共应支一千六百八十六石,照例本折各半,一半折色每石一两二钱。月粮每名九石六斗,共应支五千三百七十六石,内一半本色每年每船止搭放杭属米十石或八九石不等,余系每石折银一两二钱,一半折色每石折银一两。该帮行粮本色在湖州府属支给,行月折银俱在浙江粮道库支给。

台州后帮轮运千总二员,随帮一员,现运船六十五只,屯丁六百五十名。每官丁行粮三石，共应支一千九百五十六石，照例本折各半，一半折色每石一两二钱。月粮每名九石六斗，共应支六千二百四十石，内一半本色每年每船止搭放杭属米十石或八九石不等，余系每石折银一两二钱，一半折色每石折银一两。行粮本色在湖州府属支给，行月折银俱在浙江道库支给。

温州卫

温州前帮轮运千总二员，随帮一员，现运船五十二只，屯丁五百二十名。每官丁行粮三石，共应支一千五百六十六石，照例本折各半，一半折色每石一两二钱。月粮每名九石六斗，共应支四千九百九十二石，内一半本色每年每船止搭放杭属米十石或八九石不等，余系每石折银一两二钱，一半折色每石一两。行粮本色在湖州府属支给，行月折银在浙江粮道库支给。

温州后帮轮运千总二员，随帮一员，现运船五十只，屯丁五百名。每官丁行粮三石，共应支一千五百六石，照例本折各半，一半折色每石折银一两二钱。月粮每名九石六斗，共应支四千八百石，内一半本色每年每船止搭放杭属米十石或八九石不等，余系每石折银一两二钱，一半折色每石一两。行粮本色在湖州府属支给，其行月折银俱在浙江粮道库支给。

处州卫

处州前帮轮运千总二员，随帮一员，现运船五十只，屯丁五百名。每官丁行粮三石，共应支一千五百六石，照例本折各半，一半折色每石折银一两二钱。月粮每名九石六斗，共应支四千八百石，内一半本色每年每船止搭放杭属米十石或八九石不等，余系每石折银一两二钱，一半折色每石一两。行粮本色在嘉兴府属支给，行月折银俱在浙江道库支给。

处州后帮轮运千总二员，随帮一员，现运船五十七只，屯丁五百七十名。每官丁行粮三石，共应支一千七百一十六石，照例本折各半，一半折色每石折银一两二钱。月粮每名九石六斗，共应支五千四百七十二石，内一半本色每年每船止搭放杭属米十石或八九石不等，余系每石折银一两二钱，一半折色每石一两。本色行粮在湖州府属支领，其行月折银俱在浙江道库支给。

绍兴卫

绍兴前帮轮运千总二员，随帮一员，现运船六十四只，屯丁六百四十名。每官丁行粮三石，共应支一千九百二十六石，照例本折各半，一半折色每石折银一两二钱。月粮每名九石六斗，共应支六千一百四十四石，内一半本色每年每船止搭放杭属米十石或八九石不等，余系每石折银一两二钱，一半折色每石一两。行粮本色在嘉兴府属支领，行月折银俱在浙江道库支给。

　　绍兴后帮轮运千总二员,随帮一员,现运船六十三只,屯丁六百三十名。每官丁行粮三石,共应支一千八百九十六石,照例本折各半,一半折色每石折银一两二钱。月粮每名九石六斗,共应支六千四十八石,内一半本色每年每船止搭放杭属米十石或八九石不等,余每石折银一两二钱,一半折色每石一两。本色行粮在嘉兴府属支给,行月折银俱在浙江道库支给。

　　金衢所帮轮运千总二员,随帮一员,现运船五十四只,屯丁五百四十名。每官丁行粮三石,共应支一千六百二十六石,照例本折各半,一半折色每石一两二钱。月粮每名九石六斗,共应支五千一百八十四石,内一半本色每年每船止搭放杭属米十石或八九石不等,余系每石折银一两二钱,一半折色每石一两。行粮本色在湖州府属支领,行月折银俱在浙江粮道库支给。

杭严卫

　　严州所帮轮运千总二员,随帮一员,现运船五十一只,屯丁五百一十名。每官丁行粮三石,共应支一千五百三十六石,照例本折各半,一半折色每石折银一两二钱。月粮每名九石六斗,共应支四千八百九十六石,内一半本色每年每船止搭放杭属米十石或八九石不等,余系每石折银一两二钱,一半折色每石一两。行粮本色在嘉兴府属支给,行月折银俱在浙江粮道库支给。

　　杭严头帮轮运千总二员,随帮一员,现运船五十只,屯丁五百名。每官丁行粮三石,共应支一千五百六石,照例本折各半,一半折色每石折银一两二钱。月粮每名九石六斗,共应支四千八百石,亦系本折兼支,一半折色每石七钱。行月本色在杭州府属支领,折色在浙江粮道库支给。二帮、四帮同。

　　杭严二帮轮运千总二员,随帮一员,现运船五十四只,屯丁五百四十名。每官丁行粮三石,共应支一千六百二十六石,照例本折各半,一半折色每石折银一两二钱,月粮每名九石六斗,共应支五千一百八十四石,亦系本折兼支,一半折色每石七钱。

　　杭严三帮轮运千总二员,随帮一员,现运船五十四只,屯丁五百四十名。每官丁行粮三石,共应支一千六百二十六石,照例本折各半,一半折色每石一两二钱。月粮每名九石六斗,共应支五千一百八十四石,亦系本折兼支,一半折色每石七钱。行月本色在嘉兴府属支给,折色在浙江粮道库支给。

　　杭严四帮轮运千总二员,随帮一员,现运船六十只,屯丁六百名,每官丁行粮三石,共应支一千八百六石,照例本折各半,一半折色每石一两二钱,月粮每名九石六斗,共应支五千七百六十石,亦系本折兼支,一半折色每石七钱。

嘉湖卫

　　嘉兴卫帮轮运千总二员,随帮一员,现运船四十四只,屯丁四百四十名。每官丁行粮三石,共应支一千三百二十六石,照例本折各半,一半折色每石一两二钱。月粮每名九石六斗,共应支四千二百二十四石,亦系本折兼支,一半折色每石七钱。行月本色在嘉兴府属支给,折色在浙江粮道库支给。

湖州所帮轮运千总二员,随帮一员,现运船三十九只,屯丁三百九十名。每官丁行粮三石,共应支一千一百七十六石,照例本折各半,一半折色每石一两二钱。月粮每名九石六斗,共应支三千七百四十四石,亦系本折兼支,一半折色每石七钱。行月本色在湖州府属支给,折色在浙江粮道库支给。

海宁所帮轮运千总二员,随帮一员,现运船四十二只,屯丁四百二十名。每官丁行粮三石,共应支一千二百六十六石,照例本折各半,一半折色每石折银一两二钱。月粮每名九石六斗,共应支四千三十二石,亦系本折兼支,一半折色每石七钱。行月本色在杭州府属支给,折色在浙江粮道库支给。

查浙江永运白粮船二帮,内嘉兴白粮帮船七十六只,湖州白粮船四十五只,所有官丁廪粮向在经费银内支给。康熙四十三年裁减经费银米,行月二粮照依漕船之例支给,应支行月本折若干之处,即按照原选漕船、原金屯丁归于各该卫帮支领,其一应经费银两解运兑收,各项事宜均于白粮事例内开载。又乾隆二十、二十八等年,宁波前帮裁船十三只,后帮裁船六只,温州前帮裁船三只,杭州二帮裁船二只,绍兴前帮裁船十五只,后帮裁船十五只,金衢所帮裁船三只,湖州白粮帮裁船五只,裁船行月钱粮俱加给各本帮众丁。

江西省

江西粮道所属三卫八所原共十四帮,今并为十三帮,领随运弁兼支行粮,每官丁行粮三石俱系折色,每石折银六钱,俱于过湖银内动支,每丁月粮九石六斗,俱系折色,每石折银五钱,内六分于仓米银内动支,四分于屯粮银内动支。又查江西省米多船少,俱系倍载,其行月总以正米四百石为一浅,按米支给,于各帮下注明。至该省凡有增减船只,按照现行则例照例增减。又该省乾隆二十四年加一裁船七十只,裁船行月加给现运船丁。

南昌卫

前帮轮运守千各一员,随帮一员,现运船五十六只,屯丁五百六十名,应支行月二粮系按照装运粮数派支,每正米一石给行粮米七升五合,月粮米二斗四升,官丁共应支行粮米三千一百九石二斗九合三勺,每石六钱,折银一千八百六十五两五钱二分零,屯丁共应支月粮九千九百四十九石四斗六升零,每石五钱,折银四千九百七十四两七钱三分零。

后帮轮运千总二员,随帮一员,现运船五十四只,屯丁五百四十名,应支行月二粮例系按照装运粮数派支,每正米一石给行粮米七升五合,月粮米二斗四升,官丁共应支行粮米二千九百九十八石一斗六升零,每石六钱,折银一千七百九十八两八钱九分零,屯丁共应支月粮米九千五百九十四石一斗三升零,每石五钱,折银四千七百九十七两六分零。

袁州卫帮轮运守千各一员,随帮一员,现运船四十三只,屯丁四百三十名,应支行月二粮例系按照装运粮数派支,每正米一石给行粮米七升五合,月粮米二斗四升,官丁共应支行粮米二千三百八十七石四斗二升零,每石六钱,折银一千四百三十二两四钱五分零,屯丁共应支月粮米七千六百三十九石七斗七升零,每石五钱,折银三千八百一十九两八钱八分零。

赣州卫帮轮运守千各一员,随帮一员,现运船六十只,屯丁六百名,应支行月二粮例系按照装运粮数派支,每正米一石给行粮米七升五合,月粮米二斗四升,官丁共应支行粮米三千三百二十九石六斗七合零,每石六钱,折银一千九百九十七两七钱六分零,屯丁共应支月粮米一万六百五十四石七斗四升零,每石五钱,折银五千三百二十七两三钱七分零。

九江卫

前帮轮运千总二员,随帮一员,现运船四十五只,屯丁四百五十名,应支行月二粮例系按照装运粮数派支,每正米一石给行粮米七升五合,月粮米二斗四升,官丁共应支行粮米二千四百九十八石四斗七升零,每石六钱,折银一千四百九十九两八分零,屯丁共应支月粮米七千九百九十五石一斗九合零,每石五钱,折银三千九百九十七两五钱五分零。

后帮轮运千总二员,随帮一员,现运船五十六只,屯丁五百六十名,应支行月二粮例系按照装运粮数派支,每正米一石给行粮米七升五合,月粮米二斗四升,官丁共应支行粮米三千一百九石二斗九合零,每石六钱,折银一千八百六十五两五钱二分零,屯丁共应支月粮米九千九百四十九石四斗六升零,每石五钱,折银四千九百七十四两七钱三分零。

吉安守御所

吉安帮轮运千总二员,随帮一员,现运船五十七只,屯丁五百七十名,应支行月二粮例系按照装运粮数派支,每正米一石给行粮米七升五合,月粮米二斗四升,官丁共应支行粮米三千一百六十四石七斗三升零,每石六钱,折银一千八百九十八两八钱三分零,屯丁共应支月粮米一万一百二十七石一斗三升零,每石五钱,折银五千六十三两五钱六分零。

安福守御所

安福所轮运千总二员，随帮一员，现运船三十九只，屯丁三百九十名，应支行月二粮例系按照装运粮数派支，每正米一石给行粮米七升五合，月粮米二斗四升，官丁共应支行粮米二千一百六十四石二斗四升零，每石六钱，折银一千二百九十八两五钱四分零，屯丁共应支月粮米六千九百二十五石五斗八升零，每石五钱，折银三千四百六十二两七钱九分零。

永新建昌守御所（原系永新、建昌两帮，乾隆三十年并为一帮）

永建帮轮运千总二员，随帮一员，现运船五十二只，屯丁五百二十名，应支行月二粮照装运粮数派支，每正米一石给行粮米七升五合，月粮米二斗四升，官丁共应支行粮米二千八百八十六石三斗三升零，每石六钱，折银一千七百三十一两八钱，屯丁应支月粮米九千二百三十六石二斗七升，每石五钱，折银四千六百一十八两一钱三分。

抚州守御所

抚州帮轮运千总二员，随帮一员，现运船三十三只，屯丁三百三十名，应支行月二粮照装运粮数派支，每正米一石给行粮米七升五合，月粮米二斗四升，官丁共应支行粮米一千八百三十二石二斗一升零，每石六钱，折银一千九十九两三钱二分零，屯丁应支月粮米五千八百六十三石八升，每石五钱，折银二千九百三十一两五钱四分零。

广信守御所

广信帮轮运千总二员，随帮一员，现运船四十六只，屯丁四百六十名，应支行月二粮例系按照装运粮数派支，每正米一石给行粮米七升五合，月粮米二斗四升，官丁共应支行粮米二千五百五十三石九斗九升零，每石六钱，折银一千五百三十二两三钱九分零，屯丁共应支月粮米八千一百七十二石七斗七升零，每石五钱，折银四千八十六两三钱八分零。

铅山守御所

铅山帮轮运千总二员，随帮一员，现运船五十只，屯丁五百名，应支行月二粮例系按照装运粮数派支，每正米一石给行粮米七升五合，月粮米二斗四升，官丁共应支行粮米二千七百七十六石七升零，每石六钱，折银一千六百六十五两六钱四分零，屯丁共应支月粮米八千八百八十三石四斗五升零，每石五钱，折银四千四百四十一两七钱二分零。

饶州守御所

饶州帮轮运千总二员，随帮一员，现运船四十七只，屯丁四百七十名，应支行月二粮例系按照装运粮数派支，每正米一石给行粮米七升五合，月粮米二斗四升，官丁共应支行粮米二千六百九石七斗三升零，每石六钱，折银一千五百六十五两八钱四分零,屯丁共应支月粮米八千三百五十一石一斗六升零,每石五钱,折银四千一百七十五两五钱八分零。

湖北省

湖北粮道属五卫一所,运船一百八十只,分为三帮,轮运千总六员,随帮三员,运随支领行粮,不支月粮,每官丁行粮三石,每丁月粮九石六斗,行月二粮俱系折色,仍分为本折各半,本色米石折银七钱,折色米石原折银四钱,乾隆三十一年题准,每石概折银七钱。

湖北头帮轮运千总二员,随帮一员,现运船六十只,屯丁六百名。官丁共应支行粮一千八百零六石,折银一千二百六十四两二钱,屯丁共应支月粮五千七百六十石,折银四千零三十二两。

湖北二帮轮运千总二员,随帮一员,现运船六十只,屯丁六百名。官丁共应支行粮一千八百零六石,折银一千二百六十四两二钱,屯丁共应支月粮五千七百六十石,折银四千零三十二两。

湖北三帮轮运千总二员,随帮一员,现运船六十只,屯丁六百名。官丁共应支行粮一千八百六石,折银一千二百六十四两二钱,屯丁共应支月粮五千七百六十石,折银四千零三十二两。

湖南省

湖南粮道属五卫,现运船一百七十八只,分为头、二、三帮,轮运千总六员,随帮三员,每官丁行粮三石,每丁月粮九石六斗,行月二粮俱系折色,仍分为本折各半,本色米石从前原系每石折银六钱,嗣于乾隆三十年题准照依湖北之例,每石加银一钱,现系每石折银七钱,至折色一半,每石原折银四钱,乾隆三十一年题准,每石概折银七钱,领随例给行粮,不支月粮。

湖南头帮轮运千总二员,随帮一员,现运船六十七只,屯丁六百七十名,官丁共应支行粮二千一十六石,折银一千四百一十一两二钱,屯丁共应支月粮六千四百三十二石,折银四千五百零二两四钱。

湖南二帮轮运千总二员,随帮一员,现运船六十三只,屯丁六百三十名,官丁共应支行粮一千八百九十六石,折银一千三百二十七两二钱,屯丁共应支月粮六千四十八石,折银四千二百三十三两六钱。

湖南三帮轮运千总二员,随帮一员,现运船四十八只,屯丁四百八十名,官丁共应支行粮一千四百四十六石,折银一千一十二两二钱,屯丁共应支月粮四千六百八石,折银三千二百二十五两六钱。该帮乾隆二十九年裁船四只,减存行月折色共银二百五十二两充饷。

《漕运则例纂》 卷十一

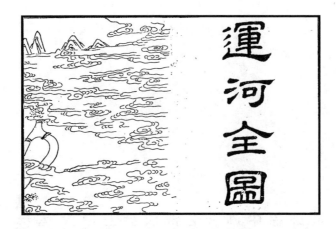

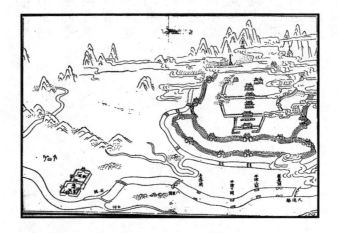

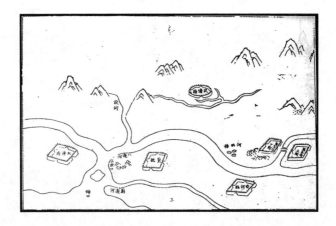

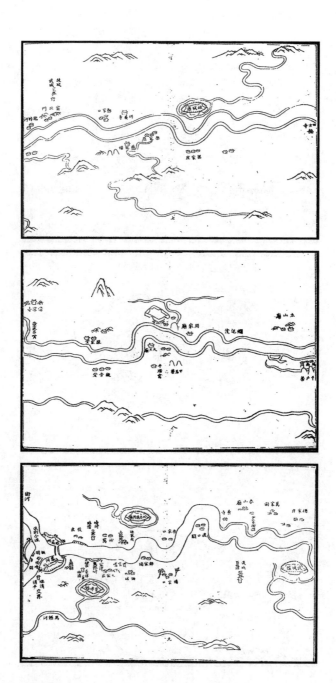

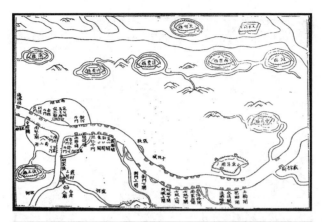

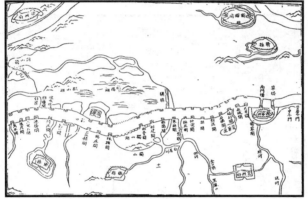

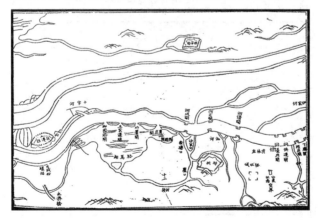

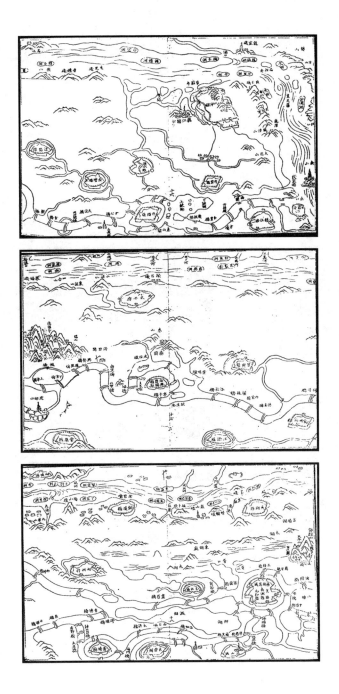

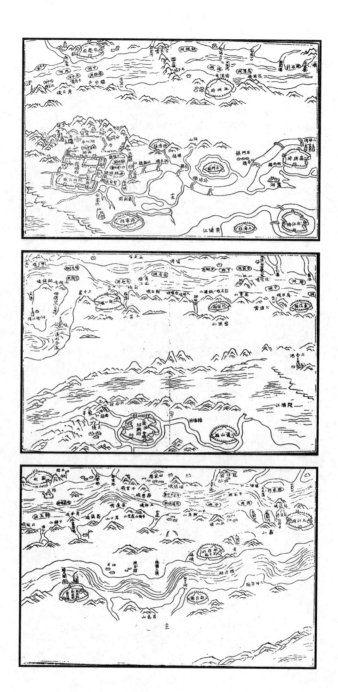

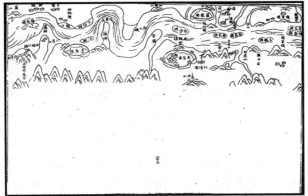

《漕运则例纂》卷十一

漕运河道

大通河考

大通河源出昌平州白浮村神山泉,西南会一亩、马眼诸泉,又经玉泉山东绕瓮山汇为七里泺,东入都城,南出玉河桥水门,合南北城河,经大通桥而东至通州高丽庄入白河,凡一百六十四里一百四步。元初所凿,名曰通会。每十里设一闸,蓄水通舟,以免漕运陆挽之劳。明永乐间,诸闸犹多存者,不以转运,河流渐淤。嘉靖六年,遣官会浚,自大通桥起至通州石坝四十里,地势高下四丈,中间设庆丰等六闸以蓄水,每闸各设官夫,以司蓄泄,又造剥船分置各闸,责经纪承领,递相转输,以达于京,至今仍之。

白河考

白河即北运河,古沽河也,亦曰潞河,源出宣化府赤城县,流经塞外,入密云县之石塘岭过县,西入通州界,其支流亦从石塘岭过怀柔县西、顺义县东,入通州东境合焉,东南经漷县武清而入直沽,凡三百六十里,合卫河入海。明万历三十一年,从水部议,挑通州至天津白河,深四尺五寸,所挑河土即筑堤两岸。按:白河会潮、沽、榆、沙、通会诸河之水,源高势峻,有如建瓴,而西北诸山泉流汇聚,每伏秋暴涨,最易冲决。康熙三十九年,圣祖仁皇帝亲临视阅,于武清县筐儿港建减水石闸,开挖引河,夹以长堤,而注之塌河淀,由贾家沽道泄入海河杨村,上下百余里河平堤固,有御制碑文志其事。康熙五十年,以河西务工程险要,开挖引河,复以务城东有旧河形对新河下口,至三里屯,长四百余丈,特命开直河一道。雍正四年,从怡贤亲王议,拓筐儿港旧坝阔六十丈,展挖引河,改筑长堤,七年疏浚,贾家沽道坝门以下河水安流。而河西务一带距坝稍远,山水暴至,遂复漫溢,世宗宪皇帝指授方略,于河西务上流之青龙湾建坝四十丈,开引河而注之七里海,仍展挖宁车沽河,导七里海水,而泄之北塘口,上下分泄,区画尽善,运道、民生均获宁谧云。

卫河考

卫河即南运河也,亦曰永济渠,亦曰御河。源出河南卫辉府辉县之苏门山百门泉,东北会淇、漳诸水,过临漳分流为二:其一北出,经大名至武邑以入滹沱;其一东流,经大名东北出临清,合会通河,至直沽会白河入海,自山东德州界入直隶景州,经吴桥、东光、交河、南皮、沧州、青县、静海至天津府城北三岔口入海,计长八百余里。自德州柘园至临清板闸,计长三百五十里,皆曰卫河。按:卫河本西汉时大河所经,东汉以后为清、漳二渎所经,隋时开为永济渠,宋皇佑初,河合永济渠,仍为大河所经,南渡后,大河南徙而卫河如故,金元以来,皆漕运所经也。有减水河二,一在沧州南十五里绝堤;一在故兴济县,明弘治中开,以备卫河泛溢,久而湮塞,闸石犹有存者。雍正三年卫河溢决,怡亲王奉命兴修水利,开减水二河,各建滚水石坝一座,挑浚旧河,分达海港,水势藉以消泄,卫河无复泛溢之虞矣。

会通河考

元初转运之路自浙西入江淮,由黄河逆流至中湾登陆,以至淇门,复由御河登舟,以达燕京。至元二十年,以江淮水运不通,命尚书李粤鲁赤等自济宁州开河达于东平州之安民山,凡一百五十里。北至奉符为一闸曰堽城,以导汶水入洸。东北至兖州二闸曰金口,曰黑风口,以遏泗水会洸。而出于任城之会源闸,分流南北,南自任城至沽头,其北流者至安民山入清济。故渎经东阿至利津入海,通漕由海道达直沽。其后海口沙壅,又从东阿舍舟陆运,经二百里抵临清州以下御河。至元二十六年,从寿张县尹韩仲晖、太医院令边源之请,复自安民山西南开河,由寿张西北经东昌以至临清,凡二百五十里,引汶绝济,直归漳卫,名会通河。明洪武初,河决原武黑羊山,由旧曹州郓城漫过安山湖,而会通河淤。永乐九年,因济宁州同知潘叔正言,遣尚书宋礼疏浚会通河故道。礼以会通之源必资汶水,乃从汶上老人白英计,于宁阳之北筑堽城坝,以遏其入洸之流,于坎河之西筑戴村坝,以阻其入海之路,使全汶西南流,由黑马沟至汶上之南旺口分而为二,北流抵临清者什之六,南流达济宁者什之四。又浚沙河入马场泊,以益于汶。又开新河,自汶上袁家口左徙二十里至寿张之沙湾,接于旧河,而会通河以复。其间相地势高下,增置闸座,以时启闭。

汶河考

汶河水有数源,一出新泰县宫山之下,曰小汶河,一出泰安州仙台岭,一出莱芜县原山,一出莱芜县寨子村,俱至静封镇合流,曰大汶河,绕出徂徕山之阳。而小汶来会至宁阳西北分而为二,其一为元朝所改,由堽城南流别为洸水;其一由堽城西流会坎河诸泉入大清河,由东阿而北,至利津入海,此故道也。明永乐中,开会通河,乃于宁阳之北筑堽城坝,阻汶入洸,于东平州坎河之西筑戴村坝,阻汶会济,使其全流尽入汶上。城北二十五里,受洮濔诸泉,谓之鲁沟,又西南流会草桥、白河、马河、鹅河、黑马沟,至南旺入于漕,以济运道。

洸河考

洸河本汶河南出之支流,出宁阳县堽城坝,自坝下西南会诸泉,水经滋阳入济宁州,至洸河口会泗水绕州之城北,经夏家桥分为二支,北支入马场湖,南支由会通桥入运河。

泗河考

泗河源出泗水县东陪尾山,四泉并发,故名泗水,循西流过卞庄城始合为一,又西流至兖州府城东转南流,经横河与沂水合。元导之以济运,乃于兖州府东门外作金口闸,遏令东入府城,又转南流为洸河,以入济宁天井闸。明时增修闸洞,夏秋水潦开闸泄水,南流会沂水,由港里河入师家庄闸河,冬春水微,闭闸遏水,从府城出济宁入漕。

沂河考

沂河源有二,其一出曲阜县尼山西南,流与泗水合,分为二股,一西流金口闸入天井,一南流会泗水丁师家庄闸河;其一出沂水县,会蒙阴沂水诸泉,合流至邳州入淮。当洳河未开之先，邳州运道惟沂水是赖，自洳河开，而邳州之沂遂导由骆马湖出董、陈二沟，以入于黄焉。自竹络坝堵后，骆马湖水系由永济桥入南北六塘河，经盐河，从武障东门等引河入海。

洳河考

洳河以东西两洳水得名。东洳源发费县箕山，经沂州卞庄而南，西洳出峄县抱犊山，东南流至三合村，与东洳合，又南合武河，至邳州入泗，谓之洳口，峄之南有中心沟，受白茅山泉水下流，为彭河，又东会丞水入洳。明初，运道经徐州、吕梁二洪，悬流三十丈，水险害运。隆庆间都御史翁大立屡请开洳，自马家桥出邳州，以避徐吕之险，以功费无算，议遂寝。万历二十一年，汶泗泛溢，堤溃运阻，挑韩庄中心沟通彭河水道以入黄，而洳口始开。其后二十五年，河决黄堌，二洪告涸，乃寻韩庄故道凿良城侯迁闸，及挑万庄由黄泥湾至宿迁董家沟，以试行运，而洳脉始通。至三十年河决沛县，由昭阳湖穿夏镇，横冲运道，总河李化龙复请开洳行运，起自夏镇，迄于董口，绵亘二百六十余里，以避黄河三百里之险，其间改李家港以避河淤，开王市田家口以远湖险，中凿郗山以展河渠，建韩庄、台庄等闸以节宣水利，漕运赖焉。

中河考

运河旧自清口达张庄，历黄河险溜二百里，每遇风涛，动多淹滞。康熙二十六年，前总河靳辅奉命于黄河北岸遥缕二堤之内加挑中河一道，上接张庄运口及骆马湖之清水，下历桃、清、山、安，以达于海，而于清口对岸清河县西仲家庄建石闸一座，粮艘出清口，即截流径渡，由仲家庄闸直入中河北上。又开盐河一道，自清河县起，自安东潮河入海，用泄异涨。三十八年，总河于成龙以中河南岸洼下，子堤不能坚久，乃自桃源盛家道口起至清河，挑新中河一道，改北岸为南岸，另筑北堤。嗣因新中河河头湾曲，三义坝迤上河身浅窄，复筑拦河一堤，改旧中河入新中河，合而为一。康熙四十二年，圣驾巡视南河，以仲庄闸口与清口相直，仲庄水势冲激，逼溜难行，清口水不得畅出，谕总河张鹏翮改建运口，于杨家庄起黄河岸至中河盐坝，挑引河一道，更筑南北堤岸，建御示闸及花家庄盐坝，自是清水畅流，蓄泄有赖，粮艘遄行无阻矣。

徐吕二洪

徐州有二洪，一以州名，一以山名，相传为唐尉迟敬德所凿。明初，运行徐州大浮桥，经徐吕二洪，悬水三十仞，历黄河险流五百余里，迨迦河开，各省粮船俱不过洪，惟徐寿二卫由之。按：徐州洪乃汴水、泗水交会之处，水中乱石巉巉，与惊湍相激，水性最急。自开迦河运漕，大浮桥淤垫，夏镇迤南煞坝，使泗水尽由迦河下注济运，而昭阳、微山诸湖之水，由张孤山、荆山口等处入彭家河，归磕湾口运河济运，而徐州洪水性遂平。吕梁洪原系清水，河自汴梁至徐州聚会泗水，由吕洪而东下，唐宋以前多有怪石，船只经此最险，及黄河南迁，怪石虽沙淤无形，而水性犹多急湍。明成化间，主事费瑄迭石为堤，归水于洪，吕梁之险十去五六。国朝南岸有汰黄堤并小店工程，北岸有群山围绕，使水性顺而河流深，徐寿二帮粮船由此南下，历邳、睢至宿迁入竹络坝骆马湖口，北上而无患矣。（按：寿州卫后归并长淮卫，为长淮三、长淮四，二帮轮兑徐粮，自竹络坝堵后，徐州江北帮及长淮轮兑之帮俱由杨庄口门入运，运道险远迂回。乾隆二十五年，总漕杨锡绂奏准该二帮船只即以皂河为水次，其应兑徐州米石用小船剥至皂河，盘入军船，永无险远之患。）

邳宿运河

明季漕艘行至黄河，由宿迁县西北十有余里董家沟进口，名曰董家口。康熙六年，董家口淤断，改由骆马湖，后骆马湖又复淤垫。十八年，另开皂河，建闸二座，伏秋暴涨，又有倒灌之虞，乃更于皂河迤东挑支河一道，历龙岗岔路口至张家庄出口，是为张家运口。二十六年，又于拦马河西加挑运河二千余丈，又遥缕堤内挑中河一道。三十二年，于骆马湖之东、中河之南建石闸一座。六十一年，在徐塘口迤上改挑越河一道，接彭家河行运，以避徐塘口以下二十余里喷沙淤垫，并挑深彭家河以济运。雍正二年，胜阳山、大王庙、徐塘口迤上三处建立清、定、成石闸三座，于西宁桥以西建筑三合土滚水坝一座，接筑拦水堤，中留石门三十丈，仍于内面添筑越堤一道。四年，修理临湖石堤，以高出水面一丈为度，背后土堤一律加高，接筑湖心石堤，与石工高厚如一，其洪泽湖周家桥以南滚水坝三座，门坎各落一尺五寸，以便湖水畅出。五年，建王家沟五孔石闸一座，骆马湖筑拦河闸一座，九年，筑宿迁中河汛内堤并运河东西各堤。十年，修骆马湖南竹络坝，以利黄水入运，合流济漕，又于运河两岸建造石闸泄黄墩湖积水，以济漕运，今竹络坝堵闭黄水，无涓滴入运者。

淮安运河

　　淮河发源桐柏，汇诸河，挟泗水东流，注洪泽湖，北由张福口、天然河、张家庄、裴家场、天赐河、烂泥浅、三岔河七处引河合流下注，三分入运，七分敌黄。汉以来即有高家堰，在淮安之西南隅。永乐间，通淮河为运道，筑堤堰上，以防淮水东侵。又自府北凿河，南接清口，曰清江浦，乃运船由江入淮之道，建清江等闸递相启闭，后禁弛河淤。嘉靖间疏治复旧，隆庆间高家堰废，淮水由黄浦决入，漫衍民田。万历初，开草湾河，分杀黄河，以缓清江之冲，七年，复筑高堰，起新庄至越城，长一万八百七十余丈，堰成，淮水复由清口会黄入海，黄浦不复冲决。又因通济闸逼近淮河，改建甘罗城，废新庄闸，又改福兴闸，于寿州厂适中处所增修清江、板闸二处，修复五坝，信字坝久废，智、礼二坝加筑仍旧，仁、义二坝移筑天妃闸内。八年，用石砌高堰，九年，于府南运河旁自窑湾杨家涧历武家墩开新河，曰永济河，置三闸以备清江浦之险。十一年，建清江之外河石堤，又建西桥堤以御淮河之冲，至明末而闸坝之禁弛矣。我朝修复旧规，康熙十年，以天妃、清江、福兴、移风、板闸五闸旧例递相启闭。今福兴三闸久废，因就原基建福兴一闸，启一闭一。二十二年，于七里闸迤下建闸曰永济，又于清口筑坝以遏浊流，重运过完则闭，霜降水落则开。然官民船只闭坝日久，难以守候，又修七里墩闸引湖水以济里河之涸，使湖水自七里墩进口，由新河文华寺入运口，坝虽筑，舟行如故。嗣黄河屡溃，淮复南奔，不出清口刷黄，七里闸内外淤成平陆，自十六、七、八等年，次第修复故道，酌改运口于烂泥浅之上，自新庄闸西南挑河一道至太平坝，又从文华寺永济河头起挑河一道，引而南，经七里闸，复转而西南，接太平坝，俱达烂泥浅，两渠并行，互为越河，以舒急溜，而烂泥浅一河分其十之二以转运，仍挟其十之八以射黄，使运水出清口甚便，而黄河不能内灌。二十三年，以天妃水势溜急，改为草坝，另设七里、太平二闸。三十八年，将清口之西坝台添挑水坝，比东坝台加长，包裹清口在内，洪泽湖水深之处开成直河，使湖水畅流，黄河弯曲之处直挑引河，使各险所不得受冲，并修筑归仁堤以防冲决。三十八年，加帮高家堰，自武家墩历小黄庄、周桥至棠梨树一带，堤工尽堵，唐梗南、北、中三坝，及茅家圩南北二坝、夏家桥减水坝，凡六座。四十年，挑张福口引河，导清水入运，于张福口、裴家场之间开引河一道，会诸引河水，并力敌黄。四十五年，高堰三坝之下，各挑河筑堤，束水入高邵诸湖，又于文华寺建泄水闸开浚引河，分运河涨水由杨家庙等处入白马湖。四十六年，于蒋家坝开河建闸，引水由人字河等处下江，由下河等处入海。五十七年，于清口旧西坝接筑束水草坝一座，以束清水。雍正元年，清口东坝接筑大坝一座，西坝加筑，工长二十四丈。雍正四年，加高高家堰土堤。七年，大修高家堰石堤。十年，移建天妃闸于二草坝下北岸堤内，挑引河一道。十三年，修筑清江浦龙王闸，利济漕运。乾隆二十七年，圣驾南巡，阅视清口，命河臣以五坝长水尺寸定东西二坝之折筑，将洪泽湖水预行腾空，俾伏秋汛涨有所容纳，河流安澜，而下河州县，岁庆有秋，运道民生，万世永赖矣。

高宝运河

自清口引淮为清江浦，至乌沙河汇管家、白马二湖，堤及宝应县槐角楼南，诸河相接，西抵泗州、盱眙县界，皆运道所经。湖东有堤长三十余里，洪武间用砖修高家潭等处，成化间造石堤，渐修至二十余里，其南高邮、邵伯等湖皆有石堤，运船触堤，往往撞坏。弘治间于高邮湖东开新河以避其险，曰康济河，南北置闸以时启闭，两岸甃以石。嘉靖五年汜光湖东傍堤开新河三十里，遂弃康济河。又宝应县至界首，凡有沟河通注于海者，造平水闸十座。十年，宝应湖东又筑越堤，长二十一里，万历年间，淮水由黄浦口决入，石堤多坏。七年，修筑改建减水闸四座，加高石闸九座，宝应诸河堤岸相接。十二年，于石坝东旁堤开新河三十余里，以避槐角楼一带之险，曰弘济河。

国朝康熙十六年，堵塞高邮州之清水潭，更于湖中绕回开河一道，改筑东西堤，名曰永安河。十九年，再置滚水坝于高邮城南八里。二十年，增置高邮南北滚水坝，前后凡八座，创建宝应子婴沟、高邮永平港、南关、八里铺、柏家墩、江都鳅鱼口减水坝共六座。三十七年，江都漫决，运道阻滞。三十九年，从西岸绕挑越河一道，下埽堵筑拦河两坝，漕艘安行，又大修运河堤岸，筑永安、界首及秤勾湾等处，石工改五减坝为四滚水坝，挑人字河、凤凰桥等处以泄高、邵涨水，由金湾三闸入茫稻河注江，挑虾、须二沟以泄山、宝诸水，由泾、涧二河入射阳湖归海。四十一年，建七里闸、陆漫闸。四十四年，于高邮滚坝下各挑河筑堤，由串场河归海。四十八年，复修黄铺双闸，开放宣泄，水入蚬蠡，由盐城马家荡入虾须沟。五十八年，修筑南关、五里、车逻三大坝。雍正九年，移建竹络坝于旧坝北首，并挑引河入青荡湖，由汜光湖入高邮湖。

瓜仪运河

仪征上下江口及瓜州便河，由江达淮，皆运道之襟喉。宋时仪征常建三闸，明洪武中，即其地筑为坝。弘治元年，始建东关、罗泗二闸。十二年，复于滨江建拦潮闸,潮长开闸放船,潮退盘坝。隆庆六年,自时家州以绕花园港开渠六里有奇,建瓜州通江闸二座,以免船只盘剥之苦。万历五年,于瓜州开港坞以泊运船。国朝康熙二十八年,于仪征闸外江口北新州挑旧河身,直通四闸,一切粮艘俱从沙漫州转入新河口。五十四年,因江溜北徙,将头闸堵闭,挑绕城越河一道,改为运口。五十五年,瓜州花园港加筑越堤一道,绕城河岸修砌石工,以御大江冲刷。五十七年,又建花园港重堤,于正人洲挑引河二道,以煞江溜。六十一年,建筑花园港、西邱家港挑水土坝二座,并雁翅包滩里创工。雍正六年,以瓜洲新改运口,逼近城垣,水势汹涌,旧运口地势高敞,河形亦宽,复将所改运口堵闭,挑深旧有运河,令粮艘仍由故道而行,于闸外建筑夹坝三道,拦河柴坝一道。雍正八年,以闸河水无关蓄,淮流直注,势若建瓴,于瓜洲顶闸之上青莲庵起至尤家碾止,开挑越河一道,建蓄水草坝于河上,以利运艘。

丹阳运河

常州至丹阳河道每多淤浅,岁费工力开挑,正统初,巡抚周忱经理运道,于武进奔牛、吕城设为坝闸,俾漕舟由京口出江,最称利便。迨景泰间,坝闸渐颓,水道淤浅,有议从蔡泾,孟渎出江者,因泊海洋,舟多覆溺,仍从周忱故道增置五闸。国朝康熙四十七年,在丹阳练湖建造湖闸四座,又修造丹徒京口、老人二闸,蓄水以济漕运。

浙江运河

浙江运河之水发源于天目山,而宣歙以东、富阳以北,支分干流,众川为纬,运河为经,自杭州北郭务至谢村北,为十二里洋,为唐栖,河水深阔,德清之水入之,过北陆桥入石门界,过松老,抵高新桥,海宁支河通之,绕石门城南,转东北至小高阳桥,河浅资开浚,东过石门塘北,而东为王湾至皂林,水深者及丈,过永新入秀水界,自赵墙铺至陡门镇,河俱阔深,又北由嘉兴府城西转而北出杉青闸,至王江泾镇河,阔六七丈不等,深者至二丈许,北为平望驿,东通莺脰湖,湖州府运艘自西出新兴桥,会北松林驿,由吴江县至三里桥,水浅不及丈,然南有震泽,北有黄天荡,水势潚湃,夹铺桥屡建而圮,经苏州府城东鲶鱼口,由蠡塘入之,北至枫桥,水不及丈,由射渎浒墅关过常州、镇江二府,浮于江,入运河。

《漕运则例纂》 卷十二

漕运河道

河闸禁例

挑浚事例

北河挑浚

卫河挑浚

《漕运则例纂》卷十二

漕运河道

河闸禁例

一　顺治十三年，总河杨方兴以南旺、临清筑坝大挑，请照旧例，预颁"清"字告示，禁止满汉一切船只，不许先期逼勒开坝，以误工程。奉旨大挑，动工之日，一应往来船只概行禁止，满洲兵船、回空船只，有恃强开坝者，拿解究处。钦此。

一　台庄以北，临清以南，恃诸泉之水会流南旺济运，而满汉官差船只每到闸口喝令起板，积水既泄，粮船不免浅搁，应照例刊刻红牌竖立各闸，除急差与紧急兵船暂让行走外，其余船只一体遵守，如有不遵，河道总督据实题参。（康熙二年例）

一　凡内外显要官员多置船只，纵容家丁于漕运河道往来贸易，奸棍假借名色，恃强闯闸，及赴任官员额外私带货船者，河道等官指名呈报河、漕总督参处；徇情不报，一并题参；如已呈报，而总河、总漕徇情不举，事发一并治罪。（载在《会典》）

一　漕船定有程限，各处兵船行至闸河，务随漕启闭行泊，如有扭锁掀板，任意争斗者，该督指参领兵官，严加议处。（康熙二十一年例）

一　凡运粮解送官物并官员、商贾、军民船只行到闸河，旧例积水至六七板，方许开闸放行，即因公差遣亦不许违例开闸，进解紧要者，不在禁例。顺治十三年题准，自临清砖闸南至扬州瓜仪各闸，查照旧例勒石禁约，如有凌驾争挤，擅开闸板，走泄水利，致漕船浅搁迟滞者，总漕、总河指实题参。康熙三十五年钦奉谕旨，遣官封闸，必俟水满开闸，着漕船行走，虽奉差紧要事务，如水不满，亦不许开闸，果有紧急由陆路行走，内廷需用之物停其解送。

一　旧例每遇水浅，将各闸一时尽封。康熙四十五年钦奉谕旨，从上流封闸蓄水，俟水满后，再开一闸放粮船过，其他船只不许开放。

　　一　康熙五十三年题准，漕船守闸等候齐帮及山水涨发，闸溜难行，并撞沉抢修，事出意外，均耽时日，即于单内注明，免其查参。

　　一　山东运河原赖众泉流蓄微山诸湖，以济漕运。康熙六十年[1]钦奉谕旨，不许民间偷截水泉，其分水龙王庙闸座关系紧要，宜斟酌启闭，泄于南则闭北，泄于北则闭南，使湖泉并注，南北合流。

【校记】

[1]"六十年"，《丛刊》本作"六年"，据上下文年序，当作"六十年"。

　　一　运官停泊漕船不听督催，凌辱闸官，责打闸夫，及带去闸板泄水诳漕者，革职究拟。（载在《会典》）

　　一　漕运北上之先，总河、总漕按闸委员专司启闭，兼稽查短纤人夫，秉公约束，如有仍前阄闸者，该闸官呈报究治。（雍正十年例）

　　一　闸座启闭，旧例先放粮艘，次及官商民船。康熙五十四年奉旨，河路民船，往来辐辏，粮船旗丁往往辽远，拦阻殊非便民之意，以后遇漕运行时，民船亦听其随空行走。钦此。

　　一　直隶、山东、河南沿河地方遇有贩谷商船，许其于漕船先后乘隙而行，毋许漕船拦阻，亦毋许商船拥挤。倘有贩谷商人与旗丁私相贸易，盗卖漕粮，或互相争斗者，该地方官即行严拿治罪。（雍正四年例）

　　一　山东闸河定例，粮船盛行之时，官商民船俱令随船过闸，不许越漕启板。嗣因各闸闸官有畏势徇情，及纵令闸夫索钱私启之弊，虽将闸官参处，而各厅员未定有处分之例。乾隆二年奏准，令该管厅员一并稽查，如闸官越漕启板泄水误漕者，将该闸官咨部斥革外，其该管厅员不行稽查者，降一级留任，如曲为回护，徇隐不报者，降三级调用，仍照旧例，将重运粮船盛行之时，官民等船俱随漕打放，不许逼勒。开闸缘由颁发清汉告示，刊刻木榜，永远遵行。（乾隆二年例）

　　一　东省运河各闸，沿河镇道文武员弁摧攒漕船，如遇春夏水微之时，务遵漕规启闭。如上下会牌已到，而闸官尚未启板，一面暂令开闸放船，详报总河、总漕查参；如会牌未到，不得逼勒启板，其会牌亦不得稽迟。如河水充足相机启闭，以速漕运，总不得两闸齐开，过泄水势。（乾隆二年例）

　　一　空重粮船务令衔尾停泊，不许横截河心，违者究治，该管官稍有疏纵，题参议处。（雍正六年例）

　　乾隆二十五年，贵州铅船与粮船争走，将汛兵、头工俱行拴锁，经巡漕御史及总漕奏请，将运铅官金甲议处，奉旨拿解刑部治罪。部议金甲已经革职，应责四十板，照例折赎，家人杖八十，水手杖一百，于河干枷号两个月。

一　山东运河全赖诸河蓄水,以资灌注,嗣因淤积,附近居民或占成田地,以致水小不能济运。雍正元年,奉旨严禁,嗣后如有侵占查出,将沿河该管地方各官指名题参,如该上司徇庇隐匿,将该管上司并督抚一体严加议处。

一　豫东两省黄河滩地内有民埝一项,民间租种滩地,惟恐水漫被淹,筑埝拦阻,日渐增高,于河防甚有关系。乾隆二十三年钦奉谕旨,令两省巡抚严行查禁,不许再行培筑,地方官不实力办理,厅汛员弁明知徇隐,即行参处,嗣后如有仍沿积习为害河防者,惟该抚是问。

一　天妃闸自六月下旬至九月筑坝闭闸,其余月分俱去坝用闸。康熙七年,经御史徐樾疏请,仍照旧例。工部议覆天妃闸若闭,则里河干涸,运船阻滞,若仍复挑,需用钱粮甚多,空费民力,以后不必闭闸。

一　清口内向止有天妃正越二闸。乾隆六年,总河高斌奏准于天妃正越两闸之下各建草坝三座,草坝之下再建正石闸二座、越河石闸二座,于所建二闸尾各建草坝三座。

一　江都三汊河乃瓜、仪二河口门,而瓜河地势低下,淮水入瓜河之分数多,入仪河之分数少,以致仪河水缓沙停,不能刷深。乾隆六年,总河高斌奏准,将三汊河入瓜河旧口门筑坝堵闭,改移向上,于洋子桥营房之下另挑越河一道,以减淮水直入瓜河分数,俾仪河得以刷深济运。又瓜洲之广惠闸,越河在闸上游,趋行迅速,闸河反淤,应将闸上旧越河堵闭,另于惠济闸下挑越河一道,由城河西行,以会越闸,使闸越两河水势均平。

一　八闸之内得胜闸至张庄闸系十二里直河,水难停蓄,易致浅阻,雍正二年,总漕张大有等遵旨议准,于六里石地方草坝处所建石闸一座,比闸顶矮六尺,水小则收蓄,水大则听其漫顶顺流。

一　汶上县新河头系马踏湖入河济运之处,雍正三年题准,将土坝改建石闸启闭。

一　雍正二年,于邳州黄林庄以至三汊河建立河清、河定、河成三闸,蓄水济运。

一　山东彭口地方,乾隆二十三年奏准建闸一座,归夏镇闸官兼管,闸夫二十名,于六里石越河拨用。

一　乾隆二十四年奏准,于张秋镇以南之八里庙建滚水石坝,以泄汶河异涨。

一　乾隆二十五年,总河张师载奏准,将蜀山湖金线闸移上十余里,建在柳林闸之北。

一　乾隆二十三年钦奉谕旨,令于微山湖湖口闸以上建立滚水坝,俾蓄泄俱有所资，经两省督抚勘明，于湖口闸迤北添建滚水坝，口门宽三十丈，其坝脊照湖口闸金门水深一丈二尺五寸为度，水大则漫坝宣泄，水小则收蓄济运。二十四年又奏明，将坝脊落低二尺五寸，以湖口闸水深一丈为度。

一　韩庄湖口闸以北，乾隆二十九年奏准添建石闸一座，以畅泄微山湖水。

一　万年闸闸底过高，金门不正，水势险峻，船只纤挽，动多损坏。乾隆二十九年奏准拆修，将闸底落低二尺，金门取正，比旧加宽二尺。

一　乾隆二十四年钦奉上谕，据佟琳、张师载奏，微山湖口闸前因漕臣杨锡绂札称，江南运河水势充足，东省宜预为撙节，遂将湖口闸先下底板四块，并将张河等处减水单闸照旧堵闭。今于二月间复接杨锡绂札，称运河水势尚需接济，仍将湖口闸并减水各单闸仍前开放畅流等语，所办甚协事理，此由杨锡绂留心，预为调剂，随时咨商，河臣相机启闭，使漕运流通转输。若地方大吏遇事皆能如此，不分轸域，于公务何患不济？着将此旨并佟琳等奏折传谕杨锡绂存记，入于交代，即定为章程，永远遵守。钦此。

一　宿迁之竹络坝外临黄河，内临运河，系康熙二十八年挑浚中河告成之后，河臣王新命请建竹络坝一道以备黄湖涨溢，清水弱则引黄以济不足，黄水盛则分黄以泄有余。康熙三十五年，黄水盛涨将坝冲卸，题请堵筑未竣。康熙三十九年，河臣张鹏翔复请堵筑，以御黄流，因旋闭旋冲，亦未竣事。嗣于雍正初年黄河大溜北徙，刷走外滩，直逼竹络坝口门，河臣齐苏勒于竹络坝外建筑箝口、汰黄等坝，挑溜南趋，从倒勾河引黄入竹络坝下达运河。徐州两帮空重漕船虽均由此经行，然汛流急湍，盛涨则啮缺堤岸，流缓则淤淀河身，乾隆六年，倒勾河身渐淤，外滩日塌，河臣高斌于竹络坝支河临黄入运之处建筑临黄、临运二坝，相时启闭，徐属漕船不复从此经行。乾隆十四年，督臣黄廷桂以竹络坝甚近黄河，高于运河五尺有余，大汛陡涨，奔腾而入，转有冲击运河之患，请将竹络坝外所挖支河坚固堵塞，徐属两帮漕船由杨家庄转口入运，此坝若常时启放，则大汛之时黄水奔腾而入，甚有妨于运道，未便常时开放，设遇骆马湖盛涨，水面高于黄河，应暂时启放，以资分泄，或遇运河水势过小，黄河又非盛涨之时，应暂行开坝，设法引黄济运。

一　乾隆二十三年总督尹继善奏请，重运后将骆马湖尾闾早行开放，使湖面腾空，以待汛水。奉旨准行，并令将谕旨勒石湖滨，永远遵行。

一　骆马湖之王家沟、柳园头两闸向例必俟江广船到始行开放，其江浙帮船即水小起剥，亦不轻开。乾隆三十年奏准，嗣后水小之年，江浙船至则开柳园头号闸，江广船至则开王家沟闸，以济运行。如江浙船至，河水足用，即柳园头闸亦可毋庸开放，倘运河水小，即王家沟亦可并开，毋庸过于拘泥。二闸未经设有闸官，嗣后应将闸务即令县丞经管,每年重运经临,常川住闸看守,仍令该管厅营随时酌量需水尺寸,以定启板多少,绳索器具交该县丞收管,以专责成。

一 沂河之水正流直达骆马湖,旁流由芦口坝迤下分注沙家、徐塘二口入运,从前口门宽至一百余丈,邳境民田多被淹浸。乾隆二十年,将石坝里头接长,只留口门三十丈,坝底填以碎石,于是沂水多半归湖,济运者少。乾隆三十年奏准,嗣后运河水小之年,应将坝底碎石刨开五丈,并于坝南河中修做草坝拦截沂河之水,悉由徐塘、沙家二口济运,并将此坝责成运河厅营修守地方官一同照料。

挑浚事例

一 河漕总督专管运粮,督率各官挑浅疏通粮艘,如不预行挑浅疏通,以致迟误者,请旨议处。(《议单旧本》)

一 漕运河道该管官员不行挑浚,或称非系本汛推卸者,降一级调用,不行转催上司,罚俸一年。(康熙十六年例)

一 漕运河道遇有浅阻,例应设法疏通。康熙二十九年奉旨,漕运关系重大,河水浅阻处所地方各官随宜挑浚,下扫束水,以济漕运。

一 运河决口不即堵塞,致羁阻漕船者,在工各官俱题参,严加议处。(康熙二十九年例)

一 运河决口久不堵塞,以致粮艘经过漂没多船者,总漕不行题报,照回空船只不行力催又不题参地方例,降二级留任。

一 凡属运河,总河严饬镇道等官以时疏浚,每年于水落之时,沿途查看,遇有石块、木桩阻碍河中者,即行起除,以清河道。如查看不实,起除不净,以致抵触漕船,总漕并巡漕御史将该管河道等官题参,交部议处。(雍正十年例)

一 乾隆四年奏准,各省重运粮船经过地方,凡遇天旱水浅不能通行,总漕、总河一面奏明,一面转饬地方官,预备民船,定价剥运,帮丁姓名、船米货物数目以及船价呈报督抚,总漕、总河及巡漕御史备案,如旗丁扣克,或船户勒索,即行究治。

一 沿河两旁或岸石倾圮,或墙壁坍塌,或树根插入,或旧桩未净,所在间有不能起除净尽,经过粮艘或有因此触漏致溺者,乾隆二十五年奏准,应令河道总督转饬管河各厅汛,凡遇重运经临之际,于河道两旁详加察勘,如有倒卸墙岸、存留旧桩,并插入树根,未经刨挖者,即时起除净尽,无使遗漏,该督等仍不时派员前往,沿途查察,据实申报,俾粮艘遄行无阻。其或有并未遇风,因河底石块、旧桩及树根等项触漏致溺者,应令该管地方州县防汛武弁会同探验确实,以触漏具报,免其失防处分,将专管河务各员查参,照沿河堤岸预先不行修筑以致漕船阻滞例,降一级调用,并将查报不实之员,一并咨部参处。

一　南北各闸越河有一律深通者,亦有淤浅狭隘及柳石桩橛碍阻者,虽水大之年越河可走,而恐触碍不敢经行。乾隆二十五年奏准,行令各该河道总督,嗣后疏浚运河,将一应越河逐一测量查看,如有未尽深通处所一并疏浚,去其柳石以备运行,仍转饬沿河文武员弁严加查察,毋许地方土棍与门夫、汛兵人等包揽抑勒,如有前项情弊,即行究治。

一　南北运河水小之年,每遇浅处,即苦胶舟,非加挑捞,必致迟误,然挑捞均需器具,如刮板、铁篦及铁口线袋等项,临事置备,缓不及事。乾隆二十五年奏准,除东省运、捕、泇、上、下五厅每年挑河案内原置有器具收贮,毋庸置备外,其江南直隶南北运河应令各该督等查明淤浅处所,饬令管河各该厅汛酌量置备挑捞器具,入于交代流传,以备不时应用,仍将置过器具数目造册报部。

一　山东临清、武城等处河道浅阻,总河责令该管官挑浚,如违误漕船,该督指名题参。(康熙二十二年例)

一　康熙二十九年,东省台庄迤北一带正月尚在煞坝,挑河羁阻重运,经总漕题参,并请更定煞坝、开坝定例。部议东省运河开坝迟则阻重运,煞坝早则阻回空,嗣后,煞坝之期以十一月十五日为率,开坝之期以正月二十五日为率。

一　山东河道浅阻,旧例派拨民夫挑浚济运,雍正元年奉旨:东省连年歉收,百姓困苦,动支正项钱粮雇募民夫给以工食,令其挑浚运河。

一　雍正四年奉旨:山东疏浚泉源一件,何国宗等议设管泉通判一员,甚是,着照准行。钦此。

一　济宁一带河道全藉泉、湖、汶、泗诸水。雍正元年,以泉源淤塞,河中仅存一线细流,粮艘挽运维艰,题明饬令各泉源所属州县挑浚疏通,务使畅流入运。(雍正元年例)

一　乾隆二十四年总漕杨锡绂奏准,分委河员将山东旧有诸泉逐一查勘,去其壅蔽,导之流行,旧有而今竭者除之,旧无而今有者增之。每年于二三月间令管泉之员实力疏浚,出而济运。

一　山东运河向例于每年十月十五日筑坝挑浚,次年二月初一日开坝济运。乾隆二年奏准,于每年十一月初一日煞坝,其开坝济运日期以南漕船只顶台庄为准,如有逾限不筑,及粮船未至台庄先行开坝,该督抚将该管各官查参议处。

一　雍正元年,重运漕船至六月尚有二千七百余只未经题报过淮,经户部奏请,派部院堂官一员驰驿前往,会同该省督抚封闸蓄水,率领沿河镇道各官竭力挑浚,速行撺攒。

一 向例漕船载米不得过四百石,入水不过六捺,相沿办理,遂以三尺五寸为度。嗣因江广粮船题定装米一千余石,船身负重入水非四尺难以济运。乾隆二年,经总漕补熙奏请,将闸河水势定以四尺为准。乾隆三年,总河白钟山奏毋庸立定水则,奉旨交山东巡抚会议。经东抚法敏奏准,天时晴雨不常,难拘一定尺寸,分别雨水多寡,因时变通。如雨水调匀,山泉旺发之年,河员经理不善,致有走泄水势顶阻粮艘者,将经管印河各员查参;如遇雨少水小之年,或并塘,或分帮,或下板挨排,或草坝束水,务期有济,或实在船重并人力难施,旗丁即将所带货物起剥,如押运官弁一任旗丁不行起货,藉称水势不足,挟制停泊,亦即查参。

一 山东巡漕御史,乾隆二年奏准,钦点之后即行起程到济,协同总河勘视大小挑工程,如有监挑厅汛各官不上紧督率兵夫实力挑挖,或滨河州县克短工价,即会同河抚诸臣指名题参。

一 乾隆二十二年,总漕杨锡绂奏请东省运河修垫纤路,整理闸座,加修民埝,挑浚淤浅。奉旨准行。

一 韩庄之湖口闸,乾隆十七年议定,闸口之水以深一丈为度,一丈以内开坝挑河,一丈以外,民田有碍,毋庸堵闭,仍听泄放,将应挑淤浅改为捞浚。乾隆二十五年,河东总河复酌议,嗣后,微山湖口滚坝应恪遵从前奏明落低尺寸,以湖水一丈为定,即欲多蓄济运,或以一丈一尺为度,如遇挑河之年,查明湖水在一丈一尺以内者,照例煞坝收蓄湖水,仍有一丈一尺以外之水,毋庸煞坝,亦毋庸堵闭,或江南春月仍有浅涩,仍将湖堤引渠开放,使湖水三路入运,以资接济。

一 山东台庄八闸,自乾隆十七年定议,湖口之水以一丈为度,一丈以内煞坝兴挑,一丈以外毋庸煞坝,将挑浚改为捞浚,遂致泥沙年年淤积。乾隆二十七年总漕杨锡绂奏请煞坝兴挑。奉上谕,着交张师载、阿尔泰即行详悉查明,如有必须疏浚段落,该处现有应动岁修银,可即酌量动支办理,一面具折奏闻。钦此。

一 乾隆三十年,总漕杨锡绂因微山湖内之水以一丈为度,不足济运,奏请以一丈二尺为度,如水志难改,即将八闸河底一律挑深五尺,以为调剂。奉旨,着河抚诸臣确勘会议。嗣经议准将湖口闸以北之滚坝内矶心每孔安砌石槽,设立板片,水小之年加板拦束,多收一尺,水势日增,将所下板片尽行启除。至八闸河底多系砂礓,难以开凿,应不拘五尺之数,凡有新经淤垫砂泥,尽行估挑,至旧时深底而止。

一 南运河向有额设堰坝浅夫等项钱粮,以备雇夫挑浚之用。康熙十六年题准,沿河按里设兵看守,各给浚船,令其往来上下,溯流刷沙,即以原设浅夫等项裁充兵饷,不敷者于河库钱粮内通融拨给。

一　康熙六年,苏州阊门渡僧、枫桥一带,河流浅滞,常州府属地方河水浅涸,江阴、宜兴二邑运道浅阻,京口迤南更为浅涸,上江宣城兑运溪河断流竟成陆地,帮船起剥阻压难行。部议令河道总督并该抚严饬经管河道等官,竭力疏通,毋误漕运,仍将不先挑浚各官职名查参。

一　镇江府及扬州府仪征运河口一带地方水浅,系民夫挑浚之所,应知府等官挑挖,如违误漕船,该督指名题参。(康熙二十二年例)

一　康熙二十八年,苏、常、镇运河浅阻,河道总督以勒书内未开有常、镇等河字样,部议《漕运议单》内开:河道总督凡关河道事务皆其专责,一应河官咸归管辖,沿河文武各官摧攒不力,悉听参究,应仍令总漕查明题参。

一　苏、常、镇等府运河乃江浙粮船必由之地,地方官不预行挑浚疏通,以致误漕者,将河、漕总督一并议处。(康熙二十八年例)

一　康熙二十八年,入秋雨少,河身浅涸,自镇江至无锡三百余里题请筑坝兴挑,自十月二十五日起工,江浙回空零星船只令暂泊京口,仍勒限十一月终完工开坝,催赶回次受兑。

一　康熙五十七年总河赵世显等遵旨将沛县地方积水设法疏消,勘明沛县地处低洼,山东金乡、鱼台之水由沛县昭阳湖入微山湖,从荆山口出猫儿窝入运,应将茶城十字河一带沙淤之处酌浚疏通,仍于十字河之上建筑草坝一座,运河水小则堵坝,俾水归微山湖出湖口闸济运。

一　乾隆二十八年,山东巡抚崔应阶奏准,令江南督抚转饬印河各官,将自于家口至茶城及小梁山、内化山三处支河一律勘估挑浚,使之直达荆山桥,其荆山桥上下河道及出口入运之处,凡间段[1]淤浅,河身普加挑浚,使湖水得以畅流。

【校记】

[1]《丛刊》本作"断",应作"段"。

一　京口一带运河为南北要津,向系丹阳、丹徒两邑民夫挑浚淤浅。雍正二年奉旨以两邑民力难支,令河漕督抚诸臣会勘题定,每岁捞浅所需工费银两归杭、嘉、湖、苏、松、常、镇、太八府州属,按照漕额均融派解,于秋深之日委员捞浚。浙江省应解协济银两,雍正六年题准,动支藩库羡余,按数拨解。

一　淮扬运河自清口至瓜州计程三百余里,乾隆元年奏准大加挑浚,定以水深一丈五尺为准。

一　中河运道水无来源,惟赖诸湖之水灌入,以济漕运,缘历久从未挑浚,河身既高,河流微弱,乾隆七年遵旨逐段测量兴挑,一律深通。

一　桃源县小关以上至陆家墩及彭河口至徐家庄一带运河向有间段砂礓,并逼近闸湖各口，每年汛水涨发，冲出浮沙多有停积。乾隆二十五年奏准，总河预饬淮徐道勘估，俟空船过竣之后，派员兴工，勒限挑浚。

一　滨江瓜洲地方殷家庄、大观楼一带坍江，河员以扫工保固瓜城，复运集石块保固扫工，而石块俱在江中敧斜委置，有碍漕船行走。乾隆三十一年，巡漕御史胡泽潢奏准，行令江南河道总督每年于冬月水涸之时饬委该管河员，督令河兵预将坍入江内之石块搬移清理，以利运行，仍将石块堆贮岸旁，以护扫工，倘该管河员仍前玩视，并不实心经理，以致粮艘到彼遇有损坏，即将管河各员照例严参议处。

一　江西省自省起至渚溪止，河水浅涸，康熙六年部议，令河道总督并该督抚严饬沿河经管水利等官竭力设法挑浚，违旨查参。

一　江南巡漕御史遇挑浚河道之年，协同总河一体查勘督办。

北河挑浚

一　里河五闸向于漕运竣后开闸放水，挖修堤岸，乾隆二年奏准，于每年霜降后启板放水，各闸板留四五块，俾小民得拉拽冰床，便于行旅。

一　五闸运河，乾隆四年奏准，于春初令庆丰等闸闸官于沿河一带堤岸率令闸夫栽种柳树，以固堤根。

一　大通等闸每逢秋冬水旺之际，俱严闭蓄水，以济漕运。（乾隆十四年例）

一　通州至天津沿河州县各分汛地，每年额解挑浅银两向系通惠河分司经收，专司挑挖。康熙二十九年题准，将通惠河分司裁革，各州县所解挑浅一项节省解部，将通永道税务归并坐粮厅经收，所得盈余以充挑河挖浅及修筑堤岸之用。雍正三年以坐粮厅满汉二员经管粮务，不能亲历河干督率挖浅，题准将各汛之浅令各汛官弁督率人役开挖，其造办器具、委用人役开销钱粮，仍令坐粮厅经管，以专责成。

一　北河流沙通塞无定，雍正元年题准预差人役昼夜巡查，雇募附近长夫逐日探量水势，多插柳标，随时刨挖。雍正三年题准，漕船运进北河之时，坐粮厅预为转行各汛官弁先期疏浚。若漕船接续而来，即于前船既过后船方来，立加疏导。如坐粮厅所用人役不服各汛应用，立即申报仓场究处。倘各汛官弁伙同人役虚冒钱粮及督率不力致稽漕运者，仓场题参。

一　北运河旧设堡船六十只，召募牐夫一百八十名，长设浅夫三百名，照北运河河兵之例，每月给饷银一两二钱，于红剥银内动支。

一　北运河原设标夫三十三名，自重运入汛起至空船出汛止，每名日给工食银八分。乾隆十一年议准，每月再给标竿银五钱，令其多置标竿，指引粮船，所需银两在红剥银内动支。

一　杨村以上至通州河流弯曲，最易淤阻，坐粮厅向设刮板四十副，重运到时，设有浅阻，立用刮板开通，每副需夫二十五名，俱系临时雇募，管领无人，众心涣散。乾隆二年奏准裁去十副，止设刮板三十副，每副设夫头一名，令其随时雇夫挑挖淤浅，按时定价给发。如不实力刮刷，责惩夫头。夫头每名日给工食银八分，于坐粮厅税务盈余银内支销。

一　北运河身宽水散，并无正槽，又多支汊，以致停沙横浅，先经总河高斌请用通仓旧袋囊沙筑坝，束水归槽，交漕运务关杨村三厅办理，通永道督率。乾隆十一年，因用袋囊多须工费，改为柴草土坝。十二年，因水积沙浮，昼夜冲刷，随时加镶至三、四、五次，迨伏秋水发俱漂没无存，请于十三年建筑土坝，量加高厚，如有汕刷，临时加镶。至十三年，仓场总督书山等以所筑之坝即挑河沙填筑，殊不坚固，其筑坝之处，惟坝口刷深，离坝十余丈，水势已缓，沙即停留，更甚于漫流之处，及遇河水骤涨，大半冲倒，反积河中为埂，请将束水坝座停止。惟刮板一项为用便捷，可以立时疏通，但额定三十副实不敷用，请再添三十副以资挑浚，所刮泥沙运上堡船，载往空处堆积。十四年，直隶总督陈大受以束水坝座正河，可以不筑，惟堵塞汊河，阻其旁泄，于河道有益，但支汊之处并无一定，应临时相度增减，所需物料仍用秸柴，刮板一项已添置备用，惟堡船装运住泊守候，殊属无益，而挖淤之锨爬等项亦器小难施，请将堡船及挖浅器具俱行裁汰，至添置刮板亦须人夫拉拽，请将犭夫改名浅夫，以供拉拽，仍于原派各汛内应役，不足临时雇募。部覆准其裁汰堡船，但刮板所刮泥沙堆积何处？如何不致仍冲入河之处？行令妥议。十五年，总督方观承以所刮泥沙拉致滩涯洼处堆卸，自可不致仍冲入河。惟新旧刮板六十副，额设浅夫止四百八十名，不敷调用，如遇疏浚紧急，请动红剥银两雇夫协济其汊河建坝，请以乾隆十五年为始，有汊河处仍行修筑，无汊河处即行停止。十七年，仓场总督鹤年以汊河筑坝每值山水涨发，河流汹涌，水未堵而坝已冲，柴草荡漾益多阻塞，水小之时，中泓甚浅，虽支汊有坝，无从收蓄，请将汊河筑坝概行停止，红剥银两仍还旗丁以为起剥费用。乾隆二十三年，仓场以北河六汛向设刮板三十副，每副用夫二十五名，而额夫止有四百名，每汛分夫八十名，止敷刮板三副之用，其余二副竟同虚设，奏准杨村裁去二副，止留三副，浅夫每副二十名，可以足用，应添浅夫八十名，以杨村裁剩之夫二十名凑足一百，分于五汛，所需工食于红剥银内支用，交通永道督各通判办理，其浅夫俱令通永道给照，开载年貌、籍贯，以杜顶冒，每年督率厅汛，于粮船至时，齐集浅夫，随宜疏刮，遇有掣浅过多，一汛之板不敷应用者，即将上下汛通融调拨，协同办理，取具各浅夫地方册结送部，其有更换另充，亦照金丁之例，随时报部察查,如有冒名缺额、临时雇应等弊,即将该管各官查参。乾隆三十年,巡漕御史吉梦熊奏准,北河流沙无定,易致淤塞,额设刮板二十八副,夫五百六十名,系漕运通判率同游巡千总、陆汛把总督令浅夫分段刮挖,而积习相沿,浅夫多于粮船阻碍之时,始用刮挖,往往前船经过,后船复停,何能抵坝迅速?嗣后,应饬令通永道不时赴工亲行,逐名查点,督率厅汛员弁,严督浅夫探量水势,遇有淤浅,立即上紧挑挖,务期一律深通,并令标夫随时补插标竿,以免舟行阻滞。

一 通州至天津一带河路向例坐粮厅管理修浚,雍正二年奉旨,以淤浅甚多,令侍郎赵殿最等查勘,缘坐粮厅事务繁杂,实难兼顾,奏准添设通判一员,驻扎张家湾专司疏浚,并设把总二员、外委四员,听通判调遣,遇有浅阻,即报明通判衙门,在坐粮厅领取钱粮,督率挑浚。通判勤劳者题请升用,如疏失防范,并克扣失察,即参革治罪。把总勤劳咨部升拔,怠惰者即行斥革。通判给养廉银五百两,把总、外委照营伍之例于该管衙门支销。乾隆二年,直隶总督孙嘉淦题准,张湾新设把总、外委俸薪银两在税务正项下支给,字识一名月支工食银一两,拨给把总等小船六只,每船夫役二名,自粮船入汛至告竣日止,每名日支工食银五分,脱帮间空日期查明扣除,每年给修船银二两,拨给各弁官房一所,如无官房,每年每弁给房舍银十六两,各弁每日另给饭食银一钱,以示鼓励,亦以帮船到汛日期过竣日止,脱空间日扣除。以上银两俱在茶果项下动去,通判官俸、役食再于轻赍银内拨给,造入察核通库等事案内报销。

一 通州至杨村沙嘴尖突之处、朱家河底�石、龙王庙河底瓦砾,乾隆二年奏准,于霜降水涸之时,责令坐粮厅确估挑浚。乾隆三年,仓场因挑切处所随挑随淤,于工无益,奏准停止。

一 里河堤岸河道向系坐粮厅经管修浚,乾隆二年奏准添设主簿一员,吏目一员,专司修挖。嗣因主簿吏目微员,恐致疏虞误漕,乾隆四年奉旨裁汰,仍责坐粮厅经管。

一 东直门角楼回龙闸向系奉宸苑管理,雍正二年,仓场奏准将此闸交庆丰闸闸官管理,水大则泄,水小则蓄。

一 雷闸口、过水关二处安设铁棍闸板,过水关应添设闸夫八名,每名每年给工食银十二两,雷闸口添捞浚夫二名,工食银两照闸夫例减半支给,均于茶果银内动支,夫役交庆丰闸闸官管辖。(乾隆十五年例)

一 安定门外东角楼回龙闸拆去,改筑堤岸,其堤岸每年签入桩苇,加高培厚,仍归坐粮厅管理。(乾隆十七年例)

一 东直门额设闸夫八名,今回龙闸拆去,上游之水全注,伏秋二汛水势甚旺,

原设闸夫实不敷用,将回龙闸闸夫八名归并东直门,以资启闭,每年工食银两仍于茶果银内动给。(乾隆十八年例)

一　里河减水等闸如有损坏汕刷,俱动茶果银两修理。

一　粮船抵北所带货物原听沿途起卸,乾隆二十三年仓场奏准,货物有须载往通州售卖者,一入北运即雇船先尽货物起剥,运浅难行,再剥米石,仍严饬沿河文武各官约束兵役,毋得藉查货为名需索滋扰。

一　运蓟船只到天津即由宁河县之新口入海河,由海河转入宝坻县之小河,然后由白龙港刘家庄等处达蓟州之五里桥交卸,一路浅涩,地方官虽例应挑浚,而责成不专,以致交粮迟误。乾隆二十六年奏准,行令直督将宁河县之新河口每年于开冻之后,即责令该县预为挑浚,一律深通,毋致临时贻误。至刘家庄五里桥流沙易淤,难以预期挑挖,令直督责成苏州知州专管,将浅阻处所竭力疏浚,并令会同仓场侍郎一体查察,倘有水而船不前进,以及有浅而疏浚不力者,即将领运员弁并经挑各官分别参处。奉上谕,直隶总督事务繁多,所有蓟运河挑浅工程着就近令仓场侍郎专管,每岁督率通永道随时相度,实力疏浚,以利漕运,余依议。钦此。

卫河挑浚

(按:卫河之水发源有三,其一切闸堰蓄泄、官民分注及束坝疏浚,全在得其原委情形因时调剂,逐条零摘,既恐挂漏,亦难明晰,是以,将历来奏议挨顺年月备录全载,俾查阅者一览了然。)

一　卫河之水来自丹河、洹河及搠刀泉等处,建闸、开渠、筑堰,居民藉以溉田,漕船赖以济运。顺治五年,河臣杨方兴题定每年二、三月间听民用水,四月以后即将闸板尽启封贮,渠口堵塞,俟运务完日听民自便。康熙二十三年,河臣靳辅以天久亢旱,居民私泄灌田,下注甚少,请令该管官速启闸板,尽堵渠口,不致旁泄,以济漕运。奉旨:漕运民田均关紧要,何以使卫水可济漕运兼不误民田灌溉,着督抚会同确议具奏。部议:河内、辉、安三县农务在三、四月,粮船抵临约在五月,请每年自五月初一日起将闸板封贮,尽启渠口,毋致旁泄,俟漕船过竣,再行分泄,以资民田。康熙二十九年,河臣王新命亲往查看,至河内县细阅丹河发源太行山,至丹河口分渠九道,大丹一河直归怀沁河,其余六渠民间引水种竹溉地约计一千四百余顷,止小丹河、上秦河二渠灌溉,所余之水通卫。谕令所在士民于每岁三月初用竹络装石横塞八河渠,使水归小丹河入卫济漕,留涓涓之水溉地,至五月尽重运过完则开八河渠,用竹络装石塞小丹河口,以防山水漫溢,士民咸为称便,其小丹河若有浅阻,责令印河官量为疏浚。至辉县捌刀泉在县西北五里苏门山下，约二十余亩，泉珠上涌，难以数计，民间设立五闸蓄水灌田约三百顷，往例于五月初一日封板放水济运，惟是五月正农人需水之时，闭板始可通渠灌田，启板则各渠立涸，应亦用竹络量渠口之高下堵塞，使渠水常盈而余流济运。其万金渠出自彰德府安阳县西南六十里善村山下，约二十余里至高平村。昔人建闸开渠引水溉田地百顷，仍由彰德府东北五里许入安阳河，其闸门高不过三尺，宽不过一丈一，启板渠即断流，亦应照五闸之法，用竹络装石堵塞，再令重运俱由中河北上，较昔甚早，五月封板之议相应停止，部议行令会同河南巡抚作速详确，定议具题。嗣经河南巡抚兼河道总督王新命题准，丹河之源发自晋省高平界，穿大行直入沁河，合流而入黄河，此河原与漕运无涉，亦无大小丹河之名，后因河之东西两岸百姓见此洪流可以引灌田地，乃开渠引水灌田浇竹，除灌田小渠外，又开大渠一道，由河内、武陟、修武、获嘉等县直达卫河，归于临清运河济漕，始有大丹河、小丹河之名也。前议每岁三月初用竹络装石横塞八河渠，使水归小丹河入卫以济漕，留涓涓之水以溉地，此议诚为可行，但雨泽霑足，河流充溢，漕运民田均不恃此水，如遇天道亢旱，漕运民田皆需此水，似此涓涓细流，渠深田高，焉能灌溉？查现今重运不由黄河，俱由中河北上，较昔甚早，如雨水匀足之时，照河臣所议，用竹络装石塞口之法济运灌田，倘遇亢旱之时，请于每年三月初一日起至五月十五日止，令其三日放水济漕，一日下板塞口灌田，周而复始，至五月十五日以后，听民便用。其武陟、修武、获嘉各县境内，小丹河经由之处百姓田地俱望引水灌溉，亦应用竹络装石塞口之法，如遇亢旱，并照三日济漕、一日灌田之例而行，若中有浅阻之处，责令印河各官量为挑浚。再查卫辉府属辉县捌刀泉亦应照河臣所议，用竹络装石量渠口高下堵塞，使泉水直流不竭，以济漕运，所余之水得以灌溉民田。至彰德府安阳县万金渠仍系引洹河之水而灌民田者，该县西南东三面地亩资其灌溉，故名其渠曰万金。此渠水自新曲沟、旧曲沟、旧北渠、旧南渠、永和集渠等处用水各村庄灌田之后，仍由县东北五里许归入安阳洹河，畅流入卫，以济漕运，亦应照河臣所议，用竹络装石塞闸通渠，以便民漕。雍正二年，副总河嵇曾筠奏小丹河上自辛勾口至河内县清化镇二十里内，有水口二十余处，向系竹络装石阻截灌园，留涓涓之水以济运。辉县捌刀泉亦设有仁义礼智信五闸，经前河臣王新命题明，三日放水济漕，一日塞口灌田。其安阳县之万金渠及洹河，昔人建闸开渠引水灌地，亦照官三民一之法通漕便民，向有成例，但日久弊生，每有守口之夫伙同堰长奸民违禁卖水，以致运河浅涩，应请于回空赴兑漕运偿行之期，严饬各该管县丞、主簿亲至水口，秉公启闭，将水势情形五日一报，仍严责管河同知、通判往来督理稽查，如有淤塞，会同印官不时疏浚，如有通同卖水阻运情弊，严加治罪。

部议小丹河、辛勾口等处应遵循旧例，三日放水济漕，一日塞口灌田，于粮船回空漕运偿行之期，令该管县丞、主簿亲至水口秉公启闭，将水势情形设立循环号簿，五日一次报明该管印官，仍严禁守口之夫及堰长奸民受贿偷放，倘有不肖之员通同卖水，以致漕船阻滞，即行指名题参，交部严加治罪。雍正三年，内阁学士何国宗奏豫省卫河自百泉而下历仁义礼智信五闸遏水旁注，愚民不无截流盗水之弊，请于泉池南口建石堰一道，开三口门分为三渠，以下五闸尽行拆去，取挖河之土建筑小堤，使无旁泄，东西各开一渠，渠内照旧各建五闸，分灌民田，上丹河口东一里开一水塘，建石闸三座，分为三渠，就小丹河身为渠，东西各开一渠为民渠，需民田七十九亩二分，向民价买挑挖。洹河旧有石坝两头皆已湮废，民间自筑土坝遏水灌田，请将旧石坝拆去十五丈，留五丈为挑水坝。以上三河每河各设闸夫八名，责成管河道同知、通判、县丞、主簿等官，不时稽察。如有盗塞官渠壅水自利者，以偷盗库钱粮例治罪，河官通同作弊者，以监守自盗例治罪，印官以失察例治罪。至于诸河泉各开深广，使其入卫通流。再小丹河自清化镇以上，除旧河身量开宽二尺，挑深三尺，清化镇以下其浅狭之处连旧河身，面开宽三丈五尺，底开宽一丈，深一丈，取挑河之土建筑小堤，使无旁泄，一律深通。豫省漕粮冬兑冬开，正值水涸之际，不免浅阻，应仍照旧例沿途建立草坝，蓄水济运，遇有流沙停淤，照常挑挖深通。奉旨：

何国宗所奏运河情形甚为明晰，但督理工程委之地方官，恐其因循迟误，若特差官员前往，又恐呼应不灵，且不得其人，反滋烦扰。朕意欲将沿河有应修工程之州县俱着拣选贤能之员补用，果能实心任事，朕自加恩议叙。如此于地方工程均有裨益，着九卿速议具奏。

九卿遵旨议覆：令总河、副总河、河南巡抚转饬谙练河务之员，逐一查明妥议，务于河道民生两有裨益，并将应建应筑草坝工料银两据实确估，造册具题，到日再议。至奏折内称盗塞官渠、壅水自利者，以偷盗仓库钱粮例治罪，河官通同作弊者，以监守自盗例治罪，印官以失察例治罪，但偷盗仓库钱粮及监守自盗系按钱粮多寡计赃论罪，今水之多寡难以核定，不便照偷盗仓库钱粮及监守自盗例治罪。查律内故决、盗决山东、江南等处漕河，为首之人发附近卫所充军；其闸官人等盗泄水利，串通取财，犯该徒罪以上，照前问遣。嗣后，倘有盗塞官渠、壅水自利及河官通同作弊者，俱照此例治罪，印官照失察例议处。

雍正三年部议覆准：河南漕粮自卫辉北行，经汲、浚、内黄、汤阴等处溜沙石冈，不能建闸蓄水，向遇重运入境，或派人夫纤挽，或拘小船剥运，嗣后，应令地方官相度地宜水势，于浅涩处所每年建筑草坝，蓄水浮舟，其余淤浅胶泥并设浅夫临期刨挖，及时疏浚。雍正四年，内阁学士何国宗等备陈豫省河道，奉旨着九卿会议具奏，河图并发,其河南小丹一件,何国宗等与田文镜、嵇曾筠两议具奏,何国宗等乃一己之见,田文镜、嵇曾筠身在地方,所见自然明确,着照田文镜、嵇曾筠所议行。钦此。

九卿议覆:内阁学士何国宗等奏称河南百泉、洹河、丹河之水小民之资,其利者已非一日,每三日济运、一日灌田之旧制实系有名无实。查百泉之水原议分作三渠,中为官渠,东西各开一渠为民渠,东口门宽四尺四寸,西口门宽三尺六寸,今议将东民渠口门加宽一尺一寸,西民渠口门加宽九寸,则小民灌溉有资,而亦无损于漕运。再查洹河、万金渠口外有石坝一道,上年水势泛溢,止露坝顶二十丈,故臣等议将石坝拆去十五丈,留五丈迎水入渠。今水势消落,坝南一带淤成沙滩,滩之东南有石桥一座,请将东头第十洞处许民自筑石子坝,北接沙滩,沙滩之东南开小渠一道,引水入渠,其西三十三洞尽行疏浚,则石坝毋庸再拆,而洹河之水自可一分灌田、三分济运,应如所议行令副总河稽曾筠、河抚田文镜作速兴修。又学士何国宗等奏称,查小丹河之水直注大丹河入沁,斗门在山麓之旁,地势高阜,每年筑坝方能引水入闸,且斗门高一丈二尺,现在水深一尺七寸,有过水一道皆用石垒,砌石为斗门,实同涵洞,又设重板,添设闸夫以司启闭。今细心筹划,原议斗门加宽一丈六尺下分三渠之处,尚属利漕便民,相应仍照原议。又据副总河稽曾筠奏称,小丹河面宽三丈七尺,其石斗门宽一丈零四寸,诚恐山水暴涨,进水过多,今若再拆造加宽,不免水势过大,一当大雨骤降之时,山水建瓴直下,一时泄泻不及,非惟清化镇一带尽为巨浸,而河内、修武以下均不免水患。今查小丹河之上有秦渠一道,小丹河之下有董下渠一道,议将秦渠口门量为开宽,使小丹河内东渠七水口之田俱由秦渠分水灌溉,其董下渠口门亦量为开宽,再于迤南开挖新渠二百零七丈以接前渠,使小丹河内西渠九水口之田俱由董下渠分水灌溉,两渠各建分水渠口一个,其东西两渠仍照钦差会议,各开一渠计长二十二里,各宽六尺,需民田七十八亩三分,向民价买挑挖,至小丹河闸口仍照旧不动,而小丹河内东西分灌民田之十六口门并皆堵塞,俾小丹河之水尽入卫河济运,于漕船更有裨益,应如所议将小丹河闸口照旧不动,惟开宽秦、董二渠口门,堵塞小丹河内分灌民田之十六口门,应行该抚并副总河作速估计开挖。乾隆二年,工部侍郎赵殿最等勘视,请于馆陶立一水则以验彰卫之浅深,临清立一水则验汶卫之浅深,每岁豫省遣员勘实,如果东省运河畅流之年,应酌议通融便民。再如临清以北重运已过,不必拘定五、六、七月即宜将官闸余润波及群生,请于百泉官渠口门内再制一层闸板,将官闸上板,小丹河原有石闸亦将官闸上板,使水分济东西民渠,洹河东石洞之外,再酌予数洞以资灌溉。如东省运河平流之年及临清以北重运未过之日,则将百泉、小丹河官闸悉行撤开济运,洹河石洞之外不许再增;如东省运河涩流之年,除百泉官闸去板外,再于东西民闸酌议轮流启板济运，洹河东石洞之内再酌量封禁，小丹河东西民渠亦应堵塞其口，但藉此汲饮未便封闭，其上有竹络坝一处，亦应免其封闭，至漕船回空即或遇有浅阻，饬令山东管河道测量水则，飞檄豫省酌议启板。至东省畅流、平流、涩流之年，俱视水则记号为准，其期则俟漕船将抵临清之候为率。部议：应如所奏在于馆陶、临清二处各立一水则，每岁豫省委派贤能之员会同山东管河道，于漕船将抵临清之际，将运河水势或系畅流、平流、涩流之处验看确实，以便将百泉等处渠闸随时启闭，庶蓄泄得宜，于漕运民田均有裨益。至漕运需水之时，该管河道尤当加谨查察，倘有私自启板及挖泄等弊，即行详报该督抚，严拿治罪，官吏失察贿纵，该督抚访查确实，亦即照例参革究治。乾隆三年，河道总督白钟山疏称：侍郎赵殿最等原奏馆陶、临清立一水则以为平准，惟查水则之浅深，可定泉源之强弱，难必卫河水势情形，大约漕船将抵临清之候正在三、四、五月，其时天晴日燥，源微流弱，涩流居多，平流殊少，畅流则数年不能一遇，以臣愚见水则竟可不立。如雨水调匀之年，运河水势尚可足用，即将百泉等处渠闸照旧官民分用；如遇雨泽愆期，河水浅涩，则将民渠民闸酌量暂闭，以济漕运。若遇重运经临之时，河水充畅，或漕船早过临清，民田尚需灌溉，则官渠官闸亦即酌量下板紧闭，以灌民田。总令东省管河道及上河通判、豫省河北道及卫河通判不时查看水势，彼此关照，相机启闭，务使漕运民田两利无害。工部覆准遵行。乾隆二十四年，总漕杨锡绂因重运已出，临清卫河水涩，行走维艰，奏请令河南抚臣疏浚泉源，酌闭民渠，全启官闸，以利运行，经河抚胡宝瑔奏请将民间渠闸全行堵闭。

奉上谕：据胡宝瑔奏，将卫河间渠闸洞口全行堵闭，俾河流归注下流，以济漕运，候正流充足再行照例分启等语，现在漕艘已过济宁，正资卫水浮送，蓄水济运，固属因时酌办之法，但豫省河南各属得雨已经透足，其河北一带虽节次得雨数寸，民间尚不无需水灌田之处，若将渠闸洞口全行堵闭，恐农民不能接济，亦关紧要。着传谕张师载、杨锡绂、胡宝瑔等公同酌量，但使漕艘自临清以北足以资送天津，不致浅阻，则民间渠洞亦须酌为开放，俾畅正流以济运，而旁分余水以润田，总在该督抚等彼此咨会，审度水势情形，妥协调剂，一面办理，一面奏闻，务使漕运民田均有裨益。钦此。

嗣经会奏将封闭之民渠、民闸三日之内闭两日以济运、开一日以灌田，俟尾帮全过德州，即飞咨豫省全启，如先得大雨，卫河增长，亦即咨会全启。乾隆二十四年，总河张师载、河抚胡宝瑔奏准：臣等前赴新乡、辉等县查勘卫河情形，查得山泉诸水漕农交赖者有三：一曰小丹河，乃卫河迤西之支流；一曰百泉，乃卫河发源之正派；一曰洹河，乃卫河迤北之分支。三路分泄，均入卫河，其流似众，然在春水未长，则涓涓泉流易致微弱，倘雨泽少稀，则泉源更细，而南漕北行正值需水灌输之时，是以，今春之筹划接济时患水少者，此其明验也。臣等伏思卫河之水全赖泉源，泉流之衰旺不常，惟在人功调剂，以收利益，则水源虽有多寡之不同，而接济必期旱涝之有备。臣等徧历各泉，正值秋霖霶沛山水灌发之时，随细询土著乡民核其分支合流之处，逐一志记。今查得清化镇之九道堰上承上清、下清等渠之水归入小丹河，引丹归卫以济漕运，但丹河尾闾与沁河毗连，水势就下，一至盛旺，悉归沁河，自应搏节来源以裕水道。臣等于丹沁毗接之处相度形势，如建滚水石坝，不特工费浩繁，且恐丹河不能容纳，则弥漫四出必至侵及民田，如任听泄入沁河，则源少流弱，难资灌输。臣等公同筹画，于竹络坝下附近沁河之处酌建土坝一道，如遇顺轨之水，则汇注丹河，不使旁泄，倘值盛涨，即任其漫坝归沁，无虞外溢。俟水退之后，每年令地方官督率民夫，将该坝岁加修筑，工竣之后呈报勘验，则丹河之来源自裕矣！至于百泉则在辉县之西，旧设仁义礼智信五闸，嗣后年久仁义两闸已废，经侍郎臣何国宗改建斗门三座，亦照迤下三闸，中为官渠，两旁为民渠，向例于重运抵临之时，封闭民间渠闸，使官渠水畅泄入卫，俟五月以后，民间插秧需水，照旧二日济运、一日灌田，互相启闭，六七月间听民自便。但运道、民田均关紧要，如果泉源疏浚，水势充盈，原不必拘守成规，概行封闭，统俟来春重运经行查看卫河水势，如封闭民间渠闸，卫水日增，仍可循官二民一之定期，应于其时饬令河北道督率地方官弁审度形势，酌筹启闭，毋许民间私为启泄，则百泉之湓注，亦充矣。洹河发源于青龙河，其流亦归卫河，向有南中北三万金渠，今俱干涸，惟洹河清流经年不绝，若山水暴涨，该河每易沙淤，不能畅流入卫，应饬地方官循照旧例，随时疏浚，则洹河亦资湓注矣！总之卫河之水全赖泉源，如汤河、淇河、苍河、新惠、永通、伏道等河均可汇流入卫，但山水性猛，动狭泥沙，水旺之时，一望汗漫，迨至稍退，即行淤垫。臣等已面饬河北道于春季水生之时带同厅汛各员逐一查勘，凡有泉眼壅塞、河身淤垫及丰草盘结有碍泉源之处，逐一志记地名，即饬地方官督率民夫上紧挑挖芟夷，并将疏浚各泉造具清册，呈送臣等衙门查核。如厅汛各官查勘率混，及地方官督夫不力，视为具文，即令该道据实揭报，以凭参究，则泉务既定章程，司守均知警惕，自可收济运利民之实益矣。奉朱批：甚好！知道了。钦此。

乾隆二十五年，河抚胡宝瑔以卫河自汲县以至大名县计四百余里，河身多系流沙，而浚县之三官庙、老鹳嘴又多砂礓石块，河底高低不平，必须浅处疏之使深，石处束之使缓，奏请动项兴挑。

奉上谕：胡宝瑔奏卫河建坝挑沙以利漕运，所需银两照例于盐规银内动支一折，卫河系漕运所经，即有淤浅处所，自当照例疏筑，以裨实用。况胡宝瑔办理地方水利自必实心经理，不肯为属员怂恿浮冒，但向来有司陋习，率以多办岁修工程有事为乐，折内所称，嗣后每年照此办理之处，则不可不及，今酌定章程，示之限制。

盖前此数十年来未经挑浚，漕运亦无甚阻碍，其非必须每年兴工已可概见，今或以相隔年久悉心相度修治旧日淤垫一清，向后或三年一小修，或五年一大修，至及期，鸠工专派道府大员核实督修，责令立限保固，如有侵蚀，按例着赔，庶属员不致滋弊，而运道得以深通。着传谕胡宝瑔，令其逐一确查妥议，具奏。钦此。

经河抚奏准，钦遵谕旨，定以三年一小修，五年一大修，如当大修、小修之年，适遇运河水大，无庸挑修，仍行停止，留俟下年相机办理，其所修银两逐加核实报销。此后既按定年限修治，自不致大有淤垫，需费无多，其有应减办，仍临时核实，以节糜费，凡工竣之后，即令照例具结保固。如未至年限，即有淤阻者，责令承办之员赔修，以专责成。至于鸠工稽查最为紧要，查运道系粮道专管，应请凡遇小修、大修之年均令粮道督修，并该管各府分行督率，沿河各县会同河员办理，务令核实报销。倘各县承办不实及有侵蚀等弊，该道府即行揭报题参。如各上司失于查察，一并议处。乾隆三十年，河抚阿思哈奏准，豫省卫河系漕粮运道，自水次至出境计程四百余里，流沙壅积在在，浅阻最甚者则浚县之三官庙、老鹳嘴等处，名十八里溜，为善化山、山根、石柱、砂礓挺踞河心水底，重船经过，尤易疏虞。从前河抚诸臣勘题，于卫河上下建筑草坝二十六座，以束水势，行之日久，因循未修，迨乾隆二十五年前，抚臣胡宝瑔议请照东省运河挑浅之法，每年逐一疏挖，仍于浅水处所建筑草坝，并钦遵谕旨，定为三年一小修，五年一大修，在案臣到任以来，据沿河州县以疏筑，未见成效，漕运仍属艰阻，纷纷禀陈。查运河发源于辉县之百泉，南注三十里至新乡县之岔河尖，与丹水合流。又一百五十里绕卫辉城北为兑漕水次。又东北至浚县会淇水而达汤阴、内黄界，受汤河、洹河二水迤逦至直隶大名县张儿庄出境，下入临清河。原议于水下游浅处建筑草坝，以期束水济运，但夏秋水涨之际，河势汪洋，无需草坝，一交冬令，来源既涩，支派甚微，而粮船于十月内正届兑开之时，水落沙停，逐节浅阻，虽有草坝，亦属无益。今计疏通之道，不若于上游来源之处，先期蓄水，不令散流，临时开放，较为得宜，但考之旧定章程，以各河之水兼济民田，是以有官渠、民渠之别，水既分注，蓄泄无时，似未酌其缓急。夫民田需水多，春夏之间，漕船起运，则在冬初之月，为时本自不同，当漕船开行，农功已竣，民田不需灌溉，正可协济重运，以收挹彼注兹之效。臣现饬该府县督令管河各官于九月望后起至漕船出境，止将卫河以上一切民渠支港堵闭，使水尽归官渠，一面将官渠下尾之闸下板潴水，俟粮艘开行之日，启板放水，裨众流汇合，水到船行，则涓滴皆归有用，重运自可疏通。嗣后，每年官为经管，所有原奏建筑草坝之处糜费无当，应请停止。至浚县十八里溜之三官庙、老鹳嘴等处，石柱、砂礓最为妨碍，经臣谕令该县知县吴振域设法开凿，适该邑盐商以其阻碍盐船情愿捐资办理，该令实力督率，将十八里溜中顽石、山根雇夫用力尽行凿去,现已溜势直下,河流宽阔,所费有限,积患顿除,无不咸称利便,将来粮船经过,可以顺流直下,可免疏虞。其余逐段浮沙,旋挑旋积,应仍照旧章程,于八九月间饬印汛等官集夫刨挖,再用混江龙刮板器具随船疏浚,使沙随水荡,以利遄行。

《漕运则例纂》 卷十三

粮运限期

过淮签盘

重空定限

淮通例限

回空事例

沿途催儧

沿途短纤

《漕运则例纂》卷十三

粮运限期

过淮签盘

一　各省漕粮俱先期征收，尽数入仓，船到水次，推官逐一兑明，有只报虚数者，过淮盘验数少，即治推官以扶同之罪。（顺治七年例）

一　粮船到淮，总漕面同押运通判逐船盘验，如有短少，勒令领运官丁当时买补足数，验过全船全米，即交押运通判取具收管，责令严督抵通，漕臣先将各帮盘足米数、过淮日期及押运通判职名，预咨仓场户部查考。（康熙元年例）

一　漕粮开行之后，仍令监兑官亲押到淮，听总漕盘验，如粮数不足，米色不纯，该督即将监兑职名题参，照溺职例革职。

一　监兑官同粮道亲身督押到淮，一有短少，漕督即行审明题参，米石留旗丁子侄一人交与监兑官购买，赶帮兑交，押运千总出具甘结呈报，如押运等官捏具甘结者，降二级调用。（康熙五十一年例。查新例，监兑官俱免其到淮）

一　漕粮到淮之时，总漕严加盘查，如有搀和，即行题参，抵通之时，仓场严行查察。（康熙二十四年例）

一　粮道衙门书役需索运官，以致漕米短少，过淮时究出者，将失察之粮道革职，追解衙役赃私以抵挂欠。（顺治六年例）

一　漕粮过淮应将正米、搭米盘验足数，方许开行北上，如有将豆麦杂粮抵兑搭解，或过淮后雇小船赶送者，总漕查明题参，交部严加议处。（雍正二年例）

一　漕粮过淮，总漕按数查验北上，如正数有亏，借[1]水手所买之米及借别船米石凑抵补数者，总漕即注明印记作为正米运通，不许复归水手别船，仍将押领运

264

官题参，旗丁治罪。（雍正二年例）

【校记】

[1]《丛刊》本作"将"，应作"借"。

一 粮船失风火燎，其船不致被沉者，无论已未过淮，即令修固原船，复载抵通。如已被沉难戽者，准雇民船载运跟帮，过淮盘验抵通。如过淮时未经雇募，将米已洒通帮带运者，不许中途再雇民船装运，以杜盗卖换和之弊。若过淮后失事，或在黄河中流及该地方无船雇募者，仍令先洒通帮带运开行，一面前途雇募民船装运，着通帮众丁出具互保各结，抵通交纳，稍有亏缺，责令赔补。（乾隆七年例）

一 漕粮过淮，运弁少米至五千石以上者，应羁禁在淮追比，令子弟督率各丁赴通起粮。若能照数措完，或在淮赔足，咨部另议；若仍挂欠，即以侵盗论，本弁正法，屯丁等重究。（顺治十年例）

一 过淮盘粮最为扼要，向多委官代验，各官一奉委檄，奸丁早已夤缘讲明抽掣某号某船，各船预知点定，虽缺米甚多，立时挪移补足。今后断宜严革，令总漕于粮船过淮之时亲临点放，如有一船短少，即将弁丁重处，押令买补全完，仍查原兑州县官与推官，粮道一并题参。（顺治十六年例）

一 粮船过淮亏折米石虽买补全完，仍拟杖徒运弁，照例罚俸一年。（康熙六年例）

一 乾隆十七年奏准，嗣后漕船令多用芦席铺垫数层，仍以石灰铺垫舱底，无论米色曾否潮湿，一经查出，即将该旗丁从重治罪，其该管各官一并议处，每年于过淮时总漕查验，取具各丁，甘结存案。

一 淮安向设斛船人役，每于盘粮之时，扰累军旗，设此无益，应另设铁签置立，较准部颁官斛，贮于盘粮厅内拘粮，不用斛船，将斛船查明变价。（康熙二十九年例）

一 漕船抵淮分为上、中、下三帮，积蠹摊派，漕运书吏公费陋规，并过堂时一切承舍挂号，更及班役丁皂等众，每帮数十余两不等。又监兑厅投文铺堂、验单、包造舱口册及书吏等，每船约费银二三两不等。至各运弁支领三修什物银两，每千两经收官扣平一百两，书吏、库工二吏及歇家又分二三百两不等。又不肖运官帮次少米者，预先请托求免盘验，即米数不少者，惟恐斗级军牢作践陷害，亦出费一二两不等。顺治十二年奏准革除。（查当年江南各州县漕项银两俱解淮贮库，是以，三修等银俱在淮安支给。）

一 总漕衙门过淮盘验，勒取船规，每船以四五两计米样，暗派样费，每石以一二分计，各省督漕监兑等衙门岁有规礼，大县五六百两、中县三四百两、小县一二百两,给发行月等项钱粮复有扣除,勒索大帮几及四五百两,中帮二三百两,小帮一二百两。应令漕臣严行禁止,如再有需索即指名题参。(康熙二十四年例)

一 粮船过淮,运官造具通帮各船舱口正耗、行月各项米石并席竹、土宜、钱粮各册结,投总漕衙门核验后,即将所送原册封贮。总漕亲赴盘粮厅,派本标副将点验各船,丁舵水手查对样米加封,复派参游都守等官分督兵役逐船秉公签量,将舱口尺寸注明,送至盘粮厅。总漕公同核算查对,舱口米数原册如有不符,即令该船丁舵自行过斛,不用斛手,果系少数,责令弁丁赔补,若无短少,即催过淮北上。倘参游都守等官或纵容兵役需索,及失察串通贿嘱等弊,察出即行参处。(雍正七年例)

一 漕船过淮时,总漕眼同弁丁逐船比对米色,更用探筒探至舱底,如果米皆纯洁,上下一色,方准过淮,如有潮烂搀杂等弊,即刻起出筛扬,将弁丁照例捆打,勒令赔补,仍饬该粮道将受兑弊混之处查明参究。再舱口繁多,用弁役分探,不无藉端需索,仍令参游都守等官分督探验,不用微弁积役,如参游都守等官徇纵失察贿嘱,察出即行参处。(雍正七年例)

一 总漕衙门为八省漕粮总汇,雍正七年议准,一切船粮运务文移册籍,原系吏书人等各分省分承办,其雇募贴写及饭食等项照仓场衙门减留之例,大帮酌留六两,小帮四两,以为津贴饭食之需,其余一切浮费悉行革除,倘敢于定数外需索一文者,查出经承计赃论罪,行贿旗丁一同究处。(查乾隆十七年,又酌定投验全单,每帮给银五钱,其余悉行革除。)

一 漕船过淮,各帮运弁一应册籍责令帮识自造,或不能自造,听其觅雇代造之人,其包揽册房永行禁革。(雍正七年例)

一 粮船抵淮,弁丁赴总漕衙门投文上号,照帮之大小,每帮酌给三钱为纸笔、饭食之费,如敢额外多索及管门人役需索使费,查出从重究处。(雍正七年例)

一 总漕盘粮时例带班役及行杖人役,此辈多需索陋规,责令中军副将严加约束,倘有需索情弊,即行惩治,如中军官失察,即照徇纵例题参。(雍正七年例)

一 帮船过淮,领运官于盘粮厅投文,随到随收,跟役照常上号,不许故意留难,需索使费。(雍正七年例)

一 漕船到淮签算,令总漕亲率善算之人细核,并访拿漕蠹,闲人不得多留在舱,如有勾引滋弊者拿究。(乾隆四年例)

一 漕蠹奸丁指称过淮,打点兜收各船钱粮开销肥己,令总漕严查,有犯参处治罪。(乾隆七年例)

一 漕船每年过淮,各帮有尖丁包揽使费,预先到淮勾通签验,以少报多、以潮

杂报干洁等弊,察出照例究处,分别治罪。(乾隆七年例)

一　漕船过淮,签手上船,有丁舵暗掷小包随意多报等弊,查出与受一体治罪。(乾隆七年例)

一　漕船过淮,责令淮安府通判协同漕标营员签验。(乾隆七年例)

一　过淮签盘,应营卫互用,于签盘时拈阄分派签米、签货,着为成例,总漕及巡漕御史照此稽察,如有改易成规,即行题参。(乾隆九年例)

一　淮安为各省漕船总汇,一切陋规久经裁革,应照通州土、石二坝勒碑之例,于盘粮厅前亦设石碑一座,将雍正七年巡漕御史苗寿等题定裁革漕弊陋规刊刻上石,以垂久运。(雍正十年例)

一　行、月二粮折色银两解送粮道衙门,粮道验明,将一半给发旗丁开船,一半封固到淮,于过淮时,总漕眼同粮道面给旗丁收领,如折色解送迟延或短少扣克,总漕即照误漕例题参。(雍正元年例)

一　各省运丁所领漕赠等项钱粮向例扣银三十两先漕解通,俟交粮后给发。乾隆五年题准,于解淮验给一半行、月钱粮内,数多者扣留三分之一,数少者扣银八两,令各粮道另行兑封,于过淮时查验给发,领随二弁公收取领存案,仍令总押官沿途不时查验,俟交粮回空时,发给各丁,如有私行挪动,查出即将领随二弁照例参处。至豫、东二省程途不远,需费无多,山东预扣三十两,河南预扣十两,均无庸先漕解通。

一　江南例不过淮之淮安三帮、徐州江北帮、长淮三四帮、宿州头二等帮,扣留回空银两,照豫东二省例,令粮道给发钱粮之时扣留三分之一,封交帮弁,照例办理。

一　各省帮船准放银两,乾隆九年奏准,除重运二分仍照例发交运弁、散给各丁外,其扣留回空一分即交督押之同知、通判等官,抵通起米后,眼同随帮,按船散给,仍将给过日期在仓场等衙门报查。本年又奏准,扣留回空银两交督押丞倅,事属难行,仍交运随二弁,抵通日报明坐粮厅,于验米时按照船数给发,仍将给过日期并银数报部查核。

一　淮放银两应俟抵淮时散给,回空银两俟回空时散给,如违例先行借给,该管官降一级调用。(乾隆十一年例)

一　漕白各帮一半准放行月钱粮,湖北、湖南二省仍令粮道带淮,江西省交与丞倅带淮,江苏、浙江等省令粮道兑给,领运千总解淮呈验散给。(乾隆十一年例)

一　每年过淮官丁额用犒赏等项,总漕就近于漕项内按数提取支给,仍将应支数目造册报部。(康熙二十七年例)

一　粮船过淮如在淮限内，官丁赏给花红，逾限十日以外者免参，逾限一月以上者，运官捆打。（乾隆十年例）

一　各省重运粮船例带土宜一百二十六石，向因各项货物粗细不同，按石计算，漫无一定，乾隆四年题准，分别货物粗细，酌量捆束大小，定数作石，于过淮盘粮厅右立榜晓谕，如有违例装载，以及书役人等延捱需索，严加究处。（乾隆四年例）

江南省土宜：

纸张论石：扛连纸六篓，官方纸四块，毛边纸四块，花尖纸二块，色纸一箱，表料纸二块，阡张六块，连七纸十六块，连四纸四块，荆川纸六块，火纸二块，淌连纸一块（小二块），油纸一箱，小连四纸六块，辉屏纸二块，川连纸四篓（小六块），沙绿纸一箱，神马纸二块，黄塘纸二块，毛厂纸二块，表心纸二块（小四块），申文纸二块，元连纸三块，竹棉纸四块（小六块），古柬纸四块（小六块），黄表纸四块，对方纸四块，文号纸六块，毛六纸八块，桑皮纸八块，古篓纸二十四块，古连纸二十四块，九江纸十六块（小四十捆），小桑皮纸十六块，金砖纸一百块，卷筒纸四十块。

杂货论石：苏木十枝（小枝捆半），扇子一箱（小二箱），芭蕉扇四包，肥皂大篓，矾一篓，皂矾百斤，烟煤三十篓，黄丹二箱，山粉二包，麻百斤（小捆八十六捆），锡箔箱二个，靛箱三个，铜绿一包，胭脂四箱，松香一桶，银土四块（小八块），五棓子一包，白蜡二包，末香二篓，漆二桶，中草席每百条，大草席八十条，红曲二包（大一包），鱼鳔二包（大一包），篾篦齿一箱，泥人子二箱，烟叶每百斤，梳子二篓，银朱每百斤，烟袋杆每十捆，杭粉千盒，靛花每百斤，水银每百斤，紫草百斤。

食物论石：橘饼一桶，笋一篓（小篓二篓），枝圆大箱二箱（小四箱），香蕈二篓，藕粉一桶，麒麟菜一包，蜜果一桶，酱姜一桶，闽姜一桶，烟一箱，大海岱一包，乌梅一包，菓桶一个，莲肉百斤，胡椒一包，腐乳五大坛（小百罐），皮蛋二坛，落花生一包，生姜大一篓（算二石），火腿每百斤，生姜小二篓（算一石），鸡脚菜每百斤，木耳一包，海粉每百斤，醋二坛（小四坛），紫菜每百斤，大茴香一包，淡菜每百斤，干菌二包，子鲚鱼每百斤，盐卤一坛（小二坛）。

竹木器论石：小镜架一百二十个，木面桶一百个，小漆盒一百个，澡桶四个，筷子四包，木屐百双，伞一百把，马桶三十个，箭杆十个，笔管六捆，笔帽四篓，藤鞭杆一大捆，藤一大捆，棕一大捆，圈篾四捆，篾笋一百个。

油论石：柏油一大篓（小二篓），柏烛二箱，桂油二坛（小四坛），桐油一大篓（小二篓），香油二坛，虾油百斤。

糖论石：冰糖一桶，大糖包一个（算二石），中糖包一个，小糖包二个。

药材论石：药材一篓，薄荷一大包（小二包），陈皮二包，丹皮二篓，苍术一大篓

（小二篓），竹叶二十捆，黄芪一大包（小二包），药草二包，栀子二篓（小四篓），硼砂一包，砂仁一大篓（小二篓），石膏一百斤，石黄一桶，艾二篓（小四篓），川芎一包，人中黄一百斤，人言一百斤，土茯苓一百斤。

酒论石：大酒二坛，中泉酒八坛，泉酒四坛，小泉酒十二坛，包酒十六包，绍兴酒三坛。

磁器论石：磁器一大桶，中磁器一篮，磁器一中桶，小磁器二篮，磁器二十四子。

铁器论石：条铁四包，小锅二十四口，大酒锅六口，耳锅三十口，大锅十二口，钢条包半（小二包），中锅十八口，钢铁丝二小包。

布疋论石：浜布六卷，水沙布六包，袜箱一个，黄唐布二捆，生白布十二筒，杂色布十二筒，手巾一大箱。

绸缎论石：缎子二箱，包头一百联，丝棉一百斤，线二箱。

浙省土宜（内除江南有者不用复开，无者并石头不同开后）：

纸张论石：高白纸二块。

杂货论石：明瓦一篓，灯草八捆。

食物论石：包米二包，蚕豆二袋，台鲞每百斤。

木竹器论石：棕八捆。

酒论石：花露酒三坛。

江西省土宜（内除同前者不用复开，今将无者并石头不同开后）：

杂货论石：中草席每八捆。

木竹器论石：紫篾每捆。

油论石：茶油每大篓。

糖论石：中糖桶每个，大糖桶每个。

药材论石：姜黄每篓。

磁器论石：磁器每大桶（算二石），帮包俱算一子，小子二十四子，中桶算一石。

铁器论石：铁丝二包。

以上除窑货、扫把、扁石、木炭、竹子、杉槁、木头俱不算货。

湖北省土宜论石：

桐油大篓一篓（小篓二篓），梧子大包一包（小包二包），乌梅一包，八角茴二包，木耳大一包（小包二包），红矾二篓，枝圆二箱，倭元一捆，花椒二包，蕨粉二包，衡烟二箱，木油三篓，苏木大捆一捆（小二捆），黄柏皮一捆，青元皮一捆，柳桂一捆，厚朴一捆，杜仲一捆，苍术一包，松香一桶，表青纸大块二块（小四块），面盆一百个，茶盘一百二十个，草纸一百块，棕四捆，石膏一百二十斤，白矾一包，肥皂二篓，橡碗二包,烟叶二篓,姜黄二包。

湖南省土宜(内除同前者不用复开,今将无者并石头不同开后):

杂货论石:苏木捆半,五棓子一大包(小包二包),白蜡二篓,麻二大捆(小十六捆),黄丹二包,桐油大方篓,烟叶二大篓,银朱六箱,木香二包,紫草二篓,粉二箱,牛皮十张,筷子四包,艾四大篓,枝圆四大箱,胡椒二包,洋糖二包,乌梅一大包(小篓二),藕粉一桶,栢油一篓(小篓二),莲肉二包,笋二包,香蕈二包。

药材论石:川芎一大篓,黄寔二包,茯苓二包,苍术二包,栀子四包,各色药草二包,黄栢一大捆,石黄一篓。

铁器论石:耳锅三十六口,修铁四捆,包铁二包,钢条二包。

纸张论石:表青纸二大块,色纸四块,九江纸二十小块。

重空定限

自淮安府山阳县黄铺地方起,北至天津卫,止计程二千三百五十余里,旧定重运回空限期:山阳县境内运河一百一十里限八日;清河县黄运河共四十八里限五日;(查清河县于乾隆二十八年移驻清江浦,将原隶山阳之清江浦一带地方割入清河,另立界至今。山阳县较旧少二十五里,现在止八十五里,清河较旧多二十五里,现在七十九里。)桃源县黄河九十里限五日;宿迁县黄运河共一百五十里,黄河内限五日,进骆马湖口运河内限三日;(查桃源县当日粮船俱由黄河,今则俱由运河,但里数俱系九十里。宿迁县当日有黄有运,今则全由运河,从前一百五十里,今则一百二十里。)邳州运河一百二十里限四日;(查邳州境内从前无闸座,雍正二年建有河清、河定、河成三闸,在三汊河之上。)峄县运河一百一十里限四日;滕县运河五十里限二日;沛县运河四十八里限一日;鱼台县运河八十五里限二日;济宁州运河七十五里限三日半;济宁卫运河十八里限半日;巨野县运河二十五里限一日;嘉祥县运河十六里限一日;汶上县运河五十六里半限二日;东平州所运河六十里限二日,州分一日七时,所分五时;寿张县运河二十里限一日;东阿县运河十三里限一日;阳谷县运河六十里限二日;聊城县运河六十三里限二日半;堂邑县运河十七里半限半日;博平县运河十七里半限半日;清平县运河三十九里限一日;临清州运河四十里限三日;清河县运河二十里限半日;夏津县运河二十里限半日;武城县运河一百五十里限三日;恩县运河七十里限一日半;德州并卫运河二百三十里限四日;天津道所属运河自故城县郑家口起至天津卫,止共五百二十一里限十二日。

康熙十七年总河靳辅题改自天津卫起至山阳县止回空限期:天津卫至汶上县

系逆流,其间凡设有闸坝之处俱照重运定期,其并无闸坝,原限十二日者应改为限九日,原限四日者改为限三日,原限一日半者改为限一日,原限三日者改为限二日;嘉祥县至山阳县系顺流,其间凡设有闸坝之处亦应照重运定限,若无闸坝,原限半日者改为限三时,原限一日者改为限半日,原限四日者改为限二日,原限五日者改为限二日半。

康熙十八年部定天津以北、山阳以南重运回空限期:天津以北至通州系逆流,河道曲折浅阻,重运船粮每二十里限一日,其回空船只系顺流,每五十里限一日;山阳以南至浙江,其重运粮船如顺流每四十里限一日,如逆流每二十里限一日,回空船只如顺流每五十里限一日,如逆流每三十里限一日。

乾隆八年总漕顾琮因山东德州等各州县所管卫河另行划分归并,酌改重空粮船出入境汛限期:夏津县原管河道二十七里,原限六时,今分管河道四十三里,应限一日七时;武城县原管河道一百四十三里,原限三日,今分管河道一百三十里,应限四日七时;恩县原管河道十二里零,连夹杂河道共原限一日六时;德州原管河道十五里零,连夹杂河道原限一日四时,今分管河道四十五里,应限一日九时;德州卫南北河原管河道共九十里零,连夹杂河道原限五日六时,外加直隶故城河道十六里,原限四时;今南河分管河道五十四里,应限二日一时;北河分管河道五十里,应限一日十时;外夹杂故城县河道十六里,仍限四时。以上共限一十二日零四时,仍合原限之数。

乾隆三十一年,总河李清时因德州卫南北汛千总原管河道两岸共计二百里,中间又隔州同汛地四十五里,该弁南北分驰不便,将州同、千总二汛另行通融分界,酌定限期:自德州新河头起北至柘园镇界止,河道七十里,归州同管辖;自新河头起,南至白马庙止,河道七十九里,归千总管辖。并酌定限期:自新河头起至柘园镇止,河道七十里扣限二日七时,应归德州摧攒,填给程限印花。自白马庙至蔡家庄止,内夹杂故城县河道四里,共长五十八里,扣限二日一时,仍归恩县摧攒,填给程限印花。自蔡家庄至新河头止,河道二十五里,扣限一日,应归德州卫摧攒,填给程限印花。(此件续经议详,州卫俱仍照旧例填给程限印花,无庸更改)

乾隆二十六年天津总兵常福奏明,自安陵汛至天津汛改定重运限期:安陵汛计河程六十四里限一日六刻;连镇汛计河程三十六里限五时;镇标右营夏口汛计河程五十六里限七时六刻;薛家窝汛计河程六十二里限一日四刻;冯家口汛计河程十七里限二时三刻;砖河汛计河程三十七里限五时一刻;沧州汛计河程五十里限六时七刻;左营兴济汛计河程三十里限四时一刻;青县汛计河程三十八里限五时二刻;马厂汛计河程二十七里限三时六刻;唐官屯汛计河程二十八里限三时七刻;陈家屯汛计河程二十八里限三时七刻;静海营存城汛计河程二十九里限四时;独流汛计河程二十八里限三时七刻;城守营杨柳青汛计河程二十八里限三时七刻;北斜汛至天津关计程二十里限二时六刻。以上自安陵汛至关南止计河程五百七十八里,按日行五十八里计算,至津关应行九日七时六刻,其余二刻以为抵关停泊,过关限期以符原奏十日定限。

一　重运赴北自山阳县至天津关止,沿途州县卫所俱有限期,必在原限内驱令出境,如原限半日而违限一时,原限一日而违限两时,原限一日半而违限三时,原限两日以上而违限半日,原限四日以上而违限一日,原限六日以上而违限日半,原限十二日而违限两日者,专催官罚俸一年,督催上司罚俸半年。如原限半日而违限三时,原限一日以上而违限半日,原限二日以上而违限一日,原限四日以上而违限二日,原限六日以上而违限三日,原限十二日以上而至违限四日者,专催官降一级调用,督催上司罚俸一年。如违限之期与原限之期相等,专催官降二级调用,督催上司降一级调用。如违限之期逾于原限之期者,专催官革职,督催上司降二级调用。又押运官自受兑以至交仓曾于一二处逾限者罚俸半年,三四处逾限者罚俸一年,五六处逾限者降一级调用,七八处以上逾限者降二级调用,十处以上者革职。

一　回空漕船既已分别逆流顺流、有无闸坝改定限期,亦应照限驱催出境。如有不行力催以致违限者,沿途文武并随帮官俱照重运例议处。效力随帮及旗丁头船曾于沿途逾限一次者笞五十,二次者杖六十,三次者杖七十。如逾限多者,每一次递加一等罪,止杖一百,徒三年。如有应参者不行查参,将该督照催粮违限例议处。(以上二条即总河靳辅于康熙十七年改定限期,题准定例)

一　各省回空漕船自通州至津关限七日半,天津汛弁将船只出关日期汇报仓场查核,自津至淮限六十五日,如有迟误,俱照重运过淮例,将沿河文武官弁并押空官照例题参议处。(雍正三年例)

一　南河水程自直省安陵汛首境起至天津关止,计程五百七十八里,因系顺溜,重运北上每日限行五十里,共计十二日抵津关。嗣后,南河漕限每日限行酌改五十八里,自安陵至天津统限十日,如遇守风浅阻等事,仍照例随时报明,倘无故违误,即行参处。至粮船脱空有到津较安陵加增日时者,虽在限内出汛,仍挨查其何处无故递行加增,分别办理。(乾隆二十六年,天津总兵常福奏准例)

一　康熙二十一年奉上谕:谕户部,漕粮关系国储,理应早登仓庾,向因经管各官及旗丁人等怠缓迁延,每致迟误,故严定处分之例,以警积玩,但定例过严,限期迫促,经管文武大小各官及旗丁人等不无苦累,尔部会同吏兵二部将现行之例再加详酌定议,务期不误漕务,不病官民,宽严适中,永可遵守,以副朕轸恤至意。特谕。钦此。

部议:沿途摧攒不力等官旧定处分并无太过之处,惟新定条例处分过严,应将靳辅条奏定例删去，嗣后俱照旧例遵行。再查定例，官员不速摧攒漕船，文官罚俸一年，武官罚俸九个月，是属轻重不一，应将文官亦照武官例罚俸九个月。（查康熙十七年河臣靳辅将限期改紧，处分加重，有专催、督催之分，其处分自罚俸以致降革不等。嗣二十一年，既将河臣靳辅所定新例删去，仍照旧例，但旧例无案可稽，而《全书》及吏部则例内亦无别有摧攒不力定例，止此条下文接云：摧攒不力，文官罚俸一年，武官罚俸九个月，轻重不一，将文官亦改照武官例罚俸九个月。又雍正三年定例，各省回空粮船如有迟误，照重运过淮例题参议处，是重运摧攒违限，又应照过淮违限例议处。）

一　各省漕粮总漕置立全单，每年亲派某卫所某帮运官旗军船只应运粮若干石，赴某府州县领兑，漕船到日、限几日、支领月粮、空船赴次开兑、重船过闸过坝、到淮计程若干，再酌量守风阻浅、较斛等项日期，逐一定限，填入单内。每帮分给一纸，运官有司查点，开注有无违限日期并各官吏姓名，用有司监兑印钤到淮之日，齐单投验。除验有地方执照不计外，查算某处违限几日，或罪在有司，或罪在弁丁，开明单后，呈送总漕，责治参究。奸丁违限，密填单尾，一并惩治。仍编定帮次，改立限期，严饬如期渡黄入闸，抵湾起粮，完日将单呈送巡仓御史查比，分别奖赏参治。如止开填兑运船粮数目，不将行月、修船钱粮及到次开兑、开行、过淮、抵通、回空、违限日期并验察米色、严查夹贩各款项填注单内者，各弁投验到案，在南听总漕察核指参，在北听仓场察究参处。（康熙二年例）

一　漕船受兑，开帮巡抚给以限单，填明开行日期，饬令沿河州县挨注入境、出境时日，抵淮盘验，将限单呈缴总漕衙门，复加察核。过淮之后，总漕另给限单，将淮北经过州县原定限期刊入单内，饬令沿河州县注明粮船出境、入境日期时刻，俟抵通后，将限单申缴仓场察验。（康熙五十一年例）

一　各省粮艘开行则有抚臣给发限单，至淮又有总漕给发限单，北上又有总漕、巡漕亲行督押，直抵天津，其板闸、临清、天津三关给发限单之例，徒滋胥吏掯勒吹求。乾隆二十六年奏准，将板闸、临清、天津三关给发限单之例永行裁革。

一　重运帮船自次至淮，江西、湖南、湖北巡抚系每帮给限单一张，江安、苏松、浙江三省逐船给限单一张，到淮呈验。乾隆二十年题准，照江西、湖广之例，每帮船给限单一张。

淮通例限

一　漕白二粮过淮定例，总漕将船粮数目陆续具题。康熙三十四年题定，每年过淮漕粮总数，总漕缮造黄册，另疏通报。

一　漕粮过淮定限江北各州县限十二月以内，江南江宁、苏松等府限正月以内，浙江、江西、湖南、湖北限二月以内，山东、河南限正月内，尽数开行。康熙四十一年，漕臣桑格题准，江北改限正月以内，江南改限二月以内，江西、浙江、湖广改限三月以内。五十一年，江宁巡抚张伯行题准，江南漕船仍限正月以内过淮。五十七年，漕臣施世纶题准，江北仍限十二月以内过淮，浙江、江西、湖广仍限二月以内过淮。乾隆元年，漕臣顾琮奏准，将松江府及江西、湖南等处漕船于原限之外各宽限十日过淮。

一　领运官帮船过淮违限十日者捆打二十，违限一月者捆打四十，革职，戴罪督押，抵通完粮日开复，其违限一月以上亦照违限一月例处分。（顺治十一年例）

一　漕粮过淮违限定例一月以上者，督抚罚俸三个月，粮道监兑官罚俸六个月；二月以上者督抚罚俸六个月，粮道监兑官罚俸一年；迟至三月以上者，督抚住俸，戴罪督催，抵通完粮日开复，粮道监兑官各降一级调用。康熙四十一年漕臣桑格题准，各展限一月，照旧例加倍议处。五十一年，漕臣赫寿题准，违限二月以上或七十日者，督抚降一级，戴罪督催，完粮开复，粮道监兑等官各降二级调用；违限八九十日者，督抚降一级留任，粮道监兑等官各降三级调用。本年江宁巡抚张伯行又题准，江南漕船仍限正月以内过淮。五十七年漕臣施世纶题准，江北、浙江、江西、湖广仍照原限过淮，淮限既改，违限处分仍照定例，免其加倍议处。（按加倍处分，如违限一月则照二月以上之例，督抚罚俸六个月，粮道监兑官罚俸一年；违限二月则照三月以上之例，督抚住俸，戴罪督催，抵通完日开复，粮道监兑官各降一级调用；违限三月者，则无四月以上之例可以照加。是以，五十一年漕臣赫寿有违限二月以上或七十日及八九十日之议。迨后，各省俱改归原限处分，亦照旧日定例，其一切加倍之例俱废不行。又抚臣张伯行请江南漕船仍限正月以内过淮，系止就江南而言，原未涉及别省，是以，浙江、江西、湖广仍限三月以内过淮。五十七年漕臣施世纶以淮限一宽，弁丁不无稽延，请照旧例。九卿覆准，江北、江西、浙江、湖广漕船过淮仍照旧例，江北限十二月以内，浙江、江西、湖广限二月以内。至淮限既改，如有违限，仍照旧例处分，停其加倍议处。）

一　各省押运同知、通判等官如过淮抵通违误限期者，照粮道例处分。（载在会典）

一　江南浙江白粮船只过淮违限，督运各官俱照漕粮违限例议处。（康熙十一年例）

一　庐州卫头帮向隶江北，原限十二月内过淮，雍正十一年题准，照江宁等帮于正月以内过淮。

一 乾隆二年挑浚淮扬运河,奏准将二年回空粮船赶早一月,三年重运展限于三月进瓜洲江口。嗣因三年正月二十四日淮河已经开坝,奏明即以开坝之日起限,江南、江北帮船限一月内过淮,浙江、江西、湖南、湖北帮船再限一个月过淮,如有违限,照例查参。(查本年尚有奏准令重运先期过淮,领运千总违限三日,监兑、押运、督催等官违限十日,一概题参。其有能空重赶紧,依限过淮抵通者,武职倍予加衔,文职倍予加级。其回空例无议叙,有能及早抵次者,武职准加衔一次,文职准加一级,旗丁依限抵通全完者,准作五运前后接算,满二十运即给予九品顶带。一紧办理,亦不能再早,毋庸载为定例。)

一 乾隆二年,丹阳一带运河浅涩,奏准苏松、浙江漕船在丹阳以北,领运各官已经先期过淮者,仍准加等议叙。至丹阳以南为河浅所阻,不能先期过淮者,仍照原限过淮,免照新例议叙议处。

一 乾隆四年江南大挑河道,丹阳、仪征两处筑坝,粮船阻滞,将苏、松、常、镇、太五府州各帮船展淮限一月,江西、湖广帮船各展淮限半月。

一 乾隆十八年,浙省回空漕船因淮徐发水,高宝一带水溜难行,抵次较迟,不能冬兑冬开,难副二月过淮之限。乾隆十九年重运题准展限一月过淮。

一 遇圣驾南巡之年,二进、三进船只应于金湾六闸及高桥望亭等处回避,不能依限过淮者,于过淮册内声明报部,免其查议。

以上过淮限期。

一 漕粮抵通定例,山东、河南限三月初一日,江北限四月初一日,江南限五月初一日,浙江、江西、湖南、湖北限六月初一日,各省粮船到通俱限三月内完粮,逾三月不完者,以到通违限论。(《议单旧本》)

一 领运漕粮到通违限,向例不论月日多寡,各罚俸半年,康熙十一年题定,押运等官违限不及一月者,罚俸三个月;一月以上者罚俸六个月;二月以上者罚俸一年;三月以上者降一级留任。

一 过淮抵通各粮船向例各按定限扣算题参。雍正六年议准,除山东、河南抵通完粮之限照依定例外,江南、浙江、湖广、江西粮船既不能依限过淮,自难依限抵通。过淮违限,押运官弁与监兑等官既有处分,抵通违限,运官弁又有处分,一运两参,实为未协。嗣后,过淮违限仍照定例议处,于完粮之日将过淮违限日期扣算,如过淮违限十日,已经处分者,将完粮违限十日之处扣除,免其处分。凡日期多寡照此扣除,其道远之省以九月初十日为限,逾此限不完粮者,官弁从重治罪。

以上抵通限期。

一　运官过淮违限,例应革职,戴罪督押者停其升转,俟该弁领运漕粮全完,题请开复后,准其推升。(康熙四十三年例)

一　运弁领运漕白二粮,如有过淮违限而抵通全完者,总漕将原参之案题请开复后,仍准其议叙。(雍正十三年例)

一　运官过淮违限,部议革职戴罪之案未经开复,不准议叙加衔。(雍正十二年例)

一　各省领运千总过淮违限,部覆之后,运弁在北交粮,守掣完呈,不能实时发落,乾隆十年题准,除违限不及十日者,仍照例免议,违限十日应捆打,二十者准其完粮无欠,仍照例扣除免议,其违限一月及一月以上者,于过淮时总漕查核违限日期,即行照例捆打发落,于题参案内声明,仍令革职戴罪抵通。

回空事例

一　漕船到通限十日内回空,仓场立定限单,责成押运帮官依限到淮,沿河各官立催过本管汛地,如汛弁不实力摧攒南下,即行题参。(康熙四年例)

一　各省回空漕船仓场给发限单,将经过州县界址照原定限日刊入单内,令沿河州县注明入境、出境时日,至淮申缴总漕衙门察验。另给抵次限单,亦令沿河州县注明入境、出境日时,各帮船只抵次之限不得出十一月终,抵次后将限单申缴,各该省巡抚查察其回空到次之船,严饬粮道督令星夜修舱完竣,置备篷索篙缆,岁内依限兑开。(康熙五十一年例)

一　押运同知、通判所押尾帮船粮起卸完日,坐粮厅即将批回印发呈送户部查验。该丞倅到通之日,亦即将所押各帮船粮到坝并全完日期逐一开明,通报查核。如该丞倅随帮官及各该船副丁托故逗遛,不亲身管押回空,以致水手漫无约束,沿途生事,该副丁不行禁止,又不指名首报者,该督题参,到日将押运随帮官丁人等照规避例议处。如坐粮厅勒掯,批回不行给发投验,该丞倅呈报仓场,即将坐粮厅照勒掯迟延例题参议处。(康熙六十一年例)

一　漕船回空到淮,总漕将各船照重运过淮例,令押空官先期投验限单,查明各帮原过淮船只。如有缺少,即严拿弃船逃丁,照例治罪,其山东、河南二省不过淮者,专责各粮道稽查。(顺治十六年例)

一　回空船只到次,旧例具折奏明。康熙五十八年定例,限内到次不必具奏,限内不到者,声明题参。

一　各省回空船只到淮日期册由总漕咨部,抵次日期册令粮道造送,巡抚咨

达。（乾隆十二年例）

一　康熙五十一年，九江严州等帮冻阻东光、静海等处，部议新运漕粮应交与稽迟地方官员并粮道等雇募船只，照常冬兑起运，俟明春冰泮，将冻阻船只前迎，盘载北上。

一　各省回空迟延漕船不能依限到次者，应运新粮，总漕查明，将该省减存船只兑运，如无减存船只即于本省帮船搭运，或本省船只不能搭运，即行输捐雇募，依限受兑开行。其阻滞之船于来春令沿河文武官员飞催迎到淮安，受兑北上。如不设法雇募民船，依限兑开，将在南之粮道监兑州县等官题参议处。如迟滞在途，原船不能迎淮受兑，有误北上，即将在北沿河摧攒回空文武各官题参，按违限时日分别议处。（康熙五十一年例）

一　凡雇募民船兑运抵通，起粮卸回，令押空官派入本帮管押南下，仓场填给回空照票，经过关津验票放行，沿途地方官不得拿装别差，听其早回本处受雇。（顺治四年例）

一　乾隆二年户部覆准，山东德州等帮自备船只既经免其挽驾回空，各丁自应即时回次，立限稽查。于交卸完粮之日，除留头船一二人在通候领完呈籝羡外，其余各正副旗丁责令各帮弁呈明仓场，请给空身限单，勒令归次，并将留通之头船、回次之旗丁各姓名先行申报，其抵次各丁将所领限单仍赴各该管卫所呈验。如有逾限，分别责惩，仍将限单填明各丁到次日期，汇缴粮道查考。倘有违误不到，致误兑运者，另详金补，仍将该丁严究。如敢沿途生事发觉，令地方官详报处治。至留通头船旗丁事竣之日，运弁即令回次，违者并究。

一　蓟粮船只定限每年三月下旬抵新河口，四月初旬出新河北口，四月二十日以前抵白龙桥港，候水前进，抵次限五日开兑，十五日兑完开行，计抵次、回空不得逾二十日，如有违误，查明参究。（乾隆二十六年例）

一　蓟粮船只不及早回空，以致冻阻不能归次受兑者，将押运通判罚俸一年，千总降二级调用，总漕罚俸三个月。（乾隆二十六年例）

一　乾隆二十六年，豫省运蓟回空船只冻阻新河地方，其新运粮米各丁已另雇大船装运，咨准即以雇船抵通，其冻阻各船俟冰泮速催回次。查运蓟米石已于乾隆三十年停止，以上三条系属不行之例，存此备考。[1]

【校记】

[1]《丛刊》本作缺此句。

一　领运千总坐交粮后，领到完呈，私自回家，并不赶帮协同南下，又不督丁扣留回空身工饭米，一任匪舵偷窃食米，盗卖什物，照溺职例革职。（乾隆二十四年例）

一　回空粮船偶遇浅阻，随帮并不设法推活，以致无船到次者，革职。（乾隆二十四年例）

一　丁船回空，不跟帮前进脱空者，运弁罚俸半年。（乾隆二十二年例）

一　康熙二十年因回空守冻，议准差贤能司员坐粮厅监督动支通济库银两，酌济运丁，令总漕解送还项。

一　康熙六十一年，江安、江西、浙江等省漕船回空冻阻，各丁雇募民船兑运，过淮迎船换载，所领行月已经用尽，江安每船准借银五十两，苏松每船四十两，分作两年扣还，江西每船三十两，浙江每船五十两，俱于下年扣还，如不依限扣还，将该粮道题参，着落赔补。

一　乾隆三年奉上谕：漕粮关系天庚，不特重运宜速，即回空船只亦必依限抵次，方免冻阻之虞。今岁河道淤浅，途次稍艰，旗丁无力回南者，朕已加恩赏借银两，并令漕运总督查明，分别赏恤在案。顷闻回空之际竟有将船只弃置河干，而本身先回者；亦有舵工水手俱无、篷桅俱缺者；亦有家口在船而旗丁已去者，以致沿河兵役人等代为推挽，甚觉苦累。查系江南兴武卫三帮、七帮、江淮卫头帮、大河卫三帮之粮艘。朕思此等弃船旗丁若因运费不敷，力量艰窘，该管大臣自应代为筹画，酌量接济，俾其回空有资，不致困顿；若系无故潜逃，藐视法纪，自当按律徽惩，何得蒙混姑容以长刁玩。着仓场总督、漕运总督秉公确查，分别速行办理。钦此。

一　乾隆三年因挑浚淮扬运河，开兑较迟一月，及至渡黄，又因清口淤阻，以致迟滞，弁丁星夜偿行多费，奏准将其中努力急公运弁、运丁等量加奖劳，其江南江淮、兴武、长淮、金山、太仓、镇海等十二帮计船二百余只，每名借给银十六两。

一　乾隆七年，漕船因新河口、五花桥等处起剥添纤，费用过多，以致回空无力，奏准将江西九前、南前、赣州、永新、建昌、广信、饶州、抚州八帮在通济库每船借支银十六两，兴武三四八等帮每船借支银八两，其回空在途之扬州二三四、长淮四、镇江前中后、兴武头、大河二、凤中二、凤常等十一帮行抵德州者，在山东粮道库内每船借支银四两，其过德州者于淮安府库借支，令江安粮道于库项内动款解还，仍于各丁应领钱粮内按数扣清。

一　乾隆十年，江南兴武、江淮二卫帮船，因水发添纤及浅阻起剥，费用过多，奏准每船借支通济库轻赍银十六两，以资回空之需，分作二年扣还。

一　乾隆十二年，绍兴前后两帮回空船只因重运时起剥费多，奏准动支通济库银，每船借给十两，分作二年扣还。

一　乾隆十四年，绍兴前后两帮因闸河发水添纤费多，奏准动支通济库银两，每船借支银十二两，分作二年扣还。

一　乾隆十六年，绍兴前后、金衢所三帮回空船只因天雨连绵加纤增夫，不敷用度，奏准动支通济库项，每船借银六两，分作两年扣还，沿途摧攒。

一　淮北至通沿河镇道将领员弁均有催重攒空之责，漕船入境，各按汛地立刻驱行，不许停泊，如摧攒不严，以致粮船逗遛，及纵容丁舵水手上岸生事者，听所在督抚题参。（《议单旧本》）

一　康熙二十二年奉旨：漕运关系重大，一切定例务期久远可行，河道浅深、风势顺逆各有不同，或遇积雨泥泞，纤路阻坏，易致稽迟，若一概从严处分，恐经管各官徒被参罚，旗丁人等亦受苦累，究于挽运无济。总漕、总督管理船粮是其专责，漕粮过淮及回空之时，应令总漕亲身往来摧攒，不致贻误，着再加详议具奏。钦此。

九卿覆准：总漕系漕粮专责，大臣应将各省空重船只亲身往来查催，仍将催到地方月日报部。如总漕不行亲身摧攒，以致漕船迟误，该部查参。再查漕船回空些须揽载货物家口，亦无迟误。但恐藉端违限，并令总漕摧攒时不许停泊，速饬依限抵次。

一　总漕专督漕粮重运回空，亲身摧攒，但漕务殷繁，七省辽远，一身岂能遍历？差员迎催，必须驿骑飞驰，所有差员不许多带跟役，并不动支口粮，如遇摧攒粮船，紧急差使，准其拨马二匹。（康熙二十六年例）

一　各省武职各官二年半例应举劾一次，总漕衙门举劾标员之外，又有各省催漕武职二年举劾之请，嗣因文职荐举，吏部久经停止，武职亦应画一办理。乾隆十年奏准，各省催漕之员应归本省举劾，总漕衙门永行停止。

一　空重漕船如在淮扬以南沿途迟延者，听该巡抚查取摧攒不力并押领官弁职名题参；其在淮安以北及天津一路迟延者，仓场行文各该省巡抚查取专催、督催不力各官并押领员弁职名题参，按其违限时日分别议处。（康熙五十一年例）

一　空重漕船一入境汛，即令该管将弁同州县印官、河官率领兵役亲往河干，昼夜摧攒出境，并具印甘各结详报查考，一面移文前途文武各官接催，毋许片刻停留。倘丁舵水手于某处境汛生事为非，专管之营汛州县官弁并不亲往河干弹压协拿者，照溺职例议处，兼管道府厅员、副参、游守等官，照失察例议处，如协拿申报者免议。（康熙六十一年例）

一　总漕、总河专管漕运河道，如回空船只不行力催，又不题参地方官者，将该督各降二级留任。（《议单旧本》）

一　沿河督抚镇道等官遇回空漕船入境，立刻驱行，将入境、出境日期报部查核。（顺治十二年例）

一　漕船遇风水平顺，地方官仍照定例原限日时摧攒出境，不得迟误。若遇风色不顺,并水势漫大,该地方官与押运官弁公同计议,暂停守候,即将守候日时申报该管上司并总漕衙门,于入境、出境日时册内盒注明白。倘有不顾风色、水势摧攒前进,在内河致有疏虞,将该地方官与押运官弁均照失于防范例议处,一俟风息水平,摧攒出境。如有捏称风水未便,停泊逗遛者,总漕各该督抚查参,将各该地方摧攒各官弁及押运、领运各员弁均照捏报兑开例降二级调用。(雍正五年例)

一 各营汛催漕弁丁如遇漕船入境,不顾风汛险急,因索诈未遂,混行摧攒,以致折损者,立即参究。(乾隆十六年例)

一 各省重运帮船经由营汛,向例须投递花名文册。乾隆四年改令运官将船数开折送总漕,转发各汛,俟帮船经过,查点放行。乾隆二十年,因各省出运粮船约有一百二十余帮,经过沿途营汛一百数十处,以每帮抄发一百数十折,合而计之,累万盈千,徒滋繁扰,题准免其开送。

一 各省回空漕船如后船已到,而前船未到者,将押空官照例议处。(《议单旧本》)

一 康熙十七年题定,江西、湖广、安庆等处粮船由长江以至仪征因风挽运,难以逐程立限,应令该地方官察看风色,如系顺风并风平浪稳,作速摧攒出境,如进口以后自仪征至天津仍依限期,如有违限者,亦照新定例议处。(查此条即系康熙十七年总河靳辅题定之例,故云照新定例议处,后二十一年议准将新定例删去不用,仍照旧例,此条亦应仍照旧例议处。)

一 官员摧攒漕船自进三岔河分帮过淮之后,无故容后帮之船前行,前帮之船后行者,罚俸一年。漕船入境日期,该管官不查明转报者,罚俸六个月。(《议单旧本》)

一 康熙五十一年奉上谕:凡事不求根本,止务枝叶,断无实效。条奏漕粮一事者,止以途间耽搁开兑迟误为陈奏,其漕船稽迟根原从无一人言及。朕南巡数次,河道漕运知之甚悉,如上江漕船俱入仪征河口,下江漕船俱入瓜洲河口,因大江泊船不便,而四千余艘彼此相争入口湾泊,必俟到齐始挨次开行,则守候之间甚至迟误。若凡一帮全到在先,不必等候,各帮随令起行过淮,其续到者,亦照此,勿令守候,止以船到即令起行,则前帮得以早行,后帮船只虑其隔绝,自然奋勉追[1]行。如此,则回空重运断不致于迟误,即如九江、安庆等处船只顺流而下,不过数日即到仪征河口。四十二年,朕曾自扬州乘坐大船行十二日进京,途间并无耽误,皆因守候,以致甚迟,将此情由一并议奏。钦此。

【校记】:

[1]珍本丛刊作:速。

仓场覆准：各省漕船照常令进瓜洲、仪征河口，至三岔河时，凡有一帮到齐，即摧攒先行过淮。如有前帮船只不全，总漕委员督令后帮全到之船越过先行，其有停阻河道，争相漫越者，严行约束，粮道严催，尾押过淮。如有不依限兑运，摧攒过淮，以致迟误，将粮道监兑、押运、摧攒各官查明题参，照例处分。

一　江广上江重运船只如遇仪河水小，即报明总漕改由瓜洲进口，一面咨明户部至回空船只。如遇仪河水小，亦即改由瓜洲出口，一例咨明。

一　重运粮船至扬州三岔河，应令押运同知、通判开明清折，注明若干帮次船只、若干号数，就近径移分帮之员，不必仍照往例投文，由院转发。其帮船抵河口亦不必令头船旗丁报明，应令运弁亲递花名，帮船清单注明前跟后接并进口日期，分帮委员即行查点，分派前进投文，陋规永行禁革。

一　巡视南漕御史向系驻扎淮安，乾隆二十三年奏准移驻瓜仪之间三岔河口，摧攒弹压，其承值伺应江都、仪征二县轮替办理，总漕仍照例遴委标员将领前往分帮，协同办理。

一　粮艘自淮抵通，镇道等官已各分地摧攒，惟京口一带乃江浙漕船咽喉，多有拥挤。康熙元年题定，照淮北之例，严儆沿河镇道等官遇粮船入境、出境，各分汛地摧攒，倘摧攒不严，以致任意停泊，即将摧攒各官并领运官丁指名参处。

一　漕船至镇江过江，倘有因风守候，俱令地方官报明，免其议处。（康熙十七年例）

一　镇江京口地方向例每年督臣、提臣各委标下候捕守备一员，驻镇催漕，往往自作威福，任意催行，多有未便。乾隆三十一年奏准，嗣后，督、提二臣不必派委候捕守备，即于镇江文武各官内拣派一员，令其就近摧攒。

一　江南省京口、瓜洲地方江岸相对，系漕船渡江进口之所，康熙二十六年题准，责令镇江道督率地方文武各官摧攒漕船，酌看风色令渡，如有汛弁员役勒索情弊，察出将道员一并题参。并令京口总兵官巡视河干，一体催护过江，如遇大风，督令标兵操舟预备，遇有江心船只不能近岸收口者，设法挽救。康熙三十六年，京口总兵奉裁摧攒护漕，改隶京口协副将管理。

一　瓜洲旧设望楼，置立旗杆，为渡江之标准，年久坍废，康熙二十六年题准，令于高阜处所仍立旗帜标杆，风平则张，风狂则偃，择善测风信之人，专司其事。

一　京口渡江，民间向有捐造救生船只，康熙二十六年题准，仿其成式，动帑官造护生船十只，分泊两岸。漕船遇风，南北两口船只并出救护，每船募设善水头舵十名，每名月给工食银一两，止给冬春三个月。漕船过完，听其渡载商民，自行觅食，或过往客商偶遭风患，一体协救，毋许居奇坐视，藉端勒揩，违者地方官拿究。

所需工食、修葺各项银两,准其于六升米折项下支销。(查此项船只每年重运渡江时,向系瓜州营兵管押,既不实心护漕,又多苦累船户。乾隆三十一年议令,船只仍归丹徒、江都两县管理,稽查约束,至重运渡江时,不必令营弁坐押保护,归于京口、瓜洲两岸催漕委员调派督护,其应支岁修、工食银两照旧具领,赴道请支。)

一 黄河水势奔腾,风涛不测,乾隆五年题准,设立救生船二只,每只给造价银一百八十两,令江浙、江广等六省出运丁船按数验派捐给。每船募设舵手十名,每名月给工食银一两,每名于春季三个月伺候护漕渡黄,漕船尽数入内河之后,听其渡载客商营生,停给工食。其船三年一次岁修,所修银两及每年舵手工食,令江安、苏松二粮道于六升米折项下各半支给。十年即将船只拆造,每船给工料银一百两,仍在南漕各省出运军船行赠银内派给。计渡黄漕船共五千八百六十三只,现今初次成造,每船派捐银六分一厘,嗣后十年拆造,每船派捐银三分四厘,遇有停减,按现运船数派增,其二船三年一次岁修,银两每次例给九两三钱三分七厘。

一 漕船渡黄须用涨锚小船慎重保护,此项船只系两岸居民置备,所有锚缆亦系自买,向来至漕船雇用之时,多居奇勒索,或遇失风,亦有乘机抢觅货物者。乾隆五年题准,令州县将此项船只预先查明船户姓名,取具地邻甘结,给予腰牌,填注水手年貌住址,船之两旁编列号数,每年于渡黄时听候帮丁雇用,量予雇价,不得勒掯居奇,遇有风火事故亦令协救,倘有乘机捞抢远遁者,查拿究治。

一 黄河两岸捕鱼小船每遇粮船失风,多乘机抢装货物,抢后四散,旗丁无处追寻。乾隆二十五年奏准,令清河县知县将两岸小船查明,开具姓名住址,造册编号,责令县丞、河标、把总经管,稽查约束,遇有粮船失风,即令各驾小船先行救米,次行救货。米听押运员弁分散本帮易换,带运货物听该县丞、把总等查明,逐一交还失风旗丁,仍酌量给予饭钱。如该县丞、把总并不稽查约束,以致有乘机抢掠者,或被旗丁呈首,或经催漕委员禀报,即将该县丞、把总查参,照约束不严例降一级调用,其抢货各犯俱照白昼抢夺例问拟。

一 雍正二年题准,将寿张营守备移驻张秋,自张秋至七级责令攒催,其魏家湾、戴家庙仍责该管把总专催。

一 北河寿张、东昌等处向无专驻大员,巡查不密。雍正七年奏准,遴委寿张营游击移驻荆门闸,东昌营都司坐守永通闸,各按汛地往来攒催。其临清、德州一路俱以武城为适中之地,着令临清协副将坐守临清砖、板二闸,攒催督放,并令巡查至武城与德州营,交替按汛攒催。如不实心往来巡查,及有偷安自逸,不亲历河干攒催,以致重运回空船只有停泊延误者,即行题参。(雍正十二年例)

一 漕船过淮,总漕亲押尾帮,催至济宁,每至临清、德州等处,河水浅阻,耽延时日,应令山东巡抚拣派所属司道官员,自济宁随押督催,遇浅刨挖,催出山东地界,将各船陆续出界日期仍行奏报。如摧攒不力致有迟误,照例题参,严加议处。(康熙五十四年例)

一 山东临清闸外漕船,乾隆七年奏定,嗣后,在次受兑毕,该运官即行呈报总河及巡漕御史查考催行,如闸河水浅,总河饬令放水,收蓄济运,毋致帮船阻滞。倘有藉端停泊迟延等弊,该管官即行查参。

一 山东河南粮船过天津关日期,雍正三年奉旨,照依南漕例三日一报。

一 天津关以内旧设堆汛三十八处偾运,雍正四年题准,蔡村以上每五里造船一只,蔡村以下每十里造船一只,令兵丁住宿撑驾空重粮船,令其往来摧攒,并缉拿偷盗。

一 天津至通州沿河各有汛地递相摧攒,倘前汛不行力催有碍后船,及漕船到汛不亲身赴催,并坐视漕船前阻,不行申报者,仓场查参,俱照摧攒不力之例议处。(雍正三年例)

一 北河商民船只如有搀越漕运大船,阻碍纤道者,听沿途催漕官弁管束,令其分途而进,毋许滋事。(乾隆二十五年例)

一 河西、杨村二驿河窄水逆,遇有铜船木筏,听与漕船并进,不得拦阻勒让,其二驿以南一带运河,仍照例让行,毋得藉端争阻。(乾隆十三年例)

一 杨柳青一驿虽在河西、杨村以南,河窄逆流,遇有铜船木筏到境,照河、杨二驿一体办理。(乾隆十五年例)

一 通州河汛郝家铺以南、温家庄以北计河程二十里,交与通州州同管理。凡空重漕船入汛,饬令协同原派之武弁一体摧攒照管。(乾隆九年例)

一 乾隆二十六年仓场奏准,拨运易州等处漕船自津转入淀河,水路情形不同,自宜加谨慎重。嗣后,仓场总督应遴委专员督率地方官并该营汛实力摧攒,以免迟误。如有中途阻滞,实缘人力难施之处,由委员会同地方官报明上司,设法办理,倘有扶同捏饰,立即指名题参。

一 重运漕船脱空者,定例降二级,戴罪督运,向无完粮开复之例。乾隆八年奏准,嗣后,脱空议处之员,未经部议,以前完粮无欠者,准于本案扣除免议,已经题结者,亦照过淮违限例,于完粮后题请开复。

沿途短纤

一 重运粮船渡江进口需用短纤,乾隆十年总漕顾琮酌定,自仪征、瓜洲二处至淮安分为六班，各按里数，定以雇价，听丁自行雇觅，不许催漕兵役勾通棍徒私设夫头，硬派强拉，高抬雇价，苛求抑勒，每年出示沿河地方查禁。

头班自仪征至淮计程三百九十里，每名给价银六钱。

头班自瓜洲至淮计程三百六十里，每名给价银五钱四分。

二班自三汊河至淮计程三百三十里，每名给价银五钱二分。

三班自扬州至淮计程三百二十里，每名给价银五钱。

四班自邵伯至淮计程二百六十里，每名给价银四钱。

五班自高邮至淮计程二百里，每名给价银三钱五分。

六班自宝应至淮计程八十里，每名给价银一钱二分。

一　漕船渡黄之后，至白洋河及台庄八闸俱系逆流，水急，必须添雇人夫挽拽，往往弁兵串同人夫勒索，倍出工价。雍正八年奏准，嗣后，于重运北上之时，将宿迁营游击委驻白洋河，徐州营副将委驻韩庄八闸，稽查约束。倘有纵容徇庇，一并会参究处。

一　沿河短纤不必设立夫头，应听旗丁临时酌量雇备，沿河地方文武等官加紧巡查匪类，并将短纤夫役俟粮船过完驱遣回籍。（雍正八年例）

一　纤夫中途患病，沿河主簿、巡检闸官看验明白，送至普济堂。无普济堂者，送至庵观，给口粮养痊，令回本籍。病重者，先开姓名，死后，瘗埋义冢。（乾隆二年例）

一　粮船沿途提溜赶帮，雇用短纤，每天每里给钱一文，打闸每夫一名给钱一文。如闸坝水急，夫役守候，临时酌增，催漕兵役毋得藉端勒索。各夫雇价给钱，不许以货抵给。有兵役夫头派添短纤，多索夫价，从中取利者，照霸占、扛抬、分外多取雇值，不容本家雇人者，枷号两个月、杖一百例治罪。该管官漫无觉察，照失察衙役犯赃例议处，扶同徇隐者，照纵役犯赃例革职。（乾隆五年例）

一　漕船应添纤夫，令运弁旗丁自行雇募，摧攒员弁不得概令多添。如短纤人夫勒索运丁，该汛弁查拿即送巡漕衙门惩治。若汛弁查拿不力及故行捆打丁舵，勒加纤夫，并暗串兵役朋比分肥者，照纵役犯赃例议处。其漕船入汛运丁不服摧攒，无故停留者，该汛弁仍会同运弁照例责处。（乾隆十年例）

一　乾隆二十四年奉上谕：闻各省粮艘北上每遇过闸、过坝及急溜浅阻，必需人力挽拽者，沿河兵丁颇有把持包雇之弊，不独旗丁深为苦累，而重运濡滞未必不由于此。着传谕漕河各督臣严行查禁，嗣后，雇募纤夫应听运弁自为酌办，如有兵丁籍端抑勒，以老弱充数而横索雇值者，即时查拿究治，并将失察之该管将弁题参议处。钦此。

一　乾隆二十九年奏准，嗣后，如有无赖棍徒把持议价，率领短纤多索价值，与丁舵水手人等混闹、聚殴成伤者，地方文武官自行查拿免议。如不能稽查弹压，经该督抚查参，均照约束不严例降一级调用。至丁舵人等雇觅短纤，不照定价给发，以致滋事，押运员弁不能查出，应照失于查察例罚俸一年。

一　粮船雇募短纤向无定价，乾隆三十年咨准：自惠济闸至骆马湖口计程一百九十余里，水势较与淮河稍溜，每夫每里应酌给制钱一文半，共给钱二百九十文。自骆马湖口至台庄计程一百九十余里，水势相等，每夫每里亦酌给制钱一文半，共给钱二百九十文。自台庄至韩庄计程八十里，闸座既多，水势急溜，不无有需时日，每夫每里应酌给制钱三文，共给钱二百四十文。至江广帮船体骨重大，或应加纤夫，每名仍照现定雇募之价给发二百四十文，毋庸额外增给。

一　粮船雇用短纤，惟北河杨村至通州并未定有章程，无赖棍徒从中把持，毋论风水顺逆，拥勒添夫，多索价值，大为漕害。乾隆三十年，经通州知州万廷兰详请，短纤夫价比照南河骆马湖口至台庄，每夫每里酌给制钱一文半之例再增半文，每夫每里给制钱二文。倘遇久雨水涨，道路泥泞，难以挽拽，每夫每里再加增制钱一文，如实系路泞人少，请于格外再加增制钱一文。经仓场咨部覆准，应令直隶总督转饬通香、武津等州县于粮艘一过津关，即行出示晓谕，每夫每里给制钱二文，毋许多行勒索，仍差干役在沿河一带昼夜巡查，以杜纠众勒索等弊。如遇天雨路泞，纤夫短少之时，应仍听该帮弁丁等自行酌量加增，亦不得过每里四文之数。自立定章程之后，倘各该地方官漫不经心，以致短纤人等强索价值，或聚众勒掯不前，有误运务，即查取该地方官职名送部查议。如果丁民相安，而抵坝迟延，藉称纤夫短少，即将该运弁照例参处。

《漕运则例纂》　卷十四

风火挂欠
风火事例
风火案据
挂欠事例

《漕运则例纂》卷十四

风火挂欠

风火事例

一　船粮在洋、江、黄河漂流为大患，地方官查明，给有印照，总漕各该督抚核勘明确，据实具题，准予豁免。如无题报，即于本丁名下追赔，若本丁无力补完，将本帮余米摺羡扣抵，务足原数。(《议单旧本》)

一　议单内开漕船如遇漂流在洋子江者，先赴攒把总处具报，一面赴督押司道官处禀请，委有司官勘验。倘若相去一百里者限二日，一百里外者限四日，勘实呈漕司具奏豁除。如有违限、扶捏等弊，即将勘官参问，官旗分别捏报漂失虚数多寡，问拟重罪。(顺治十三年例)

一　大江、黄河漂没抢救者，将所抢米石洒带各船运通，其漂没米石准予豁免。若弁丁及各营汛坐视不救，该督题参，从重治罪。(康熙二十一年例)

一　漂流船粮，令沿途攒各官及汛地文武官员亲临确查，各出保结，取具运官结状，该督抚具题豁免。如运粮官丁未经漂没船粮，谎报漂没，并故意将船放失，虽系漂没损失不多，乘机侵盗至六百石以上者，照律拟斩，不及六百石者，照律发边卫，永远充军，米石照数赔补。其沿途攒各官及汛地文武各官不亲临确勘，遽出保结者，俱行革职。该督抚不严查确实，遽行题豁后，诈冒事露，将具题督抚降二级调用。(康熙二十一年例)

一　雍正十三年题准，粮船有在大江、大湖、黄河失风漂没事故者，仍照定例，总漕各督抚勘明船粮，据实具题，准予豁免，旗丁水手人等被淹身故，照例赏恤。

一　乾隆十六年，建昌帮旗丁司燫漕船行至鄱阳湖地方遭风打翻湖心，淹死水手二口，其船虽存底板，漕米漂淌无存，仅捞获泥浆米五十余石，经总漕瑚宝援照吉安所旗丁曾陈尹等漂没之案,议请豁免。户部咨覆,以旗丁曾陈尹等漂没船粮系奉恩旨豁免,并非定例,该丁司熿船粮例应赔补,不便援照豁免,应咨照例办理。

一　大江、黄河等处风涛莫测,帮船经行沉失者,例免查议。嗣于乾隆十七年通行各省,将帮船经行之大江、黄河一切新旧大小名目,详查造册送部,遇事故俱以册造名目为凭,倘有假捏名目,或藉称前册遗漏,或托词新长洲渚,混行推卸者,即照规避例分别查参。

一　乾隆十二年,宿州二帮粮船在洪泽湖漂没一十二只,米石奉文豁免,船只准其成造,因成造不及,各丁雇募船只装运。十三年,漕粮户部查取擅准雇募职名,并令将领过钱粮照数追还。经漕督瑚宝咨准,该帮三十二船难加装一十二船之米,雇募抵通实属因时变通,原领行月请免着追,擅准职名并请免查。

一　大江、黄河等处漂没漕船,新船不及成造,下运漕粮例应洒带运通,若粮米过多,未免负重难行。总漕将不便洒带情形确实声明,准其雇募装运。(乾隆十九年例)

一　粮船在大江、黄河漂没例应题豁者,一面具题请豁,一面责丁成造,毋任迟延,致误下运。(乾隆二十一年例)

一　漕船漂没,查汛详题,未奉部示,新漕已届,无船兑运,准其将新运漕粮暂洒通帮,赴北交纳。(乾隆二十二年例)

一　漕粮改解兵米大江漂流,准照漂没粮数开销。(顺治十五年例)

一　乾隆二十三年奏准:嗣后,办运谷石,如有漂失,该地方官即速往查勘。如果系江河险滩,人力难施,全行漂没者,照例取结题豁。其有江河险滩,猝遇风波以致漂没,而该运员等犹能出力抢救不致全失,亦令该地方官查明确实情形,实非防范不力者,亦准一例取结题豁。如并非江洋大河,救护不力,仍致漂失,该运员等捏称险水,希图蒙混邀免,而地方官扶同结报,该督抚即行严参察议,仍照例于该运员等名下追赔。即系险滩漂没船只,一有捏饰,虽粒米无存,并令着追。(查办运谷石系各省采买及协济邻省等项,并非漕粮,但因江河险滩,人力难施,分别豁免追赔,与漕粮事属一例,是以一并附入。)

一　领运弁丁凡遇海洋、大江、黄河危险地方,遭风漂没,幸获生全者,照军功保守在事有功之例,官准加一级,旗丁照军功头等伤例赏给。漂没身故者,官不论衔级大小,照军功阵亡例,俱以现在职任分别准荫加赠,给予祭葬银两,旗丁亦照军功阵亡例给予祭葬银两,其无妻子亲属者,照例给银,该督抚提镇委官致祭,至头舵水手淹毙者,照军功二等伤例赏恤。(雍正六年例)

一　海洋、大江、黄河、洞庭、洪泽等湖弁丁被溺身故,照军功例赏恤赠荫。其在内洋、内河以及停泊海口、岛屿等处修造船只,虽系奉公差委,与效力疆场者有间,此等幸获生全之弁丁应照军功例减等官给与纪录二次,旗丁人等照二等伤例减半赏给;其漂没身故者,官照阵亡例各减一等,分别荫赠,减半给与祭葬银两;旗丁亦照阵亡例减半给与祭葬银两;无妻子亲属收受者,仍照例给奠银二两,遣官致祭。(雍正十二年例)

一 粮船在大江等处失风淹毙,副丁向未议及赏恤,乾隆五年户部议准,副丁额设已久,责成亦重,应照军功二等伤例赏银二十五两,永着为例。

一 粮船在大江等处失风淹毙,副舵向未议及赏恤,乾隆五年户部议准,副舵与水手无异,应照水手例给赏。

一 粮船在大江等处漂没,旗丁淹毙,赏恤银两无亲属可领者,令地方官寻觅尸骨,料理埋葬,无从觅获者,即于淹毙处所量予祭奠。(雍正十年例)

一 漕船漂没被淹,旗丁先虽报毙,后经遇救得生者,须于回籍后即行呈明,违者照不应重律杖八十,运官押粮北上免议。(乾隆二十六年例)

一 粮船在里河漂流为小患,不准豁免,旧例将该帮进仓米石免其晒扬折耗,以其所剩晒扬折耗余米抵补漂流之数,抵补不敷,将该帮羡余银两扣除,该帮不足,将该卫、该总扣除,务足原额。雍正四年题准,失风米石除将本帮余米抵补外,下剩米石限次年搭运抵通,正兑改兑均照平米收受,仍免其晒扬折耗之米,以示轸恤。(正兑按一四四九四核算,每石止收平米一石一斗零。改兑按一八三六八核算,每石止收平米一石八升零。若未失风而挂欠,不准均邀此例。)(按:全书此条系总摘大概,未能明晰。又抵通搭运正兑、改兑,均照平米收受,免其晒扬,均系顺治十四年之案,《全书》内写雍正四年,似属讹错。盖雍正四年系分别失风者准买余抵补,非失风者,不准买余也。今将顺治十四等各案备载于后,以便查考。)

一 顺治十四年,仓场总督范达礼奏准,《议单》内开漂流米石照例上纳京仓者减除,于通仓上纳。如漂流十石减除一百石,每石省下脚米一斗,以补漂流之数。若通仓缺厫,仍赴京仓上纳,如漂流一百二十石,免晒一千石,每石省下晒折米五升,并耗米七升,共一斗二升,以补漂流之数。除免晒处补不敷,将该帮官旗羡余银两扣除,该帮不足,将该卫、该总扣除,务须补足原数。然单内止载正米字样,未曾言及改兑,然漂流均系天灾,无分正改,查改兑正粮加一七过坝,除进仓耗米八升三合六勺八抄外,下有原备晒扬米每石八升六合三勺二抄,合将此项作免晒处补,部议准行。(按:此条是旧例,米石应入京仓者俱改于通仓上纳,以所省脚米即抵所欠之数。如通仓已足,仍须京仓上纳,则脚米不能减省,即免其晒扬之五升并耗米之七升,以抵欠数。再有不足,始以羡余银两扣抵,如抵不足,始行搭运,正兑、改兑皆一体办理。今例则但有亏折，即买余抵补本帮不足，即买别帮，不复改通仓省脚米、上京仓免晒扬与七升耗米。）

一 雍正四年，仓场总督托时奏准，定例漕粮抵通，遇有失风挂欠，除将本帮余米抵补外，其下剩米石次年搭运抵通，正兑按一四四九四核算，每石止收平米一石一斗四升四合九勺四抄，改兑按一八三六八核算，每石止收平米一石零八升三合六勺八抄，下剩三升八合余米原系应给旗丁之项，五闸颠抗折耗二升，原亦不作入仓正数，正兑之四升七合六抄，改兑之四升八合三勺二抄，原备晒扬折耗之米，俱不追赔，其非失风而挂欠者，亦照此例收受。查失风事出天灾，是以但收平米，不收晒扬折耗之米。若未失风而挂欠，则非水次折干，即属沿途盗卖，未便一例邀免。嗣后，凡非失风而挂欠者，俱照当日起运之数搭运抵通。（按：此条是失风搭运之米，正改俱免其晒扬折耗之米。）

一 雍正五年，仓场总督岳尔岱奏准，未失风之挂欠，既经照当日起运之数搭运，除三升八合原系应给旗丁之项，若本帮有欠，止应准其抵销，其原备正兑之四升七合六抄，改兑之四升八合三勺二抄，验看折耗有剩，业经部议，作正五闸颠抗折耗二升，虽非入仓数内，若照正兑改拨通仓之例，亦应入厫。嗣后，未失风而挂欠正兑米一石作平米一石二斗一升二合、改兑一石作平米一石一斗三升二合，核算扣抵。（按：此二条是未失风而挂欠，不得照失风之例，其应搭运之数，正兑较失风每石多米六升七合六抄，改兑较失风每石多米四升八合三勺二抄。）

一 文武官员凡遇漕船沉溺，不将情由申报者，降一级调用。（《会典》开载）

一 漕船凡遇风火事故，乾隆二年奏准，押运官弁应即据实报明，沿河地方各官协同救护，以免借端卸责。

一 乾隆五年，户部咨行漕船遇有事故，失防职名即照例开送，如有应行免议之处，于咨内声明，听候吏兵二部查议。

一 漕船风火事故，或总漕咨报，或督抚咨报，且有总漕、督抚兼报，殊不画一。乾隆五年，户部奏准，嗣后，各省船粮风火事故概听总漕查报。

一 乾隆六年户部题准，各省出运船粮凡有失风米石照例报部，分别易换扣抵。倘有徇隐捏报等弊，照例题参。

一 失风船粮亏折米石应将余米抵补者，总漕俱应照例报部。（乾隆九年例）

一 粮船失火漂没，应该管粮道勘报仓漕等衙门核实具题，不得止据卫官呈结，以杜侵盗。（顺治十四年例）

一 康熙二十五年题定，押运官弁巡查不谨，以致失火烧毁漕船者，降一级调用。地方官不行协救，延烧别船者，罚俸一年。（查吏部则例内，押运官系降一级留任。）

一　粮船因火延烧，例应赔造，而抵次已届收兑之期者，准其援例洒带。（乾隆二十四年例）

一　漕船向例止有火毁处分，失风船只止赔船米，不肖弁丁遂有假捏之弊。雍正元年奏准，漕船在内河失风，将押运官弁照失于防范例罚俸一年，仍取具押运官弁并地方文武官弁并无假捏印结送部，倘有假捏情弊，即将弁丁严加治罪，出结官弁从重议处。

一　粮船内河失风向无地方官处分，雍正五年议准，嗣后漕船入境，地方官不顾风色水势摧攒前进，致有疏虞，将该管地方官与押运官弁均照失于防范例议处。（《吏部则例》内系地方官罚俸一年，押运官罚俸六个月）

一　粮船内河失风，领押各员以及地方员弁均有议处，乾隆三年题准，如假捏失风，希图挂欠者，仍照例议处。若汛水涨发，猝不及防，失风之船能扆救，修舱抵通，粮无亏折，或买补全完者，领押丞倅、守千均免议处，仍照例议叙。倘船非满号，不能扆救，米有挂欠，虽买补全完，亦仍照例议处。至地方文武员弁协力扆救，船粮均无亏者，免其议处。如不能协同救扆，以致漂流，仍照例处分。

一　押运丞倅遇有帮船失风事故，向例与领运守千一例议处。因丞倅统辖十余帮，较之守千专管一帮有间，乾隆三年题准量为轻减，原例罚俸三个月者改为一个月，原例罚俸六个月者改为三个月，原例罚俸一年者改为六个月，原例降一级留任者改为罚俸一年，原例降一级调用者改为降一级留任，原例降二级调用者改为降一级调用，原例革职者改为降三级调用。（查失火旧例，系统云押运官降一级调用。失风旧例，系统云押运官罚俸一年，此押运官系千总与通判、同知均在其内。雍正五年，因地方官不顾风色摧攒，致有疏虞，添出地方官处分，亦系照押运官例罚俸一年，其时盖未有通判、同知改轻之议。迨乾隆三年，议将押运丞倅改轻，则降一级调用者，应改为降一级留任。是以，《吏部则例》内火毁一条，将押运官改为降一级留任，则领运千总仍降一级调用，也不顾风色，以致失风例内，将照失于防范之地方官申明罚俸一年，押运官罚俸六个月，则雍正元年议准，押运官失于防范一条亦应丞倅改为罚俸六个月，千总仍罚俸一年，也当从《吏部则例》。）

一　漕船失风发漏，将原船修舱抵通，湿米易换食米，交纳通完，押运官仍准议叙。（乾隆二十三年例）

一　空重漕船如遇雷火击沉，原非人力所能救护，该管各上司查明属实，准其取具切实，印结咨报，将失防各官免议。（乾隆十六年例）

一　漕船被别船撞沉，粮米无亏，讯系走风落篷不及，出于无心，情同过失，将

别船户照不应重律杖八十。（乾隆二十四年例）

一　漕船被别船撞沉，究系失于防范，与汛水涨发猝不及防者有间，押运通判不准议叙。（乾隆二十七年例）

一　漕船减歇黄河水次，遇有冰凌铲断水站沉溺，非遇风可比，将失防千总照例罚俸一年。（乾隆二十二年例）

一　漕船减歇在坞，被行船撞损，该管千总隐匿不报者，照失风漂流不行申报例降一级调用。（乾隆十二年例）

一　漕船减歇在次沉溺，将看管空船千总议处，如因公出境免议。（乾隆二十六年例）

一　剥船运米遭风，无力完补，于各余米内照数扣抵。（乾隆二十二年例）

一　回空漕船随帮虽已管押到次，若新运千总尚未赴帮，遇有风火等事，仍将随弁职名开报。倘新运千总已经到帮，出有接收文结，后遇有事故，虽未受兑开行，即以新运千总职名报参。或减存在次，运随二弁均难兼顾，遇有事故，即将收管之地方官职名开参。至押运同知等官帮船抵次后，一运之事已毕，与随帮专为空船而设者不同，倘在次遇有风火等事，免其参处。（乾隆十四年例）

风火案据

一　顺治十三年，新安卫漕船在东流县地方漂没十八只，漕督蔡士英题报部覆，漂失米石将本帮各军羡余银两尽行扣省抵补，其余不敷照《议单》例豁除。

一　康熙十九年，清江闸内河陡发大水，有上流废船冲损杨瑞林漕船，人口淹死，船沉粮没，经总河靳辅题报，奉旨：杨瑞林船只撞损，人死粮沉是真，姑着豁免，后不为例。钦此。

一　康熙三十九年，风中常州帮旗丁傅经振等十九船行抵邵伯，因决口水溜，由湖行走，遭遇暴风，将船打碎，淹死旗丁舵水三十三名口，粮米漂没，经总漕桑格题报。奉旨：漕船因运河难走，从湖中绕行，以致遭风，船坏米沉，着照大江、黄河例，免其赔补。钦此。

一　康熙四十二年，宿州二帮旗丁王养志等二十一船在洪泽湖遭风撞击崩裂，粮米漂没，淹死男妇二十八名口，总漕桑格题报，奉旨：洪泽湖水势更甚于大江、黄河之水，这失风漂没船粮从宽豁免。此后洪泽湖有失风漂没船粮，亦照大江、黄河之例议奏。钦此。

一　康熙四十六年奉上谕：朕这一次巡河回时，过临清闸有安庆漕船一只损坏，水入米湿,恐部以非系大江、黄河不行蠲免。朕亲身遇见,着交与户部查明,将此米石免赔。钦此。

一　康熙五十四年,泗州等卫旗丁高莫宋等一十二船在张家湾遭风漂没,淹死男妇十八名口,经仓场题报,奉旨:着照大江、黄河漂没之例,免其赔补。钦此。

一　雍正七年,北河大雨水涨,沿河空重漕船或水落浅搁,或船身濈散,粮米漂淌。经仓场总督奏闻,奉旨:大雨时行之际,河流骤长,沿河空重粮艘依次停泊,其适当缺口之冲,不及防范,被水漂淌,此非弁丁等有意疏忽之咎也,所有损坏船只、漂失米石,俱免其赔补,湿米亦着交收,免其更换,被水淹没受伤丁舵人等俱着仓场侍郎等查明,加恩赈恤。再将被水船只,每船赏银五十两,济其困乏,凡此免赔颁赏之处均系特恩,后不为例,该部知道。钦此。

一　雍正十一年,通州大雨水涨,空重漕船撞沉损坏者十只,漂淌者一十二只,经仓场总督奏请,照外河失风之例,米石赔补、船只赔造、淹毙人口于公费银内赏恤。奉旨:今年伏雨稍多,河流骤涨,以致损坏粮船十余只,尚非运官旗丁疏忽之咎,其漂失米石免其赔补,损坏船只亦免赔修,运官亦免议处。此朕体恤宽大之恩,倘将来运官旗丁等因有此番宽典,不加意防范,或有捏报巧饰等弊,一经察出,定行从重治罪,该部知道。钦此。

一　乾隆二年奉旨:济宁左帮旗丁杨镛奉拨蓟粮,雇募民船一只,装运米石抵次候兑,遭风漂没,虽在内河,例应追赔议处,但今夏伏雨过多,山水暴发,风狂溜急,人力难施,非平时疏忽者可比,其漂失米石免其赔补,运粮官弁不必议处,所有淹毙水手一名,照例赏恤。钦此。

一　乾隆二年奉旨:温州卫前帮旗丁余原章船只遭风沉溺,虽在内河,例应追赔议处,但今岁直属地方阴雨连绵,风潮并作,以致船只溜入海河,撞坏沉没,人力难以防范,非弁丁等疏忽之咎,其漂失米石免其赔补,损坏船只亦免赔修,运粮官弁不必议处,所有淹毙运丁照例赏恤。钦此。

一　乾隆三年奉上谕:据仓场总督塞尔赫等奏称,本年六月十八日有金衢所运丁池斯莲漕船在临清州地方,因连日大雨,水势汹涌,把总哈倯催促前进,以致撞石沉溺,失正耗米七百一十二石,带运临清砖三十块,淹毙副丁水手等五名。查里河漂流者无豁免之例,但此次实是因水大溜急,片板粒米无存,运丁以船为家,今家破人殒,力难赔补,理合奏闻等语。漕运船只在里河漂流者,虽有不准豁免之例,但念池斯莲船粮适值连雨之时,水大溜急,人力难施,把总又复催促前进,以致失事,兼伤人口,情实可悯,着将漕粮船只并免赔补,其淹毙副丁水手照例赈恤。钦此。

一　乾隆九年奉上谕:据仓场侍郎吴拜等奏称,本月初七日夜间风雨猛骤,外河水势陡长丈余，将兴武三帮旗丁郑士元、张暎、陈九如、郑子明漕船四只遭风碰坏，淹没人口，亏折米石，又兴武七帮旗丁蒋尧臣、杨俊崇回空船二只，八帮旗丁尹磻逸回空船一只，亦于是夜遭风碰击破损。虽因风起仓，猝不及提防，然疏忽之咎究亦难辞，应请将漂折漕米照例责令赔补，损坏船只责令赔造，押运官弁移咨吏兵二部议处等语。今年七月初旬暑雨滂沛，河流骤长，昏黑之夜，漕船被风，人力难以抢救，尚非运官旗丁疏忽之故。查雍正十一年六月间曾因风大水涌撞沉漕粮船只，蒙皇考圣恩免其赔补、赔修并官弁处分。今年情事与雍正十一年相类，着将赔补米石、赔修船只并官弁处分之处悉行宽免。倘将来运官旗丁等因有屡次宽典，不加意防护，或有捏报等弊，一经察出，定行从重治罪。钦此。

一　乾隆十二年，永新帮船在鄱阳湖遭风漂没，五船因存有残板，捞有湿米，与豁免之例不符，经总漕顾琮奏请令旗丁变卖家产，粮道将银解通，于来年余米内照数买补。户部覆准，奉旨江西永新所帮旗丁周梁共等五船漂没漕粮，例应照数赔补，朕念此次鄱阳湖风浪猛险，人力难施，若责令该旗丁补偿，情有可悯，着加恩免其赔补，将来不得援以为例。钦此。

一　乾隆十三年奉上谕：本年四月初间，湖南、江西运艘于桃源、宿迁地方遭风沉溺重船五十只，所有亏折米数例应旗丁买补，其船只亦应赔造，但念穷丁力量艰难，若令一时赔补，难免拮据，着加恩轸恤，其船只已满年限者，照例给价成造，未满年限者于道库内借给，令其及早成造，限以三年陆续还款，以舒丁力，至此次失风实非人力疏忽所致，运弁及汛地各官俱着免其处分。钦此。

一　乾隆十三年奉上谕：向来旗丁有余米每石三斤八合存贮仓内，按石给与价银，如有失风船只即以此项价银扣存抵补。今岁在淮沉溺船只应赔米石例应将此项余米抵补，朕念此项余米若遽行扣抵，不给价银，在旗丁等不无拮据，着暂免抵补，仍令旗丁等照数领回所有欠项，俟来年漕粮起运时，如数搭运缴还，以示宽恤，该部即遵谕行。钦此。

一　乾隆二十三年奉上谕：据庄有恭奏，川省运到米船十三只并湖南漕船四十五只湾泊武昌城外，于二月初九日陡遇暴风，江宽浪急，并各坏船八只，现在加谨抢救，查核米石数目，其川运米船应咨川督于各运员名下查参追赔，至湖南漕船沉失米数应勒令什军名下摊赔，所损船只亦令赔造，雇运所有押运员弁及该地方官应一并查参等语。该处船米已经停泊，押运员弁自应小心防护，但据所奏情节，实系风起仓猝，波浪腾涌，人力难施，向非防守疏懈救护不力者可比，所有沉失米石、损坏船只并着格外加恩，免其追赔，其押运员弁应行查参之处着一并宽免。钦此。

一　乾隆二十七年，安庆帮船截留新城，湾泊天津海河龙王庙地方，遭暴风打翻,漂没米石,淹毙人口,板片无存,漕督杨锡绂奏请船只责令赔造,米石于下年搭运。奉旨:米石船只照例豁免。钦此。

一 乾隆二十九年,江西永新帮旗丁曾彭周船在天津海口地方遭风沉溺,板木四散漂流,米石颗粒无存,经总漕杨锡绂奏请,先买本帮余米三百石交仓,其余六百石俟下年搭运。奉旨:知道了。钦此。

一 乾隆三十年,湖南头帮旗丁成忠船行至河成闸被大水漂淌,米石颗粒无存,经总漕杨锡绂奏请,漂失米石抵通日买完一半,其一半俟下年搭运。奉旨:如所议行。钦此。

以上失风各案。

一 顺治十二年,武昌卫旗丁周依谓漕船被火焚烧,部议以《议单》内无漕船失火免追之例,应照原烧粮石数目追赔。

一 顺治十二年,太仓卫运弁陶铭舜粮船一只,起米剥船二只,被回空船只失火延烧,部议火烧米石照数追赔,起火弁丁按律究拟,失火船只着落各丁赔造。

一 顺治十二年,江淮卫旗丁陈延庆等被火焚烧船十一只,绍兴卫延烧五只,部议米石照数追完,船只令各丁赔造。

一 顺治十八年,平山卫旗丁袁应选回空粮船停泊临清失火,延烧各卫漕船六十九只,部议押空官令该抚严行究拟,各船底料总漕设法赔补,以济新运。

一 康熙三十年,扬州卫旗丁陈如、陈沂二船被火,其船只请买补济运,节省岁修,部覆准行。

一 康熙三十三年,严州帮旗丁蒋瑞琮漕船止烧天篷,修艕完固,部议米石既无短少,交纳全完,其官弁处分应毋庸议。

一 雍正十年,河南后帮旗丁王恒回空火燎漕船一案,将随帮武举李士吉降一级调用,因非现任之员,无级可降,令将效力如何之处出具考语报部。嗣据总漕咨覆,李士吉办公勤敏,堪留效力,部覆照例革职,留标效力三年,无过准其开复。

一 康熙四十七年,湖南回空船只湾泊汉口两岸失火,延烧粮船二十一只,又湖北船四只。经湖督郭世隆题请,着落藉查私盐需索银两、勒令湾泊之守备王选赔造十一只,委令查盐之粮道成光赔造十只,湖北四只虽系应泊地方候兑之船,但粮道地方官并不速为救援,不便豁免,应着落地方官及粮道赔造,完工济运。

一 乾隆五年,湖北德安所漕船湾泊汉阳,黑夜因盐船失火延烧三只,巡抚崔纪奏请,应否着落粮道各官赔造?部议失火延烧皆因官丁玩忽,不实力救护,以致延烧,应着落各官丁名下分赔造运。

一 乾隆六年奉上谕:据总督仓场侍郎塞尔赫等奏报,长淮卫二帮船于三月初四日失火,焚烧军船五号,共计烧毁米豆二千二百零八石,大小男妇伤损十一口,押运官弁例应处分,米豆应着落赔补等语。朕览本内情形乃因时值昏暮,一船失火延及五船,风烈火猛,人力难施,情殊可悯,除将押运官弁照例议处,以儆疏忽外,其各船应赔米豆着加恩宽免。钦此。

一 乾隆十七年,湖北头帮粮船七只,因客船失火延烧,经巡抚恒文奏请,着落旗丁赔造,失防各官另行查参。奉旨:被烧粮船着官为修造,免其赔补,失防各官照例查参。钦此。

一 乾隆二十七年,江淮四九两帮湾泊凤仪门外,被柴船失火延烧,将起火之人分赔一半,该丁分赔一半,追齐银两交卫守备督造,勒限完工,其被烧丁船按出厂年第买补,雇募兑运,失防地方文武及该管员弁各职名咨报查参。

一 乾隆三十年奉上谕:据王检奏,湖南粮船停泊汉口镇守风,因盐船失火延烧岳州卫三帮船一十三只,经官弁兵役扑救,余船一百六十五只,俱保护无损,所焚粮石请照例于各船之旗丁什军名下追补,漕船照出厂年分着落赔造一折。焚失漕粮若由旗丁等不能小心防范、本帮不戒于火,自应按数着赔。今湖南粮艘停泊岸旁,盐船失火,风急延烧,非该丁等力能预防,所请应赔粮米漕船之处,俱着加恩宽免,其官弁兵役尽力救护可嘉,着查明出力之人酌量奖赏,该部即遵谕行。钦此。

一 乾隆三十一年奉上谕:据杨锡绂奏,滁苏帮旗丁汤圣之漕船在南皮沧州交界地方遇风失火,延烧张公九等三船,所有烧毁米石请令该丁等陆续买补等语。汤圣之遭风失火以致延及邻艘,究系防范不慎,自应令其照数买补完仓。至张公九、王登三、杨禹传三船,因别舟火起,仓猝延烧,并非疏于防护所致,若一体勒赔,于情理殊未平允,着加恩免其赔补,其汤圣之应赔米石分作两年完仓之处,着照该督所请,行折并发。钦此。

一 乾隆三十二年钦奉上谕:据杨锡绂等奏,扬州二帮粮船停泊清口之三草坝内,被洪湖拥下之冰铲破船三只,米石全行沉失,请于抵通时,着该丁每船买通帮余米三百石交仓,其余于来年新运赔足等语。漕船偶被冰凌迅下,船身铲破,人力难施,并非该丁防护不慎所致,所有沉失米石,着加恩免其赔补。钦此。

挂欠事例

一 弁丁挂欠米石承追、督催等官俱照经征督催淮徐等仓粮银例议处。(《议单旧本》)

一 《漕储则例》:运官欠粮至千石以上者,参送法司追比,千石以下者发漕司追比。顺治五年户部议定,嗣后无论千石以上、千石以下,俱行总漕转发粮道追比。顺治八年,漕督吴惟华题准,新运各官欠九分、八分者立正大法,籍其家产妻孥变抵,着本处道府掌印守备摊赔;欠七分、六分者,送刑部监比,并将各弁家产妻孥变抵,余亦着道府守备摊赔,赔完,本弁治以重罪;欠五分、四分者,送刑部监比,仍行原籍变产,免变妻孥,追完之日,本弁亦治以重罪;如欠三分至一分者,发回本处道府严追,完日免罪。本年户部又议准,漕运年来挂欠日多,自督抚以至押运各官,不可不悬一劝惩之法,除挂欠一分止追比,官旗经催各官免议外,其挂欠二、三分者,总漕、巡抚、粮道各官住俸催解,完日开复;如挂欠至四、五分者,各官降职一级,督催完日开复;挂欠至六分、七分者,各官实降二级改用,若一年粮运全完,总漕、巡漕以通漕论,巡抚、粮道以各省论,即与优升。又本年户部议准,选择运官必得素行谨慎,饶有身家者,令其押运,倘仍前委用积棍,以致挂欠,无计赔补,即行选委衙门官代赔。如一运全完,委用守备千总、百总俱准实授;二运全完,守备、千总、百总各照本职加衔一级;三运全完,守备实授都司,千总实授守备,百总实授千总。如有挂欠至一分、二分、三分者,发总漕追比;四分、五分者送刑部监追,仍行本处,将本弁家产变完充赔;六分、七分者送刑部监追,仍行本处,将家产妻孥变完;八分、九分者,将家产妻孥变完赔补,本官立行正法。至于旗甲虽无官爵,然自行侵欺者,亦从本人名下究追,仍照官欠分数行法。又顺治十二年户部议准,运官挂欠漕粮,责令总漕及各该巡抚粮道定限次年八月内追完起解,十分全完者,准与优升二级,过期不完,应照八年四月内题定《漕欠考成则例》议处。又本年户部议准,奸滑旗丁有欠至数百余石竟抛弃脱逃者,应照题定则例从本旗丁名下追究,仍照官欠分数行法。欠一二三分者,发总漕追比;欠四五分者,将家产变完充赔;欠六七分者,将家产妻孥变完充赔,本丁立正大法,仍令总漕每年于发淮追比之时分别欠数,研审明确,官旗一体严追,变卖充赔;欠多者一体行法。其未发淮者,请令仓场转行坐粮厅审明官丁欠数,分别严追,如奸旗侵粮脱逃,即咨报臣部行总漕衙门提究追拟,运官包揽卖放洒带代运者,一并查明重处。又本年户部议准,欠漕各官旧例欠八九分者正法,年来奏销从无欠八九分者,其节年挂欠自一分以上、七分以下,各官俱发南追比,然欠数止就原运十分而言,非就欠数十分而言。今议照现在实欠粮数算作十分,限次年八月内全完,分四限追比,如过限不完,除人亡产绝者,听该督抚查明奏请,着原选委衙门代赔外,其不完,欠数一二分者,杖一百,徒一年;欠三四分者,杖一百,徒三年;欠五六分者,发附近卫所充军;欠七八分者,发边卫所永远充军;欠九分者,拟绞;欠十分者斩,俱解送刑部立行问拟。承追各官有追究不力、行法不严者,总漕指名劾参,其经管追比道府等官照依考成漕粮旧欠之法,总漕以通漕论,巡抚粮道以各省论,道府厅以所辖之多寡论,除欠一分者责令严行追完免议外,欠二三分者,各官俱住俸催解,完日开复;欠四五分者,各官降职一级督催,完日开复;欠六七分者,各官实降职二级,送吏部调用;欠八九分者,革职为民。如有丁忧事故者,按时日计算,以在任之久近查追比之多寡,照例分别考成。奉旨:欠弁发南追比,原欠一分者与原欠十分者,俱以十分科算论罪。情法未协,且原欠几分者应追完,还职几分者应革职发追,亦须定例,以便推缺,续运通,着确议具奏。余依议,严饬行。钦此。户部复议,准运官挂欠,请仍以原运之数论欠,其原欠一分者,如系现任守千,降级,发追,追完还职,不完革职;欠二分者,革职,发追,追完免罪,不完杖一百,徒一年;欠三分者,革职,发追,追完免罪,不完,杖一百,徒三年;欠四分者,先责四十,发追,追完免罪,不完发附近卫所充军;欠五分者,责六十,发追,追完仍杖一百,不完,发遣边远卫所充军;欠六分者,责八十,发追,追完徒一年,不完者绞;欠七分者,责一百,发追,追完徒三年,不完者斩;欠八九十分者,立时正法,然后籍其家产妻子抵偿,如不足即提原金报衙门代赔。其追比之法以次年八月为限,承追道府各官务须设法勒比,如确系产尽力竭,方准解刑部拟罪,其未完欠数,仍行总漕着原选衙门赔补。顺治十三年吏科给事中朱绍凤疏称,清律所载监盗条例,凡漕运钱粮有侵盗银三百两、粮六百石以上者,俱照本律分别斩绞,今不论多寡概以十分为率,欠六分以上者死,欠六分以下即遣戍,徒杖有差,如领运一千欠五百石者,免死,幸矣!乃领运一万欠五千石,领运十万欠五万石者,亦得一体免死。今后旗欠宜论分官欠、宜论石,运官有欠至六百石以上者,照律拟死,旗甲仍按分定罪,俱监候追比,以一年全完准与减等。户部议覆,查前于议覆仓场王永吉条议追欠案内,以原运挂欠分数议定斩绞军徒等律,旗欠亦照官欠行法,覆奉谕旨:通行应照前究拟,但追比若不立与限期,则挂欠终无完日。今议凡欠粮,各官在通州追比,定限一年,务查照原欠多寡分别严追,每年终将原欠若干、追过若干、仍欠若干,一并造册题明。请旨:发南追比,亦定限一年,该总漕将通欠及追比过数目年终照例造册题明,仍有未完,勒限变卖家产赔补,一面将未完欠弁题送刑部,照例拟罪。如有延捱迟违,并经追官从重议处。康熙四十三年户部议准,粮船抵通挂欠,除押运厅官督押通省船粮鞭长莫及,仍照旧例议处外,其运弁督押帮船,是其专责,应严定处分。今以通帮粮米计算,如有挂欠不及一分者,责二十,革职留通,追比一年,如年限内不完,发南追比,追完,还职免罪,不完,杖一百,革职;欠一分者责三十,革职留通,追比一年,如年限内不完,发南追比,追完免罪,不完,杖一百,徒一年;欠二分者,责四十,革职留通,追比一年,如年限内不完,发南追比,追完,免罪,不完,杖一百,徒三年;欠三分者,责六十,革职留通,追比一年,如年限内不完,发南追比,追完,免罪,不完,发附近卫所充军;欠四分者,责八十,革职留通,追比一年,如年限内不完,发南追比,追完,仍杖一百,不完,发边远卫所充军;欠五分者,责一百,革职留通,追比一年,如年限内不完,发南追比,追完,仍徒一年,不完者绞;欠六分以上者斩,然后照例籍其家产,妻子抵偿,如不足,仍照例令原金衙门各官代赔。至于旗丁驾运一船即以一船粮米计算,如有挂欠不及一分者,责二十,革职留通,追比一年,如年限内不完,发南追比,追完,免罪,不完,杖一百;欠一分者,责三十,革运留通,追比一年,如年限内不完,发南追比,追完,免罪,不完,杖一百,徒一年;欠二分者,责四十,革运留通,追比一年,如年限内不完,发南追比,追完,免罪,不完,杖一百,徒三年;欠三分者,责六十,革运留通,追比一年,如年限内不完,发南追比,追完,免罪,不完,发附近卫所充军;欠四分者,责八十,革运留通,追比一年,如年限内不完,发南追比,追完,仍杖一百,不完,发边远卫所充军;欠五分者,责一百,革运留通,追比一年,如年限内不完,发南追比,追完,仍徒一年,不完者绞;欠六分以上者斩,然后照例籍其家产、妻子抵偿,如不足仍令金丁卫所、粮道、监兑州县各官代赔。康熙四十九年,因四十八年各省漕粮挂欠至一十八万余石,皆由粮道、监兑、押运等官不亲诣水次兑足上船,总漕于过淮时不行严查所致。经仓场题准,总漕、粮道等官若不将挂欠米石令其分赔,则漕粮挂欠万不能免,应将所欠漕粮于各欠粮内计算分数,作为十分分赔,总漕半分,粮道一分,监兑官半分,总押官半分,运官一分半,金丁卫所官半分,旗丁五分半分赔,均照例于限内赔完,如不完交与该部议处。其欠六分之运官,如限内赔完,减等发落,不完,照例秋后处决;其欠不及一分至五分弁丁,限内赔完,俱照例分别,应治罪者治罪,应免议者免议,如限内不完俱仍照例治罪,将此项不能赔偿米石仍着落总漕粮道等官赔偿。康熙五十一年九卿议准,押运丞倅一次挂欠者,降一级留任,二次挂欠者降二级留任,三次挂欠者降三级调用,仍照例分赔米石,其帮次无欠者,仍按次数递行加级议叙。康熙五十四年九卿议准,弁丁挂欠米石若照例留通追比,一年不完又发南分赔,恐挂欠之米不能早登天庾,自四十六年起至五十三年止,此八年挂欠米石今改为每石折银一两四钱,勒限一年解送,其已发南追比者,令总漕作速追赔,折银解送,其未经发南者,令仓场作速发南,亦令折银解部,似此有情愿交银者,令其交银,若不交银仍照旧令其交米,即行附搭运通,若限内不完,照例题参。再查仓粮关系紧要,嗣后弁丁挂欠米石,若令折银解送,恐不肖弁丁以折银为便,任意挂欠,以致天庾有亏,应照仓场所题,弁丁免其留通追比一年,自五十四年起,交粮挂欠旗丁令仓场拿交,运官即行发南,照四十九年九卿题定之例计算分数,作为十分分赔,总漕、粮道各官如限内不完,交与该部严加议处,弁丁分赔米石,限内不完,将弁丁照例治罪,承追之官严加议处,仍将弁丁不能赔补米石着落总漕、粮道等官赔补,赔完米石限次年即行附搭运通,如次年不行搭运,照例题参。康熙五十七年户部议准,浙省帮船四十六、七、八三年漕欠未完米石,自五十七年起,于各帮丁属额给行月粮内每船扣代捐米四十石,带运赴通交仓,如代输米石又致缺欠,将粮道等官交与该部议处,仍将缺欠米石照数着赔。康熙五十八年,仓场请将欠粮弁丁从重惩处,不许复运,户部议准,弁丁挂欠仍发南追比,照四十九年九卿题定之例作为十分分赔,赔完,次年即行搭运,如次年不行搭运,照例题参,从重惩处,不许复运。雍正元年奉旨:三十八年至五十年止挂欠者尽行宽免,五十年至五十八年止挂欠者暂停并追,五十九、六十、六十一三年挂欠者,如果几年之内能一齐赔还,朕亦施恩宽免,如仍延挨不肯竭力,将新旧一并严追,将谕旨抄写并所议之处一并速行张大有,俟议奏时议覆。钦此。嗣据张大有奏称,五十九、六十、六十一三年挂欠旗丁每年每船以所装应交米石作为十分计算,欠一分者限一年追完搭运,欠二分者限二年追完搭运,欠三分者限三年追完搭运,其挂欠三分以上者,恐三年不能全完,仰恳圣恩再宽限二年完搭,倘限内延挨不竭力完搭,将该弁丁严拿,新旧并追,仍将弁丁从重治罪,粮道卫备指参。部议,定例内抵通挂欠漕粮,仓场将弁丁题参发南,勒限一年追完搭运,前奉恩旨已属旷典,不便再宽作五年,应令总漕转饬各省粮道卫备,将挂欠一分、二分者,勒限一年追完搭运;欠三分以内者,勒限二年追完搭运;欠三分以上者,勒限三年追完搭运。如仍延挨,不行全完搭运,即遵旨,将新旧一并严追,仍将弁丁从重治罪,并照四十九年九卿原议定之例,着令总漕、粮道、押运官弁、佥丁卫所官丁分赔。奉旨:着照张大有所请分为五年完结,余依议。钦此。

按以上各例《全书》内系摘为各条,且有遗漏,今并为一条,挨顺年分,次第并然,便于查阅。

一 运弁搭解旧欠米石至通复有挂欠,仓场开列分数题参,照例处分,挂欠米石仍行照追。(康熙元年例)

一 搭解旧欠米石有本应粳米则以籼米搭解,与原欠米色不符者,粮道知府罚俸一年,领运千总革职。(康熙二十五年例)

一 搭解挂欠米石欠系三四百石者,许其交搭新运,粮道先取运官愿搭甘结缴院,庶彼此不得藉词抵塞,其自五百石以上者,不许搭解,必本欠官亲身押运抵通交兑。(康熙元年例)

一 顺治十年题准,嗣后粮道运务未毕,俱不升转,俟抵通销算明白,计该管漕米完十分者升二级,欠一分者罚俸一年,再运又欠一分者降一级调用,欠二分者降二级调用,欠三分者革职。前官丁忧事故,后官接管在未开帮以前,照例升罚降革,前官免议；开帮以后接管者，完十分升一级，欠一分罚俸六个月，欠二分降一级调用，欠四分革职，前官酌量议奏。

一　欠粮运官有于仓场未题之先已升任他职者，革职发追，俟完粮开复之日，照例补用。（康熙六十年例）

一　欠粮运官仓场即咨兵部开缺，俟限内全完，题请开复，另行补用。（雍正三年例）

一　挂欠弁丁发南追比，承追各官严查本弁本丁产业，估计变价，尽数完粮，不得听其株连扳害。（顺治九年例）

一　同帮运丁连名互结，如将赤贫之丁混行出结佥运，以致挂欠，不能赔补，将本丁应赔五分半之内，令互结各丁摊赔一分。（康熙五十一年例）

一　帮船抵坝兑米，如有挂欠之丁，坐粮厅勒限追完，仍行捆打；运弁及押运丞倅、督运粮道所管各帮船内，如有一丁挂欠，即限内全完，亦不准议叙。仓场将各省到通漕粮挂欠丁名、帮分于年底汇行造册，送部查考。（乾隆二十三年例）

《漕运则例纂》卷十五

奏销考成

仓漕奏销

一　漕粮征兑，总漕派发全单，取造军卫有司，额漕数目报部，如有未完，即行指参。（《议单旧本》）

一　轻赍、由闸、席片、板木、行月等项一应随漕钱粮，顺治十二年议准，经管各官逐款备造管收，除在清册、在粮道者，总漕按年奏销，在坐粮厅、大通桥者，总督仓场按年奏销。（顺治十二年例）

一　顺治十三年题准，漕粮例系仓场奏销，以后务将簠羡随漕各项转行坐粮厅开晰明白，另册移送户部查核。

一　顺治十八年题准，行月、减存、廪工、缺扣、备料、小修等银及追完漕欠皆解贮淮库，听总漕支解，而淮库收支竟无稽核，嗣后，应令总漕将各项银两分别四柱造册具题，每届年终，另行造册奏销。（此项银两于康熙二十七年题定，改解道库）

一　徐淮、临德、凤阳、江宁等仓向系部差监督兼管，一年任满，径行报部考核。康熙十年以后，陆续归并各粮道管理，其仓项钱粮奏销及各州县完欠考成，统令各粮道造册呈送，该管督抚报部查核。（康熙十八年例）

一　康熙二十六年九卿议准，各省存留银两有归入起运数内题报者，有不入起运数内另行题报者，或有咨报并无考成者，俱各互异。嗣后，存留项下在本省支用，并支剩者不作分数，随起运数内造册奏销，如支剩银内有未完者，照杂项钱粮例处分裁扣，充饷银两俱归起运疏内，总作分数考成。

一　江南省卫江、兴等帮水手银两向系布政司造报，行月本折钱粮向系粮道造报，康熙七年归并布政司造报，康熙十五年题定，江宁省卫本折行月钱粮总归江安粮道催征给发,造册呈送巡抚奏销。

一　苏松属州县额征加漕裁扣六升等银,原系供支苏松漕粮运军行月之需,旧例解交江安粮道给发报销。康熙三十二年题准,解交苏松粮道,总作完欠支给报销,江安粮道应行删除。

一　江南省减存、行月、廪工、备料、小修等项银两旧例各州县皆解贮淮库,总漕年终造册奏销。康熙二十七年题定,照江西、湖广等省之例停其解淮,径解江苏二粮道,归入漕项奏销案内题报。

一　各省漕项钱粮向系总漕来年奏销,康熙三十三年题定,照丁地钱粮之例于次年五月奏销,康熙三十五年题定,仍照旧例,来年三月奏销。

一　漕白二粮奏销及通济库钱粮奏销向未定有限期,雍正七年题定,于次年五月内造册具题,倘有因循逾限,仓场立即查参。

一　德州仓奏销考成旧例次年四月具题,康熙三十一年题定,于次年五月内依限奏报。

一　徐州、淮安、江宁、凤阳四仓钱粮奏销考成,旧例该管督抚于次年五月内具题,雍正十一年,安徽所属钱粮奏销题准展限一月,江宁、淮安、凤阳三仓俱于次年六月内题报,徐州一仓江督仍照原限奏销。

一　临清仓归并临清关差,康熙五十三年停差,监督交与山东巡抚专管,其仓项钱粮照监督例扣算一年,任满奏销。至各官完欠考成,该抚仍于年终题报,其循环印簿该抚照例差该仓经承赴部请领。

一　河南额解临、德二仓钱粮,康熙二十九年题归驿盐道兼理,其奏销考成该抚仍于年终具题。

一　奏销本年钱粮,将上年存剩钱粮作为旧管,本年已完钱粮作为新收,仍将管收除在另造简明清册送部。(康熙六十年例)

一　康熙二十三年九卿议准,各省地丁屯卫钱粮并各粮道项下银两逐款分造,收银若干,此内存留银两动过若干、支给何项、起运银两支解何处,并题请报部,年月逐一分晰开造,如致驳回,将该督照蒙混例处分,户部司员将册内所造不行详查完结,一并交部议处。

一　康熙六十一年题准,凡有分数钱粮限满之时,总漕饬各粮道一面将未完各官核参,一面将数目款项另具咨册送部,务于同日送到,以凭查核,议处会题。

一　雍正九年户部覆准,漕项钱粮奏销后,部驳各款应于四月限内按款登答,其未完钱粮通于年限内查明完欠,造册详咨,至一切收存及参后续完银两已造入春秋二拨册内,无庸又于年限外再加月限,以免重复。

一　雍正十一年户部咨行,奏销册疏内开明管收除在,总数疏内数目务与册造数目相符。

一　雍正十二年户部奏准,奏销案内未完钱粮例系扣满年限报参,指驳款项例系扣限四月,按款登答。雍正十年、十一年将各省漕项登答改为一年一次,具题未完银两、续完数目,令其岁底汇报并造入下次奏销新收及秋季、春季册内,案牍纷繁,彼此牵溷,反难查核,应将所定各条概行停止,仍照例扣满年限,催征已完者造入季报候拨,未完者扣算分数报参,至历年未完、项下续完若干、仍未完若干并动用存贮各数,令各该省分别年限,汇造清册,另缮题本,随本年奏销一并具题,毋庸造入现年新收及带征项下,所有指驳款项仍照旧例扣限四个月,各省概用咨文登答,俟一案全数登明,户部汇总题结。

一　有分数、年限、钱粮并盐课、芦课、漕项、织造等衙门事件仍照旧各为一疏奏销外,其凡不作分数,各项杂项钱粮通行归入地丁钱粮案内,一疏奏销。(律例内载)

一　本年奏销钱粮参后咨报全完,部议未经题覆,即于奏销案内扣除免议,其已经题覆尚未行文者,该部据咨改缮题本开复,若部议已经覆准,行文原参议处各官,俱令该管督抚具题开复。(雍正十二年例)

一　本年奏销钱粮参后续完例应具题开复者,嗣后续报全完,如一案内有现任及大员必须具题者,将去任并佐杂等官照例附题,若虽系大员,已另案革职,或仅止佐杂微员,该督抚将已完钱粮咨报户部查核,转咨吏部办理,毋庸一概具题。(乾隆十三年例)

一　各省漕粮未完例系巡抚咨参,漕项钱粮例由总漕奏销,惟浙江漕粮未完,间有巡抚、总漕两处咨参,恐致岐误,乾隆五年咨行,嗣后漕粮未完统归巡抚查办,漕项钱粮仍听总漕奏销考成。

一　钱粮未完,续完银米、解支数目例应造入随本节年奏销案内查核,惟漕项续完解支数目,或于道府年限案内造报,或于州县年限案内造报,错综散杂,茫无头绪。乾隆六年咨行,嗣后本年奏销行查各款仍于本年奏销案内声叙归结,其历年未完项下续完解支数目照例造入节年奏销案内具题,毋庸造入年限案内报部。

一　浙省漕项奏销向将本折月粮、廪工、永减、浅贡及本色漕截等款列为一册奏销,改折灰石等款单列一册奏报,轻赍、行折等款列为一册奏报,嗣因月廪、浅贡、永减、漕截、灰石及漕粮项下本色月粮支剩米折银两同灰石等款统于每年二月开征,乾隆五年咨准,本折月粮、廪工、永减、浅贡等款列为一册,漕截、灰石等款列为一册,轻赍、行折等款列为一册,其向来附入月廪等款册内之本色行粮一款改入轻赍行折等款册内,统算考成,并支剩米石均载入册。

一　苏松漕项奏销向止将起运数目题报,未将额征漕粮造入,嗣后应照江西、湖广之例,另造一册,汇入漕项奏销,具题查核。(乾隆十五年例)

一　搭运缓漕米石应给漕赠银米例应于随奏册内按年造报,至奏销案内系现年钱粮收除总数,未便将缓漕米石、应给漕赠银米一并造入,嗣后,搭运缓漕务将何州县补征、何年缓漕、应给漕赠银米逐一分晰造册,俟帮船开行后,先行专案送部,仍于奏销案内将给过银米造报开除,毋得仍前于奏销并随奏案内互行开报,致滋弊窦。(乾隆十九年例)

一　漕项奏销款项最繁,向来造报奏销,系按照原额,将节年升增并州县完欠,以及裁减官丁应扣行月、俸廪各数逐款胪列,甚属繁冗。嗣后,奏销案内以上年实征之确数,即为下年之定额,再将本年升增各数随款登明,至各项款目止开列奏销册首,银米各汇结总数统收、统除,应虚扣行月、俸廪等项归入实存项下,不必每款分别,即州县实征册内,凡银米完欠亦止各列一条,府总、道总一例如是。又随奏年限案内,州县完欠亦仿照办理,以归简易。至解支动用各款原有四柱简明两册可稽,简明则细列开销各款,四柱则总计一岁出纳,已极详明,若再于实征道府总内登注动款亦属重复,概行删除。(乾隆二十年例)

一　奏销案内动用钱粮有应俟别案题销之日报部查核者,倘别案或因他故驳查,每致奏销案内屡次登覆,嗣后应归别案完结之项,若动款数目既以相符,此案即准销结,不必登覆。(乾隆二十年例)

一　地丁、漕项原属两事,嗣后,各省遇有地丁展限,其漕项自应册报候拨。倘因地丁展限,漕项清册有碍难造报之处,应于展限咨内声叙缘由,注明"漕项一体展限"字样,预期报部,便于拨册内声叙。若咨部展限文内并不声叙,及清册逾限不到者,户部照例题参议处。(乾隆十六年例)

一　漕项随奏年限各册将上届册报某州县卫某某等款共银若干汇结,一总内已完若干、未完若干并列一条,米、麦、豆、石亦各结一总,登报完欠。(乾隆二十年例)

一　山东德州卫征收屯条银两,除批解藩库存留外,起解粮道库兑收,造入常丰仓项下,同各属额征折色银两均为给军济运之需,内岁支各卫运丁折色月粮并各帮造船折色月粮外,支剩若干每年均造入粮道奏销。(乾隆二十一年例)

一　东省堂邑等八州县应征盐钞银两系径解道库支军[1],由道汇册报销,所有聊城、濮州等十州县盐钞银两向例解府转解户部者,应统照堂邑等属之例,于乾隆二十七年为始,一体申解道库,凑支军丁各项钱粮之用,汇入漕粮项下一并造册报

销。（乾隆二十八年例）

【校记】

[1]《丛刊》本"军"下有"需"字。

一　地丁钱粮缓征漕项一体邀缓，若届奏销之期，所有漕粮项下未完银两于奏销册内声注，另归年限扣算，补报考成。（乾隆二十二年例）

一　粮道带印公出，不能依限奏销，例得请展，仍将不能依限造报缘由附疏声明。（乾隆二十二年例）

一　山东省山东前、河南前后、东平所等帮行月、折色等银向派临仓给领者，乾隆二十四年奏准，将临仓项下应给各帮行月、折色等项银两统归于粮道支放，本色米石令临清州兼管支放，饬令各州县将应解临仓银两征收解赴道库支放，支剩银两批解户部，仍将收支银两、米石缮造黄册奏销，与德仓分案题报，其循环簿毋庸由部颁发，总照德仓一例办理。至临清州应征临仓本色米石，除支给过往官兵口粮外，余剩米石变价解部动存，各数由临清州造报，粮道依限奏销。（乾隆二十四年例）

一　乾隆二十四年咨准，嗣后，漕仓钱粮统于本年奏销，核覆归结，其地丁案内所造漕项，凡自今以往年分准其就款开销，毋庸重复造报，以归简易。至安省地漕奏销亦应画一办理，并知照江督、苏抚、安抚，嗣后，凡关漕仓钱粮奏销报部，即将数目移付江南司，归于各本案查核归结，不但案牍简易，内外衙门均有裨益，且漕务一项统归云南司查核，于漕项钱粮亦昭画一。

一　浙省临安、於潜、昌化三县每年额征漕粮奏销册造每石折银五钱，又征搬挖脚价银两该县自行办交。孝丰县月粮米石奏销册造征给本色，历年相沿，造报在案，今虽有买米之名，实系粮户自行办运，每年奏销犹照旧式开造，以致名实不符。嗣后，於昌二县零星小户准其按照十月时价折征，官为办纳。孝丰白粮业经改征折色，而奏销册内仍以本色造报之处，即令一体更正。至富阳、新城二县零星小户未便输纳本色，亦令一例民折官办，饬令各地方官按照实价先行详定，并令于易知单内分晰开列，按数征收，每年造入奏销题报查核，仍饬办兑漕粮，照时给价，毋得扣减勒派滋弊。（乾隆二十六年例）

一　浙省温州卫赡运屯田派给宁、绍、温、处四卫，各丁兑粮在嘉湖水次，离屯窎远，不能亲赴执业，令该卫征收津银，分别解给，应照漕项钱粮之例一体考成，并将督催道府有无完欠于漕项余租奏册内分晰题报。（乾隆十二年例）

一　浙东各卫所屯田议增津租银两，各该卫照旧代征，批解验给，照依杂项考成，按年造册报销。（乾隆二十六年例）

一　江西屯田余租奏销应照漕项钱粮隔年奏销之例，于次年二月造报。

一　乾隆二十五年咨准,九江卫漕船原拨屯田内余屯二十三分半,又续垦屯田三分,共二十六分半,每年应交屯租银五十三两,既经归入漕船征解,其造入濠地二租每年奏销册内之数,应照数删除。

一　乾隆二十七年户部奏准,嗣后,遇有恩旨蠲免积欠钱粮,总以奏销截数为年限。

一　漕项银两总漕衙门系来年奏销,而轻赍银两系应先漕解通,州县往往催征迟延,乾隆二十九年题准,浙省应征轻赍银内统限岁内全完,于次年起解轻赍时,悉行委员解通,如有未完,即由抚臣核明分数参处,仍于开参后另扣限期,并有无续完银两逐一移会总漕,入于奏销案内声明,报部查核。

一　乾隆二十四年吏部咨行,嗣后,不入举劾各官册籍并军政平等以及各项达部册籍均以一尺为准,每页二十四行,每行二十二格,尽留抬头三格,起行十九字,次行低一字,照例造送,至各项进呈册籍,亦应一体酌定。查从前吏部纂修则例及现在户部三库奏销所造黄册,均系长一尺,宽六寸,缮写进呈,嗣后,应照此式一例办理。

仓漕考成

一　顺治十八年题定,淮徐等仓钱粮、芦课钱粮及驿站屯粮并运官发南追比钱粮,州县各官初参,各仓粮银欠不及一分者,停其升转;欠一分者,罚俸六个月;欠二分者,罚俸一年;欠三分者,降俸一级;欠四分者,降俸二级;欠五分者,降职一级;欠六分者,降职二级;欠七分者,降职三级;欠八分者,降职四级,以上俱戴罪征收,停其升转,完日开复。欠九分、十分者,革职。(《议单旧本》)

布政使、粮道知府、直隶州知州初参,各仓粮银欠不及一分者,停其升转;欠一分者,罚俸三个月;欠二分者,罚俸六个月;欠三分者,罚俸一年;欠四分者,降俸一级;欠五分者,降俸二级;欠六分者,降职一级;欠七分者,降职二级;欠八分者,降职三级;欠九分者,降职四级,以上俱戴罪督催,停其升转,完日开复,十分者革职。(《议单旧本》)

巡抚初参,各仓粮银欠不及一分者,停其升转;欠一分、二分者,罚俸三个月;欠三分者,罚俸六个月;欠四分者,罚俸一年;欠五分者,降俸一级;欠六分者,降俸二级;欠七分者,降职一级;欠八分者,降职二级,俱戴罪督催,停其升转,完日开复。(《议单旧本》)

署印官初参,各仓粮银欠不及一分者,停升;欠一分、二分者,罚俸三个月;欠三分、四分者,罚俸六个月;欠五分、六分者,罚俸九个月;欠七分、八分者,罚俸一年;欠九分、十分者,降一级调用;不及一月者免议。(《议单旧本》)

州县各官参后,各仓粮银限一年全完,如限内不能全完,原欠不及一分者,罚俸一年;欠一分、二分者,降三级调用;欠三分、四分者,降四级调用;欠五分、六分者,降五级调用;欠七分、八分者,革职。(《议单旧本》)

布政司、粮道知府、直隶州各官参后,各仓粮银限一年半全完,如原欠不及一分,限内不能全完者,罚俸一年;欠一分、二分,限内不能全完者降三级调用;欠三分、四分,限内不全完者,降四级调用;欠五分、六分,年限内不全完者,降五级调用;欠七分、八分以上,年限内不全完者,革职。

巡抚参后,各仓粮银限二年督催全完,如限内不完,原欠不及一分者,罚俸一年;欠一分、二分者,降二级调用;欠三分、四分者,降三级调用;欠五分、六分者,降四级调用;欠七分、八分者,降五级调用;欠九分、十分,革职。其接征、接催官员俱以到任之日为始,州县亦限一年,布政使、粮道知府亦限年半,巡抚亦限二年催完,如不能全完,题参之日,照现在未完分数,以初参例处分。至带征积年拖欠之大小各官不便与经征官一体,应限二年内全完;如二年内不全完,俱以定例照各职任处分。

一 康熙二年题准,临德二仓米麦改征折色解部,不完,将催征大小各官照顺治十八年题定则例议处,再限四个月全完;如不完,亦照顺治十八年题定再限未完例议处。(按:顺治十八年题定例内有"淮徐"等仓字样,则临德二仓其本色米麦催征考成自亦在内,此条系米麦改征折色,故云照顺治十八年之例,惟再限四个月与限一年之处不同。)

一 康熙三十三年题准,淮、凤、徐三仓本色改征折色解交粮道给发,旗丁余剩银两照数解部,其各州县完欠考成照德仓例,归粮道造报,此三仓即交与地方官收贮积谷。(此条亦因改征折色,故云各州县完欠考成照德仓例,归粮道造报)

以上仓粮参限。

一 顺治十三年题定,各省漕粮经征州县卫所各官初参,未完不及一分者,免议;一分以上者,罚俸六个月;二分以上者,住俸;三分以上者,降二级;四分以上者,降三级;五分、六分以上者,革职,俱戴罪催征,完日开复。

一 各州县卫所等官征收漕粮分数不完,初参勒限一年征完,如仍逾限,不能征完,加倍议处,应罚俸者住俸,应住俸者降二级,应降二级者降四级,应降三级者革职,俱令其戴罪征收,完日准其开复,应革职戴罪征收者实降二级调用。

一 康熙十年题定,各省漕粮督催粮道知府等官初参,未完不及一分者免议,一分以上者罚俸三个月，二分以上者罚俸六个月，三分以上者住俸，四分以上者降二级，五分以上者降三级，六分以上者革职，俱戴罪督催，完日开复。

一　各省粮道知府、直隶州知州等官督催各该属漕粮分数不完，初参勒限一年半督催征完，如仍逾限不能催完，加倍议处，应罚俸三个月者罚俸六个月，应罚俸六个月者住俸，应住俸者降二级，应降二级者降四级，应降三级者革职，令其戴罪督催，俟各属征收完日，准其开复，应革职戴罪督催者实降二级调用。（按《吏部则例》内，此例系指江属地丁项下额征本色米豆，各属因漕白二粮考成较严，是以先尽起运，其余米石向系汇入地丁内奏报合算，并未立有处分，以致催征不紧，每多逋欠，因将江省本色米豆自雍正十年起停其汇入地丁折色之内，按额核作十分，每年于十一月初一日开征起至次年三月底，以六个月计算，如有完解不全，将已未完数目开列职名，一并另册题销，将经征、接征各官按照未完分数议处，其初参、二参俱与《全书》内漕粮例相同，其署印官则照淮徐等仓钱粮署印官例处分。查《漕运全书》内载此例，州县初参、二参系顺治十三年题定，粮道知府初参、二参系康熙十年题定，则是各省原有漕粮考成定例，而雍正十年，又因江省米石原在地丁项下考成，摘出另册题销，其处分即查照漕粮之例定议，惟勒限系六个月，与漕粮微有不同，添出署印官照淮徐等仓署印官例处分一段耳。）

以上漕粮参限。

一　康熙二年题定，各省随漕轻赉等项钱粮经征州县卫所各官初参，欠不及一分者停其升转，罚俸一年；欠一分者，降职一级；欠二分者，降职二级；欠三分者，降职三级；欠四分者，降职四级，俱戴罪征完；欠五分以上者，革职。

一　督催粮道知府、直隶州知州初参，欠不及一分者停其升转，罚俸六个月；欠一分者，罚俸一年；欠二分者，降职一级；欠三分者，降职二级；欠四分者，降职三级；欠五分者，降职四级，俱戴罪督催；欠六分以上者，革职。

一　巡抚初参，欠一二分者，罚俸三个月；欠三分者，罚俸六个月；欠四分者，罚俸一年；欠五分者，降俸一级；欠六分者，降俸二级；欠七分者，降职一级；欠八分者，降职二级，俱戴罪督催，完日开复。

一　随漕轻赉等项钱粮参后，州县卫所官限一年，粮道知府限年半，巡抚限二年，年限内不完者不复作分数，照原参分数处分，州县官原欠不及一分、年限内不全完者降一级留任，再限一年戴罪征完，如又不完，降一级调用；原欠一分，年限内不全完者，降三级调用，如果能征完至八九厘者，降三级留任，再限一年征完，如仍不全完者，降三级调用；原欠二分，年限内不全完者降四级调用；原欠三分，年限内不全完者降五级调用；原欠四分以上，年限内不全完者革职。（如果能催征以下五句

系照《吏部则例》添入）

一　随漕轻赍等项钱粮粮道知府、直隶州知州等官参后年半限内不全完，巡抚参后二年限内不能全完，原欠不及一分者降一级，仍戴罪督催，其余俱照州县例处分。其接征、接催之员俱连前官总作十分，以到任之日为始，接征州县等官限一年，粮道知府等官限一年半，巡抚限二年催完，如不能完，题参之日仍照初参例处分。（其余以下系照《吏部则例》添入）

一　康熙四年题准，江南、浙江二省修造漕船，浅贡、运官、廪工、民七料银六升米折，及苏、松四府协济寿、淮、扬、镇等仓钱粮俱并入轻赍等项之内，总作十分考成。

以上随漕参限。

一　地丁钱粮经征州县官欠不及一分者，停其升转，罚俸一年；欠一分者，降职一级；欠二分者，降职二级；欠三分者，降职三级；欠四分者，降职四级，俱令戴罪征收；欠五分以上者，革职。

布政使、粮道知府、直隶州欠不及一分者，停其升转，罚俸半年；欠一分者，罚俸一年；欠二分者，降职一级；欠三分者，降职二级；欠四分者，降职三级；欠五分者，降职四级，俱令戴罪督催；欠六分以上者，革职。

巡抚欠不及一分者，停其升转，罚俸三个月；欠一分者，罚俸一年；欠二分者，降俸二级；欠三分者，降职一级；欠四分者，降职二级；欠五分者，降职三级；欠六分者，降职四级，俱令戴罪督催；欠七分以上者，革职。

参后州县官限一年，布政使、粮道知府、直隶州限年半，巡抚限二年，其年限内不完不复作分数，照原参分数处分。

州县官原欠不及一分、年限内不全完者降一级留任，再限一年催完，如又不完，照伊所降一级调用；原欠一分、年限内不全完者降三级调用，如果能催征完至八九厘者降三级留任，再限一年督催，如仍不全完者降三级调用；原欠二分、年限内不全完者降四级调用；原欠三分、年限内不全完者降五级调用；原欠四分、年限内不全完者革职。

巡抚、布政使、粮道知府、直隶州原欠不及一分者，限内不全完，降一级，戴罪督催，再限内不全完，降二级，戴罪督催，二限内仍不全完者，降三级调用。

卫所官员原欠不及一分钱粮，再限内不全完者，降一级戴罪督催，三限内仍不全完者降一级调用。

接任、接催官以到任之日为始，州县卫所限一年，布政使、粮道知府、直隶州限年半，巡抚限二年，催完；如不完，题参之日，照现在未完分数以初参例处分。（此条

已并入仓粮参限）

一 随漕轻赍等项钱粮经征督催不完,初参限满,照地丁钱粮例处分,漕白二粮亦照此例。（律例内载）

以上地丁参限。

（查《全书》内原未载地丁之例,因律例内一条以轻赍、漕白等钱粮俱照地丁例处分,是以,将地丁之例一并列入,但查随漕轻赍例内,巡抚、布政使、知府、直隶州初参后,原欠不及一分,止云降职一级,戴罪督催,而地丁例内,原欠不及一分则降职一级,督催之下有再限内不全完降二级,督催三限内不全完降三级调用之不同。又接征、接催官随漕轻赍例内系连前总作十分限满,不完仍照初参例处分,而地丁例内系限满不完照现在未完分数以初参处分,微有不同。查漕粮例内,原欠不完之降职一级,戴罪督催,既与地丁同,则再限、三限自与地丁一例,不过未及详载。惟接征、接催官地丁内不总作十分,而以现在未完分数照初参处分,随漕轻赍例内则总作十分,限满仍照初参例处分,此处微有分别。）

一 康熙四十一年题定,经征、经催各官初参,未完不及一分以上者,年限内虽有续完不作分数,仍照原参未完一分之例降三级调用,今酌量改轻,除初参未完不及一分及二分以上者仍照例议处外,其初参未完一分以上者,年限内能征完八九厘,即照未完不及一分之例降级留任,再限督催,如不全完仍降三级调用。（此条已并入轻赍地丁二条内）

一 直隶州知州经征本州钱粮参后未完,照州县官一年限例议处督催,各县钱粮参后未完,照道府年半限例议处。（康熙六年例）

一 署印官在任不久,不必停其升转,欠不及一分者,罚俸三个月;欠一分者,罚俸六个月;欠二分者,罚俸九个月;欠三分者,罚俸一年;欠四五分者,降一级调用;欠六七分者,降二级调用;欠七八分以上者,革职,不及一月者免议。

一 苏松钱粮最为繁剧,例内署印官经征钱粮,欠一分至二三分者,止于罚俸,欠至四五分者始降一级调用,今酌量改重,除未完一二分者照定例议处外,如有欠至三分以上者,即降一级调用。（康熙四十一年例。此条专指苏松一省）

一 地丁钱粮、随漕轻赍并漕白二粮未完,署印官催征、督催处分,俱照正官例议处,署印不及一月者免议。（署官既照正官一例议处,则前二条俱已不行）

一 现年内,经征督催钱粮作定十分,或一官经管,或数官经管,总作十分内计算,照经征、督催例处分,不必另作十分。

一 康熙二年题定,接征、接催官俱连前官总作十分,以到任日为始,限半年催完,如不能完,题参之日,照初次分数例处分。（随漕轻赍内系并入此条）

一　漕项、仓项年限钱粮接征、接催官员,康熙二年题定,到任日为始,限半年催完。康熙十四年题定,接征州县等官亦限一年接催,道府、直隶州知州亦限一年半接催,巡抚亦限二年,如有未完,照初参例议处。(载在《会典》)

一　接征、接催漕项钱粮年限内不完,旧例不复作分数,即照原参未完分数处分。康熙三十四年题定,凡有分数,钱粮俱将接征、接催之官已完分数扣除,照现在未完分数议处。(地丁内系并入此条。按随漕轻赍之例系康熙二年题定,接征、接催官连前俱总作十分,亦系二年之例,其并为一条原是一时之事,至接征、接催官将已完分数扣除,照现在未完分数议处,系康熙三十四年之例,而《吏部则例》内并入地丁,岂地丁定例在三十四年乎?)

一　康熙四十四年题定,苏、松、常、镇等府地丁漕项钱粮,如于奏销时完至九分以上者,其接征未完旧欠钱粮于年限覆参,降级调用之例改为降级留任,再限一年催征,如仍不完,即照所降之级调用,督催各官亦照此例议处。

一　雍正十年题定,江南漕项钱粮接征之员于覆参限满未完时,如本任应征一分年额通完,惟前任遗交钱粮未完,将该员降级调用之处改为降级留任,再限一年征完,如仍不完照所降之级调用。(以上二条约略相同,惟九分以上及本任一分年额通完稍异)

一　催征漕项钱粮大小官初参分数有在赦前、赦后者,年限内将赦前所欠全完,止照赦后未完处分,如赦前所欠未完,仍合赦后分数,一并处分,如初参分数俱在赦前,年限内未完,仍以初参例处分,如限内又遇赦者,扣除赦前月日,止以赦后月日计算,若年限满日,查明题参,照例处分。

一　参后年限已满,巡抚将自欠原参分数及粮道等官分数不行查参,察出,照原参分数加等治罪。(康熙二年例)

一　漕粮改折银两与随漕项下钱粮,总漕照例分晰,各作分数题参。(康熙十四年例)

一　州县等官征收漕项钱粮年限考成,漕运总督接限咨参于各员名下,将初参、二参之处,分晰注明,以凭核议。(乾隆十八年例)

一　催征改折白粮银两限六个月全完,如有不完,经征督催各官照地丁考成例议处,再限六个月全完,如限内又不完,照地丁钱粮限满例分别处分。(律例内载)

一　乾隆二十九年咨准,浙省催征漕白粮银两照上下两江之例,亦于十月内按照六分之数完解道库,如解不足数者,即按名指参,罚俸六个月,再限六个月解完六分之数,如仍不完,罚俸一年。(上二条俱定限六个月,但处分一则照地丁例一则,不过罚俸六月、一年不同)

一　雍正八年议准,江苏积欠统计所欠之数,州县官均作十年、十二年、十五年,按年分征造报,其有不按年追完者,承追官降职二级,仍令同次年分数戴罪并征,征完开复,不完即降二级调用,如能征过旧欠一分以上者纪录二次,二分以上者加三级,三分以上优典议叙。该管上司不上紧催追,以致积欠难清者应照督催轻赍钱粮例,巡抚欠一二分者罚俸三个月,司道府、直隶州欠一分者罚俸一年,仍同次年分数并催通完,如仍不完,巡抚罚俸六个月,司道府州降职一级,督催完日,准其开复。(此条专指江苏积欠)

一　各官应征钱粮民欠未清,该督抚题请革职留任者,勒限一年催完,准其开复,不完革任,按其未完分数,照收粮违限律议罪,督催各官照例议处,本员留于该处与新任接征之员再限一年催完,如又不完即将该员照所议治罪,接征官照例议处。倘有实系侵挪而称民欠,该督抚不能觉察,题请革职留任者,一经发觉审实,将该员即行正法,其题留督抚亦从重治罪。(雍正五年例,此条各省通行)

一　仓场督收各省起运漕粮,旧例除带运米石不算外,其扣收旧欠余米算入正运数内总作十分,完至九分八厘者照常考核,完至九分九厘以上者纪录一次,比及三年全完至九分八九厘并十分全完者加一级,十分之内,欠五厘以上至一分者罚俸一年,三年连欠五厘以上至一分者降一级督催。(康熙二年例)

一　坐粮厅经管各省起运漕粮,旧例除带运米石不算外,其扣收旧欠余米算入正运数内,总作十分,完至九分八厘者照常考核,完至九分九厘以上者优升,十分之内欠六厘以上不及一分者罚俸六个月,欠一分以上不及二分罚俸一年。(康熙二年例,近年漕粮俱系抵通全完,并无挂欠)

一　催征钱粮大小各官有别案革职、降调、丁忧,未经催完离任者,俱罚俸一年。(康熙二年例)

一　降俸、降级、革职等官未经离任之前,拖欠钱粮全完,准其开复。(康熙二年例)

一　催征钱粮大小各官或因事故离任,按其所欠分数应虚降虚革者,俱照离任官例罚俸一年,至革职者仍行革职。(康熙十年例)

完粮[1]议叙

一　漕运总督督运各省漕粮,以通漕计算,十分全完者旧例加升二级。康熙八年题准,以后督抚催粮劝垦加级纪录之例应行停止。康熙四十九年题准,仍照往例加升二级。

【校记】

[1]《丛刊》本作"漕"。

一　各省巡抚经管漕粮完欠,俱照粮道例议叙议处。康熙八年停止议叙,如有未完仍照粮道例处分。(《议单旧本》)

一　江南、浙江、江西起运漕粮数多,经管各粮道十分全完者,旧例加升一级。康熙四十九年题准,改为加二级。

一　山东、河南、湖北、湖南起运漕粮数少,经管各粮道十分全完者,旧例纪录一次。康熙四十九年题准,改为加一级。

一　江南、浙江、江西漕粮数多,随漕项繁,催征州县等官本任年内全完者,纪录一次。山东、河南、湖广漕粮随漕事少,催征州县等官本任二年全完,纪录一次。(康熙四年例)

一　催征漕项官员到任未及两月,并二官经征全完者不准议叙,其本年内全完各官交部照例议叙。

一　押运同知、通判管押漕粮旧例全完者,纪录一次。康熙五十一年题定,押运同知、通判一次无欠者加一级,二次无欠加二级,三次无欠者,不论俸满,即升一次;挂欠者降一级留任,二次挂欠者降二级留任,三次挂欠者降三级调用,所欠米石仍照例分赔。

一　运官到通粮米全完,缘事罣误,非系贪赃失守有干大计及隐匿逃人重罪,该部酌量分别,以鼓完粮,应开复者题请开复,应升擢者咨请升擢,应降罚律究者立即降罚律究,户部移咨吏兵二部查办。(顺治十四年例)

一　运官领运漕粮,交纳、销算、买补以及随帮代运全完者不准议叙。(顺治十七年例)

一　粮船阻冻天津,漕粮受收进仓非本年内全完,至隔年始行运竣者,粮道、押运等官不准议叙。(康熙八年例)

一　运官领运漕粮旧例,江南、浙江、江西、湖广粮多路远,一运、二运、三运全完,每运加衔一级。山东、河南粮少路近,一运全完,纪录一次;二运全完,纪录二次;三运全完,加衔一级。

一　康熙五十一年题准,江浙积欠之帮,二运全完,其次挂欠之帮,三运全完,别帮五运全完,俱准其即升。

一　雍正元年题准,领运千总一运全完加衔一次,二运全完加衔二次,三运全完,毫无事故,从优议叙即升。其江浙积欠之帮仍照旧例,二运全完准其即升,运弁不职,怠惰,即行咨参。(查从前帮船积欠最多,是以,二运全完即与以优叙,近年通漕俱系抵通全完,从无挂欠,此例不行已久,存之以备查考。)

一　乾隆二年奏准,运粮卫弁,江浙等远省一运通完,加衔一次,二运通完加衔二次,三运全完议叙即升,不得复请加衔,至三运后仍准按运加衔。豫东二省员弁一运通完纪录二次,二运通完加衔一次,三运通完纪录二次,四运通完加衔一次,五运通完纪录二次,六运全完即升,亦不重请加衔,至六运后,仍照前相间纪录加衔。

一　部发重运武举向与领运千总一体议叙,并无攸分,亦无远近之别,乾隆二年奏准,重运效力武举领运江浙等远省,每运全完于补官日纪录二次,运豫东近省漕粮每运全完于补官纪录一次,三运全完咨部注册推用。

一　乾隆四年题准,豫、东二省轮运蓟粮通判一员,押运全完,照例议叙。又轮运蓟粮千总二员每运全完照山东、河南近省之例议叙。

一　乾隆八年题准,漕运员弁因公罣误,应降调者,如本运议叙,准其抵销,其前运应加之衔,概不准抵。

一　卫所千总升用卫守备,无论有无纪录,俱给以原衔,管事不准加衔,其有纪录者准其带于新任。

一　领运千总至第六运应议叙即升,发遇漕粮截留五百里以外,应照例止准其纪录一次。(乾隆十三年例)

一　乾隆十七年咨准,卫所守千领运全完,将应得议叙,蒙溷重复呈请者,照不应轻私罪律罚俸九个月。

一　乾隆十八年奏准,运粮卫弁领运全完原系照军功例从优奖叙,今将加衔改为加级,准其随带所有议叙纪录,即升之处仍照旧例遵行。

一　运弁完粮议叙向由各粮道详请,乾隆二十六年咨准,嗣后令各运弁完粮呈缴全单之时,即具呈径报总漕咨请,不必由粮道转详,致滋迟延。

一　康熙四十六年奉上谕,谕户部:朕屡次巡视南河,凡所过地方遇有各省粮船务加询问,备悉其长途挽运之事,看其每船额粮数百石全责成于旗丁,旗丁管领重运,涉历江河,经行数千里,方始抵通,身家性命攸关,其责甚巨,且又交纳入仓,设有粮数欠少则处分追赔,定例甚严,即有示惩处分之例,则不可无赏劝之典。今如各营兵丁内有人材壮健、勉力报效、拔补将令者甚多,旗丁中有历运五十四年者,累岁积劳奉公,若不定以议叙之例,则希荣无阶,众丁何所鼓励? 嗣后,凡有领运照数全完者,应行总漕奖赏若干,额足粮数之外有多交者,计算米数并领运次数议叙,授以职衔,庶各帮运丁皆踊跃,而不肖之徒侵蚀亏损之弊可以渐止,此朕破格忧恤旗丁、裨益漕务之至意,尔部即遵旨会同兵部详议定例,具奏。钦此。部议:各省运粮旗丁限内过准抵通米石全完者,总漕赏给花红,如额粮之外三运陆续多交米至一百石者,仓场咨部注册,六运多交米至二百石者,给以顶带荣身,其出运二十年虽无多交米石,并无挂欠及过犯事故者,亦给九品顶带,以示优恤。

一 乾隆二十年题准,旗丁完粮二十年,例应请给顶带,俱应呈明粮道确查详请,总漕咨部核覆,不必再赴坐粮厅衙门呈报。

仓库盘查

一 各省粮道存库钱粮于年终及离任之日责成藩司亲身盘查出结,如有亏空,立即揭报,该抚题参。倘出结之后查出亏缺,并将藩司及该道照新定交盘例议处。(康熙二十八年例)

一 各省道库一应收支钱粮随时知会藩司备案,奏销时,将支销存剩各数造册移司盘查,出结报部。(雍正十一年例)

一 各粮道新旧交代,任内收支钱粮向系咨部查核,雍正十一年题定,照布政司交盘例,该管督抚造册具题。

一 各省粮道库实存钱粮照司库例,每年春秋二季造册报部,听候拨解京饷。(雍正四年例)

一 漕项钱粮系挽运急需之项,司府州县等官如将征完银两挪动给发别项支用者,该粮道立即详报总漕,指名题参。(康熙六年例)

一 江安布政司衙门征收上下两江应解南屯米麦豆石,旧设仓厫,俱系吏役经收支放,雍正六年题准,添设仓大使一员,稽查管理,乾隆二十五年题定,安徽布政司移归安庆府驻扎,添设江宁布政布政使一员,分辖江宁、淮安、扬州、徐州、通州、海州等府州属,其南屯各项米石仍照旧批解江宁仓收支。

一 德州原设常丰、德州二仓,临清原设临清、广积、常盈三仓,年久坍废,雍正十年截留南漕,题准临清、德州各添新建厫六座,责成粮道督率临德二州加谨盖藏,年底盘验,取各该州实贮印结送部,并令常丰、临清二仓大使巡查看守。乾隆二十四年题准,将临清仓大使裁汰仓务交与临清州兼管,给丁本色米石仍照旧赴仓支给,其折色银两各州县征解粮道库支放。

一 各州县钱粮仓谷如有亏空,该管道府州如平时盘查不实,直至离任身故,事已败露,始行查参者,无论揭报与否,将该管道、府、州以失察附参,虽无徇隐情弊,仍照失察属员侵挪亏空例议处,并责令分赔。(乾隆十二年例)

一 各州县亏空道府,俟其离任始行查揭者,原议照失察例均降四级调用,但巡道有盘查知府、直隶州之责,失察府州亏空原有降四级调用处分,若失察州县又

与知府一体降调,殊无分别,嗣后,道属州县亏空,该道不预行揭参者,降一级留任。(乾隆十四年例)

一　湖南、浙江、江西各粮道每年将漕项实存银两春秋二季拨册,照江苏等省之例,详送各该抚咨部,仍照册造送总漕衙门备查。(乾隆二十年例)

一　各省粮道库州县应解、应给银米原为起运漕粮之费,或任意迟延,或移催卫帮,不即支领,即于各本案内将道县卫迟给、迟领各职名确查附参。(乾隆四年例)

一　江南省造送春秋二拨册并解部银两款册开列总数之下,将逐款细数分注明白,不得笼统开造。(乾隆五年例)

一　浙省额征漕项银两、月粮、廪工等银定于次年二月开征,其本年应给丁各项银两于道库减存银内酌留垫给,下年征还归款,统于每年秋拨册内分晰登明,并于奏销册内将往例起征月日一并改正。(乾隆二年例)

一　浙省杭、嘉、湖三府漕粮系军代民运,故有贴赠一项,每石征九八色银三钱四分七厘,名曰漕截,按数给军起运,又每两加耗二分,抵给运官养廉,例于每年十月开征,勒限两月全完,为期甚迫,且银色九八各州县有照地丁收耗并收足色纹银者,乾隆三年题定,正耗通扣滩算,总以正耗一两内将九钱八分给军,将二分解司为运弁养廉,定于每年二月征收,秋后先尽漕截九八折净之数以纹银给发,倘有额外加耗及缺误扣克情弊,即严行揭参。

一　浙省漕粮项下有灰石一项,白粮项下有食米折银一项,向系同漕截并征解道,今漕截正耗统征分解,将灰石及食米折银与漕截一例同地漕统征足纹解部,耗羡解司,灰石一款同漕截造入漕项奏销,食米折银一款造入白粮奏销各案内。(乾隆三年例)

一　浙省本色行粮每船给食米十五石外,支剩米石每石折银一两二钱解部,向例随漕十月开征,乾隆四年题准,将应支本色行粮随漕开征,给丁起运,支剩折色银两并入地漕,二月统征,若增船一只,折色银内动支十八两,买米给军,减船一只,于本色米内支十五石易银解部。

一　拨解漕项钱粮例系粮道具批,委员解部,不得移咨藩司,汇同地丁并解。(乾隆五年例)

一　定例钦部案件限四个月报部,惟行查总漕事件者,不能按限完结,嗣后,部件照例依限查报,如有迟延者,漕督即将该粮道咨参。(乾隆五年例)

一　内部题覆后行文各省督抚事件,嗣后俱设簿稽查,回文扣限查参。各督抚等题覆疏内亦应将此案于何年月日接准,部文起于何年月日,限满曾否逾限,及系何员迟误之处，分晰声叙。如有不能依限完结者，照例请展，若不预请展限，经部催二次仍不题覆，仍行查参，将该督抚等交部议处。（乾隆十年例）

一　各衙门报解银两物料，嗣后，一律备具文批，责令该解员役赍领文批，照依朱限日期，先行赴科交投，俟获有部批，实收送移，一并查对。倘再有任意违例办理，经本科查出，定行指名题参。（乾隆二十一年例）

一　州县交代钱粮仓谷于原例限两月之内，旧任官造册以二十日为限，新任官查核转造以四十日为限，其例得展限者，均照加展月日递算分扣，倘有逾限迟延，照例分别开参。（乾隆二十七年例）

一　乾隆二十七年咨准，漕项钱粮，漕院远在淮安，势难盘查，嗣后，应一例会同督院盘查，咨会漕院具题，仍令藩司于未经盘查之先，出具保结详送。

一　各省粮、驿二道库遇有新旧交代，照年终奏销之例，各督抚亲往盘查，所有收支实存数目仍令藩司核明，加结详送，督抚具题。倘结报后查有侵亏等弊，照例分赔议处。（乾隆二十七年例）

一　凡督抚接任应行盘查藩库之时，粮驿二道如系驻扎同城者，一体亲往盘查，将有无挪移亏缺之处一并附折具奏。（乾隆二十八年例）

《漕运则例纂》 卷十六

通漕禁令

侵盗折干

挽和霉变

抗顽不法

需索陋规

重运揽载

回空夹带

《漕运则例纂》卷十六

通漕禁令

侵盗折干

一 领运弁丁中途侵盗漕粮，按律治罪，不准援赦，所欠米石照数追赔。（顺治十年例）

一 运弁将行粮违例折干，州县公然扣除应兑本色者，严行提究，并将委用衙门查参议处。（顺治九年例）

一 旗丁挂欠漕粮，坐粮厅必究其根由，如系本地折干并追折干之人，监兑官一同治罪，如系途次盗卖并追水手及盗买之人，该地方官一同治罪。（顺治十二年例）

一 重运盗卖漕粮，拿获日，卖主照偷盗漕粮例从重议处。（顺治十二年例）

一 粮船到通短少，如查系水次折干，有实据者，州县经征印官重处，仍勒令分赔，搭解监兑推官如私受运船重贿，复索州县陋规以致折干者，照粮道考成例一体参罚。如查系中途盗卖，有实据者，即将经过地方官参处赔补，至沿河各官有拿获盗卖者，粮运完日题请纪录。（顺治十三年例）

一 弁丁领运漕粮交纳短少，买补全完，查明或系水次折干，或系中途盗卖，仓场题参议处。（康熙六年例）

一 兑载漕粮如有水次折干，并过淮不行查出，及沿途盗卖，将该管各官俱照失察例议处。（康熙六年例）

一 弁丁中途侵盗漕粮、水次折干银两并侵蚀席木等均按律遣戍。（康熙七年例）

一 运丁盗卖漕粮者发边卫充军，以子弟代运者遣戍，欠米着追。（康熙七年

例）

一　每帮十船令各丁连环保结，互相稽查，如有折干盗卖等弊，事发之日，本丁照例治罪，九丁一体连坐责惩，挂欠米石责令买补运通。（康熙五十一年例）

一　旗丁盗卖漕粮，头舵不举，首者照不应重律杖八十，受财者计赃从重论。（乾隆三年例）

一　旗丁短少漕粮，沿途私行买补，拿获，将所买米豆变价同铺户卖价一并解部，短少米石咨南，勒追搭运。（乾隆十八年例）

一　剥船船户水手肆行强窃米石，将船丢弃者，该地方官严缉到案，按律从重治罪。（乾隆二十五年例）

一　小船受雇装载盗卖漕粮，拿获之日，照买卖米石枷责例减二等发落。（乾隆三年例）

一　州县经承盗卖漕粮，依律治罪，失察之本管官照例议处。（康熙三十年例）

一　运官领运船粮中途洒带归并，冒支行月水脚钱粮，按照缺额船数严追，从重究处。（顺治十五年例）

一　随帮沿途耗费漕粮，妄呈领运官折干者，勒追全完，仍照诬告律治罪，不亲行运之旗丁、代运之舵役俱照例拟军。（康熙三十年例）

一　粮米不许颗粒上岸，如遇过浅添夫止许照常给钱，不许任意索米，违者以盗卖盗买从重治罪，地方官照失察偷盗例题参。（雍正元年例）

一　重运回空同在一河行走，如有重运盗卖米石，回空之船代为承认者，该管官查出，将卖买丁民一体照例治罪。（乾隆四年例）

一　旗丁沿途盗卖漕粮者，照律发边卫，永远充军，押运各官不行查出，降一级调用。嗣后，漕粮过淮盘验后，查明在何处盗卖，并将该地方文武各官照押运官例降一级调用。（康熙四十一年例）

一　山东、直隶米价较南稍贵，嗣后，漕船重运入境，责令沿河该管道府州县官往来巡查，严缉盗卖，如失察盗卖一起者，州县罚俸六个月，道府罚俸三个月；二起者州县罚俸一年，道府罚俸六个月；三起者，州县降一级留任，道府罚俸一年；四五起以上者，州县降一级调用，道府降一级留任。若道府州县能察实拿获，将买粮卖粮之人各枷号一个月，满日责三十板，粮米追交本船，米价入官，运弁俟回南听总漕捆打四十。（康熙四十三年例）

一　盗卖漕粮，州县一年内拿获二次者，纪录一次；道府一年内能拿获四次者，纪录一次，再多，照此递加。（乾隆三年例）

一　武职有摧攒之责，向未定有失察盗卖处分，乾隆三年奏准，专汛千把总照州县例,一起罚俸六个月,二起罚俸一年,三起降一级留任,四五起降一级调用。游守照道府例,一起罚俸三个月,二起罚俸六个月,三起罚俸一年,四五起降一级留任。专汛千把一年内拿获盗卖二次者纪录一次,兼辖游都守一年内于所管各汛内拿获至四次者纪录一次。再有多获,照此递加。疏纵之专汛兵丁照不应重律杖八十,知情贿纵计赃以枉法,从重论,俱革役。若能查拿到官审实,除米归本船外,其应追入官之米价追赏兵丁。(乾隆三年例)

一 地方官失察盗卖漕粮合算米数不及五十石者,仍照定例,按其失察起数处分。其失察一二起合算至五十石以上者,将该地方官降一级留任,道府等官罚俸一年。失察一起至三起合算至一百石以上者,该地方官降一级调用,道府等官降一级留任。(乾隆四年例)

一 旗丁盗卖漕粮,押运同知于盗卖之时不即查出,虽经禀报,仍照例降一级留任。(乾隆二十四年例)

一 康熙四十一年,总漕桑格奏漕船过淮盘验后,有盗卖漕粮者,查明在何处盗卖,即将该地方文武各官照押运官例降一级调用,盗卖之兵民照盗卖律发边卫,永远充军,系旗人枷号三个月,鞭一百。奉旨:漕船除正粮外,俱带有行月等米,沿河居住人等皆赖此项米粮,买以资生,则买粮之人亦加处分,恐累及良民,烦扰多事,米价腾贵,于民生无益,着移问总漕。钦此。嗣经总漕奏准,重运北上仍不许动卖抵通,起卸后,所余行月等米听其沿途买卖。

一 乾隆四年奉上谕:今年粮艘进京,漕运总督等约束严禁,不许旗丁沿途籴卖食米,留为归途出籴,以资盘费。朕思旗丁多余米石,原欲卖与民间,希图得价,若畿辅地方官出价收买以备赈籴之用,似于公私两便,但照官定之价,恐减于市籴之数,于旗丁无益,应照民间时价公平给与,不得勒掯强买,以致旗丁受亏,并耽搁回空日期。今回空船只尚未全数过津,但为期已迫,着总督孙嘉淦悉心斟酌速行,一面办理,一面奏闻。钦此。

一 乾隆四年奉上谕:向来漕运旧例旗丁行月等米于重运进京时,不许售卖,止许于回空途次籴卖,以作盘费,后经科臣条奏,欲稍弛其禁,而部臣以漕务关系重大,不便更张,未经准行,朕已依允。又因连年直隶歉收,米粮短少,谕令督臣孙嘉淦发官价籴买,不许掯勒,以期公私两便。后据孙嘉淦奏称,旗丁余粮利于卖与民间,且当进京之时,有先用铺户之钱而以回空之余米抵完者,是以官买之米甚属有限等语。朕之令直督官买旗丁余米者,偶因今年畿辅地方需米起见,原非可常行之事,即重运入京之时,不许旗丁卖米之禁亦有可变通者,盖重运不许籴卖余米,惟恐旗丁借此盗卖漕粮耳,但漕运进京有大员督运,不难沿途稽查,而抵通之后,仓场验收，又不容丝毫挂欠，旗丁亦难以作奸，而重运当春夏之交，正米价昂贵时候，既不得出粜，未能获利，而回空之际沿途卖米，又未免有羁时日，且恐旗丁将来虑带米无利，必致少携米石，多置他货于北省地方，亦属无益，宜如何变通之处，著该部另行妥议。速奏。钦此。户部议覆：嗣后，江浙、江广等省粮船抵淮，总漕查明各丁所有行月若干，携带米石若干，转饬粮道造册印发，领押官弁收贮。旗丁售卖时，照数禀明，该官弁于册内注明，给与验票，方准买卖。抵通时，将卖过米数申报，总漕查核。江北河东漕船例不过淮，令粮道照此查造印册，饬发遵行。如所卖之米浮于册造之数，即系盗卖，照例参处。至抵通挂欠，仍按定例查明分数，分别革职杖徒，从重治罪。

一　乾隆五年，总漕托时因卖米之禁一开，盗卖遂多，印册验票，徒滋影射，奏准重运余米一概停其售卖。

一　旗丁沿途盗卖米石若系正项漕粮，照监守本条从重治罪。如将行月粮米零星盗卖盗买者，仍照旧例各枷号一月，其有一人盗买及一帮盗卖数至百石以上者，盗买及盗卖为首之人各枷号两月，责四十板，米交本船，价追入官。失察之运弁不及五十石者，捆打四十，五十石以上者降一级调用，一百石以上者降二级调用，二百石以上者革职。其应行捆打之运弁不必俟回南发落，即令仓场捆打。（乾隆十七年例）

一　盗卖漕粮定例卖买之人枷号一个月，责三十板，粮交本船，价追入官。至旗丁食米向无禁卖之文，因有将漕粮舂熟假借藏奸者，乾隆三年奏准，旗丁多余食米于抵通交米之后，方准变卖，如重运漕船沿途货卖米石，不论糙熟，俱照漕例治罪，至抵通交卸之后，所有多余食米仍照旧例遵行。

一　旗丁盗卖粮船食米，运弁照例革职，盗卖盗买之人亦照例枷责，其盗卖为从之人减一等，各枷号二十五日，责三十五板。（乾隆二十四年例）

一　运弁侵蚀各丁月粮银米，俟抵通交兑日，仓场严审究拟。（康熙五年例）

一　顺治十二年总漕蔡士英奏：旗丁勾通地棍，私相交易，每于济宁以北，白昼上岸，与地方积囤，私议米价，约于夜深僻静之处，多率亡命操驾小舟，恣意量斛，若运官闻阻，恃众拒杀。甚至借起浅为名，白日竟行斛卖，又或卖与本帮富旗，兑换梨枣。请严饬沿河文武密缉禁止。奉旨：据奏漕弊种种，殊可痛恨，着加意厘剔，其过淮以后，着总河仓场诸臣协同稽查，务除积蠹。钦此。

一　乾隆三年奉上谕：闻今年外省粮船北上时，旗丁等沿途私卖官米，恐兵丁盘诘，因而行贿，公同隐匿，及至抵通交米之际，为数不足，即在通州现买充数，在旗丁希图贱价采买。而漕粮关系天庾，岂容盗窃私卖，况在通州买补，则到京米粮愈见其少,于民食甚有妨碍,此皆从前该管大臣及官弁等不实心查察,以致疏纵。若此,着漕运总督托时嗣后加意严查,务除此弊。如有仍蹈前辙者,即行重惩,毋得疏忽。钦此。

一 乾隆二十三年九门提督奏准:沿途地方文武大员及巡漕御史,务须督率员弁实力查催,杜绝弊端,不得因循故习,以漕船出境为了事。抵通之后仓场董率坐粮厅严加查验,不得使旗丁有以漕抵漕之弊病,而吏役人等包揽挽尽、盘踞为奸之积习尤宜大加厘剔,提督衙门仍密差人役前往访查,一经查出,定将有漕官弁及该管上司一并严参治罪。

一 康熙四十九年题准:嗣后,漕粮在水次受兑,上船之时,粮道监兑官务必眼同照数兑足,上船抵准时,总漕亲身严行盘查,过淮后沿河文武各官严行速催出境,毋致盗卖。如沿河文武等官不严行速催出境,致有弁丁任意盗卖等弊,将该地方各官交与该部严加议处。

一 漕米到坝因米色不堪起卸,准令易卖买补,奸丁乘机夹带好米私行变卖者,令坐粮厅不时巡查,如在南串通州县仓役将米石折算银两,或将米石私行盗卖,令总漕察访,如有此等情弊,即将弁丁胥役从重处究。(雍正元年例)

一 运丁有故托米石沉重,将米搬移小船,混入商船盗卖,而漕船所载私货照旧随行者,应查照定例,责成巡漕地方各官严行查察,一经发觉,即仍照旗丁盗卖漕粮定例,分别治罪。(乾隆三十一年例)

搀和霉变

一 官员收兑漕粮多搀糠秕砂土者,革职,监兑官降一级调用。抵通交兑漕粮多糠秕及有砂土者,押运官革职,粮道降一级调用。

一 漕粮过淮盘验并无搀杂,旗丁沿途私行搀和者,令仓场将原米变价充赔,短少米石照数严追,运弁题参重处。(《议单旧本》)

一 运弁领运漕粮有搀杂黑腐米石者,令仓场变价充赔,其挂欠者照数严行追比,仍将运弁题参重处。(顺治十五年例)

一 红剥船只原按地亩佥派,于通州、武清、宝坻、香河、东安、永清六州县,或一户地多派船数只,或数户计顷,共派船一只,每地十顷,免正供二十余两。船户系天津关监督查管,势不能令船户正身撑驾,如剥运米石潮湿短少,将雇觅人等交刑部治罪,定限责令正身船户赔补,违限不完,将正身交刑部从重治罪,仍勒限将家产赔完,限内再不完,仓场将该州县题参,交部议处。若有搀和石灰、药水者,弁丁呈报仓场,巡仓会同查实,将雇觅之人发宁古塔等处,给与新披甲为奴,米石仍着落正身船户家产赔完。如剥运米石原属好米,运官旗丁故意掯勒不收,查实将运官旗丁一并交与刑部从重治罪。(康熙二十五年例[1])查红剥船只已于康熙三十九年裁汰,此条系不行之例,存此备考。[2]

【校记】

[1]《丛刊》本作康熙五十二年例。

[2]《丛刊》本缺此数句。

一 康熙五十年部议:今岁江浙米石甚属不堪,州县官员草率收纳,总漕巡抚并该管各官止图限内完结,不行严查,今将掺和浥烂米石交与各仓监督晒扬,查明收受,其亏缺米数行令总漕查明,着落分赔,于今冬各帮船内搭运抵通,并将苏松、江安、浙江各粮道,江宁、安徽、浙江各巡抚并经征州县印官、监兑、押运等官职名查明题参,到日将总漕一并交与该部严加议处。

一 康熙五十六年,漕粮到通,因筛扬亏折,总漕施世纶以该年收获时阴雨连绵,米质不无潮润,议令县帮三七分赔。部覆:恐不肖旗丁恃此为护符,州县或藉分赔之说,加派营私,仍着落旗丁赔补。

一 米石潮润色变,州县滥收潮米,运弁混行收兑,州县照溺职例革职,千总照例革职,粮道降三级调用。(雍正五年例)

一 粮道抑勒丁船受兑丑米,将不验米色之粮道照例降一级调用,监兑、押运各州县官均照例议处。(雍正十一年例)

一 漕粮虽非霉变而质嫩色暗,不能一律纯洁,致难久贮者,押领员弁照例革职,该管粮道照预先不行查出例降一级调用。(乾隆十九年例)

一 漕粮潮湿霉变致有亏折者,押运员弁照例革职,限一年赔补,完日,送部引见开复;不完,革任追赔。至漕运总督职司董察,照不应重公罪降二级留任。(乾隆十七年例)

一 帮船粮米如有失风事故,以致米色黯不纯,验明米色稍减,尚属坚实,可以久贮者,派仓收受,其所减成色米石责丁赔补,于次年搭运,抵通交纳。(乾隆八年例)

一 雍正六年仓场奏,苏、松、常、杭、嘉、湖六府粮米内有霉变、成色不等。奉旨:令将七成、八成者开放甲米,五成、六成者,尽数出籴,籴价交总漕转发原兑州县采买好米,带运完项。缺少米石如何照例赔补,或着落各该上司官员赔补之处,该督抚妥议报部。议奏。钦此。

嗣后,经总漕督范时绎议:缺少之米以十分为率,督漕抚三院共赔一分,粮道独赔一分,监兑督征府厅共赔一分,经征州县赔二分,运丁赔五分,至运丁嗣后若不小心装运,致有霉变,仍照全赔之例行。

一 雍正五年仓场奏,济宁左右两帮漕粮搀水。奉旨:总漕交部严察。议奏:千总李楷等不必交部,即行革职,枷示河干,俟旗丁将粮米赔完之日,释放。钦此。

一 济宁帮搀水,部议将粮道鲁国华革职。奉旨:鲁国华免革职,着降三级留任。钦此。

一 粮船搀水,金丁之千总,验看、加结之守备,俱降一级调用。(雍正五年例)

一 粮船过淮盘验后到通,如有搀杂,应令仓场将押运同知、通判等职名题参,照溺职例处分。(雍正五年例)

一 使水害甚于糠粃,雍正六年,仓场将山东旗丁王先等参奏,请将旗丁用大枷枷示河涯,漕竣之日,金妻发黑龙江给披甲人为奴,运官革职捆打,押运通判革职。奉旨:运官任怀德不必捆打,着枷号河崖示众,为运官徇隐、旗丁作弊之戒,俟今年漕务竣之日释放回籍。钦此。

一 雍正六年奉上谕:览总督、仓场侍郎岳尔岱等参奏长淮卫运丁陆恒将交兑漕米使水搀和等情,朕思漕粮关系京储,至为重大,凡在京王大臣及文武官员之俸禄、八旗披甲以及各营兵丁之粮饷皆取给于此,乃一颗一粒不容轻视者也!夫漕粮之出自民间以及抵通收兑,劳苦多端,经费百出,如民间耕种则沾体涂足,粒粒辛勤,及夫交粮入仓,路途有担负之烦,收兑有守候之苦,其征收官吏斗斛零星皆烦核算,仓厫纳贮必慎盖藏,及至载入运艘而官民之经营胼胝心力劳瘁者,不知几经时日矣!即如运艘北上,涉历江湖,每有风涛之惧,经由闸坝,更多纤挽之劳。是朝廷时为漕粮筹划于上,官民时为漕粮奔走于下,而各旗丁之自行驾运危险艰难,又其亲身经历者,则此交兑之米尚可不加意爱惜,而忍使之稍有朽烂乎?夫使水搀和所得本亦无多,不过一时掩饰之私计耳,而水气入仓致满厫易成霉烂,所获者一人盗窃之升斗,而所害者通厫积贮之天稯,若使稍有人心之人断不忍为此。况朕于运丁漕挽之劳久矣洞悉,曾经屡沛殊恩,如各省粮道钱粮扣克之弊,金丁押运科派之弊,过淮盘验扰累之弊,抵通兑粮勒索之弊,皆一一澄清,以纾众力,又将多年挂欠之米分别年岁宽免停追,至于冬寒守冻之旗丁则特加恩赏,浙省借支之银两则展限均扣,是朕于运丁已备加优恤,尔等为运丁者,尚可昧心违理以肆其奸弊乎?雍正五年内有参奏搀水之运丁已经充发边远,国法不为不严,乃今有陆恒之事则是运丁之罔知醒悟,干犯法纪者尚多,虽执法以处,犹怀藐视,倘复稍为宽纵,则若辈之无所忌惮更当何如乎?小人秉性愚顽,贪小利而忘重罪,竟致朕不能加恩,皆伊等之自取,实为可悯!是以,特颁谕旨详悉开导,使各省运丁备知粮米所出之艰难,运艘所历之劳苦,京储所系之重大,庶几触目惊心,悔过迁善。倘能共遵朕旨,共相劝戒,奉公守法,尽除弊端,是众丁各有运粮效力之勤,而无作奸犯科之事,朕必益加恩泽,使众丁获利而受福更倍寻常也!着总督仓场侍郎即行刊刻,遍谕各省运丁,咸使闻知。钦此。

　　一　蓟粮回空船只每有夹带白土卖与沿河镇店,转卖漕船搀入米内,乾隆七年奏准,粮船抵蓟卸粮之后即令回空,不许在该地方刨取白土上船,示谕沿河各市镇铺户不许将白土卖与粮船。如经关口汛地查出蓟粮回空带有白土,并兵役人等遇有粮船偷卖,拿获审实,将运弁与押空千总俱照旗丁搀和水米运弁不行查察例革职,该船丁舵照旗丁使水搀和发遣例减一等,杖一百,徒三年,偷买白土之丁舵同罪。如将白土搀入漕粮至一百石以上者,即照搀和水米例发遣黑龙江,与披甲人为奴,知情收买收卖之铺户,照违制律杖一百,仍枷号一个月;不行查禁之蓟州文武各官,俱照出洋商船私带军器地方官不行禁止例罚俸一年。

　　一　帮船过淮验有气头色变米石,千总革职留任,米石易换食米补足,到通再有霉变,责令弁丁补足,从重治罪,押运通判及粮道一并题参分赔。

　　一　运弁水次受兑漕粮,捏称米色粞碎,私封样米呈报总漕,欲令县书过淮,以遂其掯勒推诿之计,串通奸丁藉词捏混,希图过淮卸责地步,显有暗行搀和情弊,将运弁革职审讯。(雍正十年例)

　　一　领运弁丁不谙漕务,封闭舱板,以致米石霉变,弁丁按律究拟,亏损粮米勒限旗丁赔补,不完从重治罪。(雍正四年例)

　　一　旗丁故将舱门闭紧,令漕粮蒸热霉变,捏称州县米潮,运弁扶同捏饰,将运弁革职拟徒,旗丁分别首从,拟流徒杖责。(雍正十二年例)

　　一　米性交夏无不发热,应令运弁不时风晾,加意照料,毋致侵受潮热,其设立水舱、夹席、铺灰,均照旧办理。(乾隆十七年例)

　　一　漕粮到坝,桥仓掣欠为数过多,皆因中途并不开舱风晾,正在熏蒸发热之时,一见风色即有耗欠,严饬押领弁丁勤加风晾,毋使米石久闷船舱。(乾隆二十六年例)

抗顽不法

　　一　领运弁丁如有借端扰害过往官商船只及恣横生事者,沿河督抚镇道等官照营兵鼓噪例先从重处治,一面题参,送刑部究拟。(《议单旧本》)

　　一　官旗兑漕,勒加耗米银两、违例横行、捆缚粮长、凌虐州县者,官旗尽法究

惩,该管粮道从重参处。(顺治十二年例)

一　运丁水手皆是四方亡命,嗣后如纠众抗延,停斛不兑,挟众鼓噪,殴伤州县监兑等官,并抢劫官银,为首、为从俱严加参究。(顺治十三年例)

一　康熙元年奉旨:粮船经由漕河,领运官丁依期抵通回空,方为尽职无罪,乃有等奸顽官役不守成法,多有夹带私贩货物,隐装犯法人口,依势恃力行凶害人,借名阻碍河道殴打平人,讹言搜寻失物抢劫民船,且有盗卖漕粮,中途故致船坏,以致贻害地方种种奸恶,督漕各官并该地方官一有见闻即行参奏,务将官丁严提,治以重罪,若知而徇情不奏,亦从重处治。钦此。

一　官丁赴兑漕粮争索斛面、酒席噪辱粮官者,运官以故纵议处,旗丁俟船粮抵通之日严行究治。(康熙三年例)

一　运弁任意他往,纵丁捉船剥浅,漫无约束,照溺职例革职。(康熙二十八年例)

一　回空漕船乘机擅闯关闸,依凡乘船经过关津不服盘验律,杖一百,为从减一等,杖九十。(康熙四十九年例)

一　两省帮船彼此持械打仗,杀伤多人,仓场严拿题参,送部从重究拟。(康熙五十七年例)

一　粮船头舵水手斫伐官柳,折毁纤桥,拔桩掘扫,严提治罪,估价追赔,押运官弁及地方文武各官并行参处。(康熙六十一年例)

一　水手伙众抢夺,十人以上执持器械者,首犯照强盗律治罪,为从者减一等;十人以下无器械者,照抢夺律治罪;出结之旗丁头舵容隐不首,照强盗窝主律分别治罪,若登时报明查拿者,免罪。(康熙六十一年例)

一　押领员弁例应严押漕船,毋许丁舵水手登岸生事,如有不法匪徒,即会同地方催漕各官协拿究治,倘平时不行约束,临事又复容隐者,总漕指名题参,照知情故纵例革职。(康熙六十一年例)

一　粮船水手白日强劫居民,放火抢掠者,严拿究拟,押运等官革职,并查取地方文武不行擒拿纵容职名议处。(康熙六十一年例)

一　雍正元年奉上谕,谕:江南、浙江、江西、湖广、山东、河南各总督巡抚,漕船关系紧要,除本船正副旗丁外,其头舵水手皆应择用本军,庶各知守法,不敢误漕生事。近闻多雇募无籍之徒,朋比为奸,不服旗丁弹压,当漕粮兑足之后,仍延挨时日,包揽货物,以致载重稽迟,易于阻浅,不能如期抵通,及回空经产盐之地,又串通奸棍收带私盐,此其弊端之彰著者。闻尤有不法之事,凡各省漕船水手多崇尚邪教,聚众行凶,一呼百应,尔年以来或因争斗伤害多人,或行劫盐店,抢夺居民种种,凶恶渐不可长,亟宜惩治。尔该督抚即严饬所属各卫所,嗣后粮船务于本军内择其能撑驾者充当头舵水手,不许雇募无籍之人,更严禁邪教,谕令归业,务为良民,如仍怙恶不悛,该地方官不时查拿,从重治罪,如奉行不力,即将该管官弁指名题参。特谕。钦此。

一　雍正二年奉上谕,谕:江南总督查弼纳、总漕张大有、署理巡抚何天培,朕惟漕运所经河道,固以通国廪之挽输,亦以便商民之利涉,旗丁与商民自应一视同仁,无容偏护而偏累也。去年因秋冬雨少,河流淤浅,乃旗丁人等不顾漕运维艰,任意揽载客货,致船重难行。闻得今春丹阳、常州等地方及沿途遇浅概拿商船起剥,且借名需索,贪暴公行,得贿者虽空船亦行释放,不遂其欲者,揸勒当差,有将货物行李抛弃河干,纷纷露积,或为风雨损伤,或为盗贼窥伺。该管漕运文武官弁漫无约束,毫不经心,小民营贩资生,何以堪此扰害?尔等系地方大吏,皆当实心体恤,稽察周详,奉谕之后将来若再用起剥,当各严饬所属官弁,申明约束,不得仍蹈前辙,并出示遍谕军民人等,使知朕一体轸恤之至意。钦此。

一　雍正二年奉上谕,谕:漕运总督及直隶、山东、河南巡抚,各省旗丁运粮进京,沿途行走,理应奉公守法。乃数年前浙江、湖广粮船因怀挟私忿,彼此争斗,持戈放箭杀伤者,多逞其凶顽,肆行无忌。又闻前岁之冬粮船守冻在山东地方,竟行抢夺扰害居民。去岁回空又闻强取百姓衣物。此等皆大干法纪。嗣后,总漕若不严加约束,禁止妄行,仍然宽纵,直隶、山东、河南巡抚即转饬沿河官弁不时稽察,倘犯法为非,即分别轻重,按律治罪,不得稍有徇纵推诿,以长刁风。若有如从前争斗伤人,及抢夺扰民之事,该督抚即行奏闻,请旨于彼地立刻正法,决不宽贷。可预先晓谕各省运丁知之。特谕。钦此。

一　粮船舵水聚众抢夺盐店、盐船,为首者立决,为从者流,旗丁拟杖,俱不准援赦,随帮革职,押运官查参议处。(雍正三年例)

一　旗丁与水手争闹,不经官究治,擅自捆缚割耳殴伤者,将旗丁并下手之人枷号一个月,发烟瘴地面充军。(雍正七年例)

一　粮船水手皆无赖之徒,嗣后,回空到省未经开行之先,责成本省巡抚及粮道等官开兑,出境之后,责成漕运总督及沿途地方文武等官,到津以后,责成仓场、坐粮厅、天津总兵、通州副将、天津通州地方官各按该地方严行稽查,一经过犯,协同押运官立即擒拿,按律惩治。倘押运官弁或有徇纵,地方文武不行查拿,事发之日,该督抚即行题参,徇纵之押运官弁照例革职,管粮道、坐粮厅及天津、通州二府州副将并沿途该管地方文武各官弁均降二级调用,巡抚、仓场漕督、天津总兵官各降一级留任。如一经事犯即协拿申报者免议。若已经申报,而巡抚、总漕、仓场不

行题参,将不行题参之督抚镇等降一级调用。(雍正七年例)

一　旗丁揽载客货,船重难行,强夺民船剥载粮米者,照水手抢夺例治罪,其揽货私得税银并商民通同听揽者,俱照违制例治罪。(雍正八年例)

一　雍正十二年,镇江后帮千总柴璜、随帮杨国泰至鱼台县停泊河干,不服摧攒,喝令水手将汛兵打死。奉旨:向来粮船运丁水手抢掠生事,甚为不法,朕切加训谕,并令该管官员严行约束,数年以来渐知警惧,不敢妄为,今忽有镇江后帮殴伤汛兵之事,是伊等恶习复萌,藐视国宪,甚属可恶,杨国泰、柴璜俱着革职,其如何喝令行凶等情及案内生事下手各犯一并押解东省,交与该抚严审究拟。具奏。钦此。

一　雍正十三年奉上谕:朕闻南方滨江两岸多系芦洲,民间俱将芦苇堆贮洲上,卖以度日,而江楚及上江各帮漕船由江经回,竟有不法水手每遇芦柴堆积之处,辄纠集多人蜂拥上岸,恃强夺取,洲民拦阻,动辄殴詈,甚至有强取鸡鸭等物者。小民畏势莫敢与较,而领运弁丁不加约束,民多怨言。夫领运弁员即坐本帮粮船之内,水手肆行如此,安得推为不知?至督运之粮道、押运之厅员,虽云统辖众帮,亦当留心查察,何得任其多事?着漕运总督通行晓谕,倘有仍蹈前辙者,经朕访闻,必将大小文武运官分别严加议处。钦此。

一　漕粮到通,由通运京,由各闸雇夫扛运,此项夫役率多游手无籍之徒,往往倚众横行。乾隆元年奏准,令坐粮厅暨大通桥监督协同地方官不时稽查,并取号头不敢容留匪类甘结存案。如有不法等事号头徇隐不报,以及纵令远扬者,并坐以罪。该管各官不行查拿,从重议处。

一　漕船回空,总运以及押领员弁多不随船南下,头舵水手人等往往欺压行船。乾隆元年奏准,如遇回空粮船行凶打架、藉端捆殴商民等事,许沿途厅汛查明情由、帮次船号、旗丁姓名,一面速令遣行,一面详报总河,咨明总漕究治,并严察厅汛员弁,毋许苛求滋扰。

一　正副旗丁过淮之后,私自回家,暗令舵工包运抵通,又夹带私茶、私盐、硝磺违禁等物,又潜留犯事衿监、讼师、旗逃、挂子、白莲、罗教并来历不明之人藏匿帮中,勾连生事,又拦截河流,欺压民船水手,肆横逞凶,打降盗窃攘夺等弊,总漕严饬该管官不时查察,如官丁敢犯此等情弊,即行照例题参,分别治罪。(乾隆七年例)

一　丁舵水手如有事犯伤人至死,押运官照约束不严例降一级调用。(乾隆十二年例)

一　楚省解京木簰及装运送部什物船只,如解官约束不严,以致船户水手人役敢与漕船争先夺路、斗殴滋事,即听所在地方详报该省督抚,分别参究。(乾隆十八年例)

一　丁舵在途殴打进京职官,随帮不能约束,反行助殴,将随帮照例斥革,丁舵治罪。(乾隆二十二年例)

一　漕船水手上岸斗殴、杀人生事,不法随帮漫无觉察,照约束不严例降一级调用。(乾隆二十一年例)

一　粮船被窃即令该旗丁呈报本帮运弁,移知该地方官缉贼追赃,被窃之船即随帮开行,不必守候。至强劫重案必须等候待验,应令该领运官具报会勘毕,州县立给印票摧攒前进,并将被盗守候缘由报明漕督及巡漕御史查核。倘有不肖兵役勒掯需索,照在官人役取受有事人财计赃以枉法科罪,将失察之该管文武员弁照失察衙役犯赃例,十两以上者降一级留任,不及十两者罚俸一年。(乾隆二十三年例)

一　嗣后,粮船经过汛地,除窃案照例办理外,如有强劫之案,将文武员弁俱照城内失事例,初参住俸,勒限一年缉拿,二参降一级调用。(乾隆二十三年例)

一　粮船水手其中多系积贼,各弁因旗丁不肯报盗,处分无由及身,遂不实力驱逐。乾隆二十三年奏准,嗣后,领运员弁除强劫之案,仍照旧例降调外,若系行窃之案,一经发觉,将领运员弁一案罚俸三个月,如有数案,照此递加。

一　嗣后,帮船遇停泊之夜,空重千总轮流率领本帮丁舵人等互相防护,如有被盗之事,将领运之弁强案每案罚俸一年,窃案每案罚俸三个月,倘有抑勒隐讳,分别强窃,照例议处。(乾隆二十三年例)

一　盗贼最畏鸟枪,而粮船禁带军器,乾隆二十三年奏准,空重千总准其分带鸟枪一杆,以备巡守,仍编列字号,责令空重千总自行收贮,以便稽查,如有私行多带,仍照旧例议处。

一　江浙两省帮船因奏准于道库内各提出银六万两,借给各丁,为杨村起剥及到通个儿钱之需,其银交押运厅员收贮,所有押运厅员每员给鸟枪二杆,以资防护,江苏四厅例给八杆,浙江二厅例给四杆,每年回空到次仍缴贮各粮道库内,俟新运再行领取。其鸟枪不得擅令旗丁施放,如有无故施放致生事端,将押运厅员严加议处,旗丁等从重治罪。(乾隆二十五年例)

一　漕船水手因小事起衅,聚众打降,生事不法,殴差拒捕,将为首之犯拟绞,为次情罪较重者,发宁塔乌喇地方当差为奴,照名例改发烟瘴少轻地方充军,情罪稍轻者发边卫充军,虽有亲老不准留养。其随从跟往赶殴之犯,分别徒杖治罪,旗丁杖一百,折责四十板,革运,押空千总杖八十,革职,押运通判罚俸一年。(乾隆二十七年例)

一　各省船只连帮并行,其势甚大,每多生事,嗣后,应将浙江帮分夹江南帮内,湖广帮分夹江西帮内,使彼此势单力弱,以免争闹。

一　漕运官丁习于刁讼，而州县有司沿河武职又擅受漕运词状，差人需索，为费不赀。顺治九年奏准，嗣后，应令各该抚按严禁州县及武职官员，如有擅受漕运词状者，即行指名纠参。

一　弁丁争告，旧例在未兑粮之先，责令粮道严查，不许领运。如在领运之后，完粮回南日，听该衙门审理。康熙五年题定，有擅准运蠹拘系新运帮官，稽误新漕者，照误漕例议处，运蠹严提审究。

一　运官纵令旗丁搭抬演戏，停泊不行，贻误漕运者，照例革职。（康熙二十九年例）

一　奸徒专放粮船私债，旧例许官旗自首，照私放官债加等治罪。雍正五年题定，有违禁取利盘剥旗丁者，责令地方文武各官及坐粮厅立即严拿究治。如地方官、坐粮厅不行查拿及该管运弁纵丁私下借债者，一经发觉俱交部严加议处。

需索陋规

一　顺治八年奉上谕：朕临御以来悉知运粮之苦，领兵官道经水路，又亲见运粮人等云交兑之处收粮官勒掯需索，满欲方准交纳，若一不遂必不肯收，延挨刁难，日久以致河水冻阻，船不能行，耽误运期，所携有限盘费何以支持？一路怨声啧啧。朕思运粮官涉河渡江已不胜苦，又经百般需索，必至盗卖官粮，盗卖既多，必多拖欠。总漕仓场奉有专敕，曾否巡行清刷？节年拖欠多至数百万石，总漕曾否题参？仓场徒有其名，竟无实事，是何情弊？收粮需索的系何人？拖欠若干，经管何人？曾否查明具报？漕运重务，上下通同作弊，都着赴京师一并回话定夺。钦此。

一　漕运弊窦多端，领运之官钻营有费，不愿领运之官展脱有费，佥选旗甲买脱有费，积年旗甲钻营有费。旗丁领运在水次，则有卫官、帮官、粮道府厅、漕抚各衙门差催、票催，旧规下程、帮钱饭米、债主抽丰、书役需索常例；在途，则有过淮沿河撺攒官兵等需索银钱土宜等费；抵通过坝交仓，则坐粮厅、仓场、仓院、京粮厅、云南司有投文常例，船规有走部保家代敛，保送有委官伍长，旧规有车户，偷盗有仓官常例，有收粮书吏马上、马下名色，又有大歇家、小歇家取保各项使费。顺治十二年奏准，在外应责成督抚巡按，在通应责成仓场巡仓，尽行禁革。倘有前项弊端，各该衙门应拿问者拿问，应题参者题参，各衙门本官不行觉察者并治以罪。

一　推官兑漕事竣之日，将有无需索等弊具结投送督抚存验，事发以溺职坐罪。（顺治十二年例）

一　兵道知府职不司漕，有借验粮名色行其苛求者，官即指参，胥役律究。（顺

治十二年例）

一　户部云南司专管漕粮，其书办有需索粮船陋规者，户部即行究处。（顺治十二年例）

一　佥选衙门及粮道推官、州县吏胥需索害漕，该管官轻者革职，重者查参，仍置重典。

一　江右漕粮杂费较正项倍甚，开仓、修仓有派余米、耗米，有派每年征米，或委县佐，或差本官仆役经承，俱有常例，名曰漕费。起解之时，府厅或四五十金、或七八十金不等，运解到省粮道投批挂号有例，铺班拨兑有例，常例未完，延不拨兑，当发兑时，每发官斛一只，索银五六钱，及其拨卫，有监兑之供应、卫弁旗军之勒索、舵工水手之陋规，种种弊端，难以枚举。顺治十六年户部覆准，令该省督抚将此项弊窦彻底严禁，但犯前款，即许首告题参。

一　通仓收粮各衙门各需索陋规，不行速兑，应令仓场严行觉察，如有需索立行题参，从重究拟。（顺治十三年例）

一　旗丁多收斛面入己，并运官知而不举，均从重拟罪，勒索之米照追入官。（康熙五年例）

一　领运官弁勒索旗丁饭米，擅扣行月公费等银，及纵容亲仆需索常例者，俟抵通交粮完日，令仓场严提审追，按律究拟。（康熙五年例）

一　沿途催漕将弁纵兵索诈漕船，以致运丁畏避，船米撞沉者，革职，严拿究拟。（康熙二十六年例）

一　运弁需索旗丁未遂，不顾风浪，逼船渡江，漂没漕粮，淹毙人口，照律治罪，追埋葬银给死者之家，漂没米石着落运弁赔补。（康熙二十七年例）

一　雍正二年奉上谕，谕户部：朕惟漕运关系甚大，经费本无不敷，运丁恣行不法，皆由官弁剥削所致。如开兑之时，粮道发给钱粮任意扣克，运丁所得十止八九，而佥丁之都司、监兑之通判又多诛求，及至开行，沿途武弁借攒为名百计需索，又过淮盘查私货，徒资扰累，究属无益。运丁浮费既多，力不能支，因而盗卖漕粮，偷窃为非，无所不至矣。嗣后，各省粮道给发钱粮不许扣克分厘，沿途武弁不许藉端需索，运丁除包揽抗违外，所带些须货物亦无容苛刻盘查。至江浙船政同知经管修造粮船，侵渔尤甚，此官于漕政毫无裨益，着即裁去。尔部行文各督抚不时查察，如有仍前需索等弊，立即指参，从重治罪。庶运丁渐有起色，自必保守身家凛遵约束，禁官弁之侵削即所以戢旗丁之刁悍也。特谕。钦此。

一　各省帮船除正丁外，每帮各有一人常住通州，料理销算，谓之守候旗丁，江西曰土地，湖广曰尖翁，其余各省俱有名称。正丁粮米交清即随船回空，经理新运，此辈则以通州为家,其每年费用皆取办于销算。时卖补买补之米,若本帮有米转卖则尽归私橐,正丁不得与闻;若遇挂欠则贱买于他人,而倍索于正丁。盖缘销算之时,必以各丁卖补买补之呈为据,而仓内吏役借长报余米以需索,坐粮厅书吏借销算抵补以分肥,种种弊端,皆由此起。雍正四年,仓场总督托时奏准,嗣后,不用守候之丁具呈,漕粮进仓之后,坐粮厅核明欠数,即照本仓本帮之例竟行抵补,其应行南追给者,行文该省粮道于欠[1]丁名下追给,其应在北发给者即行给发,所有各帮守候之丁,行令通永道、通州挨户严查,逐回本籍。

【校记】

[1]珍本丛刊为次,应作欠。

一　运弁兑漕勒索各属经承银两者,斥革,照律杖一百,系贪官永不叙用,所得赃银照追入官。(雍正四年例)

一　扬州三岔河各省漕船总汇之处,恐恃强争先,生事不法,每年委员弹压,分派帮次,查验篷桅,即系迎催员弁就便办理,乃有不肖备弁藉端需索土宜盘费等弊。雍正七年奏准,应令副参游大员慎选廉干之员前往弹压分帮,如委员及跟随人役需索盘费,一体参究。至查验篷桅,俟船到盘粮厅时,总漕就近查点,不必另委员弁前往,以滋扰累。

一　渡黄漕船汛地摧攒员弁藉端需索,照失于防范例议处,疏虞加倍治罪。(雍正八年例)

一　提溜打闸弁丁串同人夫勒索工价,宿迁一带责成白洋河游击,八闸责成徐州协副将,约束查禁,纵容徇庇,会参究拟。(雍正八年例)

一　运弁科敛旗丁银两,故纵书役装带木植者,革职,徒三年,系贪官永不叙用。

一　运弁需索旗丁篷税银两,又需索各船装带土宜银两及旗丁饭米银两者,革职,金妻发边卫充军。(雍正八年例)

一　运弁藉书役饭食额外多索旗丁饭米,照因公科敛例革职,决杖一百。(雍正十年例)

一　催漕弁兵需索丁船银钱土物者,经该管上司及巡漕御史察出,系兵,将该管千把总照失察衙役犯赃例议处;系弁员,将该管上司照不揭报劣员例分别议处,需索银钱之弁丁计赃,以枉法论,土宜礼物照挟势豪强之人接受所部馈送土宜礼物,受者笞四十,与者减一等律,分别治罪,赃物给还。如弁兵需索旗丁,或旗丁行贿,而押运官员不即申报,照应申报上司而不申报例处分;如知情故纵,照以财行求律,受财者与以财行求之旗丁一体治罪,追赃入官;如旗丁被索,实时首告,免罪,追赃给主,其赃少首多,或因摧攒挟嫌诬首,照诬告律,分别治罪;如非挟嫌而不行首告,仍照以财行求律,与受同科,赃物入官;催漕弁兵遇有旗丁行贿,据实尽首免罪,追赃入官,旗丁即照以财行求律治罪。(乾隆四年例)

一 各帮头船尖丁有借使费名色科派各船银两,包揽侵蚀并运弁徇纵串通苛索者,俱照因公科敛律杖六十,赃重者坐赃论,若分肥入己者,计赃以枉法论,知情徇庇者照纵容衙役犯赃例革职,失于觉察者,照失察衙役犯赃例分别议处,十两以上者降一级留任,不及十两者,罚俸一年。(乾隆五年例)

一 漕运陋弊向来押运丞倅每船派银数钱,运千每船派帮规饭米银六七两不等,随帮亦派二三两不等,各卫守备亦收受帮规米四五石,此外尚有道卫帮等衙门书役杂费每船五六两不等。乾隆四年奏准革除,令总漕于各省兑开之时查访,并饬该管官不时严察,有阳奉阴违者,将与受官丁照例参究,该管官徇隐不报,一并题参。

一 豫省粮道每于提帮出运时发牌,差役先后赉至卫所提催,不无滋扰,应严查禁革,其有应行牌票不许尚差到卫,致滋需索,并饬各省一体遵照,违者指名题参。(乾隆六年例)

一 漕船额带土宜之外,揽载客货,催漕汛兵藉此需索。又领运随帮收到任、生辰、令节规礼,并需索银钱,借贷土米。又头船伍长指称运随,科敛各船财物,包交包收。此等陋规,令总漕转饬该管官不时查察,如有官丁犯此情弊,照例题参究处,分别治罪。(乾隆七年例)

一 漕规诸弊均有严禁之例,惟恐法久弊生,乾隆七年奏准刊刻木榜,列于瓜州闸口、仪征江口、淮安之盘粮厅,济宁、临清、天津、通州各口,俾往来弁兵触目警心,仍令该管官不时查察,如有干犯,即行照例题参究处。

一 乾隆十七年,大学士等会议巡漕给事中范廷楷参奏南漕陋规,暨漕督瑚宝分别应裁、应给各数列款具奏,奉上谕:前据给事中范廷楷查出江西铅山等帮沿途使用陋规具折参奏,已降旨交该督抚、河漕提镇逐一查察治罪。今漕运总督瑚宝来京,朕命将南漕陋规分别应裁、应给各款数目,与军机大臣等会议,将各省漕船陋例详查,分别裁革,立定章程,通行晓谕遵守。夫因事馈遗,藉端勒索,均干禁令,况漕粮事关天庾,岂容不肖弁役恣行婪赃,但据该总漕酌定规例章程之内,即有必不可尽革之处,则从前各弁役虽借此侵渔,而按其情罪究系相沿陋规,与营私纳贿者有间,所有从前令该督抚、河漕提镇查参治罪之处,着加恩宽免。朕办理诸务轻重自有权衡,裁制全无成见,即经查出,弊窦自应禁革,而经管承办必不可已之费亦当酌定条款,俾知法守。嗣后,着各该管上司官员不时严行稽查,如有不肖兵役或将已裁陋例私自娄收,或于定数之外多行勒索,即据实严参,将与者受者一并治罪,该管官员不行揭报,及上司徇隐不即查参,别经发觉,定将失察之该督抚、提镇等从重治罪,该部即通行晓谕知之。钦此。

一　各省帮船自次抵通,经过营汛及司漕衙门各有使用陋规,乾隆十七年悉行裁革,酌定文武员弁、各衙门书役,除有额设纸张、饭食银两者,毋得再行派累旗丁外,其余办漕衙门向无公项可动者,酌量繁简存留,以资办公。倘有不肖员弁人役将已裁陋规私行娄索者,押运丞倅即揭报总漕及所在督抚查参治罪,书役人等若于酌给数目外多索,及旗丁多给者,一并革处,其押运丞倅及该管衙门暨各上司等失于觉察者,事发交部,分别查议。

一　领运千总雇募字识班役纸张、饭食等项,豫东二省每船银六分,江安等省每船银八分。

一　押运丞倅书吏差役纸张、饭食等项,豫东二省每帮共银八钱,江安等六省每帮共银一两。

一　粮道号房门役每帮各给银三钱。

一　各关投文及查验土宜,豫东二省每关每帮各给银三钱,江安等六省每关每帮给银五钱。

一　巡漕衙门投送文册,每帮给银三钱。

一　总漕衙门投文挂号,每帮共给银三钱,验领全长二单,每帮共给银五钱。

一　沿途营汛如有粘贴印花、抄写挂号并报入汛、出汛文书,每汛兵役每帮共给银二钱。

一　东昌、泊头、砖河、杨村、河西务各汛,豫东二省每帮每处给大钱五十文。

一　沿途闸座如果水深溜急,必需闸夫共为料理,每处每帮给银二钱,其余平坦各闸不准给与。

以上各条镌石立碑晓谕。

部议裁革存留各款:

一　运弁执礼,江西各帮用银自十三两至三十四两不等,应革除。

一　运弁生日、节礼、铺设折席等项,江安各帮用银自一两六钱至十两六钱不等,山东各帮自四两至十七两二钱不等,河南各帮十两,应革除。

一　运弁规礼、帮贴等项,江安各帮自三十二两至八十两不等,苏松各帮用银自三十六两至九十二两不等,江西各帮自三十两至一百二十四两不等,湖北各帮四十五两,应革除。

一　运弁租赁房屋,浙江各帮十二两至二十五两不等,湖南各帮五两,山东各帮三两至十五两不等，应革除。

一　运弁水次巡查、兑米、赴省支领钱粮需用船只、轿夫、更夫等项，浙江各帮用银自十六两至二十八两不等，应革除。

一　运弁率丁支领钱粮、雇募标夫等项，山东各帮用银自三两至十五两不等，应革除。

一　运弁修理座船、置备家伙等项，江安各帮用银自八钱至五两三钱不等，苏松各帮七两五钱至十三两二钱不等，江西各帮十二两至十六两不等，湖北各帮三两，湖南各帮五两，山东各帮四两至六两不等。查各帮船装带土宜多寡不一，运官乘座自可于带货减少之船递年轮流乘座，以均苦乐，此项陋规，各省俱革除。

一　运弁赴各衙门改注全单，浙江各帮自四两至七两二钱不等，应革除。

一　运弁雇募字识班役纸张、饭食等项，江安各帮六两至二十五两九钱不等，苏松各帮十四两四钱至十六两四钱不等，浙江各帮四十五两至八十三两不等，江西各帮四两八钱至二十七两四钱不等，湖北各帮四十八两，湖南各帮八两，山东各帮六两至三十六两不等，河南各帮二两至十八两不等，此条已议酌给，江安等省每船八分，豫东二省每船六分在案，余俱革除。

一　运弁书役油烛、纸张等项已于前条内议令每船八分酌给，此项陋规应革除。

一　运弁差役催兑、催船饭食，山东各帮自八钱至九两不等，已于前条内议令每船六分酌给，此项陋规应革除。

一　运弁并押空、跟役沿途催船填写印花缴限、雇船、饭食等项，山东各帮自八两至十三两六钱五分不等，此条即在每船六分之内酌给。此项革除。

一　运弁投文、领限、走差、衙役饭食、盘费等项，浙江各帮六两至十四两不等，山东各帮三两至六两不等。此项自应运官捐给，未便派累，陋规革除。

一　运弁刊刻禁约、告示等项，浙江帮自六七两至十两不等，应革除。

一　运弁赏丁舵花红等项，浙江各帮自十四两至十六两不等，应革除。

一　运弁沿途打闸、守候、完呈、房租、赶帮等费，浙江各帮自六两至十六两不等，应革除。

一　空弁生日、折席、房租等项，山东各帮自二两至三两三钱不等，应革除。

一　空弁规礼、帮贴等项，江安各帮十二两八钱至二十两八钱不等，苏松各帮十四两四钱至二十八两八钱不等，浙江各帮十两至二十二两不等，江西各帮自三两至十八两不等，湖北各帮四十五两，应革除。

一　空弁节礼座船等项，江安各帮自二三两至四五两不等，苏松各帮自五两六钱至二十两八钱不等,江西各帮三两至十七两不等,湖南三两二钱,山东一两六钱至三两不等,河南四两。此条酌议,空弁座船同运官例。

一　空弁领限、缴限等项,苏松各帮自六两至十五两不等,江西各帮五六两至十七两不等,应革除。

一　空弁班役工食等项,浙江各帮三两至八两不等。查空弁跟役并无差办事件,应革除。

一　闲运千总规礼、节礼、房租等项,江安各帮自三四两至七八两不等,浙江各帮十二两至二十两不等,江西各帮一两二钱至十九两不等,山东各帮二两三钱至九两不等,应革除。

一　押运丞倅规礼、家人随封,河南各帮自九两三钱至二十五两一钱不等,应革除。

一　押运丞倅修理座船,湖北各帮三两,湖南各帮四两,应革除。

一　押运丞倅、书役纸张、饭食等项,江安各帮自一二两至七两六钱不等,苏松各帮三两六钱至十三两五钱不等,浙江各帮二两四钱至八两六钱不等,江西各帮一两二钱至二两不等,湖北各帮四十五两,湖南四两,山东各帮二两至三两二钱不等,河南一两六钱。查押运丞倅、书役前于裁减铅山、赣州二帮陋规折内业经定议,每帮给银一两,今复加酌核,江安等六省照例每帮给银一两,豫东二省每帮给银八钱,余俱革除。

一　卫备到次,公馆盘费、修理衙署、书吏纸张、饭食等项,江安各帮自六两至二十四两不等,浙江各帮三两至八两不等,山东各帮一两至三两六钱不等,河南各帮二两四钱。此项自应该备捐给,未便派累帮丁,陋规革除。

一　卫备差役、押催、金造、门役、班役、印色等项,山东各帮一两至三两二钱不等,应革除。

一　卫备金丁,江南各帮每丁给银二三钱不等,应革除。

一　湖北、武昌等卫每船给书识差役银一钱二三分及五六分不等,此项自应卫备捐给,陋规革除。

一　各丁赴道请领钱粮,江安各帮每船给纸笔银一二钱不等,应革除。

一　粮道书吏、辛工纸张、饭食并投文挂号、房头二门各役,江安各帮七八两至二十两不等,苏松各帮五两六钱至十三两六钱不等,浙江各帮二两五钱至三两八钱不等,江西各帮四两至二十二两四钱不等,湖北各帮六两四钱至二十二两五钱不等,湖南各帮五钱至八两不等,山东各帮自二两三钱至十两二钱不等,河南各帮一两二钱至四两不等。查号房门役业经定议,每帮各给银三钱,余具革除。其江安等六道书吏俱有例给饭食，所有陋规应照例革除。至浙江、湖北二道书吏向无饭食，应听粮道自行议给，未便派累帮丁，陋规革除。

一　粮道差官催兑、催开规礼，苏松各白粮帮自四两二钱至五两二钱不等，应革除。

一　粮道委催漕船官役，江西各帮自一两二钱至四两七八钱不等，应革除。

一　粮道赴淮跟随书役饭食，湖北各帮二十二两五钱，湖南四两，应革除。

一　藩司、巡道、府厅、协镇各衙门书差、班役、栅役等项，浙江各帮四两至九两六钱不等，山东三钱二分至八钱不等，应革除。

一　开帮渡江、渡黄祀神演戏等项，浙江各帮自十两至十六两不等，山东各帮八两至二十二两不等，河南十二两。此条听旗丁自行料理，未便官为派缴，陋规革除。

一　各关投文弁役，江安各帮过扬、淮、津三关，每处五六钱至八两不等，苏松各帮过浒、扬、淮、津四关，每处四两至九两不等，浙江各帮过浒、扬、淮、津四关，每处四钱至三两二钱不等，江西各帮过淮、扬二关，每处二两至六两不等，湖北各帮过淮、扬二关，每处一两四五钱至一两七八钱不等，湖南各帮过淮关二两四钱，山东各帮过临、津二关每处三四钱，河南各帮过天津关，各用银四钱。查帮船到关，投册查货，江安等六省照例每关每帮酌给银五钱，豫东二省帮船并无多带土宜，查验甚易，每关每帮给银三钱，余俱革除。

一　巡漕衙门投文跟役，江安各帮每处自四钱至八两不等，苏松、浙江、江西各帮每处自四钱至十四两不等，湖北、山东、河南各帮赴天津巡漕投文自三钱至二两四钱不等，湖南赴淮安巡漕投文，每帮一两二钱。查各帮旗丁投送文册业经定例酌给三钱，余俱革除。

一　总漕衙门投文挂号、验领全单，江安各帮三钱二分至十两不等，苏松各帮六两四钱至十二两不等，浙江各帮四钱八分至二两二钱不等，江西各帮五两至八两不等，湖北各帮十四两。此条业给定议，投文挂号每帮酌给银三钱，验领全长二单，每帮共酌给银五钱，余俱革除。

一　淮安盘粮厅点卯、洒扫、兵渡、役送、飞子，禀事吏五班饭食等项，江安各帮自一二钱至十三两不等，苏松各帮三两二钱至十三两不等，江西各帮三钱至三两不等，湖北各帮四五两不等，应革除。

一　三岔河催漕官、分帮游击、跟役兵丁，江安各帮自一二两至五六两不等，湖北各帮三四两不等，湖南各帮六两，应革除。

一　仪征齐帮游击、跟随兵役，湖北各帮三四两不等，应革除。

一 吴江协镇、扬州江防厅、淮粮厅等处投文书役,浙江各帮每处自八钱至三两六钱不等,应革除。

一 邳宿厅黄林庄、台儿庄、济宁、德州、天津等处领限单书吏,各省帮船一切用银陋规俱行革除。

一 山阳县、德州并沿途州县贴印花书吏,各省帮船用银陋规俱行革除。

一 督抚、河漕、兖州镇各衙门差委催漕官兵,江安各帮自一二两至四五两不等,浙江各帮八钱至四五两不等,应革除。

一 柘园催漕游击、跟役,江安各帮自二三钱至八钱不等,湖南各帮四两,应革除。

一 大姑塘投文,江西各帮自五钱至八钱不等,吴城同知跟役,永新帮八钱,吴城巡检跟役,吉安帮八钱,俱革除。

一 水次兑粮监兑差役,湖北各帮一两五钱,应革除。

一 仪口汛弁,湖南各帮四两,应革除。

一 江口汛弁,湖南各帮各用二钱,黄泥滩三钱,俱革除。

一 台儿庄弁兵,湖南各帮各十两。查台庄乃八闸溜处,业经定议,照例每帮酌给二钱,余俱革除。

一 张秋捕河厅、德州漳县、张湾通判各处,豫东各帮投文,每处用大钱五十文,俱革除。

一 巡河打吊锣催船饭食,湖北各帮各用四五两不等,应革除。

一 东昌、泊头、砖河、杨村、西务各营汛,豫东各帮每处用大钱五十文,应照例着给,其余浮汛不准给与。

一 各帮船自次抵通经过沿河营汛弁兵,江安各帮自三两至六十六七两不等,苏松各帮三十八两至八十二两不等,浙江各帮七十六两,江西各帮二十七两六钱至八十六两不等,湖北各帮七十余两,湖南六十七两四钱。此条业经定议酌核,沿途各汛如有贴印、抄号、报入汛出汛文书,每汛每帮酌给二钱,其余浮汛并营弁陋规悉行革除。

一 各帮经过沿河闸座,江安各帮自三两至七十五两不等,苏松各帮二十七两至七十两不等,浙江各帮七十六两,江西各帮四十二两至九十一两不等,湖北各帮用银七十余两,湖南一百一两七钱。查各闸闸夫业经定议,帮船经过各闸,如果水深溜急,必需共为料理,每处每帮酌给二钱,其平坦各闸不准给与,闸官陋规一概革除。

一 备带土宜,江西各帮自四五十两至六十八两不等,湖北各帮三四十两不等,查沿途应给各项既经议令,分别酌给银两,未便再送土宜,此项陋规应行革除。

以上各条据各省粮道折内开列,查通漕各帮从前陋规均系私相授受,致多寡不同,今既酌定成规,画一办理,令各省督抚、河漕一体通饬严禁,遵照。

一　各帮头伍如有将已裁陋规派敛娄收,或于定数之外多行勒索者,令各帮军丁于经管衙门呈控审实,分别首从,计赃定拟。若犯该徒罪以上,俱照指称衙门打点使用名色诓骗财物例,不分首从,发边卫充军,情重者仍枷号两个月,发遣。官弁兵役受贿者,该管上司即指名题参革职,审拟计赃,以枉法论。督运经催员弁故纵失察者,亦分别查参,照例议处。若军丁挟嫌捏空,照诬告律加等治罪。(乾隆十七年例)

重运揽载

一　粮船经由地方,康熙二年定例,自各水次至淮安总漕,同淮扬道盘诘一次,至济宁总河同济宁道盘诘一次,其余衙门俱免盘诘。(现在止总漕于淮安盘验一次,其济宁盘诘之例久停)

一　粮船揽载商人黄木,经过关口恃强抗拒不容查验者,该弁丁船粮到通,交粮完日严提,从重究拟治罪。(康熙二年例)

一　军船经过沿途镇集货物辐辏之所,责专押运丞倅极力摧攒,不许停泊,通帮前后不时稽察。如该员稽察不严,摧攒不力,即将押运官题参,照例议处。(康熙二年例)

一　军船包揽客货,运官、帮官严加查察,如有奸丁敢揽客货者,许于司漕衙门据实出首,免其罪过;如隐匿不报,一经查出,押运员弁加倍究拟,旗丁照例治罪,奸商一并按律究拟,至应带土宜应行除出,不在私货之例。(康熙二年例)

一　旗丁于水次附载货物,沿途包揽,运官通同奸商搭船者,该管粮道不行严禁,罚俸一年,监兑押运等官降一级调用。(例载《会典》)

一　康熙四十八年议准,粮船过淮、过济有总漕、总河查验,如有夹带即行查参,至关税有无欠缺与粮船无干,所有经过各关应毋庸停船查验,以致误漕。

一　各帮船北运时所带货物随行随卸,不许停泊河干,以致顶阻,仍饬沿河各地方官弁约束兵役,毋得藉查货物,需索滋扰。(乾隆二十三年例)

一　康熙四十八年议准,湖广、江西二省漕船除带运松板等木及土产货物六十石之外,不许多载,照定例止许带装载一百石之小剥船,如有将剥船改造大船夹带私货,民船杂于粮船内,尽堆木植,又于船尾拴缚木筏者,该抚并总漕、总河及粮道亲身严查，将运弁一并题参，从重治罪。（查此案系芜湖关监督所奏，所云船尾拴缚木筏系指大江而言，故应查禁。若入里河或遇水浅势需将准带之二尺天篷卸下拴于船尾，以省少剥米石，与大江拴带者不同，不在查禁之例。）

一　江西、湖广粮船，应令该督抚于上流之汉口吴城集货马头，责令粮道押运等官并该地方文武官弁严加禁察，不许商民货物私上粮船，亦不许奸丁包揽私货，取具粮道押运等官弁并地方官甘结报明总漕。如违例私带货物，照例入官，丁商从重治罪，粮道及押运等官俱严加议处。（康熙五十年例）

一　定例失察鸟枪该管官罚俸一年，失察三眼铳降一级调用。雍正三年议准，嗣后，粮船如仍带火炮鸟枪，本犯责四十板，失察官照失察铳炮鸟枪例，分别议处。（鸟枪一项，乾隆二十三年奏准携带，每帮二杆）

一　顺治八年奉上谕：营造宫殿，京师烧砖尽可用得，若临清烧造，苦累小民，又费钱粮，原属无益。况漕船载运漕粮，远涉波涛，已称极苦，再令装载带运，益增苦累，朕心实为不忍。这临清烧造城砖，永为停止，原差官撤回。钦此。

一　漕船带运城砖，如中途遗弃，交纳短少，仓场题参，到日该弁交完粮米，押赴工部，转送刑部，从重拟罪。如粮不完，发南追比，并行总漕将原带运丁就近一同质审，仍送刑部究拟，其抛弃之处地方文武官不行申报，亦送吏兵部处分。（顺治十五年例）

一　京城私钱皆别省买来，偷载运粮船内，带至京城发卖，应令有漕督抚严饬该管官于开帮时确查，过淮时总漕确查，不过淮山东、河南粮船，令该抚饬该管官确查。如不确查，或被拿获，或被首告，将该管督抚、总漕、粮道、押运等官俱交部，严加议处。（康熙四十一年例）

一　粮船不许装运无引私茶，如违禁携带，于过关时查出，照私盐例治罪。（雍正十一年例）

一　各省粮船旧例每船许带土宜六十石，如六十石外，多有夹带，将货物入官，仍行治罪。雍正七年，钦奉谕旨：旗丁驾运辛苦，若就粮艘之便，顺带货物至京贸易，以获利益，亦情理可行之事，着于旧例六十石之外加装四十石，永着为例。钦此。

一　雍正八年题定，各船头舵二人，每人准带土宜三石，水手无论人数准带土宜二十石，合算每船准带土宜共一百二十六石。

一　乾隆二年钦奉上谕：查江广二省向有额外装带竹木，经漕臣奏明众丁己永远沾恩，湖广省今年并未出运，山东、河南省抵通甚近，盘费无多，惟江南、浙江二省本年丁力拮据，向例每船准带货物一百二十六石，着于明年准其增带货物四十石，后不为例,以示朕轸恤旗丁之至意。钦此。

一 江广等帮漕船,乾隆五年题准,天篷上装载木植毋得过高二尺,如有违例多装,令押领员弁勒令起卸,严加责惩,竹木入官,如员弁通同徇隐,照例参处。

一 粮船木植,乾隆七年奏准,水大之年准其带至台庄以南一带地方卸货,不得带过台庄;水小之年令其淮扬一带卸卖,不得带过黄河。

回空夹带

一 粮船私载客货或己货及装载私盐,运官失于详察,除一级调用。(例载《会典》)

一 水手夹带私盐,随帮失察者,降一级调用,沿途各官并不盘查,照例处分。(康熙二十三年例)

一 康熙三十七年题准,江广粮船回空之时,漕臣差委官将于扬州、仪征公同盐政委员查验私盐,如有夹带,即将押运官弁并失察各官一并题参。

一 康熙三十七年题准,江广粮艘回至扬关,令押运官弁于盐政衙门先递报单,听候委员查验。

一 定例粮船回空之时,漕臣差委官将于扬州、仪征搜查私盐,雍正三年奏准,瓜州江口应委瓜州营协同委员搜查。倘有私盐事发,应遵照定例,究明买何场灶?是何月日?在于何处装运上船?查取彼地该管官职名一并题参。

一 回空粮船官座船只装载私盐货卖,经过关津或被查告,或被旁人首出,将夹带私盐之人照贩卖私盐例杖一百,徒三年,管船同知、通判、守备、千总文武等官知情者革职,不知情者降三级调用。(康熙四十四年例)

一 康熙五十一年题定,漕船回空至德州柘园地方,总漕遴委能员协同德州卫备搜查私盐,并饬地方文武官弁严拿窝囤。如有夹带私盐事发,将专委漕员、德州卫备、押运官员并该地方文武各官题参,严加议处。如该员以搜查藉端生事,该督抚镇御史指名题参。

一 康熙六十一年,天津总兵官袁立相请粮船抵天津关委员搜查私盐,部议:粮船夹带私盐应饬沿途地方弁兵在何处卸盐即应何处查拿,若过关之时,一概截住,逐船搜查,不特粮船阻滞,而不肖丁舵水手必乘此偷卖官粮,故从前定例粮船尽夜偾行,不许片刻停泊,亦不许闲人上船,原以杜绝偷卖粮米之弊,所请委员搜查之处应行停止。

一 雍正二年,钦奉上谕:粮船回空夹带私盐固宜严禁,但照例在运河口地方派官搜查,查出私盐必究明根窝场灶,照例治罪。若船至大江,不可拦阻搜查,致生事端,有误漕运。

一 定例回空粮船夹带私盐,照兴贩私盐例杖一百,徒三年。至粮船夹带私盐闯关、闯闸,不服盘查,十人以上持械拒捕伤人者,从前未有拟罪之条,嗣后,回空粮船夹带私盐闯关、闯闸,十人以上持械拒捕伤人及伤三人以上者,将为首并下手杀伤人之犯拟斩立决,其未曾下手杀伤人者,俱发边卫永远充军。至虽拒捕不曾伤人,及十人以下拒捕伤人致死者,为首拟斩监候,秋后处决,为从者发边卫充军。

一 恃众闯关、闯闸,恶徒虽无夹带私盐,将首先头船丁舵人等各枷号两个月,发边卫充军,其随从闯关、闯闸丁舵俱照为从例各枷号一个月,杖一百,徒三年,不知情者不坐。

一 定例卖私盐之人及灶丁卖给粮船者杖一百,流二千里。窝藏寄囤者杖一百,徒三年。如回空粮船夹带私盐,亦照贩卖私盐人等例加一等,杖一百,流二千里。

一 定例回空粮船装载私盐,管船同知、通判等官知情故纵者,革职;不知情者降三级调用。又官员该管界内私行煎盐或私卖者降三级调用,其贩私地方之兼辖官、押空之运官并随帮未定有处分,今应将贩私地方之专管官降三级调用,兼辖官降一级,罚俸一年,领运官照徇庇例议处,随帮革退。如恶棍恃众闯关、闯闸,将同知、通判、押运千总均照溺职例革职,随帮责三十板,革退。至倚恃粮船任意贩私持械伤人者,将押运等官均革职,随帮责四十板,革退。其该管关闸等官如藉此勒索,故意留难,以致粮船阻滞误运,许运官呈明,各该督抚题参究处。(以上三条均雍正二年例)

一 旗丁南北往返必需食盐,每船准于开行时带盐四十斤,回空时带盐四十斤,此外多带者同私盐治罪。

一 粮船回空凡经由产盐处所,地方文武并押空官弁尽夜严查,摧攒前进,并严拿风客囤户勾通旗丁贩卖私盐。如不力行摧攒,任其逗遛,与风客囤户私相交易,致有夹带,将该地方文武各官并押空官弁照定例议处,运丁风客囤户照贩卖私盐人等之例加等治罪。该管盐务运司等官掣盐出场,务将余盐严行巡查,不许夹带,如有徇隐疏纵,将运司照失察私盐例议处,灶丁人等亦照贩私盐律治罪。(雍正三年例)

一 失察私盐既有处分,其沿途文武以及押运官弁有能拿获粮船夹带私盐者,亦应照该管官拿获十人以上大伙私盐例议叙。其运司等官拿获灶丁船户夹带私盐亦照例议叙。其押运官弁有能于该管帮船一年之内并无私盐事故者,准予纪录一次。随帮员弁能拿获首明私盐三次,及该帮三次回空并无私盐事故者,准其从优议叙,该管上司出具印结咨部以领运千总补授。(以上四条均雍正四年例)

一　押空随帮一年内并无私盐事故者,准其于补官日纪录一次。(乾隆六年例)

一　雍正七年奉上谕:朕闻各省粮船过淮抵通之时,该管衙门官吏、胥役人等额外需索陋规,以致繁费甚多,运丁重受其累,特命御史前往稽查,禁革苛索等弊。又查向来之例,每船北上许带土宜六十石,朕思旗丁驾运辛苦,若就粮艘之便,顺带货物至京贸易,以获利益,亦情理可行之事,着于旧例六十石之外加增四十石,准每船携带土宜一百石,永着为例。惟是运丁人等繁多,素有恶习,如偷盗米石,挂欠官粮,夹带私货,藐视法纪,此向来之通弊也。又如昔年浙江、湖广二省粮船,因私忿小怨遂致操刀持戈杀伤多命,又从前偶值回空守冻,遂致纵容水手公然抢夺扰害居民,此皆众所共知者。是以,数年以来,内外臣工条奏旗丁不法者不下数百纸,前又有人奏称贩卖私盐之弊在粮船为尤甚。有一种积枭巨棍名为风客,惯与粮船串通搭有货物运至淮扬,讬与本地奸徒,令其卖货买盐,预屯水次,待至回空之时一路装载,其所售之价,则风客与丁舵水手三七朋分。粮船贪风客之余利,风客恃粮船为护符,于是累万盈千,直达江广,私贩日多,而官引日滞等语,观此则旗丁之作奸犯科诚难以悉数也。朕年来屡饬该管官严行禁约,又复念其劳苦,叠沛恩膏,近见伊等之恶习刁风亦渐悛改,是以特颁谕旨,严禁过淮抵通苛索之陋规,复令增添携带土宜,俾得多沾余润,以赡家口。伊等益当感戴朕恩,遵守法度,以为良善,以免罪愆。着总督、仓场侍郎、漕运总督将朕此旨通行刊布,每船各给一张,使运丁人等触目警心,以副朕体恤训诲之至意。特谕。钦此。

一　粮船夹带私盐多由土豪预行窝囤河干,勾通售卖。乾隆元年奏准,天津地方令巡漕御史暨运使实力查缉,其沿河地方令各督抚、提镇严饬沿河文武官弁,凡粮船经过时差兵役竭力稽查,如有水手人等私行货卖以及土豪地棍预行窝囤情弊,一面严拿,按律究治,一面催船前进,毋得留难误漕。倘有徇纵失察,一经发觉,将督运、押运官弁以及前途失察之地方官弁,并失察豪棍之地方州县,一并照例参处,其盐斤除留食盐外,余俱入官。

一　粮船准带食盐,遇查盐地方,摆列船头,听候查验,经巡役零星撮取,积少成多,每船极多亦不过二三斤者,实非伙同兴贩,免其查究,押运官弁并免处分。(乾隆十一年例)

一　粮船经过地方令沿途营汛员弁严行稽查,毋许肩挑背负盐斤之老幼男妇充塞河干,卖与粮船,及黑夜包送上船,暗行夹带。如过定例四十斤之外者,经前途

查出,将巡查汛弁照不行详查例议处。(乾隆十四年例)

一 徐州江北帮轮兑徐粮之长淮三四两帮、宿州头二两帮回空船只,例不过淮扬搜盐地方,其有无夹带私盐,漕督饬委大河卫守备驻札黄河北岸杨家庄搜查,又在夏镇受兑之淮安三帮委济宁卫守备,俟空船过济就近搜查,俱汇册咨部存核。(乾隆十六年例)

一 押运丞倅管押回空帮船,果系亲身在帮,协同营员搜查,并无夹带私盐,准其照例议叙;若未经在帮亲身协查者,不得滥行请叙,并令两江总督嗣后造送搜盐文册,务将总押厅员姓名及曾否亲身在帮之处据实登注,以凭考核。(乾隆二十年例)

一 各省回空漕船令直督、江督俟各帮经过回次之后,查明有无夹带私盐,造册二本,一送户部,一送总漕,将应行议叙之处查明,汇册报部,部核与江督、直督送到之册相符,汇送兵部查核定议。(乾隆二十一年例)

一 直隶静海县之于家堡、沧州之砖河盘查食盐册,历年止转申盐院呈送督院,未行造册报部,乾隆二十一年咨准,照淮扬产盐地方之例,画一造册咨部。

一 乾隆二十三年部行,江省造送搜查盐斤册内,如有夹带私盐之船,即将某帮某号某丁船内查出盐斤确数,一面交与分司秤收明白,饬商变价,一面将私盐之犯移交地方官收审,其并无夹带之船亦即于册内登明"并无夹带私盐"字样,应抄录册式移咨直督,转饬各委员。嗣后,务照江省造送之册一例开明,毋得仍前约略估计,笼统造报,以致往返驳查。

一 回空粮船至扬州搜盐厅,自乾隆二十九年为始,尚听两江总督暨两淮盐政委员实力查办,其漕标止委游击一员弹压摧攒,不必干与查盐之事。其地方道府州县将备等官、各盐快兵役一概停止,仍令此后粮船一到,委员随即搜查,不得托故他往,致令守候大帮限一日查毕、小帮限一日查毕,两帮即令开行。倘有指称文武衙门故为羁阻,及查毕后复称奉委拦船搜查,饬令委员随时查察,严加重处。(乾隆二十九年例)

一 粮船回空定例准带食盐四十斤,如果有贩私夹带查出,照例详报,至实系摆列船头听验,零星秤出多余之盐每船不过二三斤者,仍照例将多余之盐入官,变价充公,不得以私盐混报,致滋扰累。(乾隆二十九年例)

一 领运千总抵通交纳后,除例应引见及委办公事不能赶帮者,该帮遇有夹带私盐事故仍准其免参,其托故逗遛,无论在帮与否,均一体参处,以杜规避。(乾隆二十九年例)

一 乾隆三十年奏准,粮船夹带私盐,在北,则于家堡、砖河、柘园,在南,则盘粮厅、扬州、仪征、瓜州等处,俱有专委文武官搜查。嗣后,粮船夹带私盐于何处查出,即将经过而未经查出之专委文武各官照例查取职名议处,不得听其稍有捏饰推诿。其沿途州县文武系产盐地方经盐犯供词指实者,则查取职名,治以不能查缉私盐之本罪,其非产盐地方文武官员,既不许其兵役赴船滋扰,即有私盐无从而知,应免其一并查参。

一　乾隆二十八年奏准,嗣后,拿获贩私人犯按其盐斤多寡,如在三百斤以上者,为数既多,必系买自窝囤之家,如不据实供出,混称买自不知姓名之人,即将该犯于应得本罪上加一等定拟,若数在三百斤以下,其中多系买自孤独老幼之人,既不能将卖盐人姓名供出,即将该犯仍以本罪科断。

一　乾隆二十九年奏准,嗣后,盘获粮船夹带私盐,讯系大伙兴贩,即照乾隆二十八年盐臣高恒奏准之例,究明买自何处,按律治罪,如不能供出私卖之人,将本犯于应得本罪上加一等定拟,其零星收买,免其究问盐斤之来历,即将贩私之人治以应得本罪。

乾隆三十年总漕咨准,嗣后,回空粮船责成丁舵并帮弁实力稽查,遵照定例,只许向官店售卖盐斤,每人以三五斤为率,每船总不容出四十斤之外,经过盘盐厅地方,令巡查委员加意稽查。如有定额之外止多数斤,遵例将赢出之盐发商变价入官,免其提究;多至数十斤及百斤者,即令押空官弁立时查明系何人多带,除每人准带五斤外,其余出之盐即以犯私论,将犯移解州县,按其名下多带之盐,讯明实系零星积聚,并非有意故买贪利贩卖,请照买食私盐例杖一百;若一人多带至百余斤及二三百斤以上者,即系有心夹带,仍照粮船贩私例加等拟流,失察之押空运弁均予参处。至一船之内丁舵为主,倘丁舵自行夹带,固应一体治罪,即水手人等有犯,讯明丁舵知情者,州县一面详明,一面行文该帮,移提到案,质讯确实,将该丁舵照窝藏寄顿律减本犯一等治罪,如止失于查察者,照不应重律科断移文,该帮弁就近发落,免其提案,以省拖累。

一　乾隆二十三年奏准,嗣后地方官承审私盐案件,如仍听多开人犯巧脱罪名,将承审官照徇庇例降三级调用。

一　乾隆二十八年奏准,拿获私盐人犯,承审官不能审出诬扳情节,照不能审出盗贼诬扳良民例,分别议处。如听其不指供买自何地,一任狡饰含混完结,按盐犯罪名之轻重,照不取紧要口供例分别议处。

一　乾隆二十九年奏准,嗣后,该管上司于属员开脱盐犯,有心庇纵,倘不照例查揭,一经督抚盐政查出,即将该管上司分别失察、徇庇,一并题参。

一　回空粮船,乾隆三年奏准,舵水人等零星稍带梨枣六十石,免其轮税。嗣因首进帮船每年五六月间回空之时,尚无梨枣可带,以致不能均沾利泽,乾隆十年奏准,嗣后,回空船只行至山东,如无梨枣可带,准其将核桃、瓜子、柿饼等物携带六十石以抵梨枣之数,倘逾此数,仍按则征税,亦毋许巡拦各役,藉端留难,致误兑运。

一　回空粮船捎带梨枣、豆货,向例每满舱交银十两,平舱八两,半舱四两,雍正六年奏准,重运额载粮米四百石,应将所载梨枣等物满舱者以四百石米算,合货四百八十石,平舱者以三百石米算,合货三百六十石,半舱者以二百石米算,合货二百四十石,以小贩每石四分计算,满载应纳银十九两二钱,平舱应纳银十四两四钱,半舱应纳银九两六钱。如装豆货满载仍以四百石算,纳银十六两,平舱以三百石算,纳银十二两八钱,半舱以二百石算,纳银六两四钱,着为成规,如带梨枣六十石以下者,仍免其报税,不必逐船签量,耽延时日。

一　准关则例,梨与豆每石纳银五分,枣每石八分,无小贩每石四分完纳之例,雍正六年奏准,仍照旧例,随到随签,见数放行,止留本客,照例纳税,其捎带梨枣六十石以下者,应照部议,免征税银。

一　回空粮船准带土宜六十石,仍恤丁之意,因各关拘定梨、枣、柿饼、瓜子四项,其余货物俱不准抵算,乾隆二十五年奏准,嗣后,除麦子一项不准抵数外,其余黄豆、瓜果等物应准其回空带往,以六十石抵数,免税。

一　回空粮艘经过各关,管关人役多籍查土宜货物耽延日期,而浒墅关尤甚。乾隆三十一年奏准,应令管关督抚监督,凡粮船到关,运弁投递帮名书册,即挨次查验放行,不得故为稽延,仍将到关、过关日期知会各该督抚并漕运总督,以备查核。

一　回空粮船令沿河督抚、总漕、仓场转饬天津河道押运员弁严查,除日期盘费钱文准其携带外,如有将制钱装载数十串,捏称压船,希图贩卖者,即行拿究。倘胥役人等藉端需索,亦即究治。(乾隆三年例)

一　粮船偷买硝磺,多系沿河镇集奸徒预为收囤,暗运入船,应于粮船将过山东时,预于晋省私磺入境之处,饬令地方官弁分路巡查,而本省之焰硝亦多方稽察,不许偷贩河干。至粮船夹带私盐,向有搜查定例,应将夹带私硝一并责令原派搜查私盐之文武各官带查,如查出私硝,亦照私盐例究明查参,毋庸令摧攒员弁挨船访查,致滋逗遛迟误。再粮船押运官弁不行查出,照夹带私盐例议处,其河南产硝地方照例一体严禁。(雍正十年例)

一　回空粮船应带食米、烧煤向无定数,乾隆三年奏准,江西省每船准留食米四十五石,烧煤四十石,湖南省每船准留食米三十六石,烧煤三十二石,湖北省每船准留食米三十三石零,烧煤三十石,浙江省每船准留食米三十石,烧煤二十五石。自通至宿迁淮扬等处逐关查验,扣除免税放行,毋许逾额多带,各关役亦不得勒索留难。

《漕运则例纂》 卷十七

《漕运则例纂》卷十七

蠲缓改折

四款事例

一　漕粮原有定额，凡荒地无征者，该督抚勘实具题，准于蠲豁，仍责令各州县招垦，毋致久荒。（《议单旧本》）

一　凡田地沿江、沿海坍没水中，无从征漕者，照例保题豁免。（《议单旧本》）

一　凡水淹田地例于每年冬底确勘一次，涸则起征，淹则停免。雍正十年题准，淹田漕米先于粮册删除，照压征之例，俟冬勘后，涸则次年带征，淹则题请豁免。

一　筑堤占用民田，应征米石准其豁除。

一　建造衙署营房占废田地，所有漕粮悉与蠲除。

一　荒缺田地蠲豁漕粮，随漕银米一例题蠲。

一　沿海迁移弃地止有虚粮，无从催征者，题明豁免。

一　州县低瘠田荡漕粮无出，经督抚具题，准予豁除。

一　各省地方有久赔浮粮，督抚勘实保题，准予豁除。

一　州县有无业主荒田及有主荒田，无力开垦者，勘实准予豁除。

一　漕粮例不蠲灾，其有偶遇兵燹及灾伤过重，地方或全予豁除，或按数蠲免。均奉特旨遵行。（《议单旧本》）

一　漕粮遇蠲，其赠贴行月米石照数征米运通。（康熙四十二年例）

一　漕粮遇蠲，随漕等项银米例应照额征解，康熙三十九年，江南淮扬府属叠被水患，经督抚题请并蠲，奉旨豁免。

一　凡遇有恩诏，漕欠例不豁免，雍正十三年钦奉恩旨：着将雍正十二年以前民欠未完漕项银两全行豁免，并令嗣后遇有恩诏，俱入于豁免内，永著为令。

一　漕粮例不蠲缓,乾隆二年题准,倘有被灾地方,令有漕督抚确勘实在情形,或应分年带征,或按分数蠲免,临时其题,请旨遵行。

一　漕项为运粮经费,例不蠲缓。倘有地方被灾,仍照乾隆二年定例,令有漕督抚确看实在情形,具题请旨遵行。

一　江苏省乾隆丙寅年地丁钱粮奉旨蠲免,未完旧欠一并停征,其节年未完漕项自应照旧征输,因该省地漕向系一条鞭征,难以验分,乾隆十一年奏准,将该省旧欠漕项同旧欠地丁统俟开征之年一并输纳。

一　上下两江乾隆三年被灾,各属未完旧欠漕项银米业经题豁,惟下江江、常等府属先有通融完解漕项银米原系熟田项下,所完地丁之数非灾户于缓征漕项内已完之款,既奉免征,未便复事追呼,乾隆十一年题准于地丁项下扣除。

一　有漕各省凡遇被灾,即将漕项汇入地丁并请蠲缓,以致牵混互异,乾隆六年议准,嗣后无论咨题案件有关漕项者,另案造报。

一　征漕田地如有占挖荒废无征者,照例准豁除粮额,各省每将此等应蠲漕粮汇入地丁项下请豁,以致漕项案内无从查核,乾隆五年议准,嗣后凡有奉蠲漕粮俱抄录全案送部。

一　豫省祥符等四十二州县有盐碱、飞沙、河坍、水占等地,地无可耕,粮仍赔纳,乾隆元年钦奉谕旨将额赋永远豁除。

一　凡遇圣驾巡幸经过地方,或有积欠漕粮,免其征收,俱奉特旨遵行。

一　海滨被水州县漕粮积欠蠲免,其盐场未完折价带征银两一并豁免者,俱奉特旨遵行。(《议单旧本》)

一　河工埽料一项系地方办买交工,被水之年漕粮蠲缓,或并将埽料每束酌增价银,俱奉特旨遵行。

一　沿海州县海水啸发被淹,或风潮淹损田禾,所有漕粮蠲缓改折俱奉旨遵行。

一　地方蝗蝻为灾及冰雹打伤田禾,或免赋,或缓征,或改折,俱奉旨遵行。

一　灾伤地方应征漕粮当年不能完纳者,酌量被灾轻重,或全行缓征,或缓一半,或分年带征,俱奉特旨遵行。(《议单旧本》)

一　缓征漕粮次年复遇灾歉,再行分年带征,或次年年岁虽稔,而并征积年带缓,民力不能一并输将,或再行分年带征,或竟予免征,俱奉特旨遵行。

一　缓征漕米应于次年麦熟后征收者,或因次年麦收稍薄,或麦收虽稔,恐即行征收,民力不无拮据,再缓于秋成后征收,俱奉特旨遵行。(《乾隆四年例》)

一　地方被水之年,漕粮蠲免缓征,或因被灾过重,并将不成灾之州县漕粮一并缓征,俱奉特旨遵行。

一　漕粮带征漕项银两原无带征之例,有被灾过重,该督抚题请宽缓者,亦准分年带征。(康熙元年例)

一　康熙三十年钦奉恩旨,普免各省漕粮,所有山东、河南等八省部议酌定,分年递免。

一　蠲免漕粮、随漕等项钱粮照数征解。(康熙三十二年例)

一　康熙三十二年浙抚张鹏翮题准,杭嘉等府属夏被亢旱,田虽补种,节气已过,即有收成,亦属青腰白脐,不堪办供漕米,请将康熙三十三年之蠲免、移免三十二年之额征,其三十三年漕[1]米仍照额起运。

【校记】

[1]自"之蠲免"至"三十三年漕",《丛刊》本缺。

一　乾隆三十一年[1]钦奉恩旨,普免各省漕粮,所有山东、河南等八省部议酌定,分年递免。

【校记】

[1]《丛刊》本作"三十年",据上下文,应作"三十一年"。

一　漕粮普免,其随漕等项银米应照额征收,以为停运丁船支给水粮等项之用,凡轮应蠲免省分将例给减半,本折月粮即于漕项款内动支,余存银米报部拨用。

一　乾隆三十一年钦奉恩旨,普免漕粮之年将各省民折官办者一体豁免。

一　乾隆三十一年钦奉恩旨,普免漕粮,其江浙白粮、山东河南黑豆麦石部议一并蠲免。

一　普免漕粮之年,江南京口兵米照江宁之例于漕项米内照数拨给。

一　江南漕赠五米例系拨给减丁月粮及京口兵米之用,即白粮项下盘耗运饭等米亦系每年例入漕项奏销之款,漕项即照旧征收,此项随漕米石自应遵照部议,征输报部。至白粮春耗一项系糙米舂白之耗,原非漕项,向不造入奏销白粮,既奉恩蠲,其春耗一项应一体免征。

一　江南、江、淮、扬、通等属均有以漕粮改抵兵米,而江宁、扬州等属又有以兵米及南凤等米归还漕粮起运之款。今上元、江宁二县改拨兵米因系漕粮本款,已一例蠲免,其江宁、淮安、扬州、通州等属漕粮改抵兵米则系坐拨之项,亦属奏定永改额款,与上元、江宁二县起运漕粮增添八旗兵米截拨之款不同,应即照现在起运漕粮数目请蠲,毋庸又行区别剔除兵粮,南凤等米还漕之项其已经改抵兵米之漕粮仍照旧征收,以清款项。

一　江南溧水、高淳、安东等县改折漕粮遵照现奉谕旨征收折色者,一体概予蠲免。

一　江南轮应蠲免漕粮之年,漕赠五米一款题准照豫省征收润耗之例,仍征本色,变价解道,报部候拨。

一　江淮等属向有每石随正征收费钱六文,水脚钱四文,离仓窎远州县每十里约加收水脚钱二文,系贴给旗丁使费及修仓水脚杂费之用。今正漕既蠲,此项杂费无需动用,应一体免收,至随漕行月米石照旧征收,所有费钱仍照旧办理,其赠米费钱向不给丁,系为府厅书吏纸饭之用,余剩解司充公,将来所收赠米费钱如有节省,亦照旧解司,不必另议减征。

一　江宁兵米除将上元、江宁二县减存行月赠米拨抵外,尚缺米石就近于上元、江宁、句容三县南赠等米内拨补。

一　山东漕粮轮应蠲免之年,应征润耗米石准照康熙年间之例折征银两,报部拨解。

一　河南漕粮轮应蠲免之年,内有安阳等二十四县添办永城等十九州县漕豆案,经奏定于安阳等县丁地银内按每石八钱划除,将永城等州县征收漕银折价解司,抵补划除之数,久经各归定额,今逢恩蠲,应照改定原额将安阳等县本色豆石按数蠲免,其永城等州县应征漕粮折价,仍照旧征解,又给丁润耗米石并德州仓粮,概征本色,变价报拨。

一　乾隆三十一年蠲免东省漕粮所有随漕项下应征米六万余石,奏准一并缓征,俟明岁收漕之时,随正带征。其减丁应需米石现有存贮停运蓟粮二万八千余石并常平仓谷可以动用,其动用之米俟明岁征收还项。

一　起运漕粮例不改折,间有被灾地方准其暂时折解。(《议单旧本》)

一　凡漕粮遇灾,旧例各按被水分数,轻则每石征本色六斗,折色四斗,重则每石征本色五斗、折色五斗,或全数折征。俱奉特旨遵行。

一　漕粮折色例应按照时价征收,顺治年间,江南、浙江、江西、山东等省每石折银一两四五钱及一两二钱不等。康熙九年至雍正元年以后,江浙各府属折漕价值每石征银一两二钱及一两不等,惟山东粟米于雍正年间改折,均照豫省每石以八钱折解。

一　漕粮遇有改折,其随漕轻赍、席木、赠截等项银两,例应照数征解。(顺治十八年例)

一　起运漕粮正米一石,例有耗米并给军行月、赠耗等米,如遇改折,一例按时折征。(顺治十八年例)

一　漕粮改折应加耗米一并折征。(雍正二年例)

一　漕粮改折俱应将改折米数及酌定价值刊示晓谕，使民得沾实惠，不遵者指参。（顺治九年例）

一　漕粮改折之年，百姓有先期完纳本色者，准抵下年漕米，仍于下年应征本色内照数扣征折色。（顺治八年例）

一　改折漕粮各省米价时值原自不同，未便照追补漕欠之例折征，应总计州县粮额几何，本折均派征收。（顺治十七年例）

一　旧例灾伤改折地方于附近州县凑补原额起运，顺治十年题定，本地被灾改折粮额不必复于邻邑拨补。

一　漕折银两即应起解，如该地方官有意延缓者，应按分数查参。（顺治八年例）

一　漕粮改折止许照价征收，如仍借兑漕为名滥行科索者，即行参处。（顺治十八年例）

一　康熙十八年安抚徐国相题准，凤、庐、安三属连罹奇灾，请将康熙十八年[1]漕粮正米并行月钱粮尽数改折，其耗赠米银概予豁免。[2]

【校记】

[1]自"康熙十八年"至"康熙十八年"，《丛刊》本缺。

[2]《丛刊》本句末有注："康熙十八年例"。

一　漕白二粮分年折征解部，漕项钱粮并白粮经费银米一并征解，至私贴运军之五米十银应行免征。

一　邳、徐二州漕粮俱系小米，雍正十年题准，每石征银七钱五分。

一　漕粮改折之年，部议定价折征其月粮麦石，折价照各省旧例行。

一　乾隆三十年蓟粮改折，山东省每石折银一两，河南省每石折银八钱。

一　州县漕粮有因冬季正在挑河筑坝，水路不通，须改陆运，将漕粮改征折色者，俱奉特旨遵行。（乾隆二年例）

一　地方被水，将应征本色漕粮之州县与应征折色购买本色兑运之州县俱改征折色，或并将毗连未成灾之州县一体改征折色，俱奉特旨遵行。（乾隆四年例）

一　康熙元年题定，漕折银两解部，脚价江南每两八厘，浙江每两九厘，俱入漕折项下报部核销。江西每两九厘，于副米折价内支给报销，不得另行编征。

一　顺治十年题定，江南漕折协饷脚费每两加增一分，于漕折银内支给。

一　康熙四十三年议准，河南漕粮折征解部，每两给脚价银四厘三毫，在临德仓支军米折银内动给。

一　漕粮遇折征之年每石折银一两，上江收饭银一分、钱二文，下江收费钱四十文、三十文及费银一分不等，以为解费及书役等饭食之月，余则概行扣免，再行月米石亦有修仓铺垫，其余上江一半耗米变价充公，下江一半费钱留充公用。（乾隆六年例）

一　江南无为州等县向征红米，于康熙十二年题请改征白米。

一　上元县漕粮因灾征兑晚米，相沿累民，康熙十一年题准，仍照旧以籼米征兑。

一　建平县不通舟楫，采买维艰，康熙三十七年题准，改征籼米兑运。

一　康熙十八年宿迁等县稻田冲决，题准改征粟米起运。

一　凡漕粮遇灾，其应征米石，如本地米有不足，准以籼米代抵，或以粟米暂行改兑。（《议单旧本》）

一　博山县漕粮本色运交未便，雍正十三年题准，每石折银八钱征解。

一　乾隆二年，昭文县薛家沙地划归通州营管辖，应征漕米三百八石零，兑运未便，题准留充兵饷，其应运漕米于昭文县南米内改抵征运。

一　漕粮一石改征谷二石，加以耗谷，民力稍艰，雍正九年题准，将谷耗减免。

一　江南扬、通、苏、常、镇、太等六府州属额征麦石向系分款另征给丁行月二粮，乾隆二年题准，改征米石随漕交纳给丁，余剩每石易银九钱解部。

一　州县原额屯田向有荒缺，凡遇报垦升科米石，于漕粮正耗米内加入升科兑运，如无荒缺，漕粮足额，遇有升科米石，俱解司充饷，倘有误将应行解司米石造入漕项奏销者，题准改正。（乾隆二年例）

四款恩旨

蠲租赐复，史册间有，我朝则小民疾苦时廑宸衷，即一亩之地因公占废者，亦必予豁除正赋，偶遇灾荒则蠲免、缓征、改折，拯救惟恐不及，恩膏所被，海宇蒙庥，至康熙三十年圣祖仁皇帝普免直省漕粮，我皇上绍绳祖武，于三十年将直省漕粮一例普免，旷典殊恩，千秋罕觏，所有历奉恩纶恭录于后：

一　顺治二年诏书：大兵经过地方应征漕粮照数免征。

一　顺治十一年，江西巡抚蔡士英请将瑞州府浮粮减照元季之例征粮，袁州府浮粮减照相连之新喻县上则田征粮。奉旨：这浮粮积欠重困一方，应从原额清汰，着该督抚饬该府县官确遵减免，毋得踵弊溷征，有辜德意。钦此。

一　康熙九年，漕运总督帅颜保请征高邮、宝应、清河、睢宁、泰州、盐城、赣榆、宿迁、桃源各州县未完七八等年漕米，钦奉谕旨：高邮等处灾伤与他处不同，这未完

未征漕米仍令带征，恐小民不能完纳，以致困苦，着再议具奏。钦此。（户部议准，将康熙七年分一万四千四百三十六石零之米蠲免）

一　康熙十一年钦奉上谕，谕户部：江南省连年水旱相仍，灾伤甚重，与别省不同，若将旧欠钱粮一并追征，民生愈至困苦，朕心不忍，其该省以前未完钱粮实系拖欠在民者，着暂行停征，俟民力少苏之时，再行具奏请旨，尔部即遵谕行。钦此。

一　康熙二十三年钦奉恩诏：内开一江南、浙江、江西、湖广省分自用兵以来供应繁苦，康熙二十四年所运漕粮着免三分之一，康熙十三年起至二十二年拖欠漕粮，着自康熙二十三年每年带征一年。钦此。

一　康熙二十七年钦奉谕旨：康熙十七年以前所欠漕项银两米麦俱着蠲免。钦此。

一　康熙二十八年，钦奉谕旨：朕前巡幸江南，凡所经历，于编氓疾苦必详加体察，如伤念切，每沛恩膏。朕过邳州，亲见彼处田地多为水淹没，耕耘既无所施，赋税于何取办？其现在被淹田地应纳地丁及漕项钱粮俱行蠲免，历年逋欠亦尽与豁除。钦此。

一　康熙三十年钦奉谕旨：河南一省连岁秋成未获丰稔，非沛特恩蠲免，恐致生计艰难，康熙三十一年钱粮着通行蠲免，并漕粮亦着停征。钦此。

又钦奉谕旨：京通各仓历年贮积之粟恰足供用，应将起运漕粮逐省蠲免，以纾民力，除河南省明岁漕粮已颁谕免征外，湖广、江西、浙江、江苏、安徽、山东应输漕米着自康熙三十一年为始，以次各蠲免一年。钦此。

一　康熙三十二年钦奉谕旨：江浙二省今年夏旱虽不成灾，秋收量必有限，若漕粮照常征收起运，恐民食将至匮乏，朕为此常切轸念，除浙江漕粮已经改于今年蠲免外，其江南漕粮今年或三分免一，或免一半，俟至该省应蠲年分，将今年所免米石照数补征起运，于漕粮既无缺少，官民大有裨益。钦此。（嗣议准，江苏、安徽漕粮俱三分免一）

一　康熙三十五年钦奉谕旨：这漕项历年积欠及带征未完银米着照该督等所题豁免。钦此。

一　康熙三十五年江南总督范承勋题准，扬徐所属各州县卫及上江之泗州等属水灾，请将各州县卫三十五年分地丁漕项钱粮破格全蠲，其三十四年分未完钱粮暂行停征，俟三十七年带征。钦奉谕旨：这三十五年一应钱粮俱着照该督等所题尽行豁免，其三十四年未完钱粮亦照该督等所题于三十七年带征。钦此。

一　康熙三十七年钦奉谕旨：淮安、扬州、凤阳等处比来水旱频仍，田禾淹没，耕获无从，经朕时加轸恤，赖以安堵，但念久歉之余，恐致资生困乏，着将海州、山阳、安东、盐城、高邮、泰州、江都、兴化、宝应、寿州、泗州、亳州、凤阳、临淮、怀远、五河、虹县、蒙城、盱眙、灵璧等州县，并被灾各卫所，康熙三十八年一切地丁银米及漕粮尽行蠲免，务使民间均沾实惠。钦此。

一　康熙三十八年，钦奉谕旨：淮扬两属被灾，钱粮曾经该督抚具题部议照例减免三分。今念百姓糊口维艰，安能办赋？应破常格，用沛洪恩。淮安府属之海州、山阳、安东、盐城，扬州府属之高邮、泰州、江都、兴化、宝应九州岛县并淮安、大河二卫，康熙三十七年未完地丁漕项等银一十九万有奇，米麦一十万石有奇，着全与蠲免。钦此。

又钦奉谕旨：凤阳府属去岁潦灾甚重，康熙三十七年该府属寿州、泗州、盱眙、灵璧十一州县并泗州一卫未完地丁漕粮着一概免征。钦此。

又钦奉谕旨：东省前年被灾，泰安等二十七州县生计尚未丰盛，宜更加恩休养，着所有康熙三十六年未完地丁银米俱着免征，其三十七年应征钱粮原因灾伤，令三十八年完纳。今念一岁之内，并需两岁之租，恐物力艰难，未能兼办，着分作三年带征，以示宽恤。钦此。

又钦奉谕旨：淮扬所属海州、山阳等州县卫连年河流浸漫田庐，耕获无从，来年租赋安能输办？着将被灾海州、山阳、安东、盐城、大河卫、高邮、泰州、江都、兴化、宝应等州县卫康熙三十九年地丁银米等项及漕粮、漕项银两尽行蠲免。钦此。

一　康熙四十五年，钦奉谕旨：直隶山东地方屡年收获，民气渐舒，所有宿逋尚应输纳，朕念黎元方有起色，办赋犹艰，一时新旧并征，势难兼，应宜更加宽恤，以宏休养。直隶自康熙四十一年至四十三年各府属未完民欠银八万二千七百两有奇，粮五千九百石有奇，山东省自康熙四十二年各府属民欠银一百六十九万一千七百两有奇，粮五千九百石有奇，俱着蠲免。倘应征旧欠有现完在官者，即准抵本年正赋。钦此。

一　康熙四十六年钦奉谕旨：江浙地方赋役殷繁，比年以来，业已节次敷恩，频行蠲贷，顷因两省偶被旱灾，随命按数减征、豁免旧欠并分截本年漕粮，令该督抚亲往散赈，兹特再施膏泽，用宏休养。今年被灾安徽巡抚属七州县三卫、江宁巡抚属二十五州县三卫应征粮三十九万二千余石，浙江二十州县一卫应征粮九万六千余石，四十七年俱着免征，所有旧欠亦暂停追取。钦此。

一　康熙四十七年钦奉恩诏：内开今岁山东州县间被微旱，河南所产之米颗粒较小，此二省米谷应留本地之用，所有应起运漕粮着酌量改折，每省应改折若干石，作何定价，该部作速确议具奉。钦此。

一　康熙五十六年钦奉谕旨：直隶、安徽、江苏、浙江、江西、湖广、西安、甘肃等八处带征地丁屯卫银两概免征收,其漕项虽例不准免,亦着破格施恩,将安徽、江苏所属带征漕项银四十九万五千一百九十余两,米麦豆一十四万六千六百一十余石内免征各半。钦此。

一 雍正三年钦奉谕旨:山东历城等四十三州县、德州等五卫所今岁被灾,巡抚陈世琯请将应征漕粮尽行缓征,部议缓征一半。朕思被灾地方有轻重不等,着山东巡抚悉心详查,被灾稍轻之处照部议缓征一半,被灾重者准其全缓。钦此。

一 雍正四年钦奉谕旨:去年山东济南、兖州、东昌三府偶有水患,去岁缓征之米应于今年并征,诚恐民力艰于输将,用是再沛恩泽,将去年全缓之州县令其于本年带征一半,明年带征一半。钦此。

一 雍正七年钦奉谕旨:从前清查江苏等属旧欠钱粮已降旨,将未完地丁银两暂行停征。今思漕项等银民间一例编征,若不概行停比,则钱粮难以清厘,着将康熙五十一年至雍正四年漕项屯折等款未完银二百八十一万余两一体停征。钦此。

一 雍正八年钦奉谕旨:今年山东被水稍重,而直隶、江南、河南三省亦间有被水之州县,夫地方既已歉收,则漕粟输将未免竭蹶,着将山东被水州县之漕粮全行蠲免,直隶、江南、河南被水州县之漕粮按成灾之分数蠲免,其山东未被水州县应完漕粮不必运送京师,即留东省以充兵饷。钦此。

又钦奉谕旨:前因豫省亦有被水州县,特降谕旨,令该督抚按照歉收分数蠲免漕粮。今据田文镜奏称豫省州县收成虽有不等,实未成灾,且士民踊跃输将,今岁漕粮现在完交兑运等语。士民等急公奉上甚属可嘉,但被水州县虽未成灾,而收成分数既有不等,着该督确查歉收分数,仍照例蠲免,即将现在已兑漕粮准作辛亥年正供,以示朕加惠豫民至意。钦此。

又钦奉谕旨:今岁山东被水,朕心轸念殷切,已令加意抚绥,将成灾之州县地丁漕粮并行豁免。又思该省既被灾伤,则本地所产之米较少,其不成灾州县若仍照旧征收,恐致谷价昂贵,未免输将竭蹶,着将东省不成灾之州县今岁应征漕粮停其征收,俟明岁收成后,令百姓照数交官,此项即存贮本省补完今岁散赈动用之仓谷。钦此。

一 雍正十三年钦奉谕旨:将雍正十二年以前各省民欠钱粮及江南省官侵吏蚀之项一并宽免。钦此。总理事务和硕果亲王查得各省原报未完民欠钱粮及江南省官侵吏蚀之项统计银一千四百余万两,米麦豆谷一百二十余万石,业经行文各该省督抚造册具题,遵奉办理豁免外,惟查江南等省奏销各册内有原报未完漕项银一百一十余万两,从前并无豁免之案,惟康熙六十一年户部奉例汇入民欠地丁银内题免在案,今将雍正十二年以前各省民欠宽免漕项亦系实欠在民之项,应否一例豁免,相应奏请。奉旨:着全行蠲免,并令嗣后遇有恩诏俱入于蠲免之内,永着为令。钦此。

一 雍正十三年钦奉上谕:向来漕项银两不在蠲免之例,朕前已降旨特行蠲免,以纾民力。今查各省尚有带征漕米原应如期输纳,但民间已完现年漕米,又完先年留米,民力未免艰难,着该部传谕办漕各省督抚等,将雍正十二年以前未完带征、缓征本色改折米银逐一查明奏闻蠲免。钦此。

一 乾隆元年钦奉上谕:江南阜宁、盐城等处州县上年夏秋之间雨水稀少,田禾歉收,曾降谕旨,着该督抚委员查勘被灾情形,已将阜、盐、兴、海四州县乏食穷民等加意赈恤,其额征钱粮各按灾伤分数照例扣蠲,至应征漕米等项复令缓至今冬带征。朕思此等地方被灾之后,既有本年应纳之项,又有上年带征之项,未免新旧交催,追呼两迫,输纳维艰,着将阜、盐、兴、海四州县雍正十三年未完缓征漕粮一例蠲免,以纾民力。再闻阜宁、盐城二县漕米昨年未降谕旨之先已有按数完纳者,此等急公良民尤当加以恩泽,着逐一确查,将已完之数准抵今年应完之项,俾得一体沾恩。该督抚饬令该州县实力奉行,毋使奸胥地棍中饱滋弊。钦此。

又钦奉上谕:朕御极以来,仰体皇考圣心,时时以爱养百姓为念,前访闻得豫省滨河两岸堤压、柳占地亩及郑州盐碱地亩每年应征额赋,小民输纳维艰,已降谕旨悉予蠲免,以纾民力。继又闻得尚有盐碱、飞沙、河坍、水占地亩,地无可耕,粮仍赔纳之处,随又降旨令该抚详确查勘,核实奏闻。今据巡抚富德奏称,遵旨派委府州查得祥符、杞县、洧川、中牟、荥泽、阳武、封邱、兰阳、仪封、鄢陵、汜水、偃师、巩县、孟津、宜阳、嵩县、登封、内黄、新乡、延津、浚县、滑县、孟县、原武、济源、武陟、淮宁、襄城、长葛、禹州、密县、南阳、新野、裕州、叶县、信阳、汝州、鲁山、郏县、宝丰、伊阳、商城等四十二州县,或因飞沙堆积,不堪布种,或因水势冲刷,坍入中流,或因淹浸日久变成盐碱,尽成不毛,或因外高内低,水无去路,积为陂泽,共地二千三十余顷,计该粮银共九千八百七十九两零,漕米共三百二石九斗八升零。朕思任土作贡,国有常经,其欺隐地亩者自当治以应得之罪,若田土荒弃,无地有粮,则当速沛恩膏,以解闾阎之困。豫省荒废田地既据该抚确查奏闻,着照所查之数造册报部,将额赋永远蠲除,以副朕惠鲜怀保之至意。钦此。

一 乾隆二年钦奉上谕:闻得江浙两省民间输纳白粮较漕粮费用繁重,甚属艰难,朕心深为轸念,谕令该部详查。据奏,两省岁运白粮二十二万余石,太常寺、光禄寺各宾馆需用二千余石,王公官员俸米约需十五六万石,内务府禁城兵丁及太监食用等项需一万石,尚余五万石存仓等语。朕思光禄寺等处所支原以供祭祀及宾馆之用,在所必需,其王公官员俸米应用白粮者可酌量减半,以粳米抵给,至赏给禁城兵丁及太监米石亦可将白粮裁减,给以粳米,如此则每年所需白粮不过十万石,仍照常征收起运,其余十二万石着漕运总督会同该督抚酌行改征漕粮,其经费银米俱照漕例征收,以纾民力。至减除白粮数内应作何添放粳米之处,着户部详议具奏。钦此。

一 乾隆三年钦奉上谕:江南下江地方五六月间雨泽短少,及至得雨已在立秋之后,且淮安所属蝗蝻为害,田禾既不免被伤,朕心忧虑,已屡降谕旨,令该督抚悉心区画,预筹民食,并将额征漕粮暂停征收,查明是否成灾,或应蠲免,或改折色,分别办理。今思江南户口繁庶,需米甚多,此番被旱歉收之处似广间阎,必至艰难,着该督抚查明成灾地亩,将应征漕粮照条银之例按其分数悉予蠲免,其被灾分数之外仍有应征漕米,着缓至次年麦熟后改征折色,如此则各属多留米谷而民力无事输将,于地方自有裨益。至于查赈之方在于无遗、无滥,所有极贫之户口应于冬初先行赈济,其次则俟寒冬,又次则待明春青黄不接之候,总在该督抚以实心实政督率有司,视百姓之饥寒如己身之疾苦,多方计议,弹力图维,俾乏食之众尽得安全,不至流离失所,此则封疆大臣之责,无容旁贷者,倘经理不善,将来责有攸归。闻上江亦有缺雨歉收之处,可酌量照此办理,该部遵谕速行。又钦奉上谕:今年江南地方雨泽愆期,田禾被旱,朕已多方筹画,谕旨屡颁,该督抚自仰体朕心,竭力经理。今朕闻得下江地方凡属高阜之处,受伤实多,而平土低洼之区收成尚好,朕思此等有收之田地在未经得雨以前,小民并力车戽,工本倍于往日,劳费加于平时,亦当酌量加恩,以示抚恤,用是再颁谕旨,除被灾州县卫本年漕粮查照分数蠲免停征外,其成熟地亩亦着分别折征。苏州府属三处折征十分之三,江、常、淮、扬、通、海七府州属四十三处折征十分之五,如此则辛苦有收之民亦邀国典格外恩泽,而该省又可多存米粮以济间阎之匮乏,于歉年大有裨益。该部可遵谕速行。钦此。

又钦奉上谕:今年上下两江雨泽愆期,收成歉薄,朕夙夜焦劳,多方筹画,蠲赈兼施,务使间阎不至失所,而上江地方被灾比下江又为较重,查雍正十三年乾隆元年、二年分安徽所属有未完地粮芦课及米麦豆石等项,例应将来分年带征者,着该督抚出示,一并豁免,以除日后输将之累。乾隆二年,江苏所属江、常、镇、淮、扬、徐、海七府州属有被水题明缓征、停征银米等项,亦着该督抚出示豁免,以纾将来之民力,昭朕轸念民艰逾格加恩之至意。该部遵谕速行。钦此。

又钦奉上谕:上年江南地方被旱歉收,朕于蠲免地丁银两外并将例不蠲免之粮米亦按被灾分数蠲除,其仍有应征之漕项,又令缓至今年麦熟后改征折色,无非为休养斯民计也。今二麦已收,所有灾缓折漕之项正届催征之候,朕思淮安、扬州、徐州、海州四属上年被灾较重,本年三四月间雨水又稀,麦收未见丰稔,目前青黄不接之时，若籴麦以完漕项，民力未免拮据，着将淮、扬、徐、海四属缓征折漕米五万四千余石再缓数月，俟本年秋成之后照数征收，以纾民力。该部即速行文江南督抚知之。钦此。

又钦奉上谕：江南地方连年水旱，今岁情形较胜于去年，而下江之淮安、徐州、海州等属，上江之凤阳、颍州、泗州等属仍因雨水过多，均有积潦，为灾之处，朕心深为轸念。除丁地钱粮听该督抚确查分数请旨蠲免外，虽漕粮一项向来例不并蠲，然地方叠值歉收，此时输纳官粮，民力甚为竭蹶，着将被水成灾之州县本年应纳漕粮及从前缓征折漕之米均缓至明年带征，其被水州县内不成灾之区应征本年地丁银两缓至明年麦熟后完纳。该部可即行文江南督抚知之。钦此。

一　乾隆四年奉上谕：江南淮安、扬州、徐州、海州等属上年被灾独重，今年又复被灾歉收，朕已谕令该督抚加意抚恤，所有应征钱粮该督抚自分别蠲缓具奏请旨，但闻海州、赣榆二州县本地素不产米，漕粮俱采办于邻郡，今年二州县被水稍广，民力未免艰难，其成灾地亩应征漕粮，该督抚查勘，照例题请蠲缓外，至被水而勘不成灾之处，民力亦觉艰难，着将本年应纳之漕粮并上年缓征之漕粮俱准其折色，每米一石折银一两，按数交官起解，免其购运，以纾民力。该部可即行文江苏督抚知之。钦此。

又钦奉上谕：前因江南海州、赣榆二州县素不产米，其应纳漕粮俱采办于邻郡，今年二州县被水稍广，民力未免艰难，除成灾地亩听该督抚照例办理外，至被水而勘不成灾之处，着将本年应纳之漕粮并上年缓征之漕粮俱准折色，免其购运，以纾民力，已降谕旨矣。今闻赣榆一邑地瘠民贫，又值连年被灾歉收，即本年熟田所产之米亦不足以供本地小民之食，所当酌量变通办理者，着将赣邑未被水之熟田应征漕粮照本地交纳粟米例一并改征折色，俾多留米谷于瘠邑，庶民食不至匮乏。该部可即行文江南督抚知之。钦此。

一　乾隆五年奉上谕：江南徐州府、海州所属州县地滨河海，年来频遭水旱，幸今岁收成丰稔，而所属州县内又间有虫灾，独伤粟米一种，现届征收漕粮之期，所有应纳粟米之户若仍征收本色，则购买未免艰难，着将应征粟米之数照部定价值，准交折色，俾小民易于输将，无贵价买米之苦。着该部即行文江南督抚遵旨办理。钦此。

又钦奉上谕：浙江湖州府属之乌程、归安二县于乾隆三年曾被雹灾，朕已加恩，分别蠲免，带征改折，以示优恤。惟有漕粮并改征正耗、灰石、行月食米共七千九百三石五升零，漕项漕截等银四千一百八十九两六钱零，定例不在蠲免之内，朕思乾隆三年乌程、归安二县被灾较重，收成歉薄，四年虽称丰稔而民间元气一时未复，今以一岁所入既完本年额赋，又完缓征、带征各项，民力未免艰难，着将此二县乾隆三年分被雹田亩之漕项银米分作五、六、七三年带征，俾闾阎力量宽纾，从容完纳。该部可即传谕该督抚知之。钦此。

又钦奉上谕：上年山东有被水歉收之州县，朕屡降谕旨，令地方官加意抚绥，幸今岁雨旸时若收成丰稔，惟是荒歉之后元气未复，其被水较重之东平、东阿、嘉祥、汶上、寿张、济宁、金乡、菏泽、单县、曹县、濮州、范县、馆陶等十三州县有带征之漕项等米三万三千三百余石，改征之黑豆二万二千四百余石，俱应于今年征收还项者，朕加惠小民，着将此二项米豆分作庚申、辛酉两年随同各现年应完之项带征全完，则民力宽纾，不至竭蹶。该部遵谕行。钦此。

又钦奉上谕：江南徐州府、海州所属州县地滨河海，频遭水旱，数年以来屡加赈恤，复将正项地丁漕粮分别缓征蠲免，以拯灾黎。今届秋成之候，所有乾隆三年、四年分缓征、折征之米例应同本年漕粮一并输纳，但闻今年黄运两河秋汛长发，又值七月多雨，以致沿河各处低洼地亩多有被淹者。虽系偏灾轻重不等，惟是灾祲之余，民气未复，若将新旧三年漕米一时并征，民力未免拮据，且一邑之内偏隅有被灾，则通邑之米粮亦必腾贵，惟使民间多留数万石米谷，以本地之盖藏充本地之民食，于闾阎庶有裨益。用是特降谕旨，着将徐州府属之铜山、沛县、萧县、砀山、丰县、邳州并海州及所属之赣榆县带征乾隆三年、四年分漕粮共五万一千三百八十石零今年仍缓输将，俟辛酉年起分作五年带征，以纾民力。着传谕该督抚严饬所属，实力奉行，并不时查察，如有私征等弊，即行严参，毋得疏忽。钦此。

又钦奉上谕：前因江南徐州府属之铜、沛等州县及海州赣榆县本年七月内偶被水灾，闾阎拮据，所有乾隆三年、四年分带征漕粮特颁谕旨，今年仍缓输将，俟辛酉年起分作五年带征，以纾民力。近又闻海州所属之沭阳，今岁虽有七分收成，而三、四两年缓征之漕粮与现年应征之项俱令交纳，以一岁之所入完三年之额赋，其势亦属难支。用是再降谕旨，除乾隆三年分折征正耗米六千四百石有零仍随本年漕米一并征解，其四年分正耗米一万一千三百石有零，着于辛酉、壬戌两年分征带运，庶小民得以从容完纳，不致苦累。可传谕该督抚转饬遵行。钦此。

一　乾隆六年钦奉上谕：今年上江凤阳等十六州县夏秋被水，有伤禾稼，且彼地土瘠民贫，连年被潦，朕心深为轸念，着将勘实成灾地亩应征漕米、漕项照分年带征之例缓至来岁分两年带征，其勘未成灾之地亩亦被久雨淹浸，颗粒秕细，难以交仓，准照收银之例每石折银一两完纳。至宿州、灵璧、虹县三州县被灾更重，且屡年歉收，民情艰窘，尤当格外施恩，毋使输将竭蹶，着将成灾地亩应完漕米、漕项各照成灾分数与地丁一体蠲免，其勘不成灾地亩所有应完漕米、漕项亦准缓至来年带征,并将此三州县及宿州卫勘不成灾之地丁亦准缓至来年麦熟后开征,俾闾阎无追呼之扰,官吏无催科之劳,得以专心于抚恤。该部可即传谕该督抚遵行。钦此。

一 乾隆七年钦奉上谕:上年浙江杭、湖二府属之仁钱等九州县田禾被水,民力拮据,其成灾田亩所有应征漕粮,朕已降旨按分蠲免,其蠲剩并欵收田亩应完米石,部议令于今年照数征收起运,计此时正民间应行完纳之期矣,朕思田亩既属欵收,所获自然不足,自上秋以至今春为时已久,即有余粒,业已日食无存,若令按期完纳,势必买米交仓,输将竭蹶。查漕粮早已开兑北上,此米尚可缓期,着将欵收田亩应征漕粮并改漕米石缓至今冬征收起运,俾闾阎从容输将,以纾民力。该部即行文该督抚知之。钦此。

一 乾隆七年钦奉上谕:江安二省之淮、徐、凤、颍各属连年被水欵收,朕心廑念,屡颁谕旨,蠲赈频施,不使小民失所。昨又降旨将江省之清河、桃源、安东、铜山、沛县、萧县、宿迁、邳州、睢宁、徐州卫、海州、沭阳,安省之宿州、灵璧、怀远、虹县、临淮、泗州、五河十九州县卫被灾各户所有乾隆五年以前未完带征银两统行停缓,俟各处年岁屡丰之后,该督抚再行酌量,定限分年带征,具奏请旨。朕思上下两江十九州县卫被灾既重,所有乾隆五年以前未带征银两既已降旨停缓,其未完征、缓征漕项银米事属一例,亦着一体停缓,俾小民无追呼之扰。再查乾隆六年山阳、阜宁、清河、桃源、安东、铜山、沛县、萧县、邳州、宿迁、睢宁、丰县、砀山、海州、沭阳并淮安、大河、徐州三卫应完乾隆六年漕项银米,经巡抚陈大受奏请缓至今冬带纳,朕已俞允。今闻淮属山阳等处夏麦被水,又复欵收,即将来秋禾丰欵亦尚未定,若将新旧漕项一岁并输,民间未免拮据,着将山阳等十八州县卫各灾户未完乾隆六年漕项银米本年仍应输将俟乾隆癸亥年起分作五年带征,以纾民力,着该部遵谕速行。钦此。

一 乾隆八年钦奉上谕:朕从前降旨,将江南省清河等十二州县卫所有乾隆五年以前未完带征银两统行停缓,俟各处年岁屡丰,民间元气渐复之后,该督抚再行酌量,定限分年带征,以纾民力,恤困乏也。兹又念山阳、阜宁、盐城、甘泉、兴化、泰州、高邮、宝应、淮安、大河、扬州等十一州县卫上年被灾亦重,丰县、砀山、赣榆三县灾虽稍轻,而均系连年被水之地,民力甚属拮据,所有十四州县卫乾隆五年以前未完地丁漕项银米着照清河十二州县卫一体停缓,并将清河等十二州县及山阳等十四州县卫乾隆六年带征地丁漕项银两同五年以前未完之项一体停缓,俟年岁屡丰之后,该督抚再行酌量奏闻,分年带征。钦此。

又钦奉上谕:淮北上年被灾各属一应钱粮朕已降旨分别蠲缓,唯海州、沭阳、赣榆三县连年叠被灾祲,今春又因亢旱,二麦欵收,虽五月以后得雨,可望秋成,但积歉之余，小民元气究难骤复，地漕两项一时并纳，未免拮据，除地丁银两仍于十月后开征，其本年漕粮二万二千六百石有零并七年分蠲剩缓漕俱着于次年分限带征，缓一分之输将，即可纾一分之民力。该部即遵谕行。钦此。

又钦奉上谕：山东今岁夏间雨泽愆期，齐东、陵县、德平、德州、平原、惠民、乐陵、阳信、滨州、利津、商河、恩县、夏津、武城十四州县俱有被灾之处，所有本年应纳漕粮、黑豆例应十月开征，朕念该州县被灾处所虽轻重不同，收成均属歉薄，按期输纳，实属艰难，着将东省被灾州县本年应纳漕粮、黑豆及原有带征之处，视被灾之轻重，分别年分缓带输纳，以纾民力。着该部即行文喀尔吉善，令其查明，具题办理。钦此。

又钦奉上谕：安徽省凤、颍、泗三府州属寿、宿等二十四州县卫连年被灾歉收，民生艰苦，朕加恩抚恤，蠲赈兼施，务期登之衽席，所有未完带征之旧欠，原降谕旨令俟民间元气渐复之后，另行定限带征。今思此等地方当积困之余，既有本年应纳之钱粮，又有昔年带征之旧项，势难竭蹶输将，深可轸念。着将凤、颍、泗三府州属寿、宿等二十四州县卫乾隆七年旧欠地漕银两随同新粮于本年十月征收，其六年以前现应带征地丁及折漕银两缓俟甲子年麦熟后起限征收，应改征谷石之旧欠漕米于秋收起限征收，仍照定例分年带纳。所有宿州、灵璧、虹县、临淮、怀远、泗州、五河等七州县五年以前未完带征银两及漕项银米仍俟年岁屡丰后定限带征，其本年水旱，地方照例另请停缓，如此则民力得以稍纾，庶副朕抚缓惠养之意。该部即遵谕行。钦此。

又钦奉上谕：今年上江所属地方有旱潦偏灾之处，如桐城、宣城、南陵、铜陵、繁昌、无为、庐江、建平等八州县所有勘实成灾之地，朕心轸念，其应完漕粮、漕项着缓至来岁征收，以免岁内催科。至寿州、凤台、凤阳、怀远、临淮、泗州、盱眙等七州县虽成灾止有五分，而地土瘠薄，连年荒歉之后，民力均觉艰难，着将此七州县及坐落七州县之卫田应完漕粮、漕项概行缓至来岁征收，以纾民力。朕原降谕旨截留江南漕粮十万石于本省，以补仓储，今将所缓即算在截留之内，不过补仓略迟，而闾阎得以从容输纳，自可免于竭蹶。该部可速传谕该督抚知之。钦此。

一　乾隆九年钦奉上谕：江南海州、沭阳、赣榆三州县连岁被灾，今年虽收成较好，然元气未必全复，所有带征之漕粮系七八两年未完之项，今若分限两年与本年新粮并征，是仍于一年之内并征两年之米，小民未免拮据。着将此三州县七八两年未完田地缓漕，于本年起分限四年征限，以纾民力。该部遵谕行。钦此。

又钦奉上谕：山东省上年被灾较重之陵县等八州县应征米豆，朕已降旨缓至甲子、乙丑两年各半分征，其被灾较重之齐东等七县所有米豆各缓至甲子年秋后完纳。朕思十月即届新漕之期,自应按限催输,但齐东等州县本年又有夏灾,虽秋田幸获有收,而民鲜盖藏,尚需培养,以复元气,着将原报灾重之陵县、德平、德州、平原、惠民、乐陵、商河、滨州八州县应征乾隆八年分缓带米豆再予宽限一年,俟乙丑、丙寅两年各半分征,原报灾轻之齐东、临邑、阳信、利津、夏津、恩县、武城七县应征八年分缓带米豆,令其于本年分各随新漕完纳一半,所剩一半至乙丑年带征。至齐东、临邑、平原、陵县四处应完六年分带征米豆亦令于本年及乙丑年各半征输,俾民力宽纾,不致竭蹶。该部即遵谕行。钦此。

一 乾隆十一年钦奉谕旨:蠲免正赋之年未完旧欠,着一并停其征收,展至开征之年照例输纳。钦此。

一 乾隆十一年钦奉上谕:江南海州及沭阳、赣榆二县,频年被水,小民生计艰难,其应征漕粮银米已降旨停缓,俟屡丰之后再行分年带征。惟是积歉之区,朕心廑念,今岁复遭水患,将来即遇丰收,新粮旧赋并征,民力仍不免于拮据,着将海州及沭阳、赣榆二县乾隆十年以前积欠地漕银米概行豁免,其淮安分司所属坐落海赣二州县之板浦、徐渎、中正、莞渎、临洪、兴庄等六盐场乾隆十年以前未完折价带征银两亦一体豁免,俾滨海穷黎得沾实惠,以纾积困。该部即遵谕行。钦此。

又钦奉上谕:山东省东平等州县今岁秋禾偶被偏灾,已屡降谕旨发仓赈恤,其地丁银粮俱已加恩蠲缓,至漕粮一项例不在蠲免之内,惟是被灾之地责令完漕,民力未免拮据,朕心轸念,着将被灾偏重之金乡、鱼台二县无论已未成灾地亩本年应征漕粮均缓至乾隆丁卯、戊辰二年带征,其被灾稍轻之东平、汶上、济宁、城武四州县应完灾地漕粮着缓俟丁卯、戊辰二年带征一半,阳谷、聊城、莘县、滕县、单县被灾次轻,应完灾地漕粮缓至丁卯年带征,所有一切漕项钱粮俱着随漕缓征,俾灾邑贫民得以从容输纳。该部即遵谕行。钦此。

一 乾隆十二年钦奉上谕:今岁浙江被水各县朕已降旨,分别抚恤,其淳安、寿昌、遂安等处受灾较重,该省本年钱粮俱已蠲免,而漕项尚应征收,若照例令其完纳,民情未免拮据。着加恩将被水伤重地方应征本年漕项俱行缓征,以纾民力,至此等灾民交冬之际,如有衣食更觉艰难之处,并令该抚查明,量加赈恤,以资接济。钦此。

又钦奉上谕:安徽宿虹等处秋禾被水成灾,业经加恩赈恤,其漕项银米例应照常征纳,但思该地方积歉之余,民间元气未复,输将未免拮据,所有宿州、灵璧、虹县并宿州一卫应征漕项银米俱着暂缓征收,俟来秋补征搭运,其未完节年漕项亦着停缓,照例分年带征,以纾民力。该部即遵谕行。钦此。

一 乾隆十三年钦奉上谕:据山东巡抚阿里衮奏称,东省被水州县成灾地亩应征漕粮业经题请分别缓带,其未被灾地亩粮石例应催征完纳,惟兖州府属之滋阳、滕县、宁阳三处因不成灾地亩俱与灾地毗连,收成歉薄,一时完纳不前,应请缓至本年秋后征输等语。滋阳等三县被水歉收,民食艰难,朕巡行时所亲见而深悉者,着加恩将此三县无论成灾不成灾地亩乾隆十二年应征未完漕粮全行宽免,以苏民困。该部即遵谕速行。钦此。

一 乾隆十四年钦奉上谕:今岁各省大概丰收,惟安徽省之寿州、凤阳、临淮、泗州、凤台、怀远、五河、霍邱八州县并坐落之凤阳、凤中、长淮、泗州等四卫原系积歉之区,而本年六七月间大雨叠降,被灾稍重,未免向隅。再宿州、虹县、灵璧三州县及宿州卫被灾虽轻,民力不无拮据,应加恩将漕米、漕项分别蠲缓,以纾民力,着将寿州等八州县及坐落之凤阳等四卫按成灾分数照例蠲免,其蠲剩银米着于次年带征搭运。再宿州等三州县及宿州卫一并缓征,俟至次年完纳以昭朕轸恤民依之至意。该部即遵谕速行。钦此。

一 乾隆十六年钦奉上谕:江苏之淮徐等属上年秋禾被水已经加恩蠲免,所有余剩应征漕米、麦、石、等项缓至今冬带征,但念该地上年被水稍重,即使今岁秋成丰稔,而灾歉之余,民气正宜培养,若令新旧并输,小民生计未免拮据。着将淮安府属之清河、桃源、安东、大河卫,徐州府之邳州、宿迁、睢宁、直隶海州并所属之沭阳等八州县一卫本年应行带完,乾隆十五年灾蠲余剩漕项米、麦、豆、石俱分作三年带征,以纾民力。该部即遵谕速行。钦此。

又钦奉上谕:上年浙省温台各属内有偶被偏灾之处,业经照例蠲赈,其蠲剩漕项银米已令缓至本年麦熟后征收。今该处春间雨水稍多,麦收歉薄,现在减粜加赈,以资接济,所有此项蠲剩银米若仍照旧征收,小民未免艰于输将,着加恩缓至本年秋收,及壬申年麦熟后分作两年带征,以纾民力。该部遵谕速行。钦此。

又钦奉上谕:今岁豫省河内等州县河涨被淹,虽据该抚照例抚恤,但念该州县属猝遭异涨,被灾稍重,穷民生计尚多拮据,著将被水之河内、武陟、阳武、封邱、祥符、延津、滑县所有漕项银米加恩缓至明年秋成征收,其中牟、仪封、郑州、荥泽、温县、陈留、阳武、封邱、兰阳、虞城、河内、武陟、原武等十三州县滩地粮银亦着缓至明年麦熟后征收,以纾民力。该抚董率属员实力妥办,务令穷黎均受实惠,该部遵谕速行。钦此。

又钦奉上谕:今岁豫东二省被水地方稍为广阔,曾经降旨将豫省之河内等州县应征漕项加恩缓征,其东省被灾州县应征漕项并令该抚酌量查办。今据该抚鄂容安请将灾重之东平等州县漕粮、漕项一并分别缓征,漕粮关系天庾正供,自不便与漕项银米概准停缓,但念被灾穷民办漕未免拮据,且该处收成歉薄,若留此米石俾流通于民间,市价自可不至昂贵,于闾阎口食甚属有益,着再加恩将东省之东平等二十州县及豫省之河内等七州县本年应征漕粮一并缓至来年秋成征收,以纾民力。至东省之濮州等七州县被灾既属较重,虽经照例给赈,而明春青黄不接之时,亦宜预筹接济,着该抚鄂容安查明极次贫户,届期酌量,分别加赈,以副朕恤灾黎之意。该部遵谕速行。钦此。

一 乾隆十七年钦奉上谕:江苏淮、徐、海三属屡被偏灾,今岁虽获丰收,而积歉之余,民气未复,所有本年地丁漕米已多全数通完,其历年被灾停缓漕米若概令完纳,未免拮据,着加恩将乾隆十五年以前缓欠漕米分作癸酉、甲戌二年带征,以纾民力。该部遵谕速行。钦此。

一 乾隆二十年奉上谕:今年江苏所属州县夏间雨水过多,洼地田禾被淹,秋后又间有虫灾,已屡经降旨,令该督抚加意抚绥赈恤,并截留漕粮拨运粟麦,以资接济,但该处现有灾伤,民力未免拮据,现在漕粮将次开征,除降旨截留外,将灾地应征处所加恩改收折色,以纾民力,该抚查明分别被灾轻重,一面奏闻,一面办理,以副轸恤灾黎至意。该部遵谕速行。钦此。

一 乾隆二十一年钦奉上谕:上年江浙地方偶被偏灾,曾经降旨令将灾地漕粮缓至今冬带征,目下正值启征之候,该二省秋收虽属丰稔,但民间元气初复,新旧并征,民力不无拮据,朕心深为厪念,着加恩将上年被灾各州县应行带征漕粮缓至明年麦熟后开征,其被灾最重者分作二年完纳,该督抚等查明,董率收漕各员实心办理,以副朕轸恤闾阎之至意。该部即遵谕行。钦此。

一 乾隆二十二年钦奉上谕:从前恩诏内令将各省年久民欠钱粮查明豁免,而积欠漕项该部未经查奏,今朕巡行所至,清问闾阎,其在江北一带则俱由积歉停缓,江南各属又悉皆积年尾欠升合畸零,若仍按年带征,于贫黎生计愈滋拮据,其将江南省乾隆十年以前积欠漕粮项银米以及地漕耗羡俱着加恩一体豁免,以慰轸恤民瘼至意。钦此。

又钦奉上谕:浙省乾隆十八、十九、二十等年各属未完缓征及蠲剩漕项银一十八万九千余两,二十年分杭、嘉、湖、绍四府属县场未完积欠籽本银三万七千八百余两,十八、二十年分各卫所未完屯饷六千四百余两,并海宁县未完沙地公租银二千余两,着加恩概行豁免。钦此。

又钦奉上谕:前因豫省之归德等府属被水,屡经加赈截漕,并令将被水最重之州县本年应输漕项折征一半,其不成灾及被水尚轻者折征本色米豆,即截留本省平籴,成灾地亩本年应征漕项概予豁免,未成灾者亦俱缓至明年麦熟后开征,再该省埽料每束着仍照乾隆四年之例增银五厘,以免官民赔累。钦此。

又钦奉上谕:豫省被灾州县内分出之未被灾地亩本年应征漕项及地丁银两一体缓至次年麦熟后征收。该部即遵谕行。钦此。

一 乾隆二十二年奉上谕:豫省今岁被灾较重,前经降旨将被灾各州县应征漕项地丁银米分别蠲缓,其地本高阜未经被水者原应照数输纳,不在应缓之例,但念此等地亩虽无积水淹浸,而与灾地毗连,收成自属歉薄,民力未免拮据,着加恩将该省被水州县内分出之未被灾地亩本年应征漕项及地丁银两一体缓至次年麦熟后征收,俾小民得以从容完纳,以示优恤至意。该部即遵谕行。钦此。

一 乾隆二十六年奉旨户部议覆:豫省漕粮、漕项分别蠲一折自属照例定议,第念该省今秋被水较重,闾阎生计未免拮据,自难概拘成例,所有祥符等四十三州县漕粮、漕项蠲缓各数着加恩准照侍郎裘日修所请行,余依议。钦此。

又钦奉上谕:豫省本年漕粮前已降旨加恩,分别蠲缓,该省尚有应解交内务府麦一万石,该抚胡宝瑔折奏请于未被水州县应完粟米内改征运解,但念通省漕运俱停,何必为此一项仍复行挽输,着一体并停运解,所有内务府明年应需麦石暂令自行采买应用。该部遵谕速行。钦此。

又钦奉上谕:河南黄、卫等河因秋初雨水过稠,堤工多有漫溢之处,濒河各属被灾较重,已命大臣会同巡抚等星速查勘,加意抚绥,更念本年该省起运漕粮当此田禾间段被淹,即不被灾地方征办亦未免拮据,而将来一切赈借平粜需米正多,着加恩将该省本年应运漕粮悉行停运,所有成灾州县分数轻重不同,其中有应蠲、应缓之项着该抚等一面查明,分别具奏请旨,现在均着暂行一体缓征,副朕轸念灾黎至意。该部遵谕速行。钦此。

又钦奉上谕:今岁山东滨河各属因雨水过多,秋禾间有被淹之处,所有应微新旧钱粮已查明分别蠲缓,而漕粮、漕项例不在缓征之内,但念该处被水歉收,若令照常完纳,民力未免拮据,着加恩将被灾较重之曹县、城武二县应征本年之漕粮、漕项缓至壬午年分作三年带征,次重之金乡等二十州县除有收之地仍令照常征输外,所有被灾地亩应征漕粮、漕项俱缓至壬午年分作二年带征,以纾民力。该部遵谕速行。钦此。

一 乾隆二十七年钦奉上谕:前经降旨将江苏、安徽、浙江积欠地丁概予豁免,而浙省积欠较少,今翠华莅止,体察民情,宜再加恩,以示鼓励。着将浙省所有乾隆二十三、四、五、六等年灾缓带征未完地丁屯饷等银五万三千余两,并水乡灶课未完银十万一千余两,通行蠲免,俾闾阎得以均沾渥泽。该部即遵谕速行。钦此。

一 乾隆二十九年钦奉上谕:前以山东济宁等七州县卫濒河地亩上年间有被淹之处,业经降旨展赈,其出借籽种等项例应于本年麦熟后征还,现在该省春雨沾足，二麦可望丰收，但念民气初复，正资麦熟接济，着加恩将济宁等州县卫所有借给籽种俱缓至本年秋后再行征收，以纾民力。该部即遵谕行。钦此。

一　乾隆三十一年奉上谕：朕统御万方，孜孜求治，惟以爱育黎元为念，自御极以来，蠲赐所逮不下千亿万。乾隆十年曾恭依皇祖普免直省钱粮恩例，蠲除天下额征正赋二千八百万有奇，期斯民家给人足，咸臻乐利。惟岁运漕米向以供给俸饷廪糈之用，非水旱特蠲，例不普免。夫八政以食为先，间阎盖藏尤资饶裕。恭阅《皇祖实录》，康熙三十年特颁恩旨，将各省起运漕粮通行蠲免一周，大泽均沾，庆逾常格。仰惟圣祖冲龄践祚，临御之三十年，春秋未及四十。朕年二十有五，始登大宝，膺祺受祉，迄今亦阅三十年，际重熙累洽之会，必世昌期，均符泰运，其为庆幸倍深！兹荷蒙上天眷佑，列祖鸿麻，亟夏谧宁，疆宇式辟，北庭西域二万余里咸隶板图，外有耕屯之获，内无馈饷之劳，且连岁年谷顺成，庶物丰殖，京通仓贮尽有余粟。天既诞贻乐岁，惠洽升平，朕自当仰体天心，以推恩黎庶，是用敬承嘉贶，懋继前谟，俾薄海亿兆并裕仓箱之庆。所有湖广、江西、浙江、江苏、安徽、河南、山东应输漕米着照康熙年间之例于乾隆三十一年为始，按年分省通行蠲免一次。其江宁、京口、杭州、荆州等处驻防地方，该省漕米既蠲，所有估需兵食如何预为筹办？并各该省蠲免次第应行酌办各事宜，着该部速行定议。具奏。钦此。

一　乾隆三十一年钦奉谕旨：普免各省漕粮，部议于乾隆三十一年为始，免山东、河南二省；三十二年，免江苏省；三十三年，免江西省；三十四年，免浙江省；三十五年，免安徽省；三十六年，免湖南省；三十七年，免湖北省，以次递行蠲免，所有应输蠲免之省其停运丁船例给减半本折月粮，即于漕项款内动支，余存银米报部拨用。查有漕省分地方兵米除杭州、荆州、河南、山东等处向例于地丁征收兵粮款内动支，江宁兵米例于漕项米内支给，毋庸另行筹办外，惟京口岁需兵米每年于起运漕粮内截拨米三万七千一百余石，今漕粮既已蠲免，所需京口驻防米石应即照江宁之例在于漕项米内照数拨给。至各省额征漕粮，内江苏、浙江有白粮一项，河南、山东有黑豆、麦石二项。查现在京通各仓实贮白粮共计二十八万余石，黑豆共计四十三万余石，尽敷支放，其内廷需用麦豆，从前豫省停运之年曾钦奉特旨，按照时价，在京采买备用，兹恭遇恩免漕粮，其白粮、黑豆、麦石应一体遵旨，通行蠲免。

一　乾隆三十一年奉上谕：前经降旨将各省漕粮分年普免一次，期使海宇黎元均沾闿泽，但闻漕粮款内尚有例征折色及民户输银官为办漕者，虽征收银米不同，其为按田起漕之例则一也，若仍令其照漕项一例输将，不得与交纳本色民户并邀旷典，未免独切向隅。着再申谕办漕各省州县，内有征收折色者一体概予蠲免，督抚等务董率所属实力经理，再行明白晓谕，毋任胥吏藉名滋弊，副朕嘉惠间阎、普施膏渥至意。该部遵谕速行。钦此。

一 乾隆三十二年奉上谕：前于乾隆十一年通行蠲免直省应征钱粮，曾令各督抚转饬州县官劝谕有田之家酌减佃户租粮，使之均沾惠泽。上年春初特沛恩施，降旨将各省起运漕粮分年蠲免一周，俾薄海农畎共叨乐利，在有田业户于轮蠲漕米之年已得倍裕盖藏，而佃户等尚未得一体仰邀旷典，着各省督抚届轮蠲年分通行晓示，劝谕各业户等照每亩应蠲漕米数内，亦令佃户免交一半，务期恺泽均敷，使纳粮力穑之人仓箱并资盈阜。该部遵谕即行。钦此。

一 乾隆三十二年奉上谕：上年春特颁恩旨将各省漕粮按年普免一周，本年轮届江苏省应免苏、太等卫之年，漕艘概行停运，旗丁等闰月银米例应扣除，第思此次帮船全数减歇出自朕蠲免特恩，非若年满轮减及截漕派减可比，今闾阎既得普裕盖藏，旗丁等亦应一体均沾渥泽，着加恩将本年苏、太、镇等卫帮船旗丁闰月钱粮照月粮例减半给予，以示体恤。该部即遵谕行。钦此。

《漕运则例纂》 卷十八

截留拨运

《漕运则例纂》卷十八

截留拨运

京外截拨

一　苏州、沧州、天津水师营截留漕米每正兑正米一石，外加耗米七升，尖米四升二合，又耗上加尖米二合九勺四抄，截留新耗米六升九合，共收正耗平米一石一斗八升三合九勺四抄，改兑正米一石外，收耗米四升，尖米四升二合，又耗上加尖米一合六勺八抄，截留新耗米四升四合，共收正耗平米一石一斗二升七合六勺八抄。（《议单旧本》）

一　圆明园、沙子营、新城、蓟、易等处每年应坐派米石，仓场务须轮帮挨派，于二月内预为派定，即咨明漕臣及巡漕御史存案备查，并出示晓谕，俾各丁知劳逸均平，无事营谋。倘仍有不按帮轮派之处，令巡漕御史指名题参。（乾隆十六年及乾隆三十一年两次题定例）

一　蓟州官兵、匠役并绿旗兵丁岁需粟米三万六百石零，康熙三十四年题准，将山东正兑漕粮内粟米照数截留，如山东之船已过，即将江南稉米截运，差章京一员前至天津察验。令原船自天津截运至新河口，自新河口拨红剥船一百五十只截运至蓟州五里桥。按定例红剥船载米百石，每百里脚价银一两三钱二分，应在此项漕米盘闸入仓脚价银内给发，所余银两俱着给与红剥船户。

一　康熙三十五年户部覆准，拨运蓟粮自五里桥起至下仓止共八十余里，悉系流沙，旋浚旋淤，应俟五六月间山水尽废之际，即预运来岁春夏二季之米，以便及时支放，每年照此例运送。

一　康熙三十五年户部覆准，拨运蓟粮，其盘耗、夫价、铺垫等银照京仓之例开销。查定例进京仓正兑米每石原带耗米一斗一升四合九勺四抄，作正收受，又五闸折耗米三升亦作正收兑。如天津截留又加新耗米三升九合，作正项支销。所有拨运蓟粮应将此项加收新耗米三升九合内补给短斛，其下剩之米以为五里桥盘剥进城并递减等项之用。至漕粮截留天津，其过闸进仓银一钱四厘七毫，内除雇觅红剥每石七分七厘八毫外，下剩银二分六厘零支给铺垫人夫脚价。

一　康熙五十五年仓场奏准，截拨蓟粮将东豫二省漕船按年轮运，今年派拨河南省帮船领运应于六月内抵蓟，今至十月内尚有平山等五帮浅阻在城子口地方，动用通济库银二百两给发各弁雇车陆运，而粮道通判竟不撙攒，迟误之咎交与该抚查明题参，其动用通济库项着该粮道照数补解。（雍正二年，蓟粮又以该处浅阻，奏明亦照此例遵行）

一　雍正二年王大臣覆准，蓟州城子口一带河道浅涸，地方官不预行刨挖深通，致有阻滞，复令陆运者已一并指参。再蓟粮抵次，蓟、遵、丰三州县每称旗丁刁悍，米色搀杂，而各帮弁丁又称地方官故意勒掯不收，应于米石将到之时，该州县即行通报，着坐粮厅、通永道前往[1]验明米色，即令地方官收受，及时支放。（查运蓟米石已于乾隆三十年经军机大臣议准，改征折色。以上五条俱系不行之例，存此备考。）

【校记】

[1]《丛刊》本"前往"下有"公同"二字。

一　雍正七年钦奉上谕：三陵俸工米石从前皆系截留漕米支给，自康熙五十年漕米不敷，经直抚题请，将不敷之米每石给银一两，令遵化、蓟州、丰润三州县采买支放，州县委之吏胥，遂至吏胥串通兵役折银代米，私相授受，虽经降旨严禁，恐此弊未能尽除。而州县之实在运送本色者，车马之费不无赔垫，且领银采买或值米贵之时，一时难以购买，官员兵役未免守候时日，是折银采买于官兵均属未便。着总理三陵事务尚崇将三陵官员、太监、兵役每年需给俸工米石分析白米若干、稻米若干、粟米若干，预行造册，咨报户部，户部行知仓场，预行照数截留分贮。遵化、蓟州、丰润三州县于庚戌年为始，所有俸工米石均以本色给发，如此则更无不敷之米，陵寝员役不致守候待支，吏胥兵丁可免串通折价之弊，而州县亦无赔垫脚价之累矣。该部即遵谕行。钦此。

一　雍正八年户部覆准，截留蓟粮原议粮船于天津回空，令该帮运弁并旗丁自雇备民船剥运，面奉谕旨，以弁丁自雇民船恐有勒掯苦累之处，宜动正项钱粮雇船运送。钦此。钦遵檄令坐粮厅量其截留米石，需用船只于本年征收茶果银内动支雇觅，仍令该帮千总及正丁赴次交兑，守取仓收，其随帮千总及副丁即于天津起剥之后，押空回南，接领新运。又京通各仓收粮皆有定限，惟拨兑天津水师营及沧蓟各仓未定收粮限期,以致粮船于六月派拨,九月尚未给发仓收。查各仓进米,通仓限七日,京仓限十日,俱于坐派之日扣起,但天津、蓟、遵相去数百里,粮船抵次之日,既难遥度米石收兑之期,又难悬拟,是以未有限期。嗣后,米石抵次,照通仓之例,限七日内交收清楚,即发仓收,如有故行挨延掯勒以及奸丁劣弁搀和潮湿等弊,立即指名题参。

一 雍正八年户部奏准,拨运蓟粮自津雇募剥船动用茶果银两,浙江等省照例每丁船给银八两。

一 雍正八年户部覆准,蓟、遵、丰三州县截收漕米正兑比进京之例加收耗米三升九合,改兑比进通仓之例加收耗米四升四合。查三州县奏销册内平米交收,无论正改兑米石,俱以三升九合准作递减折耗等用扣除给发。今截留三色米石,京、通仓收受之例祗有耗米一斗及五升、三升不等,其每月递减之例亦与漕米之数较少,似难与漕米一例准其折耗,况所截白米系随收随放,并非久贮之项,应照漕米折耗递减之例减半,每石准其一升九合支销,造入该年奏销册内查核。

一 乾隆四年户部覆准,蓟州收粮照例禁止晒扬,并不得重手冲击,狼撒亏折,以及收米州县复令旗丁津贴车价,如有仍蹈前辙,即行题参,旗丁亦毋许搀和滋弊,违者一并处治。又蓟粮船到之日,委员验收,订期筑厂开兑,节次耽延,苦累旗丁,实缘船到蓟次正值夏末秋初,雨水不时,蓟仓离水次计陆路五里,必须筑厂始能装车陆运,倘遇天雨即应停止,并非有意迟延。今酌议,如遇天雨,不能装运,许各该州县按日计算,接扣七日,若无雨水阻滞,照例依限交兑,不得故意掯留。

乾隆四年咨准,蓟粮米石向系豫、东二省递年轮运,兹当豫省轮运之期,通省漕粮因灾停运,无可拨解,应于东省起运漕米内派拨运交,俟庚申年豫省接运一年,以补停运之数。

一 乾隆七年奉上谕:向例河南、山东两省有每年供应陵寝官兵米粮四万石,明岁系河南应办之年,朕思河南去江南甚近,着将此项米石运往江南,以备赈济之用,现在古北口收成丰稔,着提督塞楞额兵备道八十采买四万石,分运蓟、遵、丰三州县以补陵寝支放原额,俾移近就远,两得其便。该部即遵谕行。钦此。

户部覆准,查每年应运蓟粮例系河南、山东二省一递两年轮运,本年起运明岁蓟粮轮值山东,而豫省起运漕粮项下并无此款,兹奉运往江南以备赈济,若必拘泥成例,令东省运往,辗转移咨,恐有迟误。应饬粮道于豫省运通漕粮项下照应运蓟粮额数拨出,运赴江南,并咨东省将应运蓟粮改运通仓,惟是蓟粮定额每年四万七千二十余石,今奉运往江南四万石,尚有存剩之七千二十余石,另拨起运,未免周章,应照原额于运通粮内拨出四万七千二十石,全数运往江南,所有不敷之七千二十余石,并饬古北口提督照额买补。

一　乾隆七年户部覆准,今岁直属收成丰稔,倍于常年,而热河、八沟等处产米之区采买甚便。钦奉谕旨:将河南明岁拨运蓟粮四万石运往江南充赈,另于古北口一带采买四万石补足原额,应再令山东、河南各拨来年运通漕粮五万石,仍运江南接济,即于直隶司库动项遴委干员赴古北口一带照数采买运通,以补东、豫二省漕粮。

一　乾隆八年户部覆准,嗣后,直隶每年于秋收后查明古北口等处,如果丰收,米多价贱,奏明动用司库银两,委员前往,按值采买,交热河兵备道八十,就近督率所买米石,内以四万七千余石运交蓟、遵等仓支放,余俱运至通仓收贮,其豫、东二省应运蓟粮额款应运通仓备用,不必截留天津。如遇口外歉收年分,即停止采买,但每年确勘年岁之丰歉,酌量时价民情,奏请办理,亦毋庸预定每年采买。又议准口外丰收应行采买之年,除运交蓟、遵等仓外,将多余米石仍运通仓收贮。

一　乾隆十九年仓场奏准,蓟、遵、丰三州县岁需粟米五万余石,易州岁需粟米五千余石,定例于东、豫二省内船粮轮次派拨。又查霸州、丰润等处向有营田稻米六七百石不等,例系运交通仓代粟支放在案,但霸州去易较近,丰润即系本处,今将该州县解通米石内分别霸州应解之稻米,即令就近径解,易州、丰润应解之稻米径留本处,照通仓代粟之例支给俸饷,仍将每岁稻米若干预行查明,即于应拨蓟、易粟米内照数扣除交通。

一　乾隆二十六年总漕杨锡绂奏准,每年拨运蓟粮五万余石,例系豫、东二省轮流运送,其出运丁船系于各帮船内挑选丁殷船固者充选,但运蓟之船较之运通船只情形实有不同。盖自津抵通计程二百余里,自津抵蓟则九百余里。自津抵通,虽北河水浅,尚可人力疏浚,无难计日而到,自津抵蓟则有新河之候潮、海河之风浪及白龙港之守候山水,迟早难以预定。又运河之船止须寻常器具,运蓟则须于天津添制渡海器具,运通之船每船止须舵水身工银十八两、或二十两,运蓟则舵水身工必须加增一倍,为日既多,费用亦繁。是以,凡不挑运蓟粮之丁每船俱帮银四两以助运蓟各丁不足之费,虽历年运送未致贻误,而丁力实属拮据。查蓟粮船只由白龙港至蓟州之五里桥水路一百六七十里,陆路止六十里,与其守候不可必之山水,担延数月,莫若即从白龙港陆运至蓟较为妥便。至陆运车脚之费,检查旧案每石约需银六七分,今军船既于白龙港起卸,可免守候多费,应请即令各丁船每米一石扣出脚费四分,凡遇新运领银之时,该省粮道按照米数将银两扣交押运通判,解蓟州知州收贮,以为脚价之需,不敷者官为动项补给,则丁无守候之苦,而米石亦可早行入仓。但车辆作何分雇?白龙港地方应否酌建仓厫?抑或即从军船兑交车辆并不敷脚价应于何项动支？应请勅下仓场侍郎、直隶总督确查详议,酌定章程,庶便永远遵行。奉旨:交军机处议奏。钦此。

一　乾隆二十七年军机处议准,据直督方观承等奏称,蓟、遵、丰每年应截粟米并南漕共六万数千石,蓟城原设仓十五连,每连五间,尚不敷分贮,若改定下仓,须添建二连,共十七连,约估需银二万余两,若于蓟城拆料移建,则木植朽烂,不能如旧时间架,且下仓地势抵潮,米难久贮,若夏季收漕须待交冬地硬,乃可挽运,本年秋粮难以如限供支。又自下仓起运较五里桥多加程途六十里,应需车价夫役一切杂费约需银四千六百余两,除拨用旗丁津贴银二千余两,不敷尚多,细为核算,殊多糜费。且水小之年粮船只能到白龙港,并不能抵下仓,又添一番起卸,似可毋庸另议更张。已定议漕船自津抵蓟,限于四月到白龙港,其宁河、宝坻一带入境、出境俱令申报查核,逾限即行参处,抵次后限七日内交兑全完,毋许推迟,使非雨少甚涸之年,亦不致有回空迟误之处等语。查蓟粮酌改陆运一事,在漕臣杨锡绂所奏,原恐蓟河设遇浅阻,漕船未免守候时日,有误回空,以致上厪圣心,蒙交臣等会同集议,俾旗丁转运及地方官办理不致稍有偏枯。是以,臣等酌议于下仓改建仓厂,即将旗丁津贴之费帮补地方官陆运脚价,以省漕船守候之累,并请仍令该督等再行熟筹妥议,以便永远遵行。今据方观承、蒋炳等以下仓地势低潮,米难久贮,且蓟城原设仓厂年久不能拆卸移建,而旗丁津贴之项不敷陆运一切之需,且据该督称,水浅起运之年亦属偶有之事,每年夏季收漕,秋冬支放,水运并无贻误,业经定有限期及沿途摧攒抵次交兑考成,自不致有误回空等语。在该督身任地方,该侍郎尚司其事,既经通盘筹划,自属实在情形,所有蓟运漕粮应如所议,照旧办理。至于河道浅阻之处,仍交该督及仓场侍郎董率道厅各员随时妥协筹办,以利转输。

一　乾隆三十年大学士公傅恒等奏准,臣等遵旨将豫、东二省运蓟米石改折需费各项,询商漕督臣杨锡绂、直督臣方观承。兹据杨锡绂查,开运蓟米五万七千石,需船一百一十五只,核计每年出运应给行月耗贴等银,以及员弁廉俸盘费工食,并岁修船项、剥运脚价等款共需银二万三千七百四十七两五钱,加以蓟粮改征每石以一两计算,应折征银五万七千两,合之前项,各费通共银八万七百四十七两五钱。又据方观承开造,自蓟州五里桥运至州城仓及转运陵寝各处脚价耗费每年约共需银一万一千一百四十五两零。臣等公同酌议除每年所需白米一千三百余石,粳米二千二三百石,应如杨锡绂所称不便改折,另于仓场拨运外,所有蓟粮改征本项及原运应给各款直省运脚等费通盘合算,每石计银一两六钱一分零,今若折中酌定每石以一两四钱折给,共需银七万九千八百两,共可节省银一万二千九十二两零,但此项改给折色,兵丁等是否足敷买食?而每年停止运粮五万余石,该处粮食是否不致缺少之处,应请交与方观承会同该处贝子办事大臣等悉心商酌,妥议具奏,请旨遵行。谨将杨锡绂、方观承开送清单一并恭呈圣鉴。奉旨:知道了。钦此。

漕运总督杨锡绂单开:

一 本年运蓟米五万七千石,需船一百一十五只,每船一只应给岁修银七两五钱,按船一百一十五只计算,共银八百六十二两五钱。

一 每船出运应给行粮米二十四石(半本半折),每船该折色银九两六钱,本色米十二石,每石八钱折银,亦该银九两六钱,共该银十九两二钱。按船一百一十五只,共应领折色银一千一百零四两,应领本色米一千三百八十石,每石八钱折给,应折银一千一百零四两。

一 每船出运应领月粮米九十六石(半本半折),每船该折色银三十八两四钱,本色米四十八石,每石八钱折银,亦该银三十八两四钱。按船一百一十五只,共该折色银四千四百一十六两,应领本色米五千五百二十石,每石八钱折银,应折银四千四百一十六两。

一 每米一石给润耗银五分,按船一百一十五只,共银二千八百五十两。

一 每米一石给润耗米五升,按船一百一十五只,实该米二千八百五十石,每石八钱折银,共折银二千二百八十两。

一 每米一石州县贴米三升,按船一百一十五只,共米一千七百一十石,每石八钱折银,共银一千三百六十八两。

一 每米一石州县贴银五分,按船一百一十五只,共该银二千八百五十两。

自五里桥水次运至州城,短脚等费每石给银一分六厘,按船一百一十五只,共该银九百一十二两。

一 值河南轮运之年,每船应给盘剥银一分五厘,按船一百一十五只,共该银八百五十五两。

一 押运厅员每年应领盘费银二百五十两。

一 现运千总每年应领俸工银九十两,养廉银二百两。

一 闲运千总每年应领俸工银九十两,养廉银一百两。

以上通共费银二万三千七百四十七两五钱,以五万七千石米核派,每石计费银四钱一分六厘零。

一 蓟粮改征折色应照旧例每石以八钱或一两征收,计每岁应运蓟粮五万七千石,豫东二省各折征一半,其折征银两应解坐粮厅收贮给发。

一 蓟粮改征银两以每石一两计算,应折征五万七千两,合之前项各款费银二万三千七百四十七两五钱,每石应加银四钱一分六厘。

一　蓟粮每年需白米一千三百余石。

一　蓟粮每年需稉米二千二三百石。

以上二项米石不便改折，每年应于仓场拨运。

直隶总督方观承单开：

一　陵糈粟米五万七千石，自蓟州五里桥运至州城仓内，每石脚价银三分六厘，共银二千五十二两。又遵化州、蓟州、丰润县各按应运陵寝程途自四十里、七十里、八十里、九十里不等，每石每里车价一厘四毫，共运米四万六千七百六十二石零，共车价五千二百七十一两二钱零，镇标兵米五千三百七十六石，共车价银四百八十三两八钱四分，又耗米三千一百二十一石七斗一升零，每石折银一两四钱，共银一万九百二十八两七钱零，派入米五万七千石，内每石约加银一钱九分一厘七毫，合之漕费每石加银四钱一分六厘，共每石约加银六钱七厘七毫。

一　乾隆三十年承办东陵事务固山贝子允祁等奏称，切照东、豫二省蓟运陵糈粟米改支折色一案，经军机处汇核运耗各费，每石定以一两四钱折给，并将兵丁是否足敷买食，而每年停止运粮五万余石，该处仓粮是否不致缺少之处，奏请交与臣等会同悉心商酌，妥议具奏，请旨遵行。臣等公同查得东陵官员、兵役人等应领粟米仰蒙天恩宽裕折给银两，所有官员等岁需之米一万二千余石，俱向臣允祁等回称，情愿支领折色。至于兵役各色人等，臣衙门传集晓谕，告以应领粟米每石折给银一两四钱，是否足敷买食？佥称连岁丰收，粮价平贱，现在市积粟米以所折之银籴买尚属有余，并无不足，如减省度日之家随宜买食高粮、藜豆、荞麦等杂粮，月间更有余剩。观其群愿支领折色，感荷恩施如出一口，应即于丙戌年正月为始，将陵寝镇属官员、兵役人等应支米石悉行改支折色，所需银两暂于藩库地粮内动拨散给，将乙酉年运到蓟仓三季未用之米行令地方官加谨收贮，以备不时之需。至于停止蓟运五万余石粮食是否不致缺少之处？臣等伏查各官员兵役养赡家口一年实需米三万余石，米既有余，故外贩鲜至。今于支领折色后，附近乡民铺户知为兵役日所必需之物，贩籴流通，宜无缺乏。且遵化与八沟相距三百里，向来八沟米粮多由喜峰口运赴遵化，是以州城铺民设有堆房，成总堆贮，零星发卖，向后应令该州厅晓谕内外商贩，俾知增此销售之处，以期源源益至。即至青黄不接，或至雨水连绵，偶然市集粮少，臣方观承督令遵、蓟二州先事预筹，使四乡之米入市无缺，堆坊所贮籴售及时，并随宜招致居民附近开设米铺，使之日增渐多，一二年间交易熟而廛肆足，即无余虑矣。并附陈所议收支备贮事宜四条等，因经户部议覆，应于丙戌年正月为始将陵寝暨马兰镇属官员、兵役人等应支粟米悉行改支折色，所需银两暂于藩库地粮内动拨，将现存本年运到蓟仓三季未用之米，令地方官加谨收贮备用，仍令该督方观承饬知遵、蓟二州,晓谕居民铺户,使米贩流通,日食充裕。至所议收支备贮各款,据单开,豫、东二省应征米折银两请径行解贮直隶藩库,由藩司查明应支实数,同俸饷银两一并发给遵、蓟、丰三州县领回,将兵役应领米折银两按月解交各该衙门分派支放,其马兰镇标兵丁米折银两亦照此例按月放给,俾得随时买备食用,不致先期花销,至官员米折银两仍应照旧按季支给。再蓟运米石内尚有白米、稉米、糯米三项,仍给本色,除丙戌年需用三色米石该州县仓现有存剩米三千六百七十石零,并丰润县营田稻米可以通融抵给,毋庸拨给外,其丁亥年应支三色米石应交仓场侍郎,自丁亥年起将前项应需三色米石照数拨给,其如何运交蓟仓之处应听仓场侍郎妥协办理。至蓟运漕船既停,所有蓟运河每年挑河筑坝动用北运河岁修银两自应节省,毋庸动拨。

一 乾隆三十年奉上谕:据阿思哈奏,豫省轮运蓟粮现已运赴水次,改征固属不及,惟有照数截存,据实变价解交等语。昨因蓟运米石海河挽运维艰,是以停止豫、东二省船运,改征折色,该省漕米现在既已收竣,毋庸复令变价,致涉纷烦。着即存贮水次地方仓内作为该省常平之用,或直隶间遇米少年分亦可资其协济,况此项米石为数原属无多,小民踊跃输将相沿已久,今忽改征折色,民间或有未便。嗣后,着仍照数收兑,本色留贮备用,既可省临时采买之烦,而将来或有改征豆石之年,即可以此项作抵更免,另为筹划。可将此传谕阿思哈及崔应阶知之。钦此。

以上蓟州拨运。

一 易州驻防员役应需米石,乾隆元年议准,将每岁南省漕粮陆续过津,预期由坐粮厅酌量截留,需用船只数目,照例动用本年征收别帮茶果银两,饬令截拨之运弁于天津地方雇船运至白沟河兑漕水次,先将各船封贮样米呈送泰陵部员验看,仍令坐粮厅及该管道员委员监收,如有潮湿即令晒扬干洁,遵仓场颁斛按数兑收。又拨运易粮自天津西沽剥载,由大城、文安二县淀河至保定县,又由张青口至任邱县界内之清河门至雄县南关、西关,直抵白沟河,计程三百二十里。现在文安县罗淀等处间有浅涩,应行疏浚,但运送米石每年六七月间仅有一次,毋庸设立浅夫,应于每年将及起运之时,由该管道遴委干练管河同知一员,前往天津至白沟河一带地方测量水势,遇有淤浅所即行挑挖深通,一面督同地方官丈明宽长深浅数目,据实确估,将所需人夫工价于司库存公银两拨给,仍造册报销。又天津至白沟河沿河一带地方,除向来设有营汛之韩家树等处照例摧攒外,其未设营汛之霸州苑家口、任邱县药王行宫、东西雄县王家房及雄县至白沟河一带处所酌量安设汛防,每汛设兵五名摧攒行查,其各汛兵即于附近各营内抽拨。又雄县南关瓦济桥为运易漕粮必由之地,已经估计修理在案,西关桥梁亦系运米经由处所,饬该县领银修葺,以便重运停泊。

　　一　乾隆元年户部覆准,截拨运蓟定例每船给丁雇剥银八两,查天津至蓟州五里桥,计程九百四十八里,今奉拨易粮由天津至白沟河计程三百二十里,应咨直督照截拨蓟粮之例,将截留米数预先咨部请拨,知照仓场于南粮帮内照数拨运,其给丁雇剥银两亦照蓟运例每船减半酌给。

　　一　乾隆二年议准,泰临镇兵米应照马兰镇之例,以戊午年为始,将驻防兵米一并截留漕粮支给。

　　一　乾隆三年户部覆准,派拨易州船粮于天津西沽停泊,另雇民船装运,每船费至二三十金,迭次起卸,弁丁难于稽查管押。查天津至白沟河一路河道内有苑家口永济桥一座,桥洞宽广,上系活板,至雄县亚谷桥,共计水程二百八十里,粮船尽可行走。自亚谷桥绕城而西,有西关、南关二桥,又有大鸿桥、白沟河桥,桥洞俱窄,粮船难走。查雄县南关、西关二桥,七省通津要路,必得桥梁坚固,方免催折,未能全改活板。嗣后,将截拨易粮令旗丁驾运军船直抵雄县亚谷桥停泊,知会该县雇船剥运,至白沟河交卸,计程不过四十余里,每船正副二丁易于稽查,并令监收各管遵照截留蓟粮之例,于七日内兑竣,给领仓收,驾船南下,其经过之永济桥添设地方二名看守,每年各给工食银六两,在地粮内照数支给。至桥板钉桩,如有伤损,估报工部核修,所需银两于坐粮厅存剩茶果银内动支。又原给旗丁每船雇剥银四两,今改于雄县起剥,道路较近,应行酌减,议定每船给丁雇剥银一两。

　　一　乾隆四年泰宁镇添设千总一员、把总一员、步兵一百名,应需本色米石汇入陵糈案内,截漕支放。

　　一　乾隆四年户部议准,查天津北仓截留兵粮,所有随漕原带席竹板木例于截拨处所随米交纳,惟拨运蓟、易二粮例将席片板木改折银两交纳通济库,作正开销,但蓟州从前既经增给短脚银三分六厘,足敷应用,其随粮席竹板木毋庸再行议给,其截拨易州兵粮所有旗丁原带席木应照天津截留北仓之例,按米交仓。

　　一　乾隆八年户部覆准,派拨易州漕粮自津运至雄县亚谷桥,每年粮船将到次之前,令各州县预行探明淤浅处所,及时挖深,倘或船身过重,于水小之年,仍需起剥,每船酌增给雇剥银一两,并于南粮头二进船内先期派拨挽运。

　　一　乾隆十九年户部覆准,拨运蓟、易二州漕白粮船雇剥银两,查运送蓟粮定例每船给雇剥银八两,其拨运易州者,水大之年每船给剥船银一两,水小之年每船给银二两,俱按派船数分别核给,照例支销,仍将派拨船只并给过银数于报销折内声明。

　　一　乾隆二十五年户部覆准,嗣后,凡拨运蓟、易陵糈以及天津、沧州等处米石,俱令帮弁将到次日期报明直督仓场,仍令直督于就近地方内预委同知或通判一员,即行前往监兑,遵照原定限期于七日内交收清楚,发给仓收,该兵丁等即行回空,仍将起兑回空日期呈报仓场查核。如收兑之员故行延挨勒掯,逾限不收者,该监兑官据实详报直督仓场,照例题参。如监兑之员徇情容隐,以致帮船守候日久,不得及时回空者,许该帮弁详报直督仓场,一并查参,交部议处。

一 乾隆二十六年,仓场侍郎奏准,拨运易州等处漕船自津转入淀河,水路情形不同,自宜加意慎重。嗣后,仓场总督应遴委妥员,督率地方官并该营汛实力摧攒,以免迟误。如有中途阻滞,实缘人力难施之处,由委员会同地方官报明上司,设法办理。倘有扶同捏饰,立即指名题参。

以上易州拨运。

一 沧州兵粮康熙三十七年题准截留漕米七千石,统于奏报之后,核有余米,听部拨用。雍正二年议准,每岁截留江西漕米七千石,以三千五百石作本年秋冬二季支放,下剩三千五百石作次年春夏二季支放。

一 乾隆六年户部覆准,截留沧州米石,令监收之员公同旗员验看,如系好米即行收受,不许迟延掯勒,如系搀和糠土,委难收受者,监收官及旗员具文详报,委员会验。实系搀和等弊,秉公估计成色,照例报参,并将搀和之米眼同运官装袋印封,随文呈验,其折耗之米即着落各该丁船于回空饭米内照数赔补,或仍不足,另于后帮再行请截,其截过补欠米石咨南着追,次年搭运赴通。如并无搀和等弊,即将呈报不实之监收官及旗员以故意掯勒题参究处。

以上沧州兵米。

一 天津水师营官兵俸米,雍正七年题定岁需一万四千一百九十余石,请截留漕粮三万石备贮二年之需,自支放一年外,嗣后,每年截留一万五千石挨陈支放,永为定例。其看守即拨本营官兵更番值宿,设仓大使一员妥司出入,每年收放米石需用斗级及席板等物照北仓例动支。

一 天津水师营官兵俸粮米三万石,雍正七年仓场咨准,照京城八旗支给之例,截留三色米石支给,应平粳米一万六千二百石,平籼米八千一百石,平粟米五千七百石,按尾船截留起卸。

一 雍正八年仓场议准,京通仓递减之例,每年米一石每月减米一合一勺六抄,天津、滨海地方斥卤折耗较多,应将每年截留漕米一万五千石,每石每月减米二合计算,一年共减米三百六十石,一切支放折耗可以足用,俱于正项内扣除,无庸将正兑折剩余米二升八合六抄令旗丁加给,以备仓耗。

一 乾隆元年题准,天津水师营驻防满兵二千一百四十四名,每岁应加增米一万八千九石六斗,又预备闰月米二千二百四十七石五斗,连旧额米一万五千石,共应截留米三万五千七百四十三石一斗零,内该粳米一万九千三百一石三斗零,粟米六千七百九十一石二斗零,稜米九千六百五十石六斗零,应添建仓板片气筒等项,令仓场于各帮船粮截拨时,饬令该丁将席木板片随粮交纳备用。

　　一　乾隆二十二年直督方观承奏准,北仓现贮截留漕米十七万九千三百八十五石已及四载,蒸变堪虞,应将乾隆二十二年分易州、天津水师、沧州应拨米石即于北仓现贮漕米内拨运供支,所有本年易州等处应截南漕米石悉运通仓。

　　以上天津兵米。(查天津水师营满兵于乾隆三十二年移驻福建、广东、凉州等处)

　　一　三河县驻防兵丁岁需兵米二千五百余石,三河素非产米之乡,应令该县捐给脚价赴通,请领拨给支放。自雍正六年为始,按期截拨原估米价,扣存司库,候文拨解。

　　以上三河兵米。

　　一　郑家庄兵粮每年三季支放,俱于本裕仓支领,雍正二年议准,该仓稜米可支十余年,无庸再运,其粳米酌运二万石,粟米酌运一万石,饬令该监督隔年详请,先期拨运。

　　以上郑庄兵米。(已于乾隆二十七年裁汰,此条系不行之例,存此备考)

　　一　京口兵米每年将江西并江南之武进、无锡等县漕粮截留支给,康熙十九年题准京口官兵所需米石于附近地方采买供支,康熙二十一年题准将京口米石仍截留本省漕粮,以供支放,康熙二十五年题准,京口岁需米十万余石,镇江一府漕米一十三万八千余石,应自二十五年为始,即令就近支给,永作为例。

　　一　康熙二十二年议准,江南松属截留京口兵米七万石,系本省解送米石,不便支给水脚银两,令该督扣存报部。

　　一　雍正二年户部覆准,京口驻防官兵岁需米八万余石,向以丹徒一邑漕粮尽数拨给,不足之数以丹阳、金坛漕米添补,日久弊生,官胥折干挪用,私收侵蚀兼有卖档抵兑等弊,如改截苏常,此弊亦不能免,且截留运费即使地方捐备,其中或至累民,应将京口兵粮自雍正三年起照雍正元年题定,兵米折中价值,每石折银一两二钱,动支藩库银两,令该将军会同江常道按季给发,兵丁及时购买,其镇江府属漕粮停其截留。

　　一　乾隆十五年户部覆准,京口兵米六万六千四百二石,应于丹徒漕米内截留三万三千二百二石,丹阳漕米内截留二万三千二百石,金坛漕米内截留一万石,遇闰之年,应增闰月米五千五百三十八石,于徒阳二邑漕米内各半截拨增给。

一　乾隆十五年奏准，京口兵米应于每年春夏二季先尽丹徒米石，该府亲临监放，其金坛、丹阳截留之米陆续提解府仓，该府验给，其运米脚价于漕费内开销。每届放期，该旗员率同管粮领催兵丁赍档具领，按名散票，照票关支，米票有一不到，即行严查。该府仍不时访察，如有卖档情事，兵则移旗究治，民则枷责示众，其失察之旗员并地方有司一体参处。

一　乾隆二十二年题准，京口八旗每年所支本色兵米通融改拨江宁驻防，令彼此各支八个月，本色四个月，折色应自戊寅年为始，将京口减支四个月之截留漕米仍行兑丁起运，其江宁兵米即就近在上元、江宁二县漕粮内改支，如遇闰月，京口向支本色，江宁例支折色。今既通融改拨，若京口仍令截留漕粮给与本色，则江宁势需添买，未免周章，请将该二处闰月兵粮仍遵乾隆十六年概折一两二钱之例给放。至京口旗兵每月需米五千五百余石，计减四个月兵米，仅敷江宁旗兵两月之用，不足之数尚需二万余石，于每年秋收时责令江宁藩司确访时价，动支司库银两，委员买运，贮省仓支放。所有米价取具产米州县印结，并按程支给运脚，据实报销，至应支折色月分每米一石，请酌增银一钱。奉旨：户部议覆，江宁驻防兵米于京口本色内改拨一案，着加恩给与八月本色，于江宁府属漕粮内酌留两月，其余两月及遇闰米石即令该督按照时价采买支给，不必于京口本色内改拨，至其余四个月，仍给折色，着加恩照该督所奏每石准增银一钱，以示朕惠养防兵之意。钦此。

一　乾隆二十八年奏准，裁汰京口驻防汉军，听其出旗为民，或改补绿营兵丁，充伍食粮，其京口驻防改驻蒙古官兵裁去副都统一员，只留一员管辖。

一　乾隆二十八年题准，京口汉军官兵从前系每年截留丹徒等县漕粮五万四千六百余石，按数供支，现在奉裁改驻蒙古官兵为数较少，仅应支米二万六千余石，尚余米二万八千余石，所有京口随旗两营水师、右营水师、高资营、镇江城守营共五营岁需兵米，除原拨之徒、阳、溧、坛四县本款南米及丹徒、丹阳、金坛三县截漕五米，仍就近支领，毋庸改拨外，其不敷米二千五百八十石零均于裁存汉军兵米内改拨支给，即将原拨娄县、荆溪、靖江三县南米俱归入漕粮项下起运，其靖江一县向无漕粮编征，应将该县南米改拨别营兵米之用，即于附近之江阴、宜兴二县额编南米内划出，归漕起运。

以上京口兵米。

一　乾隆二十九年题准，江宁蒙古官兵一半移驻镇江，蒙古官兵较少，原截徒、阳、坛三县漕米内该复行起运者三万七千一百余石，应运漕船无庸增签，应按照常、镇二属现运粮额之轻重，以定加装余米之多寡，将常属各帮每船装米以七百石为率，镇属等帮每船以六百五十石为率，至前项复运正耗漕粮除五米随正征给外，所有应给十银、席片、负重、行月等项银两于苏松粮道库内裁存经费项下,自乾隆二十九年为始按款分给,造入奏销册内。再该二属帮船加装之外,尚有阳湖县余米七千七百石,需船十只,即于坐兑溧阳之江淮三、六两帮照缓漕之例暂行带运二年,俟下届调次案内,即于常属应行拨兑苏属帮船内留存十一只抵兑足运,仍将苏属余米即于苏属帮船内通融加运。又查移驻蒙古官兵遇闰之年加截闰月兵粮,临时查照所截米数即于徒、阳等次船内,仍照向例暂行派减。

一 江宁驻防官员俸米五百三十二石零,分编于长洲等二十一州县中,数目零星,程途窎远,乾隆二十九年题准,将长洲等州县额征驻防官员俸米内分别起运正项漕粮五百六石九斗零,随漕给丁五米二十五石二斗零,其所需俸米即于同城之上元、江宁二县起运漕、伍二米内照数拨存,就近解交支放,饬令江宁藩司于省仓季报簿内声明造报。其各属改征漕米、五米归并起运细数,并清江县原编省仓俸米四十二石零,归入南粮凑拨兵粮,仍于附近州县兵粮款内按数划归。漕、五二米起运各数,饬令苏松藩司统于漕项并兵马奏销册内分晰,造报查核。再驻防俸米原编粳米今改拨上元、江宁二县,漕粮系属籼米,该地所产米质与苏松粳米无异,应令遵照支给。

以上江宁兵米。

截留事例

一 康熙七年因粮艘迟久未经过津,恐致冻阻,议将石土两坝剥船及务关剥船六百七十只押至天津起卸抵通,如到津之时即剥运亦不及抵通者,即将粮米囤贮天津,拨兵看守,原船立驱南下,俟春融冰泮仍用剥起运。

一 康熙三十四年因闸河水浅,南船到迟,议将未过津关船七百余只、米十万石,截留天津,再有余剩,令红剥船运至通仓,江西、湖广、浙江船只或起卸不及,即暂行囤贮河岸,剥运入仓。

一 康熙二十四年拨运密云县米四万石,仓场议准将所剩五闸抗运、大通桥车户脚价等银照时价雇车装运,如有余剩银两存库收贮,不另动钱粮。

一 康熙三十一年,将江南、太平等帮漕米二十万石从黄河运往蒲州,照例赏给篷羡等项银两,各丁不能远赴通州,即于漕项下就近支给。

一 康熙三十四年运米六万石往盛京,议准:商船不敷装运,应另造海船二十只,所用料价于长芦盐课银内动支,运竣之日,交付管盐课官员,派殷富商人二十名给发使用,其造船银两令盐法道限五年之内于领船商人名下扣完,以还原项。

一　康熙三十六年截留粟米二万石，运往中江，议准交与商人由海运去贸易，俟商人回时，其米价银两照时价交与长芦课盐道，解送户部。

一　康熙三十七年，截留山东、河南漕粮运往保定、霸州、固安等州县，议准照运送蓟州之例，每米一百石运送一百里，给脚价银一两三钱二分，给进仓耗米二升八合六撮。

一　康熙四十七年钦奉恩诏：江浙二省各截留米石平粜，议准所粜银两存贮道库，于来岁收获后，购买米石，搭运还项，其截留随漕行月等项钱粮俱令照数起解。

一　康熙六十年，大名、广平二府截留江西漕米二十万石，仓场以江西漕粮于本处开兑时，每石加耗米四斗，除沿途费用等项，故抵通之日，每石例交耗米二斗五升，一经截留，前项费用可省，请将每石加四耗米作正交收等。因部议，康熙三十三年武清、永平等处截留漕粮，每石耗米俱以一斗八升三合九勺四抄作正兑收。又康熙三十八等年江西、湖广漕粮截留江南淮扬、山东临清等处地方，每石耗米俱以二斗五升作正交兑。又五十八年，江西、湖广漕粮截留江南安庆等府，将四耗米石全数作正交兑，但先年漕米截留江南，因无过闸浅剥等费，故将加四耗米全数作正兑收，今年河道浅阻，旗丁盘剥难免耗费，若将四耗俱作正项，诚恐旗丁难于交兑，若照三十三、四等年之例，每石止收耗米一斗八升零，又非节省钱粮之意，应照康熙三十八等年之例，每石以二斗五升作正交收，至截留船只应交席木、板片行令总漕扣追外，此截留粮船既不到通，应给红剥篙羡等银停其支给。

一　康熙六十一年截留漕米自天津运往霸州等处，议准照例每米一百石，计程一百里，给脚价银一两三钱二分，进仓耗米每石二升八合六撮。

一　康熙六十一年仓场奏准，天津霸州等处截留漕粮，地方官员必欲晒扬，至今尚未收受。查仓中收米例不晒扬，去岁油坊截留，原任仓场赵宏燮即令收兑，若一晒扬必致亏折，令该抚严饬地方官照油坊例速将截留米石即行收兑。

一　雍正元年副都御史李绂奏准，本年粮船抵通迟滞，诚恐冻阻，酌议半起半囤，以速回空。旗丁现在雇募剥船，每米一百石给船户水脚银四两五钱，饭米一石，耗米一石。今截留入囤，并次年剥运抵坝，出进、颠抗，亏折更多，旗丁既免守候冻阻之虞，又无交仓跋涉之费，而地方官既多收兑剥运之累，复有交粮赔累之苦，应每米一百石，旗丁给地方官耗米二石，以补折耗。其水脚银四两五钱，饭米一石，仍照现在抵通旗丁之数交纳地方官，以为次年剥运之用，每米一石旗丁照例给大钱二十二文，交付天津道库，以备次年抵通经纪起卸之费。又起米入囤必须抗夫入袋搬运，嗣后，应令旗丁每米一袋，仍照旧例给付抗价。

一　雍正元年截留漕粮备兖州等处赈济，议准支给过行月等项银米，按程扣追报部。

一 雍正三年将漕米三万石拨运保定、安州、新安、霸州、东安等处,议准共平斛米三万石折红斛米二万四千石,每红斛米一百石给耗米一石,其平斛每石原有耗米二斗五升,俱令运通交仓。所有水脚银两计路程远近,每一百石运保定四两五钱,运安州、新安四两,运霸州东安四两五钱。又抗米脚价每石制钱四文,俱照雍正四年屯贮之例,令旗丁出结,当面交给。至此项折红斛米二万四千石,尚有茶果银个儿钱并耗米一石,饭米一石,俱免旗丁交兑。

一 雍正五年,巡抚陈时夏请令江西运米十万石,以五万石找足,闽省以五万石运还江安,以备积贮,应需脚价将扣截行粮给发,但江南运至闽省每石约计水脚银二钱一二分,其各卫行粮每运米一石止一钱二分以至四五分不等,实属不敷,应于道库减存项下先行动给济运。

一 雍正九年大学士等议准于通州、天津等处采买粟米五万石,同拨出通仓粟米十五万石,分发与回空粮船,带往山东德州、临清等处存贮,其回空粮船按照所带米数及道里远近给与旗丁舵水等行粮。

一 雍正九年山东水灾,将江南徐州、凤阳、淮安及湖广、江西漕粮十五万石儧赴东省,听候截留。漕督咨请,将正改兑米俱照原载数目拨发,其正兑耗米照加二五扣算,改兑耗米照加一七扣算,一齐拨清数目,移咨东抚,查明起卸。部覆:江南凤阳等帮自起运以至山东峄、滕等县,较之抵通,程途甚近,不便照抵通之例,除耗米二五、一七作正截留外,将所余盘耗米石按程计算折耗,给还旗丁,其余作正截留。

一 雍正九年,大学士等遵旨议准,直隶截漕四十万石于北仓收贮,河南截漕四十万石于临清水次交卸,山东截留漕米四十万石于德州、东昌、济宁等处交卸,一切水陆运价及苫盖露囤等费俱动用公项钱粮。

一 雍正九年户部覆准,天津截留漕米运船抵通,落崖、进仓俱有额设脚价,今年奉截漕米事属一例,查漕米进仓旗丁津贴经纪每石大钱二十二文,每船有坐粮厅茶果银十两,各仓茶果银二两零,今截留之内此项亦无,须用落崖、进仓等费理应旗丁自备。又漕米收放必有折耗,若平斛收受、支放,地方官恐有赔累,支放时势必短少斛面。查漕船抵通雇募剥船每百石给剥船饭米一石,耗米一石,截留米石此项可省,应令旗丁每米一百石给地方官耗米一石,庶支放不致亏折,汆出自不敢短少斛面。又截留漕粮或入仓、或露囤,铺垫苫盖需用席片若俱令地方官置办,为费必多,查漕粮例有随漕席片,应令旗丁即于截留处所交给,倘有不足,再令地方官买补。又漕粮搬运需用口袋,查仓场每年扣留经纪车户脚价置办口袋十九万条,以供行运，今岁截留及蠲免之米二百余万石，则行运当已告竣，应咨明仓场借用六万条，截留事毕，仍缴还仓场。

一　雍正九年议准，河南赈济州县，其本地漕谷未必适如所赈之数，应于不赈之州县酌量拨运，抵补赈谷，州县雇车运送脚价，准将盐规归公银两给发。

一　雍正十二年大学士等议准，山东截留存贮漕米部议除旗丁原加耗一升外，每年准再除一升，未免赔累，应将东省新旧截存仓漕米照直省之例每月每石递减二合，递减一年，再有亏折，即将各收受地方官追赔。

一　雍正十三年湖南漕米运作黔省军需，部覆：运送军粮水脚银两俱动司库地丁，今运漕水脚应先尽漕项动用，如不足数，再动司库地丁银两，另于漕截案内造册报销。至应给水脚等项数目，悉照现在运米之例遵行。再湖南正米九万五千四百四十二石零四，耗米三万八千一百七十六石零，已遵截运黔，所有二耗米一万九千八十余石零，向例给丁，为沿途食用。今漕粮停运，未便将此项米石给与军丁，除给丁一半月粮并防护漕船之头舵水手各口粮外，尚存米一万二千一百四十二石零，应令各州县加谨收贮，倘黔省再需米石，即以此米拨运，如至明春不需动用，即照解部南秋米石定价，每石折银七钱解道，详报充饷。又查原定正四二耗漕米一石外，连原耗里纳共收加一耗米一斗，以为运米运次船户食米及临兑晒扬等项之需，今既停北运，亦应免征，但各属遵例于七月初一开仓，奉文之时，征收已久，未便中止，至难稽核扣算。查通省正四二耗漕米共一十五万二千七百七石零，应收加一里纳脚耗米一万五千二百七十石零，应同所存二耗米石收贮备用，如不需动支，一并每石折银七钱解道，详报充饷。

一　乾隆二年户部覆准，直隶漕截三十万石存贮天津北仓，备赈拨用。查北仓截留漕米并未晒扬，应循照京通各仓之例，将预备晒扬米石一体交仓。其抽验晒扬入仓，拣选所属道府干员赴仓监收，将原备晒扬四升七八合米内计算实在折耗若干，并余剩作正若干，出具印结报部，并按照存贮年月递减之例，再有亏缺，将各官参追治罪。

一　乾隆三年部覆，侍郎陈世倌条奏截留北仓漕米，雍正九年直督刘于议奏准，令旗丁每百石加耗米一石，为地方官折耗之用，及今照例交收，但从前北仓例无递减耗米，雍正十二年定议，照通仓例，每石尖米四升二合准作仓中三年递减折耗，乾隆三年直督李卫题请准销原备晒扬折耗四升七合之米，部议将实在折耗米数令该县出结销算在案，则北仓开除折耗与京通各仓一例，自不应再收折耗。嗣后，截留北仓之漕米每百石免交耗米一石，以恤军丁，至所截北仓米石业经直督令仓场委员照例抽验，晒扬入仓，在案所有截留天津水师营并易州米石应令直督照截留北仓之例遵行，如有勒索等弊，即行题参究处。

一　乾隆八年，仓场拨米四十万石，以为直隶赈济之用，仓场咨准，直隶向例各属领运米石，陆路每石每百里准销脚价一钱，水路每石每百里准销脚价一分五厘。今拨运天津米石应动支通济库钱粮，查照办理。

一　乾隆八年，江西截留本省起运漕粮十万石，以备缓急。户部覆准，照江南旋收旋籴之例，每石准加耗三升，应于赠军斛面米内支给，不敷之数再于挑扒等米内凑足。

一　乾隆八年，户部覆准，湖南截留漕粮拨运广东，由各属运至衡州过载，又由广西运至粤东交卸，其过陡盘浅，难免折耗，应照例每石加耗米四合。又该省拨运广西四万石，每石加耗米三合，于湘潭县截留案内所存里纳脚米或二耗米内兑给。

一　乾隆九年仓场奏准，直隶天津等处给发加赈米三十万石，令州县自雇船只赴通请领，为数既多，转运更难迅速。查东、豫二省粟米帮船渐次抵坝起卸，此内除自备船只例不回空，听其留通，以供南粮剥运外，其例应回空漕船约有二百余只，每船以五百石计算，约可装米十万余石，如各州县所雇船只果有不敷，即令该地方官于豫东二省回空漕船内自行雇备，酌量装运，仍按道里远近，照依定价给发帮丁，挽运南下。

一　乾隆九年户部覆准，江西截漕改运湖南米石计程亦不过三千余里，应照湖南运粤之例，每石给加耗米四合。

一　乾隆九年户部覆准，江浙截留漕粮拨运闽省，每石准其加耗米五合，以作海船潮湿盘量折耗开销。

一　乾隆九年户部议复，临、德二仓截留漕粮既拨充赈济，与从前截留久贮者情形各异，仍照旧例，随收随籴，毋庸加耗。如将来久贮在仓，照例准其加耗，再行咨部，于各该省道库扣存耗米银内补解东省，以为折耗之用。

一　乾隆二十二年，漕米截留北仓及天津露囤，仓场奏准，其收贮在北仓内之米石俟明春冰泮再行运通，其露囤各米石现在轮流剥运，其第三进帮船在津兑剥，或剥船不敷，即在津暂贮兑收。又经直督多备船只并奏准赏借旗丁剥价一半，俾得迅速回空，已将台州前等七帮米石剥运抵坝，现在北仓等处暂收之米石，其陆续运通之脚价应令旗丁自出一半，赏借一半，应交茶果个儿银钱以及席片、毛竹均令照例交纳，但在津粮船自岸起米至北仓约近一里，一出一入，颠抗狼撒，折耗必多，且仍需抵坝起卸，亦不无折耗。至抗米一石，经地方议给制钱六文，每船约需抗价四五千文不等，应于在津囤贮米石之帮船，令每百石照例加耗二石，准于来岁新漕内搭运补交。至经纪各役代丁运送抵坝，既有每百石加耗二石之数，再有短少即照掣欠例，责令经纪等赔补，于旗丁无涉，其抗米脚价于通济库轻赍银内暂行垫发，亦在各丁新漕内扣还，并移咨总漕照例催追办理。

一　乾隆二十四年直督方观承奏准，天津截漕四十万石，先到漕船计五六百船之米可足四十万石之数，但前帮截留，后帮继进，若运水未长，后到帮船仍不免于起剥。应于先到各帮漕船内视其每船应剥若干石即可轻便抵坝，则于北仓按照应剥之米石起卸截留，原船未剥之米仍令挽驾抵通交兑，以剥为截，而以五六百船应截之全米匀作千数百艘之半米，且其中亦有祇须减载十之三四者，每船所截无多，临时起兑甚易，一截之后即令开行，继进之船河水渐长自可浮送。至旗丁例出剥费，令运官扣存，按照每船起米数目汇交坐粮厅收贮。如所截之米别无赈余需用之处，应俟全漕回空之后，将所存剥费坐粮厅会同地方官雇船将北仓米石仍运通仓兑收。如所截之米或有转移，拨运之处将所存剥费留充各该帮下年剥船之需。

一　乾隆二十四年仓场咨准，截留北仓米石是否运通？抑或转移拨用？尚在未定。所有仓茶果一项俟抵通后再行核计米数，移咨总漕，饬令补解。

一　乾隆二十五年户部侍郎吉庆等奏准，漕粮截留北仓仍须运通者，除旗丁所出抗价六文照例散给上仓人夫外，其所出船价银六两交地方官会同坐粮厅雇募剥船，应令该经纪等亲身押运，其沿河地方文武官弁俱有稽查催押之责，应令督率兵役挨递管押，不得复行需索饭食，如违，照例参处。至定例每米百石旗丁出耗米一石五斗，虽系备补沿途折耗，但由仓入船，不过盘量一次，折耗不须如此之多，嗣后，每米百石应令旗丁再出米五斗，足成二石，内以一石备补沿途折耗，以五斗给经纪等作为饭食，以五斗帮贴经纪一切转运夫役杂费之用，不许丝毫借动官银。至漕船抵通，例有籖羡银两，今羡余一项已于二十四年北仓截留案内经仓场侍郎双庆等奏请全行给与，所有籖夫银每石五厘亦应一例支给。再查在通露囤较之北仓转运更非事所常有，但或恐回空稍迟，不得不暂行囤贮，在旗丁船已抵坝，运务告竣，势难再令帮贴，而经纪办公需费，无项可动，未免拮据，应令仓场侍郎临期酌量，奏明办理。

一　乾隆二十六年咨准，嗣后截留沧州船只一俟漕米起完，即令随帮管押回空，先行赴次，抵通船只仍令运弁照料前进，俟交粮事竣，即管押丁船南下。

一　乾隆二十六年，仓场将已经抵坝之广信等五帮令转回天津北仓交兑，议准：各帮抵通有应交厅茶果银两系按船计算，交仓茶果系按米计算，今该五帮既已抵通，且有起米石，自应按船、按米交收。至籖羡例于到通给发，今该五帮未起米石复由通带回北仓，应照数给与籖羡银两。至余米一项既俱交纳入仓，其银两亦应照数给发，其应交席竹亦应照例交纳。再北仓抗价每石制钱六文，即令旗丁于应出个儿钱内扣交地方官，雇夫应用。

截减行月

一　各省截留船只介于起运、停运之间，行月等项钱粮应给、应追向未定有成例，雍正十三年奏准酌定成例，以归画一。

江南省截留船只应支三修银两、月粮钱粮准其照数全支，行粮、盘耗、赠银、负重等项钱粮按程途远近作十分计算，走一分程途给一分银米，如走一两站未及一分者，即按一两站扣算支给。赠米一项，如米到州县半月收清者，按程给追，如半月以外，每石给米一升，满一月者给米二升，满二月者给米四升，满三月者，全给其州县。或借称米色不纯，措延过期者，许运弁通详，督抚委员验看，果系霉变，责令弁丁赔补，如州县捏词措延，据实参奏。若帮船截留本次，或旋兑旋卸，或数月后收清，赠米亦按月计算。如藉端逗延，希图混冒，察出参追。

浙江省截留船只应支月粮、三修钱粮并行粮、耗赠、负重各项，照江南省例，扣算给发。

江西省遇有截留，原领折耗、行月与赠银、赠米、斛面米均免扣追。又正改米石每石征副米五斗三升，内一斗三升为水次开行、抵淮折耗，其余四斗抵通时随正兑交仓二斗五升，改兑交仓一斗七升，余剩之米以为沿途剥耗费用。若中途截留者，应按程扣追，其副米一项在淮以南截留者，每石四耗米随正令交。至一斗三升之副米本应按程扣追，但漕船抵通回空，例有篷羡、红剥并给三升八合食米，截留之船并无此项银米给发。江西漕船回空，江湖险阻与别省难易不同，应免追缴。如过淮后截留者，四耗米内除正米随交二斗五升，改米随交一斗七升，并每石另交一升赠米之外，正米四耗尚余一斗四升，改米四耗尚余二斗二升，将此余剩耗米作为十分计算，其自淮至通水程亦作十分扣定，走一分程途给一分耗米。

山东省截留船只应支三修、月粮、赡运银两俱准其照旧例支给，又本折行粮银米以及润耗银两二项，原给丁沿途食用之需，凡遇截留，各随多寡作十分计算抵通，程途亦作十分计算，走一分程途准销一分银米，如走未及一分者，即按里数扣给。其润耗米五升即江南省之五米，仍照江南例，到截留州县之日，按照收清月分给米，其截留在水次者，船未开行而装载折耗亦属相同，润耗米石亦按月支给。

河南省截留船只只其月粮米银仍照全数支给，如船虽抵次，尚未装载者，不给。至润耗银两、行粮、银米等款，随多寡作十分计算，按程途照山东省例扣核支给，其官役俸工仍照额给发。如船粮开行已走十数程站，奉文截留，仍挽回原次交卸者，亦将所领前项银米按照程途计算扣缴，润耗一项截留州县收清月分亦照江南省之例按月计算扣追。又豫省凡遇截留船粮已抵临清者,将盘剥一项全数支给,如未抵临清者亦将所领盘剥银两作十分计算,按照自卫辉水次至临清程站扣算计给。

湖北、湖南二省漕粮凡遇截留,俱于一耗五米内按程、按分扣追,报部查核,其所有领三修、行月二耗并州县津贴、京脚银米均免扣缴。又湖南省截留漕船湾泊岳次,滨临洞庭,风波不测,乾隆元年题准,于支给一半月粮之外,酌留头舵二名、水手二名,每名日给米一升。其余水手资助回籍者,每名每站给盘费银三分、米一升,俱照时价折给,所有应需银两于漕船饭银内动给,湖北亦照此例。

一 各省截留船只有到次尚未受兑及已兑未开行者,乾隆五年题准,未兑之船照停运例给与减半月粮,已兑未开之船于减半月粮之外,将三修全给。乾隆七年奏准,漕船额设钱粮原为修舱船只、置备杠具、雇募水手身工饭食并一路添纤盘剥之用,原议截留船只行月等项银粮按程扣追,未免苦累,酌量各省帮船在次费用情形,量加增给,除截留蓟州、易州照抵通例,各项钱粮准其全给。其余一应已兑开行之船,豫东二省每船给银五十两,江南、浙江二省每船给银六十两,湖广省每船给银七十两,江西省每船给银九十两,以资帮丁在次修舱船只、置备什物及雇头舵水手安家养赡之用,应给银两即于行月折色银内扣除。所有存剩行月等项银米,江、浙、豫、东等省仍照旧按程追给,其江西、湖广二省路途遥远,涉历江湖,非他省可比,在未过江以前截留者,除在次酌给银两外,其余剩银米一体按程追给,其已历长江,尚未渡黄截留者,给与四分之三,其渡黄以北至临清、德州等处截留者,将各项银米准其全给。

一 雍正九年,豫东二省截留漕粮原截七十万石备赈,嗣因连得甘雨,秋禾可望,无需七十万石之多,将截留存剩漕米三十万石令原船运通挽输,上下倍为劳苦,令每船于通济库借给银二十两,又奏准每船再借给十八两,经总漕酌议在德州往返者,每船给银二十八两三钱八分,在临清往返者,每船给银三十九两三钱五分。檄饬山东粮道将库项垫发,委员解至前途,遇回空之船,照数给与,其在德州往返各船每船多给银九两六钱二分,即令委员扣除。奉旨:各船多给银两加恩免其扣追。

一 乾隆二年各省截留漕船应追银米不在恩诏豁免之内者,除已完外,其未完者照地丁例俱行免追。

一 乾隆三年,浙江绍兴前后截留船只领过行月、漕截等银准分作三年扣还。

一 乾隆八年,豫东二省截留拨运江南省备赈船粮,各丁领过行月等项钱粮,照依运通之例,准其全支。

一 乾隆十三年,豫省平山等四帮、徐州长淮等三帮、通津等两帮截留东省船粮已抵德州,复运至韩庄交卸,所运程途于抵通无异,先后咨准照乾隆八年截留江南省之例,各项钱粮一体免追。

一　乾隆十三年，将八年截留之绍后帮、九年截留之台前帮海宁所、十年截留之杭前后杭右后二帮未清之项，绍后、海宁俱准其分作三年扣还，台前帮分作四年扣还，杭前后、杭右后分作二年扣还。

一　江南兴武三八两帮、凤中二帮，乾隆十一年截留东省船粮按程核算，应追银米于乾隆十五年奏准，均作三年扣还。

一　乾隆十六年，将十三年江省截留东省备赈之滁苏等十四帮程追银两，准其分作三年扣还，江兴等帮之程追银两分作十年扣还。

一　江南省兴武三八两帮乾隆十一年分截留丁船应扣程途银两，照江兴两卫乾隆十二年分截留分作八年扣还之例，一例办理。（乾隆十七年例）

一　湖北、湖南截留减歇漕船，乾隆十八年咨准，屯田帮费银两照乾隆八年减歇之例全给。

一　乾隆十五、十六、十七等年，浙江严州所帮截留派减丁船应追行月等银共四千三百三十一两零，丁力难支，应扣银两再分作三年完补。（乾隆十九年例）

一　宿州二帮系属江省帮船，其应支行月米石例由江省、东省支给，乾隆二十二年咨准，该帮既经截留，其应追米石应照东省之例缴银八钱解部。

一　江、兴各帮应扣乾隆十一、十二两年程追银两，为数过多，不能一年全扣，乾隆二十二年题明酌分年限扣还。

一　湖南头二三帮乾隆二十二年截留江南徐、凤二府备用米石派赴清江交卸，各丁应追米五千一百八十七石八斗一升四合，准其分作三年扣抵还项。

一　江淮四七、兴武七、淮安头等帮乾隆二十三年每船截留天津漕米不过四百石，其余漕米仍系原船抵通交纳，与全数截留应追银米之例实属有间，应免其扣追，以恤丁艰。

一　湖南省各帮丁船乾隆二十一年截留江南备赈，应追耗米分作三年搭扣，赴通交纳。（乾隆二十六年例）

一　康熙十一年咨准，江宁省卫既无赡运屯田，遇有减存，同出运之船一体支给安家月粮。

一　康熙五十三年，江兴两卫减存船一百七十余只，每只支月粮银三十三两六钱，米四十八石。

一　各省停运船旧例月粮全给运丁，雍正二年题准减半给发，雍正六年题准军船减歇，仍照例支给一半月粮，其雇募民船减歇者，减半之中再行减半支给。

一　安庆卫减存船只向照十七丁之例支给苫盖月粮，嗣经部驳应照十丁例支给一半月粮，乾隆二十二年题准，仍照现运船只按粮科算之例折半支给。

一　江南省各卫帮凡遇截留停运船只应支减半月粮，乾隆六年题准，照例本折均平，分别支给。

一　江南镇江府属漕米拨兑驻防兵粮，派减之镇江前后及兴武头、长淮四等帮减存船只，与截留无异，所有减半月粮，乾隆十七年奏准，一例支给。

一　乾隆六年题准，东省遇停运减船，浅船支给减半月粮，其自备丁船则支给四分之一，本折均平，灾减船只照江南一例办理。

一　乾隆六年题准，浙省停运漕船应支减半月粮，宁绍等八府帮船并无本色，仍照旧例支给，杭嘉湖三府属本折各半给发。

一　湖南、湖北漕船停运减歇，例给减半月粮，雍正十三年题准，本折各半兼支，其折色米石仍照该省定价四钱于漕项内动支，其本色米石于减存贴赠二耗米内给发，倘无本色可支，即照该省定价折给。

一　江西行月二粮并无本色，乾隆六年奏准，遇有截留停运漕船按装载一浅计算，于月粮银四十八两之内减半给银二十四两。

一　乾隆七年题定，嗣后，各省带运缓漕负重银两应与行月等项一同支给，其减船一半月粮必经题奏，然后给领。

一　漕船已历八九运，减存在次，未经买补者，照雇募无船在次例支给月粮四分之一。（雍正十三年例）

一　江、兴、安、新、宣、建、庐州、长淮、扬州、仪征、滁苏等帮凡遇截留停运船只应支减半月粮本折各半。如应给本色折给银两，应征本色征收折色，即行查参。如因灾停缓，所需本色米石未及征收，将上年余剩米石通融拨补，俟下年征收还项。（乾隆六年例）

一　乾隆三十年奏准，江苏地方上年歉收，米价昂贵，所有减歇丁船虽有一半苫盖银两，仍属艰难，应查明实在无力丁船，按其人口多寡每船酌借银二、三、四、五石不等，统于冬间起运应给五米内扣还。

一　截留停运船只除例支一半月粮银米以为苫盖养赡之需，历年钦奉谕旨：有准其全给者，有一半之外加给三分、二分、一分者，又蠲免、灾免、蠲除等减船，如遇奉旨加给之年，亦准其一体照支加给银米。（雍正十年、乾隆三年全给，乾隆六年加给二分半，十一年加给二分，十三年下江加给三分，山东加给一分，十五、十六年江安偏灾，浙江、湖南截留俱加给二分，十七年加给一分，十九年江南浙江上年加给二分，江南本年加给一分，二十二年俱加给二分，二十七年截留加给二分，灾减加给一分，三十年加给二分。）

截留恩旨

漕粮上供天庾,备军国之需,我朝圣圣相承,视民如伤,偶遇直省灾歉即截留漕粮以为赈籴,务使惠泽均沾,灾黎得所,稽之史册,实所未闻,所有历奉恩纶,恭录于后。

一　康熙三十一年钦奉上谕:陕西西安、凤翔二府属去年被灾,虽解送内帑银两,又遣大臣赈济,民人仍有流离,此皆不预行积贮之故。兹以靳辅练达河务,授为总河,应将本年漕粮截留二十万石交与靳辅,作何区画,雇觅船只,自黄河运至山西蒲州等处备赈,既有预备,即偶遇灾伤,亦无妨碍军需民生,俱有裨益。至黄河上运,危险艰难,米船倘有疏失,免其议处,则靳辅亦得尽心劾力,勅下九卿会议,尔等亦同靳辅会议具奏。钦此。

又钦奉上谕:江北漕粮作速截留二十万石,将此米石运至蒲州等处备贮,实有裨益,但砥柱至蒲州等处可否运送之处,若差部员踏勘,推诿草率,如地方官员又畏事推卸累民,或称彼处地方收获,无用米之处,不必运送;或迟滞冻阻,不能运送。若如此,运送米石则无益矣!凡事以身自任,心切为主,事无有不成,且先经黑龙江运送米石与驻防兵丁,众议以为初创,地方不便行,惟朕独断而行,今兵已驻运道,已开边境,多有裨益,此乃实据。着交与九卿会议。钦此。

一　康熙三十四年钦奉上谕:盛京运米最为紧要,前已有旨着运米六万石,盛京连年不甚丰收,运米若多,大有裨益。若运此米但用商船,恐船不足。今宜动用正项钱粮酌量修造船只,俟运完之日将船分派殷富商人,随其任用,若有用处,仍旧使用。这事情着学士陶岱至天津,会同直隶巡抚沈朝聘、长芦管盐税官确议具奏。钦此。

一　康熙三十六年钦奉上谕:朝鲜国比岁荐饥,这中江开市贸谷等事俱着照该国王所请行,盛京所有积贮米谷作何运至中江贸易之处,该部速议具奏。钦此。(嗣议准:截留粟米二万石,交与商人,由海运去贸易,俟商人回时,其米价银两照时价交与长芦盐道,解送户部。)

又钦奉谕旨:将通仓米石运至天津一万石,宝坻、香河二处一万石,照时价减籴。钦此。

一　康熙三十七年钦奉谕旨:着户部派保举司官二员,于沿河被水灾之保定、霸州、固安、文安、大城、永清、安州、新安等州县将山东河南漕粮截留,每处运送一万石存贮,若米价腾贵,照时价籴卖之处,交与户部速议具奏。钦此。

一　康熙三十八年钦奉上谕,谕户部:朕君临天下,期于黎民乐业,各获其所,凡兴利除害之事,靡不举行蠲免,赈济之恩靡不下逮。比年以来,因淮扬所属地方叠罹水患,业已岁蠲额赋,赒恤频施,又动支数百万帑金,责令在河诸臣于应挑、应筑之处酌量修理,务使泛滥之水汇归入海,被淹之庐舍、田亩尽皆涸出,用底干宁,乃钱粮竟尔虚费,卒不能使积潦有归。田庐未涸,民生未遂,朕闻之恻然轸怀。值兹四方无事之时,欲将一切修举事宜详阅指示,用是躬亲临幸,沿途审视黄河水势,咨访地方父老,比至归仁堤、高家堰量度地形高下,应挑、应筑已经一一明示河臣。惟是被淹地方米价腾贵,生计维艰,朕目击民依,深用厪念,着将漕粮截留十万石,于高邮、宝应、兴化、泰州、盐城、山阳、江都受灾七州县各留一万石,悉较时价,减值发籴,余米三万石着于邳州留八千石,宿迁、桃源、清河、安东四县各留五千五百石,亦照时价减籴,此各州县发籴之米着就近交与漕运总督、河道总督,邳州着遣司官一员前往监视,截留十万石,于扬州、淮安各收贮五万石,这应留漕粮不论何处米石着就近截留。尔部即遵谕行。钦此。

一　康熙四十二年钦奉上谕:朕经过泰安州、新泰县、蒙阴县、沂州、郯城县等处,见民有饥色,应急行赈救,经过地方虽经赈济,蠲免钱粮,但州县仓谷年久朽烂,无裨于散赈。今着将总漕桑格漕米内二万石交与张鹏翮,拣选贤能官员运至济宁州兖州府等处州县,减价平籴,有应赈之处即行赈济,亦交米二万石与桑格,于泰安州一路散给。钦此。

又钦奉上谕:近河道州县运米甚易,郯城、泰安等处运米稍难,登、莱等处运米更艰,朕欲行海运之事,现今有人条陈将前海运堂司官员职名查奏,钦此。随将堂司职名开列具奏。奉旨着将钱齐保、叶舒去问明路径,速往。钦此。(嗣议准:运到漕粮截留九万石,交与钱齐保、叶舒运至登、莱、青三府各三万石,交明地方道府等官,令其平籴。)

一　康熙四十七年钦奉恩诏:内开江南、浙江二省今岁俱有被灾州县,应酌留漕粮为平籴散赈之用,每省应截留若干石,该部确议具奏。钦此。(嗣议准:江苏截留十万石,安徽截留五万石,浙江截留八万石。)

一　康熙四十九年钦奉谕旨:今日将军祖良璧折奏福建泉州、漳州地方偶被旱灾,田禾歉收,人民至于惊惶等语。闽省田少民稠,非速为赈救,不可顷。总督梁鼐虽有借帑买米平籴之请,但所买米数甚少,而一时不能运至。前山东、江南等处偶被灾沴,朕一闻即行赈救。今天下生民皆朕赤子,闽省虽远不速为之赈救,可乎?着遣部院大臣会同浙江督抚,将今年冬底开兑明岁应运镇江漕粮截留十万石,松江、湖州漕粮各十万石,镇江米石运至狼山,松江、湖州米石运至乍浦。倘将此米石使江浙官兵运送,恐官兵未能熟悉闽省海路,贻误事情,亦未可定。此时天下升平,并无需用战船之处,将闽省战船或该督抚、或该提镇亲身带至狼山乍浦地方,将运到三十万石漕粮转运至闽,散给被灾人民,务使均沾实惠。这米石虽不能即至,而被灾人民闻朕此谕,自必欢欣安堵。钦此。

一　康熙五十五年钦奉谕旨:今年稜米到时,永平、滦州二处从海各运至二万石收贮现在仓廒,着地方官并运弁同运,令天津总兵派出所属官员押送。钦此。

一　康熙六十一年钦奉上谕:漕船将近到来,先前将漕粮曾在天津、霸州等处截留,今作何截留之处,交与户部速议具奏。钦此。(嗣议准:照三十四年之例,将尾船稜米截留天津十三万石,其霸州等处应照三十七年之例,将尾船稜米截留八万石。)

一　雍正元年钦奉上谕,谕户部:山东连年荒旱,百姓艰食,朕夙夜焦劳,已谕巡抚多方赈济。近闻兖州等处雨未沾足,诚恐小民乏食,无以为生,现今粮船未入闸河,可乘此时截留漕米,以备赈恤。尔部酌议截留米石数目及分贮何府州县,作速具议。勅谕该抚遵行。钦此。(嗣议准:将未入闸河之江西省尾帮船粮截留二十万石。)

又钦奉谕旨:朕从前将江西省尾帮船粮截留山东二十万石,以备赈恤百姓。今闻得东省百姓食米维艰,涂天相回来奏称路过东省,须用米石山东巡抚并未具题,但江西尾帮船只八月间方到,彼时又将秋收,恐此际百姓乏食,着总理事务王大臣户部会同涂天相今日即行议奏。钦此。(嗣议准:将各省所到漕船先截留十万石,俟江西尾帮船粮到时再截十万石存贮。)

一　雍正三年钦奉上谕:日前于天津盖造仓廒,原备截留漕粮,是以朕谕托时等将湖北、湖南之米截留二十万石存贮。天津仓廒地势卑湿,廒底须垫干草,以隔潮气,昨牛钮奏称垫草亦不免浥烂,如此则截留漕米无益,前所降谕旨截留之米可仍令抵通归仓。当时盖造仓廒原系李维钧及地方官员经手,乃并不相度高燥之地,草率营建,着托时前往天津会同莽鹄立、柯乔年详审地形,或另择高阜之处,或将旧基培垫,交与李维钧亲同当时经手之员赔补修造,即着莽鹄立、柯乔年监督工程。又蔡珽奏称目下省城米价腾贵,今令臬司浦文焯带脚价亲至天津,将截留漕米星速运三万石,以二万石直至省城平粜,以一万石量留沿途被水之处,以救眉急等语。畿辅之地百姓艰食,朕心甚为轸念,着托时到天津将漕米拨三万石交与浦文焯作速运去,今岁近京一带雨水较多,恐此米尚不敷用,再令陈守创将通仓变色米六成以上者拨十万石交与余甸、蔡起俊,动用脚价运至天津,或平粜,或赈恤,应用何处听蔡珽调度。钦此。

又钦奉谕旨:前因天津仓廒潮湿,不能收贮米石,故停止截留。今据蔡珽奏称,天津仓廒虽不能贮米,可分拨各州县存贮,以备赈济,请仍截留二十万石等语。户部作速派贤能满汉司官各一员前往天津,会同仓场总督托时将河南小米截留二十万石,一面行文蔡珽,令其酌量应收米之州县,拨派官员于天津地方领运,收贮备赈。钦此。

一　雍正四年钦奉谕旨:从前将通仓之米运到保定籴卖,以济民食,今已籴完。目今青黄不接之时,民间籴米艰难,着即行文仓场侍郎,将七成以上之米速发二万五千石,照前运至天津,交与蔡珽运往保定。钦此。

一　雍正九年钦奉上谕:山东济南、兖州、东昌三府从前积谷甚多,因去年水灾之后朕特命大臣动发仓粮赈济,用去谷一百八十余万石,又念今春二三月间正当青黄不接之际,小民粒食维艰,再发仓谷二十万石,截留漕米二十万石重赈两月。是三府各州县存仓谷石俱作赈恤之用,虽登、莱、青三府尚有存仓之谷百余万石,而转运甚难,与济、兖、东三府无益,况天时不可预,必是宜早为筹划积贮之际,以实仓廪。查去岁直隶收贮颇丰,目下米价亦甚平贱,或从直隶采买米石,令回空粮船运至东省,或将南漕截留数十万石分贮水次州县,尔等详悉查议。再德州现有驻防满州兵丁,应否于德州照天津建仓之例起建仓廒,以备每年截留存贮? 倘河南、山东有需用米石之处,则一水可通,似属有益。尔等一并确议具奏。钦此。(嗣大学士等议准,拨通仓粟米十五万石,通州、天津等处采买粟米五万石,共二十万石,将十万石暂贮德仓,十万石暂贮临仓。又拨奉天米二十万石运至天津大沽口,雇觅民船运至德州,其东昌以下近水州县将湖广、江西漕粮截留三十万石,令该抚分拨存贮。)

又钦奉上谕:自五六月以来,直隶、山东、河南雨泽愆期,亢旱日久,我君臣间必有上干天和之处,仰蒙上天仁爱,特以旱灾垂象示儆,朕心忧惧焦劳,时切修省,辗转思维,无以自解,此皆朕躬之罪过,薄德之所致,无可推诿,但大臣等亦当敬畏悚惕,省愆畏咎,各矢诚心,寅寅警勉。念此三省数百万苍黎皆吾赤子,将来秋禾不登,无以养生,必致狼狈,若不先期筹画多方储备,临时虽欲补救,亦恐无及。着大学士九卿等悉心酌议,作何先期料理,务期人力能周,救荒有策,米谷可以转运,膏泽不致稽迟,俾此被灾人民咸庆生全,无一人转乎沟壑,如此则朕之忧怀可以少释于万一,或邀上天之慈鉴,少宽吾君臣之谴责也。钦此。(嗣大学士等议准,将漕米截留四十万石于北仓收贮,以备直隶赈济之用,河南截留南漕米四十万石,山东截留南漕米四十万石,内德州交卸米十万石,东昌府交卸米二十万石,济宁州交卸米十万石。)

一　雍正十一年钦奉谕旨:浙江杭、嘉、湖三府上年偶被虫水,现今年岁虽获丰收,而上年借籴仓谷恐一时未能买补足数,明岁青黄不接时尚需米石酌拨平粜,着将杭、嘉二府属本年额征漕米各截留五万石存贮备用。钦此。

一 乾隆三年奉上谕:前据南漕御史黄佑奏称,湖南漕船最后尾帮计自淮抵通于十二月内始能回空,江湖风信不定,恐来年新运或有迟误。再湖南连年停运,旗丁倍觉艰难,请将湖南三帮漕米十三万石一概截留北仓等语。今据仓场总督塞尔赫等奏覆,北仓原议截留漕米二十万石,除已经截留外,湖南尾帮稜米应截五万四千三百七十余石,以足原数。现准督臣李卫咨称秋田旺发,民食有资,毋庸多截等语。朕念湖南程途最远,其漕船又系尾帮,复因挑河迟滞,若令抵通,不能及早回空,恐误来年正运。且旗丁连年停运之后,北河剥费未免拮据,虽北仓应截漕米原有定数,然多截数万石,于地方不无裨益,尚属可行之事。着照黄佑所奏,将湖南三帮漕米十三万石全行截留北仓,俾远省旗丁早得交卸回空,不致有误新运。钦此。

又钦奉上谕:前据安徽布政使晏斯盛奏请截留一事,经大学士等议,令安徽巡抚查明所属粮米于蠲免改折之外应征数目,具题截留,以备地方赈恤平粜预筹储蓄之用。今据孙国玺奏称,本年漕粮除蠲免改折外,应起运者约有六万九千余石等语,着将此项米石截留本省,照前议办理,该部可即速行文该抚知之。钦此。

一 乾隆四年钦奉上谕:朕轸念江苏贫民,已命加赈一月,但思该地方户口殷繁,需用粮食恐有不足,着将江苏漕粮再留二十万石以备接济平粜之用。朕思天庾固属紧要,而偶遇丰歉不齐,又当变通办理。着该部速传谕该督抚知之。钦此。

又奉上谕:今年三四月间畿辅一带雨泽不足,二麦歉收,不知此后此雨旸何若,朕轸念民艰,为先事预筹之计,此时漕船陆续北上,正可商酌截留以为备用。着将南漕尾帮内截米十万石在天津北仓存贮,将来倘有不时之需,即可酌拨领运,于畿辅民食大有裨益。该部可即遵谕行。钦此。

一 乾隆五年钦奉上谕:乾隆四年山东所属邹平等三十九州岛县秋禾被水,所有应完漕米经抚臣奏准动拨,临德二仓原存漕谷按一米二谷碾米随漕运通,其应征漕米缓至乾隆五年秋后改征谷石还仓。今届征收还项之期,每米一石即应交正耗之谷二石三斗,是小民从前受缓征之益,而今则不免有多输之累,重运之难所当加以体恤者,着照欠漕之例,仍按原数征收米石,暂存临德二仓,于来岁青黄不接之时出粜存价,俟秋成再行买谷还仓,于小民似有裨益。该部即遵谕行。钦此。

一 乾隆六年奉旨:朱伦瀚因各省积贮缺额之米,争购于产米省分,以致米价昂贵,奏请截留漕粮。鄂弥达议将江广等六省截留一百万石以济积贮。九卿议称天庾关系重大,不便轻议截留。九卿所议甚是,但江苏、安徽、浙江三省,今岁曾有偏灾,赈济需用米谷,仓廪自必空虚,一时诚难买补,而京师仓储足敷二三年之用,尚可略为变通。着将江苏、安徽、浙江乾隆壬戌年应解京漕粮共截留八十万石,每省应留若干,该部速行定议。至三省既有截留,自可不往邻境采买,而产米之湖南、江西等省不致昂价,亦有裨益矣。此朕轸恤民生,因时制宜之道,各省不得援以为例。钦此。

一 乾隆七年钦奉上谕:江南淮徐等处年来叠被水灾,黎民乏食,朕屡降谕旨,令该督抚加意抚绥,昨又特差侍郎周学健前往会同办理,务使贫民不致失所,但平籴加赈俱需米粮,若本地仓储不足,何以济用?目今江广漕船尾帮正在过淮之际,着截留七万石分拨被灾各州县地方,其如何减价平籴及动用散赈之处,令该督抚钦差侍郎悉心商酌,妥协办理。倘从前所报饥民册籍之外,再有困苦不能糊口者,亦一体查明赈恤。该部即速行文该总漕、督抚及钦差侍郎等知之。钦此。

又钦奉上谕:山东上年有歉收之州县,直隶今春二麦亦未见丰稔,恐二省将来有需用米粮接济之事,此时粮船经过山东,即速行文与漕运总督,将尾帮漕粮截留十万石,酌量于临清、德州二处分贮备用。该部即遵谕行。钦此。

又钦奉上谕:今年上下两江被水州县赈济之处甚多,俱需米谷应用,明岁春夏之交,米价谅必腾贵,虽然商贾流通,恐地方米粮究不能充裕,朕意若将乾隆癸亥年运京漕粮内酌留本省,自有裨益。上江应截留若干,下江应截留若干,着高斌、周学健会同该督抚察看本省情形,酌定数目,具奏请旨。钦此。(嗣议准,截留东省粟米十四万石,将下江癸亥年起运漕粮截留八十六万石以足一百万石之数,上江米石全数截留,以备散赈。)

一 乾隆八年钦奉上谕:前据浙闽总督那苏图等奏称闽省需用米谷,恳请截留江浙漕米二十万石运闽备用,部议未曾准行,在部臣持筹全局,立议固甚允当,但闽省产米无多,转输不易,那苏图为预筹积贮起见,恐一时丰歉不齐,临期难于部署,复申前请。着照所奏将浙江尾帮漕米截留十万石运赴闽省,以裨益缓急计,漕臣奉到此旨之日,正浙江尾帮抵苏之时。查乾隆三年拨江广之米运往闽省,总兵陈伦炯曾将米石由长江换海舶出口海运,直抵闽省境界,此番亦应就近由海运闽,更为便捷。该部即速行文漕运总督及江南督抚并崇明总兵张天骏知之。钦此。

又钦奉上谕:河间、天津地方今年雨泽愆期,米价昂贵,不得不速筹接济之道。查上年通仓存贮,有口外采买备用之粟米,着先拨十万石运送天津,其何以分贮平籴赈恤,听总督高斌酌量办理。可即传谕仓场侍郎雇船运送,并着坐粮厅恩特督运,速赴天津,至一应搬运之费照例开销。该部即遵谕速行。钦此。

又奉旨:漕粮关系京师积贮,原未便轻议截留,但目前京仓尚属充裕,而各省仓储正在需米孔亟,偶尔变通,尚属可行。着将乾隆甲子年江苏、安徽、浙江、江西、湖北、湖南六省应运京漕粮各留十万石于本省,再着江苏、浙江各将十万石运往福建,着江西将十万石运往广东,以备缓急之用。此朕格外之恩,不得援以为例。钦此。

又奉上谕:前因直隶、河间、天津等属夏间被旱,米价昂贵,朕特降谕旨令仓场总督拨运仓米十万石分贮被旱各州县,以备平粜抚恤之用。今据高斌奏称,被旱之地已经成灾,除先行酌量抚绥外,现在查明分别赈恤,照例于冬月开赈等语。朕思开赈之后需米必多,着仓场总督于通仓稜粟各色米内再拨四十万石,于现拨十万石运完之后,即行接运,务于八月内全数运津,令总督高斌分发各处水次,就近挽运,接济冬间赈恤。该部可即遵谕速行。钦此。

又钦奉上谕:上年将山东截漕贮谷拨济江南,原属移缓就急之计,今岁夏秋之间,山东济南、武定、东昌三府属偶被偏灾,曾拨运登、莱谷八万石以资赈济。嗣据各灾属补种之处及续报之临邑县复被霜侵,收成歉薄,又增赈粮,目下赈给尚可敷用,而来春借粜不可不预为之策。着将本年山东漕粮截留八万石,以预备仓储,为灾属来春借粜之需。该部即遵谕行。钦此。

又钦奉上谕:朕前降旨令江苏、安徽、浙江、江西、湖北、湖南等省各截漕粮十万石,存贮本省,以备一时缺乏之用。今闻湖南地方本年雨水调匀,中晚二稻收成丰稔,民食有赖,广西今秋收成稍薄,恐将来不无需米之处,湖南与广西接壤,一水可通,若将截留之漕米酌拨四万石运往广西,以备明春粜济,似为有益。着该部即行文湖南、广西巡抚,遵旨会商速办。钦此。

一 乾隆九年钦奉上谕:朕因直隶、天津、河间、深州等处上年被灾较重,今春雨泽未降,麦收未可期必,恐停赈之后,贫民不免乏食,着高斌分别妥议,于从前定议之外,再加赈月分,以接济穷民,并预筹米谷以备临时之用。今据高斌奏称,现在次贫之民前议赈至二月止,极贫之民赈至三月止,今遵旨加赈,应将次贫之民再加三月一个月,极贫之民再加四月一个月。但次贫情形不一,各村庄被灾轻重亦不同,除次贫内现在乏食仍需接济者,照常加赈一月外,其有加赈一月尚不能支持,无异极贫者,若止照次贫加赈一月,仍恐不能自存,应同极贫一例加赈至四月止。此应赈之民若全给本色,更于民食有益,约计需米三十万石,仰恩敕下仓场侍郎于通仓内照数给发,即令被灾州县自雇船只赴通请领,其水脚照例报销等语。着即照高斌所议速行,其一切查办事宜着饬原办之道府亲赴各州县督率办理,务令贫民均沾实惠。钦此。

又钦奉上谕:山东上年济南、东昌、武定等属之州县被灾歉收,朕已加恩赈济,毋使小民失所。闻该省今春虽已得雨,尚未沾足,将来丰歉难以预定,应及时筹划,以备临时之用。目今东省闸内现有运京漕粮四万余石,着就近截留,以济借粜,不敷之州县再将北上粮船内截留二十万石分贮沿河临清、德州二仓,倘遇需用之时,即动拨接济。户部即速行文仓场侍郎及山东巡抚,遵谕速行妥办。钦此。

又钦奉上谕:人君以养民为急务,养民之道在使之上顺天时,下因地利,殚其经营力作,以赡其室家,非沾沾于在上之补苴救恤,遂长恃为资生之策也。在昔善图国事者谓以君养民则不足,使民自养则有余,诚不易之论。国家岁转漕粟,以实京师,乃备天庾之出纳,关系最重,或因偶遇灾歉,万不得已而为截留之计,仅可间一行之,岂遂视为常法?今内外臣工动以截漕为请,朕念切民依,亦屡次允从,出于一时之急济,其实京师所储虽云可备五年、可备十年,要仅为官俸、兵粮所必需,若统为京师人民计,即一二年恐亦不足供支,况欲更分此以赈贷直省,何未之思也!汉文景间,太仓之粟陈陈相因,至红朽不可食,彼时岂无一方之荒歉,而未闻轻议分减者,诚以经国之大计,务筹久远,在官在民,于内于外,莫不各有本图,舍本图而谋兼济,事多未便,势且未能,一有亏则两俱损,依古以来无取焉!上年各省仓储需米孔亟,朕因偶尔变通,将江苏、安徽、江西、浙江、湖北、湖南六省漕粮各截留十万石于本省,并着江苏、浙江各将米十万石运往福建、江西,将米十万石运往广东,又因直隶、天津、河间被灾,前后拨通仓米八十万石备赈,今年又令山东截留二十万石分贮接济,凡此皆因民命所关,不得不变通办理。若小民不知各务生计,而惟官粮是赖,无论官兵之外,断不能遍给穷黎,即近漕之处可以议截留,其边远省分更无漕可截留,又将何以取给乎?朕思一方之地力原可以养一方之人,一家之人力原可以养一家之人,古者九职任万民,一曰三农生九谷,二曰园圃毓草木,三曰虞衡作山泽之材,四曰薮牧养蕃鸟兽。何一非资生养赡之术?为民父母,民事即家事,宜实心劝课,随时区画,俾地无遗利,民无遗力,则家有盖藏,自可引养引恬,俯仰不匮。倘督抚不能董率有司,有司复不以田里树蓄为事,及歉收之年但请给发仓粮、截留漕米为督抚、有司备赈之良策,将使民间谓水旱可以不备不图,自食其力,甚至游惰成风,举身家衣食之切务皆委之在官,是非爱之,实以害之矣!天下之大亿兆人民之众惟正之供,祗有此数,焉得人人而济之?用是,特降谕旨,通谕直省督抚并饬守牧等官各思所督何事?所抚何事?所称知府事知州知县事,实应知何事?凡以为国计即所以为身计,既为民计而不使民知,各为其身计,其能为民计者几何?继自今督抚当体朕心,勿忽民事,恳切开导并劝良,有司务使百姓各知自谋,以裕生养之源,不徒望恩幸泽,而恩泽之加,斯实足以利济,则丰年乐其降康,歉岁亦可恃无恐。朕愿与诸臣共勉之。钦此。

一 乾隆十年钦奉上谕:今年各省粮船北上者较往年为多,目下直隶地方有雨少之处,恐将来需用米粮接济,着总督高斌将尾帮漕粮酌留二三十万石于天津仓存贮备用，或于沿河州县仓廒可以分贮，以备拨用，亦听其酌量办理，可即速传谕高斌等知之。钦此。

又钦奉上谕：今年上江之凤颍泗、下江之淮徐海等属，秋被水灾，朕心轸念，切谕该督抚董率有司，加意抚恤，蠲赈兼施，毋使穷民失所。现在该督抚遵旨悉心办理，陆续具奏，但恐该省所贮米粮未必充裕，明春青黄不接之时，尚需官米平粜，此时应预为筹画，况今年南粮输京者甚多，着将明年上江漕粮截留五万石，下江漕粮截留十万石，以备将来赈粜之用。该部即行文该督抚遵谕行。钦此。

又钦奉上谕：今岁江南淮、徐、海三属被灾，朕心轸念，多方抚恤，除动支该处常平仓储外，又将江以南州县仓储拨动十万石凑用，又特旨将下江漕米截留十万石于本省，以备将来赈粜之需。今思被灾之海州等七州县漕米除按分蠲免及蠲剩之米缓至明冬带征外，其各州县熟田应行征解之米约计五六万石，明春青黄不接之时与其再议协拨，徒滋搬运之烦，不如将此漕米截留本处，以资接济。其各州县正额漕粮之外，尚有节年带征缓漕一项，应征搭运者约计二万余石，彼地既已被灾，民间未免拮据，亦着缓至明年带办，以纾民力。又徐州八属止丰县勘不成灾，但阖属悉系灾地，米谷搬运必多，所有应征漕赠米四千余石及带征之米一千八百余石，亦着画一办理。该部即遵谕行。钦此。

一　乾隆十八年钦奉上谕：前经降旨截留南漕二十万石，分贮天津水次各仓备用，但恐该旗丁等以非抵通交纳可比，于米色斛面或至任意搀和短少，希图蒙混兑收，而州县印官不能亲身经理，胥役人等又往往藉端勒索，于中渔利，此等弊端均所不免。着该督方观承即饬天津道董承勋亲往监督，严加稽察，嗣后，如有截漕省分，俱着该督抚等专派就近驻扎之道员监看稽察，不得但委之州县佐贰，以致滋弊，着为令。钦此。

一　乾隆二十年钦奉上谕：淮扬及江苏等府属本年偶被偏灾，已屡饬该省督抚加意抚绥赈恤，截漕拨粟，叠次加恩，并降旨于例应蠲缓外，将勘不成灾应征漕粮酌量改收折色，以纾民力，但恐来岁青黄不接之时，粮价渐至昂贵，不可不宽裕储备。着将湖广省本年应运漕粮截留二十万石，江西省本年应运漕粮截留十万石，俱即委员运赴江苏分拨收贮，以备将来接济之用，其应于何处附近水次州县交收，着该督抚妥协办理。该部遵谕速行。钦此。

一　乾隆二十一年钦奉上谕：朕明春巡幸江浙，经过地方钱米价值恐一时或至腾踊，着将运京铜铅两省各截留十万斛，添铸制钱，减价发卖，并将该二省应运本年漕粮各截留五万石，减价平粜，以裕民食。该部即遵谕行。钦此。

又钦奉上谕：前已降旨江浙两省各截漕五万石以备平粜之用，但明春巡幸所经江省地方较多,五万之数恐尚不敷,着再截留五万石分贮平粜,俾市价不致昂贵,民食尤有所济。该部即遵谕行。钦此。

一 乾隆二十二年钦奉上谕:江苏徐州府属之铜、丰、沛、萧、砀、邳、睢等七州县俱系积歉之区,民鲜盖藏,将来青黄不接之时,正需设法调剂,所有七州县应征熟田漕米二万四百余石,着即截留本地,照例粜借,庶于民食更为充裕。该部即遵谕行。钦此。

又钦奉上谕:河南归德、陈、许等属各县夏雨连绵,秋禾淹浸,前经降旨加恩抚恤一月口粮,但念该处积水骤难消涸,洼地西成失望,民食艰难,不可不多为储备,以资接济。着将该省二十三年应解漕粮截留十万石分贮州县,用实仓庾而裕民食,其应于何州县截留分贮之处,着该抚胡宝瑔酌量情形,妥协筹办,仍将派拨各数具折奏闻。钦此。

又钦奉上谕:据刘慥奏闻,豫省被水州县所须赈粜,请将山东、江南二省应运漕粮截留五十万石运赴开、归、陈、许等属,以济赈粜之需,并请于该二省近河州县仓贮内按一米二谷先行拨运等语。豫省今岁被灾州县颇广,将来一切赈借平粜需米正多,自当预为筹画,以资接济,但山东、江南二省近河州县现在均有被水之处,仓储亦应留备,未便拨运。江西、湖北与豫省舟楫可通,乾隆四年豫省曾转运楚米,协济甚为妥便,此次应拨粮石着交江西、湖北巡抚在于该省相近河南各州县仓贮内酌定数目,咨会动拨,运交豫省,分派收贮。其江西、湖北动拨谷数即将该省本年应运漕粮照数截留归款,以符原额,仍将拨运截留各务一面办理,一面速行具折奏闻。钦此。

又钦奉上谕:据硕色奏称,湖北碾运豫米动拨谷五十万二千余石,该省本年额征运京漕米止一十万一千余石,尚缺额常平谷约二十万石,请将湖南本年运京漕粮十五万余石截留十万石存贮北省,补还常平仓谷等语。今年运河水大,南来粮艘颇多阻滞,楚省过淮最后,抵通既迟,回空更致延误,湖南应运漕粮竟可停其运京,著将运京漕粮十五万余石全数截留,湖北除所请十万石存贮该省,照数补还仓额,其五万余石一并委员运赴豫省兑收,更于赈粜有益。该部即遵谕行。钦此。

又钦奉上谕:湖北从前碾运仓谷接济河南,经硕色奏明截留湖北漕米抵补外,俟湖南漕米经过武昌再截留十万石以补常平仓谷。今该抚奏称湖南现有溢谷四十七万余石,可令湖北来南领运归仓,而湖南漕米仍可全数起运北上,或于明春过淮时酌留徐属等语。徐属灾地屡加赈恤,连岁俱经截留,漕粮米石自应充裕,而豫省频年被灾,今岁方加赈恤,现在该省自尚有需米之处,著将湖北应截留湖南之漕米十万石拨给豫省,以备接济,其应如何转运分贮之处,著富勒浑、庄有恭、胡宝瑔会商妥办。该部即遵谕行。钦此。

又钦奉上谕：江苏淮、徐、海等属连岁被灾，赈籴需米浩繁，附近灾地仓储颇多缺额，现在开修河道，即日兴工，夫匠云集，粮价或致昂贵，不可不预筹调剂。漕粮上关京储，原不应多截，但该处现有工作若专恃邻境采买，恐缓不济急，着将戊寅年应运漕粮截留二十万石，分拨各属，以资冬春赈籴之用。该部即遵谕行。钦此。

又钦奉上谕：上江之凤、颍等属大工同时并举，应募夫役买食者多，恐一时米价昂贵，着将截留江苏漕米二十万石内酌拨五万石，分济上江各要工处所，接济平籴。该部即遵谕行。钦此。

又钦奉上谕：据双庆等奏称，漕船未过天津者尚有四十余帮，现饬旗丁自雇民船剥运抵通，请旨交天津官吏多备民船，以资雇觅等语。今岁因运河水涨，漕艘不能遄行，已误抵通期限，若回空再迟，则明年兑运之期又误，所系尤重。天津雇备民船恐一时不能如数敷用，着传谕方观承不必前来热河行在，即速亲赴天津等处，督率地方官多备船只，以济剥运，务俾各帮漕船及早回空，不致迟误。钦此。（嗣据仓场奏准，将金山等八帮共米三十万六千余石暂行贮截天津北仓，九江前后两帮共米八万六千余石，暂行截贮露囤北仓，兴武四等九帮共米三十一万八千余石，暂截露囤近河之马家庄。）

一　乾隆二十三年奉上谕：据吉庆奏近年截漕过多一折称，康熙年间共截过漕粮二百十四万石，雍正年间亦不过二百九十余万石，今已截至一千三百二十余万石等语。所奏固亦慎重京庾之意，但朕偶遇偏灾，己饥己溺之怀自不容已，初亦不计截漕之数至如此之多，若恐京仓易缺而于待哺灾民稍有靳惜，朕从来无此意见，设多方过虑，其遂将重视仓廪之储蓄而偶有灾歉不为通融拯救耶？至各省地方官因灾屡屡截漕，遂于常平仓谷不实力筹办，此种情节实亦不免，原在督抚司道等严饬属员先事预图，行之以实耳！常平所贮原以备水旱不虞，若需用过多，自不能不再取给于漕粮，而究不可专恃漕粮为散赈平籴之用。况江浙等省有漕可截尚可借以接济，若云、贵等无漕省分惟资仓谷赈借，设不实筹储，峙一遇灾歉，将何以应之？嗣后，各省大员务当留心查察，勿得奉行故事，以致有名无实。至朕轸念灾黎有加无已之意，固有出于不自觉者，无论所截漕粮已十倍于康熙雍正年间，而截漕之外，一切赈借所用仓谷又不知凡几，此亦天下所共知者，《易》曰："有孚惠心，勿问元吉！"朕非问也，然试平心而论，朕之于民为痌瘝一体耶？抑犹有隔膜之见耶？近年如江、浙、河南、山东等省被灾，虽已多方赈恤，不下数千百万，朕心犹不免恝然，而蚩蚩无知之流，或邪教之屡兴，或怨谤之自若，则有司奉行不善，教化之未臻，不能不愤懑于怀，而愧吾诚之未至也！朕必不因吉庆此奏鳃鳃过计，至于抚恤灾黎转有所节啬也。折并发。钦此。

一　乾隆二十四年钦奉上谕：各省粮艘陆续抵津，现在北河水势微弱，而南漕数目较往岁为多，剥运需船自必更多于商货，不能遄行无滞，着将先到漕粮照上岁之例，即于天津截留四十万石存贮北仓，或留为赈籴之需，或俟夏秋再缓运北上，将来水势长发，续到粮艘足资浮送，着方观承会同漕运总督杨锡绂酌量情形，妥协办理。钦此。

又钦奉上谕：前经降旨令方观承将本年先到漕粮截留四十万石存贮天津北仓，以备赈籴之需，现今雨泽未敷，近京州县粮价稍昂，民食恐未能充裕，着再截留漕粮二十万石于景州以北至天津一带水次州县，酌量分贮，以资接济。该部即遵谕行。钦此。

又钦奉上谕：昨因近京州县粮价稍昂，已降旨将先到漕粮截留四十万石存贮北仓，又于景州以北一带水次州县截贮二十万石，以备拨用，但此时雨泽尚未沾霂，且距秋成尚远，不可不先事预筹，著再截留二十万石分贮景州以北水次州县，以资接济，交与总督方观承会同漕督杨锡绂于现到漕船内遵照前旨，妥协办理。钦此。

一　乾隆二十六年钦奉上谕：今年运通漕粮较历年倍为充足，现在直隶地方有因秋雨过多偶被偏灾之处，赈恤平籴均需酌量拨用，着传谕仓场侍郎温福、蒋炳，此时粮船均已抵通，如末至后帮尚有未经起卸入仓者，即令其带回天津北仓存贮备用，约计以二十万石为率，一面奏闻，此旨到日，如已尽数入仓，则又当速令回空。今秋河水甚大，回空船只沿途恐因籴卖余米耽延时日，不能如期回次，则今冬兑运或至迟误，已有旨令沿途督抚饬令地方官弁各于空船入境时上紧摧攒，该侍郎等并可行文沿途各州县妥协经理。钦此。（嗣据仓场奏准，将广信等五帮尚未起卸米八万三千余石，即令带回天津北仓交兑。）

又钦奉上谕：今岁各省全漕抵通总计太仓贮积，甚为充裕，直属已叠降谕旨，加恩截粮四十万石，以备赈籴平价之需，因念山东所属今秋被水偏灾之处，虽非豫省可比，但循例抚恤之外，亦应多为储备，俾青黄不接时，小民得资接济。著于本年应运漕粮内截留十万石存贮该省备用，其豫省本年漕粮现令概行停运，除应行蠲免外，所有现在缓征应行补征起运者，并着一并留贮该省，随时酌量应用，以示轸恤。钦此。

又钦奉上谕：朕因明春恭奉皇太后圣驾南巡，著照丁丑年例于江浙两省冬兑漕粮内各截留十万石，在水陆驻跸地方分厂平籴，著漕运总督及各该督抚会同妥协办理。该部遵谕速行。钦此。

一　乾隆二十七年奉上谕：直隶自闰五月以来，雨水稍多，看来近京一带低洼地亩不免有积水被灾之处,应需米石拨用自宜预为筹备,现在漕船未经抵通收兑者尚多,着传谕方观承于尾帮所过之天津北仓以南附近水次各州县分别酌量情形,约共截留漕粮二十万石,以备将来拨用,并传谕漕运总督仓场侍郎等知之。钦此。

又钦奉上谕:前因直隶雨水稍多,低洼地亩不免有积水被灾之处,曾经降旨于天津以南附近水次州县截留漕粮二十万石,以备拨用,但念现在被水各属收成不无歉薄,将来需米之处尚多,前次所截粮石恐不敷用,着再加恩于抵津各帮内截留十万石,一并存贮北仓备用。该部遵谕速行。钦此。

又钦奉上谕:前因直隶夏间雨稍多,低洼地亩不无积水被灾之处,已叠降谕旨,截留漕粮三十万石,以资拨用,第念预筹米石不妨宽裕存贮,庶为有备无患,着加恩于北仓再行截漕二十万石,倘各帮现在俱过天津,着该督方观承即就天津以北附近水次地方酌量截留。该部遵谕速行,并传谕漕运总督杨锡绂知之。钦此。

一 乾隆二十八年奉上谕:直隶去秋被水,低洼地方近因巡省之次,复叠降恩旨,多借籽种以资东作,其定例应赈不应赈极次贫民均予加展一月,并加拨部库银八十万两济用,更念现在青黄未接之际,米价未能骤平,灾黎即格外得银,犹或艰于籴食,着再加恩截留河南、山东新运漕粮十五万石,分拨水次附近被灾州县,俾得银米兼赈,闾阎既糊口有资,即市集米价益就平减。该部遵谕速行。钦此。

一 乾隆二十九年奉上谕:朕明春恭奉皇太后圣驾南巡,着照从前之例,于江浙二省冬兑漕粮内各截留十万石,在水陆驻跸地方分厂平粜,即令漕运总督及各该督抚妥协办理。该部遵谕速行。钦此。

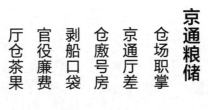

《漕运则例纂》 卷十九

京通粮储

《漕运则例纂》卷十九

京通粮储

仓场职掌

一　总督仓场额设户部满汉侍郎各一员，顺治初年附部理事，顺治十五年，崇文门外建设仓场衙门出巡通州驻扎公署，坐落新城南门内，一切漕仓事务专责料理，其漕运总督、各该督抚、沿河文武衙门，凡有关系漕运应报文册俱照报部式样分报仓场，应举劾者照例举劾，各项应行事宜仓场衙门径行造册，报部查核。（《议单旧本》）

一　每年春间出巡查看五闸河道，点验石、土两坝，经纪车户、剥船，督令坐粮厅催置布袋，以备新粮到坝起运。（《议单旧本》）

一　漕白粮船抵津，督率沿河文武官弁往来摧攒，并查验北河浅阻，令坐粮厅督夫挑挖深通，毋致粮艘阻滞。（《议单旧本》）

一　重运粮船到通，督令坐粮厅起卸过坝，腾空漕船，颁给限单，催令回空。（《议单旧本》）

一　各仓收受完竣，分晰各帮完欠数目，造具清册，具题送部查核。（《议单旧本》）

一　轻赍由闸等银，仓场督催各省粮道按年先漕解通，岁底将收放各项银两数目造册，具题报销。各省未经解完者，即将该省巡抚粮道一并题参，其未完银两仍催补解。（《议单旧本》）

一　席片例交各仓监督按进仓米数核收，松板例交大通桥监督，按正兑米数核收，统俟粮运告竣，分晰完欠数目，造册具题，送部查核。（《议单旧本》）

一　坐粮厅、大通桥、京通各仓监督差满之日，具题考核，回部办事。（《议单旧

410

本》）

　　一　各省粮道并沿河地方文武官员，凡有漕运之责者，均属管辖。（《议单旧本》）

　　一　大通桥护城暨通州石土两坝、里河各闸河道并闸座等项，凡有应修、应建之处，仓场咨报户工二部会同前往勘估具题，其应用工料等项银两，工部核明确数，移咨户部及仓场照数给发。（《议单旧本》）

　　一　京通各仓、大通桥石土两坝等处如有地棍奸蠹并买头包揽进仓等弊，仓场严查参究。（《议单旧本》）

　　一　漕白粮船抵通日期，及到通起过粮数，腾卸回空船只数目，并石坝外河深浅水势，五日一次具奏。

京通厅差

　　一　坐粮厅衙门驻扎通州新城，旧例差户部汉司官一员，康熙二年题定添设满司官一员，仍用户部司官，康熙二十六年题定，将各部院衙门官员均行保送差遣。

　　一　坐粮厅康熙二年题定，一年差满更换。康熙三十三年题改，三年一换。康熙三十八年题准，无论满汉特行专补，照部院司官论俸升转，免其更换。雍正元年题定，二年一差，将各部院满汉司官开列引见，一同更替，永为定例。

　　一　坐粮厅管辖石坝州判一员，土坝州同一员，通济库大使[1]一员，通流闸闸官一员，庆丰闸闸官一员。（《议单旧本》）

【校记】

[1]《丛刊》本作"司"，误。

　　一　坐粮厅管理北河，摧攒重空粮船，督令经纪、车户转运粮米交仓，并管理通济库收支轻赍、由闸等项银两，兼抽通州税课，挑挖北河淤浅，修筑堤岸闸座。（《议单旧本》）

　　一　通惠河原设分司征收木税，专管修理五闸并潞河等处挑浅之事，康熙三十九年题定，归并坐粮厅管理，照潘桃口之例，作为小差。

　　一　坐粮厅差满，将任内经管收放各项钱粮数目造册，仓场总督具题送部查核。（《议单旧本》）

　　一　坐粮厅一差管理漕白二粮，任重事繁，顺治十年议准，差满回部考核，称职从优升转。

　　一　坐粮厅衙门书吏官舍，顺治五年议定，经制书吏连柬书共十名，催粮官四名,舍人八名。康熙三年增设书吏二名,委官六名,舍役五十二名,委官六名,仍称为催粮官,原无品级俸禄,所需廪工即在经制四名内支给,新增舍役工食亦于旧设经制舍役内通融派给。康熙二十六年议准,将催粮人役十名悉行裁革。

一 康熙六年户部覆准,坐粮厅催粮官十名,照五年役满例,仓场查明勤劳无过,咨明户部,移咨吏部考用。

一 坐粮厅八行运役及仓役名缺,责令通州知州佥送诚实良民应役,如有保送旗人及一人充两三役者,事发将知州降一级留任,其霸充及保结之人,如旗人枷号一月,鞭一百,系民人责四十板,徒二年。(康熙二十六年例)

一 张湾漕运通判属坐粮厅管辖,乾隆五年咨准,将三年考察仓场会同直督归入大计案内办理。

一 坐粮厅所管石坝州判、土坝州同,乾隆元年奏准,南粮抵通时,俱移驻河干,分界稽查石、土两坝。至郝家甫一带地方匪类不法等事,轻则自行发落,重大者解州审理,漕务竣后,回署办事。如有疏防故纵以及扰累情弊,即行揭参,将州同钤记定为"通州管盐州同巡查土坝地方分司漕务"字样,州判钤记定为"通州管粮州判巡查石坝地方分司漕务"字样。

一 坐粮厅石坝军粮经纪一百名,白粮经纪二十五名,土坝车户向系五十名,康熙二十五年裁革二十五名,雍正十二年裁革五名,实在着役二十名。五闸军粮水脚向系一百四名,内石坝里河二十六名,雍正五年裁革归并军粮经纪,实在普济闸二十六名,平下闸二十六名,平上闸一十三名,庆丰闸一十三名,四闸共军粮水脚七十八名。又四闸白粮水脚每闸二名,共八名。石土两坝外河向有白粮船户共三十五名,康熙三十九年裁革归并白粮经纪、土坝车户,以上各役限十年一次更换,令通州知州佥派殷实良民顶充,不许旗人充当,并不许父兄子弟朋充盘踞。

一 大通桥监督衙门坐落东便门外,旧例差户部汉司官一员,康熙三年题准,增设满监督一员,仍用户部司官,康熙二十六年题准,将各部院衙门官员笔帖式均行差遣,康熙四十一年题准,将大通桥监督裁汰,归并坐粮厅管理,康熙四十七年题准,复设监督二员。

一 大通桥监督经管石坝,运到漕白粮米抽验斛面,督催车户分运在京各仓,兼收随粮本色松板。(《议单旧本》)

一 大通桥监督差满,将任内经管事宜造册,仓场总督具题,送部考核。(《议单旧本》)

一 拣派大通桥监督,除外升人员仍停其升转外,其在京升转人员应照满州出差官员例,准其照常升转,仍令一年差满更换。(康熙五十一年例)

一　大通桥监督系专管转运京仓粮米之员，如一年内照数运仓，准其加一级，如有不完，交部议处。（康熙五十一年例）

一　大通桥监督任满议叙，康熙五十五年议准停止，雍正七年监督差满，经仓场奏请再留任二年，如办理妥协，从优议叙，吏部议准加级，是以节年议叙监督之案复沿此例，比照议叙事出因循办理，并非成例，乾隆五年题准，将监督任满议叙之处，永行停止。

一　大通桥向有桥书二名，以报剥船粮数为名，实则每船索取钱文，顺治十七年奏准裁革。

一　大通桥原设军粮车户二十八名，水脚一十三名，雍正十年题添车户四名，现共车户三十二名；原设白粮车户一十三名，水脚二名，雍正十年裁革，其应运之白粮归并军粮车户水脚等抗运。

一　京通各仓监督，京仓原设户部汉司官一员，顺治十六年添设户部满司官一员；通仓原设户部满汉司官各一员，顺治八年裁去满官，十三年复设满官，俱用户部司员。康熙二十六年题定，将各部院衙门官员笔帖式均行保送，康熙五十六年停差笔帖式，雍正元年奏准，将候补、候选之郎中员外主事等官一并拣选补放，雍正四年奉旨，将候补、候选道府同知、知州拣选补放汉监督，将笔帖式保送补满监督，雍正十三年奏准停用笔帖式及候补、候选人员，令各部院拣选满汉司官，保送户部引见补放。

一　京通各仓监督满汉官员自顺治元年起，至康熙二年俱系一年更换，康熙四年议准二年更换，康熙六年议准三年一次更换，康熙七年复定一年更换，康熙四十一年复定三年更换，康熙四十九年议准每仓复派汉官一员，一年一次更换；雍正元年议准一年任满，再留任两年，作试俸三年，雍正七年奏准监督任满，分别优劣，其好者留任，俟三年期满议叙，乾隆元年定议均以二年为期，满汉一年一员更换。

一　本裕仓止设满监督一员，康熙五十九年户部议准，添设汉监督一员。

一　通州中、南仓系二仓，归并为一，中仓在旧城，南仓在新城，两地仓廒相隔一城，历年满汉监督各守一仓，每遇大收大放，顾此失彼，应仍分为二仓，中仓设汉监督一员，南仓设满监督一员。（雍正四年例，南仓已于乾隆十八年裁汰。注此备考）

一　京通各仓监督任满，将任内收放过粮米数目造册，仓场具题，送部考核。（《议单旧本》）

一　京通各仓额差满汉监督各一员，每逢收放之时，不能兼事稽查。乾隆元年奏准，收放之时，仓场移咨户部，于记名仓差人员内拨赴仓场，分派各仓监看，听候差委,俟收放事竣,仍回本衙门办事。

一　仓差限于二月到任,各部院保送官员如正月内不咨送过户部者,令该衙门将迟延之故奏明。查现在各衙门保送仓差俱系上届记名监督,将次用完之日,户部咨行各衙门保送,其咨送并无定期,此条系不行之例,存此备考。[1]

【校记】

[1]自"查现在"至"存此备考",《丛刊》本缺此数句。

一　康熙五十九年户部议定,嗣后更换仓差,宗人府派满官一员,吏部满汉各一员,户部满官二员,汉官三员,礼部满汉各一员,兵部满汉各一员,刑部满官二员,汉官三员,工部满汉各一员,大理寺满汉各一员,光禄寺满汉各一员,太常、太仆、国子监、鸿胪寺各派满官一员,俱定于正月保送户部,会同九卿拣选满官十一员,汉官十一员,掣签具题差遣。

一　京通各仓满汉监督,康熙五十一年题定,除外升人员仍停其升转外,其在京升转人员应照满州出差官员例,准其照常升转,仍令一年差满更替,如有亏空,交与刑部,从重治罪,着落赔还;有于正额之外赢余米石者,照州县官议叙例每米一百石,准其纪录一次,二百石准其纪录二次,三百石准其纪录三次,四百石准其加一级,如赢余至五百石、三千石者,准其如数递算加级,若赢余至三千石以上者,准其应升之缺即升。

一　各仓监督,康熙五十九年题准,一年差满,正额米内有赢余五百石者,准其纪录一次,一千石者准其纪录二次,一千五百石者准其纪录三次,二千石者准其加一级,二千五百石者准其加一级,纪录一次,不准随带,赢余三千石者,准其随带加一级,再有赢余,照数递算,加级纪录,俱准随带,

一　各仓监督,乾隆元年部议定以二年更换,如二年内有俸满应升人员准其照常升转,仍俟差满更换。奉朱批:此更换时,满汉监督每年着一员更换,庶可练习事务。钦此。嗣经仓场议准,各仓监督除一员报满,尚有一员差满在一年以外者,毋庸议外,如满汉同日到任,差满之日,拣一员留仓,一员更换,其先后到任者,将后满之员留仓,俟新监督一年期届,令留仓之员离任。

一　各仓监督差满之后,乾隆元年题准,将赢余议叙之例停止,如二年之内果能出入公平,粮储无亏,仓廒不致渗漏,米色无有霉变,于任满时,仓场据实保题,交与吏部议叙加级,如有亏空等弊,仓场即行题参,交部议处。

一　康熙五十九年户部覆准,京通各仓交代,嗣后,定于四个月内查明,交代仓场于三个月内具题考核,有逾限者照交代迟延例议处,如旧任监督有短少掺杂之处,新任监督务须指定某廒掺杂、某廒短少,揭报仓场押令,公同盘粮。如果短少掺

杂,将旧监督题留监放,仍交部从重治罪;若旧监督原无搀杂短少,将含糊提报之新监督交部议处。

一 各仓监督,雍正元年议定,一年差满交代之后,仓场题请钦点满汉各一员会同逐廒确查,如果米好数足者,交与该部议叙升用,如有短少泡烂,即行题参,交与刑部从重治罪。

一 雍正七年户部覆准,嗣后,监督任满,令仓场分别优劣,出具考语,题奏引见,其好者留任,俟三年期满议叙,平常者更换。

一 雍正元年九卿议准,嗣后,各仓监督于部员内择其殷实操守清廉者,各衙门开送九卿拣选保举题补,再于现任监督内有操守清廉、米好数足者,听仓场题留,复任二年。此外,吏部会同九卿将候补、候选郎中、员外、主事内择其年力精壮、才猷敏达者题请补用,给与本衔食俸一年,差满有操守清廉、米好数足者,令仓场题明留任二年,共准作试俸三年,任满之日能将米石勤慎收贮,数目充盈,不动库帑,自行粘补廒座仓场,将其任内一切开明实在功绩具题,交与吏部以应升之缺即用,若怠玩误公,米数短少题参,严加议处,如有改易操守、偷盗仓粮,照侵欺钱粮例从重治罪。

一 雍正四年奉上谕:仓差甚有关系,小京官内未必有人,御史又各有职掌。汉监督,着将候补、候选道府同知、知州有情愿效力者报名吏户两部,会同九卿拣选引见,如任内果能效力,以应升之缺即用。满监督,着各部院挑选笔帖式送部引见,如能实心效力,以主事即用,若系中等,仍回原职,其不好者革退。钦此。

一 雍正十一年钦奉上谕:向来仓场事务废弛已极,是以,定为三年任满即升之例,以示鼓励。十年以来,渐次清厘,无复从前之陋习。若仍照三年任满即升之例,似觉太优。着大学士九卿会同仓场总督酌量定议,具奏。钦此。此嗣据大学士等议准,各仓满监督缺出,例用各部院笔帖式,从前三年差满,以主事即用。汉监督缺出,例用候补、候选道府同知、知州、小京官并各部学习人员及三品以上大臣保举人员,从前三年差满,以应升之缺即用,已属太优,今若按赢余米数之多寡分别议叙之先后,势必轻重出入,扣克滋弊。嗣后,各仓监督果能实心效力,仓储无亏,其满监督笔帖式三年差满,以小京官即用,仍按笔帖式论俸升用主事;汉监督,候补、候选道府同知、知州,及各部院学习三品以上大臣保举候补、候选人员三年差满,准其以本身应得之缺即用,如内有贡监生员无应得职衔可用者,交与吏部酌量议叙;其现任小京官历俸浅者,三年差满准其加俸三年,如有历俸已久,其升用转在仓场议叙之先者,仍按俸推升,准其于升任内加二级;其京通各仓满汉监督人员如在奉上谕以前报满者,仍照旧例议叙,其未经报满者,俱照新例议叙。

一　雍正元年奏准，京通各仓监督任满，仓场循例以监放题留无益于钱粮，应令各仓监督先期于本任内所收茶果银两每仓封兑六七十两，交仓场衙门存为盘廒之费，俟新监督到任，令旧监督造具各廒实数细册，新监督逐廒查验。如果米数充足，自信可以交代，即行出具印结接受。如其米数可疑，即将可疑之廒开报仓场，请领盘廒银两，择其尤可疑者抽出一廒公同盘粮。如米数不少，则别廒疑团举可尽释，倘仍逾限不收，即以勒掯指参。如所盘之廒果有亏欠，即照收米掣一赔十之例，将前报明可疑诸廒一例核算，合计短少若干，揭报仓场，勒限赔完，不必留仓监放。如该员所赔各廒之米石逾限不完，仓场即行题参，着落家产变赔。奉旨：将此交与仓场总督法敏等，新旧监督彼此不受交代留仓，并非好事，朕查仓时知道了，甚难清楚，然总督等亲往验看，则米之有无短少，应否接受之处，自然得知。将此交与法敏等看，如使得即行，亦系帮助伊等处。钦此。

一　雍正二年仓场奏请，禄米等仓康熙五十七等年余米浥烂亏空，可否准其将仓役脚价抵算完项，抑或交与该部，齐集历年旧任监督，询明各缘由并实欠数目，着落严追。奉旨：这亏折余米一事，虽交部亦难清理，此系正项钱粮，朕见之甚明，即行着落各任满汉监督，勒限一年均摊赔补，如有不肯赔补之人，令其自己来奏，说与吏户二部知道。钦此。

一　雍正七年议准，各仓监督更换之先，户部预行拣选，顺带引见，将派出之员即令赴任，与旧任监督公同办事，俟春季之米放完，于三月内再令交代。

一　乾隆十七年奏准，各仓整廒米石向系仓场总督封识，其放过米石之廒由该监督自行封闭。嗣后凡系残廒，由都统御史等封识，放米时验封启钥。

一　禄米仓经制书办二名，攒典二名，皂隶五名，花户二十九名，小甲二名，共三十六名，每名每月在户部支领月粮米折银三钱九分，看仓章京正蓝旗四员，披甲七十名。

一　南新仓经制书办二名，攒典二名，皂隶四名，花户二十九名，小甲二名，共三十五名，每名每月在户部支领月粮米折银三钱九分，看仓章京厢白旗四员，披甲四十名。

一　旧太仓经制书办二名，攒典二名，皂隶六名，花户二十四名，铺军二名，小甲二名，共三十四名，每名每月在户部支领月粮米折银三钱九分，看仓章京正白旗六员，披甲四十名。

一　海运仓经制书办二名，攒典二名，皂隶六名，花户二十四名，铺军二名，小甲二名，共三十四名，每名每月在户部支领月粮米折银三钱九分，看仓章京厢黄旗二员，披甲四十名。

一　北新仓经制书办二名,攒典二名,皂隶六名,花户二十六名,铺军二名,共三十四名,每名每月在户部支领月粮米折银三钱九分,看仓章京正黄旗二员,披甲四十名。

一　富新仓经制书办二名,攒典二名,皂隶七名,花户二十名,小甲二名,共二十九名,每名每月在户部支领月粮米折银三钱九分,看仓章京厢红旗四员,披甲四十名。

一　兴平仓经制书办二名,攒典二名,皂隶六名,花户二十六名,小甲二名,铺军二名,共三十六名,每名每月在户部支领月粮米折银三钱九分,看仓章京正红旗四员,披甲四十名。

一　太平仓经制书办二名,攒典二名,皂隶四名,花户二十八名,小甲二名,共三十四名,每名每月在户部支领月粮米折银三钱九分,原设看仓章京厢蓝旗六员,披甲八十二名。又城上披甲十名,雍正六年裁去章京二员,披甲二十三名,并城上披甲十名,现在章京四员,披甲四十九名。

一　万安仓经制书办二名,攒典二名,皂隶四名,花户二十四名,小甲二名,铺军二名,共三十四名,每名每月在户部支领月粮米折银三钱九分。原设看仓章京正红旗四员,披甲五十名,城上章京二员,披甲二十名,雍正六年裁革披甲十一名,并城上章京二员,披甲二十名,现在章京四员,披甲三十九名。

一　本裕仓经制书办二名,攒典二名,其皂隶、花户、小甲、铺军共三十四名,在京八仓各役内轮流派往当差,看仓八旗章京四员,披甲六十名,内镶黄、正黄、正白、正红四旗每旗八名,镶白、镶红、正蓝、镶蓝四旗每旗七名。

一　裕丰仓经制书办二名,攒典二名,皂隶六名,花户二十四名,小甲二名,铺军二名,共三十四名,每名每月在户部支领月粮米折银三钱九分,看仓章京镶红旗二员,披甲四十名。

一　储济仓经制书办二名,攒典二名,皂隶六名,花户三十名,小甲二名,铺军二名,共四十名,每名每月在户部支领月粮米折银三钱九分,看仓章京镶白旗四员,披甲八十名。

一　丰益仓监督系内务府派委管理,额设书办、攒典共四名,贴写二名,皂隶四名,花户十六名,小甲二名,看白二名,铺军二名,共三十二名,系挑内务府闲散人供役,并无额支钱粮米石,将脚价银内按月按名散给银二两。

一　通州西仓经制书办三名,攒典三名,雇长六名,花户十八名,甲斗二十四名,看仓章京二员,披甲一百名,内镶黄、镶蓝二旗每旗二十名,镶白、正红二旗每旗三十名。

一　中仓经制书办二名,攒典四名,看仓章京二员,披甲七十名,内正黄、正白二旗,每旗各三十名,镶黄、镶蓝二旗,每旗各五名。

一　南仓经制书办二名,攒典五名,看仓章京二员,披甲七十名,内镶红、正蓝二旗每旗各三十名,镶黄、镶蓝二旗,每旗各五名。

一　康熙十年户部覆准,京仓外郎悉行裁去。

一　雍正七年仓场奏准,各仓设立衙役俱有职司,独京九仓内之本裕仓另有头役一项,每仓或二名或五六名不等,一无所事,多系积蠹充当,应行革除。

一　乾隆二年户部覆准,万安、太平二仓向例水运进仓,雍正五年万安仓添建东门二座,后经铺垫石路,进出米石俱由陆路行走,其所建东门俱属虚设。太平仓从东便门至朝阳门,沿河一带绵长五里,虽有水门三座,隔廒遥远,扛运迂折。将万安仓东门二座移置太平仓,以速运务,其所需工费于匀扣排造银内按数停扣,工竣咨销。再太平仓添建水门二座,应派章京二员行文兵部,转咨该旗派拨闲散章京看守。

一　康熙二十二年题准,各仓应役雇长、小甲人等应照攒典例,五年更换,如有役过五年,不行革退者,仓场侍郎、巡仓御史即将该监督题参议处。

一　乾隆三年户部覆准,各仓花户专管廒座,例有分赔之责,饬令各监督将现在花户人等查明年貌、籍贯、住址,并有无过犯等情,取具互结,造册送部,历役五年,即行报满。其新补花户必须土著良民,具有里邻甘结及连名互结者,报明仓场,咨部存案,倘有事犯,一并治罪。

一　乾隆四年户部覆准,储济仓水字等四十八廒分拨万安仓管理,自北至东砌砖角界墙一道,并照万安仓之式建造官厅科房。其看守官兵除西南二面与储济仓相连,毋庸添派外,其东北二面现有看仓堆拨,应于新建仓门口将储济仓旧有官兵内拨章京二员、兵二十名,再咨兵部添派章京二员、兵二十名,轮班看守,仓中书役人等毋庸添设。其花户一项将储济仓花户内酌量改拨,毋庸召募,其派添章京兵丁,兵部议覆,仍令原派看守储济仓之旗分出看守,分拨之后将新拨之廒改为万安东仓,原万安仓改为万安西仓,每年运进万安米石,东仓脚价仍按照储济仓之例给发。

一　乾隆十七年户部覆准,本裕仓向设书办二名,攒典二名,办理收放事务,较各仓简少,毋许多人滋事,应裁汰书攒各一名。

一　雍正六年兵部覆准,通州三仓于八旗内派章京六员,披甲二百四十名,轮班看守。因章京内无首领披甲,内无经制领催,看守不能画一,将现在章京内令该侍郎拣选二员带领引见,恭候钦点首领一员,仍食本身俸禄,令其管辖,掺练所遗。

章京员缺,行令该旗拣选补授,遇军政之年照例一体举行。至看守通仓披甲二百四十名,止有巡查看守之责,并无行走之处,应于二十名内设领催一名。

一 乾隆四年仓场奏准,通州西、中、南三仓例派章京六员,轮班看守,雍正六年章京内议选首领一员,管辖掺练,节年以来颇为整肃,但首领章京共祗六员,除首领一员有稽查三仓之责,自不便同章京分班看守,所余章京五员分派三仓,昼夜巡查,不敷轮转,仍派闲散章京一员分派三仓,以足六员之数,轮班更替。

一 乾隆二十年仓场奏准,八旗兵丁从前每旗派三十名,共二百四十名,在通州西中南三处仓廒均匀派[1]管。今南仓裁汰止有中西二仓,则看仓兵丁无庸过多,所有原派看守南仓自应减撤,但正蓝、镶红二旗兵丁原在南仓看守,若全行撤回,则中西二仓止有六旗兵丁,于体制未协。今于原派八旗兵丁二百四十名内通共裁撤七十名,亦属通融筹办之法,即令其于现在八旗内看仓兵丁通共核算,每旗应撤若干名,共撤七十名,按照裁减则,嗣后,中、西二仓看守各兵数目仍于八旗匀派充补,体制亦为画一。再向例看仓兵丁系由八旗挑补,并非八旗各佐领下额兵,今议裁撤七十名之兵,令回各该旗,遇缺即行坐补。

【校记】

[1]《丛刊》本作"添"。

一 经纪一百名中,每年仓场衙门点选一人,谓之天字号头,头役承办仓场及坐粮厅衙门一切公事,历来串通科派,弊难尽述,应永行革除。(雍正六年例)

一 漕粮抵通,歇家窥探消息,指称打点,索取百赀,又于沿河一带勾通漕船,任意盗卖,应立保歇之法,细查殷实之家,赴部报名,取具该管地方保结。如有积棍改名易姓于收兑漕粮之日冒顶歇家,事发治罪,出结之地方官并行连坐,漕粮进仓如有挂欠,运官、歇家一体比追。(顺治六年例)

一 运官交仓各有歇家,后因把持粮运,革去歇家,更名引户。运船甫及转津,引户即串通仓役前途迎接,凡投米、交米以至挂欠宽比,悉听包揽,罄索私囊,诱卖官粮,仍然一歇家为害。嗣后,务须痛革前奸,另招殷实良民,如再有把持索骗本官,即时扭禀该管衙门,究赃问罪。(顺治八年例)

一 监督放给季粮,有一票两放者,名为"黑档子",收米之时,不肖监督受车户贿赂,将无作有,名为"飞穀辘",应令仓场侍郎及巡仓御史不时查访,如有此弊,即行题参,交与刑部从重治罪。(雍正二年例)

一 雍正八年户部议准,漕米进仓,坐粮厅书办家人每于漕船抵通之时,先行通信,熟识兵丁包揽一切,名曰"走部"。应行文各省粮道及押运官员严行查拿,一有发觉,除将本人治罪外,坐粮厅照失察例议处。

仓廒号房

一　禄米仓坐落朝阳门内，向同太平仓共建一处，禄米仓原建廒二十三座，康熙四十二年添廒五座，共二十八座，太平仓原建廒一十五座，康熙四十二年添廒六座，共二十一座，嗣于康熙四十四年将太平仓另建朝阳门外，所有廒座归并禄米仓，康熙五十八年添廒四座，雍正元年添廒四座，新旧及归并共廒五十七座。

一　南新仓坐落朝阳门内，原建廒四十六座，康熙三十三年添廒五座，康熙四十二年添廒十座，康熙五十五年添廒五座，雍正元年添廒九座，新旧廒口七十五座，乾隆元年添廒一座，共廒七十六座。

一　旧太仓坐落朝阳门内，原建廒六十八座，康熙五十五年监督宁古礼捐添一座，康熙五十六年添建八座，雍正元年添建三座，乾隆元年添建九座，新旧廒口共八十九座。

一　海运仓坐落东直门内，原建廒四十座，康熙二十二年添建十四座，康熙三十二年添建六座，康熙五十五年添建十五座，雍正元年添建五座，乾隆元年添建二十座，新旧廒口共一百座。

一　北新仓坐落东直门内，原建廒六十座，康熙三十二年添建二座，康熙五十六年添廒十二座，雍正元年添建六座，乾隆元年添建五座，新旧廒口共八十五座。

一　富新仓坐落朝阳门内，北首原建仓廒二十一座，康熙四十四年添建十三座，康熙四十六年添建十三座，康熙四十七年添建五座，康熙五十六年添廒八座，康熙六十一年添廒四座，新旧廒口共六十四座。乾隆六年失火烧毁仓廒，题准动项重建，盖造所有用过银两核算若干数目，着落该仓官吏名下四六分赔。

一　兴平仓坐落朝阳门内，北首原建廒五十九座，康熙五十六年添建九座，雍正元年添建十二座，乾隆元年添建一座，新旧廒口共八十一座。

一　太平仓坐落朝阳门外，康熙四十四年归并禄米仓，另建仓廒三十座，康熙四十九年将大通桥号房改为廒口十座，康熙五十六年添建十五座，康熙六十一年添建二十五座，乾隆元年添建六座，新旧廒口共八十六座。

一　万安仓坐落朝阳门外，康熙六十一年新建，共廒四十二座，乾隆元年添建三座，新旧廒口共四十五座。乾隆四年奏准将储济仓新建仓廒四十八座归并管理名曰万安东仓，其旧廒名曰万安西仓。又该仓向设水东门二座，因铺垫石道不由水运，乾隆二年奏准将水门移置太平仓。（案见上）

一　本裕仓坐落德胜门外清河地方，康熙四十六年新建，共廒三十座。

一　裕丰仓坐落东便门外运河北首，系雍正六年新建，共廒六十三座。

一　储济仓坐落东便门外裕丰仓北首，雍正六年新建，共廒一百八座，乾隆元年添建四十八座，合新旧廒口共一百五十六座，乾隆四年因该仓廒座过多，将添建新廒四十八座拨归万安仓管理。

一　丰益仓坐落德胜门外安河桥地方，雍正七年新建，共廒三十座。

一　西仓坐落通州新城内，原建廒一百九座，康熙三十二年添建五座，康熙四十二年添建十二座，康熙五十二年添建五十座，康熙五十六年添建十二座，雍正元年添建十二座，新旧廒口共二百座。

一　中仓坐落通州旧城南门内，原建廒六十四座，康熙三十二年添建三座，康熙四十一年添建四座，康熙五十三年添建三十座，康熙五十六年添建十二座，雍正元年添建六座，新旧廒口共一百一十九座。

一　南仓坐落通州新城南门内，原建廒四十五座，康熙三十二年添建二座，康熙四十二年添建八座，康熙五十三年添建二十座，雍正元年添建六座，新旧廒口共八十一座，乾隆十八年将南仓裁汰归并中仓、西仓管理，派匀廒座，名曰通州中南仓、中西仓。

一　石坝号房原六十八间，内有外河北首号房一十二间，被火烧毁，仅存五十六间，雍正二年奏明，将运役未领历年二成烂米价银内动支，修理粘补苫盖，雍正五年动支通济库银添造五十间，新旧号房共一百六间。

一　土坝并新旧两城南门旧有号房坍塌无存，雍正二年将运役未领历年二成烂米价银内动支，在土坝建造号房二十五间，旧城南门盖造号房十间，新城南门外盖造号房二十五间，合共号房六十间。

一　大通桥号房原六十四间，朝阳门号房原二十八间，雍正五年朝阳门添建十四间，又将大通桥河东号房十六间移建于朝阳门，其大通桥号房共四十八间，朝阳门号房新旧改并共五十八间。

一　雍正四年仓场奏准，旧例每廒铺垫止给松板五十块，楞木五根。今满铺，核算廒身丈尺，每廒需用松板一百一十块，楞木九十余根，但楞木价值高于松板，又木身曲直不齐，铺垫不能平正，若将松板以一锯四，以代楞木，每板一块可抵楞木根半有余，价值既轻，且适于用，计每廒代楞木松板应用五十二块，共享松板一百六十二块，尽足一廒铺垫。又查旧例每廒铺垫用板五十块，楞木五根，计用锯价银八两四钱，今每廒松板加增，应给锯价银一十四两七钱六分。

一　京仓俱用板木铺垫，定例十年一换，通仓廒座向例止用席片铺垫，并无用板木之例，雍正三年奏准，将京仓铺垫之板木展限六年，定为十六年一换，仍令将京仓铺垫所余之板木铺垫通州各仓。

一 仓厫铺垫板木,雍正四年议定每厫给匠役工价银一十四两七钱六分,为数太多,应节省银一两八钱二分三厘,实给银一十二两九钱三分七厘。(雍正六年例)

一 各仓铺垫厫座板片例系到通船只随粮运交应用,乾隆二年因储济仓及各仓添建厫座需用甚多,节年存贮之板不敷铺垫,奏准动支通济银两,采买足用。

一 各仓厫座雍正三年奏准,铺垫板木定为十六年一换,锯板匠役工价十二两九钱三分七厘,乾隆六年因有满限之仓例当铺板之期,查勘俱属坚固齐整,奏准,嗣后不必拘定十六年之例,统俟每季放空米石之后查看,有糟朽缺损者,将每年所收之板木报明动用修补,将每厫或抽换数片或数十片,其工价照满铺例丈量核算酌给,其银两仍于通济库内轻赍项下按数给发。

一 各仓厫座抽换板片例应工部委员查验核销,乾隆八年奏准,新粮未到之先及粮务完竣之后,有应行抽换者,仍咨工部委员核验,若遇漕船起卸在即,需厫盛贮仓场,即就近委验,咨部核销。

一 各仓厫座顶上气楼窗槅,乾隆七年奏准俱用竹篾细罩遮盖,既可通气,又防雀耗。

一 京城内外各仓俱安博缝,唯富新仓向未安设,乾隆七年奏准,照式一例增添。

一 仓储墙垣皆系墇土,若大雨时行,不足以资防范,雍正五年奏准,嗣后应全用砖砌。

一 仓中毛竹、席片、板木向系堆贮各仓空厫,乾隆六年各仓米石充盈,并无空厫收贮,奏准,于两边厫墙下并前后檐间搭盖椽瓦堆放。

一 各仓新收漕粮不无潮润,向例入厫之后,厫门亮敞,至深秋后,上板封固。后议,收完米石,即行封闭,以致欲杜弊端,米先蒸变。乾隆十八年奏准,新贮漕米将厫门高檐空板数尺,其以下所上之厫板即上锁加封,秋凉后,厫门高檐所空之板全行安上,严密封闭。

一 雍正四年仓场奏准,各仓灰堆占住仓内空地,恐不肖胥役取以搀和好米。于该仓茶果内动支银两,雇夫运出仓外,听民随便搬运。

一 乾隆六年仓场奏准,救火之具用桶浇泼,不若用挤筒挤激为捷,除通州三仓俱制挤筒,现在收贮外,其在京之禄米等十二仓及本裕一仓应每仓各置挤筒一座,交与章京管守,以备缓急。

一 雍正六年仓场奏准,各省漕船抵通,每船给银三钱,令其带交苇把,原为铺垫厫底而设。今京通各仓厫座俱下墁砖,灰上加楞木,满铺板板,厫底甚属高燥,嗣后各粮船停其带交苇把,应给银两一并裁革。

一　顺治十四年户部覆准,修葺仓廒,若俱于各行人役脚价内摊派,恐累下役,应令仓场于轻赍银内动支修理,造册送部查核。

一　康熙五十二年,工科给事中观音保条奏,通州三仓添设廒座所需银两应请开捐。奉旨:此捐纳款项甚属繁多,亦非好事,不堪小人有银即得做官,则众心不服。若要开捐,但核算足以添盖仓廒尚可。将本发回,另议具奏。钦此。嗣九卿议覆,通州中南、大西二仓共应添廒一百座,约算用银不过一十五万,将前开捐款项内酌择一十二条,捐足即行停止。奉旨:捐纳之事甚属繁乱,并非好事,添盖仓廒所需钱粮无多,着动户部库银修造。余依议。钦此。

一　雍正五年仓场奏,经纪人等愿捐银添建号房数十间。奉上谕:石坝等处修建号房原为堆贮仓粮,其拆改盖造之费自应请动正项钱粮,乃岳尔岱等奏称,石坝经纪愿捐银三千两以为人工物料之用,并价买空房以足五十间之数,以国家应用经费而令起运官粮之经纪捐输,所奏甚属不合,交与尔部将动用正项钱粮之处议奏。钦此。

一　康熙三十八年定例,仓廒甚属紧要,若估计具题修理必需时日,则米石易致雨水淋湿。嗣后,有倒塌破坏之处,仓场侍郎查明,动用通济库银两,速行修理。

一　康熙六十一年钦奉上谕:仓粮关系紧要,支放米石理应放完一廒,再放一廒,近看在这廒支放一半,又在别廒支米,所剩半廒米少多占廒座。王公主并格格的人等领白米,应领廒内米石不行支领,有拣廒座霸占支领,此等断然不可理,当按廒支领。仓内余剩半廒米石即为弊端,应彻底清查才好,遣别人去亦不能,着雍亲王弘升、延信、孙查齐、隆科多、查弼纳、吴尔泰前去,会同张大有查看。再当日仓场一日进米止四五千石,从放富宁安起,一日进四万石,进米多者,于回空有益,尔等前去看一日,就得知道。至米石色变,俱在收贮,今招五达处所贮米石将近四十年,并未洇烂,照常好的。有廒座倒坍渗漏,修补廒座,不足添造,亦好。不动正项钱粮,派出一二能人即可修完。钦此。

一　雍正三年钦奉上谕:今年六七月间京师雨水较多,闻京八仓内颇有积水,支领甲米车辆往来为艰。其城外万安仓近傍城墙,城上泻水流下,仓内亦有泥泞,如可令各仓积水通泄,不致停滞,低洼处所作何修垫,俾收放粮米之地高燥洁净,既便于车辆行走,亦不致米粒狼籍。又各仓廒底或应铺垫石灰,或应支架平板,尔等各仓详悉查看具奏。钦此。嗣据内务府总管来保等查奏:城内七仓地皆洼下,而禄米、海运两仓地势尤卑,惟有疏浚沟渠,培垫低洼,多开引水之道,使出口之水低于仓内地面,则水不停留,车路自易干燥。议修浚大砖沟一千四百七十余丈,开大小土沟一千一百七十余丈，沟上车辆出入之道添设石桥共四十四座，低洼处悉用土垫平，其城外太平仓内应于仓墙下再添水洞，仓门内外间有土松之处，锤筑坚实。万安系新盖之仓，皮土松软，加以雨渗，故地有积泥，应用石灰铺盖，夯锤坚平，再添小沟水洞以泄城堞泻下之水。又查看仓廒内有用楞木加板者甚少，皆于平地铺板衬以席片，廒底变色之米俱有一二寸余，应将廒底多用楞木支起，上架松板，高与柱础相等，板上用席片周盖地砖，上再用石灰匀铺一二分，以隔潮湿。又见各廒内俱有气头，五六寸不等，查江南藏米之家，廒内多用竹气通高出米顶之上，以透泄汗蒸之气。今京仓一大廒堆米至万余石，虽有廒房上气楼，恐不足以泄中间之郁热，应于收贮新米之时，多用气通，每廒或五根、或六根，使米内汗蒸湿热之气空处发舒，廒顶气头自可稍减等。因钦奉谕旨：尔等所议甚妥，应开沟、垫土、添桥等项，着估计具奏。仓内空廒铺架松板之后，着仓场来奏，朕遣人去看，无论所铺廒座多少，即一廒亦来奏闻。尔等将此旨面传与仓场总督，其竹气通京师若不能多办，可行令江南粮船带来。又尔等所奏以石灰铺匀砖上可隔潮湿，但恐放米之时，或石灰和入米内，于人不相宜，可将石灰于砖下铺垫。余依议。钦此。嗣据仓场总督托时等奏报，太平、禄米仓各铺完廒一座，又奏称石灰诚宜于砖下铺垫，但此时起砖铺灰恐有损伤，用工亦多，从前廒底浥烂皆因板木稀疏，今铺垫严密，尽可隔断潮气，嗣后，放空廒内如有无砖之廒，即于砖下铺垫石灰。至于竹气通，除山东、河南外，其余有漕各省饬令每船各带大毛竹一根，以备应用等。因奉旨：知道了。止铺一两廒，不必看督，令各仓监督将本仓空廒尽数铺完，尔等去看，朕再差人看，如查过后，监督将廒内仓板木移挪别处者，放空后查出，必将监督正法。竹气通于仓廒有益，但每船带竹一根，恐不足用，须问明竹气通如何做，每个用竹几何，酌量行文带来。钦此。又据仓场奏准，每船带大毛竹二根，长二丈，当中径大五寸，中毛竹十根，长一丈二尺，当中径大二寸，随粮运交。

一　雍正四年奏准，各仓添铺望板，事属无益，莫若满铺廒底，则湿气不能上蒸，米石不致浥烂。至于仓廒遇有渗漏之处，严饬各仓监督照旧自行粘补，如该监督等不勤加察验，及时修理，以致米石浥烂者，仓场总督即行查参，交部议处。

一　雍正七年户部覆准，各仓廒座，仓场侍郎会同查仓都统御史于放空廒座之际，即行查看，如有廒座渗漏，瓦片脱卸，以及墙垣糟塌、柱根朽烂之处，即在户部支领银两修理，保固三年，倘有浮冒，严参追赔。

一　各仓廒座定例派出都统及御史等查看修理，雍正十二年奏准，凡一应工程完竣之日，备造清册，送工部查核题销，并照依送部黄册款目，另行抄录一本，钤盖本旗印信，交该仓监督存案备查。

一 向例修理京仓，由查仓都统开送廒座，工部委员查明估价，造册送都统奏明，委员兴修，工竣造报工部，复委员察验题销。其修理通州三仓，例由仓场造册具题，工部题覆，兴修仓场支领钱粮，委员督理，工竣造册具题，工部委验核销。乾隆十八年奏准，嗣后，如有损坏渗漏应修处，即令查仓御史会同仓场侍郎具题造册，由部核覆兴修。

一 各仓遇有应修工程，乾隆十八年钦奉谕旨：着工部仓场、该旗各派司官一员会同料估修理。钦此。

一 各仓钥匙向例监督收存，后又令仓场收执。乾隆十八年奏准，嗣后，新漕进仓，每年夏秋数月，将各廒钥匙暂给该仓监督收存，一遇大雨，通州之仓，该监督呈请仓场侍郎及巡漕御史，在京之仓，该监督呈请该旗都统及查仓御史，即行开封查看，有渗漏者，立即修补，仍行封固。冬春数月，其钥匙仍交仓场收存，倘该仓监督疏懈遇雨，不行查看，致有米石浥烂之处，仓场即行题参。

一 凡修造仓廒等工程，康熙五十四年议准，照工部一应修造则例，定限三年以内保固，如限内有坍塌渗漏并木料损坏之处，将监修官员严加议处，仍着赔修。

一 京仓看仓章京、披甲兵丁等官厅堆卡房屋共计四十一处，所应照例建造，工竣亦照工部修造则例，定限三年保固，并令仓场随时验明修补。（雍正十年例）

一 乾隆六年，富新仓内八廒失火，钦奉谕旨：亏折米石并重建仓廒之费，若监督等不能赔补，俱着仓场侍郎塞尔赫、吕耀曾赔补。嗣据户部将火毁米石估定成色，议准，着落满汉监督共赔六分，攒典赔二分，花户赔二分，令于次年粮船抵通时收买各帮余米，照数还仓，如有亏折及重建仓廒之费监督等不能赔补，即着仓场侍郎赔补建造。

一 雍正五年奉上谕：仓场米粮乃国家第一要紧政务，关系最为重大，试思此项米石民间输纳何等辛苦！官员征解何等烦劳！且粮艘运送京师何等委曲繁重！一颗一粒皆当爱惜，不忍轻忽。朕为此事宵旰焦劳，时时切加训饬，至再至三，且曾降旨令修理仓廒等项，不惜多费帑金，务期完固，此臣民所共知者。托时、陈守创身为仓场侍郎，自当仰体朕心，悉心料理，使仓廒坚固，天庾充盈，不致霉烂，方为称职。昨朕特遣大臣前往查看，则见京通各仓廒屋渗漏、墙壁损坏者十居八九，所贮米粮渐次潮湿霉烂。夫以如珠如玉之米粮而视为泥沙之弃掷，忍心害理，莫此为甚！若不严行稽查，无以儆怠忽而清弊端！在京十仓，每仓或都统、或副都统各派一员，御史中不论满汉，每仓各派一员专任稽查之责，其米石出入支放销算事件不必经管，仍属仓场侍郎管理，其房屋渗漏、墙垣损坏与仓内铺垫及匪类窃盗一切情弊俱交与派出之都统、副都统、御史稽查，一有查出之处，即行交与仓场侍郎知之。

若仓场侍郎等不行办理妥协,敢致迟延,着派出之都统、副都统、御史奏闻。倘有应行查出之处不行查出,即将缺少米石应赔之项着落仓场监督等官与派出之都统、御史分赔,其通州三仓即照此例交与通永道通州副将稽查,其失察分赔之外,亦与京仓同。钦此。

一 雍正十二年奉上谕:向因仓场米石关系紧要,在京十仓每仓或都统、或副都统各派一员,御史各派一员,专任稽查之责,于仓场不无裨益,但从前未定更替之期,现在各员中有历至三四五年尚未更换者,朕思日久因循,易生懈怠,且或偶有疏虞,该员虑干失察,因而掩饰弥缝,亦未可定。着定为三年更换之例,届期各仓一同更替,若有接任之员未满三年即届更换之期者,亦一体更换。钦此。

一 乾隆二十年奏准,嗣后,查仓大臣如有出差升转者,原派官员仍留仓场衙门稽查,俟另派大臣到任之后,将所查车辆数目、仓门事务再行交代。

一 查仓向按各监督三年满差奏请派出大臣查验,乾隆元年因监督定为二年更换,错综不一,若据陆续报满奏请,势必一年之内数次查看,收放纷繁,恐误时日。奏准,嗣后,查仓不必拘定差满之时,照雍正三年至七年、七年至十一年之例,四年一次奏请。

一 雍正五年奉上谕:仓储米石乃国计民命所关,颗粒皆当珍惜,必廒座坚完无损坏渗漏之处,米粟方不致于霉烂,国家政务莫重于此!朕宵旰勤劳,时切厪念,百计经营布置,即如廒底之板及四围之墙尚不惜数十万帑金创造修整,则身任仓场之责者当加意慎重,以仰副朕怀。仓廒苫盖修理极易之事,况伊等屡次奏过,不时动茶果银两修理,朕意必然完固,岂有廒座渗漏至此,而竟置若罔闻!乃托时、陈守创身任仓场全不实心料理,以致各仓损坏渗漏者,九百二十九廒米粟竟有霉烂者,负朕委任深恩,实出意料之外!况托时、陈守创时常进见,亦并无一语奏闻,甚为溺职!着将托时、陈守创及各仓满汉监督尽行革职解任。至御史殷式训专司查仓之责,乃敢扶同徇隐,亦着革职解任。凡各仓廒座损坏渗漏之处动支正项钱粮修理,若仍交与旧任各员必致苟且塞责,虚费钱粮,不能实在完整。着钦差都统御史通永道等同新任仓场侍郎、监督官员尽心料理,务期修理完固,仍着托时、陈守创、殷式训及解任之旧监督一同看视。每仓修理动用钱粮若干,即着本仓监督与托时、陈守创、殷式训分赔补项,其有霉烂米石亦着伊等照数分赔。其旧任监督着议政王大臣会同大学士详加询问,如有本仓廒座全无渗漏者,仍留原任,将新放监督撤回;如有将渗漏之处从前曾经详报仓场者,着将情由声明奏闻。至各仓监督应赔之项,如照数全完,准其开复,凡事当积玩相沿,非大加改易,不能整顿。吏部侍郎岳尔岱、顺天府府尹刘于义着补授仓场侍郎,其各仓监督员缺着各部院速即拣选人员引见,顺天府尹事务着申大成暂行署理。钦此。

剥船口袋

一　红剥船旧额八百只,船户按地派,当每地三十顷派船一只,免其杂差,不免正供。船系动支淮扬二关税银,每只三十五两,十年一造,解京应剥。嗣议定为六百只,每船一只给地十顷,免其正供。因地亩被圈,船未足数,至顺治十三年尚缺六十八只,议将州县连年退出地亩并圈剩夹空地亩严催补足,每只每年给修艌银五两,令本县河官督修。康熙十年科臣赵之符条奏,州县船地六千余顷,每亩二分五厘起科,可征银一万五千金,令州县征解仓场衙门,遇河道浅阻,即动此银雇民船起剥。部议,天津关特设剥船六百只,最为有益,雇募民船时有时无,难济缓急,未经准行。二十三年,议将红剥船每年每只支给水脚银十两,永行裁革。二十六年,以天津至通相距遥远,将红剥船只改归通惠河分司专管。三十九年,以剥船地亩多卖与富户、宦室,船户贫窘,无赖偷盗漕粮,大为丁累,议革红剥船只,将办船地亩通计六千顷于康熙四十年征解户部,行文总漕动支正项钱粮分给运丁,各带剥船及北河雇夫剥浅之费,总漕造册报部,岁底即以前项征收银两抵销。康熙四十年仓场议,以东豫二省旗丁难以自备剥船,应每船预支通济库银一百五十两,自置剥船一只,行令粮道于折色月粮内每年每丁扣银十五两,十年扣还。四十三年科臣戴璠条奏,自裁革红剥船只以来,因地亩科则未经编定,迄今五载皆旗丁自备,今科则编成,应查明到通丁船数目,按丁给发,以补五年赔垫之苦。部议,香河等州县地亩每年应编征银一万三千五百余两,应令漕督查明抵通船只,于道库减存银内支给。四十六年仓场奏准,各省运丁应支红剥银两原以抵通船数为凭,今粮艘俱至北河,所有应支四十五、六两年银两俱就近于通济库内支给。乾隆二年议准,运粮到通例给红剥银二两,向系粮船已经抵坝,方行给领,嗣后,于帮船将次抵通之日,令随帮千总带领旗丁先行给发。

一　石坝里河经纪运米剥船一百只,内分拨石坝拨船二十四只,普济闸剥船二十只,平下闸剥船十五只,平上闸剥船二十二只,庆丰闸剥船十九只。又白粮经纪运米剥船二十五只,分拨五闸,每闸五只。其土坝里河车户运米剥船额系二十五只,雍正十二年题定革去五名车户,现在排造剥船止有二十只。以上船只定例十年排造一次,每只向系给银七十八两一钱三分,顺治十三年题定,每只给价银二百九十八两三钱九分六厘,在通济库银内给发。康熙六年题定,于各役脚价银内限六年匀扣还库。乾隆十九年仓场议准排造剥船,以十五年为限,方准更换新船,脚价分作九年扣还,限内损坏者,着落本役赔补。二十五年户部覆准,剥船仍照定例十年排造,十年匀扣银两,每年各役预请支给脚价自行修艌,不动正项钱粮。又土坝里河白粮经纪自备剥船五只,例不请支给排造银两。

一 石、土两坝外河向设有军粮白粮船户三十五名,共剥船七十只,内石坝四十只,土坝三十只,每只给船价银一百四十两,康熙三十九年裁革。其抗粮运米、落涯事务归并军粮白粮经纪、土坝车户经营。又经纪车户外河各有吊载剥船一只,或买或租,系自行备用,例不请支钱粮。

一 大通桥至朝阳门护城河剥船二十八只,朝阳门至东直门护城河剥船十四只,康熙三十七年题准,设立定限十年一造,每只给排造银一百八十六两六钱六分,于车户脚价银内六年匀扣还库。康熙四十七年题准,将朝阳门至东直门护城河剥船十四只拨给会清河,剥运本裕仓漕米。雍正三年题改陆运船只裁革。雍正四年题准,万安仓开设,东门挑浚护城河,复给八船料价改造,十四只行运,在于各役脚价内分作八年扣完还项。雍正八年题准,万安仓运道铺垫石路,仍改车运,将前项船只移于朝阳门桥内济运。

一 运送本裕仓漕米,雇募民船,高抬船价,又与民载并行,毫无分别,以致偷米甚易。康熙五十八年议准,设立官船二百五十只,其银两于脚价内动支,六年匀扣还项,小修、大修俱不动正项钱粮。

一 大通桥车户剥运漕粮,于朝阳门外旧城河内设立剥船二十八只,定限十年排造一次,每船定价银一百八十六两六钱六分。乾隆七年排造之时,因该桥监督扣费侵用,审明内有盈余,每船实在止给银一百三十两。乾隆八年奏准,嗣后该桥剥船十年一次,排造之时,俱照此一百三十两之数给发。

一 乾隆二十五年奏准,嗣后,里河剥船请定为十年排造一次,其船价银两亦分作十年匀扣。如遇排造之年,仓场核明料价,照例具题,并将监造之员职名附疏声明,于题准后,即责令该员督率经纪、车户等采买坚厚木料,如法成造。倘有图省价值,搀用旧料,即将该经纪等治罪,仍着落赔造,并将监造之员照例议处。其大通桥剥船二十八只,准其一例办理。

一 大通桥排造剥船银两例系通济库先行动项给发应用,在于各车户每年应领脚价银内分作六年匀扣还项。乾隆七、八两年应扣银两因各年船粮减少,车户应领脚价不敷一切支用,奏准扣留一半,其未扣银两缓于第七年应领脚价银内再行补扣还项。

一 北河起剥米石向系旗丁自雇民船,每多高价受累,民船到通亦不免税。乾隆二年奏准,按照米数计程之远近,以定价之多寡,官为立契,船户不许额外勒索,旗丁不得横夺装载,民船运粮到通,免其征税。如漕粮之外,仍有携带别项货物者,照例按货征税。

一 乾隆十四年户部覆准,仓场议定北河剥船雇价,旗丁争先抢雇,船户越额多索,应令漕运通判并四路巡检督率兼理。该通判于每年查看横浅,挑浚事竣,即赴杨村地方住泊弹压。嗣后,旗丁起剥不许越先抢雇,以及混用大斛、笆斗兑交给发,剥价亦不得低色短平,倘有不遵,许船户禀究,如船户刁难多索,许旗丁扭禀。至该管官弁奉行不力,稽查不周,即行分别参究。

计开定价

天津至通,如遇船多,每百石给五两,饭米一石;如遇船少,每百石给银六两,饭米一石四斗。

杨村至通,如遇船多,每百石给银三两七钱九分七厘二毫九丝三忽五微,饭米七斗五升九合四勺五抄八撮七圭;如遇船少,每百石给银四两五钱五分六厘七毫五丝二忽二微,饭米一石六升三合二勺四抄二撮一圭八粟。务关至通,如遇船多,每百石给银二两五钱一分三厘五毫一丝一忽,饭米五斗二合七勺二撮二圭;如遇船少,每百石给银三两一分六厘二毫一丝三忽二微,饭米七斗三合七勺八抄三撮八粟。

一 乾隆二十三年奏准,粮船行抵北运之时,所带货物听其沿途起卸,如货物本须载往通州卸售者,应令一人北运,即雇船先尽货物起剥,不得稍有留藏。如已全起,而遇浅犹属难行,再用剥船起米,但止许随行随卸,不得停泊河干,以致后帮顶阻,仍严饬沿河地方官弁约束兵役,毋得藉查货为名需索滋扰。

一 乾隆二十四年奉上谕:各省粮艘现在陆续抵津,将来北河或尚需船剥运,但时当夏令,天津、通州一带官粮客货用船甚多,若将路过客船纷纷封禁,势必转致滋扰,且于附近京师民间食用不无妨碍。从前剥运事宜方观承曾经办有成规,此次倘有需用剥船之处,仍着该督临时酌量,善为办理,不必先期预为封禁,务使粮运早抵通仓,勿致稽延,而商船货物亦不致中途留滞,方为妥协。钦此。

一 粮船过津后例须起剥,剥船自津至通,定例每百石价银五两,食米一石,此船多时定价,若船少每百石价银六两,食米一石四斗,旗丁不得短给,船户不得多索,久经勒石遵行,而剥船积弊,船少则高抬价值,船多则于起卸一二次之后,即中途延挨观望,不但苦累旗丁,抑且羁迟时日。乾隆三十年奏准,应行文直隶督臣将南运河及淀河等处闲空民船筹备应用,并令各帮旗丁挨次雇剥,不得短发价值,各该船户亦不得居奇多索，并令直隶督臣就近拣派监司大员前往妥办，仓场侍郎、巡漕御史仍轮流往来稽查，以免迟误。

一　浙江之金、衢、严、处、温、绍、台、嘉等帮，江南之江淮五七八、兴武三四六七八、凤阳、大河等帮皆债负至盈千累百，虽每年俱拮据完公，不致挂欠米石，而债负之重累尚未全除。乾隆二十五年奏准，于浙江江安道库各提出银六万两，崇备疲帮揭借之需，每岁新运粮道按各帮情形，酌定北河起剥及到通个儿钱等项需用银两，交与押运厅员收贮，至期再行确查散给。其有短少米石仍严查治罪，不得蒙混借给，以为弥补之计，违者将押运之同知、通判及领运之千总一并参处。各丁所借银两以一分起息，于次年新运应领银内扣还，约计每年滚剥之息所减甚多，行之数年，重累渐轻，贫疲渐起，再奏明停止借给。

一　各省重运漕船每遇水浅，沿途起剥所雇剥船多有串合偷漏等弊，应令剥船跟随大帮，不得自行驾运，该弁丁及沿途摧攒文武官弁严行稽查，倘有偷漏军船，一体处分。（乾隆十七年例）。

一　康熙三十五年议准，嗣后，通州以至大通桥民人贸易应照运粮船数，俱着打造装二十石小船，仍躲避粮船，毋碍两岸行走。若遇紧急运粮之时，将贸易小船暂行禁止。奉旨：依议。打鱼、牛石头船着行走。钦此。

一　乾隆二十五年奏准，内河剥运漕粮之际，如有米粮杂货装载进城，仍听其用小船剥运，分岸行走，其有攒越漕运大船，阻碍纤道者，听沿途催漕官兵管束，令其分途而进，毋许滋扰。

一　石坝需用口袋，旧例于粮船未到之先照依时价预发银两，令军粮经纪自置袋一十五万条，白粮经纪自置袋一万条，其支过袋仍于各役本年脚价银内照数扣除还库。雍正二年奏准，每岁动支茶果银两，添置口袋四万条。雍正四年奏定，将前项口袋四万条用残变价仍归茶果银两项下，以为次年置袋之用。乾隆十三年奏准，将官制四万条停其制备，或遇全漕不敷，令该经纪自行置备。

一　土坝车户旧例每年共置布袋四万条，雍正四年因改兑稜米全进京仓，车户脚价无多，在于石坝官置袋内通融借给一二万条，运竣仍还石坝，嗣又每年置备一万六千条。

一　内仓改进漕粮应需运米口袋，乾隆三年奏准，在于两坝剥运通漕内借用。

一　雍正三年钦奉上谕：今年雨水大，粮船不无迟滞，须要速于起卸，方可不误回空，朕赏给口袋二万条，帮助你们转运，不必动正项钱粮，亦不必入奏销册，所用布疋尔等即向户部咨取缝纫工值，于内库支取。钦此。

一　雍正四年钦奉上谕：今年粮船很快，目下陆续俱到，照例赏给口袋二万条，以速转运。钦此。

一 雍正十一年奏准，经纪所办口袋十五万条，不敷转运，于应得茶果银两官捐口袋二万条，粮务告竣，其破损口袋官卖银五六百、七八百两不等，即将此银统归茶果项下，以今岁官卖之银添补来岁官捐之用，岁岁相承，永为定例。

一 雍正十一年仓场奏准，口袋变价银两仓场侍郎等分内应得者已存贮归公备用，其坐粮厅分内亦各八百两，事同一例，亦应归公。嗣后，官置残袋变价银两留为次年制袋，其不足银两于茶果项下动用凑给，仍令坐粮厅于每年茶果折内登明。

一 乾隆三年仓场奏准，内仓改进漕粮并无口袋，应于官办口袋四万条内每年拨给一万条装运，其每年变价银八百两，即以为添给该仓办公之用。

一 乾隆十三年仓场奏准，经纪等役制口袋十七万条，尽足敷用，其添制口袋四万条，应停其制造，倘遇全漕不敷，令经纪等自行置办。

一 石土两坝堆贮粮袋，责令经纪车户铺垫席箔，以防霉烂，倘奉行不力，致有米色蒸变者，查出将口袋并粮米勒令经纪车户等赔补，并将该役即行责革，如仓场及御史不行查出，一并交部议处。（雍正四年例）

一 运送内务府麦石、麻布口袋等项每石五分，照例于轻赍银两给发。（乾隆十三年例）

一 乾隆二十五年奏准，每年新漕置备口袋一十八万条，因系经纪等扣领脚价承造之物，有无变价回残，例不销算。嗣后，变卖旧袋折中酌估价值，计每条约银五分，每年可得银九千两，即以此项抵销旧欠，俟十年后将旧欠扣清，即以每年所变旧袋之价银添置次年之新袋，其土坝车户等每年置袋一万六千条，向来既无积欠，亦应将每年变袋银两添置新袋，照此例画一办理。

一 乾隆三十年奏准，经纪起米额设口袋一十八万条，原计每日外河起米三万，存号三万，由里河转运三万，大通桥存号三万，分进各仓三万，回袋三万，按日轮流周转，是石坝日起米数以三万为率。嗣后，仓场应督率经纪上紧赶运，并令大通桥车户随到随即分进，各仓不许少迟，时刻腾出口袋，即时押回，以供起卸，每日起运之数以三万石为率。其或大雨时行，阴晴靡定，赶办不及，临期奏明，于通仓例应坐米二十万石之外，多进二三十万石，俾漕艘得以及早回空。

官役廉费

一 仓场满汉侍郎旧例每年养廉银各一千四百两，雍正六年每年加给各一千两，均于茶果银内动支。又旧袋变价每年核算卖出银两，满汉侍郎二员各分给银自三百两以至六百两不等。

一　坐粮厅满汉二员,旧例每年养廉银各一千二百两,雍正六年每员加给银一千两,均于茶果银内动支。又通济库平余银二员各分给一千两。又旧袋变价卖出银两内,二员各分给银三百两以至五六百两不等。

一　大通桥满汉监督各一员,每员各给养廉银五百两。

一　总督仓场衙门笔帖式养廉银共一千八百两。

一　各仓监督向未议给养廉,惟通州三仓有白粮饭银、变卖麻袋二项,每员每年约得银一二百两。乾隆三年奏准,京通十五仓满汉监督三十员,每年岁给养廉三百两,于坐粮厅茶果项下动支给发;其通州三仓监督每年既得养廉银三百两,所有应得变价麻袋、白粮饭银不准仍令收受。

一　通济库大使一员,雍正十三年议准,每年给养廉银二百两;库吏一名给工食银一百二十两,库役四名共给工食银六十两,均于茶果银内动支。

一　漕船抵通每起米一石,旗丁津贴、经纪车户个儿钱二十二文。

一　粮米运至大通桥,经纪津贴、大通桥各役每大米一石大制钱一文,小米二石大制钱一文。

一　大通桥车户向有津贴,各仓陋规每年或六百两、五百两不等,雍正七年议定,照经纪津贴大通桥之例,每大米一石大制钱一文,小米二石大制钱一文。

一　定例京仓放米一石,动用本仓茶果银,给仓役大制钱二文,名曰个儿制钱,惟通仓白粮一项例无交仓茶果,故放米之时并无此项钱文,乾隆三年奏准,将通仓监督分领残带银两停其支领,即以此项并白粮饭银交贮通库,以充开放白粮个儿制钱及一切公用。

一　仓场各科书办雇募贴写、算手束修饭银等费有各粮道通判投册,饭银每年五六十两至三四十两不等。又粮船抵通,各帮投文向例每帮饭银三两,减去二两,存银一两,给发余米价值向例每石银五分减去三分,存银二分;给发红剥簜羡银两向例每百两饭银二两,减去一两,存银一两;给发完呈向例每帮饭银三两二钱,减去二两二钱,存银一两,以为书办养赡之资。至五府白粮向有饭银二百余两,并漕粮抵通舍人等索取帮规等弊,悉行革除。(雍正七年例)

一　各仓投文向例每帮饭银四两,减去三两,存银一两;给发完呈向例每帮饭银八两,减去六两,存银二两;交收席片向例每帮饭银一十三两,尽行裁革。(雍正七年例)

一　仓场衙门书役人等得受各项陋规,乾隆十三年奏准,分别应革、应留各款。

一　经纪脚价饭银二百一十两,内减去银一十两。

一　白粮经纪脚价饭银二百六两四钱，内减去银二十两。

一　四闸水脚抗价饭银二百六十两，内减去银四十两。

一　土坝车户脚价饭银三十六两四钱，内减去银六两四钱。

一　布袋每万条饭银五十两，内减去银一十两。

一　经纪载钱银三百两，内减去银二十两。

一　经纪头役给饭银四十两。

一　各仓脚价饭银每仓四两。

一　各仓卯历每仓饭银四两。

一　各仓书攒每年给装钉循环号簿银二两四钱。

一　各仓书攒每年磨封奏缴每仓给饭银六两四钱。

一　各仓装钉奏缴黄册给银三两二钱。

一　各仓给年规饭银每仓六两四钱。

一　坐粮厅三节每年给银八两。

一　出巡、回巡给银八两。

一　大通桥每年给银八两。

一　新放监督到任后给银一百六十两，今应减去三十两。

一　各仓进米报单每仓给银二两四钱。

一　经纪每年给掣欠饭银六十两。

一　坐粮厅衙门书役人等得受各项陋规，乾隆十三年奏准，分别应革、应留，勒石永遵。如有另立名色需索，许受害人等首告，照律治罪。

计开

一　军粮经纪头卯帮贴东科书吏饭银四百五十两，减去银一百三十五两。

一　军粮经纪载钱内帮贴东科书吏饭银一百八十两，减去银三十两。

一　军粮经纪帮贴东科贴写饭银一百二十两，免减。

一　军粮经纪买布帮贴东科书吏饭银三百八十两，减去银七十六两。

一　军粮纪买布帮贴东科贴写饭银四十两，免减。

一　军粮经纪倒袋帮贴东科书吏残袋二千条，免减。

一　白粮经纪帮贴东科书吏饭银一百两，减去银二十两。

一　军粮经纪帮贴南科书吏饭银一百三两，减去银九两。

一　军粮经纪帮贴南科贴写饭银二十四两，免减。

一　军粮经纪掣斛帮贴南科书吏饭银二十两,已奉裁革。

一　白粮经纪帮贴南科书吏饭银一十二两,减去银二两。

一　四闸军粮水脚每卯帮贴南科书吏饭银三十二两,减去银六两四钱。

一　四闸军粮水脚每闸每年帮贴南科贴写饭银二两,免减。

一　庆丰闸官每年帮贴南科书吏饭银七两五钱,免减。

一　拆卖江西满号船,每只给南科书吏造册饭银二两四钱,免减。

一　拆卖江西满号船给南科贴写挂号银一两二钱,免减。

一　运官加衔,或有给南科书吏饭银二两、一两六钱,并有不给者,免减。

一　军粮经纪帮贴西科书吏销算饭银五十两,减去银十两。

一　军粮经纪帮贴四科贴写销算饭银四十两,免减。

一　每年征收额税盈余共银一万余两,内除起解户部税课银六千余两,原平起解并无平余,至本衙门给发工程各项等银四千余两,约得平余银六十余两。又每交税银一两,各行帮贴饭银四五六分不等,均折每两收饭银五分,每年收税银一万余两,约收饭银五百余两,连平余共进银五百六十余两,免减。

查前项银两系贴补河税科书吏、稿工人等饭食,并起解税课倾销折耗,帮贴各衙门书吏纸张饭食,及祭祀关帝、龙王、土地诸神祭供差查河税盘费等用。

一　每红单一张向来大单收制钱五十文,小单收制钱二十五文,每年约收单钱五十余千文。今每单一张俱减去钱十文,共减去钱十余千文,计收钱四十余千文。

一　每小票一张向来收制钱二文,计收钱四十余千文。今每票一张减去钱一文,共减去钱二十余千文,计收钱二十余千文。

查前项单票钱系贴补河税科书吏纸张、笔墨、银珠、印色、灯油、茶炭等用。

一　每巡舍更名送河税科经承银二两,减去一两。

一　每巡舍更名送河税科贴写银五钱,免减。

一　猪、酒、杂货、布四行,每行送河税科书吏年节银四两,减去银二两。

厅仓茶果

一　每年到通船六千余只所收茶果银两,每大米船十两,小米船七两,动支数目以及买过余米应令坐粮厅俟粮务竣日按所到船只逐一分晰,造册具题。倘此外另有需索之处,着仓场侍郎、巡仓御史访拿,题参治罪。(雍正二年例)

一　开放大档每石额定大钱二文,每年官俸兵饷京通两处约放米三百余万石,计用钱六千串,每钱九百文,合银一两,共银六千三百余两。又廒座渗漏、围墙坍塌应修者每年俱有需用银钱之处,其茶果银两大约每米一廒计银六七十两、或五六十两不等。雍正四年仓场议准,以六十两为定额,于六十两之中以七分交官作放米修廒之用,以三分给书攒、头役为刷卷、造册、纸笔、饭食之费。

一 经纪车户每年于茶果银内支做口袋或四万条、二万条不等。(雍正九年例)

一 通流闸闸夫一十九名,内有香河县应解一名,闸夫工食额编止银五两,每年尚不敷银七两,乾隆四年奏准,令在坐粮厅衙门茶果银两项下照数补给。

一 各省起运帮船应交茶果银两,乾隆九年奏准,除山东、河南二省例不过淮,水程甚近,毋庸再议外,其江浙、江西、湖广等省令各粮道于各丁应领耗赠项内,每船扣留茶果银十两,交押运厅员,俟到通时核算批解,坐粮厅查收。其截留帮船例不交茶果银两,亦不给红剥簹羡余米等银,应令押运厅员仍行散给正副二丁,一半为正丁起卸之需,一半为副丁回空之用。

一 漕船遇截留,其茶果银两不须交送坐粮厅。乾隆九年咨准,如遇截留地方在押运厅座船以北,俟该厅经过截留处所顺便散给;如截留在押运厅座船以南,行令该帮运余丁出具戳领,交给随帮,率同旗丁赴押运厅舟次领回散给。再嗣后截留,如在过淮前后及山东一带地方,所有截留事务由总漕衙门办理,其在沧州等处截留仍听仓场办理,倘有弁丁侵扣挪移、稽延掯勒等弊,查出即行参处。

一 粮船内河失风漂流,向例责令买补米石,赔造新船,仍交茶果银两、个儿钱文,乾隆三年题准,免交茶果银两。至个儿钱文,若失风米石临仓买补,无籍经纪转运者,免交,其船无破损、米无亏缺,到通转运进仓者,个儿钱文照旧交纳。

一 茶果银两每年收支数目,向例坐粮厅年底缮折奏明,乾隆十四年题明,令将支用各数详报仓场核奏。

一 各仓役向来每领脚价银一百两,给仓场衙门书办饭银八两,相沿已久,但此项银两系仓役进米脚价,非比存充公用之项,若令给发饭钱,恐遇不肖监督藉端扣克,苦累仓役。查各仓每廒坐米一万一千六百石,旗丁例交茶果银六十两,内除编造气通银四两,仓书、攒典饭银一十八两,放米一廒抬斛等费约用银三十六两,尚余银一十二两,以为归并残廒等用,应于此项茶果余银内拨给数两,为仓场衙门书办雇募贴写及一切纸笔饭食之费。但各仓脚价有五成、四成、二成不等,除本裕、丰益二仓每年坐米甚少,毋庸议及饭银外,应将五成之仓每廒拨银五两,四成之仓每廒拨给银四两,二成之仓每廒拨给银二两。所有脚价银两项内每银百两给银八两之数,永行禁革。(雍正十三年例)

一 内仓向收白粮茶果银一千六百余两,以为监督笔帖式吏役饭食一切杂项费用，乾隆三年白粮议减，改进漕粮，所收茶果等银仅有六百余两，不敷支用，奏准每年拨给运米口袋一万条，听该仓变价济用，乾隆十三年奏准，口袋停其拨给，令于茶果银两项下照残袋变价八百两之数，按年给发该仓，以资公用。

一　茶果银两每年按到通船粮交收，每大米船一只交银十两，内除给吏役纸张、饭食等银二两外，实收银八两，每小米船一只交银七两，内除给吏役纸张、饭食等银二两四钱外，实收银四两六钱，每年全漕抵通约收银五万余两，以为修理船只、闸坝工程等项，并收买各帮余米以及各官养廉之需。每年收支数目头绪繁多，乾隆十四年奏准，将每年动用款项逐一研核，除岁有定额在所必需者仍照旧支给外，其各条内或应酌加删除，或应量予限制，逐条分晰，并令坐粮厅注明，仓场总督衙门覆加查核，奏请交部核销，所有条款开列于后。

一　皇船水手水木匠工食银二千二百二十三两，逢闰月加增银一百八十五两二钱五分，此项工食圆明园水手四十八名，看坞水手三十二名，内调赴圆明园轮班当差一十八名，当差水木匠二名，又新添水手一名，共八十三名，每名工食银俱准内务府来文给发。查前项银两准内务府覆称水手共八十一名，共该工食银二千一百五十一两，实难核减，其水木匠二名系坐粮厅雇用，其所食钱粮无可凭查等语。是水手工食应照例支销，但此项水手定额八十名，其新添一名乃因熟于撑驾，令在水手上行走，并非不敷增设之缺，应于坐补后将此一分工食裁除，以符八十名之额。至水木匠二名工食银七十二两应否酌减，仓场行查，坐粮厅详覆定议。

一　圆明园当差水手加增工食银三十六两，闰月再加银三两。查前项增给工食于乾隆三年为始，每班添水手六名，轮班当差，每名加给银五钱，每月共银三两，仍应照例支销。

一　祭祀河神备办牲醴银二十四两，通济库大使吏役饭食银三百八十四两，户部奏缴饭银一百九十二两，满汉总督仓场修理衙署银四百两，京畿道刷卷饭银六百两。查仓场衙署既系每年修理，此项银两应减去二百两，余款照例支销。

一　官员养廉银一万九千七百两，满汉仓场总督二员共四千八百两，满汉坐粮厅二员共四千四百两，大通桥满汉监督二员共一千两，京通十五仓满汉监督三十员共九千两，漕运通判一员五百两以上，各养廉银应照例支销。

一　仓场衙门笔帖式饭银共一千八百两，奏明有案，应照例支销。

一　北河漕运把总及外委共六员，每员每年给房舍银十六两，每弁字识一名，每名每年给工食银一十二两，题明有案，应照例支销。

一　新设游巡千总二员，每弁字识一名，每名每年给工食银一十二两，应照例支销。

一　拨运蓟、易二州漕白粮石例应委员前往监收,每处给盘费银二十两,应照例支销。

一　丰益仓仓役脚价银三百五十两,系内务府奏定有案,应照例支销。

一　各汛催漕快船六十只,每只每年给小修银二两,题明有案,应照例支销。

一　闸夫工食银二百九十五两,查此项银两内补给通流闸闸夫工食银七两,回龙闸闸夫八名,工食银九十六两,减水闸闸夫工食银计一十六名,共工食银一百九十二两,应照例支销。(通流闸闸夫工食银七两,即香河县缺额之项)

一　皇船坞冬春雇夫打冰,工价银十二两,应照例支销。

一　内仓折抵袋价银八百两系奏明动给之项,应照例支销。(即改漕茶果不敷及停制官袋二案补给该仓之项)

一　拨运蓟、易二州漕白粮船雇剥银,奏定,蓟粮每船八两,易粮每船水大年分一两,水小年分二两,按派船数,分别核给,应照例支销,仍将派拨船只并给过银数于报销折内声明。

一　北河游巡千总并六汛外委、把总催漕盘费,并水手工食银两,自漕船抵汛之日起,每日每弇给饭食银一钱,各拨给快船一只,每船撑驾水手二名,每名日给工食银五分,按日核给,应照例支销,于报销折内声明。

一　收买漕船余米豆石,按照题定价值,分别给发,其价银系题明于茶果银内动支,如有不敷,准动轻赍项下给发,应照例支销,于报销折内声明。

一　办送竹簬系准奉宸苑咨取查明长径根数,差往天津采办,雇车运送交纳,乾隆十一年奏明,定价每根一两八分,差役盘费日给一钱,运价银二两八钱六分。查运价一项虽系奏定之数,尚属浮多,令仓场再行酌减,报部定议,余款照例支销,其价值一并查议,报部核定。

一　恭遇皇上巡幸热河,于怀柔县地方搭盖浮桥,需用船只俱照直督咨取之数雇备运赴,应给银数于报销折内声明。

一　垫发滇省京铜运价,查云南起运铜觔,自通至各钱局所需吊载运价银两向系发交运官收领,抵通之日解交坐粮厅查收,俟运京时核给脚价,后因解员沿途用过水脚将吊载等银通融动用,报明另请拨款起运,经坐粮厅呈请咨部,奉部覆,令设法于茶果银内垫发,仍于年底折奏造册报销,其垫用银两行文滇省,照数补解归款。

一　仓场侍郎坐粮厅赴天津一带催漕盘费银两,每日以六两为率,用银若干于报销折内声明。

一　满汉坐粮厅轮流在张家湾等处督挖横浅,催攒空重,并在两坝验米监收,带领吏役人等分头办理,自粮艘过津关起至运竣日止,每日给银一两,于报销折内声明。

一　备办赏给完粮弁丁花红、绫匾、银牌各项银两，从前定价每红绸一疋银一两，绫匾一块银三钱二分，铜花一对银二分二厘，大银牌每面银六钱，小银牌三钱六分。乾隆十一年奏明酌减，红绸每疋价银八钱，绫匾每块价银二钱八分，铜花银牌仍照原价。今应再行酌减，红绸每疋六钱，大银牌每面五钱，小银牌每面三钱，绫匾、铜花仍照原价，每年视到通帮次之多寡核给，将用过各款银数目于报销折内逐一声明。

一　修理苫盖皇船每年酌给银六百两，如遇皇上乘坐其船只，篅缆并外雇水手工食及衣帽等项临时奏请动用，修理船坞工程每年酌给银三百两，挑挖坞河工程每年酌给银二百两。查各项工程所定银数尚属浮多，应令仓场再行酌减，报部定议。

一　修理闸坝及通济库房屋，查轻赍银两原属正项，除每年支给之外，尚有余剩，例应解部，非茶果银两留充公用者可比。今前项工程凡遇修理，从前既动茶果，自不便改动，轻赍应照旧办理，令仓场将前项修理应用工料先行估定造报工部，俟覆准之后，于茶果银内照数动支，入折报销。

一　满汉仓场侍郎及坐粮厅监督将轻赍茶果等项及余平银两不行奏明，分取应用者，虽审无侵肥情事，仍照违制律议处，银两着落分赔。（乾隆十三年例）

一　仓茶果一项例系各丁于完粮之后，每石解交坐粮厅银五厘一毫七丝二忽五微，以为各仓收放米石之需，每船约交银二两二三钱至四两有零不等，向未议及扣抵，乾隆三十一年，仓场会同巡漕御史德成奏准，嗣后，各卫帮船除失风事故等船应照厅茶果之例一体免交外，其余实在到通船只应交仓茶果银两，即转饬坐粮厅于应给余米价内照数扣抵。

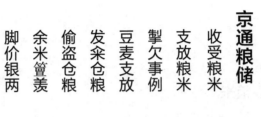

《漕运则例纂》 卷二十

《漕运则例纂》卷二十

京通粮储

收受粮米

一　正兑米一石原带耗米二斗五升,石、土两坝斛量起卸过坝,运进京仓内,除给运役五闸颠抗折耗米二升,实进仓正耗米一石二斗三升。仓中收受入廒,除正米一石外,收耗米七升,尖米四升二合,又耗上加收尖米二合九勺四抄,盘折作正新耗米三升,共收正耗平斛米一石一斗四升四合九勺四抄。如改进通仓,除耗尖米同进京仓外,多收盘闸耗米二升,京仓谓之三升,盘闸作正新耗米,通仓谓之五升,拨兑新耗米共收正耗平斛米一石一斗六升四合九勺四抄,其余八升五合六抄,旧例以三升八合为旗丁余米,四升七合六抄作仓中晒扬折耗,雍正四年题准,停止晒扬,将原备折耗米四升七合六抄令各仓监督于漕米进仓之时抽掣一二袋验看,如有潮湿,计其折耗,将未验明之米照此计算,下剩之米归入正项支销。

一　改兑米石原带耗米一斗七升,土坝斛量起卸过坝运进通仓,除收正米一石外,加耗米四升,尖米四升二合,又耗上加收尖米一合六勺八抄,共收米一石零八升三合六勺八抄入廒。如改进京仓,将正米一石内照例挖出二升以作五闸颠抗折耗,实收正米九斗八升,耗米四升,尖米四升二合,又耗上加收尖米一合六勺八抄,共收一石零六升三合六勺八抄入廒,其余米八升六合三勺二抄,照依正兑之例遵行。(《议单旧本》)

一　凡搭运无耗平米到坝起交,石、土两坝概以加二五红斛折算正米,起运进京通各仓,给发脚价,仓中仍照平斛量兑,收受入廒。(《议单旧本》)

一　起运德州仓粮改兑平粟米到通,如坐京仓石坝,照例以加二五红斛量兑折算正米,起运进仓,给发脚价;如坐通仓土坝,照例以加一七红斛量兑折算正米,起

440

运进仓,给发脚价,仓中收受仍按平斛米数入廒。(《议单旧本》)

一 康熙四年题准,京口兵米二十一万石,应照收受漕粮定例,每正兑正米一石加耗米二斗五升,改兑正米一石加收耗米一斗七升。

一 康熙七年户部覆准,正兑米或改进通仓、或河兑者不经盘闸,故将盘耗米五升作正入廒;若由五闸转运京仓,不无折耗,若将盘耗米五升作正入廒,则经纪势必多取于官丁,官丁势必派索于地方,将此耗米五升不必作正入廒。

一 豫省漕粮并改征之豆石例有二八耗,向来均以红斛二五收受,所有每石三升边耗米豆从不起卸,在各丁进仓三升八合余米豆内照数扣抵,是原运每石三升边耗皆归旗丁。乾隆十二年议准,嗣后,该省随正边耗粮米豆三升,照数起卸交收,其应得之三升八合余米、余豆照例折给价值。

一 起卸漕粮遵照定例,平斛响挡,禁止淋尖踢斛,除个儿钱二十二文之外,不许需索分文。各衙门官役饭银照奏明定数收受,倘有额外多收情弊,仓场访实,依律治罪,仍刊置一单颁发。各帮运官如漕粮进仓不挨次序,故为搀先挪后,勒掯索诈,许弁丁据实填报,从重惩处,如运官捏饰填报,容隐事发,一并题参。(《议单旧本》)

一 漕粮抵坝令坐粮厅验明米色,方许经纪车户等运送各仓收受。(雍正七年例)

一 各仓收贮漕粮定例每廒额贮一万一千六百石,雍正六年归并加添,雍正七年仍照原额收受,乾隆三年奏定,每廒收贮概以红斛一万石为则,乾隆十四年奏准,每年收受米石各派一万一千石存贮。

一 顺治十三年户部覆准,各仓进廒漕米俱系按年给放,其有新米须各贮一廒,不许入在旧米廒内,将收过米数并验收监督及经管仓攒姓名于每年月日收贮开写明白,贴在廒门,仍注明循环簿上报部。至陈米浥蛀,经管、接管各官并节年专管仓场一并交吏部分别议处,其经承攒役,仓场严行处治。

一 乾隆三年户部议准,各仓因陈米亏缺,多将新米派拨陈米廒内收受,希图交代卸责,大为滋弊! 应令仓场于进米之时派定廒名,即将陈廒封固,俟进米完日,该侍郎亲赴各仓,照会典定例,将新贮米石丈算核足,再许更换封条。如进米之时适逢放米,令该监督等将挨陈应放之廒开报仓场,派员拆封监放。倘敢故违,即行指参。

一 雍正二年户部覆准,仓场旧例设有循环簿开列管收除在数目,嗣后,应行令各仓将重复廒名即行更正,各廒米色实数登入循环簿,以备查考,如有仍前不符情弊,查出,将该监督指名严参。

一　雍正六年奏准，漕粮运送各仓向例止有收受揭帖，必俟收完粮米清算之后，于年终始将揭帖呈送。今应于收受揭帖之外，设立连三编号印单，于收米后，十日内一移坐粮厅核查，以便算明详请篿羡余米等银，一送仓场衙门核查，以清申详内冒销错误等弊，一留该仓备案，以便磨封。揭帖不得任意增添，其各仓所送揭帖应令挨次编号，揭内注明"并无洗补"字样，并填写经承姓名。至呈送到日，即照号数粘连于骑缝之中，俱钤仓场衙门印信，每仓粘成一卷，以杜抽换。至仓场循环簿，俱由各仓造送，多有舛错。查奉甲米石及一切零档俱由部咨五城通州籴卖，米石俱有该城司及州官印册，按此磨封循环，方可不致虚冒。今将部咨印册每仓按季粘成一卷，于骑缝之中钤用仓场衙门印信，俾磨封循环，确有根据。

一　粮船到通例由仓场衙门坐派分拨各仓收受，向来随意派拨，米色不均。雍正六年奏准，先将各仓稉稬粟米配搭均匀，先尽京城七仓及通三仓当堂轮流签掣坐派，俟天雨泥泞之日，再拨水运之太平、万安两仓。

一　京通各仓收受粮米，顺治十三年题准，以红单到日为始，中间晒扬收受，定限十日报完，如过限不完，即系留难揸勒，仓役提究，监督听参。

一　康熙三十九年因漕船到通抵坝，不速行搬运过坝，以致后船不得前进，迟误月日，奉旨：差户部章京一员、御史一员前赴石坝监看，速行搬运过坝，米数每日登记注册。钦此。

一　康熙四十五年户部议准，漕船抵坝应令仓场严饬坐粮厅，责令经纪、车户、仓役人等作速收受，即发红单，如有违例刁勒、需索等弊，即行严加治罪。倘坐粮厅不行查出，仓场侍郎即行题参。

一　通仓例进稬稉米十五万石，乾隆二年因河南开浚运河，回空赶早起米亦须紧速，奏准将本年抵坝漕粮多坐通仓五万石，后不为例。

一　改兑稬米二十三万石，从前原贮通仓，雍正四年，因通仓稬米数多，廒座不敷，奏准运进京仓。乾隆三年，因通仓旧存稬米无几，不敷支放，奏准将改兑稬米每年派贮通仓十三万石，其余仍进京仓。

一　通仓每年原派拨兑收稉米一十五万石，乾隆四年，查各仓稉米存积过多，奏准将通仓坐拨之稉米暂行停止，改进京仓收受，俟陈米放完，再请酌拨。

一　乾隆四年仓场奏准，通州三仓收受稬米每年坐派一十三万石，今稻米歉收停运，应将稬米增拨二万石，以供支领。如遇直隶营田稻米丰收，采买运通，仍以稻米支给，毋庸增拨稬米。

一　康熙六年户部题准，运送到桥，米内搀水，该管监督于收受时不行确查，坐粮厅亦未经察出，均应议处。再前项米内亦有外河船底进水潮湿，其通州州判亦应查议,所有稽察五闸催粮官役及防查官兵并运米经纪亦应一并从重处治。至仓场侍郎及巡仓御史不行查出,均照例议处。

一　雍正五年议准,嗣后各仓收米有少进多出,以致亏空者,书攒、头役俱照侵欺钱粮之例,比监督减一等治罪,其亏空米石着落监督赔六分,书攒赔二分,头役花户赔二分,勒限一年赔补全完。如限内不完,着地方官将家产变赔。

一　雍正二年仓场奏准,各仓有亏折余米者应照议定老米七钱、稜米六钱、粟米五钱例交与该旗,该地方官勒限一年将满汉监督等严追,如限内不完即行题参,从重治罪,着落家产赔补。

一　收粮斛面旧例将供用库原存红斛与通州铁斛较掣酌量减改,作为定式。顺治十二年题准,制造铁斛,颁发仓场量兑,永远遵行。康熙四十三年题准,坐粮厅衙门受兑进京各仓米石向例用加二五红斛受兑,进通仓米石向例用加一七红斛,仍令照旧使用。

一　顺治十二年户部奏准,改铸铁斛二十张,户部同仓场较准,存部一张,发仓场总漕北直巡抚及各省布政使等衙门各发一张,仍令各该抚藩司照样转发,各粮道并各府州县每年较掣,永远遵行。

一　乾隆三年户部议定丈算仓廒唯凭斛尺,其收受贮仓之米,新收者米质浮松,旧贮者米质沉实,自应分别量斛。从前讹用算书二五之法一例盘量,致有不符,今照会典积方之法,酌定三年以内,仓贮米石每见方一尺核算该三斗一升六合;三年以外仓贮米石每见方一尺核算该三斗四升;其将近三年或二年零数月者,应照三斗二升八合之数丈算,统交与工部。照《会典》所开营造尺铸就铁尺十七根,户部及仓场衙门、京通十五仓各存一根,行令仓场,嗣后查仓交代,俱照依此尺丈量核算,如有违者,即行参究。

一　乾隆三年户部议定,收受漕米例用斗斛,若令各仓自行修整,不行查验,恐不肖官役大小其制,多入少出,其弊滋多,应交仓场侍郎将各仓斗斛与部颁斗斛一一较准,于口面处所包钉铁叶烙盖火印,查有参差者立即销毁,并饬各仓嗣后修造斗斛俱令呈报仓场侍郎验准烙印。倘不行呈验,擅自私用者,或经仓场查出,或别经发觉,将监督题参议处,仓役严拿究治。

一　乾隆五年仓场奏准,各仓收受粮石应用木斛升斗照部颁格式成造,所需木料向系随漕板木内动用,每斛一张工匠铁叶共计价银七钱,三年更换一次。京通十五仓内唯通州三仓及本裕一仓所需工价于轻赍银内支用,造入通济库奏缴册内报销,其京城禄米等十一仓前项工价系监督等自行捐垫,例不画一,应照例将十一仓成造木斛需用工价银两一体归于通济库内支销。

一　各仓造作铁斛一张,定作样斛,各旗派往放米人员将木斛较兑样斛,一律兑放,止许平斛响挡,不许簸弄歪斜,淋尖踢斛。(乾隆三年例)

一　定例各省漕粮每正米一石外,有原带耗米四升七合六抄,改兑米一石外,有原带耗米四升八合三勺二抄,以备抵坝晒扬折耗,如抵补折耗有余,准给旗丁,谓之长报余米。

一　雍正四年户部覆准,漕粮抵通遇有失风挂欠米石,除将本帮余米抵补外,其下欠米石次年搭运抵通,每石止收平米一石一斗四升四合九勺四抄,改兑止收平米一石八升三合六勺八抄,不再收晒扬折耗之米,原属轸恤旗丁之意,若未失风而挂欠则非系水次折干,即系沿途盗卖,既已尽归私囊,未便又免收晒扬折耗之米,嗣后,凡非失风而挂欠者,次年搭运仍收晒扬折耗之米。

一　乾隆十七年奏准,漕粮到通自雍正四年停止晒扬,将原备晒扬之四升七合零尽数交纳,是此项米石既已作正交仓,若仍尽力晒扬,则原备之米已皆折耗,自不应额外重出,苦累旗丁。嗣后,除搀和霉变者照例参处外,其余抵坝米石如果验属干洁,无庸晒扬者,即照例起卸收受,将原备晒扬之米一并交纳作正支销,如米色潮湿过甚,仓场即会同巡漕等官验看晒扬,计其折耗若干,将原备之米补足,免其额外交纳,仍有不敷,责令买补,如抵补有剩,仍归正项交仓。

一　乾隆十八年户部议覆,到通漕粮如米色潮湿过甚,原备晒扬之米不敷折耗者,从前原议止议不敷买补,并未议令于余米内买补,嗣后,晒扬不敷米石应令弁丁在通购买各帮回空余剩食米补交,如无食米可买,即照起欠之例于次年带运赴通交纳。

一　乾隆十八年议准,漕粮抵通有潮湿米石,责令自行晒扬,按数准买别帮食米赔补,如补不足数,即照起欠例将弁丁参处,米石下年搭解完交。

一　乾隆二十年户部覆准,漕粮抵通潮湿米石,乾隆十八年议定责令自行晒扬,按数买补。此专指米石在坝而言,并未将入仓验耗之例指明停止。嗣后,抵坝晒扬、进仓抽验应二例并行,仍令仓场严饬各仓监督于新漕进仓之际悉心查察,毋致花户人等暗中滋弊。其实在抽验折耗米石出具确切印结,据实报部查核,仓场侍郎亦不时亲加确访,如有以少报多,希图掩覆侵亏情弊,立即指名参劾,照例追赔治罪。

一　雍正七年户部覆准,嗣后收受席片不许借端混行朴责。又漕粮抵坝坐粮厅细验米色,方许经纪、车户运送各仓收受,该仓毋许假借晒扬名色扣减旗丁回空饭米。如有应讯之事,许各仓备叙原由,移会坐粮厅转讯移覆,不许擅行差提,借索票规,违者查参议处。

一　完呈一项，京仓十日、通仓七日收完米石之后，限五日内即行给发，仍将收米并给发完呈各日期详报御史，按限注销。如有掯勒违限，即行参奏，或有将米数故意错填，至令驳换，捱延时日者，官则记过一次，吏则重杖责革。（雍正七年例）

一　给发完呈，雍正八年议准，统以十五日作为定限，如有藉端需索掯勒之弊，即行参处。

一　漕米分坐各仓，进仓之后，将入廒米数按仓开造，送厅移仓钤印，名小完呈。各仓将小完呈钤印移厅，仍发弁丁，将各仓收受正改耗尖等米汇总攒造，投厅验发，名大完呈。乾隆十七年部议，进仓之后入廒收受米数系各仓并坐粮厅办理之事，今若令各帮弁丁复造大小完呈，不特无此体制，且徒滋藉端驳诘，殊多扰累。至架册系各仓移送京畿道刷卷之案，更非帮船应办之事，实属具文。嗣后，各省帮船查造大小完呈、架册一概停止，如有仍借造册名色私勒苦累帮丁等弊，立即查究。

一　雍正十二年户部议准，全单一项原系填注各帮之米数，例由仓场总督查封明白，饬令该运弁亲赍赴科查验印发，以便回空呈缴稽核。嗣后，将全单令运弁亲身赴科呈验，毋许书役经手。

一　乾隆十七年户部覆准，各省漕粮抵通交卸完日，投验全单，原以稽查完欠，但仓场部科京通间隔多路，若统限五日验给，则文移往返，辗转需时，亦难如期给发。嗣后，将各帮米席收受通完，即于三日内呈明仓场，将全单钤印，仓场亦于三日内送户科，户科于五日内送户部，户部于五日内验明钤印，令该弁亲身赴部，当堂给领，即令回次，毋许需索。

支放粮米

一　京通各仓所收漕米不及一月者，不准递减，一月之外，每石每月于尖米内递减折耗米一合一勺六抄，以三十六个月为止，此外不准递减。至内仓收贮之白粳糯米每石每月准递减二合七勺七抄七撮七圭，西中南三仓收贮之白粳糯米每石每月准递减八勺三抄三撮三圭，其所贮之糙粳米每石每月准递减二合七勺七抄七撮，各仓照此递减报销外，余俱作正支放。（《议单旧本》）

一　支放官兵俸饷米石旧例春季自二月起，秋季自八月起，限三个月放完。康熙四十三年题准，八旗俸饷米石秋季改为十月放起，以部档到日，限两个月放完，春季亦限两个月放完。康熙四十四年题准，将每岁应放兵米匀作三分，自春季二月起至秋季十月共八个月，米石作二分，俱于二月分支领，自秋季十月起至次年春季二月共四个月，米石作一分，于十月分支领。雍正元年奏准，官员两季俸米于二月、八月初一日放起,兵丁三季甲米于三月、七月、十一月初一日放起,均限两个月放完。乾隆二年议准,兵丁甲米改为四季,于二月、五月、八月、十一月放给。

一 雍正元年钦奉谕旨:将八旗米档送部各日期记明奏闻,其舛错驳回者,从另送册之日扣算。钦此。

一 雍正三年[1]钦奉谕旨:遇支放甲米之时,雨水稍多,道路泥泞,即宽限一月放完,永为定例。

【校记】

[1]《丛刊》本作"四年"。

一 乾隆二年奏准,京仓秋季甲米例应七月开放,因现在添建廒座,将本年三季甲米于六月初一日开放。嗣又因六月开放,冬季照例关支,恐难接济,将次年头季甲米于本年十月内支放,每二季甲米仍于二月支放。

一 乾隆二年京师米贵,钦奉上谕:将八旗兵丁借给一月米石部议于十二月初一放起,限岁内放完,于戊午、巳未两年秋冬二季米档内均匀扣还。

一 乾隆六年,仓场因京仓新旧廒口逐年收受充盈,各仓空出廒座不敷收贮,请将第四季甲米于七月十五日先行开放,并本年漕粮除进京仓各空廒收受外,其余米石不论粳稄,不拘数目,派进通仓,俟京仓放完甲米后,再将后到之粮派运京仓收受。

一 乾隆八年四月逢闰,户部议准八旗甲米所有第三季米石五月内应放者早放半月,于闰四月十五日开放,第四季米石八月内应放者早放半月,于七月十五日开放。

一 乾隆九年京师米价昂贵。钦奉上谕:将次年八旗春季甲米向于二月内给放者,改于正月初十日放起。嗣户部议准,第三季甲米改于四月初十日开放,第四季甲米改于七月初十日开放。乾隆十一年闰三月部议亦照例早放,并将俸米亦早放半月。

一 乾隆十七年钦奉谕旨,议定章程,分别旗分,按月轮放。镶黄、正黄二旗于正月、四月、七月、十月支放,正白、正红、镶白三旗于二月、五月、八月、十一月支放,镶红、正蓝、镶蓝于三月、六月、九月、十二月支放。

一 乾隆十八年奉上谕:王公大臣官员俸米,将明年春季俸米预给一半,于本年三月初一日起陆续支放,秋季俸米预给一半,于本年八月初一日起陆续支放。钦此。

一 康熙二十四年议准,京通各仓监督支放米石,春季限四月内放完,秋季限十月内放完,完日将实数报部。如押旗领米之章京等不督率领米人夫挨次支领,挨延日期者,监督等即报仓场题参。如监督推故不行开放,或月限内不放完者,仓场侍郎指名题参。

一 康熙二十四年题准,嗣后将新分佐领、披甲及新添披甲人等春季以三月分曾得钱粮者,准其支给米石,秋季以九月分曾得钱粮者,准其支给米石,如三月分、九月分未得钱粮者,一概停给。

一 康熙四十三年议准,定例各仓监督等支放俸饷米石违限不及一月者,罚俸三个月;一月以上者罚俸六个月;二月以上者罚俸一年;三月以上者降一级留任。嗣后,派出旗员监放米石,不行严催,领米之人赴仓挨延时日者,照仓督例查参议处。

一 八旗俸饷并包衣浑托和米档每季俱限上月初十日以内咨送户部,转咨仓场,照例两月支放全完。如限内不完,将监督并监放旗员一并题参,违限一月者罚俸一年,违限二月者罚俸二年。如每季上月初十日以内米档不行送部,该旗即将造册迟延之官题参,交部议处。(康熙五十六年例)

一 乾隆十二年户部奏准:定例官员俸米册档春季于十二月十五日以前,秋季于六月十五日以前送部。兵丁钱粮册档于上月十五日以前,甲米册档于上月初十日以前送部。又大档过部,新放人员凡有原俸、原饷可支者停其赴领,如无原俸、原饷可支者,春季在正月三十日以前,秋季在七月三十日以前,俱准造册补领。再俸饷大档过部之后,告休身故者不令裁扣。嗣后,官员俸银、俸禄米总以十二月十五日、六月十五日定为过档,定限分别关支裁扣。如官兵升转在定限以前,准其支领新任俸饷,在定限以后不准支领。其告休身故在定限以后,准其支领银米,在定限以前不准支领。

一 各仓支放俸甲米石以每季首月初一日作为开仓定限,如官兵降革在每季初一日以前者,概行追缴,如在初一日以后者,即行免追。(乾隆十二年例)

一 各旗逃走兵丁应缴米石定例预行报部,将米折银两暂贮旗库,次年三月汇交,不得陆续交纳,遗漏舛错。如有不照此例办理,以及送档开仓任意迟延逾限违误者,将经管之员题参,照例议处。(乾隆十二年例)

一 包衣佐领及八旗兵丁应领米石数目,各仓监督酌量天时长短,计一日之内可放米若干石,预行出示晓谕,仍于本日尽数发完。(雍正十二年例)

一 汉官俸米按季支领,春季者不得过秋季补领,秋季者不得过来年春季补领。如过期补支,查明注销。(乾隆十八年例)

一 康熙五十六年议准,定例官兵俸饷米石既已造入档内,行仓者虽有升转,不准添补。其病老告休物故者亦不令裁扣。如获罪革退者仍令该旗移咨宗人府、吏部、兵部、户部裁扣。至世袭官员病故，未袭职以前有妻子者，准食半俸银米，已袭职未及年岁者，仍准食半俸银米，已及年岁上朝者，准食全俸银米。又承袭官员病故，应有袭职，若无应袭之人，而有妻者，仍准终身食半俸银米；如无妻者，停其支给俸禄银米。承袭已完，原立官得功之人有妻者，照例终身食半俸银米外，其承袭已完之人有妻子者，只准其食半俸银米一年；如无妻子者停其支给。再原系兵丁升官者，仍照旧例食钱粮，至得俸，裁去钱粮。兵丁如有病老告退物故者，原应裁革钱粮，嗣后，已入钱粮档内送部者，停其裁革，仍给原人，顶补之人将下月钱粮支给；如获罪革退者，令该旗仍行兵部、户部裁扣。

一　雍正六年奏准，京通各仓开放俸甲米石各旗遇有应行裁扣之米，有先期咨明户部知会者，令该监督将米石扣留存仓，其已经领出而该旗知会后到者，应移咨户部，照漕米折价之例，粳稜米每石一两四钱，粟米每石一两二钱，令该旗照领出米数折银解交户部。

一　雍正十二年户部奏准，八旗兵丁钱粮俱系按月关支，兵丁米石俱系预领一季。嗣后，如有老病辞粮以及病故兵丁仍照旧例免追外，其革退逃走兵丁所领一月之钱粮，即以革退逃走之日按日追缴，其领过米石则按月追缴。如兵丁一月内革退逃走者，追缴后三个月米石；两个月以内者，追缴后两个月米石；三个月以内者，追缴后一个月米石；三个月以外者，免其着追，并将追出之钱粮暨米折价银即行咨部交纳，毋庸造入下月钱粮档内坐扣，致滋蒙混。

一　雍正元年议准，嗣后，京甲米档务于各佐领下总数之内将三色米石分注粳、稜、粟米若干石，通仓俸米六色亦照例分注，及各处零档米石俱注明米色，移送户部，查核转行给发，令监督按色支放报销。

一　八旗兵丁马甲辛者库口粮米石、顺天乡会场所取米石、内仓应用米石及满汉廪粮、兵丁行粮、礼部咨取太监米石、光禄寺鹅米、象户喂象米以及散给囚粮俱支给老米，其五城赈粥、兵部箭匠、工部官作织染局匠役等项概行支放稜米。（雍正元年例）

一　八旗米石每季三色支放，按十成计算，粳米五成，稜米三成五分，粟米一成五分。（乾隆三年例）

一　每季支放米石乾隆三年议准，嗣后，各仓放出米石如果不堪日食，该参领现在监放，即将米封贮，一面报明仓场，一面报明都统，公同确估成色，方行具奏，总以米质之好否、成色之高下作为定评，不得藉米色二字妄启争端。

一　通仓支放官俸六色米石，内粟米一项雍正六年发帑采买，直隶营田稻米抵粟米支放，乾隆四年直属歉收停止采买，支放不敷，奏准以稜抵稻，俟直属丰收之岁,仍令采买稻米支给。

一　各衙门笔帖式岁领俸米向例通仓支放,因所领米数无多,赴通支领往返车脚糜费更多,乾隆四年奏准,令在京仓按照二八月关支。

一　通仓节年存积白米数多,日久减色,乾隆七年奏准,将王公大臣官员俸米内应放稄米一项全以白米抵给,俟陈米完日奏明停止改抵。

一　内仓收贮白米甚多,乾隆十一年奏准,将在京满汉文员俸米改赴内仓关支,放完陈米后,再请停止。

一　八旗甲米定例粳稄粟米三色搭放,乾隆九年查各仓存贮米石,粳米数多,稄粟米不敷支放,奏准即于本年十一月开放乙丑年第一季甲米起,至次年七月开放第四季甲米,全给一色粳米,一年后照旧三色搭放。

一　八旗官员支领俸米,每一佐领给票一张,持赴仓场验明,按照给发。(雍正七年例)

一　各仓设立循环簿,旧例将粮米放收数目尽行开入,雍正六年奏准,将一切支放籴卖米石按照部咨及各该城司并通州知州各印册,逐一磨封,勿许舛错。

一　雍正四年议准,嗣后,放米之时,各仓于印票之外,再设印簿二本,一令攒典于出票时填写人名、米数,一存监督案前,于验票出米时,令书办当面照票填写,至晚将各票簿逐一查核明白,监督亲将案上印簿同印票一并收存。

一　乾隆四年议准,定例开放米石之时,每旗派押旗参领于放米前一日将应领各佐领管领下米石数目并领米人等若干数目开写清单,交与该监督按照数目一样起票三张,领完米后,将一张交与满监督,一张交与汉监督,一张交与监放监督,各照稽查出仓之米石,并查一日内共起多少票张,三处监督合对无差,真假立辨。嗣后,内务府上三旗包衣人等各佐领管领下所有之护军披甲、拜唐阿、苏拉、匠役、太监等应领米石俱照此例行。

一　八旗内务府各佐领管领下按季关支米石之时,应于关米前一日将各佐领管领下领催并领米兵丁花名开单,钤用该佐领图记,带赴仓内,呈交押旗参领,逐名查点进仓,仍令该参领并监督各将所属人等先行稽查外,并令将查点领米进仓之人彼此互相查察。如监督所属人役作弊,参领查出,立即呈明该管大臣参究;如参领所属人役作弊,监督查出,立即呈明仓场侍郎参究;其闲散官员、骁骑校等仍令在仓门巡查,约束车辆,挨次排行,毋许争嚷。(乾隆四年例)

一　乾隆十三年议准,嗣后,八旗兵丁领米之时,将应领米数造册咨送户部,转交监督照册支放,领米之日,将各佐领下米数并进仓领催之名开列清册,该参领、佐领押用关防图记交给放米监督监收,仍令派出放米参领,会同该监督将领米、领催本佐领人等车夫放入,若档内无名之领催则不许擅入。再印档行后,逃退兵丁应领米石存仓,如俱用印一时不便,仍照例押用佐领戳记存仓,其存仓数目另补行用印。

一　各旗官兵俸甲米石例应造具印档关支,惟本裕仓看仓官兵应支米石各旗向无印档,原案无凭查造,乾隆元年咨行原派拨之各该旗,嗣后,照例另送印档,移送户部,验核数目,札仓支领。

一　京通看仓兵丁米石均系随同甲米支放,惟本裕仓正黄旗看仓兵丁应领米石系随同各该旗官俸米于二八月关支,乾隆元年咨行,各该旗嗣后看仓兵米随同甲米入档,送部札仓支领。

一　储济仓廒座最多贮米,较各仓年分亦深,每年各项零档米石向来札放甚少,乾隆十四年咨行,嗣后,统照各仓之例将每年应札零档米石一体札放。

一　储济仓存贮粳米甚多,乾隆十五年咨行,应将各仓应放稄粟二米全以粳米抵给,并将领米最少之包衣三旗停其在该仓阄掣,俟次年再行照例开放。

一　康熙元年题定,每次放米户部差每翼章京一员、每旗笔帖式一员并旗下章京一员到仓,同原差委仓官笔帖式一同监放,若通同搀和糠土并湿烂米石,仓场侍郎即将经管官员笔帖式交与吏部从重议处,并将户部所差之章京笔帖式一并题参议处,作弊人役交与刑部从重治罪。至各该旗之领米佐领、领催并家人仆役若将已领出仓好米私自搀和糠土分给以及偷盗米石者,亦送交刑部从重治罪。

一　康熙元年议准,搀和之弊有糠土、有浥烂糠土,自当严禁,而烂米向有开除,应照放完米石之廒计算,果有浮于开除之数者,查系某年月日某监督所收之米,核明题参,责令赔补,其仓中铺垫板木、芦席应随米交仓,不许仓役折银,以致米石贴地潮湿易生。

一　雍正七年钦奉上谕:令八旗都统通行传谕该旗并令仓场出示晓谕,若赴仓领米之时,其所得之米果有搀和灰土等弊,令其当时在仓将不净之米交与该监督封贮,或到仓场侍郎处,或到巡仓[1]御史处据实陈明,即行查究。倘有希图作弊与仓前人役等暗中讲求纳财行贿者,一经发觉,将与受之人一同治罪,决不姑贷。钦此。

【校记】

[1]《丛刊》本作"漕"。

一　康熙二年议准,各仓放米原有挨陈之法,乃仓役任意更换,一廒未完,复开一廒,存旧添新,廒底节年不清。嗣后,如有此等情弊,即行题参议处。

一　雍正七年议准,仓场将挨陈应放之廒掣签开放,倘不行掣签,纵容仆役受贿卖廒开放者,一经发觉,除将家人衙役究拟治罪外,将监督照失察家人犯赃例议处。

一　乾隆十七年，因稽查各仓亏缺，户部议准，将京仓八旗兵米并官俸役食米石每月关支，止开一仓，先尽一仓放完，再开一仓，以次关支。三年之间禄米等十一仓均可从容放完，不须丈算，而仓储之盈绌皆可得，其实在弊端亦易剔除，其放出空廒以次收贮新漕，俟各仓通完，仍按收漕先后挨陈开放。

一　康熙六十一年题准，王公以下支领米石俱按年分、按廒支放，如有仍前拣占廒座、不领半廒好米等处，仓场题参，将领米官员交与该部严加议处，每旗仍派出参领一员监放。如该监督等不将好米支给官兵，抑勒掺杂坏米，领米之章京等即报仓场题参，将监督交与该部严加议处，放米之例俱于两月限内领完，逾限两月即行停给。倘该监督等抑勒领米人员，两月内不行给发者，仓场查明题参，严加议处。

一　乾隆三年奏准，每年春秋二季领俸米人员多在通州售卖，而米局商贩贿讬仓役，领米之时，撞斛多量，应令仓场侍郎严行访察，如有此弊，将与受之人拿送刑部，从重治罪。仓场不实力查拿，别经发觉，将该侍郎等一并题参，交部严加议处。

一　八旗兵丁四季支领米石，例系佐领、总领分给，乾隆三年题准，将每年头二三季三色米石总数以斗为止，撒数以升合为止，其抄勺畸零尾数并入第四季核总支领。

一　各仓廒座开放米石之时，每一佐领须挨顺次序支放领收，一佐领放完，再放一佐领，如有将车辆拥挤仓门，擅自偷窃并点火吃烟者，该监督即行拿送刑部治罪。（顺治十六年例）

一　各仓放米之时，不许闲杂人等在仓买卖物件吃食，倘有串通书攒、仓役包揽粮米者，该监督即行拿送刑部，从重治罪。（顺治十六年例）

一　各仓铺设供给等项不得丝毫派索仓役、承值，如有违者查出题参，计赃科罪，其在仓监看放米之章京日用盘缠概令自备。倘与仓役勾通需索领米之人，娄收入橐者，查出参处，俱计赃科罪，该监督不行查察严拿，一任需索，毫无觉察者，一并查参，交部照失察衙役犯赃例议处。（雍正七年例）

一　海子瓮、山京圈各王府马、鹿、骡等圈米石旧例各仓监督分运，雍正二年奏定，户部查明应领米数札知各仓外，另给印票付领米人员，持票赴仓支领，各监督查对米数相符，即雇车辆照数放给，不必着令头役押送。如有需索加米掯勒等情，许该监督揭报题参。

一　开放大档，每旗向派参领一员，带领骁骑校等赴仓管辖，旗人监看支领，但放米之时，押旗参领多有不到，不无虚应故事。嗣后，派出参领须每日赴仓管辖，并司监领将所放米数呈报都统查核。至各旗所领米石粳稄粟三色有一车载出者，米色虽分而米数难稽，增粳减粟易于业奸，嗣后，三色米石令押旗参领按米数分载出

仓,以杜混淆。(雍正八年例)

一　雍正十二年奏准,嗣后,王公包衣、佐领及浑托和下披甲人等关领米石时,止许披甲正身一名跟随领催到仓领米,以下棚食人等毋得拥挤进仓。

一　八旗甲米旧例分京内八仓支领,雍正三年奏准添设万安一仓,将八旗之骁骑、校护、军校等应领米石另派一仓,同八旗甲米分作九处,公同掣签。雍正八年奏定,新添丰裕、储济二仓,将八旗之骁骑、校护、军校应领米石仍随八旗支领,共镶黄、正黄、正白三旗包衣、佐领、浑托和等米石另分为三处,同八旗甲米分作十一仓阄旗分放,仍将所放米数令各仓开列厫名并年分,五日一报。

一　雍正二年钦奉上谕:圆明园驻防官兵应领米石若来京城支领,路远又费脚价,着行文仓场应给米石备贮清河仓,于支领之日给发。官丁俸饷钱粮仍照常于各该旗佐领下造册,着章京护军校亲身赴领。钦此。

一　各仓监督二员,内派一员在厫口亲监支放,倘仍前偷安,立即指参。(乾隆十七年例)

一　康熙四十一年议准,嗣后,将留仓旧任监督色变之米听旗人验看,有可支放者,新旧监督公同支放,每季务放十分之一。如一年不放如数者,降职二级;二年不放如数者革职,戴罪完日开复。现任监督不力为督催,一年内不放如数者罚俸一年。如有不肖人员借放给旗人色变米石搀和烂米尘土者,仓场侍郎查参,交部议处。

一　乾隆二十九年户部奏准,每年支放八旗甲米约二百四十余万石,内粳米一百二十万余石,籼米八十四万余石,粟米三十六万余石。嗣因乾隆二十六年豫东二省应运粟米除缓征及截留停运外,运通粟米不敷支放,自二十七年至二十八年俱经臣部酌看情形,节次奏请,仍循旧例以籼抵给各在案。今查本年豫东等省实运进京各仓粟米二十七万九千余石,旧存粟米五千余石,除自本年六月起至十月放过外,尚存粟米十四万余石,约计仅足支放。至明年二月之用豫东等省新运粟米须三月中始能接续运到,臣等酌议请以明年二月起至五月止,八旗甲米内应支粟米仍照旧例以籼抵给,俟新运粟米全数抵通时,仍按本色支给。

一　气头、厫底,雍正十二年,查明京仓收贮至七八年米石及通仓收贮白米至五年,年分未深,每厫气头多者一二百石,厫底三五十石。通仓收贮至十年以外者多由露囤收入,厫底又未铺板,每厫气头多者六七百石,厫底多者二千二三百石;收贮至七八年者每厫气头多者五百余石,厫底多者二百余石。

一　雍正二年议准,历年开放大档,气头、厫底旧例原系拌匀支放,但恐有使钱之人未免高下其手,以致米色纯杂不一。嗣后,开放米石各仓监督务将挨陈应放之厫亲身察看，督令仓役拌匀，随拌随放，严禁仓役人等混行需索，如敢故违，或经仓场察出，或被提督衙门查拿，将仓役人等从重治罪，监督照失察例题参议处。至各厫米石每石原有递减米四升二合，可补折耗之数，若令上下拌匀，则一厫之米均属搀杂，恐不肖仓役人等借此将别厫成色米石并糠土搀杂放给，亦未可定，应令仓场严饬各仓监督不时严查，将派定应放之厫挨次公平支放，仍令八旗都统奉条例于放米之时派出贤能大员监放，饬令领米人等毋得故意班驳米色，并暗使钱文，如有此等情弊，或经仓场察出，或经提督查拿，将领米旗丁从重治罪，监放之员亦照失察例议处。

一　雍正二年户部奏准米石拌匀支放，倘监督等或将坏米多添拌给，于兵丁即属无益，其未经出仓之前米色若与旗人样米不符，都统即行题参。

一　雍正七年奏准，通州三仓春秋二季应支放俸米之前，仓场亲至各仓验看，所定成色之厫浮面成色之米令各监督盘出另贮粜卖，内有八成以上好米即行支放，其京通各仓王大臣未经验看之厫，偶有成色米石应令各监督申报仓场，验明发卖。

一　雍正十二年奏准，每开放一厫米石，通完之后，令监督查明气头、厫底米数若干，估定成色，并将该厫收贮年分逐一声明，仍委员查验确实，如果所报实系成色与现在各仓应有气头、厫底之数相符，即行咨部发粜，其有年分未久，气头、厫底为数过多，与现查各仓实数不符，立即指参。

一　乾隆七年奏准，将裕丰、储济二仓并储济分出之万安、东仓新收米石照京通各仓之例，气头多者一二百石、厫底多者三五十石之数，于开放时估定成色，报明贮厫年分，仓场照例委员查验，咨报发粜，其储济仓内乾隆二年添建新厫四十八座，收受米石甫经六年，气头、厫底仍照雍正十二年所定之数开报，俟乾隆十二年再照各仓一例办理。

一　康熙六十一年冻阻漕米七十万石，潮湿不堪，交卸之时经纪并不报明坐粮厅，仓场侍郎并不稽查题参，一载后米色变坏者六万余石，应令仓场将验看推卸之坐粮厅查明题参，交与该部严加议处，并查明变色米石六万有余，分别成色先行报部，内有可放之米于开放甲米时旗人愿领者尽其支领，可以抵粟者准其代粟支放，若不堪支者，发各厂粜卖，按成色米数着落坐粮厅并各经纪名下分赔。（雍正九年例）

一　雍正五年，苏、松、常、杭、嘉、湖六府粮米潮湿霉变有五成、六成、七成、八成不等，仓场奏请将五六七成之米发卖，将银发与总漕严追买补，分年搭解，其八成之米于开放甲米时支放。钦奉上谕：将八成、七成之米俱放甲米，六成、五成之米即委员同运弁旗丁亲看发卖，将价值发与该督抚粮道等采买好米，带运还项，其缺少米石酌议赔补。

掣欠事例

一 经纪运米到大通桥交与车户转运进仓,旧例每米五十袋抽掣一袋,一袋短少,余袋照数均赔,粳稬米每石折银一两四钱,粟米每石一两二钱,于各役脚价扣抵。雍正二年掣欠酌定数目,经纪系船运,每十万石定掣欠二百石;车户系陆运,每十万石定掣欠二百五十石;通仓系水陆并运,每十万石亦定掣欠二百石。此外,再有多欠,除将该役应领脚价银两不准扣抵外,仍照盗卖漕粮例治罪,并交与地方官严追,着落家产变赔。

一 雍正三年,因大通桥车户脚价不敷赔补掣欠,议准,将旗丁不得买抵之米准令车户以前项扣存银两照买余米之例分买抵欠,此外不敷仍照部议,每石一两四钱、一两二钱扣算。

一 雍正三年议准,定例漕粮自石坝起运进仓,欠二升者不赔。雍正二年,奉天、湖南、湖北三处采买米石,原未带有余米,难按例准销,但五闸之颠抗亦有折耗,应准给折耗一升。

一 雍正四年,户部议准买余抵补掣欠,嗣后应听旗丁本帮有欠抵欠,别帮有欠卖补别帮,卖抵之外,再有余剩,始令经纪车户买抵,如买抵不敷,仍照粳稬米每石一两四钱、粟米每石一两二钱。

一 经纪车户历年掣欠甚多,皆因粮石盛行之际,经纪车户不能亲身押运,假手代役所致,应饬令坐粮厅及大通桥监督遇有抽掣大欠之经纪车户,除将代役严行责比外,将经纪车户停运,俟交完大欠之后,再令转运。(雍正六年例)

一 乾隆三年户部覆准,运进通仓米石奏销案内详加核算,每石约掣欠七八合,嗣后,通仓每石准其掣欠八合,照七钱、六钱、五钱之例买余抵补,此外,若再多欠,仍照一两四钱、二钱之例,于现年脚价银内扣抵。

一 通仓收米抽掣米石,如有书攒人等勾通经纪将掣欠米数以多报少,私向折价侵吞肥己等弊,仓场总督严行访查,一有此弊,立即参究。(乾隆三年例)

一 石土两坝车户经纪运交漕粮掣欠米石,令仓场侍郎等将该役掣欠米价勒限六个月全完,如逾限不完,即将该经纪车户照盗卖漕粮例严行治罪,仍于各经纪名下变产赔补,并将承追不力各职名查参,交部议处。(乾隆二十五年例)

一 漕粮起坝、过闸,乾隆二十五年奏准,嗣后,经纪车户等掣欠在二百石、二百五十石额内者,仍准照收买余米例折银交库,即于现年着追,不得俟次年扣缴。

其每百石逾额在三斗以内者,仓场饬令坐粮厅着落各该经纪于当年买本色米石照数交仓,不准仍前折银。其逾额每百石至三斗以外者,除照数追米交仓外,仍严行责处。若每百石逾额多至五斗以上者,除追缴米石外,将该经纪等照盗卖漕粮例治罪。

一　乾隆二十六年仓场奏定,经纪转运漕粮掣欠之数节年逾额甚多,缘向来坐粮厅验米之后,经纪向丁船起米有无亏短竟不查察,直待运至大通桥方行抽掣,以致经纪串通旗丁,有贿买斛面之弊。今酌定经纪起米到坝,先在坝楼委官抽掣,如遇亏短,即行严究。

一　经纪雇觅代役押运到大通桥,向有串通船户偷窃之弊,缘掣欠米石止着经纪赔补,代役置身事外,乾隆二十六年仓场奏定,代役押运到桥如有掣欠逾额,即分别多寡,将代役责处枷示,并密差妥人于内外河一带稽查访缉,以杜经纪人等贿买斛面及偷盗等弊。

一　经纪掣欠向来皆在运务全竣之后始行核算追缴,积至数千百两,以致追缴不前,乾隆二十六年仓场奏定,凡有掣欠,令大通桥监督即日具报,饬令坐粮厅三日内完缴。

一　顺治十四年覆准,漕粮运至大通桥,该桥监督斛准交与车户,向因每户运米百余石拥至仓门,故立法抽掣一袋,验有短少,众袋照样同追,但此项掣欠必当时赔补,押令添足入仓,嗣后,应以斛少实数刻期补交。

一　顺治十六年户部覆准,车户掣欠题定新规,止以掣少实数刻期补交,但车户运粮人多,通同拥挤,不及多掣,不知短少确数,应循旧法,如一票装运十袋,即掣验两袋,一袋全足,五袋免追,一袋短少,五袋照追,如无现米赔补,即登记掣簿,将脚价扣抵。

一　康熙六年户部覆准,旗丁交仓余米例系该仓查明给还该卫。至于粮米起坝抵桥,起车抵仓,桥仓抽掣,所以防经纪车户等路途之偷盗。如有掣欠,即勒令赔补,或将脚价抵销。若以旗丁进仓有余之米石抵作经纪车户掣欠之数,必致经纪车户任意侵亏。今桥仓遇有掣欠,仍应于脚价内赔补。

一　掣欠之弊虽由于折价太轻,而自坝起卸,在经纪等意存短少,以图利己,在大通桥交收,又或吏胥需索,以少报多,冀多盈余。乾隆二十五年议准,嗣后,令仓场侍郎于石土两坝装运之时,责令坐粮厅较量平准,毋得任意短少,于大通桥各仓卸米之时,并令坐粮厅会同监收之员公平起卸,严禁书役等不许额外苛求,仍令巡视通州漕务御史不时留心稽察,庶掣欠多寡之数得以核实追缴。

豆麦支放

一　各仓收贮黑豆向来照米石之例递减，乾隆三年奏准，黑豆质本坚实完好，多系随收随放，间有来年存贮，并无折耗消蚀，递减之数不准开销。

一　八旗官员马驼应需料豆，每年九月回厂起，每马驼一只月给料豆一石，次年四月出厂放青停止。乾隆八年皇上恭谒祖陵，乾隆十年恭遇銮舆出哨，各旗马驼留京喂饲，奏准，四月以后酌量支给本色豆价，仍照例按数扣除。

一　关支豆石册档向未酌定限期，各旗造送迟早不一，兵丁不得及时支领。乾隆十年奏准，将八旗豆石册档于前月月底送部札仓，限每月初十日以内放给。如不依限期造送户部者，将旗员照造册迟延例题参议处。

一　乾隆十一年议准，马驼应需料豆或遇闰，三月年分则尚未出厂，若照例停给本色豆石，兵丁购买价昂，令于闰月半以前，准其支给半月本色豆石。

一　东豫二省每年运京黑豆俱随到随放，廒座易于腾空，向系南新、旧太、海运、富新、北新、兴平等六仓递年轮流派收，至储济、万安等仓廒座最多，不在派收豆石之内。乾隆十六年议准，嗣后，豫东二省运到豆石应派廒座最多之储济、万安、旧太、海运等四仓，均匀收受。

一　乾隆十八年奏准，黑豆各仓存贮甚多，应将在京王公满汉文武大臣官员各按品级酌定数目，令其承买，不愿买者，听其自便，价值照时价量为酌减，应缴银两在俸禄养廉公费并随甲钱粮内扣缴，每月准买之数，亲王三十石，郡王二十石，贝勒、贝子十五石，宗室公十石，一二品职任官十石，一二品闲散官五石，三品四石，四品官三石，五品、六品官二石。

一　乾隆二十年奏准，京仓收贮黑豆甚多，应将旗俸、汉俸内粟米一项改给黑豆，仍按原派分数支放。

一　豫东二省采买运进京仓豆石，乾隆三年议准，自通州转运脚价及颠抗折耗等费准照雍正二年奉天买运米石之例，每豆一石给抗脚价银一分七厘，经纪车户运价五分八厘，仓役脚价银六厘三毫零，每豆二石给席价银一厘七毫，于通济库轻赍项下按照给发，至五闸颠抗折耗不便援照运米之例，每石止准其折耗一升，仓场据实报销。

一　乾隆三年议准，买运东豫二省豆石抵坝冻阻以及冻阻在张家湾等处，雇车陆运抵坝，每石每里给脚价银一厘三毫二丝五忽，抵坝之后即交与经纪车户陆运进仓，不增脚抗等费，其余冻阻豆石留俟次年水运抵通，每船于开行之日赏给饭米银二两。

一　豫省漕粮改征麦石，乾隆十三年议准总以干圆洁净，照漕米例收受，即麦色黄白、颗粒大小亦准其一律兼收，倘有搀和潮湿等弊，即行指参。至进仓时，亦照收受漕米之例，抽掣验看，计算折耗若干石，将该丁船原备晒扬之麦石核算抵补，如有余剩一例作正支销。

一　乾隆十三年户部覆准，豫省运京小麦一万石，除内府应用之外，尚有余剩，不便久贮在仓，嗣后，新麦已到，即将余剩旧麦行令各仓发交各城，访照市价粜卖，所卖价银解交户部查收。

发粜仓粮

一　各仓久贮米石遇有附近地方米价昂贵，挨陈发往平粜，令新旧监督通永道、天津道公同监粜，将实价折报仓场，咨部查核，仍照所粜价值依限交部。（康熙四十二年例）

一　五城设厂发粜，成色米石派部院衙门官各一员，协同地方官监粜，止许零星粜卖，以防囤积，仍将所收银钱按月造册，一并交送户部查核。（雍正八年例）

一　雍正十一年奏准，五城领运通州三仓发给之米，每石限定脚价给银七分，其粜卖之钱解交户部库内，其一应席片、纸张等费每卖米一万石准扣销银三十两。

一　京城四乡添设八厂卖米，拨车运送脚价照五城领粜通仓米石例，每石给银七分，除小车等费银一分七厘毋庸按里添给外，其大车并夫役饭食银五分三厘，应按里计算支给。（乾隆二年例）

一　雍正七年奏准，将王大臣等查仓验看所定成色米石发与五城通州，亦照每年每石比时价减银五分，按成递减，照例派贤能司官一员监同粜卖，俟二麦登场，奏请停止。

一　雍正八年奏准，现今五城设厂粜卖成色米石，照春间价值按成递减，买米人多，拥挤不开，应于每城各添设一厂，通州原有一厂，亦添设一厂，照前派出部院衙门各官一员，监同地方官广为减粜，止许零星粜卖，每人不得过三斗，以杜囤积之弊，所收银钱按月造册，送交户部查核。又卖米既属零星，则买者大约多用钱文，恐米钱归库一时未能，散于民间，则钱价又恐高昂。查今春及现在卖米共解过钱一万一百余串，将来陆续仍解钱文，除户部奏准辛亥年饷钱以单月一成、双月二成搭放外，此项卖米之钱亦应于每月兵饷内量加支放，庶米价钱价两得其平。（此案又有请支放俸甲米石，春秋二季均先期一月支放，以平米价，已入支放册内。）

一　雍正九年钦奉谕旨：五城粜卖米石着春细粜卖。钦此。经户部移咨都察院转行五城,每城领米一万二千石,春碾细米,除耗米二千石作细米一万石籴卖,好老米原定价每石一两,稬米原定价每石八钱,今应按春耗之数,老米每石定为一两二钱,稬米每石定为一两,其粟米一石向系六钱,今定为七钱六分,仍严饬各厂卖米官员将米石尽春耗之数春碾细净,并将米样送部呈验,如有潦草冒滥等弊即行参处,其现在各城未籴完之好米亦照此例春籴。

一 雍正九年奏准,京通各仓共存历年漕白米一千三百五十余万石,计每年进京通仓正耗米四百余万石,请每年发漕米一百万石,给八旗米局并京通各厂照例老米一石一两、稬米八钱、粟米六钱籴卖,所卖钱文每局留一万串,交与钱局循环兑换外,其余解交户部于八旗兵饷内按解部钱数之多寡,同卯钱每月酌量三成、四成搭放,再有余剩将各衙门公费照例悉给钱文,倘遇截漕蠲免之年,将发籴米石量行酌减。今于京仓内八旗二十四局领米四十八万石,五城十厂领米四十万石,通州二厂领通仓米十二万石,分发籴卖,每一万石计粳米四千石,稬米四千石,粟米二千石,以此为则。若某局某项之米销卖独多,欲将此项米石增添支领,听其于所定数内通融计算,总于一年内均匀籴卖粳稬粟米一百万石。如遇截漕之年,户部会同仓场侍郎酌减,奏明每人买米不得过一石之数,以杜窝囤。至领米时盘量搬运,不无折耗,应照例准每石开销耗米一升。其拉运车价照五城例,京仓每石给大制钱三十五文,通州给大制钱二十文,即于卖米钱内动用报销,其各局厂籴卖米数俱令于每月底造册,同所卖钱文交送户部,定限一年各造具清册,送部汇核具题,再行分晰发籴。

一 雍正十年大学士鄂尔泰等奏准,京畿入夏以来,豆价腾贵,官兵养马拮据。查京通各仓现有变色稬粟米共二万余石,既难久贮,且宜于饲喂,应将此项米石分发八旗官米局内,照依成色定价卖与拴马官兵,预令各旗都统等计算各佐领下拴马若干匹,每月需米若干石,开明数目,着各该佐领在于各该旗官米局内领出分散,至关支马银之时,照数扣还米价。

一 雍正十一年仓场奏准,通仓存贮粟米二十六万五千五百余石,俱系康熙五十七、八等年之米,今颇有色变者,应令京通各厂先行领籴,其足成者每石价值六钱,其色稍变者,令该监督传唤经纪估报成色,与京通各仓原报成色粳稬粟米一例,按成减籴。

一 雍正十一年仓场奏准,将通三仓稬米一百万石发给五城通州米厂领籴,其足成者照雍正九年之例每石价银八钱,其成色不足者仍照例按成减籴。

一 乾隆二年户部奏准,五城设厂平籴,四乡农民入城买米,不无守候,请于京东通州城南、城北二十余里以内再行添设二厂,京北沙河一带设立二厂,京西芦沟桥一带添设二厂,京南海子南红门迤南、浑河以北设立二厂,各厂酌拨籴粟米五六千石,令仓场拨车运送,照通仓之例按里核算,发给脚价。至监籴等官咨各部院拣送司官八员,内务府司官八员,令各该堂官保送。每厂计派官三员,每日二员,会同该地方官在厂监籴,其一员轮流在远近村镇察访,如有囤积等弊,即行拿究。每厂计用书吏二名,斗级八名,夫役四名,着地方官拨给供役,所有官役饭食每官一员、跟役三名每日给银五钱,夫役每名每日给银六分,书吏每名每日给银八分,并令每届十日一次将所卖钱文米数报部解交。

一 乾隆二年左副都统御史陈世倌奏请,将雍正十一年仓场奏明未经领籴稜米八十余万石,令五城作速支领籴卖,并请钦点大臣会同仓场按厫验看,确估成色,分清数目,奏明成色,按色减价发籴。

一 乾隆二年奏准,四乡各厂籴卖米石原议仓场拨车运送,但恐一时车辆无多,耽延有误,应令顺天府委派干员协办,雇车运送米石。至各仓运米及厂内零星发籴,不无折耗,仍照五城卖米例,每石准其开销耗米二升。

一 乾隆二年奏准,四乡八厂平籴米石应令各厂银钱兼收,听从民便,通州运米脚价将该州厂卖米钱文行令地方官解交通济库,按照每银一两合大制钱九百文之例给发仓场,仍将收过钱文开销数目造册,报部查核,并令该地方官将卖米银钱报部解交。

一 乾隆三年奏准,五城现设十厂平籴,应令都察院将城内原设六厂移于城外关厢,每城派御史一员监籴。再旗人领得粟米多系籴去,每石不过卖银五六钱,应于此项兵米内借拨稜米一十八万石,交五城十厂平籴,所卖钱文拨交官钱局易银解部。将来兵丁应支粟米内酌量丰收之年,于秋冬二季将籴卖稜米之银每石折给八钱,于二年之内将前项动拨米一十八万石陆续扣贮,归还原款。至米厂内一切费用照现在五城卖米之例开销。

一 乾隆六年户部咨行京通各仓成色米石给发五城十厂,减价籴卖,其卖过钱文例于每月逢一、逢六投批,逢五、逢十查收,无论多寡,尽数具批,按期交纳。近见五城各厂俱不遵照办理,或将所领米石卖多报少,卖出钱文挪新掩旧,酌议颁发堂印循环簿每厂二本,计十一处,共二十二本,给发各厂,令其登填实存米数并逐日籴卖钱文,按月送部换给,仍照例一、六投批,五、十交钱,无论多寡,尽数批解。并咨仓场转饬各仓于户部核明发籴,文到之日,将各仓米石就仓厫左近地方按十一分匀,派令各厂各领一分,逐次造册报部,各城各厂亦将所领米数旧存若干、现领若干,逐次造报核对。如有不遵例办理,以及挪移亏空等弊,仓场并御史查明题参。

一　乾隆六年仓场咨准,嗣后,各仓气头、廒底米石应俟大档放完,咨部覆准之后,不必拘定仓口及城厂远近,惟照各仓米数多寡均匀派拨,如一仓之米为数过多,即分派两厂,如米数过少,即令一厂分领两仓,统以十厂计算,周而复始。惟本裕一仓其气头、廒底为数无几,酌派附近之北城领籴。至通州地方仅设一厂,通三仓气头、廒底每年约五六千石至七八千石不等,应尽通厂领籴之外,其余米石仍匀给附近之东南两城领籴,每仓约以三千石为则。

一　乾隆六年奏准,京通气头、廒底成色米石分发五城十厂,减价籴卖,应令各仓监督查有某廒成色米石若干,即为报明分派,如有米一千石,令五城各领二百石,移会五城御史,酌派领籴。

一　乾隆九年奏准,于四路同知驻扎地方分设四厂,其东路之通州、西路之芦沟桥、北路之沙河三厂各发米二千石,南路之黄村发米六千石,共米一万二千石,即令该同知就近经管平籴。通州一厂交通永道稽查,沙河一厂交坝昌道稽查,芦沟桥、黄村两路各派御史一员前往督察。其籴卖价值照户部上年十二月原定老米每石价银一两二钱、稄米一两一钱、粟米八钱,每人以买一、二斗为率。其黄村一厂接近永清、东安,准其卖与零星肩贩之人,但不得过于五斗,所卖钱文每大制钱九百文,准其作库平银一两,四路易银解部。奉旨:着照所请速行,仍照乾隆二年之例遣御前侍卫等即行前往,一同查办。钦此。

一　乾隆九年奏准,嗣后,成色米石一年分作两次发籴,其京仓夏秋两季并通仓春季留在十月以后严寒之时发籴,其京仓冬春两季并通仓秋季留在三四月间青黄不接之时发籴。

一　乾隆十三年钦奉上谕:目今,京师米价渐昂,且多闰月,兵丁支放甲米虽据部议,展早于七月下旬,但为期尚早,着照乾隆八年之例将京仓官米给发各旗,并五城米局减价出籴,以平市价,至开仓之日为止,该部遵谕速行。钦此。

一　乾隆十三年仓场奏准,于通仓稉稄米内各发五千石,在通州设厂平籴,遵照部定价值,稉米每石一两四钱,稄米一两二钱,每银一两收大制钱七百七十文,易银解部,俟八月开放俸米之期,再行停止。

一　乾隆十五年奏准,京师五城每年自十月起至次年三月止设厂煮粥,赈济贫民,所用米石乃系闸坝撒落扫收之米,灰土夹杂,难于下咽,请嗣后给发十成稄米煮粥,其扫收土米归于各城成色米石内籴卖报部。

一　乾隆十六年奏准,春季俸米放完,余剩气头、廒底成色米石例应十月后发籴,今通州米价昂贵,应移早数月籴卖。

偷盗仓粮

一　运河两岸庄头人等凡漕船过处不许近靠船侧,并勾通剥运船只人役,倘有盗卖、盗买米石情弊,事发,该管官一例治罪。(顺治八年例)

一　每岁各省漕船抵通,民间贩卖杂粮船只,一概不许拥挤并停泊土、石两坝,其东关店房不准买卖粳粟二色米石,以防盗卖之弊。(顺治六年例)

一　凡漕粮进仓,纠伙拦路、戳袋、挖仓、越墙偷米者,旧例数满三百两拟绞,监候秋后处决;犯不至死罪者,若系另户人等,发黑龙江宁古塔等处披甲当差,若系奴仆及民人,发黑龙江宁古塔等处,给与新披甲之人为奴。至裤袄细袋装米偷盗米石之小贼,一经拿获,即于仓门首枷号四十日,放日,系民人折责四十板,系旗人鞭一百。康熙四十四年题准,拦路、戳袋、挖仓、越墙进仓偷米等盗,拿获至数满三百两者,将为首之犯即行处斩,为从者拟斩,监候秋后处决;不及三百两者,将为首之犯拟斩,监候秋后处决,为从者在仓门首枷号三个月,放日,另户之人鞭一百,发黑龙江宁古塔等处当差为奴仆,鞭一百,民人责四十板,俱刺字发黑龙江宁古塔等处,给新披甲之人为奴;其裤袄细袋装米、偷盗抢夺袋内溜出之米等小贼拿获审讯属实,俱在仓门口枷号三个月,放日,旗人鞭一百,民人责四十板。其被获盗米之犯若系食钱粮之人,将本旗都统各罚俸三个月,参领罚俸六个月,佐领、骁骑校各罚俸一年,领催鞭一百;若闲散人将伊父兄查系官,罚俸一年,系平人鞭一百;若系家人奴仆,将伊主查系官罚俸一年,系平人鞭一百,若系民人,仍将伊父兄责四十板。

一　各仓人役地方官取具连环保结承充,每人给以烙印腰牌一面,一应出入责令该仓监督逐名查验。倘有不实力奉行,以致偷带粮米者,事发将该监督一并参处,其墙上偷盗之弊,责令看仓章京督率坐堆兵丁不时巡逻,如有疏虞,即将该章京交部议处。其巡捕、铺军悉行裁去,添看仓兵丁一百二十名。(雍正二年例)

一　京通各仓仓场等衙门皂役,军牢内选老诚能事者二十名任充番役,倘查缉有盗卖、盗买等事,许该役等先行报明,以凭查拿。(雍正二年例)

一　五闸地方空阔,两岸禾稼稠密,凡偷盗米石止用一竹管戳入袋内,米即从管中漏出,加以口袋又有裂缝之处,所以掣欠甚多。雍正三年奏准,应令仓场严饬坐粮厅及大通桥朝阳门官兵不时查缉,如有竹管偷米者,立即拿送刑部,从重治罪,短少米石仍令赔补。

一　五闸船头偷挖米石,乾隆七年奏准,计所偷米数以监守自盗论,如为数无多,罪止杖惩者,枷责完结,其犯徒罪以上者,计赃照律治罪。

一　监督失察攒典混领米石希图多卖价值者,照府州县书役侵欺钱粮不行查

出例，降二级调用，攒典满杖革役。（乾隆八年例）

余米簋羡

一　各帮官丁在仓交剩三升八合，余米定例本帮有欠，除扣抵本帮挂欠外，下剩余米查明本帮上运旧欠丁名，如有相同，其名下旧欠数多，而余米数少者，将该丁名下余米全数扣留抵补，余米多而旧欠少者，扣完即止，谓之对丁扣留。除对丁之外，尚有本帮不对丁名之旧欠，将无欠旗丁之余米每十名扣留三名抵补，扣完即止，谓之三七扣留。至余米抵欠之外，仍有余剩，听旗丁卖与本仓别帮，抵补挂欠。（《议单旧本》）

一　顺治十五年奏准，余米抵欠应扣至三年而止，簋羡等银亦应照余米例扣至三年而止，扣外仍有余银、余米，尽数给发。

一　康熙三十四年户部覆准，漕粮各帮余剩耗米原系运丁沿途盘剥雇夫等项之用，既有挂欠，应将本省本帮交仓余剩耗米扣抵节年挂欠，漕米并本帮缺少米石行令仓场侍郎扣收报部。再查定例，内挂欠漕粮承追官员俱按分数处分，今将余剩耗米扣抵前欠，若不令承追官员严行勒限追还，原主未免偏枯，且恐将来希图借补，故为侵蚀，致亏正粮，应令总漕作速追还原主，如有未还，承追各官仍照追比漕欠例处分。

一　雍正元年题准，漕粮进京仓者，每石原带耗米二斗五升，内交仓耗米一斗一升四合九勺四抄，其余一斗三升五合六抄，听作盘闸折耗及仓中晒扬亏折，此外有余作该丁余米。康熙十四年，将五闸盘运折耗米五升内节省三升作正入仓，进通仓者每石原带耗米一斗七升，内交仓耗米八升三合六勺八抄，其余八升六合三勺二抄作盘运晒扬折耗，此外有余，作该丁余米。

一　雍正元年奏准，给丁余米给与价值，颗粒不许出仓，本帮本丁准其抵欠，有情愿卖与别帮抵欠者，亦准于本仓买补。

一　雍正元年奏准，抵欠、抵卖之后，再有余剩粳米每石作价七钱，稄米每石六钱，粟米每石五钱，动用茶果银两给与该丁。倘茶果银两不敷，即将通济库银给发，所有余米通行留仓，作正支放，仓场仍将扣留抵补旧欠余米汇咨总漕销案，以免重追搭运。

一　漕船抵通交粮完日，所余行月等米旧例听其沿途变卖，雍正四年题定，全粮过坝之帮遇有存剩米石，必赴坐粮厅批照，然后准卖。若未经给照，擅行私卖、私买者，照例究处。

一　雍正四年题准，旗丁应得余米，或本帮有欠抵补本帮，或别帮有欠卖补别帮，卖抵之外，仍有余米，准令经纪车户买抵掣欠，至尾帮有愿赴坐粮厅领价者，仍照例给发。

一　雍正五年议准，江浙米色不堪，其七成、八成之米业已开放大档，所有三升八合余米系应给丁之项，若照足成给价，似属浮多，应分别成色扣折，八成给价五钱六分，七成四钱九分，其帮丁及经纪车户等从前旧欠俱系足成米色，今将现年成色余米扣抵买补，亦应照此折算。

一　乾隆四年议准，嗣后，漕粮抵通如有无故挂欠者，不许买别帮余米抵补，仍令仓场将挂欠之帮逐一开明，移咨总漕，着落领运官丁分赔，于下年起解搭运，限满不完，照例参处。其有沿途失风、失火事故等船所运粮米一时沉毁并抢救湿米等项均系事出意外，非无故挂欠者可比，应令总漕查明沉毁、抢湿米石数目，报明户部，移咨仓场，照例于本仓余米内买补扣抵，不准在通购买交纳。

一　乾隆四年议准，旗丁交仓完后，余米原系给丁行月等项米石计口授食之项，既有余剩，应令坐粮厅查明，给与验票，准其售卖。如有私相买卖粳籼二米及交纳不敷官丁在通购买米石抵补亏缺者，交与通永道并通州知州查拿究治。倘该道并该知州不实力稽察，被仓场及巡漕拿获，即将该道并该知州题参，交部察议。

一　重运抵坝起卸不敷之帮，例将行月等余米尽数补交，其副丁应领三升八合回空余米银两又为正丁藉端中饱，以致回空缺乏，乾隆七年奏准，嗣后，漕船交卸完毕，查明饭米缺乏之帮，将副丁应得三升八合余米银两存留三分，放给七分，以济回空。

一　乾隆九年奏准，漕粮既有挂欠之丁，则回空身工饭米等费自必拮据，应将不欠之丁应得余米银两仍照前奏存三给七，其欠米丁船正丁既将副丁回空饭米起作正项，其正丁应得红剥篷羡为数无几，应将此等银两全给副丁，以作回空之费，或正丁不能交纳茶果银两，行南追比，次年搭解交通。

一　乾隆十七年议准，漕船到通全完，每石例给三升八合，余米折价并篷羡等银。嗣后应令仓场转饬坐粮厅，于各丁完粮后即行核明，于五日内坐粮厅唱名给发，无得仍前稽延滋弊，并令巡漕御史不时稽察。如有扣克低潮及违限情弊，立即指参，交与吏部严加议处。

一　乾隆二十四年议准，各省帮船抵通，除应领余米价银外，尚有红剥篷羡等银例系给丁领回之项，应解茶果原可于红剥篷羡等银内扣抵，除东豫二省帮船应交茶果银两各丁自行交纳，历来无误，其江西、湖广各帮，浙江之宁波前后、台州前、温州前、杭州头二三四、绍兴前后、嘉兴等十一帮所领篷羡红剥银两均足扣抵茶果有余,应交茶果一项即准其于应领簹羡红剥等银内扣抵,如有余剩仍行找给帮丁。又各省雇募船只及苏、松、常、嘉、湖等五府白粮漕船例无红剥簹羡等银支领,应交茶果仍照例在次扣解,其白粮改漕船只及台州后、温州后、处州前后、金衢、湖州、严州、海宁等帮并江南省船只应领簹羡红剥等银每船七两以外至八九两不等,内有不敷抵解银自一二钱至一二两有零,准其于折价余米银内按数找抵。自乾隆二十四年为始,遵照办理。

一 乾隆二十三年钦奉上谕:今年各省粮艘抵通约早一月,该运丁等除交仓全完外,所余食米尚多,此等余米俱由坐粮厅衙门给与照票,俟回空时于天津一带沿途售卖。而通州水次则例应严禁私籴,盖因通仓为兑米之地,恐夹杂影射,致滋弊端也!若漕米均已不致挂欠,而例应官买之余米亦皆交仓事毕,其所有余剩食米自可听其在通出籴,不必过为苛禁。在各运丁等既可免领照验票之烦,而通州米粮充裕,于京师民食亦属有益。该部即遵谕行。钦此。

一 浙省乾隆二十一年因秋雨过多,霜虫交损,米色不纯,抵通恐有亏折,奏准将各丁交粮后应领之三升八合余米,即以抵亏折之数,毋庸折给七钱之银,以免买米交仓致受贵价之累。此外,如再有亏折,仍令买米交仓,如抵兑有余,仍找给米价,后不为例。

一 乾隆二十七年奉上谕:各省漕粮向例于交纳正供外,每石有应交仓余米,上年江苏、浙江各州县中因秋雨过多,米粒潮润者,旗丁兑运在途日久,不无折耗,若照例交纳回空,未免拮据。着加恩将松江九帮、浙江二十一帮应交仓余米缓其交纳,令于癸未年新运一并带交,俾回空旗丁食用充裕,以示体恤。该部即遵谕行。钦此。

一 帮船失风应赔米石例准买余抵补,漕臣既经咨部,户部业已知照仓场,自可照例扣抵,余剩银两即行散给。向来仓场侍郎等重复咨部,又候部文未免迟延,乾隆三十一年奏准,嗣后,漕船凡有事故应准买余抵补者,该仓场接准知照之日,即核明应扣、应给数目,照例查办,或该船亏折米数与总漕所报多寡参差,即随时另行查明报部。其有漕臣未经咨报者,仍令仓场咨报户部,覆准到日再行办理。

一 簹夫银两除山东、河南二省路近不给外,其江南、江西、浙江、湖广等省漕粮按实在起卸过坝正米核算,每石给簹夫银一分。

一 羡余银两按到通船只给发,山东、河南二省每只给银一两,江南省给银二两,浙江、江西、湖广三省每只给银四两。内江西九江前后两帮粮船先因协运江南省漕粮,每只例给羡余银二两,凡有挂欠按挂欠米数均派扣除,其中途失风漂没损坏不到通者,按船扣除,乾隆二年奏准,九江前后两帮现在运通交卸每船照例给羡余银四两。

一　顺治十四年奏准，嗣后，以本帮本丁之簹羡银两扣抵本丁上年之挂欠，别卫帮丁不得藉端混冒。顺治十五年题准，扣抵之外，再有余银，坐粮厅出结给发。

一　顺治十七年题准，簹羡银两给发衙门不得止给空照，务令运官亲到唱名给发，如有买照代领情弊，即行题参。

一　雍正六年户部覆准仓场岳尔岱等咨，漕例各帮丁船原限三月内完粮，又定有听其买补之例，今欲限以十日具报，尽数扣抵，诚未免于过促，应于仓中收受之后再行宽限三月，准令欠丁速行买补。如逾限三月不完，仍先将簹羡银两按数折抵挂欠米石，总不许延至销算之时方行扣抵。仍檄知各粮道转行各卫所运官，取具各丁互相查察，不致盗卖挂欠，连环互保甘结，如有一丁欠粮，定将众丁簹羡折抵，仍将欠粮之丁照例治罪，完粮各丁之簹羡即行咨南，照数追还。

一　乾隆二年题准，自备船只应领簹羡等银留头船旗丁一二名在通支领。乾隆三年咨准，将此项银两于旗丁具领之日，坐粮厅给一印票填明银数封固，回卫将银票呈各卫所验明，按名给发，仍取具领状，同原发印票申缴，送部查核。

一　乾隆三年咨准，各省买补雇募船只停支簹羡红剥银两，其山东省雇募船只系旗丁自备，原与漕船无异，仍照例给与红剥羡余银两。

一　江浙二省白粮改征漕粮米石，乾隆三年议准，一切红剥簹羡余米银两悉照漕例一体支给。

一　乾隆二年咨准，每年漕船到通，每只例给红剥银二两，于各帮将次抵通之日，饬令随帮千总带领各丁先行散给。

一　乾隆五年奏准，各省漕船截留茶果个儿银钱例俱免交，而余米一项又经酌给，其簹羡等银自乾隆辛酉年为始，除实在过坝到通船米仍照例给发外，凡截留蓟沧等处船粮簹夫羡余等银一概停其支给。

一　乾隆十年议准，处州前帮船粮系抵坝之后派拨通州转运密云，其应交茶果银两该通判既经照数交纳通库，与到通船粮无异，所有红剥簹羡并余米价银应照例给发。

一　乾隆二十二年奏准，本年漕船自台州前起至江广等省三十五帮，因守水迟滞，恐误回空，在天津交兑，各帮军船米石系各该丁自行雇剥，运通起卸，与中途失风者不同，其应交之茶果银两进仓之个儿钱文各帮每船一只约计二十余两，俱仍照数交纳，亦与截留省费者有间。但自津回空较之自通回空可早二十余日，一切食用人工在在俱已节省，所有簹夫羡余银两未便照抵通例全给，应将此项银两按数赏给一半，如有起欠仍行扣除。

一　乾隆二十四年，因河水浅滞截留，暂贮北仓，粮数虽有截存，军船仍行到坝，其羡余银两照例全给。至篝夫一项除到通起卸之米按数给发外，截留北仓米石每石赏给一半，其例交个儿钱文应令各丁交纳，以备将来需用转运赴通，设米石有别项转移赈籴，此项钱文即照例存作各丁下年经费之用。

一　余米篝羡红剥等项银两俱系帮丁到通应给之款，向来余米、篝羡二项散给后，并交巡漕御史稽查。至红剥一项，巡漕御史向不稽查，办理未为画一，乾隆三十一年奏准，嗣后，每年红剥银两照余米篝羡之例，由坐粮厅核明后，即交领运千总散给各丁，并造册移交巡漕御史，一律稽查，如有扣克情弊，即行参处。

脚价银两

一　石、土两坝起运京通各仓漕米，内除失风漂沉米石扣除不给脚价外，所有实起过坝进仓粮米俱系按照交仓石数算给脚价。（《议单旧本》）

一　漕粮抵石坝，向系石坝外河船户抗米落涯堆贮号房，每石原给脚价银三厘，康熙三十九年，将外河各船户悉行裁革归并，经纪办理抗米落涯，节省抗价银二厘，每石止给经纪抗价银一厘。

一　石坝里河向系水脚由号房抗米上船，每石原给抗价银三厘，雍正五年，将石坝里河水脚裁革归并，经纪抗米上船，每石节省抗价银二厘，实给经纪抗价银一厘。

一　石坝经纪自石坝由里河五闸剥运至大通桥，旧例每米一石给脚价银一分九厘，顺治十年题准每石加给银六厘，共给脚价银二分五厘，嗣又减去一厘，每石实给脚价银二分四厘。

一　漕粮抵土坝，向系土坝外河船抗米落涯堆贮号房，每石原给抗价银三厘，康熙三十九年将外河船户裁革，统行归并车户，令其抗米落涯，节省抗价银二厘，每石止给车户银一厘。

一　土坝车户由土坝里河抗米上船，剥运至新旧两城之南门落涯堆贮号房，装车陆运进西中南三仓，每石共给车户脚价银二分九厘。

一　大通桥车户运米进禄米、南新、旧太、海运、北新、富新、兴平等七仓，旧例每石给脚价银四分四厘六毫，康熙四十一年每石节省银三厘七毫，止给银四分九毫。运米进裕丰仓每石给脚价银二分五厘九毫。运米进储济仓每石给脚价银三分九毫。运米进丰益仓每石给脚价银一钱五分二厘六毫。

一　经纪将米石交大通桥车户转运京仓，雍正元年奏准，即令经纪押运至仓，不必转交车户,可节省脚价一分九毫。本年仓场奏准,运役实难分身料理,恐误漕船回空,应仍照从前例,坐粮厅将米石交与经纪运至大通桥,从桥交与车户运进各仓,令监督等查兑,如有短少,照各交米石勒令赔还,其一分九毫之脚价毋用节省。

一　雍正十二年议定大通桥车户进米各仓脚价应存实数:一、禄米、南新、旧太、海运、北新、富新、兴平等七仓每米一石原定脚价银四分九毫,内实给车户办运银三分,应仍照旧给发,酌留银四厘办公,余银六厘九毫悉行节省。一、裕丰仓每米一石原定脚价二分五厘九毫,内实给车户办运银一分八厘,应照旧给发,酌留银四厘办公,余银三厘九毫悉行节省。一、储济仓每米一石原定脚价银三分九毫,内实给车户办运银二分二厘,应仍照旧给发,酌留银四厘办公,余银四厘九毫悉行节省。一、丰益仓每米一石原定脚价银一钱五分二厘六毫,内实给车户办运银一钱二分,应仍照旧给发,酌留银四厘办公,余银二分八厘六毫悉行节省。一、万安仓每米一石原定脚价银二分五厘九毫,内实给车户办运银二分二厘,应仍照旧给发,其扣存办公银三厘九毫,全行酌留。一、太平仓每米一石原定脚价银一分五厘九毫,全行给发车户办运,并无扣存办公银两,应仍照旧遵行。

一　运米进本裕仓向系土坝车户起运,自石坝外河起剥运至沙子营,每石给脚价银八分五厘,沙子营抗运落涯每石给脚价银一厘,由沙子营上会清河剥船运至上清河,每石给抗价银二分四厘,会清河搬抗过翔帆、天兴、顺城、云津四闸,每石每闸给抗价银三厘,四闸共一分二厘。上清河抗米落涯堆贮号房,每石给抗价银三厘,自号房装车陆运进本裕仓,每石给车价银二分九厘。以上自石坝外河起运至本裕仓,每石共给车户脚价银一钱五分四厘。雍正三年因会清河淤浅,改由土坝起车陆运至本裕仓,仍照水运之例给发脚价。雍正十一年题归石坝经纪起卸,由石坝里河五闸剥运到桥,转交大通桥车户起车陆运进本裕仓,每石给经纪石坝外河抗米落涯银一厘,里河抗米上船脚价银一厘,五闸剥运至大通桥脚价银二分四厘。普济、平下、平上、庆丰四闸水脚搬抗漕米过闸上船,每闸每石给抗价银三厘,四闸共一分二厘。大通桥水脚抗米落涯堆贮号房,每石给抗价银三厘。大通桥车户起车陆运进本裕仓,原给脚价银一钱一分三厘,雍正十二年节省银一分九厘,实给车户银九分,酌留四厘办公。以上每石共给脚抗等项价银一钱三分五厘。

一　雍正十二年因各仓运道全铺石板,掣欠较数少,且历年未完欠项已于本年扣抵通完,议准大通桥车户脚价除将实领之数仍照旧给领外,其余扣存办公银两,除仓场扣存公用应归入节省数内,毋庸再为扣留外,其余买补掣欠带销工价以及刷卷、饭钱等项杂费,俱难节省,仍应于扣存办公银内酌留应用。查车户原定各仓脚价惟太平一仓并无扣存办公银两,仅足敷用,毋庸酌议增减,所有禄米等十一仓于车户实领之外，每石扣存脚价尚有七八厘至二三分不等，应于此项扣存银内酌留四厘，万安仓每石扣存办公银三厘九毫，一并酌留，以作买补掣欠带销工价并刷卷、饭钱等用，此外概行节省。（即前条酌留之数）

一　安河桥仓廒开放，圆明园驻防右翼四旗官兵俸饷每岁需米五万余石外，再加贮米十万石，雍正八年定议，每米一石共应给车运脚价银一钱九分三厘六毫，但土坝运米车道纡回，应令石坝经纪运至大通桥转运新仓，照例除扣除里外河抗价银二厘，脚价二分四厘，四闸水脚抗价银一分二厘，大通桥水脚抗价银三厘，其余一钱五分一厘六毫，给与大通桥车户转为运送，其沿途颠抗照进京仓之例，每石准以二升折耗销算。

一　京通各仓收受漕粮，旧例雇夫抗米入廒包囤，名曰雇长，每米一石给脚价银八厘，抗粮到囤名曰小甲，每米一石给脚价银四厘，铺廒、打卷、抱筹、抬斛等役，京仓名曰花户，通仓名曰甲斗，每米一石给脚价银七毫。以上三项人夫每石共给脚价银一分二厘七毫。（《议单旧本》）

一　各廒进米雍正七年议覆，抗米到廒、打扫廒底等银四厘，打卷、签廒等银一厘，回空记袋等银一厘二毫，抱筹、抬斛、铺廒等银七毫，拌米等银二厘五毫，写送循环簿等银八毫，斥㪷银五毫，拾袋车银八毫，堆袋房银二毫，翻跳银五毫，抖袋银五毫，以上各项每石共给银一分二厘七毫，止足敷用，仍照例给发。

一　丰裕、储济、万安三仓脚价，雍正十二年奏准，自乙卯年为始，照原领脚价一分二厘七毫之数酌减五成，每米一石给脚价银六厘三毫五丝，其应行扣抵之禄米等仓仍照现在成数给发，如扣抵全完，即照丰裕等仓新定之例以五成支给。至本裕一仓建设，清河地方廒座无多，每年进米甚少，仍应给与十成，不必议减。

一　雍正十三年部覆，各仓进米一石例给脚价银一分二厘七毫，因从前监督任内有浥烂米石，于仓役脚价内二成给银，八成扣抵烂米，嗣经仓场题准，量添给二成，自雍正元年为始，俱以四成给银，六成扣抵烂米，今太平仓浥烂米价业经扣完，应自乙卯年为始，照丰裕等仓之例支给五成脚价。

一　雍正三年部覆，各仓开放大档，所有抬斛、乞筲等费应以各仓旧有茶果银两发与，花户雇募人夫每石给大制钱二文，惟旧太、兴平二仓因旧任监督亏空，将脚价全行扣抵，其进米脚价一向动支茶果，今以茶果为抬斛、乞筲之费，则进米之费无项可支，应将脚价一项以八成抵亏空，以二成给发运费。

一　内仓改进漕米，照例仓役给脚价银五成，石坝经纪运至大通桥每石给抗脚银四分一厘，大通桥车户送至内仓交收，每石给运脚价三分四厘。（乾隆三年例）

一　大通桥车户转运各仓漕米，脚价向例每运米一万石扣存银一千六百二十五两,作买余抵补掣欠之项,如有余剩节省归公。乾隆四年题准将车户扣存银两,除买补掣欠外,余剩若干,照数给还,免其归公。

一 漕粮运进京仓,普济、平下、平上、庆丰四闸及大通桥向例设有水脚头役,搬抗过闸上船向例每米一石给银三厘,乾隆八年奏准,每石节省银三毫,自甲子年为始每石给银二厘七毫,其节省银两汇入通济库奏销册内分晰奏明。

一 漕粮到通由五闸转运进京,例系经纪排造剥船往回剥运,各有代役一人,名曰船头,向系经纪自行雇募,散聚自由,不听约束,乾隆五年奏准,责令通州及大兴县各按所属地方召募殷实良民充当,五闸共船头一百二十五名,每名每年于经纪脚价银内扣给工食银三十五两。

一 乾隆七年仓场因石坝起运漕粮截留米多,脚价短少,无银可扣,请展限停扣。部覆,应于脚价银内准其扣留一半,其一半应领脚价银内照数补扣完项。

一 在京各仓运送广惠局米石,雍正十三年议定,照五城领籴京仓米石之例,每石给车价银三分五厘,永为定例,每年将给过银双方入通济库奏销查核。

一 各仓运送内务府米石内有紫黄老米七十石、一百石不等,向不开销脚价,乾隆七年咨准,照咨取广惠局老米例,每石准给脚价银三分五厘,于茶果项下动支给发。

一 康熙五十四年运米至密云、古北口二处,自通州至李家桥至牛栏山娘娘庙计水程六十七里,每船装米七八十石,自牛栏山娘娘庙至密云县计水程六十里,每船止可装米二三十石,自密云县至古北口计水程一百二十一里,水势更加急溜,船只难行,应于漕务竣后雇车陆续运送,八月内漕粮卸完,即于运米口袋内挑选堪用者五万条,交与四行运役雇车分送。查康熙二十四等年,自顺义、密云转运古北口米石所给车价多寡不等,四月内每石给车价银三钱四分,六月内每石给车价银六钱,八月内每石给车价银四钱八分,今自九月起运,道途干燥,应照四月车价之例,每石给银三钱四分,由通州运至密云县每石减半给车价银一钱七分。

一 采买奉天米石,雍正十三年部议,到通之后,过坝、过闸、进仓、入厫,与漕粮事同一例,应给坝闸桥仓等运役脚价,照例准其支给。

一 乾隆八年户部议准,古北口外采买粟米运进通州西、东、南三仓,仓役脚价并采买席片银两照依漕例,按实进仓正米数目核给,于通济库内轻赍项下动支。

一 粮船带到临清城砖,每一个应在轻赍银内支领脚价银一分五厘,内五厘一毫为外河接运进厂等费,九厘九毫作盘剥之用。(康熙九年例)

图书在版编目(CIP)数据

漕运则例纂/(清)杨锡绂撰;许芳红点校. —上海:上海三联书店,2024.6
ISBN 978 - 7 - 5426 - 8374 - 8

Ⅰ.①漕…　Ⅱ.①杨…②许…　Ⅲ.①漕运-史料-中国-清代　Ⅳ.①F552.9

中国国家版本馆 CIP 数据核字(2024)第 021938 号

漕运则例纂

撰　　者 / (清)杨锡绂
点　　校 / 许芳红

责任编辑 / 郑秀艳
装帧设计 / 徐　徐
监　　制 / 姚　军
责任校对 / 王凌霄

出版发行 / 上海三联书店
　　　　　(200041)中国上海市静安区威海路 755 号 30 楼
邮　　箱 / sdxsanlian@sina.com
联系电话 / 编辑部:021 - 22895517
　　　　　　发行部:021 - 22895559
印　　刷 / 上海惠敦印务科技有限公司

版　　次 / 2024 年 6 月第 1 版
印　　次 / 2024 年 6 月第 1 次印刷
开　　本 / 710mm×1000mm　1/16
字　　数 / 520 千字
印　　张 / 31
书　　号 / ISBN 978 - 7 - 5426 - 8374 - 8/F·911
定　　价 / 128.00 元

敬启读者,如发现本书有印装质量问题,请与印刷厂联系 021 - 63779028